Gewaltkarrieren

Frankfurter Beiträge zur Soziologie und Sozialphilosophie

herausgegeben von Axel Honneth
im Auftrag des Instituts für Sozialforschung,
Frankfurt am Main

Band 2

Mit dieser Buchreihe will das Frankfurter »Institut für Sozialforschung« ein neues Kapitel in seiner eigenen Geschichte aufschlagen. In Anlehnung an die Schriftenreihe, die 1955 von Theodor W. Adorno und Walter Dirks gegründet und im Jahr 1971 eingestellt wurde, sollen hier in regelmäßigen Abständen Monographien und Forschungsberichte veröffentlicht werden, in denen sich die theoretischen und empirischen Fragestellungen der Institutsarbeit niederschlagen; bewusst wurde dabei das thematische Spektrum der Reihe um die Sozialphilosophie erweitert, weil heute nicht mehr wie selbstverständlich vorausgesetzt werden kann, dass zur soziologischen Forschung auch die Reflexion auf die philosophische Begriffsbildung gehört. In die Reihe werden neben den im Institut entstandenen Arbeiten auch Studien zur Veröffentlichung aufgenommen, die die gegenwärtigen Forschungsabsichten in markanter Weise widerspiegeln.

Ferdinand Sutterlüty, geboren 1962, studierte Katholische Theologie an der Universität Innsbruck, danach Soziologie an der Universität Konstanz und der Freien Universität Berlin. Nach mehrjähriger Referententätigkeit in berufsbegleitenden Lehrgängen im Jugend- und Behindertenbereich sowie Lehraufträgen an der Freien Universität Berlin ist er seit 2002 wissenschaftlicher Mitarbeiter des Frankfurter Instituts für Sozialforschung.

Ferdinand Sutterlüty

Gewaltkarrieren

Jugendliche im Kreislauf von Gewalt und Missachtung

Campus Verlag
Frankfurt/New York

Die Forschung des Instituts für Sozialforschung wird durch die institutionelle Förderung der Stadt Frankfurt am Main und des Landes Hessen ermöglicht.

D 188

Bibliografische Information der Deutschen Bibliothek

Die Deutsche Bibliothek verzeichnet diese Publikation in der Deutschen Nationalbibliografie. Detaillierte bibliografische Daten sind im Internet über http://dnb.ddb.de abrufbar.
ISBN 3-593-37081-6

Druck und Bindung: KM-Druck, Groß-Umstadt
Gedruckt auf säurefreiem und chlorfrei gebleichtem Papier.
Printed in Germany

Inhalt

Dank

Die hier vorliegende Studie ist eine überarbeitete Fassung meiner Dissertation, die ich von 1996 bis 2000 an der Freien Universität Berlin erarbeitet habe. Bei der Kommission für die Vergabe von NaFöG-Promotionsstipendien der Freien Universität möchte ich mich für die Unterstützung dieses Vorhabens bedanken. Mein herzlicher Dank gilt Hans Joas, der die Arbeit in allen Phasen gefördert und das Ergebnis begutachtet hat. Martin Kohli danke ich für die Begutachtung der Dissertation und Ralf Bohnsack, Dietmar Sturzbecher sowie Hans-Joachim Schubert für ihr Mitwirken am Promotionsverfahren. Bei Axel Honneth möchte ich mich für die Möglichkeit bedanken, meine Arbeit in der neuen Reihe des Instituts für Sozialforschung zu präsentieren.

Ohne die interviewten Jugendlichen, die bereit waren, mir im Gespräch tiefe Einblicke in ihr Leben zu gewähren, wäre die Studie in dieser Form nicht zustande gekommen. Bei ihnen möchte ich mich ganz besonders bedanken. Die Beschäftigung mit dem, was sie mir erzählt haben, warf immer neue Fragen auf, was alles menschenmöglich ist. Den engagierten Sozialpädagoginnen und Sozialpädagogen, die mir bei der Suche nach geeigneten Interviewpartnern behilflich waren, bin ich zu großem Dank verpflichtet; aus Gründen der Wahrung der Anonymität der interviewten Jugendlichen können ihre Namen hier nicht genannt werden.

Viele Kolleginnen und Kollegen, Freundinnen und Freunde haben diese Studie in ihren verschiedenen Entstehungsphasen im Gespräch unterstützt, mit kritischen Kommentaren bereichert und mit Korrekturen verbessert. Ihnen allen sei ganz herzlich gedankt: Sandra Beaufaÿs, Tobias Funk, Winfried Gebhardt, Manfred Gehrmann, Laila und Rainer Hille, Bernhard Jensen, Isabella Knoesel, Christoph Liell, Sighard Neckel, Achim Radatz, Eberhard Rau, Brigitte Tarpataky, Ulrike Schöbel, Peter Vogt und Heidi Wentsch. Andreas Pettenkofer hat mir mit seinen kritischen Fragen und Hinweisen immer wieder äußerst wertvolle Denkanstöße gegeben. Bei meiner Frau Beate Sutterlüty bedanke ich mich ganz besonders für ihre stetigen Fragen nach der Systematik der Ergebnisse. Ihr und unserem Sohn Ruben möchte ich dieses Buch zueignen.

1
Einleitung

Wie kommt es, dass eine Gruppe von Skinheads so lange auf einen Obdachlosen einschlagen kann, bis er sich nicht mehr bewegt? Warum schlagen Mitglieder einer türkischen Bande einen jüngeren Schüler, der bereits auf die bloße Bedrohung seine Jacke und seine Uhr abgegeben hat? Weshalb ruft bei manchen Jugendlichen schon der Blick eines anderen gewalttätige Reaktionen hervor? Und was führt dazu, dass sich ein Jugendlicher ohne erkennbaren Anlass auf den Weg macht, um potentielle Opfer seiner Gewalt zu suchen? Mit Fragen solcher Art beschäftigt sich dieses Buch.

Es rückt *Erfahrungen* der Gewaltausübung in konkreten Situationen sowie die *Interpretation* dieser Erfahrungen durch die jugendlichen Akteure ins Zentrum der Analyse. Damit ist die These verknüpft, dass durch den Gehalt von Gewalterfahrungen sowie durch deren Folgen für das Selbstverständnis der Jugendlichen wesentliche Aspekte ihrer Gewaltausübung erklärt werden können. Diese oft sehr intensiven und rauschhaften Erfahrungen, so wird sich zeigen, gehören zu den Triebfedern biographischer Verläufe, welche die Form einer sich fortentwickelnden »Karriere« der Täterschaft annehmen und meist in einer langen Vorgeschichte familiärer Gewalt und Missachtung gründen. Beim Erfahrungsgehalt von Situationen der Gewaltausübung anzusetzen scheint der nahe liegendste Weg zur Untersuchung von Phänomenen der Jugendgewalt zu sein, ist in der einschlägigen sozialwissenschaftlichen Forschung jedoch keineswegs selbstverständlich. Die dominierenden Erklärungsmodelle, die man *cum grano salis* in sozialstrukturelle und kulturtheoretische Ansätze einteilen kann, gehen andere Wege und suchen die Ursachen jenseits der Situationen, in denen die Gewalt tatsächlich ausgeübt wird. Damit sind sie für die Beantwortung der eingangs gestellten Fragen schlecht gewappnet.

Der *sozialstrukturelle* Erklärungstyp geht davon aus, dass die Gewalttätigkeit von Jugendlichen eine Reaktion auf tief greifende gesellschaftliche Veränderungen im Prozess der Modernisierung darstellt. Die Vertreter dieses Ansatzes machen auf die fatalen Folgen wachsender sozialer Ungleichheit (James 1995), auf die Auflösung sozialer Bindungen im Zuge vielgestaltiger gesellschaftlicher Desintegrationsprozesse (Heitmeyer 1994, Heitmeyer/Collmann et al. 1995) sowie auf die Ausgrenzung ganzer Gruppen und Stadtteile (Dubet/Lapeyronnie 1994) aufmerksam. Auch die bekannten Hinweise auf die gewaltförmigen Folgen der zunehmenden Armut von Familien mit Kindern sowie auf die berufliche Perspektivlosigkeit von Jugendlichen mit niedrigen Bildungsabschlüssen gehören hierher. Die Gewalt jugendlicher Täter ist in dieser Sichtweise die Gewalt der Benachteiligten, Ausgeschlossenen und »Überflüssigen«, die entweder direkt gegen ihre prekäre Lage protestieren, ihre Enttäuschung gegen Personengruppen richten, auf die sie die Schuld an ihrer Misere projizieren, oder einfach richtungslos und willkürlich um sich schlagen. Sozialstrukturelle Erklärungen verdichten sich in dem griffigen Theorem, dass die gegenwärtigen Formen der Jugendgewalt eine Antwort der »Modernisierungsverlierer« darstellen, die den mit dem gesellschaftlichen Wandel verbundenen beruflichen und sozialen Anforderungen nicht standhalten können.

Die Vertreter des *kulturtheoretischen* Erklärungstyps begreifen Phänomene der Jugendgewalt als eine Folge allgemein verbreiteter Einstellungen und normativer Orientierungen. Ein Strang dieser Forschungsrichtung verweist auf Werthaltungen, die durch die wirtschaftliche Entwicklung »durchkapitalisierter« Gesellschaften begünstigt werden und einen inneren Zusammenhang zu Fremdenfeindlichkeit, Rechtsextremismus und Gewaltbereitschaft aufweisen. Die Täter identifizieren sich demnach mit dem als überlegen betrachteten westlichen oder deutschen Gesellschaftsmodell, und ihre Gewalt gegen Mitglieder anderer ethnischer Gruppen resultiert aus einem »Konkurrenzdenken« und »Wohlstandschauvinismus«, aus einer »Leistungsvergötterung« und einem unbedingten »Durchsetzungswillen« (vgl. Held/Horn et al. 1992, Hoffmeister/Sill 1992). Einen weiteren Strang des kulturtheoretischen Zugangs bilden geschlechtsspezifische Erklärungsansätze. In der einen Variante dieser Ansätze figuriert die in der Tat mehrheitlich auf das männliche Geschlecht konzentrierte Gewalt von Jugendlichen als direkter Ausdruck einer in westlichen Gesellschaften tief verankerten, männlichen und ethnozentrischen »Dominanzkultur« (Rommelspacher 1993 und 1995; vgl. auch Ebrecht 1996). Die andere Spielart sieht in der Gewalt junger Männer die Verteidigung der letzten Bastionen des kulturellen Leitbildes einer »hegemonialen Männlichkeit«, die besonders bei statusniederen männlichen Jugendlichen durch den Verlust ihrer Rolle als Nachwuchserzeuger, Beschützer und Familienversorger bedroht ist (vgl. Kersten 1993 und 1997). Ein weiterer Ansatz schließlich führt die gewalttätigen Jugendbewegungen in modernen Gesellschaften auf einen kulturellen Mythos zurück, der Jugendlichkeit mit Gewalt, Todesmut und Opferbereitschaft assoziiert (Macho 1996).

Die beiden skizzierten Typen der Erklärung von Jugendgewalt, die freilich auch in verschiedenen Kombinationen auftreten[1] und bisweilen mit einem sozialisationstheoretischen Unterbau versehen sind[2], benennen gewiss gesellschaftliche Entwicklungen und kulturell verbürgte Einstellungen, die einen Nährboden für Gewaltbereitschaft und Gewalttätigkeit abgeben können. Jene Entwicklungen und Einstellungen gehören zu den entfernteren Entstehungsbedingungen von Jugendgewalt und geben Aufschluss über wichtige Hintergrundfaktoren. Aber sozialstrukturelle und kulturtheoretische Erklärungsansätze haben eine gemeinsame – und eine entscheidende – Schwäche: Sie haben wenig zu den Interaktionsprozessen im sozialen Nahbereich zu sagen, die wesentlich sind, um die Anlässe, den inneren Verlauf und die spezifischen Formen der Gewaltausübung von Jugendlichen zu begreifen. Das Gewaltgeschehen selbst fällt aus ihren analytischen Rastern heraus. Damit verfehlen sie ausschlaggebende Aspekte gewalttätiger Handlungsmuster (vgl. dazu auch Birkbeck/LaFree 1993 sowie Joas 1997b).

---

1 So sind es Joachim Kersten zufolge gerade die Jugendlichen der »underclass«, denen die Gewalt als eine Möglichkeit erscheint, kulturell tradierten Männlichkeitsidealen gerecht zu werden (vgl. Kersten 1997: 106 f.). Oliver James wiederum führt die Gewalt von Jugendlichen nicht nur auf wachsende soziale Ungleichheit zurück, sondern auch auf die Entstehung einer »winner-loser-culture«, in der die materiell Benachteiligten auch noch als moralisch, intellektuell und emotional unzulängliche Subjekte stigmatisiert werden (vgl. James 1995: 2 und 131 ff.).

2 Wilhelm Heitmeyer etwa hat nach den »Sozialisationsstrukturen und -modi« gefragt, in deren Rahmen Jugendliche als »produktiv realitätsverarbeitende Subjekte« auf ambivalente Modernisierungsprozesse und strukturelle Desintegrationstendenzen reagieren (vgl. Heitmeyer/Collmann et al. 1995: 31 ff.).

1.1 Desiderate der Gewaltforschung und Gegenstand der Untersuchung

In den vergangenen Jahren haben einige Autorinnen und Autoren der Gewaltforschung ein kritisches Zeugnis ausgestellt. So kommt Birgitta Nedelmann (1995) hinsichtlich der soziologischen Gewaltforschung zu dem Urteil:

»Soziologen müßten einen Schritt wagen, den Juristen, Mediziner und Historiker schon längst getan haben, nämlich Gewalt-Interaktionen im Detail und exakt empirisch zu erheben. (...) Bislang hat es die konventionelle soziologische Erforschung der Ursachen oder Folgen von Gewalt vermieden, die gewaltsame Handlung selbst in die Analyse miteinzubeziehen. Daher erwecken herkömmliche soziologische Gewaltursacheforschungen oft den Eindruck, als ob sie sich mit dem Phänomen selbst, der Gewalt, gar nicht beschäftigt hätten.« (Ebd.: 14; vgl. auch Neumann 1995: 67)

Karl F. Schumann (1994) bescheinigt der kriminologischen Gewaltforschung eine ähnliche Vermeidungshaltung: »Wenn kritische Kriminologen sich mit Gewalt auseinandersetzen, dann lieber mit dem Diskurs darüber, als mit dem Geschehen selbst.« (Ebd.: 242)[3] Mit Blick auf die überaus zahlreichen Publikationen, die im vergangenen Jahrzehnt zu innergesellschaftlichen Gewaltphänomenen erschienen sind, müssen die Einschätzungen von Nedelmann und Schumann geradezu paradox anmuten. Dies umso mehr, als Gewalt im Allgemeinen und Jugendgewalt im Besonderen allenthalben als ein »interaktives Phänomen« bezeichnet wird (vgl. zum Beispiel Mummendey/Bornewasser et al. 1982: 178 ff., Schwind/Baumann et al. 1990: 76 f., Ohder 1992: 184 ff., Willems 1992: 441 ff., Eckert/Willems 1996: 57 ff.). Die Feststellung, dass sich Gewalt in Interaktionen vollzieht, ist allzu oft theoretisch folgenlos geblieben und hat kaum zu Konsequenzen für die empirische Forschung geführt. Auch wenn die Verdikte Nedelmanns und Schumanns nicht allen Autoren gegenüber ganz gerecht sein mögen, so treffen sie doch weitgehend zu und machen auf Desiderate aufmerksam, die auch für die Erforschung von Phänomenen der Jugendgewalt gelten.

---

3 Auch wenn man, wie Reinhard Kreissl (1997) es getan hat, diese unvermittelte Gegenüberstellung von Gewalt als realem Phänomen und dem Diskurs über die Gewalt problematisieren muss, behält das Anliegen Schumanns, dass die Kriminologie das Gewaltgeschehen selbst besser zu verstehen lernen müsse, seine Berechtigung. Vgl. auch die differenzierten Überlegungen zum Verhältnis zwischen Gewalt als einer diskursiven Konstruktion und Gewalt als einer sozialen Praxis bei Christoph Liell (1999).

Vor diesem Hintergrund haben mehrere Soziologen eine Neuorientierung der Gewaltforschung gefordert und entsprechende Vorschläge unterbreitet (siehe insbes. Joas 1994 und 1997b, Nedelmann 1997). Am pointiertesten hat dies vielleicht Trutz von Trotha (1997) getan. Gegenüber einer etablierten »Soziologie der Ursachen der Gewalt«, die sich nicht mit Gewalt, sondern nur mit den strukturellen Korrelaten und anderen Hintergrundfaktoren beschäftige, fordert er eine »genuine Soziologie der Gewalt«, die sich den Phänomenen selbst zuwendet. Den Kern einer solchen genuinen Gewaltanalyse, die der »Frage nach den Modalitäten der Gewalt, nach einer Phänomenologie der Gewalt« nachgehen solle, fasst von Trotha in folgenden Grundsatz: »Ein Begreifen der Gewalt ist nicht in irgendwelchen ›Ursachen‹ jenseits der Gewalt zu finden. Der Schlüssel zur Gewalt ist in den Formen der Gewalt selbst zu finden.« (Ebd.: 20; vgl. auch Trotha 1995, Trotha/Schwab-Trapp 1996) Dieser Schlüssel ist von Trotha zufolge durch mikroskopische Untersuchungen nach dem Vorbild von Clifford Geertz' *dichter Beschreibung* und durch konzeptionelles Kodieren zu finden, wie Anselm L. Strauss es im Zuge seiner Ausarbeitung der Methode der *Grounded Theory* entwickelt hat (Trotha 1997: 20 ff.). Forderungen und Vorschläge dieser Art sind in der Kriminalsoziologie nicht mehr ganz neu[4], haben aber ungemindert ihre Berechtigung behalten.

Die vorliegende Untersuchung schlägt die von Trotha angezeigte Richtung ein, indem sie Analysen konkreter Situationen der Gewaltausübung zur Grundlage der Erklärung macht. Allerdings ist es ihr nicht darum zu tun, die Situation, den Moment der Gewaltausübung und die damit verbundenen Erfahrungen zu hypostasieren. Vielmehr berücksichtigt sie den Umstand, dass viele Aspekte der Gewaltausübung über die Unmittelbarkeit der Situation hinausweisen. Von herausragender Bedeutung sind hier bestimmte Sozialisationserfahrungen, die entscheidend in Gewaltsituationen hineinspielen.

Die Spezifik der Fragestellung dieser Untersuchung lässt sich an drei Punkten verdeutlichen. Erstens stehen Gewalt*handlungen* und *Erfahrungen der Gewaltausübung* im Zentrum des Erkenntnisinteresses, und erst in zweiter Linie Gewalt akzeptierende Einstellungen, verbal geäußerte Gewaltbereitschaft, mit Gewalt korrespondierende kulturelle Orientierungsmuster und sozialstrukturelle Bedingungen. Zweitens fragt die Untersuchung in *biographischer Perspektive* nach familiär bedingten Gewaltdispositionen der Jugendlichen sowie nach der

4 So hat zum Beispiel Albert K. Cohen bereits Mitte der 1960er Jahre eine »microsociology of the deviant act« gefordert (Cohen 1965: 9).

Entwicklungsdynamik und den Wendepunkten jugendlicher Gewaltsamkeit. Es geht ihr um die interpersonalen und intrapersonalen Prozesse, die Gewaltkarrieren von Jugendlichen ermöglichen und in ihrem Verlauf bestimmen. Eine Theorie der Jugendgewalt, die auf Gewalterfahrungen und Gewaltkarrieren abzielt, muss sich an gewalttätigen Jugendlichen verschiedener Herkunft und Gruppenzugehörigkeit als tragfähig erweisen. Daher will die Untersuchung drittens einen *gemeinsamen Erklärungsrahmen* für die Gewalttätigkeit nicht nur eines bestimmten Typs von Jugendlichen bereitstellen. Sie geht davon aus, dass es nicht nur die Gewalt von rechtsradikal und fremdenfeindlich eingestellten Jugendlichen und Gruppen gibt, die Gewalt von jungen Migranten und deren Cliquen, die Gewalt an Schulen, die Gewalt auf der Straße und die Gewalt in Stadien, sondern dass es zwischen diesen Phänomenen gemeinsame Merkmale gibt, wie dies der Begriff der *Jugend*gewalt unterstellt. Dementsprechend beruht die Untersuchung auf Interviews mit Jugendlichen unterschiedlicher Herkunft und Gruppenzugehörigkeit (vgl. dazu die Ausführungen zum Sample im Abschnitt 1.2.3).

Der Gewaltbegriff wird in dieser Untersuchung im engen Wortsinn verwendet und für »physische« bzw. »körperliche« Gewalt reserviert. Sie folgt damit Friedhelm Neidhardt (1986), der Johan Galtungs (1969) Begriffe der »psychischen« und der »strukturellen« Gewalt kritisiert und vor einer »Versozialstaatlichung«, »Entgrenzung« und »Vergeistigung« des Gewaltbegriffs in den Sozialwissenschaften gewarnt hat. Sicherlich gibt es auch bei einem engen Gewaltbegriff Grenzfälle hinsichtlich der Frage, ob eine bestimmte Handlung als Gewalt zu klassifizieren ist oder nicht. Wie stark etwa eine physische Einwirkung auf den Körper eines Menschen sein muss, um von Gewalt sprechen zu können, ist nicht leicht zu beantworten. Ähnlich schwierig ist es zu sagen, wo die Gewalt beginnt und wo sie endet, wenn sie bürokratisch gelenkt ist und lange Handlungsketten aufweist, die eine individuelle Zurechenbarkeit erschweren. Ungeachtet solcher Grenzfälle würde man den Gewaltbegriff jedoch hoffnungslos überfrachten, wollte man jede Handlung, Unterlassung oder strukturelle Bedingung, die man für schädigend oder kritikwürdig hält, als Gewalt bezeichnen wollen. Was Galtung als »psychische« und »strukturelle« Gewalt sowie in jüngerer Zeit auch als »kulturelle« Gewalt (Galtung 1990) fasst, wird hier eine nicht unwesentliche Rolle spielen, aber unter anderen Begriffen abgehandelt werden.

1.2 Methodische Grundlegung

Die Fragestellung dieser Untersuchung bedarf qualitativer Erhebungs- und Auswertungsverfahren, da sie nur durch eine Rekonstruktion der subjektiven Perspektive der jugendlichen Akteure an ihr Ziel kommen kann. Um zu beantworten, wie Jugendliche zu Gewalttätern werden, welche Erfahrungen mit ihrer Gewaltausübung verbunden sind und durch welche Prozesse ihre Täterschaft schließlich in eine Karriere münden kann, müssen die Lebensgeschichten, der soziale Lebenskontext und die Situationen der Gewaltausübung von entsprechenden Jugendlichen erhoben und interpretiert werden. In einer solchen Untersuchung kann es nicht darum gehen, mit großen Fallzahlen in die Breite zu gehen. Sie wird vielmehr mit einem kleinen Sample und intensiven Fallanalysen eine gewisse Tiefe zu erreichen versuchen, um die rekonstruierten Erfahrungen, Prozesse und Zusammenhänge auf Begriffe zu bringen, die zusammen eine »gegenstandsbezogene Theorie« der Jugendgewalt bilden.

1.2.1 Grounded Theory

Die Untersuchung orientiert sich methodisch an der Grounded Theory (vgl. Glaser/Strauss 1967, Glaser 1978, Charmaz 1983, Corbin/Strauss 1990, Strauss 1994, Strauss/Corbin 1996). Diese Methode ist für die beschriebene Fragestellung aus drei Gründen besonders geeignet. Erstens ist es ihr Ziel, die empirische Forschung für die sozialwissenschaftliche Theoriebildung fruchtbar zu machen. Zweitens ist die Grounded Theory einer Methodologie verpflichtet, die ihre Konzepte auf die subjektive Sicht und die Situationsdefinitionen der Akteure gründet – hierin unterscheidet sie sich allerdings nicht grundlegend von anderen qualitativen Methoden.[5] Und drittens betont die Grounded Theory in besonderer Weise den Prozesscharakter sozialen Handelns und bietet eine methodische Handhabe dafür, dies angemessen zu berücksichtigen.

Das methodische Vorgehen der Grounded Theory ist durch zwei grundlegende Prozeduren gekennzeichnet, nämlich durch das *theoretical sampling* und

---

5 Während die Grounded Theory jedoch in der Methodologie der Chicago School und des aus ihr hervorgegangenen Symbolischen Interaktionismus (vgl. Blumer 1969b) fundiert ist, berufen sich andere qualitative Methoden häufig auf die phänomenologische Soziologie, insbesondere auf Alfred Schütz' »Postulat der subjektiven Interpretation« (siehe u. a. Schütz 1971: 49 f.).

die *constant comparative method*. Das theoretische Sampling bezeichnet den Prozess, bei dem der Forscher gleichzeitig Daten erhebt, kodiert und die entstehenden analytischen Konzepte so aufbereitet, dass sie die Entscheidungen darüber anleiten können, was für Daten als nächstes erhoben werden müssen (vgl. dazu Glaser/Strauss 1967: 45 ff., Glaser 1978: 36 ff., Strauss 1994: 55 f. und 70 f., Strauss/Corbin 1996: 148 ff.). Ein solches Vorgehen hat zwei Aspekte. Erstens gehen die Datenerhebung und -auswertung gleichzeitig vonstatten. Die Datengewinnung, die Entwicklung theoretischer Konzepte, die Hypothesenbildung und die Hypothesenprüfung gehen Hand in Hand und laufen in einer vorab nicht planbaren Wechselfolge ab. Dieses »zirkuläre Modell« des Forschungsprozesses, wie Uwe Flick (1995: 56 ff.) es in Abhebung von »linearen Modellen« genannt hat, ist insbesondere dem Anliegen verpflichtet, auf neu entdeckte Zusammenhänge reagieren zu können, bevor der ganze analytische Rahmen des jeweiligen Forschungsprojektes feststeht. Der zweite wesentliche Aspekt des theoretischen Sampling ist derjenige, dass der Prozess der Datenerhebung durch die entstehende Theorie angeleitet und kontrolliert wird. Die bereits entwickelten Segmente der Theorie dienen als Auswahlkriterien für die Erhebung weiterer Daten, die spezifische Vergleiche mit dem bisherigen Material ermöglichen und die volle Entwicklung der theoretischen Kategorien wie auch ihrer explikativen Beziehungen vorantreiben. Eine wesentliche Aufgabe beim theoretischen Sampling ist die Suche nach adäquaten Vergleichsgruppen, da die Grounded Theory eine komparative Methode darstellt (vgl. u. a. Glaser/Strauss 1967: 55 ff. und 101 ff., Strauss 1994: 43 f.; zur Funktion von Vergleichsgruppen für die Generierung theoretischer Aussagen vgl. weiterhin Bohnsack 1983: 182 ff.).

Die Methode des Vergleichens schließt alle Ebenen der Datenanalyse mit ein und erfüllt verschiedene Funktionen. Zunächst sucht die Methode der Grounded Theory Samples zu bilden, die den Fallvergleich nach dem Gesichtspunkt der minimalen und der maximalen Kontrastierung ermöglichen. Die Suche nach Vergleichsfällen mit minimalen Unterschieden dient dem Zweck, die fallübergreifende Relevanz und Gültigkeit der in den ersten Auswertungsschritten entwickelten theoretischen Kategorien aufzuzeigen. Weiterhin werden die basalen Eigenschaften der theoretischen Kategorien durch Ähnlichkeiten zwischen den Fällen herausgearbeitet, deren Vergleich dazu verhilft, ein Set von Bedingungen aufzuzeigen, unter denen eine Kategorie existiert. Dies sind wesentliche Schritte, bevor die Differenzen zwischen den Fällen maximiert werden. Bei der Suche nach Vergleichsfällen mit maximalen Unterschieden geht es darum, zu einer bestimmten Kategorie ganz verschiedenartige Daten zu sammeln, um die Ähnlichkeiten festzustellen, die es dann immer noch gibt; darin bestehen dann die allgemeinsten Übereinstimmungen zwischen den untersuchten Fällen. Das verstehende Durchdringen einer Vielzahl von Unterschieden soll dazu führen, die Eigenschaften der Kategorien in dichter Weise zu entwickeln und sie am Ende in die Theorie zu integrieren. Es geht beim Vergleich im Modus der maximalen Kontrastierung also weniger um die Suche nach negativen Fällen als um die Suche nach Vergleichsfällen, auf deren Basis sich die Bedingungen der Variation innerhalb des Samples erklären lassen. Die Minimierung und Maximierung von Ähnlichkeiten und Unterschieden von Daten, die Indikatoren für die entwickelten theoretischen Kategorien und ihre Eigenschaften darstellen, dienen also auf unterschiedliche Weise demselben Zweck, nämlich die entstehende Theorie durch multiple Vergleichsfälle mit dichten Konzepten auszustatten und die Lücken der theoretischen Konzeption zu füllen. Das Kriterium für den Abbruch des Suchprozesses nach Daten zu einer bestimmten Kategorie bzw. zur jeweiligen Studie insgesamt ist in der Grounded Theory das der »theoretischen Sättigung«. Dieses Kriterium besteht darin, dass sich aus neuen Fällen keine zusätzlichen Informationen im Hinblick auf eine bestimmte theoretische Kategorie mehr ergeben bzw. die entwickelte Theorie insgesamt hinreichende Klarheit und Erklärungskraft gewonnen hat.[6]

Die Auswertung der Daten beruhte auf dem dreistufigen Kodierverfahren der Grounded Theory (siehe Strauss 1994: 90 ff., Strauss/Corbin 1996: 39 ff. und 75 ff.). Im ersten Schritt, dem *offenen Kodieren*, kamen Verfahren zur Anwendung, die dem Zweck dienten, die Daten aufzubrechen und bei der Interpretation des empirischen Materials jene theoretischen Kategorien zu gewinnen, die sich über verschiedene Fälle hinweg als tragfähig für die Analyse jugendlicher Gewaltausübung erwiesen. Beim *axialen Kodieren* wurden die beim offenen Kodieren entwickelten Kategorien zueinander in Beziehung gesetzt, indem sie anhand des Kodierparadigmas der Grounded Theory den situativen und biographischen Entstehungsbedingungen, den Interaktionskontexten, den Bewältigungsstrategien und den Konsequenzen von Gewalthandlungen zugeordnet wurden. Beim *selektiven Kodieren* wurden die entwickelten Konzepte und Interpretamente entlang der Schlüsselkategorie der Gewaltkarrie-

---

6 Gewiss spielen hier die schwer objektivierbare Vertrautheit mit dem empirischen Feld und das theoretische Gespür der Forschenden immer auch eine Rolle. Aber es ist überzogen, wenn Uta Gerhardt die Beendigung der Datenerhebung in der Grounded Theory an die bloße Intuition der Forschenden gebunden sieht (vgl. Gerhardt 1985: 238).

re systematisch in eine Gesamtdarstellung integriert, so dass schließlich eine empirisch fundierte Theorie vorlag.

Der Weg der Theoriegenerierung, der zunächst induktiv Konzepte, Kategorien und Hypothesen aus der Interpretation einzelner Fälle herausarbeitet, dann deduktiv die Implikationen der entwickelten theoretischen Begriffe ableitet, um schließlich die Richtigkeit der Hypothesen an anderen Fällen zu überprüfen (siehe Strauss 1994: 37 ff.), ist letztlich ein eminent hermeneutischer. Denn das Vorgehen basiert auf einer Bewegung, die ständig zwischen den Daten und der sich entwickelnden Theorie sowie zwischen den verschiedenen Analyseebenen bzw. Kodierschritten hin und her wechselt, so dass die theoretischen Begriffe und Zusammenhänge einerseits die Daten zum Sprechen bringen und andererseits die Daten die Theorieentwicklung anleiten, ausdifferenzieren und kontrollieren. Das Vorgehen der Grounded Theory, das man durchaus als einen hermeneutischen Zirkel bezeichnen kann, ist von der impliziten Annahme getragen, dass Theorie- und Beobachtungssprache, Explikation und Deskription in einem untrennbaren Zusammenhang zueinander stehen (vgl. dazu auch die Ausführungen zur »doppelten Hermeneutik« bei Giddens 1984: 176 ff.).

1.2.2 Leitfaden-Interviews

Die Methode der Grounded Theory kann auf der Grundlage völlig unterschiedlicher Typen von qualitativen, aber auch quantitativen Daten, Dokumenten und Erhebungsmethoden angewandt werden (vgl. u. a. Strauss 1994: 25 und 29 f.). Für die vorliegende Untersuchung wurden zwei Leitfäden entwickelt, die bei den beiden Interviews zum Einsatz kamen, die der Verfasser mit den Jugendlichen durchführte. Die beiden Leitfäden wurden durch Pretest-Interviews mit fünf Jugendlichen im März 1996 erprobt und weiterentwickelt, um dann schließlich die Grundlage für die zwischen Mitte April und Ende November 1996 durchgeführten Interviews mit den 18 Jugendlichen zu bilden, die das Sample der Untersuchung darstellen.

Da die Fragestellung biographisch ausgerichtet ist und eine Rekonstruktion der subjektiven Perspektive der jugendlichen Akteure voraussetzt, ist die Entscheidung für Leitfaden-Interviews anstelle anderer qualitativer Erhebungsmethoden begründungsbedürftig. Als subjektzentriert und nahe an die Erfahrung der Interviewten heranreichend gilt besonders das von Fritz Schütze entwickelte narrative Interview (vgl. u. a. Schütze 1977 und 1984), das ausgehend von einem Erzählstimulus eine ausgedehnte Stegreiferzählung des Interviewten hervorbringen soll, während der Interviewer sich an die Regel der Nichtintervention hält und erst im Anschluss an die Stegreiferzählung seine narrativen Nachfragen an den Interviewten richtet.

Abgesehen davon, dass auch Leitfaden-Interviews Erzählungen generieren können und ein Teilstück der für diese Untersuchung entwickelten Leitfäden auf die Erzählung von Episoden abzielt, in denen die Interviewten Gewalterfahrungen als Zeugen, Opfer und Täter gemacht haben, sprachen die folgenden drei Gründe gegen ein rein narratives Interview[7]: Erstens wäre der Eingangsstimulus notwendig doppeldeutig gewesen. Schon die einfache Aufforderung an die Interviewten, ihre Lebensgeschichte zu erzählen, wäre durch den Forschungsgegenstand überdeterminiert gewesen. Welche Erzählaufforderung man auch immer gewählt hätte, den Jugendlichen wäre immer bewusst gewesen, dass der Interviewer an ganz bestimmten Themen besonders interessiert ist. Dies hätte ihre Erzählungen unkontrollierter gelenkt als gezielte Fragen des Interviewers. Die Intention narrativer Interviews, durch die nicht-direktive Interviewtechnik und die »Zugzwänge der Erzählung«[8] Zugang zur authentischen Perspektive der Interviewten zu erhalten, wäre vermutlich gescheitert. Wenn ein Interviewter weiß, dass es in der Untersuchung um die Thematik der Gewalt geht, dann wird dies seine Stegreiferzählung aufgrund seiner Erwartung, dass der Interviewer bestimmte Erwartungen an ihn hat, unter der Hand sehr wohl bestimmen; an manchen Stellen wird es ihn vielleicht in Zweifel bringen, ob er wirklich erzählen soll, was ihm einfällt.[9]

---

7 Einige Autoren haben zum Teil recht grundlegende Kritik an dem von Fritz Schütze entwickelten narrativen Interview geäußert. Sie bezieht sich vor allem auf die monologische Struktur dieser Interviewmethode und die damit zusammenhängende unnatürliche Gesprächssituation, auf die allzu hohen Anforderungen an die Erzählkompetenzen und die Strukturierungsfähigkeit der Interviewten sowie auf die falsche Annahme, dass das narrative Interview die Erfahrungen der untersuchten Subjekte immer authentisch und ohne Aussparungen oder Verzerrungen wiedergebe (vgl. vor allem Bude 1985, Spöhring 1989: 174 ff., Lenz 1991: 57 ff., Böttger 1996).

8 Diese sind im Einzelnen: erstens der Detaillierungszwang, zweitens der Gestaltschließungszwang und drittens der Relevanzfestlegungs- und Kondensierungszwang (siehe Kallmeyer/Schütze 1977: 187 ff.).

9 So berichtet zum Beispiel Martina Schiebel vom »Unverständnis« und der »Irritation« eines Rechtsradikalen, als er aufgefordert wurde, seine Lebensgeschichte zu erzählen. Er blendete, so Schiebel, seine gesamte Kindheit und Familiensituation aus, und auf eine entsprechende

Gegen den Einsatz narrativer Interviews sprach zweitens die Gefahr, dass auf diese Weise viele für diese Untersuchung notwendigen Informationen nicht hätten gewonnen werden können. Dies hat in erster Linie mit der Gewaltthematik zu tun, die in den Berichten der Täter oft mit Rechtfertigungsstrategien, Auslassungen oder Beschönigungen verbunden ist. Deswegen war die Wahl einer Interviewtechnik von Vorteil, die nachfragende Interventionen vorsieht, zumal dies die Möglichkeit bietet, schon in der Erhebungssituation zwischen nachträglichen Deutungen und der ursprünglichen Handlungssituation zu unterscheiden. Es wurde weiterhin immer wieder berichtet, dass gerade gewalttätige Jugendliche ihre familiäre Herkunft verschweigen, wenn der Interviewer nicht danach fragt. So spricht etwa die Gruppe um Ralf Bohnsack von einer »Eliminierung der familienbezogenen Kindheitsgeschichte« in den – nach der narrativen Methode durchgeführten – biographischen Interviews mit Hooligans (Bohnsack/Loos et al. 1995: 33). Hier dürfte man mit einem Leitfaden weiterkommen. Bei den Interviews für diese Untersuchung fiel in der Tat auf, dass den Jugendlichen oftmals die Abschnitte, in denen gezielte Fragen gestellt wurden, leichter fielen als jene, in denen ihnen selbst die Strukturierung überlassen blieb.[10] Leitfaden-Interviews lassen auch die Frage nach der Wahrhaftigkeit der Interviewten als nicht so gravierend erscheinen, da es sehr schwer ist, in mehrstündigen Gesprächen Täuschungen konsistent durchzuhalten, zumal der Interviewer zu den Erzählungen des Gegenübers direkte und indirekte Nachfragen stellen kann.[11]

Intervention einer der beiden Interviewerinnen reagierte er mit dem Hinweis, sie hätten sich doch »das Thema *Neonazis* ausgesucht« (siehe Schiebel 1992: 70 f.).

10 So sagte etwa der rechtsextrem orientierte Skinhead Olaf nach dem zweiten Interview, ihm hätten jene Interviewteile mehr zugesagt, in denen der Interviewer »klare Fragen gestellt« und ihn nicht bloß zum Erzählen aufgefordert habe. Bei türkischen Jugendlichen wiederum ist die familiäre Sphäre aus kulturellen Gründen stark von der öffentlichen getrennt, so dass sie sich schwer damit tun, frei von ihrer Familie und von dem zu erzählen, was sie dort erlebt haben. Auch hier können die Struktur eines Leitfadens und die Nachfragen des Interviewers weiterhelfen (vgl. dazu weiterhin Strobl 1996: 174 ff.).

11 Andreas Böttger wendet diesen Punkt gegen das narrative Interview und macht daraus ein starkes Argument für das »rekonstruktive Interview«, das eine dialogische Form hat, einem Leitfaden folgt und dem Interviewer einen größeren Handlungsspielraum läßt: »Der Interviewer kann dort, wo er zweifelt, seinem Zweifel Ausdruck verleihen und dort, wo er Widersprüche entdeckt, auf diese unmittelbar reagieren. Er stellt sich dadurch für den Erzähler als kritischer Rezipient seiner Geschichte dar und dieser agiert vorsichtiger hinsichtlich des Einsatzes fiktionaler Erzählanteile.« (Böttger 1996: 142)

Drittens schließlich sprach gegen die Verwendung narrativer Interviews, dass es gerade dort, wo es um problematische Lebensereignisse geht, unwiederbringliche Momente in Interviews gibt. Es sind jene Momente, in denen der Interviewte ein bestimmtes Ereignis oder eine Erfahrung andeutet, ohne dies explizit zu thematisieren. Hier ist eine dialogische Form des Interviews unabdingbar, um den Interviewten zu entsprechenden Erzählungen ermuntern zu können. Der Interviewer muss das, was er aus einer Äußerung heraushört, was er vermutet oder zu verstehen glaubt, kommunikativ zurückspiegeln können, damit sich sein Gegenüber ernst genommen fühlt und einem interessierten Gesprächspartner gegenüber sich zu öffnen in der Lage ist. Nachfragen sind also gerade kein Gegensatz zu der Intention, theoretisch relevante Erzählungen zu generieren, sondern bisweilen die Bedingung für deren Zustandekommen. Dafür gibt es im Interviewmaterial dieser Untersuchung unzählige Beispiele.

Ein Leitfaden-Interview ist aber nicht einfach ein dialogisch geführtes narratives Interview, das dem Adressaten immanenter Nachfragen auch die Fähigkeit zutraut, die von ihm erhobenen Geltungsansprüche[12] einzulösen. Ein Leitfaden-Interview gibt auch Fragen und Themenkomplexe vor. Diese Fragen und Themenkomplexe werden einerseits vom Untersuchungsgegenstand bestimmt, andererseits sollen ein Leitfaden wie auch seine Handhabung Raum für die subjektive Perspektive der Adressaten lassen. Leitfaden-Interviews stehen damit prinzipiell in einem Spannungsverhältnis zwischen den Vorgaben des jeweiligen Leitfadens und der Erzähl- und Darstellungslogik des untersuchten Subjekts. An den Interviewer ist die zusätzliche Anforderung gestellt, dass er schon in der Interviewsituation als Interpret der Äußerungen des Interviewten gefragt ist, um die richtigen Nachfragen stellen zu können. Misslingt dies, bergen Leitfäden, wie Christel Hopf dargelegt hat, die Gefahr, dass der Interviewer zu einem »oberflächlichen Abhaken von Fragen« übergeht, mit einem »dominierenden Kommunikationsstil« auftritt, zu wenig Geduld beim Zuhören aufbringt und den Leitfaden als »Disziplinierungsinstrument« einsetzt (Hopf 1991: 181 f.). Um das Gespräch nicht zu blockieren, müssen Leitfäden flexibel gehandhabt werden; wo dies nicht geschieht und die vom Interviewten angesprochenen, nicht im Leitfaden vorgesehenen Themen vom Interviewer übergangen werden, kommt es zu einer »Leitfadenbürokratie«, bei der die Informationsgewinnung Schaden nimmt (vgl. Hopf 1978: 101 ff.).

---

12 Zu den Geltungsansprüchen, die mit allen kommunikativen Sprechakten verbunden sind und in drei Typen – dem Wahrheitsanspruch, dem Wahrhaftigkeitsanspruch und dem Anspruch der normativen Richtigkeit – auftreten, vgl. Habermas 1981: 397 ff.

Wenn die Durchführung von Interviews jedoch solchen Gefahren entgeht und Kunstfehler vermeidet, ist ein breit angelegter Leitfaden besonders gut für die Erhebung von Daten geeignet, auf deren Basis eine gegenstandsbezogene Theorie der Jugendgewalt entwickelt werden soll.[13] Denn, wie Martin Kohli schreibt, besteht die positive Funktion von Leitfäden darin, die nach Maßgabe des Untersuchungsgegenstandes »zu erhebenden Informationsklassen« zu verzeichnen, um »eine vollständige Informationsmatrix« zu erreichen (vgl. Kohli 1978: 8). Die für diese Untersuchung entwickelten beiden Leitfäden dienten genau diesem Ziel.

Der Leitfaden für das *Interview I* bestand aus zwei Teilen. Den ersten Teil bildeten Fragen zu den verschiedenen sozialen Kontexten, in denen die Jugendlichen zum Interviewzeitpunkt und in früheren Lebensphasen lebten, während der zweite Teil der Schilderung jener Episoden vorbehalten war, in denen die Jugendlichen in der Rolle des Opfers, des Zeugen und des Täters Gewalt erlebt haben.[14]

Der erste Teil des Interviews I deckte drei Gebiete ab: erstens den schulischen und beruflichen Werdegang, zweitens die familiäre Situation und Herkunft, drittens die gegenwärtigen Freizeitaktivitäten, Freunde und Gruppenzugehörigkeiten der Jugendlichen. Eröffnet wurde das Interview durch die Frage nach dem Decknamen, den die Interviewten selbst für sich wählen sollten. Diese Frage zielte einerseits darauf, die Anonymitätszusicherung zu unterstreichen, und andererseits darauf, Identifikationen mit anderen Personen ausfindig zu machen, die sich in Bezug auf das Selbstbild der Jugendlichen interpretieren lassen. Darauf folgten die Fragen zu den drei genannten Gebieten bzw. sozialen Kontexten. In den fünf Pretest-Interviews, die der Exploration des Forschungsfeldes und der Entwicklung der Leitfäden dienten, hatte sich bereits herauskristallisiert, dass der Familie der Jugendlichen und der Qualität der familiären Beziehungen breiter Raum eingeräumt werden muss. Denn die Pretests zeigten in auffallender Regelmäßigkeit, dass die interviewten Jugendlichen nicht nur selbst als Gewalttäter in Erscheinung getreten waren, sondern aus Familien kamen, in denen gewaltsame und anderweitig problematische Interaktionsformen gepflegt wurden. Daher gestalteten sich die Fragen zur Familie schließlich

13 Ein breit angelegter Leitfaden war auch deswegen von entscheidender Bedeutung für diese Untersuchung, weil sie in besonderem Umfang auf ein theoretisches Sampling *innerhalb* der erhobenen Daten angewiesen war; vgl. dazu die weiteren Ausführungen im Abschnitt 1.2.3.

14 Das Interview I wurde aufgrund seiner Länge bei einzelnen Jugendlichen in zwei Teilen durchgeführt, so dass es in diesen Fällen insgesamt drei Interviewtermine gab.

umfangreicher als dies ursprünglich vorgesehen war; insbesondere wurden diese Fragen verstärkt auf die Erhebung der familiären Interaktionsformen und Beziehungsstrukturen fokussiert.[15] Auch hinsichtlich der außerfamiliären Lebensbereiche – Schule und Beruf sowie Freizeit, Freunde und Jugendgruppe – wurde bei der Entwicklung des Leitfadens das Augenmerk auf die Rolle gerichtet, die die Jugendlichen darin jeweils innehatten, sowie auf ihr Verhältnis zu den Gleichaltrigen und erwachsenen Bezugspersonen.

Der zweite Teil des Interviews I zielte auf die Erfassung von Gewalterfahrungen, die die Jugendlichen im Lauf ihres Lebens gemacht haben. Dieser Teil des Leitfadens umfasste drei Aufforderungen zur Erzählung von Episoden, in denen die Jugendlichen mit Gewalt in Berührung gekommen sind. Die erste dieser Erzählaufforderungen bezog sich auf Episoden, in denen die interviewten Jugendlichen Zeugen bzw. Beobachter von Gewalt waren, die zweite auf Episoden, in denen sie Opfer von Gewalt wurden, und die dritte auf Episoden, in denen sie selbst Gewalt ausgeübt haben. Dieser Teil überließ die Strukturierung der jeweiligen Erzählungen den Jugendlichen und war narrativ angelegt – was nachfragende Interventionen des Interviewers nicht ausschloss, die nahe an dem blieben, was die Jugendlichen erzählten, und den Duktus und die Struktur ihrer Erzählungen nicht durchbrachen. Neben den drei Erzählaufforderungen sind im Leitfaden weitere Fragen enthalten, die im Anschluss an die drei Stegreiferzählungen der Jugendlichen gestellt werden sollten, sofern sie sich nicht von selbst erübrigten. Diese zusätzlichen Fragen dienten dem Zweck, die in den geschilderten Episoden gemachten Erfahrungen der Jugendlichen zu verdichten und zu erkunden, wie sie diese Erfahrungen reflektieren.

Das *Interview II* wurde auf der Basis eines Leitfadens durchgeführt, der einerseits spezifische, über das Interview I hinausgehende Fragen zu verschiedenen Themenbereichen umfasste, und andererseits Fragen enthielt, die bereits angesprochene Themen von einer anderen Seite her angingen. Mit einer solchen Mischung aus thematischer Variabilität und Redundanz sollten einerseits neue thematische Felder betreten werden, die auf der Ebene des Lebensstils, alltäglicher Wahrnehmungsmuster und normativer Einstellungen lagen, und andererseits sollten die bereits im Interview I thematisierten biographischen Erfahrungen der Jugendlichen vertieft werden. Die Redundanzen sollten auch

15 Dabei orientierten sich die Fragen teilweise an Leitfäden, die Christel Hopf et al. im Rahmen einer Untersuchung zum Zusammenhang zwischen familiären Beziehungserfahrungen und rechtsextremen Orientierungen entwickelt haben (vgl. Hopf/Schmidt 1993: A 1–9 und A 18–28).

eine Grundlage dafür schaffen, die Aussagen im Interview I auf ihre Stimmigkeit hin überprüfen zu können.

Der Leitfaden zum Interview II war in vier thematische Bereiche unterteilt. Der erste widmete sich den Lebensstilpräferenzen, den Vorlieben und Fertigkeiten der Jugendlichen. Dieser Bereich umfasste Fragen zu den Präferenzen der Jugendlichen hinsichtlich Kleidung, Musik und Film; weiterhin wurden die sportlichen Neigungen der Jugendlichen, ihre Erfahrungen im Umgang mit Waffen sowie ihr Alkohol- und Drogenkonsum thematisiert. Der zweite Bereich des Leitfadens war Fragen gewidmet, die sich auf bestimmte Erfahrungstypen bezogen, die unmittelbar mit Situationen der Gewaltausübung und des Gewalterleidens zusammenhängen können oder mögliche Entstehungsbedingungen der Gewaltsamkeit darstellen. Im Einzelnen drehten sich diese Fragen um Erfahrungen der Angst und des Gefürchtet-Werdens, um Erfahrungen des Nicht-Beachtet- und des Alleingelassen-Werdens sowie um Erfahrungen des Zugehörig-Seins. Der dritte Bereich diente der Erhebung der Einstellung der Jugendlichen zu bestimmten Menschen und Gruppen, um auf indirekte Weise spezifische Aspekte ihrer Wertorientierungen zu erheben. Dieser Bereich war aufgeteilt in Fragen nach Menschen und Gruppen, die von den Jugendlichen abgelehnt werden, Fragen nach der Haltung zu Menschen, die aufgrund ihrer physischen Stärke respektiert werden, sowie Fragen zu Menschen und Gruppen, die sich für Frieden einsetzen und sich für soziale Zwecke engagieren. Der vierte Bereich des Interviews II schließlich bestand aus Fragen dazu, wie die Jugendlichen die Gesellschaft wahrnehmen, in der sie leben, Fragen zu ihrer Haltung gegenüber der Polizei und der Praxis des polizeilichen Eingreifens sowie Fragen zu ihrer Haltung gegenüber ausländerfeindlichen Anschlägen und Kriegen. Die letzte Frage, die das ganze Interview abrunden sollte, richtete sich auf die »lebensweltliche Theorie«, mit der die Jugendlichen das fortbestehende Phänomen zwischenmenschlicher Gewalt erklären.

Mit den Leitfäden I und II sollten die wesentlichen Lebensbereiche der Jugendlichen abgesteckt werden, so dass aus den Interviews ein umfassendes Kontextwissen für die Interpretation des Materials hervorgehen konnte. Vor allem aber zielten die Leitfäden darauf ab, die Erfahrungen und Orientierungen zu erheben, die mit jugendlicher Gewaltausübung zusammenhängen und aus ihr hervorgehen können. Die beiden Interviews dauerten zusammen zwischen vier und sieben Stunden und wurden – mit Ausnahme weniger bloß zusammengefasster Passagen – vollständig transkribiert.

1.2.3 Fallauswahl und Sample

Ein theoretisches Sampling, das auf einem Ineinander zwischen Datenerhebung und theoretischem Kodieren beruht, war im Rahmen dieser Untersuchung nur bedingt realisierbar. Denn es war nicht immer absehbar, welche Jugendlichen von relevanten Ereignissen und Erfahrungen berichten werden und von welchen Aussagen zu bestimmten Konzepten zu erwarten waren.[16] Meist war es erst das Interview selbst, das Aufschluss über die Gewalt- und Sozialisationserfahrungen der Jugendlichen geben konnte. Dass die empirische Forschung mit solchen Umständen konfrontiert sein kann, ist Strauss und Corbin nicht entgangen, sie haben daraus aber keineswegs den Schluss gezogen, dass dann kein theoretisches Sampling mehr stattfinden kann:

»Wir meinen, daß Forscher intensives theoretisches Sampling ***innerhalb*** ihrer tatsächlichen Daten durchführen können und sollten. Indem sie das tun, stellen sie Vergleiche auf theoretischer Basis an, um dann wie üblich ihre Konzepte zu entwickeln. Diese Verfahren arbeiten gewissermaßen so, als ob ein Interview-Pool sich immer weiterentwickelt oder als ob Interviewpartner entweder überlegt ausgewählt oder als bedeutsam für die Untersuchung erkannt worden wären.« (Strauss/Corbin 1996: 164)

Nun wurden die Interviewpartner für die vorliegende Studie durchaus überlegt ausgewählt, aber die Erhebung konnte nicht so vorgehen, dass mit letzter Sicherheit jene Jugendlichen einbezogen werden konnten, die das Sample optimal ergänzten, zumal ausreichende Vorinformationen für zweifelsfreie Auswahlentscheidungen fehlten. Das theoretische Sampling war also in starkem Maße auf die Auswertungsarbeit am vorhandenen Datenmaterial verwiesen.[17]

---

16 Hier besteht ein bedeutender Unterschied zwischen der Gewaltforschung und den Untersuchungen über die Interaktion mit Sterbenden und chronisch Kranken, an denen Glaser und Strauss die Grounded Theory entwickelt haben (Glaser/Strauss 1965 und 1968, Strauss/Glaser 1975). Bei ihnen war immer klar, wo sie hingehen müssen, um die erforderlichen Daten für ihre Theorie zu erheben, nämlich in bestimmte Abteilungen von Krankenhäusern. Um etwa rasch und langsam verlaufende Sterbeprozesse zu vergleichen, konnten sie Interaktionen mit Patienten untersuchen, die verschiedene Krankheiten hatten. Wollten sie geschlossene, argwöhnische, von Täuschungsmanövern durchdrungene und offene Bewusstheitskontexte miteinander vergleichen, die die Interaktion zwischen sterbenden Patienten, ihren Angehörigen und dem Krankenhauspersonal bestimmen, war mit Fragen an das Krankenhauspersonal meist zu eruieren, wo die entsprechenden Bewusstheitskontexte hinsichtlich des bevorstehenden Todes eines Patienten zu finden sind.

17 Das theoretische Sampling reicht aber prinzipiell auch in das Auswertungsverfahren hinein. Wenn neue theoretische Konzepte auftauchen, dann sondiert der Forscher in den bereits er-

Die Erhebung war für eine Untersuchung, die mit der Methode der Grounded Theory arbeitet, *de facto* zu einem recht frühen Zeitpunkt abgeschlossen; die Option auf weitere Interviews blieb längere Zeit bestehen, ihre Durchführung erwies sich aber als nicht notwendig.

Den Kontakt zu den interviewten Jugendlichen vermittelten zum überwiegenden Teil die Sozialpädagogen von vier Ost- und Westberliner Jugendeinrichtungen, die »ambulante Maßnahmen« mit straffälligen Jugendlichen durchführen; die Jugendlichen hatten eine richterliche Weisung gemäß § 10 JGG zur Teilnahme an einer solchen Maßnahme erhalten (in mehreren Fällen handelte es sich um die Weisung zur Teilnahme an einem »sozialen Trainingskurs«, in anderen um »Arbeitsweisungen«, die in Form von pädagogisch betreuter Freizeitarbeit realisiert wurden; vgl. Jugendgerichtsgesetz 1996: 343, Landesarbeitsgemeinschaft für ambulante Maßnahmen nach dem Jugendgerichtsgesetz in Berlin 1995). In fünf Fällen kam der Kontakt durch eine Sozialpädagogin einer Westberliner Oberschule zustande.

Die Auswahl der Interviewteilnehmer folgte den Kriterien der Einschlägigkeit und der Variabilität des Samples; daneben gab es Ausschlusskriterien. Das *Kriterium der Einschlägigkeit* bestand in der Auswahl von Jugendlichen, die wiederholt Körperverletzungsdelikte begangen hatten. Das *Kriterium der Variabilität* bezog sich auf folgende Punkte: unterschiedliche Schweregrade und Häufigkeit von Gewalttaten, Verteilung der Interviewteilnehmer zwischen den Geschlechtern und Altersstufen, unterschiedliche ethnische Herkunft und Gruppenzugehörigkeit. Durch die Unterschiedlichkeit der interviewten Jugendlichen sollte die Möglichkeit multipler Vergleichspunkte geschaffen werden. Um Fragen auszuklammern, die den Rahmen der Untersuchung gesprengt hätten, spielten bei der Auswahl der interviewten Jugendlichen auch zwei *negative Kriterien* eine Rolle: Es durfte keine akute Problematik des sexuellen Missbrauchs und keine Abhängigkeit von harten Drogen vorliegen.

Nach diesen Kriterien kam schließlich das Sample der 18 Jugendlichen zustande, die – außer bei drei Vergleichsfällen – alle mehrfach und in schwerwiegender Weise gewalttätig geworden sind. Die eigentliche Untersuchungsgruppe bilden somit jugendliche Mehrfachtäter, denen eine kleine Vergleichsgruppe von Jugendlichen gegenübergestellt wird, die nur singuläre Akte der Gewalt begangen haben. Das Sample ist weiterhin recht gleichmäßig auf die

hobenen Daten nach relevanten Aussagen, um diese zu interpretieren bzw. zu reinterpretieren (siehe Glaser/Strauss 1967: 71 f., Strauss/Corbin 1996: 152 f.).

Altersstufen zwischen 15 und 21 Jahren verteilt. Von den 18 interviewten Jugendlichen sind 15 männlich und drei weiblich, was in Relation zur Verteilung jugendlicher Gewalt zwischen den Geschlechtern eine leichte Überrepräsentanz der weiblichen Interviewten bedeutet.[18] Neun Jugendliche sind deutscher Herkunft, wobei ein Mädchen einen US-amerikanischen Vater hat, und neun Jugendliche sind ausländischer Herkunft; sechs davon sind türkischer und zwei arabischer Herkunft, einer stammt aus Polen, gehört jedoch zu einer türkischen Bande. Die Verteilung der Interviewten auf die verschiedenen gewalttätigen Gruppen ist recht kompliziert, weil sie in sehr unterschiedlich intensiver Weise am Leben solcher Gruppen partizipierten; ihre Mitgliedschaft in solchen Gruppen reicht von sporadischen Kontakten bis zur täglichen Teilnahme an den Gruppenaktivitäten. Vier der interviewten Jugendlichen gehörten eindeutig zur Skinheadszene, allerdings mit unterschiedlich stark ausgeprägter rechtsradikaler Orientierung, und fünf gehörten eindeutig zu einer gewalttätigen türkischen oder arabischen Bande bzw. Clique. Die anderen waren entweder dem weiteren Umfeld der genannten Gruppen zuzurechnen, gehörten nur kurzzeitig zu einer solchen Gruppe, wechselten zwischen verschiedenen Gruppen hin und her oder gehörten nie zu einer gewalttätigen Gruppe.

1.2.4 Zwei Grundfragen der Interpretation

Ein Grundproblem der Interpretation ergibt sich aus dem Umstand, dass die Erzählungen der interviewten Jugendlichen sich auf vergangene, oft mehrere Jahre zurückliegende Ereignisse, Handlungen und Widerfahrnisse bezieht. Die Interpretation hat es also mit retrospektiven Daten zu tun. Dies wirft die Frage auf, ob die Schilderungen der Jugendlichen die Erfahrungen wiedergeben, die mit den erzählten Episoden einhergingen, oder ob ihre Erzählungen das Ergebnis von Konstruktionen sind, die sich ausschließlich aus den Relevanzen ihrer gegenwärtigen Situation ergeben. Eine zweite Grundfrage der Interpretation bezieht sich auf den Anspruch aller qualitativen Methoden, nämlich die Perspektive der untersuchten Akteure angemessen in Rechnung zu stellen. Aber das, was in der phänomenologischen Tradition als das »Prinzip der subjektiven

---

18 Im Jahre 1997 belief sich die Quote der weiblichen Jugendlichen, die als Tatverdächtige eines Gewaltdelikts registriert wurden, auf 0,26 Prozent, bei den männlichen Jugendlichen betrug diese Quote 1,65 Prozent; dies entspricht einem Verhältnis von 1 zu 6,35 (vgl. Pfeiffer/Wetzels 1999: 14).

Interpretation« bezeichnet wird und was der Symbolische Interaktionismus mit Begriffen wie »Übernahme der Rolle des Interviewten« und »Berücksichtigung der Situationsdefinition der Handelnden« umschreibt, kann Unterschiedliches bedeuten. Dies kann man besonders am Motivbegriff zeigen. Denn hier erhebt sich die Frage, ob das, was die Akteure als ihre Handlungsmotive ausgeben, tatsächlich auch ihre Motive waren, oder ob der Fall hier etwas komplizierter liegt.

1.2.4.1 Zum Umgang mit retrospektiven Daten

Geben die interviewten Jugendlichen ihre Erfahrungen so wieder, wie sie diese zur *erzählten Zeit* erlebt haben, oder schneiden sie ihre vergangenen Erfahrungen im Lichte ihrer Interessen und Problemlagen zur *Erzählzeit* so zurecht, dass von ihrer damaligen Erfahrung nicht mehr viel übrigbleibt? Dieses Interpretationsproblem lässt sich gewiss nicht dogmatisch lösen, indem man einfach verkündet, dass die elementaren Darstellungsprinzipien von Erzählungen in jedem Fall mit jenen Orientierungsprinzipien identisch sind, die bereits in der vergangenen Erfahrung des Sprechers wirksam waren. Eine solche Position vertritt bekanntlich Fritz Schütze, der schreibt: »In der narrativ-retrospektiven Erfahrungsaufbereitung wird prinzipiell so berichtet, wie die lebensgeschichtlichen Ereignisse (ob Handlungen oder Naturereignisse) vom Erzähler als Handelndem erfahren worden sind.« (Schütze 1976a: 197) Die behauptete Übereinstimmung zwischen Erzählung und Erfahrung stellt Schütze zwar unter zwei Einschränkungen: Der Erzähler berichte erstens nur die Ereignissequenzen, die von besonderer Relevanz im Rahmen der erlebten Ereignisfolge waren, und zweitens könne eine Erzählung nie den gesamten Erfahrungskontext zur Darstellung bringen, der die Art der Erfahrungsaufbereitung und Handlungsorientierung im Moment des erzählten Ereignisses bestimmt habe; Erzählungen können, so Schütze, etwa den Aktivitäts- und Realitätsdruck aktuellen Handelns nicht wiedergeben. Abgesehen von diesen beiden Einschränkungen und vorausgesetzt, dass der Erzähler die narrative Kommunikationsstruktur nicht verlässt, kann laut Schütze jedoch »davon ausgegangen werden, daß die prinzipielle Perspektivenstruktur des Erlebens und des Handelns innerhalb der zu berichtenden Ereigniskonstellation auch in der Erzählkommunikation durchgehalten wird.« (Ebd.: 198; vgl. auch Schütze 1984: 78 ff.)

Eine überzeugende Kritik an Schützes These, dass eine grundsätzliche Homologie zwischen Erzählkonstitution und Erfahrungskonstitution bestehe, hat Heinz Bude (1985) vorgetragen und zu Recht moniert, dass Schütze der Erzählung eine privilegierte Stellung vor anderen Diskurstypen zuweist. Bude geht jedoch seinerseits zu weit, wenn er zu dem Schluss kommt:

»Überhaupt denke ich, daß die Suche nach der echten Darstellung der vergangenen Erfahrungen in eine Sackgasse führt. Wir können nicht entscheiden, welche Äußerungen in einem protokollierten Interviewtext die ›primäre‹ und welche die ›sekundäre‹ Deutung dokumentieren. Wir können nur feststellen, daß im Text Äußerungen stehen, die sagen, was passiert ist, und solche, die sagen, welche Lehren der Sprecher daraus gezogen hat. Und zwischen diesen Äußerungen können Korrespondenzen und Diskrepanzen bestehen. Die Aufgabe der Interpretation besteht darin, diese Beziehungen zu entschlüsseln. Die soziologische Hermeneutik läßt die Frage der Wahrheit, Angemessenheit oder Echtheit im Kontrast von Realem und Imaginärem auf sich beruhen.« (Ebd.: 335)

Die berechtigte Kritik Budes an den falschen Grundannahmen des soziologischen Narrativismus muss nicht zu einem umfassenden Skeptizismus und einer prinzipiellen Verabschiedung der Frage nach der Authentizität der Darstellung vergangener Erfahrungen und der Angemessenheit der vom Sprecher hergestellten biographischen Zusammenhänge führen. Vielmehr kann es, gerade wenn es um Gewalt geht, berechtigt sein, das interpretative Interesse darauf zu richten, was »wirklich vorgefallen« ist. Denn die Auflösung etwa der Frage, ob ein Erzähler regelmäßig von seinem Vater geschlagen wurde oder ob er mit der Phantasie lebt, geschlagen worden zu sein, macht einen grundlegenden Unterschied. Es geht hier um einen Unterschied, der überhaupt erst konstituiert, mit welchem Phänomen sich die Interpretation zu beschäftigen hat: mit Schlägen oder mit der Einbildung von Schlägen. Hier kann und muss man die Fragen nach der Wahrheit und Angemessenheit der biographischen Darstellung stellen – wobei diese Fragen von der nach der Wahrhaftigkeit des Sprechers zu unterscheiden sind, bei der es darum geht, ob der Sprecher aufrichtig ist oder ob er lügt, übertreibt und bewusst falsche Fährten legt.

In einem gewissen Sinne sind biographische Erzählungen immer Fiktionen[19], da sie nicht einfach als Darstellungen »realer« Ereignisabläufe und »wirklicher« Erfahrungen, sondern immer zugleich als Erlebnis*verarbeitungen* zu betrachten sind. Biographische Erzählungen bilden, wie jeder andere Dis-

19 Elfriede Billmann-Mahecha (1996) hat in einem außerordentlich klaren und klärenden Aufsatz darauf hingewiesen, dass der fiktionale Charakter von Erzähldaten keineswegs zu einem subjektivistischen »anything goes« und zu einer Verabschiedung der Frage der Authentizität des Erzählers führen muss.

kurstyp[20], keine situationsunabhängig gültige »Wahrheit« über bestimmte Begebenheiten und Erlebnisse ab. Auch Erzählungen sind Sprech*akte*, die wesentlich dadurch bestimmt sind, dass sich der Sprecher durch sie in eine wie auch immer geartete Beziehung zum Zuhörer setzt. Erzählungen sind also wesentlich von aktuellen praktischen Belangen des Sprechers innerhalb und außerhalb der Interviewsituation mitbestimmt.

Die damit verbundenen methodischen Schwierigkeiten müssen in den Interpretationen der folgenden Kapitel berücksichtigt werden. Von besonderer Bedeutung scheint die Frage, ob die subjektiven Erfahrungen, welche die Jugendlichen mit bestimmten familiären Ereignissen verbinden, eine Wiedergabe ihres Erlebens zur Zeit des berichteten Ereignisses darstellen oder ob jene subjektiven Erfahrungen ein Produkt dessen sind, wie sie heute die entsprechenden Mitglieder der Familie, bestimmte familiäre Ereignisse und ihre eigene biographische Situation sehen und bewerten. Bei diesen Fragen ist die Feststellung von Wolfram Fischer und Martin Kohli zu beachten, dass »biographische Schemata immer von einer konkreten *Gegenwartsperspektive* her konstituiert sind« (Fischer/Kohli 1987: 33). Aus diesem Umstand leiten sie die folgenden forschungspraktischen Konsequenzen ab:

»Es ist zweifellos unproblematischer, biographische Gebilde als Ausdruck gegenwärtiger Orientierungsperspektiven zu betrachten. Aber die Möglichkeit zur Rekonstruktion vergangener Gegenwarten (und damit auch der Genese der gegenwärtigen biographischen Schemata) sollte nicht – weil schwieriger – von vornherein preisgegeben werden. Die Schwierigkeit muß allerdings benannt und bearbeitet werden. Technisch gesprochen geht es hier um die Validität von Retrospektion.« (Ebd.)

Wenn es um die Rekonstruktion vergangener Gegenwarten geht, wie dies in weiten Teilen dieser Studie der Fall ist, dann kommt man bei der Unterscheidung zwischen vergangener Erfahrung und Interpretation aus der Gegenwartsperspektive über schwer formalisierbare Plausibilitätsargumente nicht hinaus. Inwieweit eine Erzählung vergangene Erfahrungen wiedergibt, kann nur im Einzelfall begründet werden, und die Argumente dafür lassen sich nur hermeneutisch und nicht verfahrenstechnisch einholen, wie Schütze annimmt, wenn er die in der Erhebungssituation wirkenden Zugzwänge des narrativen Interviews zum Garanten dafür erklärt, dass Erzählungen die vergangenen Erfahrungen reproduzieren.

20 Zu den drei Diskursarten – Erzählung, Beschreibung und Argumentation – siehe Kallmeyer/Schütze 1977: 171 f. sowie Schütze 1987: 119 ff.

Relativ leicht hat es der Interpret von Erzähldaten, wenn der Erzähler durch die Wahl des Tempus oder explizit darauf aufmerksam macht, dass er *damals*, d. h. zum Zeitpunkt, auf den sich eine Erzählung bezieht, die berichteten Ereignisse auf die von ihm beschriebene Weise erfahren hat; dies geht manchmal mit dem Hinweis einher, dass er jene Ereignisse *heute* anders interpretiert. So berichtet etwa ein Jugendlicher, dass er früher geglaubt habe, die Schläge seines Vaters verdient zu haben, während er mittlerweile zu der Ansicht gelangt sei, dass diese Schläge willkürlich waren. In solchen Fällen darf man wohl, solange nicht gewisse Unstimmigkeiten in der jeweiligen Erzählsequenz oder Widersprüche zu anderen Interviewpassagen auftreten, den Hinweisen des Erzählers folgen.

In voller Schärfe stellt sich die Frage erst, wenn ein Sprecher keine Differenz zwischen seine frühere und seine gegenwärtige Interpretation von Ereignissen einzieht. In diesem Fall wäre laut Schütze *eo ipso* davon auszugehen, dass es sich um das frühere Orientierungsschema des Sprechers handelt, das in seiner Erzählung wirksam ist – immer vorausgesetzt, dass sich der Sprecher im Diskurstyp der Erzählung befindet.[21] Auch bei Erzählpassagen, die in der Vergangenheitsform formuliert sind, muss man in Rechnung stellen, dass das, was erinnert wird und *wie* es erinnert wird, von einer konkreten Gegenwartsperspektive mitbestimmt bleibt. Wo und in welcher Weise dies der Fall ist, lässt sich jedoch im Rahmen einer hermeneutischen Interpretation durchaus bestimmen. Ein Beispiel aus dem Interviewmaterial soll dies illustrieren: Ein Skinhead berichtet hasserfüllt, dass er als Kind oft von seiner Mutter geschlagen wurde und dass er ständig Angst hatte, dass dies wieder geschehen könnte. An anderer Stelle beschreibt er seine Mutter, und diese Beschreibung ist durch und durch von seinem gegenwärtigen Hass auf sie geprägt. Weiterhin ist er in Bezug auf sein gegenwärtiges Leben in konsistenter Weise bemüht, sich als kampfbereit und furchtlos darzustellen. Hier liegt es nahe, den hasserfüllten Ton, in dem er von den früheren Schlägen seiner Mutter erzählt, auf sein heutiges Verhältnis

21 Beim Diskurstyp der Argumentation, d. h. wenn der Sprecher theoretische Reflexionen anstellt und evaluative Stellungnahmen zu den erzählten Episoden abgibt, anerkennt Schütze durchaus, dass hier die gegenwärtigen Orientierungsmuster des Sprechers eine wesentliche Rolle spielen. »Bei der Durchführung theoretischer und evaluativer Aktivitäten«, schreibt er, »findet mithin stets ein zumindest partieller Wechsel aus der Vergangenheitsorientierung des Erzählvorgangs in die Gegenwartsorientierung des Theorie- und Bewertungsvorrats des Erzählers als Gegenwartsakteurs statt.« (Schütze 1987: 130)

zu seiner Mutter zurückzuführen, während seine Angst, dass er wieder geschlagen werden könnte, sich auf sein Erleben damals bezieht.

Um zwischen Orientierungsmustern, die sich auf die Gegenwart beziehen, und solchen, die sich auf die Vergangenheit beziehen, zu unterscheiden, wurden etwa folgende Fragen an die Schilderungen der Jugendlichen gestellt: Ist es altersgerecht, wie eine weit zurückliegende Viktimisierungserfahrung erzählt wird; entspricht die berichtete Erfahrung also einer kindlichen Erlebniswelt? Passt das jeweilige Orientierungsschema vor dem Hintergrund des gesamten Interviews eher zum lebensgeschichtlichen Kontext, auf den sich eine Erzählung bezieht, oder passt es eher zur gegenwärtigen Situation des interviewten Jugendlichen bzw. zu der Art, wie er sich dem Interviewer gegenüber darstellen möchte? Gibt es unstimmige Details in einer Erzählung zu früheren Episoden, die eine Erzählung als den gegenwärtigen Interessen und Problemlagen des Interviewten geschuldet erscheinen lassen? Die beiden Interviews, die mit den Jugendlichen durchgeführt wurden, bilden einen weiten Vergleichshorizont, der sowohl Passagen mit gegenwärtigen wie mit früheren Orientierungsmustern enthält und begründete Urteile darüber erlaubt, ob in einer bestimmten Erzählung die Relevanzen der Erzählzeit oder der erzählten Zeit am Werke sind.

1.2.4.2 Zur Bedeutung von accounts

Die zweite Grundfrage der Interpretation ergibt sich aus dem Anspruch qualitativer Forschung, dass die Deutungen und Erklärungen, die Akteure von ihrem Handeln geben, die Basis für die wissenschaftliche Interpretation darstellen müssen. Für solche Deutungen und Erklärungen steht in der Soziologie des angelsächsischen Sprachraums der schwer ins Deutsche übersetzbare Begriff des *account*. Zunächst meint dieser Begriff so viel wie »Handlungserklärung« oder »Rechenschaftsbericht«. In der lebensweltlichen Interaktion dienen *accounts* nicht nur dazu, das Selbstbild der Akteure und ihren sozialen Status zu schützen, indem sie Entschuldigungen und Rechtfertigungen für ihr abweichendes, unmoralisches oder negativ etikettiertes Handeln vortragen, wie Marvin B. Scott und Stanford M. Lyman (1968) unterstellen. *Accounts* sind, wie Terri L. Orbuch (1997) gezeigt hat, auch gar nicht immer argumentativ, sondern oft narrativ verfasst. Wenn sie die Form von Erzählungen haben, kommt ihnen nicht nur die Funktion zu, Handlungen zu entschuldigen und zu rechtfertigen: Sie dienen den Akteuren zur Orientierung in ihrer Umwelt und zur Bewältigung emotional schwieriger Ereignisse. Mit solchen Erzählungen machen die

Akteure sowohl sich selbst als auch ihren Interaktionspartnern gegenüber die subjektive Bedeutung bestimmter Ereignisse und Erfahrungen transparent. Weiterhin enthalten sie die Verbalisierung von Motiven und Gründen, mit denen sie ihre Handlungen erklären. Und schließlich konstituieren narrative *accounts* die Identität der erzählenden Akteure (vgl. ebd.: 458 ff.). Orbuchs programmatischer Satz »people's accounts count« formuliert einen Anspruch, der zweifellos auch für diese Untersuchung gelten muss. Mit Blick auf die Interpretation des Interviewmaterials, muss man diesen Anspruch jedoch präzisieren und fragen: People's accounts count – but what is an account?

Eine umfassende Beantwortung dieser Frage würde den Rahmen dieser Arbeit sprengen, da der Begriff des *accounts* recht komplexe und heterogene Phänomene fasst. Deshalb beschränken sich die folgenden Ausführungen auf die hier besonders relevante Frage, was es heißt, die Aussagen der interviewten Jugendlichen in Rechnung zu stellen, wenn sie von ihren Handlungsmotiven sprechen und damit ihr gewalttätiges Handeln erklären. Hier muss man zunächst allgemein klarstellen, dass die Motive, mit denen Akteure ihre Handlungen sich selbst und anderen erklären, keineswegs Ausdruck solipsistischer mentaler Vorgänge sind. Vielmehr ist die Artikulation von Motiven, wie C. Wright Mills (1940) dargelegt hat, grundsätzlich eingebettet in bestimmte – historisch, schichtspezifisch und situativ variable – Vokabulare, die den Rahmen für verstehbare und moralisch akzeptable Erklärungen von Handlungen abstecken. Auch wenn Mills ein klares Bewusstsein davon hat, dass Handlungsmotive in der alltäglichen Interaktion, aber auch in den Sozialwissenschaften bisweilen von außen zugeschrieben werden, hat er zu Recht davor gewarnt, die von Akteuren geäußerten Motive als »bloße Rationalisierungen« abzutun und nach den »realen Motiven« zu suchen, die etwa in biologischen Antrieben oder im Unbewussten liegen könnten (vgl. ebd.: 909). Dennoch muss man genauer fragen, wie die auf Handlungsmotive bezogenen Vokabulare verfasst sind.

Peter Winch hat die Auffassung vertreten, dass eine Erklärung von Handlungen durch die Motive des Handelnden etwas ganz anderes ist als eine kausale Erklärung, wie sie in den Naturwissenschaften vorkommt (Winch 1966: 98 ff.). Sowohl die vom Akteur artikulierten als auch die ihm zugeschriebenen Motive, so Winch, beruhen auf moralisch relevanten *Gründen* und nicht auf *Ursachen*, die kausal bestimmte Wirkungen hervorbringen. Und weil eine solche Rede von Motiven immer schon das soziale Leben bestimmt, sind Winch zufolge auch die Sozialwissenschaften an einen nicht-kausalistischen Motivbegriff gebunden, wenn sie adäquate Erklärungen für Handlungen liefern wollen. Die Letztinstanz für das Argument, dass Motive nichts mit Ursachen zu schaffen haben, ist bei Winch der tatsächliche Sprachgebrauch, die alltagssprachlichen Verwendungsregeln für den Begriff des Motivs. Darin erweist er sich als ein typischer Exponent der Sprachphilosophie Ludwig Wittgensteins.

Hanna Fenichel Pitkin, die in derselben Tradition steht, kommt jedoch zu einem anderen Ergebnis als Winch. Sie bestreitet keineswegs, dass es in den Sozialwissenschaften und in ihrem Objektbereich, zumal dieser in sich sinnhaft strukturiert ist, einen Typus von Handlungserklärungen gibt, für den es in den Naturwissenschaften kein Äquivalent gibt. Aber sie behauptet zu Recht, dass es zwei Typen von Erklärungen von Handlungen gibt, die wiederum durch zwei gänzlich verschiedene Vokabulare geprägt sind: Manchmal werden Handlungen mit den Begriffen des Zwecks, des Motivs und der Intention erklärt, manchmal mit dem Begriff der Ursache (siehe Pitkin 1972: 157 ff. und 241 ff.). Dazu schreibt Pitkin:

»Our sense of conflict, our conviction that an action must be free of determinism, and that causation implies determinism, has its roots in the grammar of concepts like ›action‹, ›freedom‹, ›causation‹, just as surely as the alleged proof that no problem exists. It is the facts of our grammar that have contradictory implications when we try to generalize about action and causation in the abstract. And the discrepancy is not, as the critics of social science suggest, between the concept of action and that of causation, but *within* the grammar of action, *within* the grammar of causation.« (Ebd.: 267)

Die Grammatik, d. h. die Verwendungsregeln des Begriffs des Handelns ist also nach Pitkins These in einer spannungsreichen Weise mit der Grammatik des Begriffs der Ursache verwoben, nicht nur mit der Grammatik von Begriffen der Motivation und der Begründung.[22] Verursachung bedeutet bei Handlungen jedoch nicht, wie Pitkin (1972: 268) klarstellt, dass eine Ursache eine bestimmte Handlung direkt hervorbringt, sondern dass sie auf den Willen, das Bewusstsein oder die Intentionen des Akteurs einwirkt. Eine ähnliche Position wie Pitkin hat auch Alfred Schütz vertreten, der mit seiner Unterscheidung zwischen »Um-zu-Motiven« und »Weil-Motiven« ebenfalls auf das Doppelgesicht von Handlungs-

22 Wittgenstein selbst hat den Sachverhalt so gesehen, dass wir *Ursachen* für unsere Handlungen benennen, wenn wir keine *Gründe* mehr haben. Wenn wir etwa gefragt werden, warum wir routinisierte Handlungsabläufe so ausführen, wie wir es tun, dann verweisen wir, so Wittgenstein, auf eine Reihe von Erfahrungen, die zeigen, dass unser Handeln eine regelmäßige Abfolge bestimmter Bedingungen ist, welche dann die Ursache dieses Handelns genannt werden (vgl. Wittgenstein 1984b: 33 ff.).

erklärungen hingewiesen hat (vgl. Schütz 1971: 24 ff. und 46 ff., 1972: 12 f., 1974: 115 ff. und 284 f.).

Was bedeutet es nun für die nachstehenden Interpretationen des Interviewmaterials, dass Handlungsmotive sowohl durch den Verweis auf Intentionen und verwandte Begriffe als auch durch die Angabe von Ursachen erklärt werden können? Und was bedeutet es, die *accounts*, mit denen die interviewten Jugendlichen ihre Motive für Gewalthandlungen darlegen, zur Grundlage der wissenschaftlichen Erklärung ihres Handelns zu machen?

Hier ist zunächst festzuhalten, dass Handlungen nicht unbedingt einem festgesetzten Ziel folgen müssen und dass Handlungen Phänomene sind, in deren Verlauf sich die Intentionen der Akteure erst aufbauen und ständig verändern können.[23] Ebenso verhält es sich mit den Erklärungen von Handlungen, denn auch diese verändern sich mit der Zeit. Aber auch zu einem gegebenen Zeitpunkt können Akteure für ein und dieselbe Handlung sehr unterschiedliche und auch widersprüchliche Erklärungen ihrer Motive liefern. So kann ein Jugendlicher im Interview der Schilderung einer Gewalttat eine Rechtfertigung folgen lassen, die gar nicht mit der Erzählung des Handlungsablaufs übereinstimmt. Dies ist etwa der Fall, wenn er eine Gewalttat damit rechtfertigt, dass ihn sein Opfer zuvor herausgefordert hat, während seine Erzählung der Situation keine Herausforderung erkennen lässt und stattdessen zeigt, dass er seinen umstehenden Freunden imponieren wollte. Welche der beiden Erklärungen seiner Handlungsmotive nun adäquater ist, kann nur am konkreten Interviewtext entschieden werden. Das Interpretationsproblem ließe sich womöglich aufklären, indem die explizite Rechtfertigung als sekundär gegenüber dem implizit aus der Erzählung hervorgehenden Motiv ausgewiesen oder gezeigt werden könnte, dass die argumentierende und die erzählende Erklärung zwei sich in der Handlungssituation überlagernde Motive benennen. In vielen Fällen jedoch wäre es naiv, die expliziten Erklärungen, die Akteure von ihrem Handeln geben, für eine hinreichende oder vollständige Beschreibung ihrer Handlungsmotive zu halten. Denn oft haben sie selbst kein klares Bewusstsein davon, was sie zu ihren Gewalthandlungen motiviert hat. In solchen Fällen können die Daten dem wissenschaftlichen Interpreten zwei Möglichkeiten anbieten, von denen in dieser Arbeit Gebrauch gemacht wird.

23 Vgl. dazu die nicht-teleologische Deutung der Intentionalität des Handelns bei Joas 1992a: 218 ff.

Die erste besteht darin, dass in einer Erzählung *implizite Hinweise* auf die Motive einer Gewalttat enthalten sein können. Die Erzählung als Ganze kann erklärenden Charakter haben, indem sie wiedergibt, was dem gewalttätigen Handeln vorausging, wie es sich entwickelte und zu welchem Ergebnis es führte, ohne dass der Erzähler eine explizite Erklärung seines Handelns abgibt. Hier muss die Interpretation die Motive aus dem geschilderten Handlungsverlauf, aus der vom Erzähler benutzten Metaphorik oder aus dem Erzählduktus rekonstruieren. Die Datenbasis für ein solches Vorgehen besteht darin, dass der Erzähler etwas zu verstehen gibt, ohne dies beabsichtigt zu haben. Hier kann die Interpretation seiner Handlungsmotive durchaus von der Erklärung abweichen, die der Erzähler selbst von seinem Handeln gibt. Dies darf jedoch kein Willkürakt des Interpreten sein, sondern muss ein Fundament in der Erzählung des Interviewten haben. Hier hat die wissenschaftliche Erklärung die Form einer Erklärung in Termini von Motiven, Intentionen und Zwecken, d. h. sie besteht in einer Rekonstruktion der Um-zu-Motive des Akteurs, der von seinem Handeln erzählt.

Wenn Erzähler kein klares Bewusstsein ihrer Motive haben bzw. die von ihnen angegebenen Motive weiter erklärungsbedürftig sind, gibt es eine zweite Möglichkeit, diese Motive zu erhellen. Wenn, wie hier der Fall, nicht nur Erzählungen zu bestimmten Gewaltepisoden, sondern auch Erzählungen zu früheren biographischen Erfahrungen vorliegen, kann man den Versuch unternehmen, die nur rudimentär verständlichen Motive einer Gewalttat durch den Vergleich mit anderen Erzählungen zu erhellen, etwa mit Erzählungen über familiäre Interaktionen. So kann sich zeigen, dass ein aus bestimmten familiären Interaktionen erwachsenes Wahrnehmungsmuster in den Schilderungen von Gewalthandlungen regelmäßig wiederkehrt. Wenn es dem Interpreten gelingt zu zeigen, dass jene Wahrnehmungsmuster die Situationsdefinitionen und Gewaltmotive eines Akteurs bestimmen, dann hat er ein tieferes Verständnis dessen erlangt, was in den entsprechenden Situationen vor sich geht. Der Akteur kann ein klares Bewusstsein seiner unmittelbaren Situationswahrnehmung und Motive haben, aber es kann seiner Reflexion dabei völlig entgehen, wodurch diese wiederum bedingt sind. In einem solchen Fall wird die Erklärung, die der Akteur von seinem Handeln gibt, nicht mit der Erklärung übereinstimmen, die der wissenschaftliche Interpret von seinem Handeln entwickelt. Gerade deswegen muss der Interpret seine Ergebnisse sorgfältig am Material ausweisen können, um nicht der Spekulation Tür und Tor zu öffnen. Seine Erklärung darf er nicht einfach dem Material von außen aufdrängen, sondern sie muss aus dem fallinternen Vergleich verschiedener Erzählungen und ihrer semantischen Struktur hervorgehen. Eine so erarbeitete wissenschaftliche Erklärung hat die Form einer kausalen oder quasi-kausalen Erklärung, d. h. sie besteht in einer Rekonstruktion der Weil-Motive, welche die Um-zu-Motive des Akteurs hervorbringen.

Da die Weil-Motive das Handeln des Akteurs hinter seinem Rücken bestimmen können, sollte eine wissenschaftliche Erklärung von Handlungen nicht immer ausschließlich auf den *expliziten* Erklärungen der Akteure basieren. Die Erklärungen der Akteure müssen aber immer die ersten Kandidaten für die Rekonstruktion von Handlungsmotiven darstellen, und sie behalten selbst dann ihre Relevanz, wenn sie Anlass zu alternativen oder weiter vordringenden Deutungen geben. Auch in diesem Fall muss die wissenschaftliche Erklärung die Erklärungen der Akteure interpretieren und ihre Funktion für die Akteure untersuchen, auch wenn sie sich als unzureichend oder gar als Selbstmissverständnisse erweisen. Denn auch defizitäre Handlungserklärungen und Selbstbeschreibungen können soziales Handeln bestimmen. Obgleich es für die qualitative Datenanalyse also unabdingbar ist, das der Gewaltanwendung jeweils zugrunde liegende Wirklichkeitsverständnis der Akteure sowie ihre Handlungserklärungen zu erfassen, sollte sie sich nicht in einer bloßen »Nachvollzugshermeneutik« (Oevermann 1993: 107 ff.) ergehen. Vielmehr geht es in einer gehaltvollen Interpretation darum, zunächst die lebensweltlichen Sinnzusammenhänge zu rekonstruieren, in deren Licht die Akteure selbst ihre Gewalthandlungen verstehen, um dann durch kontrastive Vergleiche die verschiedenen Schichten und Brüche der Erzählungen, Erklärungen und Selbstbeschreibungen kenntlich zu machen.

Die Aussagen der Akteure über ihre Handlungsmotive bedürfen der *kritischen Rekonstruktionen*, damit die wissenschaftliche Interpretation nicht zu einer bloßen Verdoppelung der Konstruktionen erster Ordnung wird und letztlich nur in anderen Begriffen wiederholt, wie die interviewten Jugendlichen ihre Handlungen erklären. Die wissenschaftliche Erklärung muss die Funktion, die ihre Handlungserklärungen für die Akteure selbst besitzen, mitreflektieren und diese Erklärungen auf ihre Adäquanz hin befragen. Und die wissenschaftliche Erklärung muss mit einbegreifen, was die Akteure implizit über ihre Handlungsmotive zu verstehen geben. In diesem Sinne sollte für die folgenden Kapitel dieses Buches gelten: People's accounts count.

2

Tätererfahrungen und intrinsische Gewaltmotive

Wer Erzählungen von Jugendlichen über ihre gewalttätigen Praktiken zum Ausgangspunkt der sozialwissenschaftlichen Analyse macht, stößt schnell auf das irritierende Phänomen, dass sie mit der Gewaltausübung durchaus positive, ja lustvolle Erlebnisse verbinden. Ihren Schilderungen zufolge begingen sie ihre Taten häufig in euphorischen Zuständen, und in der einen oder anderen Weise sagen sie von sich, sie hätten »eine Erfahrung gemacht« (vgl. Dewey 1980: 47 ff., Abrahams 1986, Strauss 1993: 122 ff.). Derartige Aussagen sind keineswegs trivial, denn die Jugendlichen wollen damit sagen, dass sie Erfahrungen ganz spezieller Art gemacht haben – solche nämlich, die aus dem kontinuierlichen Erfahrungsfluss des Alltags herausragen. Es handelt sich dabei um Erfahrungen einer besonderen Intensität, die von den Jugendlichen als überwältigend beschrieben werden und die sich ihrer Erinnerung unauslöschlich eingraviert zu haben scheinen. Dass die Gewaltausübung von Jugendlichen mit außeralltäglichen, von Spannung und Risiko geprägten Erlebnissen verbunden sein kann, haben verschiedene Autoren durchaus gesehen. Dennoch wurden diese Aspekte jugendlichen Gewalthandelns in der einschlägigen Forschung kaum systematisch untersucht und in ihrer explikativen Bedeutung erkannt.

Schon in den 1920er Jahren hat Frederic M. Thrasher in seiner klassischen Studie *The Gang* die Aktivitäten von Chicagoer Gangs unter der Überschrift »The quest for new experience« analysiert (Thrasher 1927: 82 ff.).[1] In seiner Zusammenfassung der Studie hält Thrasher zu diesem Punkt fest:

> »A study of life in the gang revealed a variety of activities such as random movement, games and gambling, predatory exploits, patronage of commercialized recreation, sports and athletics, and indulgence in stimulants – all of which indicated the dominant motive in the life of the gang boy as a desire for ›new experience‹, or some form of excitement.« (Thrasher 1964: 656)

---

1 Thrasher bezieht sich damit auf einen der vier fundamentalen Wünsche, die nach William I. Thomas (1923: 1 ff.) die motivationale Basis menschlichen Handelns bilden.

An einzelnen Stellen spricht Thrasher auch davon, dass die gewalttätigen Auseinandersetzungen zwischen Gangs von deren Mitgliedern als Gelegenheiten für Erfahrungen des »excitement« wahrgenommen werden, aber er unternimmt es nicht, die spezifischen Erfahrungen, die mit solchen Auseinandersetzungen verbunden sein können, auch nur deskriptiv zu erfassen. Dies zeigt sich schon daran, dass er, wie das angeführte Zitat demonstriert, sehr heterogene Aktivitäten der Gangmitglieder über einen Kamm schert und die mit ihnen verbundenen Erfahrungen nicht auf die Gewaltausübung fokussiert.

Dasselbe gilt für Paul W. Tappan, der gut zwei Jahrzehnte nach Thrasher feststellte: »Where children have come to enjoy their delinquencies as games – so commonly the case – the thrills thus provided are usually greater than those which organized recreation can provide.« (Tappan 1949: 150) Ähnlich wie Tappan haben David Matza und Gresham M. Sykes (1961) die mit jugendlicher Delinquenz verbundenen »excitements«, »kicks« und »thrills« mit modernen Freizeitkulturen in Beziehung gesetzt und gefragt, was Delinquenz zuallererst attraktiv macht. Sie gelangten zu der Diagnose, dass die Wertschätzung des Abenteuers, die Verachtung von harter Arbeit und Sparsamkeit sowie die Bewunderung männlicher Aggressivität untergründige, gewissermaßen inoffizielle Werthaltungen der Mittelklasse darstellen.[2] Die Delinquenz von Jugendlichen betrachteten sie als einen spezifischen Ausdruck dieser Werthaltungen:

»The delinquent may not stand as an alien in the body of society but may represent instead a disturbing reflection or a caricature. His vocabulary is different, to be sure, but kicks, big-time spending, and rep have immediate counterparts in the value system of the law-abiding. The delinquent has picked up and emphasized one part of the dominant value system, namely, the subterranean values that coexist with other, publicly proclaimed values possessing a more respectable air.« (Ebd.: 717)

2 Zuvor hatte Walter B. Miller (1958) von vergleichbaren Werten der Unterschicht gesprochen, die in delinquenten Handlungen von Jugendlichen einen Ausdruck finden. Mit Bezug auf die delinquente Gang-Subkultur hat Albert K. Cohen (1955) Phänomene wie »Stehlen zum Spaß« und »Warten auf etwas Aufregendes« beschrieben. Dieser Subkultur attestierte Cohen zwei Eigenschaften, die auf die Attraktivität delinquenter Handlungen hinweisen: Die Gang-Subkultur sei »nicht-utilitaristisch« und durch einen »auf kurzfristige Ziele gerichteten Hedonismus« charakterisiert (ebd.: 25 ff.). Aber auch in Cohens Untersuchung spielten Gewaltdelikte nur eine marginale Rolle. Zu Miller und Cohen sowie zum Zusammenhang zwischen subkulturellen und unterschicht-spezifischen Werten einerseits und der Suche nach »Spaß«, »Aufregung« und »Vergnügen« andererseits vgl. auch Trotha 1974: 22 ff. und 69 ff.

Eine solche Theorie, die auf der Ebene allgemein verbreiteter Werte operiert, kann nicht erklären, warum manche Jugendliche delinquent werden und andere nicht, und weshalb bestimmte Jugendliche einem bestimmten Delikttyp zugeneigter sind als andere. Insbesondere lässt sie die Frage offen, was Jugendliche zu schwerwiegenden und brutalen Gewalttaten motiviert, die weder auf jene untergründigen Werte zurückgeführt werden können noch mit Abenteuern viel gemein haben, auf die sich junge Menschen in ihrer Freizeit gewöhnlich einlassen. Aber Matza und Sykes haben die Erlebnisdimension von delinquenten und, spezifischer, von gewalttätigen Handlungen gar nicht empirisch untersucht, obwohl ihre theoretische Argumentation dies nahe gelegt hätte. So konnte David J. Bordua Anfang der 1960er Jahre in einem kritischen Überblick über soziologische Interpretationen jugendlicher Bandendelinquenz beklagen, dass der »Spaß«, auf den Thrasher hingewiesen hatte, bald wieder vollends aus dem Blickfeld geraten sei (Bordua 1974/1961). Ob »Spaß« der richtige analytische Begriff ist, um den subjektiven Gehalt von Gewalterfahrungen als Täter zu fassen, kann man getrost bezweifeln – auch wenn es sich dabei um einen Begriff handelt, der in verschiedenen Gruppierungen zum geläufigen Vokabular bei der Beschreibung gewaltförmiger Auseinandersetzungen gehört. Ungeachtet dessen hätte Bordua auch heute noch mit der These Recht, dass die motivationale Bedeutung von Erlebnissen bei delinquenten und insbesondere bei gewalttätigen Handlungen in der einschlägigen Forschung völlig unterbelichtet ist.

In der jüngeren Vergangenheit haben verschiedene Forscher erneut auf die außergewöhnlichen Erlebnisse jugendlicher Täter aufmerksam gemacht, meist jedoch, ohne daraus theoretische Schlüsse zu ziehen.[3] Unübertroffen geblieben ist hier die Studie *Seductions of Crime* von Jack Katz (1988), der es um »the positive, often wonderful attractions within the lived experience of criminality« zu tun ist (ebd.: 3). In seiner Analyse gewalttätiger Gangs in Ghettos, die von Schwarzen und lateinamerikanischen Einwanderern bewohnt werden, arbeitet Katz die spezifische Anziehungskraft solcher Gangs auf Jugendliche heraus. In schillernden Farben beschreibt er die Gangaktivitäten, die um die Beherrschung bestimmter Straßenzüge und die bisweilen gewaltsame Verteidigung »ihres«

3 Während etwa Ruth Horowitz (1983: 80 ff.) ihrem Hinweis auf das »excitement«, welches das gewaltaffine Straßenleben den Mitgliedern amerikanisch-mexikanischer Gangs bietet, nicht weiter nachgeht, benutzen Michael R. Gottfredson und Travis Hirschi (1990: 89 ff.) ihre Feststellung, dass alle Arten des Verbrechens »exciting, risky, or thrilling« sind, lediglich als Argument für ihren Ansatz, demzufolge Gewalthandlungen ebenso wie andere kriminelle Akte das Ergebnis einer niedrigen Selbstkontrolle der Täter darstellen.

Territoriums herum organisiert sind. So spricht Katz (1988) von »transcendent fascinations of street life« und führt dazu aus:

»All the emotionally compelling activities examined thus far – battles and reviews of strategic intelligence, parading, strategies for expressing an inviolable superiority over mundane authorities – seduce their adherents with a common emotional logic. All are ways of enacting the transcendent superiority of what is subjectively ›here‹ – a local neighborhood, a group of intimate friends, a sensual involvement – over what is encountered ›there‹, at a distance, as anonymous strangers – those who live in other neighborhoods, passersby on the street, school officials who may not even be known as ›teacher‹ but as ›lady‹, whose normative world may be appreciated only as incomprehensible ›noise‹ produced by a ›flapping mouth‹. (...) Adolescents – even those who ›got a good brain‹, get high marks, and do not cut class – generally revel in ›street life‹; the phrase evokes a romantically mysterious, independent place, where dangerous, vaguely evil, downright sexy events transpire.« (Ebd.: 148 f.)

Gewalt nun spielt Katz zufolge im Leben der Gangs die spezifische Rolle, Angst und Schrecken zu verbreiten und sich mit einem Image des Gefährlichen auszustatten. Die militaristischen Paraden auf der Straße und die Kämpfe zwischen den Gangs dienen dabei dem Zweck, im Wohnumfeld der Gangmitglieder – und weil dies ihr Gebiet, ihr »turf« ist, nennen sie sich auch »homeboys« – eine Atmosphäre des Terrors zu schaffen oder zumindest zu simulieren, in der sie als Kämpfer, Helden und Männer erscheinen, die ihre Kindheit hinter sich gelassen haben. Darin, dass aus Kindern Helden werden, die den Krieg zwischen den Gangs zu meistern und zu überleben haben, besteht das, was Katz »the transformative magic of violence« nennt. Die Straßenkämpfe zwischen den verschiedenen Gangs realisieren laut Katz die mit einer reichhaltigen Symbolik ausgestattete Idee der Gangjugendlichen, als erwachsene Souveräne über ein Territorium zu herrschen und es zu kontrollieren. Entsprechend fasst er die Funktion der Gewalt der Straßeneliten zusammen: »For the members of urban street elites, violence has the instrumental value of stimulating metaphors that make the group a real presence as a militant force of sovereign rulers.« (Ebd.: 132) An anderer Stelle schreibt er: »I suggest that adolescent fighting groups find violence compellingly attractive as a means of sustaining the aura of dread that is an essential element in their project of elite rule.« (Ebd.: 137)

Damit ist ein Punkt angesprochen, in dem die nachfolgenden Analysen über Katz hinausgehen. Euphorisierende Erlebnisse der Täter in Momenten der Gewaltausübung können, wie sich zeigen wird, dazu führen, dass ihre Gewaltakte gar keiner externen Ziele und Zwecke mehr bedürfen. Katz zufolge fungiert die Gewalt der Gangs stets als Mittel zu einem anderen Zweck, nämlich dem, Schrecken zu verbreiten, um sich dadurch als Elite der Straße zu etablieren. Die Anziehungskraft der Gewalt ist der Anziehungskraft dieses Unterfangens geschuldet und mit ihr identisch. Hier vermischt Katz differente Handlungsmotive – und dies dürfte ausschlaggebend dafür sein, dass er Situationen der unmittelbaren Konfrontation zwischen gewalttätigen Gruppen gar nicht untersucht. An dieser Stelle weist Katz' Untersuchung eine Grenze auf, die zu überwinden wesentlich ist, um bestimmte Phänomene jugendlicher Gewalt verstehen zu können. In diesem Kapitel werden daher *Situationen* der Gewaltausübung untersucht und die motivierenden Wirkungen der darin durchlebten Erfahrungen in den Blick genommen.

In der deutschen Forschung zum Thema Jugendgewalt war in den letzten Jahren immer wieder von einer »Lust an der Gewalt« die Rede. Aber selbst Beiträge, die eine solche »Lust« im Titel tragen, können meist nur vage erklären und empirisch ausweisen, was damit genau gemeint ist (so etwa Breyvogel 1993, Esser/Dominikowski 1995). In ihrer sekundäranalytischen Studie, die sich auf Untersuchungen zu Hooligans, Skinheads und multikulturellen Street-gangs stützt, sprechen Johannes Esser und Thomas Dominikowski von »Gewaltbedürfnissen« und von einer »Gewaltlust« bei den Jugendlichen und stellen die These auf:

> »Ein großer Teil der Handlungsantriebe hat seinen Zweck in sich selbst, d. h. ein über die Gewalthandlung hinausgehendes Ziel tritt in der Bedeutung zurück, das Ziel des Agierens ist schon in der Handlung selbst erreicht, etwa in Form sinnlicher Erfahrung oder surrogathafter Eindeutigkeit.« (Ebd.: 62)

Woher die Autoren dies wissen, wird aus ihrem Buch jedoch nicht recht klar. Statt ihre These weiter zu entfalten und mit empirischer Anschauung zu füllen, stellen sie neben das »Lustmotiv« eine solche Vielzahl anderer Motive und Ursachen jugendlicher Gewaltsamkeit, dass letztlich die Pointe der These verloren geht.

Andreas Böttger (1998a) hat in seiner biographisch ausgerichteten Untersuchung über gewalttätige Jugendliche aus ganz verschiedenen Kontexten darauf hingewiesen, dass insbesondere Hooligans, aber auch jugendliche Einzelgänger/innen den »Spaß an der Gewalt« oft als ihr Motiv angeben.[4] So schreibt er

4 Auf die gleiche Diktion stießen Roland Eckert et al. bei einer Gruppe von Hooligans (siehe Eckert/Reis/Wetzstein 2000: 378 ff.). Die Trierer ›AG sozialwissenschaftliche Forschung und Weiterbildung‹ hat die »Lust an der Gewalt« nicht nur bei Hooligans, sondern auch bei Paintballspielern und Sadomasochisten untersucht. Es handelt sich dabei um »Spezialkulturen« mit hochgradig ritualisierten Praktiken realer und fiktionalisierter Gewalt, die bestimmten Regeln folgt, auf dem vorgängigen Einverständnis der Beteiligten beruht und sozi-

zusammenfassend über die Einzelgänger/innen: »Häufig wurde schlicht gesagt, der ›Spaß an der Gewalt‹ sei ihr einziges Motiv – wobei es zu denken geben muss, dass sich die Gewalt der Befragten, die dies angaben, bisweilen gegen völlig unbekannte Opfer richtete.« (Ebd.: 213) Aus seinen Interviews mit Hooligans und deren Beschreibung der »dritten Halbzeit« zieht Böttger folgendes Fazit:

»Es gibt Gewalt unter Fußballfans, die allein deshalb ausgeübt wird, weil sie für alle Beteiligten Spaß bedeutet, und die kein anderes Ziel verfolgt, als die Siegergruppe der jeweiligen Schlägerei zu ermitteln. (...) Die meisten Hooligans, die wir befragten, übten jedoch Gewalt aus, die sich nicht dieser sportähnlichen Form zuordnen lässt: Sie hielten sich in den rauschartig erlebten Schlägereien bald an keine Regeln mehr und sahen in den eingreifenden Polizist/innen oft zusätzliche Gegner/innen.« (Ebd.: 251 f.)

Diese Hinweise sind zweifelsohne treffend und wegweisend, doch es fehlt ihnen die Tiefenschärfe. Um herauszufinden, was den »Spaß« oder den »Rausch« der Gewalt ausmacht, kann es sicher nicht genügen, entsprechende Äußerungen der Jugendlichen nur zu registrieren. Genau an diesem Punkt müsste die eigentliche Analyse anfangen, bei Böttger indes endet sie hier.

Auch Wolfgang Kühnel (1993a, 1993b, 1995) hat den Aspekt des Gewalterlebens bei Jugendlichen aus politisch radikalen Gruppen im Osten Deutschlands mehrmals betont, aber er verspielt weite Teile der Erklärungskraft dieses Aspekts, wenn er die starken Erlebnisse bei der Gewaltausübung kurzerhand auf die Sensationslosigkeit der sozialen Nahräume zurückführt, in denen die Jugendlichen ihre Freizeit verbringen. So schreibt er, nachdem er die Erosion geltender Kontrollagenturen im Osten Deutschlands diagnostiziert hat:

»Die Unbestimmtheit, Unvorhersehbarkeit in den Handlungsabläufen und Erfahrungszusammenhängen erfahren Jugendliche unter Bedingungen erlebnisarmer Sozialräume. In solcher

al folgenlos bleibt. Gewalt und Gewaltsimulation finden in klar umgrenzten Settings statt, die den Charakter von »Spielen« haben und den Rahmen für »rational herbeigeführte Erlebnistechniken« bilden (vgl. Eckert/Steinmetz/Wetzstein 2001). Solche Gewaltrituale sind jedoch von Gewaltpraktiken zu unterscheiden, die von keinem festen Rahmen begrenzt werden und nicht auf dem Einverständnis der »Opfer« beruhen: »Unsere Ergebnisse zeigen, daß gewaltaffine Affekte nicht notwendig verdrängt werden, sondern regelhaft und zivilisiert, d. h. weitgehend folgenlos, ausgelebt werden können. Der soziale Charakter dieser Gewalt ist darum von anderen Gewaltformen grundsätzlich verschieden.« (Ebd.: 39) Diese anderen, relativ regellosen Gewaltformen stehen im Mittelpunkt der folgenden Analysen und können, wie sich zeigen wird, ebenfalls durch die Aussicht auf außeralltägliche Erlebnisse motiviert sein.

Weise reduziert sich das Handeln auf Nichtstun bzw. die Erwartung, daß ›etwas passiert‹.« (Kühnel 1993a: 405)

Ähnlich argumentiert auch die Untersuchung der Forschergruppe um Ralf Bohnsack in Bezug auf Hooligans: »Der situative Aktionismus findet bei den Hooligans seine spezifische Funktion zunächst darin, die Jugendlichen aus ihrer Alltagsexistenz – so vor allem dem als monoton und vielfach auch sinnlos erfahrenen Arbeitsalltag – gleichsam herauszukatapultieren.« (Bohnsack/Loos et al. 1995: 25)

Während späterhin eine alternative Deutung zur Genese des Phänomens, dass bestimmte Jugendliche Gewalt als etwas im positiven Sinne Außeralltägliches erleben, vorgeschlagen wird, ist dieses Kapitel zunächst einer Rekonstruktion von Gewalterfahrungen gewidmet. Dabei wird sich zeigen, dass die spezifische Erlebnisqualität und -intensität eine eigene Motivationsquelle der Gewaltausübung darstellen und eine Eigendynamik gewinnen kann. Diese These wird anhand des Konzepts der *intrinsischen Gewaltmotive* erläutert werden. Wenn sich dieses Konzept als tragfähig erweist, kann es zum analytischen Verständnis wesentlicher Dimensionen von Gewalthandlungen beitragen, die vielfach als »grundlos«, »sinnlos«, »blind« oder »irrational« apostrophiert werden und sich mit Begriffen des instrumentellen und des normativ orientierten Handelns nicht adäquat fassen lassen.

Im Folgenden werden zunächst an einem exemplarischen Fallbeispiel die wesentlichen Elemente jener Gewalterfahrungen rekonstruiert, aus denen intrinsische Gewaltmotive hervorgehen können. Dies soll anhand einiger einschlägiger Passagen aus dem Interview mit dem ehemaligen Skinhead Kai geschehen (2.1). In einem zweiten Schritt werden die zuvor in erfahrungsnahen Begriffen herausgearbeiteten Interpretamente systematisiert und in das theoretische Konzept der intrinsischen Gewaltmotive integriert. Im Zuge dessen wird das Konzept nach der Methode des Fallvergleichs im Modus »minimaler Kontrastierung« überprüft und erweitert (2.2).

2.1 Fallrekonstruktion Kai: Erfahrungen der Gewaltausübung

Als Kai[5] in den beiden mit ihm geführten Interviews von seinen zahlreichen Gewalttaten berichtete, war er 19 Jahre alt. Zu diesem Zeitpunkt hatte er sich bereits weitgehend von der Skinheadszene gelöst, blieb dieser aber, vermittelt durch persönliche Bekanntschaften, lose verbunden. Er bewegte sich mittlerweile in der Kiffer- und Technoszene, ohne fremdenfeindliche Ansichten und eine Vorliebe für rechtsradikale Musik aufgegeben zu haben, und lebte von einem recht einträglichen Handel mit Marihuana. Zweieinhalb Jahre vor den Interviews hatte Kais Malerlehre ein abruptes Ende gefunden, nachdem er einen Ausbildungsmeister geschlagen hatte, der mit seiner Arbeit unzufrieden gewesen war.

Die nachstehende Rekonstruktion basiert auf Kais Erzählung einiger Gewaltepisoden, die sich auf einen Zeitraum von etwa zwei Jahren eingrenzen lassen, in dem Kai zwischen 16 und 18 Jahren alt und ein Skinhead war. Sie beschäftigt sich nicht mit Kais Biographie, sondern richtet ihren Blick ausschließlich darauf, was in den von Kai geschilderten Episoden vor sich geht, wie er die entsprechenden Situationen beschreibt und welche Erfahrungen er mit seinen Gewalthandlungen verbindet. Die erste Episode beschließt jenen Teil des Interviews, in dem Kai seine Erfahrungen als Zeuge von Gewalt wiedergibt. Nachdem er zuvor ausschließlich von innerfamiliären Gewaltbeobachtungen gesprochen hatte, reflektiert er nun anhand einer Situation, in der er einen rohen Gewaltakt eines anderen aus nächster Nähe beobachtet hat, die für ihn virulente Frage, wie weit man in Situationen der Gewaltausübung gehen darf. Im Zuge dieser Reflexionen wird die Faszination, welche die Gewalt auf ihn selbst ausübt, zum Thema.

5 Ihre Decknamen haben die interviewten Jugendlichen, wie oben erwähnt, selbst gewählt. In drei Fällen wurden diese Namen jedoch nicht übernommen, weil ihre durchgehende Verwendung etwas merkwürdig geklungen hätte; so auch im Falle Kais, der den Decknamen »Weißer Hai« gewählt hatte. Dass er sich den Namen eines gefährlichen Raubtieres geben mochte, ist freilich bezeichnend.

2.1.1 Kaufhaus-Geschichte: Grenzen der Gewalt und die Faszination der Grausamkeit[6]

Int.: Und gibt es da Beobachtungen, die dich lange Zeit beschäftigt haben?

Kai: Ja, manchmal ist es bei Gewalt, dass denn doch so der Punkt -, wo ick denn gesagt habe: »Manchmal ist denn doch zu krass, wat man da macht, irgendwo.« Also irgendwie, ick kenn da Leute, die springen da uff dein Schädel rum oder so wat, wenn du da am Boden liegst, und wollen det dann ooch richtig knacken hören, und so wat, so wat kenn ick ja ooch. Und det ist dann -. (2)

Int.: Hast du das schon mal beobachtet?

Kai: Ja, det hab ick ooch schon beobachtet, ja. Det war im MM gewesen, det ist so 'n Kaufhaus in S-Bezirk, war das dann, (.) sagen wir mal, mehr oder weniger 'n Kumpel von mir, der ist (.) 'n bisschen gestört psychisch, der ist -, hat da een verprügelt im Kaufhaus und ist dem dann (.) uff dem Kopp rumgesprungen und wollt's denn ooch knacken hören, oder so wat, hat er immer gesagt: »Will's knacken hören!« Und ist denn ooch ruffgesprungen uff den Kopf. (.) Allet so 'ne perversen Sachen. [Hustet] Fand det eigentlich immer ganz lustig, die ganzen Szenen. Ick hab immer gedacht, ick werd -, vielleicht werd ick ooch mal so ausflippen, also so dermaßen ausflippen mit 'm Menschen und (.) mit dem so dermaßen umzugehen also. [Räuspert sich] Manchmal kann ick ooch

---

6 Legende der Transkriptpassagen:

Int.	Interviewer
sooo	Dehnung
ja-ja	schneller Anschluss; Zusammenziehung
Wor-	abgebrochenes Wort
Satz -	abgebrochener Satz
kursiv	Betonung durch den Sprecher
(.)	kurzes Absetzen, Sprechpause (bis ca. eine Sekunde)
(3)	Pause (Dauer in Sekunden)
⌊	Beginn einer Überlappung (gleichzeitiges Sprechen)
⌋	Ende einer Überlappung
(doch)	Unsicherheit bei der Transkription (aufgrund schlechter Artikulation, semantischer Unverständlichkeit, Lärm etc.)
( )	Äußerung akustisch unverständlich
[Text]	Bemerkung zur Sprechweise oder zu parasprachlichen, nonverbalen und gesprächsexternen Ereignissen
(...)	Auslassung im Transkript

krass -, aber nicht so krass, dass ick Leuten richtig uff dem Kopf rumspringe, dass det knackt oder so wat. Aber wäre mal 'ne lustige Erfahrung also, hhf, det einfach mal so zu machen also.

Int.: Also, dachtest du schon manchmal: Na ja, also so, so möcht ich auch sein? Oder: Die Erfahrung möcht ich auch mal machen?

Kai: [Lapidar:] Jo. Jo.

Auf die Frage nach Gewaltbeobachtungen, die lange bei ihm nachgewirkt haben, kommt Kai auf Taten zu sprechen, bei denen er im Nachhinein zu dem Schluss kam, dass sie »denn doch zu krass« waren. Daran schließen seine Überlegungen zu den moralischen Grenzen gewalttätigen Handelns an. Für Kai scheinen diese Grenzen weder von der Identität des Opfers noch von dessen Verhalten abhängig zu sein, sondern einzig und allein in der Intensität oder Brutalität des Gewaltaktes selbst zu liegen. Die für Kai relevante Frage ist nicht die, unter welchen situativen Umständen Gewalt überhaupt gerechtfertigt oder rechtfertigbar ist, sondern ausschließlich die, wo die innere Grenze eines Gewaltaktes liegen sollte.

Als jenseits dieser Grenze liegend betrachtet Kai die von ihm zunächst abstrakt vorgetragene Situation, in der jemand auf dem Kopf eines am Boden liegenden Menschen herumspringt und es »knacken hören« will. Auf die entsprechende Nachfrage des Interviewers kontextualisiert Kai die Situation, indem er ein Kaufhaus als den Ort des Geschehens und einen seiner Kumpel als den Täter benennt; erst jetzt wird auch Kais Anwesenheit in der Situation explizit. Vom Täter und seiner extremen Form der Gewalt distanziert er sich, indem er ihn als »mehr oder weniger 'n Kumpel von mir« und als »'n bisschen gestört psychisch«[7] bezeichnet. Die darauf folgende Beschreibung des Vorfalls weist einige signifikante Lücken auf. Kai blendet nicht nur die Vorgeschichte des Vorfalls und die Person des Opfers aus, sondern auch seine eigene Rolle und Mitverantwortung in der Situation. Kais Aufmerksamkeit ist ganz auf den einen Moment fixiert, den er ein zweites Mal eindringlich beschreibt: Sein Kumpel sei dem Opfer »uff dem Kopp rumgesprungen und wollt's denn ooch knacken hören, oder so wat, hat er immer gesagt: ›Will's knacken hören!‹ Und ist denn ooch ruffgesprungen uff den Kopf.« Nachdem Kai dieses Tun abermals

7 Aufschlussreich ist in diesem Zusammenhang, dass der Ausdruck »Psycho« von mehreren der interviewten Jugendlichen als Bezeichnung für Personen verwendet wird, mit denen keine normale Kommunikation möglich ist und die ohne einen entsprechenden situativen Anlass zu Gewalttätigkeit von völlig unberechenbarer Brutalität neigen.

verurteilt, indem er es den »perversen Sachen« zuordnet, die er erlebt hat, bricht jedoch die ganze Ambivalenz seiner Betrachtungsweise auf.

Die Eindeutigkeit, mit der er die extrem gewalttätige Handlung seines Kumpels als jenseits der zulässigen Grenzen liegend klassifiziert und schließlich mit dem Verdikt der Perversion belegt hat, weicht nun einem zunächst vorsichtigen, sprachlich hilflos wirkenden Eingeständnis: »Fand det eigentlich immer ganz lustig, die ganzen Szenen«. Die unaussprechlichen »Sachen«, die Kai eben noch als »pervers« bezeichnete, werden nun zu »Szenen«, denen er etwas Positives abgewinnen kann; mehr besagt das Wort »lustig« hier wohl nicht. Im weiteren Verlauf der Interviewpassage wird seine moralische Empörung über die Tat seines Kumpels sukzessive demontiert. Es zeigt sich, dass dessen Grausamkeit eine Anziehungskraft auf ihn ausübt und dass er ebenfalls hinter die Grenze gelangen möchte, die sein Kumpel bereits überschritten hat. Nun räumt Kai ein, dass Gewalttaten des beschriebenen Typs bei ihm die Vorstellung weckten, selbst Ähnliches zu tun. Der Gedanke, er könnte einmal in der Manier seines Kumpels »ausflippen«, ist als eine Wunschvorstellung zu interpretieren, denn er fungiert in Kais Erzählung als Explikation seiner Aussage, dass er solche Szenen »immer ganz lustig« gefunden habe.

Wenn er selbst einmal mit einem Menschen »dermaßen umzugehen« sich wünscht, dass das Brechen der Knochen zu hören ist, dann muss für ihn im Gewaltakt selbst eine unmittelbare Attraktion stecken – ein Moment der Faszination, welches die von Kai zuvor aufgestellten Grenzen der Brutalität wirkungslos macht und nach deren Überschreitung ruft. Dies wirft auch ein Licht darauf zurück, weshalb Kai auf die Frage nach Gewaltbeobachtungen, die ihn längere Zeit beschäftigt haben, gerade mit der Schilderung der Kaufhaus-Episode reagiert. Denn die Episode beschwor nicht nur die bohrende moralische Frage nach den für ihn gültigen Grenzen der Gewaltsamkeit herauf, sondern konfrontierte ihn auch mit der ungeheuerlichen Erkenntnis, dass die schonungslose Verletzungswut seines Kumpels ebenso geartete Impulse bei ihm selbst geweckt hat. Derartige Vorfälle – Kai spricht im Plural von solchen »Sachen« und »Szenen« – haben ihn so in ihren Bann gezogen, dass er selbst zu Gewalttaten schreiten wollte, die alle Grenzen und Regeln hinter sich lassen.

Die Ambivalenz zwischen seinen auf zügellose Gewalt gerichteten Anwandlungen und seinen normativen Vorbehalten bestimmt die Interviewpassage bis zum Schluss; dennoch kann er am Ende sagen, dass es für ihn »mal 'ne lustige Erfahrung« wäre, es der exzessiven Grausamkeit seines Kumpels gleichzutun. Auch an dieser Stelle fällt wiederum auf, dass sich die Erfahrung, zu der es Kai zu treiben scheint, – in völliger Absehung von situativen Kontextbedingungen und ohne Ansehen der Person des Opfers – unmittelbar auf den Gewaltakt selbst bezieht. Diesen scheint er mit allen Sinnen, bis hin zum knackenden Laut brechender Knochen durchleben zu wollen. Der Interviewer jedenfalls vergewissert sich durch seine Nachfrage am Ende der Passage, ob Kai wirklich meint, was er sagt, wenn er zu verstehen gibt, dass er sich die Erfahrung seines Kumpels selbst zu eigen machen möchte. Auf die einsilbige Bejahung fragt der Interviewer weiter nach dem – bisher lediglich als »lustig« qualifizierten – Erfahrungsgehalt, den Kai mit seinen Gewaltphantasien verbindet.

Int.: Und was hast du dir da vorgestellt, wie das so sein muss?

Kai: [Aggressiv, genervt:] Na ja, weeß ick nicht, wie det sein muss. Halt brutal! Brutal wie Sau. [Wieder im Normalton:] Wenn man da so 'n Mensch -, für ihn muss det brutal sein. Wat det ja ooch ist, weil (2) ohne Blut geht halt gar nüscht mehr heutzutage, (.) sagt man immer so. (.) Und ick hör ja ooch nicht uff, bevor der nicht blutet, also wenn ick sehe, dass er blutet, hör ick ooch schon uff. Ick trete so lange zu bis ick sehe, er kann sich nicht mehr wehren, dann hör ick uff. Und meistens ooch 'n bisschen später, dann ist er dann schon ins Koma gefallen, oder so. Ist ooch schon vorgekommen, (.) dass mal 'n Mensch 'ne halbe Stunde lang uff der Straße lag und sich nicht bewegt hat. Von eener Bombe, wohlgemerkt.

Auf die Frage des Interviewers, die darauf abhebt, was er sich von der entfesselten, von allen Regeln befreiten Gewalt erwartet, bringt Kai das Opfer ins Spiel. Es müsse »brutal« für den anderen sein, stellt Kai in mehreren Variationen fest. Der entscheidende Satz: »Wenn man da so 'n Mensch -« bricht genau an der Stelle ab, an der semantisch nahe liegen würde, dass Kai die Attraktivität entsprechender Taten weiter spezifiziert; offenbar ist es ihm selbst zu unheimlich oder vor dem Interviewer zu kompromittierend, seinen Phantasien sprachlichen Ausdruck zu verleihen. Immerhin aber zeigt die Stelle Eindeutigkeit in dem Punkt, dass Kai sich dessen, was eine Gewalttat wie die im Kaufhaus für das Opfer bedeutet, voll bewusst ist. Deswegen kommt es auch nicht von ungefähr, dass er das Opfer seiner Gewaltphantasie als einen »Menschen« bezeichnet. Wie bereits an der oben zitierten Stelle, an der Kai davon sprach, er werde – wie sein Kumpel – vielleicht auch einmal »so dermaßen ausflippen mit 'm Menschen«, ist hier von einem Opfer die Rede, das ohne Abstriche als ein menschliches Wesen erscheint.

Was bedeutet es in diesem Verwendungskontext, dass Kai das vorgestellte Opfer als einen Menschen im vollen Wortsinn betrachtet? Warum spricht er nicht in abwertender Weise vom Opfer, wo es doch in der Skinheadszene – vom »Assi« bis zur »Zecke« – eine Fülle von Ausdrücken gibt, die andere degradieren oder entmenschlichen und die eigenen Gewalttaten als berechtigt erscheinen lassen? Der Begriff des Menschen ist ein normativ aufgeladener und affektiv hoch besetzter. Zu seinem Bedeutungshorizont gehört ein Netz von Ideen, das etwa die Achtung der Würde des anderen und das Recht auf körperliche Unversehrtheit umfasst. Wenn Kai dem vorgestellten Opfer nun den Titel des Menschen verleiht, dann spricht er von einem Wesen, das verletzlich und Träger moralischer Ansprüche ist.[8] Daraus ergibt sich eine paradoxe Konstellation: Wenn Kai das Opfer als einen Menschen betrachtet, dann steckt darin einerseits ein empathisches Moment, zumal er bis zu einem gewissen Grad dessen Rolle als physisch und moralisch verletzliches Wesen einnimmt. Andererseits will er just an einem solchen Wesen seine Gewaltphantasien exekutieren – so, als würde sein Bewusstsein der weithin intersubjektiv geteilten Regeln, die menschlichen Wesen gegenüber gelten und sie vor Übergriffen schützen sollen, den Anreiz zum Gewalteinsatz erhöhen; als würde die Qualität des Bösen und Ungeheuerlichen die Attraktivität des gewalttätigen Handelns steigern.[9] An dem unaufhebbaren Spannungsverhältnis zwischen Mitgefühl mit dem Opfer und dem Impuls zu extremer Gewaltausübung scheint sich zu zeigen, dass es für Kai

8 Diese Interpretation geht so vor, dass sie den Bedeutungshorizont des Begriffs des Menschen durch den Hinweis auf die Regeln seines Sprachgebrauchs und auf seine Verwendung in bestimmten »Sprachspielen«, d. h. Handlungskontexten ausleuchtet. Ein solcher Zugang kann sich auf die sprachanalytische Tradition Ludwig Wittgensteins stützen, der zufolge die Bedeutung sprachlicher Ausdrücke nicht durch subjektive Bewusstseinszustände, Intentionen oder Dispositionen, sondern durch den intersubjektiv verbürgten Gebrauch konstituiert wird (vgl. bes. Wittgenstein 1984a: §§ 43, 198–242 und 560, Cavell 1976: 8 ff.). Wenn nun ein Sprecher wie Kai, der in einem Verwendungskontext, in dem es um brutale Gewalt geht, von einem potentiellen Opfer als einem »Menschen« spricht, dann muss er implizieren bzw. gibt er sein Bewusstsein dessen zu erkennen, dass er mit einem solchen Gewaltakt moralische Regeln verletzen würde.

9 Auf die »wilde Begeisterung für das Böse« bei kriminellen Jugendlichen und auf ihren heroischen Stolz, das gesellschaftlich Gebotene mit Füßen zu treten, hat Jean Genet (1977) die Erfolglosigkeit von Jugendgefängnissen, Straf- und Besserungsanstalten zurückgeführt – und begrüßt. Dazu schreibt er: »Nichts kann die Anziehungskraft des Verbotenen ersetzen. Denn die verbrecherische Handlung ist wichtiger als irgendeine andere, da man sich mit ihr einer sowohl seelisch als auch physisch übergroßen Macht entgegenstellt.« (Ebd.: 88; vgl. auch Bataille 1978)

gerade zur Faszination der Gewalt gehört, im vollen Bewusstsein der Menschlichkeit des anderen dessen körperliche Schmerzgrenzen anzutasten und dessen moralischen Schutzgürtel zu durchbrechen.

Im Fortgang der Interviewpassage zeigt sich Kai peinlich berührt von seinem Bekunden, dass er genau weiß, wie brutal die ihm erstrebenswert erscheinenden Gewaltakte für das Opfer sein müssen. Als er realisiert, was er gesagt hat, begibt er sich, wie um sich zu entschuldigen, auf eine allgemeine Ebene und erklärt unvermittelt, »ohne Blut geht halt gar nüscht mehr heutzutage, (.) sagt man immer so«. Nachdem er seinen Gewaltphantasien auf diese Weise ihren singulären Charakter genommen hat, bringt er das Thema auf seine eigene Gewalttätigkeit und deren Grenzen zurück. Er erläutert, es sei auch bei ihm so, dass er nicht aufhöre, bevor er den anderen nicht bluten gesehen und wehrlos gemacht habe. Nachdem er das Blut und die Wehrlosigkeit des anderen als Grenzpunkte seiner Gewaltsamkeit benannt hat, hebt er sogleich an, auch diese Aussage zu relativieren. Als Beispiel für die Überschreitung auch der eben noch angesprochenen Grenzpunkte erwähnt Kai, dass eines seiner Opfer »ins Koma gefallen« ist und »mal 'n Mensch 'ne halbe Stunde lang uff der Straße lag und sich nicht bewegt hat«. Stolz verkündend, dass dafür nur »eene Bombe«, also nur ein einziger Faustschlag vonnöten war, spielt er den Ball dem Interviewer zu, der dann auch tatsächlich nachfragt, was für eine Situation sich dahinter verbirgt.

An diese und die darauf folgenden Interviewpassagen werden insbesondere drei Fragen zu stellen sein, die sich aus den bisherigen Interpretationen ergeben. Die erste Frage besteht darin, inwieweit die auf extreme Gewalt gerichteten Begehrlichkeiten Kais in Situationen, in denen er als Täter auftritt, tatsächlich handlungsleitend sind. Zweitens sollten aus Kais Schilderungen seiner Gewalthandlungen Aufschlüsse darüber zu gewinnen sein, worin der positive Erfahrungsgehalt und der subjektive Gewinn genau bestehen, die er bislang vorgestellten und beobachteten Situationen zugeschrieben hat. Und drittens wird der Ambivalenz zwischen der von Kai empfundenen moralischen Grenze der Gewaltsamkeit und seinem Wunsch nach deren Überschreitung nachzugehen sein; dabei wird es insbesondere um die Frage gehen, ob und wie diese Ambivalenz im Vollzug seiner Gewalthandlungen aufgehoben wird.

2.1.2 Besoffsky-Geschichte: Das »Machtgefühl« und die Variationen der Situationsbeschreibung

Int.: Erzähl das mal, was war das für 'ne Geschichte genau?

Kai: Da bin ick mit-mit-mit 'n paar Freunden von mir durch die Straßen geloofen, durch R-Bezirk, und da kam da so 'n (.) kleener Besoffsky, so übelste Knasttätowierungen aus dem Osten noch am ganzen Körper. War völlig steif, der Typ. Und wollt halt meinen Bruder, äh, 'n Kumpel anfassen halt und denn ihn verprügeln. Und dann hab ick ihn genommen, hab ihm 'ne Bombe -, und dann ist er umgefallen und lag 'ne halbe Stunde lang auf der Straße. Kam 'n Krankenwagen an und dann ist er ins Krankenhaus gekommen. Ick fand det so total *geil*, dass der von mir nur eene Bombe gekriegt hat und dann schon am Boden lag also. War richtig geschockt gewesen, hhf. Dass der so ankam, so den Affen macht und (.) eene Bombe kriegt von mir und am Boden liegt und (.) keen Mucks mehr macht. (2) Na ja.

Int.: Wie war das genau in dem Moment für dich, als du zugeschlagen hast?

Kai: 'N Machtgefühl. Machtgefühl. (.) Als ick zugeschlagen habe, da hab ick gar nicht nachgedacht, also wenn ick zuschlage, denk ick gar nicht nach, also dann (.) mach ich's einfach. Aber danach, so wo ick dann gesehen habe, dass er da am Boden liegt, war das denn schon 'n Machtgefühl also. Ist ja meistens so, dann halt doch besser zu sein als der. Der bildet sich ein, er ist sonstwer, und dann komm icke dann an und bin besser als er: Bin wer!, halt. (.) Ist lustig. (3) Hmm.

Diese Erzählung eröffnet Kai mit einer merkwürdigen Situationsbeschreibung: Ein scheinbar absichtsloser Gang durch die Straßen wird abrupt durch das Auftauchen eines Betrunkenen beendet, als hätten Kai und seine Freunde nur darauf gewartet, dass etwas passiert oder sich ihnen jemand in den Weg stellt. Dieser Eindruck wird durch andere Passagen bekräftigt, in denen Kai seine aktive Suche nach potentiellen Opfern schildert. Dort leitet er seine Schilderung stets mit der standardisierten Bemerkung ein, er habe zuvor Straßen und Bezirke durchstreift; immer handelt es sich dabei entweder um seinen Wohnbezirk oder, wie in der Besoffsky-Geschichte, um den benachbarten R-Bezirk. Wenn nun Kai von einer Situation berichtet, in der ein Betrunkener urplötzlich einen seiner Freunde angreift, muss man demnach in Rechnung stellen, dass er und die Gruppe bereits zuvor in Erwartung einer solchen Gelegenheit waren und diese womöglich durch ein provokatives Auftreten heraufbeschworen haben.

Kais Situationsbeschreibung lässt sein gewaltsames Eingreifen jedoch als eine legitime Abwehr eines Angriffs auf seinen Freund erscheinen.

Aufschlussreich ist in diesem Zusammenhang, wie Kai die beiden anderen Protagonisten, den betrunkenen Angreifer und seinen angegriffenen Freund, einführt. Den ersteren etikettiert er als »kleenen Besoffsky«, und auch alle weiteren Details der Beschreibung tragen einen verächtlichen Zug, der den Angreifer als inferioren und ekelerregenden Outlaw erscheinen lässt. Den angegriffenen Freund hingegen nennt Kai zunächst seinen »Bruder«. Indem sich Kai in ein Verwandtschaftsverhältnis zu seinem »Kumpel« setzt, insinuiert er eine Beziehung, die einen quasi-familiären Loyalitätsanspruch etabliert und eine Beistandspflicht begründet.[10] Kais Beschreibung der Situation kann man demnach so zusammenfassen: Ein betrunkener, verabscheuungswürdiger Mann will seinen Kumpel, dem er brüderliche Solidarität schuldet, »anfassen« und »verprügeln«; der Angreifer missachtet so etwas wie ein Berührungsverbot oder Distanzgebot und bricht ein Gewalttabu, während der Angegriffene seines Schutzes bedarf.

Im Lichte dieser Situationsdefinition erscheint Kais gewaltsames Eingreifen als selbstevident und nicht weiter begründungsbedürftig, ja als geradezu geboten. Bei genauerem Hinsehen enthält die Erzählung jedoch einige Ungereimtheiten, die zeigen, dass die Verteidigung seines Kumpels nicht das einzige Motiv für Kais Eingreifen gewesen sein kann. Denn die Beschreibung des Angreifers und späteren Opfers zeugt nicht gerade von dessen besonderer Bedrohlichkeit; ferner ist die Situation so angelegt, dass die gewaltsame Konfrontation wohl alles andere als unausweichlich war. Vor allem aber lässt die Beschreibung des Tathergangs überhaupt keine Bezüge mehr zu der Funktion erkennen, die Kais Einschreiten gemäß der vorab gelieferten Situationsbeschreibung zukommen sollte; wäre Kais Gewalt nur das Mittel zum Schutz seines Kumpels, schösse die Härte, mit der er zu Werke geht, weit über ihren Zweck hinaus. Spätestens ab dem Punkt, an dem Kai zuschlägt, gewinnt sein Tun eine ganz andere Dynamik und Bedeutung.

---

10 Weitere Unterstützung findet diese Deutung durch einen Passus, in dem Kai feststellt, er habe eigentlich nie richtige Gründe für seine Gewalttaten gehabt, außer wenn einem Mitglied seiner Familie »etwas passiert« sei. So erzählt er zum Beispiel, dass sein behinderter Bruder in der Schule von älteren Schülern gehänselt und verprügelt wurde; aus einem Gefühl der »Pflicht« heraus habe er dann den Ort des Geschehens aufgesucht und den Übeltätern »vor die Schnauze gehauen«.

Nachdem er auf eine Weise in die Schilderung des Vorfalls eingeführt hat, die eine implizite Rechtfertigung transportiert, beschreibt Kai nun einen Aspekt dessen, was für ihn das euphorisierende Moment der Gewalterfahrung ausmacht: »Ick fand det so total *geil*, dass der von mir nur eene Bombe gekriegt hat und dann schon am Boden lag also.« Der von Kai betonte Ausdruck »geil« wird in der Jugendsprache – ohne seine sexuellen Konnotationen vollends abzulegen – ganz allgemein zur Bezeichnung von Freude, Lust und Begeisterung verwendet. In einen solchen Zustand wird Kai also angesichts des bewegungslos daliegenden Opfers versetzt. Er schreckt nicht zurück; aus seiner Sicht ist nichts passiert, was nicht hätte passieren dürfen. Kai begegnet dem Opfer nicht wie einem Menschen, dem eine gewisse Achtung und Schonung gebühren, sondern vielmehr wie einem bloßen Objekt.[11] Mit zynisch anmutender Sachlichkeit schildert er den Gewaltakt, in dem der Geschlagene wie ein Gegenstand erscheint: Er habe den Mann »genommen« und dieser sei von seinem Schlag »umgefallen«, heißt es da. Und er ließ ihn wie ein wertloses Ding auf der Straße liegen. Wenn man Kais süffisante Schilderung mit seiner Vorbemerkung vergleicht, er habe einen »Menschen« zu Boden geschlagen, muss man zu dem Schluss kommen, dass er es nachgerade genießt, vorsätzlich etwas Ungeheuerliches getan zu haben.

Und dass er nach seinem gewaltigen Schlag »richtig geschockt« gewesen ist, assoziiert Kai unmittelbar mit dem ergreifenden Erlebnis seiner triumphalen Überlegenheit. Seine Erschütterung und sein Erschrecken, die von dem plötzlich eingetretenen Umstand herrühren, dass da einer »am Boden liegt und keen Mucks mehr macht«, scheint weniger moralischen Charakters zu sein als vielmehr die Folge seines Erstaunens über die unerwartete Effizienz des einen Faustschlages. Der »Schock« – eine disruptive Erfahrung, die alle Fasern des Körpers erfasst und aus der kontinuierlichen Zeiterfahrung des Alltäglichen herausreißt – scheint den Genuss seines Triumphes weniger zu beenden oder zu hemmen als vielmehr zu intensivieren.

Auf die Nachfrage des Interviewers, die den Blick noch einmal zurück auf den Moment lenkt, in dem Kai zuschlägt, gibt dieser spontan zur Antwort, dass er dabei ein »Machtgefühl« empfunden habe. Damit spezifiziert Kai, was er an

---

11 Vgl. dazu die These von Avishai Margalit (1997: 140), der zufolge noch die grausamsten Täter sich darüber im Klaren sind, dass es sich bei ihren Opfern um Menschen handelt; Demütigung, die gerade auf diesem Bewusstsein beruhe, bestehe genau darin, so zu tun, »als ob« es sich nicht um Menschen handle. Diese These Margalits hat Axel Honneth (2001: 162) in seine Überlegungen zu rassistischen Übergriffen von Jugendlichen einbezogen.

seinem Handeln schockierend und lustvoll zugleich gefunden hat. Sodann gibt Kai, sich korrigierend, zu bedenken, dass er in dem Moment, in dem er zugeschlagen hat, »gar nicht nachgedacht« habe, und dass dies für alle vergleichbaren Situationen gelte. Er trägt damit zwischen das Gewalthandeln und das darauf folgende »Machtgefühl« eine Differenz ein. Während der Handlung selbst befindet er sich demnach in einem nicht-reflexiven Zustand, in reiner Aktion, die nur auf das physische Zuschlagen konzentriert und gegen alle inneren und äußeren Hemmnisse immunisiert ist; »dann mach ich's einfach«, vermerkt Kai lapidar. An dieser Stelle kann man nur erahnen, dass dem unmittelbaren Agieren eine eigene situative Dynamik zukommen kann, die, einmal in Gang gebracht, bewirkt, dass es kein Halten und keine Schonung für den Kontrahenten mehr gibt und alle empathischen Impulse wie weggeblasen sind. Die eben noch von Kai angesprochene Ambivalenz zwischen der Attraktivität exzessiver Gewaltausübung und deren normativen Grenzen ist außer Kraft gesetzt. Was es mit dieser radikal an die unmittelbare Gegenwart gebundenen Dynamik auf sich hat, wird noch deutlicher werden. Hier liegt der Fokus von Kais Erzählung auf dem, was er das »Machtgefühl« nennt, welches sich erst nach vollbrachter Tat einstellt.

Laut Kais Auskunft entzündet es sich daran, den Kontrahenten gänzlich bewegungsunfähig gemacht und ihn buchstäblich unter sich am Boden gehabt zu haben. Insofern Macht ein Phänomen darstellt, welches ein Verhältnis bezeichnet, dem eine gewisse Dauer zukommt, ist es analytisch präziser, Kais »Machtgefühl« mit Blick auf die Situation, in dem es sich hier entwickelt, als das Gefühl der bedingungslosen Überlegenheit zu bezeichnen. Wie immer man dieses Gefühl nennen mag, es ist eng an den Ort und die Zeit des direkten Geschehens gebunden, zumal das physische Oben-Stehen des Täters und das Unten-Liegen des Opfers dessen Kern ausmachen.

Dies erinnert an Elias Canettis Überlegungen zu der elementaren Erfahrung, andere zu überleben. Canetti (1960) verfolgt den Triumph der Überlebenden zwar bis in die sublimeren Verästelungen des individuellen und kulturellen Lebens verschiedenster Epochen und Gesellschaften hinein, behandelt jedoch das Überleben im Krieg als das paradigmatische Beispiel. Der überlebende Krieger befindet sich laut Canetti in einer typischen inneren Positur gegenüber den Getöteten:

»Das Kraftgefühl, gegen diese [die Toten, F.S.] lebend zu stehen, ist im Grunde stärker als jede Trauer, es ist ein Gefühl der *Auserwähltheit* unter vielen, deren Schicksal ein manifest gleiches ist. Auf irgendeine Weise fühlt man sich, bloß weil man noch da ist, als der *Bessere*. Man hat sich bewährt, denn man lebt. Man hat sich unter vielen bewährt, denn alle, die liegen, leben nicht. (...) Die Genugtuung des Überlebens, die eine Art Lust ist, kann zu einer gefährlichen und unersättlichen Leidenschaft werden. Sie wächst an ihren Gelegenheiten.« (Ebd. 260 und 262; vgl. auch Canetti 1972: 66 ff. und 1981)

Gewiss ist die Erfahrung des Überlebens im Krieg, wie Canetti sie beschreibt, nicht einfach auf Kais Gefühl der bedingungslosen Überlegenheit zu übertragen; die Situation, in der sich Kai beim Anblick des am Boden liegenden Opfers befindet, ist sicher in vielerlei Hinsicht eine andere als die des Überlebenden im Krieg. Dennoch ist nicht zu übersehen, dass Kai die Episode, wenn er sie mit dem Hinweis ankündigt, er habe schon einmal einen so geschlagen, dass er »ins Koma gefallen« sei, und wenn er mehrfach auf die Bewegungslosigkeit des Geschlagenen hinweist, durchaus in die Nähe einer existentiellen Situation rückt, in der es um Leben und Tod geht. Auch der Enthusiasmus und die Genugtuung, die Kais Überlegenheitsgefühl eignen, scheinen mit der Erfahrung des Überlebenden durchaus vergleichbar. Wie bei Canettis Krieger, der aus dem bloßen Faktum seines Überlebens das Gefühl bezieht, der Bessere zu sein, heißt es bei Kai, dass sein »Machtgefühl« gegenüber dem Daliegenden daher gerührt habe, »dann halt doch besser zu sein als der« – wobei der positive Erfahrungsgehalt in nichts anderem als dem Beweis seiner blanken physischen Überlegenheit bestanden haben kann.

Wie stark das Überlegenheitsgefühl die Koordinaten seines Relevanzsystems bestimmt, lässt sich daran ermessen, dass Kai die Situation am Ende der Interviewpassage noch einmal im Dienste dieses triumphalen Erlebnisses umdefiniert. In eindringlichen Worten trägt er seine neue Interpretation des Geschehens vor: »Der bildet sich ein, er ist sonstwer, und dann komm icke dann an und bin besser als er: Bin wer!, halt. (.) Ist lustig.« Um seinem Gefühl der Überlegenheit Nachdruck zu verleihen, stilisiert er die Konfrontation mit dem Betrunkenen nachträglich zu einem beiderseitig angenommenen Zweikampf und zu einem Kräftemessen mit einem ernst zu nehmenden Gegner. Indem Kai aus der Auseinandersetzung einen mehr oder weniger konsensuell arrangierten Kampf macht, versucht er die Berechtigung seines Überlegenheitsgefühls zu erweisen und es damit zu verteidigen – ungeachtet dessen, dass seine Neudefinition der Episode als einem agonalen Geschehen gar nicht zu der Beschreibung passen mag, die Kai eingangs von der Situation gegeben hat. Wenn man den Fortgang der Erzählung verfolgt, kann der Grund für diese nachträgliche Neudefinition nur darin liegen, dass ihm sein Erlebnis der bedingungslosen Überlegenheit zu teuer ist, um es wieder an die Realität einer Situation zu verlieren, die alles andere als heroisch ist. Sie brachte ihm, wie Kai es in der knappen Wendung »Bin wer!« zum Ausdruck bringt, die Gewissheit der eigenen Größe und Bedeutsamkeit.

Welchen Stellenwert bei diesem erhebenden Erlebnis die Anerkennung einnimmt, die ihm seine Begleiter für seinen gewaltigen Schlag gezollt haben mögen, bleibt hier ungeklärt – Kai würdigt sie, nachdem er sie zu Beginn seiner Erzählung eingeführt hatte, keiner weiteren Erwähnung. Weiterhin bleibt die Frage offen, ob Kais Handeln von Anfang an unter der Regie der Erwartung stand, durch die situative Verfügungsgewalt über das Opfer der beschriebenen Gratifikationen habhaft zu werden. Versprach ihm die Situation schon *ex ante*, was er *ex post* als »total geil« erlebt hat, so dass die Lust an der Überwältigung des Opfers und die damit verbundene Selbsterhöhung als die Erfüllung seiner Intentionen zu begreifen sind? Wenn dem so wäre, ließe sich auch die Diskrepanz zwischen der Art, wie Kai die Situation ursprünglich dargestellt hatte, und deren Neubeschreibung als Zweikampf unter Gleichen verständlich machen: Die erste Situationsdefinition, der zufolge er einem Kumpel zu Hilfe kam, erfüllte die Funktion, seinen Überwältigungsabsichten den Freibrief zu erteilen und ihn zum gewaltsamen Eingreifen zu ermächtigen, während die Neubeschreibung der Situation die Erfahrung der Überlegenheit nach seinem siegreichen Schlag sichern und überhöhen sollte. Wenn man die Besoffsky-Geschichte auf diese Weise von hinten her aufrollt, liegt der Schluss nahe, dass Kais Wissen um die Intensität des »Machtgefühls« schon die Suche nach einer Gelegenheit angeleitet und als Motiv für seine Gewalttat die entscheidende Rolle gespielt hat; auch das ziellose – aber wohl absichtsvolle – Herumstreifen Kais und seiner Freunde, mit dem alles begann, wäre konsistent mit dieser Deutung.

Jedenfalls stellt das »Machtgefühl« einen stehenden Topos in Kais Erzählungen über seine Gewalttaten dar. In keinem dieser Fälle lässt sich sein Handeln verstehen, ohne die Herstellung einer Verfügungsgewalt über andere als dessen Motivation in den Blick zu nehmen. Die folgende Erzählung mag dies in exemplarischer Weise verdeutlichen.

2.1.3 Straßenbahn-Geschichte: Das »Machtgefühl«, das »Ausklinken« und die Rolle der Zuschauer

Kai: Ick wollt schon 'n Mensch vor die Straßenbahn schmeißen. Aber die hat dann nachher abgebremst. Und der hat -, hat det leider überlebt und ist weggerannt. (.) Pech gehabt, hhf.

Int.: Erzähl das doch mal von vorn bis hinten; was dem vorausgegangen ⌊ ist -

Kai: Na, ⌋ ick bin v-von d-der, v-von der Disco gekommen. Ganz lustig druff, mit meiner Freundin und noch mit andern Kumpeln noch. Und da war halt so 'n, wat war denn det?, irgend so 'n, (.) irgend so 'n Jugoslawe, oder so wat also, oder 'n Türke oder so wat, der da halt 'n komischen Spruch abgelassen hat, der mir nicht gefallen hat.

Int.: Was hat er denn gesagt?

Kai: Weeß ick nicht mehr, irgendwat Blödet. Weeß ick meistens nicht mehr, aber irgendwat sagen die einfach, (.) wat mir nicht gefallen hat. Oder hat mich bloß blöde angeguckt, det reicht ja ooch erst mal schon, also dass mich eener blöde anguckt, dass ick ganz schön ausflippe. Ja, und hab ick ihn denn halt genommen, hab ihn verprügelt. Genommen, mit der Faust ins Gesicht geschlagen, getreten und dann vor die Straßenbahn geschmissen. Und dann wäre er *beinahe* überfahren gewesen, und dann hätt ick meinen ersten Mord gemacht, hhf. [Kühl:] Ja, muss ja nicht sein. [Tiefer Atemzug] Jo. Und det war denn ooch wieder dieset Machtgefühl, also, (.) halt, ja.

Die assoziative Brücke zu dieser Erzählung, die unmittelbar auf die Besoffsky-Geschichte folgt, bilden Kais dortige Ausführungen zum »Machtgefühl«; und die Erzählung schließt mit der bilanzierenden Bemerkung: »Und det war denn ooch wieder dieset Machtgefühl.« Schon diese formale Einbettung der Straßenbahn-Geschichte zeigt, dass sie als eine weitere Explikation der »Machtgefühl«-Thematik zu betrachten ist. Mit dem Einleitungssatz, der einem bereits bekannten Muster folgt, hebt Kai erneut die Unstatthaftigkeit seines Tuns hervor und zelebriert sie gleichzeitig: »Ick wollt schon 'n Mensch vor die Straßenbahn schmeißen.« Im vorliegenden Kontext bedeutet dieser Satz, dass Kais Wunsch, das »Machtgefühl« wieder zu erleben, dazu geführt hat, das Leben eines Menschen aufs Spiel zu setzen. Die Vernichtung des anderen bildet hier – noch deutlicher als in der Besoffsky-Episode – den Fluchtpunkt seiner Überlegenheitswünsche. So schickt Kai der Schilderung des Tathergangs voraus, der andere habe »det leider überlebt« und sei »weggerannt«. Und er selbst habe, wie er halb ironisch, halb zynisch feststellt, »Pech gehabt«.

Die Schilderung des Tathergangs selbst demonstriert zunächst, dass es für Kais Absicht, einen Menschen vor die Straßenbahn zu werfen, unerheblich gewesen ist, um wen es sich dabei handelt. Wenn er sagt, es sei »irgend so 'n Jugoslawe, oder so wat also, oder 'n Türke oder so wat« gewesen, signalisiert Kai, dass er sich einen ausländisch aussehenden Passanten ganz willkürlich zum Opfer erwählt hat.[12] Darüber hinaus gibt er zu erkennen, dass seine lebensgefährdende Handlung aus einem nichtigen Grunde geschah, indem er bekundet, nicht mehr so genau zu wissen, wessen sich das Opfer zuvor schuldig gemacht hatte. Seine Mutmaßungen, dass das Opfer wohl »'n komischen Spruch abgelassen« oder ihn »blöde angeguckt« habe, weisen nicht gerade auf ein Vergehen hin, das den Grund für ein Todesurteil liefern könnte. Das motivierende Moment, nämlich die Anziehungskraft der Erfahrung, über das Leben eines anderen zu verfügen, ist einzig und allein bei Kai zu suchen. Er erspart sich auch jede Mühe, den Hergang etwa so darzustellen, dass er den Blick oder die Worte seines Gegenspielers erwidert hat und die Situation eskalierte. Wenn er sagt, er habe den Mann oder Jugendlichen – das Alter des Betroffenen geht nicht eindeutig aus Kais Darstellung hervor – »halt genommen«, dann erinnert dies eher an das unvermittelte Ergreifen eines Opfers als an einen interaktiv sich aufbauenden Konflikt. Dass Kai dem anderen »mit der Faust ins Gesicht geschlagen«, ihn »getreten und dann vor die Straßenbahn geschmissen« hat, kann also nicht viel mit dessen Handeln zu tun gehabt haben. Der fast alle Grenzen durchbrechende Gewaltakt war einzig Kais Wunsch geschuldet, sich als Souverän über Leib und Leben des anderen zu erweisen.

Im Anschluss an die Schilderung der Tat kommentiert Kai lakonisch: »Und dann wäre er *beinahe* überfahren gewesen, und dann hätt ick meinen ersten Mord gemacht, hhf.« In Anbetracht seines eingangs geäußerten Bedauerns über das Überleben des Opfers, kann man annehmen, dass es für ihn damals wohl durchaus ein Ehrentitel gewesen wäre, ein Mörder zu sein. Wenn er nun davon

---

12 Die Willkür der Opferwahl ist bei Kai freilich eine relative. Seine Opfer sind zwar stets zufällig seinen Weg kreuzende Personen, dabei aber handelt es sich häufig um solche, die er als Mitglieder sozialer Randgruppen oder ethnischer Minderheiten identifiziert. In dieser Tendenz spiegelt sich ein für Skinheads durchaus typisches Muster, das Kai reproduziert. Aber seine Gewalt diffundiert weit über die subkulturell bestimmten Opfergruppen hinaus und richtet sich etwa auch gegen deutsche Jugendliche, von denen er sagt, sie hätten ihn »angemacht« oder sich »zu wichtig genommen«.

spricht, nahe an seinem »ersten« Mord gewesen zu sein, verleiht er seiner Vermutung Ausdruck, dass dies womöglich nicht sein einziger geblieben wäre. Er nimmt an, dass es schwerwiegende Auswirkungen auf sein weiteres Leben gehabt hätte, wäre sein Opfer zu Tode gekommen, und dass eine Grenze nachhaltig durchbrochen gewesen wäre.[13] An diesem Punkt springt Kai endgültig aus der Vergangenheit heraus und bemerkt aus der Perspektive des Hier und Jetzt: »Ja, muss ja nicht sein.« Auch wenn in dieser Bemerkung eine gewisse Erleichterung darüber steckt, dass er es nicht bis zum Mord kommen ließ und von den Folgen verschont geblieben ist, scheint darin noch eine gewisse Ambivalenz durch. Kai lässt durchblicken, dass der Vorstellung, zum Mörder geworden zu sein, auch aus seiner heutigen Perspektive noch der Hauch eines Faszinosums anhaftet.

Die ganze Anlage der Straßenbahn-Geschichte zeigt, dass das euphorisierende und selbstentgrenzende »Machtgefühl« keineswegs nur ein kontingentes Ergebnis seines zerstörerischen Handelns darstellt, sondern das Motiv seines Gewalthandelns ist. Dieses leitet Kais Suche nach Situationen der Gewalt an, wobei ihm ein nichtiger Anlass – ein falsches Wort oder ein ihm nicht genehmer Blick – genügt, um den anderen bis an die Grenze seiner physischen Existenz zu mißhandeln. Es ist die Aussicht auf das »Machtgefühl«, d. h. auf das triumphale Erlebnis, existentiell über den anderen verfügen zu können, die Kai zu solch grausamen Taten treibt. Das »Machtgefühl« und die Gewalt sind bei ihm unmittelbar aneinander gebunden, so dass sich ihr Verhältnis nicht als eine Relation von Zweck und Mittel fassen lässt. Was man, folgte man einer langen sozialwissenschaftlichen Tradition[14], als Zweck, nämlich das »Machtgefühl«, und als Mittel, nämlich die Gewalt, betrachten müsste, fällt in einem Akt zusammen. Anstatt die Gewalt *per definitionem* in Zweck-Mittel-Relationen beschreiben zu wollen, muss eine Soziologie der Gewalt handlungstheoretisch dem Umstand Rechnung tragen, dass das Motiv im Akt der Gewalt selbst zu

13 Wie Kai von seinem »ersten Mord« spricht – als etwas, was zwar eine schreckliche und unumkehrbare Veränderung mit sich gebracht hätte, aber zugleich den Reiz des radikal Neuen versprach – ähnelt einer Episode aus Canettis Lebensgeschichte: »Er [Heimito von Doderer, F.S.] fragte mich, ob ich je einen Menschen getötet hätte, als ich verneinte, sagte er alle Verachtung grimassierend, deren er fähig war: ›Dann sind Sie eine Jungfrau!‹.« (Canetti 1986: 286)

14 Von herausragender Bedeutung sind hier Robert K. Mertons Anomietheorie, Hannah Arendts Essay über Macht und Gewalt sowie Heinrich Popitz' herrschaftssoziologische Theorie der Gewalt als Machtform (Merton 1938, 1964, 1968a, 1968b; Arendt 1970; Popitz 1992; vgl. auch Trotha 2000).

finden sein kann. In der Gewaltausübung steckt für die Täter bisweilen eine attrahierende Kraft, die gewalttätiges Handeln zum Selbstzweck werden lässt.

In der folgenden Interviewpassage, die noch einmal die Straßenbahn-Geschichte aufgreift, wird dies besonders deutlich. Darüber hinaus kann die Passage über die Rolle des Publikums, die bislang im Unklaren geblieben ist, Aufschluss geben. Es war nur auffallend, dass Kai sowohl in der Besoffsky-Geschichte als auch in der Straßenbahn-Geschichte zunächst die Gegenwart seiner Freunde bzw. Kumpel erwähnt, diese jedoch im Verlauf seiner Erzählungen systematisch aus seinem Blickfeld verbannt. Mit der Klärung der Rolle, die den Zuschauern bei Kais Gewalttaten zukommt, bahnt sich eine vielleicht überraschende Antwort auf die Frage an, wie Kai die bereits angesprochene Ambivalenz zwischen den moralischen Grenzen der Gewaltausübung und seinen exzessiven Neigungen auflöst.

Int.: Kannst du noch mal genauer beschreiben, wie das für dich in dem Moment gewesen ist, wenn du jemanden verprügelt hast, zum Beispiel den vor der Straßenbahn ⌊ oder -

Kai: Ja, ⌋ det ist -, schaltest irgendwie ab, also klinkst du aus. Denkst drüber, nicht drüber nach grade, also in dem Moment. (.) Weeß ick nicht. (2) Na ja, dann flipp ick aus, also dann hau ick richtig druff zu und dann ist mir erst mal allet scheißegal, also (.) ob dann die Polizei kommt oder nicht, ist mir allet scheißegal! (.) Klink ick aus, wie gesagt, schalt ick ab.

Int.: Und gibt es in so einer Situation irgendetwas, was dich vielleicht innerlich zurückhält und was du überwinden musst?

Kai: Ja, ick musste früher aufhören, oder *musste* dann immer früh uffhören, det musst ick mir denn immer irgendwie selber (.) in die Reihe kriegen, also nicht, dass der vor mir dann (.) schon allet geplatzt ist und gespalten ist also, sondern früher uffhören und (.) den Menschen halt nur zu verletzen, ah nicht zu verletzen, sondern zu beschädigen, wat weeß ick. Kampfunfähig zu machen, det hat ja schon gereicht, also. Ick hab halt immer wieder wild druff zu geprügelt, bis sie *gar* nicht mehr können, die Leute halt, bis sie sich vor Schmerz krümmen. (2) Wie ‘n Kampfhund halt, den man dann mit -, fast mit Prügel da wegholen muss, von dem Opfer, hhf.

Int.: Und bist du selbst vom Opfer weggekommen, oder hat dich immer jemand weggeholt?

Kai: Also meistens haben mich Leute weggeholt, die mich dann so -, (.) haben gesagt: »Ah, det reicht, ist jut«, und so.

Int.: Zum Beispiel, in welcher Situation war das?

Kai: Mit der Straßenbahn, da wollt ick dann immer noch weitermachen, und dann-dann haben sie gesagt: »Lass ihn mal in Ruhe, nicht dass er noch um die Ecke kommt, der Typ«, und so.

Int.: Wer hat das gesagt?

Kai: Ja, mit denen ick da grade zusammengehangen hab, den Leuten halt, da waren ooch noch welche da, also. (.) So *Zivilisten* hat det gar nicht interessiert. Also wo ick ooch mal durch R-Bezirk geloofen bin, öh, in meiner Skinheadzeit, hab ich so 'n Neger verfolgt, völlig besoffen, und (.) hab den Neger aus der Straßenbahn -, uff der Straße geprügelt. Hab also so 'n Neger verprügelt uff der Straße, hat doch keen interessiert, also da waren so viele Menschen unterwegs gewesen in der Zeit, hat keen interessiert.

Int.: Und haben die dann zugeguckt, die Leute?

Kai: Die haben zugeguckt, ja.

Int.: Und wie war das für dich, da vor einer ⌊ Zuschauerkulisse -

Kai: Na ja, ⌋ scheiße fand ick det, irgendwo also, weeß nicht, dass da keener wat gemacht so richtig, hhf, nur Gelächter und -, weeß nicht.

Int.: Und was hattest du gegen den Schwarzen, was war da vorher gewesen?

Kai: Gar nüscht, einfach -, einfach bloß so halt. Wie gesagt, es gab da eigentlich *nie* richtige Gründe dafür, für so wat. Außer halt, wenn man mal wat passiert ist, mit Familie und so, weeß ick, det ist 'n Grund, aber sonst gibt's ja keene Gründe für so wat: Spaß.

Diese Passage ist dem Abschnitt entnommen, in dem der Interviewer einige Nachfragen an Kai richtet, nachdem dieser von seinen Tätererfahrungen berichtet hatte. Der Interviewer will nun noch einmal Genaueres über den Moment der Gewaltausübung wissen und nennt als Beispiel die Straßenbahn-Geschichte. In verallgemeinerter Form wiederholt Kai zunächst, dass er dann »ausklinkt«, »abschaltet« und »nicht nachdenkt«. Dies sind alles Ausdrücke, die anzeigen, dass Kai sich im Moment des Gewaltaktes in einem Ausnahmezustand befindet, der sich vom Alltäglichen radikal unterscheidet. Die Rede vom »Ausklinken« und »Abschalten« verdeutlicht, dass bei der Gewaltausübung eine ansonsten vorhandene – eingeklinkte – Verbindung gänzlich unterbrochen ist, nämlich die Verbindung zu allen Hemmungen, Bedenken und Skrupeln; normalerweise wirksame – eingeschaltete – Funktionen wie Reflexivität oder Mitgefühl sind außer Kraft gesetzt. Nur der Augenblick zählt, alles andere ist irrelevant, etwaige Regeln gelten nicht mehr, und mögliche Folgen verschwinden aus dem Gesichtsfeld: »Na ja, dann flipp ick aus, also dann hau ick richtig druff zu und dann ist mir erst mal allet scheißegal, also (.) ob dann die Polizei kommt oder nicht, ist mir allet scheißegal!« Diese Aussagen weisen darauf hin, dass Kai, wenn er zuschlägt, dem Bann des Augenblicks erliegt und von einer ungeheuerlichen Kraft gefesselt ist, die nicht nur Gewalt negierende Normen, sondern auch alle Kalküle über mögliche Folgekosten beiseite schiebt.

Nachdem Kai die Besinnungs- und Reflexionslosigkeit im Vollzug des Gewaltaktes zu umschreiben versuchte, stellt der Interviewer die Frage, ob es denn in solchen Situationen nichts gebe, was ihn innerlich zurückhalte und was er überwinden müsse. Diese Frage versteht Kai auf seine Weise. Seinen Ausführungen zufolge sind es nicht etwa anfängliche Barrieren, die er überwinden muss, bevor er zur Gewalt schreitet; Überwindung kostet es ihn vielmehr, vom Opfer abzulassen, ehe es zu spät ist. Kais zwar etwas kryptisch formulierte Überlegungen zum »Aufhören-Müssen« lassen die Konturen seines Problems dennoch deutlich hervortreten: Es besteht in der Schwierigkeit, eine Grenze zu finden, bevor beim anderen »schon allet geplatzt ist und gespalten ist«. Nach seinem Versuch, die für ihn gültige Grenze der Gewaltsamkeit zu benennen, welche er irgendwo zwischen »nur verletzen«, »beschädigen« und »kampfunfähig machen« ansiedelt, bringt er in metaphorischer Dichte auf den Punkt, was es ihm so schwer macht, diese Grenze in den entsprechenden Situationen auch tatsächlich zu finden: »Ick hab halt immer wieder wild druff zu geprügelt, bis sie *gar* nicht mehr können, die Leute halt, bis sie sich vor Schmerz krümmen. (2) Wie 'n Kampfhund halt, den man dann mit -, fast mit Prügel da wegholen muss, von dem Opfer, hhf.« In der Metapher des Kampfhundes kulminieren Kais bisherige Formulierungen zu dem Bann, unter dem er im Moment der Gewaltausübung steht. Diese Metapher weiterführend weist er darauf hin, dass *andere* ihn in solchen Situationen förmlich vom Opfer wegreißen mussten; wie bei einem Kampfhund, der keine Schonung kennt, scheinen seine Selbstkontrolle und Skrupel außer Kraft gesetzt. Wie der Besitzer seinem rasenden Hund, der sich auf eine Beute gestürzt hat, Einhalt gebieten muss, so muss Kai – wenn seinem bildhaften Vergleich ein Realitätsgehalt zukommt – von außen dazu gezwungen werden, von dem bereits unterlegenen Opfer abzulassen.

Kai stellt auf Nachfrage des Interviewers in der Tat fest, dass ihn in Situationen der Gewaltausübung »meistens« andere davon abhalten mussten, bis zum Äußersten zu gehen. Als Beispiel dafür nennt Kai die Straßenbahn-Geschichte und bringt an dieser Stelle seine Begleiter, bestehend aus seiner Freundin und nicht näher beschriebenen Kumpeln, in das Gespräch zurück. Während Kai

»immer noch weitermachen« wollte, waren sie es, die sich vor das Opfer stellten und eine mögliche Todesfolge gegen Kais fortwährende Zerstörungswut ins Treffen führten. Sie riefen ihn zurück, und er ließ sich zurückrufen. Kai externalisiert die im Kontext der Kaufhaus-Geschichte gestellte Frage nach den normativen Grenzen der Gewaltsamkeit bzw. nach der zulässigen Gewaltintensität, indem er sie an seine Begleiter delegiert. Wie andere Gewaltepisoden zeigen, weist er manchmal auch einem anonymen Publikum die Aufgabe zu, ihn zur Räson zu rufen und das Opfer zu schützen.

Im Zusammenhang der Straßenbahn-Geschichte erwähnt er, dass außer denen, mit denen er »grade zusammengehangen« hatte, noch andere Personen zugegen waren, die er als »Zivilisten« bezeichnet und denen er ein Desinteresse an dem vorwirft, was da passierte. Diese Überlegung bringt das Gespräch auf einen anderen Vorfall, bei dem Kai in betrunkenem Zustand einen »Neger« verfolgt und schließlich auf der Straße verprügelt hat. Kai betont den öffentlichen Charakter seiner Tat und die Anwesenheit vieler Menschen, denen er erneut ihre Tatenlosigkeit vorhält. Die Zuschauer, so seine Botschaft, hätten Zivilcourage zeigen müssen und sich nicht wie bloße *bystander* verhalten dürfen. Kais moralische Empörung ist nicht nur eine retrospektive, sondern er bezieht sie eindeutig auch auf die erzählte Situation selbst: »Na ja, scheiße fand ick det, irgendwo also, weeß nicht, dass da keener wat gemacht so richtig, hhf, nur Gelächter und -, weeß nicht.« Aus dieser Äußerung geht hervor, dass Kai selbst es eindeutig als Verletzung einer Norm empfand, den Schwarzen zu verprügeln, dass er aber die Verantwortung für die Einhaltung dieser Norm seinem Publikum übertrug. In dieser Externalisierung der Moral[15] besteht Kais situative Auflösung der Ambivalenz zwischen seinen moralischen Skrupeln und der Faszination einer alle Grenzen überschreitenden Gewaltausübung. Indem er die moralische Haftung für sein Tun auf andere überträgt, wird es ihm erst möglich, seinen Gewaltallüren hemmungslos zu folgen.

Auf die Frage, was er gegen den Schwarzen gehabt habe und was der Episode vorausging, weist Kai zunächst darauf hin, dass es keinen Anlass gab, jenen zu verfolgen und zu verprügeln; er habe es »einfach bloß so« getan. Damit bestätigt Kai einen Sachverhalt, der bereits in seiner Erzählung der Straßen-

15 Von dieser Externalisierung der Moral, mit der Kai den Rechtfertigungszwang überhaupt suspendiert, ist die Rechtfertigung seiner Gewalt in der Besoffsky-Geschichte zu unterscheiden, in der er dem Opfer die Schuld zugewiesen hat. Dort handelte es sich um die klassische Form jener Neutralisierungstechnik, die Gresham M. Sykes und David Matza »denial of the victim« genannt haben (Sykes/Matza 1957: 668).

bahn-Geschichte deutlich wurde, um dann einzuräumen, es habe bei solchen Vorfällen »eigentlich *nie* richtige Gründe« gegeben – außer wenn seine Familie betroffen war. Kai gibt zu erkennen, dass er seine gewalttätigen Übergriffe – von einer spezifischen Ausnahme abgesehen – als nicht zu rechtfertigen betrachtet, und streicht damit die Immoralität seines Handelns heraus. Dem Fehlen von Gründen setzt er den »Spaß« entgegen, der ihn zu seinen Gewalttaten motiviert habe.

Anstatt seinen moralischen Impulsen zu folgen, inauguriert Kai, wie die Straßenbahn-Geschichte und der Vorfall mit dem Schwarzen zeigen, ein ihm bekanntes oder anonymes Publikum zur normativen Instanz und zum Hüter des Gewaltverbots, um sich dem »Spaß« zu überlassen, der darin besteht, andere völlig grundlos zu malträtieren. Eine solche Konstellation bestand auch, als Kai einen »Polen«, der mit zwei Freunden unterwegs war, in einer belebten Einkaufsstraße zusammengeschlagen hat. Kai erzählt, dass ihn der Betroffene – bei dem es sich um einen polnischen Jugendlichen handelte – zuvor »blöde angeguckt« habe, um dann fortzufahren: »Und da halt bis-bis zu X-Geschäft vor hab ick ihn dann geprügelt und getreten und (.) ihn-ihn gegen 'n Auto geschmissen. Hat sich (.) det Rückgrat fast gebrochen, hh, wo ick ihn denn so richtig gegen det Auto geschmissen habe, so in die Motorhaube vorne, in die Stoßstange.« Wieder wirft er im weiteren Verlauf der Erzählung sowohl den beiden »Freunden« des Opfers als auch »den ganzen Straßenleuten« vor, dass sie alle »nüscht gesagt« und »nüscht gemacht« haben. Das Gespräch bekommt diesmal aber eine neue Wendung.

2.1.4 Polen-Geschichte: Der »Frust« und die alltägliche Suche nach Gewalt

Int.: Und was war da der eigentliche Grund, warum du diesen einen verprügelt hast?

Kai: Aus Frust. Frust. Ick hab da grade irgend 'n, irgend 'n Problem gehabt, weeß bloß nicht mehr, wat. Irgendwat war, fand ick da total scheiße, war da grad so, wieder so 'ne Monatsphase oder so, drei Monate, wo ick mich (.) völlig bekloppt gefühlt habe irgendwo, und mich nur geprügelt habe. (2) Da war ick halt komisch druff irgendwie, da hab ick dann bloß gesoffen oder bloß gekifft oder so wat. Also, bloß (.) halt (.) allet so kommen lassen, wie es kommt also. Uffstehen, wann du willst, (.) wach werden, (.) allet scheiße. Mal dahin gehen und dann mal sehen, dass det scheiße ist, und dann mal Gaststätte gehen een saufen oder so.

Int.: Und woher kam denn der Frust?

Kai: Hm?

Int.: Woher kam der Frust?

Kai: [Aufgebracht:] Woher der kam? Weeß ick nicht. Von innen drin irgendwo. Vom Magen oder so oder vom, aus 'm gro-großen Zeh, weeß ick nicht. Staut sich immer irgendwo. [Schnieft] Bist uffgestanden, gesehn, dass du schlechte Laune hast und dann we-weeßte genau frühs schon, dass da irgendwat passiert noch am Tag, also. Dass du an dem Tag noch irgendwo 'n Umwurf landest oder so wat oder dich wieder irgend-, an irgendwem zu schaffen machst halt. Ja. (2) Hat man halt mitgekriegt irgendwo. Aber war halt trotzdem irgendwo 'ne lustige Zeit, also.

Auf die Frage nach seinem »eigentlichen Grund«, den jungen Polen zu verprügeln, erwähnt Kai mit keinem Wort mehr, dass ihn jener »blöde angeguckt« hat, sondern er führt einen Grund an, der mit seiner eigenen Person zusammenhängt, nämlich seinen »Frust«. Die Begebenheit situiert er in einer drei Monate währenden Frustrationsphase, in der er sich »wieder« befand. Im Interview gibt es tatsächlich mehrere Hinweise auf solche Phasen von unterschiedlicher Dauer; einer dieser Phasen – die Kai in seine Schulzeit legt und von der er sagt, dass er fortwährend »wie ein Streithahn« aufgestanden sei und »jeden Tag jemand in die Fresse gehauen« habe – weist er sogar eine Dauer von zwei Jahren zu. Die Schilderungen solcher Phasen ähneln sich, und jedesmal gehen sie mit einer vermehrten Gewalttätigkeit Kais einher. Wie an den Parallelstellen ist auch hier die Beschreibung seines frustrierten Zustands vage und diffus. Um Worte für seinen damaligen inneren Zustand ringend, führt Kai an, er habe »irgend 'n Problem gehabt«, »irgendwat total scheiße« gefunden, sich »irgendwo völlig bekloppt« gefühlt und sich »nur geprügelt«. Wenngleich er die Ursachen seiner Frustration nicht so recht dingfest zu machen in der Lage ist, wird aus diesen Formulierungen doch deutlich, dass es sich dabei um eine persistente Gefühlslage gehandelt haben muss.

Die Hilflosigkeit, die sich in seinen Formulierungen wiederfindet, lässt ihn als Desperado erscheinen, der mit sich selbst nicht zurechtkommt. Kai macht jedoch überhaupt keine Anstalten, sich zum Opfer seiner Befindlichkeiten zu stilisieren und sein Tun auf diese Weise zu exkulpieren; wenn es ihm darum ginge, wäre auch nicht zu verstehen, weshalb er erst auf eine Nachfrage des Interviewers auf seinen »Frust« zu sprechen kommt. Aus diesen Gründen darf man annehmen, dass Kais Versuch, seine Frustration zu beschreiben, keinen strategischen Absichten folgt, sondern dass es ihm um eine aufrichtige Selbstauslegung zu tun ist. Es geht ihm um die Frage, was hinter seinen Gewaltmotiven steckte, was diese Motive gewissermaßen verursachte.[16] Auch wenn seine Gewalthandlungen in den entsprechenden Situationen nicht von der bewussten Intention geleitet waren, seinen Gemütszustand zu verändern, so betrachtet Kai diesen Zustand in seinen retrospektiven Reflexionen als das treibende Moment, das ihn veranlasste, andere zu verprügeln. Wenn Kais Selbsteinschätzung richtig ist, dann zeichnete sich seine vermehrte Gewalttätigkeit in der besagten Phase vor einem Hintergrund negativer Gefühle und Stimmungen ab, zu deren zeitweiliger Abhilfe er das Mittel der Gewalt gefunden hatte.

Kai kann zwar nicht genau bestimmen, worin seine Frustration bestand, aber er kann ihre Auswirkungen auf seine Lebensführung beschreiben. Sein Leben während jener Phase, in der er »halt irgendwie komisch druff« war, charakterisiert er so: Er habe »bloß gesoffen oder bloß gekifft« und »allet so kommen lassen, wie es kommt«. Schon beim Aufstehen habe er »allet scheiße« gefunden, und wo er auch hinging, habe er sich nur wieder vergewissern können, »dass det scheiße ist«. Die morgendliche »schlechte Laune« nahm ihn demnach derartig in Besitz, dass sie wie ein unheilvolles Orakel den ganzen Tag bestimmte. In dieser Phase bestanden Sinn und Ziel seiner rastlosen Tage in der Gewissheit, dass noch »irgendwat passiert«. Dass er »irgendwo 'n Umwurf landet« und sich »an irgendwem zu schaffen macht«, scheint damals der Anker seiner ansonsten unstrukturierten Tage und desorganisierten Lebensführung gewesen zu sein.[17]

Nachdem Kai die Auswirkungen seiner Frustration geschildert hat, fragt der Interviewer hartnäckig weiter nach deren Herkunft, obgleich sich bereits abgezeichnet hat, dass Kai einem solchen Diskurs nur bedingt zugänglich ist. Dieser will die Frage zunächst nicht verstehen und zieht sie daraufhin ins Lächerliche,

16 Mit Alfred Schütz könnte man sagen, dass Kai sich bemüht, die »Weil-Motive« seiner Gewalthandlungen zu fassen. Vgl. dazu meine Ausführungen im Abschnitt 1.2.4.2.

17 Kai deutet auch an, dass der unauflösliche Konnex zwischen seiner frustrierten Lebenslage und seiner Gewalttätigkeit das Ergebnis eines Lernprozesses darstellt: »Hat man halt mitgekriegt irgendwo.« Damit gibt er zu verstehen, dass er die Folgebeziehung zwischen seiner »Laune« bzw. seinem »Frust« und seinen gewaltsamen Übergriffen von anderswoher kennt. D. h., es gab im Laufe seines Lebens dafür Vorbilder und Kontexte des Lernens. Diese gab es in der Tat, insbesondere in Kais Familie. Den damit angesprochenen Fragen wird in den Folgekapiteln nachzugehen sein.

indem er auf bestimmte Körperteile hinweist, von denen seine Frustrationen ausgehen sollen. Der »Frust«, dem Kai schließlich attestiert, dass er von »innen drin irgendwo« kommt und sich immer irgendwo »staut«, erscheint ihm als ein naturwüchsiges Faktum, das ob seiner unmittelbaren Präsenz und Wirkmächtigkeit keiner weiteren Interpretation mehr offen steht. In seiner Rede von der sich stauenden Frustration manifestiert sich eine Selbstdeutung, die an so etwas wie eine Dampfmaschinen-Theorie erinnert: Seine Frustrationen besitzen eine sich akkumulierende Energie, die ein Ventil finden und abgeleitet werden muss. Kai sieht in seinen Frustrationen eine Macht, der er mehr oder weniger mechanisch ausgeliefert war und die seinem Handeln einen zwanghaften Charakter verlieh. Damit verlegt er seine täglichen Gewaltakte in eine Sphäre, die außerhalb des moralisch zurechenbaren Handelns liegt, weil ja dessen wichtigste Voraussetzung, nämlich Handlungsfreiheit, fehlte. Mit der Dampfmaschinen-Theorie beseitigt Kai seine Skrupel, indem er die anlasslose Suche nach Situationen der Gewaltausübung auf höhere Gewalt zurückführt. Seine Theorie ergänzt komplementär die – bereits dargestellte – Externalisierung der Moral in diesen Situationen selbst.

Kais abschließende Bemerkung zu der beschriebenen Phase verstärkter Gewaltaktivität besteht aus den Worten: »Aber war halt trotzdem irgendwo 'ne lustige Zeit, also.« Zum einen stellt Kai damit klar, dass er diese Phase als endgültig abgeschlossen betrachtet; und zum anderen zieht er überraschenderweise ein positives Fazit unter die Phase, die er eben noch als von sehr negativen Gefühlen bestimmt vorgestellt hatte. Dass das »Lustige« der Zeit des »Frusts« mit seiner Gewalttätigkeit zusammenhängt, ist aus dem Kontext unschwer zu erkennen; dafür spricht auch, dass Kai in den bisher behandelten Passagen Gewalterfahrungen fast stereotyp mit dem Attribut »lustig« belegte.[18]

Anhand der folgenden Interviewpassage kann der Zusammenhang zwischen Kais Frustrationen, die ihn zur Gewalt drängen, und den Momenten, die ihn an

18 Zusätzlich kann man hier fragen, ob Kai die in kürzester Zeit wieder abklingende Hochstimmung seiner Gewalttaten auch deswegen immer wieder erleben wollte, um der Last seiner Taten zu entkommen. Dies ist allerdings eine Vermutung, die *nicht* durch Kais Beschreibung seiner Handlungsmotive gedeckt ist; wenn sie zuträfe, würde sie plausibel machen, weshalb Kai immer wieder Opfer seiner Gewalt suchte, obwohl der »Frust« nach der Tat stets zurückkehrte. So erklärte ein ehemaliger, nun aus seiner langjährigen Haft entlassener IRA-Kämpfer in einem Fernsehinterview seine Anschläge: Die Skrupel, die auf seinen ersten tödlichen Bombenanschlag folgten, habe er durch die Euphorie überdecken wollen, in die ihn seine weiteren Anschläge versetzten.

der Gewalt anziehen, genauer analysiert werden. Die Auswahl der Passage hat aber noch einen zweiten Grund, denn hier tritt ein Gewaltmotiv, das bisher nur gestreift wurde, besonders deutlich zutage, nämlich der Genuss am Schmerz des anderen.

2.1.5 Onkel-Döner-Geschichte: Die »Frustabbaumethode« und die Schmerzen des Opfers

Kai: Und wo sie [Kais Freundin, F.S.] Schluss gemacht hat, an dem Tag da, (.) bin erst mal vier Stunden durch die Gegend gezogen. Völlig ohne Plan, ohne allet, also. Hatt ick mir 'ne Flasche Jim Beam gekooft dann mal wieder, und dann losgezogen. In S-Bezirk halt rumgeloofen, weil ick da noch in S-Bezirk gewohnt habe, am H-See rumgeloofen und so, überhaupt völlig Amok geloofen.

Int.: Was heißt: Amok gelaufen?

Kai: Na, ick hatte auch een verprügelt halt, nebenbei, aus Frust. Wat ick ziemlich oft gemacht habe eigentlich, aus Frust jemanden verprügeln. Denn (3) kam det immer vor, dass ick jeden Tag jemand in die Fresse gehauen habe, einfach so. War für mich damals die beste Frustabbaumethode halt, ja, irgendwelche Leute zu verprügeln halt, die ick noch nicht kannte, oder so. Die mir halt dann, weeß ick, nicht gefallen haben, ihre Art, oder mir blöde kamen, oder so. Die haben dann 'n paar gekriegt halt. (3) Bin ick ooch noch zum Onkel Döner gegangen an dem Abend, und hab ick dann 'n Piepel verdroschen, so 'n zweiunddreißig-, dreiunddreißigjährigen Mann oder so wat. Der ist dann, der hat 'ne tierische Welle geschoben. Na hab ick ihn verprügelt.

Int.: Was für eine Welle hat er geschoben?

Kai: 'ne tierische Welle, also 'n tierischen Angeber raushängen lassen, den Wichtigen, sich wichtig gemacht halt. Der hat mich da belappt vor'm Onkel Döner. Ist so 'ne Döner-, so 'ne Imbissbude in S-Bezirk, wo sich dann halt immer so, sagen wir mal, die Elite trifft. (2) Ja.

Int.: Welche Elite trifft sich dort?

Kai: Na die, die Leute, die halt dann noch vernünftig sind, also in meiner Altersklasse oder 20 Jahre alt so. Die sind dann halt da. Mit denen man auch wat machen kann, oder so. Nicht so 'ne Langweiler. Ja, die haben sich da halt getroffen immer. Und da kam auch der Piepel, der hat mich,

> hat mich blöde angemacht, hab ick ihn einfach nur verdroschen. War bloß noch det eene Auge intakt, det hier. [Hinweisende Geste auf das eine Auge] Jo-jo. Det Auge halt war intakt gewesen, der Rest war allet dick und blau und (.) völlig zerhunzt war det. Pech gehabt, der war zur falschen Zeit, zum falschen Moment am falschen Ort also. (2) Dann bin ick richtig ausgeklinkt, hab ick 'ne halbe Stunde auf ihn eingedroschen, eingetreten, eingedroschen. (2) War einfach bloß 'n schönet Gefühl gewesen, irgendwo. Sich mal sein Frust abzubauen, na ja, weeß ick nicht, Schmerzen zu verteilen. Irgendwo, (.) wat weeß ick, 'n perverse Ader von mir, oder so, hhf. Fand's halt irgendwie geil, da zu sehen, wat man mit so 'm Menschen allet machen kann so. (2) Genau.

In dieser Erzählung ist Kais Gewalttätigkeit nicht mehr Folge einer allgemeinen Frustrationssituation, sondern eines ganz konkreten Anlasses, nämlich dem, dass er von seiner Freundin verlassen wurde. Bis zu diesem Zeitpunkt – Kai war damals 17 Jahre alt – hatte er sie, wie er unmittelbar vor der zitierten Passage erzählt, als »die Frau für's Leben« betrachtet. Die Beziehung zu ihr, die dreieinhalb Jahre gedauert hatte, beschreibt Kai vor allem in sexueller Hinsicht als unüberbietbar. Seine Freundin sei, nachdem sie einen Vertrag als Model bekommen habe, »immer feiner« und »'n bisschen eingebildet« geworden. Er stellt fest: »So wat kann ick mir halt nicht halten, so 'ne Frau also, so 'ne eingebildete Frau kann ick mir nicht halten, det geht nicht. So Ansprüchen, wat die da stellt, gestellt hatte, kam ick nicht hinterher.« Seine Freundin habe sich »eingebildet, sie braucht 'n Neuen« und schließlich habe sie »wieder 'ne neue Type kennen gelernt so, und der hat ihr gefallen und (.) und da war allet vorbei.« Die Erkenntnis, seiner Freundin nicht mehr zu genügen und von ihr zugunsten eines anderen zurückgewiesen zu werden, bildet also den Ausgangspunkt der nun zu interpretierenden Passage.

Schon zu Beginn der Erzählung wird klar, dass es sich bei dem, was bei Kais Streifzug durch seinen Wohnbezirk geschehen wird, nicht um eine einmalige Episode, sondern um eine habitualisierte Abfolge von Ereignissen handelt. So berichtet Kai, er habe sich »mal wieder« eine Flasche Jim Beam gekauft und sei dann, scheinbar plan- und orientierungslos, »losgezogen«. Er vermittelt den Eindruck, dass es eine nicht mehr reflektierte, automatisierte Gewohnheit war, die ihn nach der Enttäuschung durch den Bezirk ziehen und nach einem Menschen suchen ließ, der ihm einen, wenn auch noch so nichtigen Anlass für das Ausagieren seiner gewaltsamen Absichten bot. Ganz auf dieser Linie liegt es, wenn Kai bekräftigt, es sei »ziemlich oft« vorgekommen, dass er »aus Frust«

jemanden verprügelt habe, ja dass es so weit ging, dass er »jeden Tag jemand in die Fresse gehauen habe, einfach so.« Damit veralltäglicht er das Geschehen, das auf eine einmalige Enttäuschung folgte. Zu der Situation an der Döner-Bude sagt Kai zunächst nur, er sei »völlig Amok geloofen« und habe »een verprügelt halt, nebenbei, aus Frust«, um dann zu der Feststellung zu gelangen, dies wäre damals »die beste Frustabbaumethode« für ihn gewesen. Dass seine Methode des Frustrationsabbaus allerdings nur ephemere Wirkungen zeitigte, geht allein daraus hervor, dass er diese Wirkungen durch tägliche Gewaltakte erneuern musste. Aber im weiteren Verlauf der Erzählung zeigt sich, dass der subjektive Gewinn seiner Gewalthandlungen beim »Onkel Döner« nicht allein darin bestand, sich seiner Frustrationen zu entledigen.[19]

Bevor Kai auf das zusätzliche Motiv zu sprechen kommt, schildert er den Ablauf des Geschehens. Dabei lassen sich bereits bekannte Merkmale solcher Situationen abermals beobachten: Erstens führt die Erzählung vor Augen, dass seine Gewalt weniger eine dem Verhalten seines Gegenübers geschuldete Reaktion ist, sondern vielmehr den Plagen seines eigenen Alltags entspringt und eine selbstbezogene, expressive Handlung darstellt. Zweitens dient die Kommunikation mit dem anderen lediglich dazu, ihn als Opfer zu identifizieren. Die Art, wie Kai das Verhalten des Mannes beschreibt, den er so übel zurichten sollte, enthält zwar eine rudimentäre Legitimation, wenn er ihm anlastet, er habe den »tierischen Angeber raushängen lassen« und »sich wichtig gemacht«, und er habe ihn »blöde angemacht« und »belappt«. Aber dieses Verhalten hat für Kai, wie in anderen Situationen seiner Gewaltausübung, nur die Funktion, den Mann als Opfer zu identifizieren. Kai bringt dies in frappierender Deutlichkeit zum Ausdruck, indem er konstatiert, der Mann habe »Pech gehabt, der war zur falschen Zeit, zum falschen Moment am falschen Ort« – ganz nach dem Motto: Wehe dem, der mir begegnet und sich als Opfer zu erkennen gibt! Drittens ist das Opfer erneut ein Unbekannter. Kai hebt diesen Aspekt sogar ausdrücklich hervor, wenn er verallgemeinernd darauf hinweist, dass es für ihn die beste Frustabbaumethode gewesen sei, »irgendwelche Leute« zu verprügeln, die er »noch nicht kannte«. Es ist gewiss auch kein Zufall, dass Kai – außer einigen

19 Kais beiläufige Bemerkung, dass sich am Ort des Geschehens die »Elite« trifft, legt die Vermutung nahe, dass es ihm auch darum ging, seine Reputation als Gewalttäter zu festigen oder durch sein Tun die Zugehörigkeit zu einer nicht näher bestimmten Gruppe zu demonstrieren. Dass es ihm um Statusgewinn oder um die Anerkennung anderer zu tun war, ist in Kais Ausführungen jedoch kein Thema, so dass man nur darüber spekulieren kann, ob dieser Gesichtspunkt für sein Handeln relevant war.

aggressiven Gesten – jegliche Kommunikation mit dem Opfer vermeidet. Konfliktschlichtende Kommunikation und Aushandlungsprozesse muss Kai unter der Regie seiner gewalttätigen Absichten ausschließen, was bekannten Personen gegenüber viel schwerer durchzuhalten wäre. Kais Strategien zum Ausschluss empathischer Gefühle und zur Überwindung moralischer Hürden greifen nur bei Unbekannten. Insofern stellt die Anonymität der Opfer eine notwendige Bedingung zumindest für jene Gewaltakte dar, die keinen weiteren Grund als Kais Enttäuschungen und seine Freude am Quälen haben. Seine Opfer sollten nichts als Opfer sein.

An einer Stelle des Interviews resümiert Kai, er habe, von einer Ausnahme abgesehen, »bis jetzt immer nur Opfer gehabt, keene Gegner«.[20] Damit spielt er darauf an, dass Opfer und Gegner zu ganz verschiedenen Typen von Interaktionssituationen gehören: Während der Gegner aktiv am Zustandekommen einer tätlichen Auseinandersetzung beteiligt ist, in dieselbe einwilligt und einen mehr oder weniger gleichwertigen Gegenpart darstellt, ist das Opfer gegen seinen Willen den Attacken eines überlegenen Täters ausgesetzt. Genauso ist auch die Konstellation am Abend jenes Tages, an dem Kai von seiner Freundin verlassen wurde. Den Mann, den er beim »Onkel Döner« zusammenschlägt, nennt er einen »Piepel«. Dieser Ausdruck, der einen noch nicht geschlechtsreifen Penis bezeichnet, steht im Modus *pars pro toto* für einen kleinen, wehrlosen Jungen – für eine Person also, die ihm gegenüber nur die Rolle eines Opfers und nicht die eines Gegners spielen konnte. Wären die Herausforderungen des Opfers der letzte Grund für Kais Handeln gewesen, und wäre es sein Ziel gewesen, den Angeber in die Schranken zu weisen, dann hätte seine Gewalt nicht die exzessive Form annehmen müssen, die sie tatsächlich angenommen hat.

Das, was Kai zunächst als einen »Amoklauf« bezeichnet hatte, gibt er nach mehreren Anläufen schließlich folgendermaßen wieder: »Dann bin ick richtig ausgeklinkt, hab ick 'ne halbe Stunde auf ihn eingedroschen, eingetreten,

---

20 Bei dieser Ausnahmesituation ist er jedoch selbst der Unterlegene: Er wurde von einem »Kumpel aus der Skinheadszene«, der ihn »nicht wollte«, unter dem Vorwand, er habe seine Familie beleidigt und verraten, auf brutalste Weise zusammengeschlagen und schwer verletzt. Dieser singuläre Vorfall ist von zentraler biographischer Relevanz, zumal er nach Kais Aussage dazu führte, dass er das »Vertrauen zu der ganzen rechten Szene verloren« hat, und dazu beitrug, dass er »aus der Szene ausgestiegen« ist (Kai gebraucht in dieser Passage die Bezeichnungen »Skinheadszene«, »rechte Szene« und »Kameradenkreis« mehr oder weniger synonym, während er konsistent davon spricht, dass er sich damals der Skinheadszene zurechnete.).

eingedroschen.« Und so beschreibt er die drastischen Folgen für das Opfer: »War bloß noch det eene Auge intakt..., der Rest war allet dick und blau und (.) völlig zerhunzt war det.« Bei der Lektüre dieser Sätze drängt sich das von Kai geprägte Bild vom Kampfhund auf, der nicht von seinem Opfer ablassen kann. Im Schlussabsatz thematisiert Kai dann jene Kräfte, die ihn zu einem so glühenden und maßlosen Täter machen. Zunächst attestiert Kai seinem grausamen Handeln »'n schönet Gefühl«. Dieses Gefühl bezieht Kai auf den Frustrationsabbau, um dann hinzuzufügen, das Schöne an diesem Gefühl habe auch darin bestanden, »Schmerzen zu verteilen«. Nur eine solche Motivationsbasis kann die extreme Grausamkeit erklären, die Kai dem Mann am Döner-Imbiss angedeihen lässt.

Wenn Kai das »schöne Gefühl«, das er dabei empfindet, seinem Opfer Schmerzen zuzufügen, auf eine »perverse Ader« zurückführt, wird einerseits deutlich, dass er sein Handeln, zumindest retrospektiv, moralisch verurteilt. Aber andererseits bestätigt die Rede von einer perversen Ader gerade, dass bei seinen Gewaltakten ein Erlebnismoment im Spiel ist, aufgrund dessen er sich zu etwas Verurteilenswertem hinreißen lässt. Die Affekte, die beim Schlagen und Quälen freigesetzt werden, tragen den Sieg über die Unterscheidung zwischen Richtig und Falsch davon. Darauf hebt auch Kais abschließende Erklärung ab: »Fand's halt irgendwie geil, da zu sehen, wat man mit so 'm Menschen allet machen kann so.« In dem Ausdruck »geil« schwingen – wie schon beim Hinweis auf die »perverse Ader« – Konnotationen mit, die seiner Grausamkeit einen sexualisierenden Nimbus verleihen. Die spezifische Attraktion der Gewaltausübung, wie sie Kai in solchen Formulierungen ausspricht, liegt in einer Erfahrung, die mit anstößigen Formen der sexuellen Lust vergleichbar und mit einer Praxis verbunden ist, die einen Menschen zum Objekt eines Experiments macht. Kai ging es darum, »zu sehen, wat man mit so 'm Menschen allet machen kann«. Das experimentelle Betätigungsfeld seiner Gewaltsamkeit ist also auf den Versuch angelegt, sich zum Herrn über den Körper eines anderen aufzuschwingen und sich an dessen Schmerzen zu ergötzen. Diese wohl sadistisch zu nennende Lust ist, wie sein Überlegenheitsgefühl, unmittelbar an die körperliche Nähe zum Opfer gebunden und tritt in Kais Schilderung umso stärker in den Vordergrund, je weiter der Prozess fortgeschritten ist, der mit einem diffusen Frustrationsgefühl beginnt und mit dem zerschundenen Körper des anderen endet. Dies ist ein Hinweis darauf, dass sein Motiv, den anderen leiden sehen zu wollen, keine in jeder Phase stabile Intention darstellt und keiner vorab festgelegten Planung folgt, sondern erst im Prozess der Gewaltausübung in den Mittelpunkt rückt und schließlich seine Sinne vollends gefangen nimmt.[21]

2.2 Dimensionen intrinsischer Gewaltmotive

Die Fallrekonstruktion Kai hat gezeigt, dass Gewalthandlungen von Motiven geleitet sein können, die sich auf keinen Zweck und keinen Wert außerhalb dieser Handlungen beziehen. Auf das Phänomen, dass die mit der Gewaltausübung verbundenen Erfahrungen zum Selbstzweck werden können, zielt das Konzept der intrinsischen Gewaltmotive. Diese Motive gehen aus den spezifischen Qualitäten von Erlebnissen hervor, mit denen jugendliche Täter bei der Gewaltausübung in Berührung kommen. Wenn Jugendliche bereits Bekanntschaft mit lustvollen Gewalterfahrungen gemacht haben und sich von weiteren Taten dieselben Erfahrungen versprechen, können diese bereits ihre aktive Suche nach Situationen der Gewaltausübung anleiten. Intrinsische Motive sind in diesen Fällen von Anfang an das Agens des gewalttätigen Handelns. In anderen Fällen stellen sich diese Motive erst im situativen Prozess der Gewaltausübung ein. Intrinsische können sich mit anderen – extrinsischen – Motiven verbinden, sich im Zuge gewalttätiger Handlungsabläufe von diesen ablösen und die Oberhand gewinnen, wenn die Täter von ihren rauschhaften Erfahrungen gefesselt sind.

Aufbauend auf die Fallrekonstruktion Kai kann nun systematisch dargelegt werden, welche Momente der Gewalterfahrung es sind, aus denen intrinsische Gewaltmotive hervorgehen. Dabei werden drei Dimensionen intrinsischer Gewaltmotive ausgemacht, die intern zusammenhängen, sich jedoch analytisch unterscheiden lassen: der Triumph der physischen Überlegenheit (2.2.1), die Schmerzen des Opfers (2.2.2) und die Überschreitung des Alltäglichen (2.2.3). Im Modus des Fallvergleichs der »minimalen Kontrastierung« werden an je

21 Im Anschluss an die zitierte Passage erzählt Kai, dass es nach dem Vorfall einen »Riesenwirbel in S-Bezirk« gegeben habe, da die Polizei nach dem Täter suchte. Der »Onkel Döner« habe ihn »wieder rausgeritten«, indem er darauf hingewiesen habe, dass alle Skinheads gleich aussehen und er deswegen nicht wissen könne, wer es gewesen sei. Nach Kais Auskunft wurde er bisher überhaupt nur bei Eigentumsdelikten von der Polizei gefasst, aber noch nie bei Gewaltdelikten.

einem weiteren Beispiel Gehalt und Relevanz dieser drei Dimensionen verdeutlicht.

2.2.1 Der Triumph der physischen Überlegenheit

Mit der Gewalt, die den Gegner oder das Opfer überwältigt, verbinden jugendliche Täter die berauschende Erfahrung des Sieges, und der Triumph, der Stärkere und Bessere zu sein, kann zu einem eigenständigen Gewaltmotiv werden. Dieses Motiv kann im Extremfall, wie er sich bei Kai präsentierte, eine Dynamik entwickeln, in deren Horizont der Wunsch steht, den anderen an die Schwelle des Todes zu bringen und der Genugtuung des eigenen Überlebens teilhaftig zu werden. Welches Maß an Grausamkeit die Gewalt, die im Streben nach Überlegenheit und Verfügungsmacht gründet, im Einzelfall auch immer annimmt – es ist den so motivierten Tätern um weit mehr als um bloße Selbstbehauptung zu tun. Sie sind auf die physische Unterwerfung des anderen aus und wollen ihn buchstäblich unter sich sehen, um sich als mächtig und bedeutsam zu erleben.

Kais Beschreibungen, die das eigene Oben-Stehen und des anderen Unten-Liegen, das eigene Unversehrt-Bleiben und des anderen Verletzt-Sein, die eigene Aktionsfreiheit und des anderen Bewegungsunfähigkeit betonen, weisen darauf hin, wie eng Gefühle der Größe und der Omnipotenz an die Koordinaten der Körpererfahrung gebunden sind. Die Intensität des Erlebens, die sich in solchen Beschreibungen dokumentiert, steht in einem unauflöslichen Zusammenhang mit der unmittelbaren körperlichen Präsenz des Opfers und der sinnlichen Gewissheit seiner Gebrochenheit. In diesen körpernahen Erfahrungen steckt eine Anziehungskraft, die Jugendliche zum gewaltsamen Erweis ihrer Überlegenheit motivieren kann. Quer zu den verschiedenen Gruppierungen, denen sie angehören, thematisieren sie das Antriebspotential, das im Enthusiasmus einer gewaltsam hergestellten Überlegenheit steckt. Die Intensität der Gewaltausübung ist eine von vielen gewalttätigen Jugendlichen geteilte Erfahrung, und die motivierenden Wirkungen dieser Erfahrung sind Bestandteil ihres kollektiven Wissens, für das es gemeinsame Ausdrücke und ein eigenes Sprachspiel gibt. Das »Machtgefühl« und die »Freude des Siegers« sind Begriffe, die im Zentrum dieses Sprachspiels stehen.

Das folgende Beispiel aus dem Interview mit Murat, einem 16-jährigen Hauptschüler polnischer Herkunft und Mitglied der türkisch dominierten BF-

Bande, bestätigt, dass der Triumph der physischen Überlegenheit eine enorme Anziehung auf jugendliche Täter ausüben und Situationen der Gewaltausübung entscheidend beeinflussen kann. Zudem stellt es im Vergleich zu den Situationen, anhand derer Kai die motivierende Kraft seines »Machtgefühls« artikulierte, eine etwas anders gelagerte Variante der ersten Dimension intrinsischer Gewaltmotive dar.

Murat war auf Seiten einer etwa 20-köpfigen Gruppe, die sich aus teilweise auch zu seiner Bande gehörenden Mitschülern zusammensetzte, an einer äußerst brutalen Auseinandersetzung mit einer ebenso großen Gruppe von Skinheads beteiligt. Ausgangspunkt dieser Auseinandersetzung war, dass ein arabischer Jugendlicher an Murats Schule in Westberlin die Nachricht verbreitete, er und sein schwarzer Freund seien an ihrer Ostberliner Schule von Skinheads als »Scheißausländer« beschimpft und geschlagen worden. Es gelang ihm, Murat und seine Freunde dafür zu gewinnen, die Skinheads zur Rechenschaft zu ziehen und ihre ausländerfeindlichen Sprüche und Taten zu ahnden. In seiner mit Schlagstöcken und – wie sich herausstellen sollte – mit zwei Messern bewaffneten Gruppe machte sich Murat auf den Weg zum Ort des Geschehens in Ostberlin. Der Kampf, zu dem es dann tatsächlich kam, endete mit einer Messerstecherei und der lebensgefährlichen Verletzung eines Jungen aus der Skinheadgruppe.[22] Diesen Vorfall kommentiert Murat mit folgenden Worten:

Murat: Wir sind dahin gegangen gegen die Nazis, um sie richtig so, also, wie soll ich sagen? Also, wir haben uns so gedacht: Wenn wir da einen umbringen, passiert uns nix. Die sind im Osten, die kennen uns da nicht; also die wissen nicht, w-wo wir wohnen, gar nix. (.) Also sind wir dahin gegangen, haben wir die richtig geschlagen, dann sind wir wieder zurückgegangen. Also da -, wir waren einfach ohne Angst so, wir wollten uns da richtig so austoben so. Richtig ausschlagen. (2)

Int.: Kannst du das ein bisschen genauer beschreiben, was ihr da machen wolltet? Was heißt das: Ihr wolltet Euch richtig ausschlagen?

Murat: [Geheimnisvoll:] Wir wollten die richtig so kaputtschlagen, dass sie auf dem Boden liegen, dass die uns schon so anbetteln: »Nicht schlagen bitte! Okay, tut uns leid, was wir gesagt haben.« (.) So richtig kaputtschlagen wollten wir die!

22 Unter einem anderen Gesichtspunkt wird das Geschehen in dieser Auseinandersetzung im Abschnitt 4.2.3 ausführlich behandelt.

Anders als im Falle Kais, der meist als Einzeltäter in Erscheinung trat, handelt Murat hier als Mitglied einer Gruppe. Weiterhin richtet sich die kollektive Gewalttat nicht gegen wehrlose Opfer, sondern gegen bedrohliche Gegner. Die Motivationsbasis ist indes eine ähnliche wie in einigen Episoden, die Kai geschildert hatte. Sie bestand darin, eine Situation der völligen Unterwerfung der »Nazis« herbeizuführen und sich am Entsetzen der Unterlegenen zu weiden. Murat schildert die Situation so, dass sie eine gute Gelegenheit bot, einem solchen Verlangen zu folgen. Denn die vorangegangenen strategischen Überlegungen seiner Gruppe, die sogar den Tod des Gegners mit ins Kalkül zogen, hatten zu dem Ergebnis geführt, dass die Chancen bestens stünden, einer Sanktionierung der Gewalttat zu entgehen. Wenngleich in der Gruppe offenbar von einem »Umbringen« und »Kaputtschlagen« die Rede war, zielte die Gewalt – zumindest aus Murats Sicht – nicht nur auf die physische Bezwingung der Gegner, sondern auch auf das verbale Eingeständnis ihrer Unterlegenheit und das maliziöse Auskosten ihrer Angst: Die feindliche Gruppe sollte zittern und um Gnade betteln.

Das Motiv, einen Triumph der physischen Überlegenheit feiern zu wollen, weicht bei Murat in einem Punkt von dem ab, was Kai berichtet. Dieser empfindet sein »Machtgefühl«, das ihn bei seinen Gewalttaten antreibt, beim Anblick eines regungslos daliegenden Opfers. Für Murat hingegen zielt die Gewalt in der beschriebenen Situation auch darauf ab, die Gegner zur Anerkennung der Überlegenheit seiner selbst und seiner Gruppe zu bringen. Die Gewalttat folgt bei Murat einer Semantik der eigenen Bestätigung und der eigenen Erhöhung durch den Gegner. Dies sollte durch eine Erniedrigung des Gegners erreicht werden, die ihn nicht nur physisch, sondern auch in seinem Stolz und in seiner Integrität trifft. Murat wollte also nicht nur die bloße physische Überlegenheit über den Gegner erleben, sondern auch einen Kniefall, der die Verfügungsgewalt seiner Gruppe in einem geradezu formellen Akt der Unterwerfung bestätigen sollte.

Wenn das berauschende Gefühl, der bedingungslos Überlegene zu sein, zum Gewaltmotiv wird, dann kann dies neben der physischen eine zusätzliche Komponente haben: Das Handeln kann auch darauf abzielen, dass das unterlegene Opfer den Täter in seiner formidablen Position anerkennt und mit dem verbalen Eingeständnis seiner bedingungslosen Unterwerfung das gehobene Selbstgefühl des Täters gewissermaßen intersubjektiv beglaubigt. Dass dies geschehen möge, war, wie Murat erklärt, eine wesentliche Motivationsbasis für sein Handeln in der Auseinandersetzung mit der Skinheadgruppe und für das Handeln seiner

Gruppe insgesamt. Aber auch die intersubjektive Beglaubigung der eigenen Überlegenheit ist untrennbar an die körperliche Überwältigung des Gegners bzw. des Opfers gebunden und damit jener ersten Dimension intrinsischer Gewaltmotive zuzuordnen, für die der Begriff des Triumphs der physischen Überlegenheit steht.

2.2.2 Die Schmerzen des anderen

Dass Gewalt für denjenigen, den sie trifft, Schmerz und Qual mit sich bringt, ist unausweichlich mit der leiblichen Existenz des Menschen verbunden. Gleichwohl sind die physischen Leiden des Opfers für die jugendlichen Täter nicht immer nur ein unbeabsichtigter Nebeneffekt ihrer Gewalt, sondern in vielen Fällen das, wonach sie trachten. Das Beispiel Kais führte vor Augen, dass das Zufügen von Schmerzen und das Leiden des anderen dem Täter einen Genuss bereiten können. Die motivierende Wirkung der Lust an der Zufügung von Schmerzen kann, wie eine Passage aus dem Interview mit Kai zeigte, so weit gehen, dass die Verletzbarkeit des Opfers einen solchen Sog ausübt, dass der Täter nicht einhalten kann, ehe sich das Opfer vor Schmerzen krümmt. Die Metapher des Kampfhundes, der von anderen zurückgepfiffen werden muss, und der Hinweis auf die mit sexualisierenden Begriffen aufgeladene Erfahrung, die körperlichen Grenzen eines anderen Menschen zum Gegenstand eines Experiments zu machen, haben dies besonders verdeutlicht.

Wenn der Schmerz des anderen die treibende Kraft von Gewalthandlungen darstellt, setzt dies eine gewisse Empathie der Täter mit den Opfern voraus. Gerade wenn sich die Täter eingestehen müssen, im vollen Bewusstsein der Verletzlichkeit der Opfer Freude an deren Leid zu empfinden, erscheint ihnen ihr eigenes Handeln unheimlich, so dass sie sich gelegentlich, um sich zu entlasten, selbst pathologisieren. Ein Beispiel dafür ist Kais Rede von seiner »perversen Ader«. Daran zeigt sich schon, dass das intrinsische Motiv, sich an den Schmerzen des anderen zu laben, nicht ohne weiteres kommunizierbar ist – mag dies nun durch die latente Übernahme der Opferrolle[23] seitens der Täter

23 Zentral für den Begriff der Rollenübernahme sind bekanntlich die Schriften George Herbert Meads (bes. 1968 und 1980). Lewis Yablonsky hat gewalttätige Jugendliche just mit dem Argument pathologisiert, ihnen gehe die Fähigkeit ab, die Rolle des anderen einzunehmen. So schreibt er über gewalttätige Gangmitglieder im New York der späten 1950er und frühen 1960er Jahre: »Thus the sociopathic youth produced by the socialization process, character-

oder durch die kulturell verankerte Ächtung der Grausamkeit[24] begründet sein. Wohl deswegen artikulieren die Jugendlichen den Umstand, dass sie die Schmerzen ihrer Opfer goutieren, in den Interviews nie in der Weise, dass darin das einzige und von Anfang an dominierende Motiv ihrer Gewalthandlungen bestand. Nichts berechtigt aber zu der Annahme, dass die Interviewteilnehmer damit etwas, was ihnen bewusst ist, verschweigen und die originären Motive ihrer Gewaltsamkeit kaschieren wollen. Doch in einigen Fällen wird deutlich, dass das Zufügen von Schmerzen im Vollzug von Gewalthandlungen zur treibenden Kraft werden kann, nämlich dann, wenn die Täter den Anblick des leidenden Opfers als lustvoll erleben. Derartige Motivlagen können eine situative Dynamik mit sich bringen, die zu einer exzessiven Form der Gewaltsamkeit

istic of the disorganized slum, tends to be self-involved, exploitative, and disposed toward violent outbursts. This sociopathic type of individual lacks ›social ability‹ or the ability adequately to assess the role expectations of ›others‹. *He is characteristically unable to experience the pain of the violence he may inflict on another, since he does not have the ability to identify or empathize with any others.* He is thus capable of committing spontaneous acts of ›senseless‹ violence without feeling concern or guilt.« (Yablonsky 1962: 198)

24 Es scheint mir durchaus richtig zu sein, dass die Ächtung der Grausamkeit in das Selbstverständnis moderner Gesellschaften Einzug gehalten hat. Dies ist aber nicht gleichbedeutend mit der Annahme, dass grausame Verhaltensweisen im Verschwinden begriffen sind. Einer solchen Annahme hat die Zivilisationstheorie von Norbert Elias (1976) Vorschub geleistet, der zufolge Impulse wie das Genießen der Schmerzen eines anderen als ein Relikt vormoderner Verhaltensformen betrachtet werden müssen. In seinen Untersuchungen über die »Wandlungen der Angriffslust« hat Elias gezeigt, dass in der mittelalterlichen Gesellschaft Raub, Kampf und Menschenjagd zu den »Freuden des Lebens« zählten und dass die »Lust am Quälen und Töten« offen zelebriert werden konnte, um solche Phänomene in einen Gegensatz zur neuzeitlichen Gesellschaft zu stellen (siehe ebd.: 263 ff.). Nach Elias und Dunning (1970) dienen Kunst, Sport und Spiel der modernen Kultivierung dessen, was sie »the quest for excitement« nennen. In ihnen, so die Autoren, erhalten außergewöhnliche Emotionen einen legitimierten Raum und werden die ansonsten vorhandenen Affektkontrollen gelockert, ohne nennenswerte soziale Gefahren heraufzubeschwören.

Auch wenn die Artikulation gewaltsamer und gefährlicher Gelüste in der modernen Gesellschaft weitgehend erfolgreich tabuisiert wurde, muss die Elias'sche These in Zweifel gezogen werden, nach der die zunehmende Internalisierung der Affektkontrolle dazu geführt hat, Gewalt und den Genuss der Grausamkeit aus dem modernen Leben zu verbannen oder zumindest entscheidend einzudämmen. Dass ein solches Bild der modernen Gesellschaft und des modernen Subjekts nicht zutreffend ist, hat Hans Peter Duerr (1993) mit einer Fülle von Materialien über sexuelle Gewalt gezeigt. Auch die vielfältigen und weit verbreiteten Phänomene der Jugendgewalt geben Anlass, an den langfristigen historischen Entwicklungen einer inneren Pazifizierung moderner Gesellschaften, wie Elias sie beschrieben hat, zu zweifeln.

führt, und sie machen verständlich, weshalb sich die Gewalt während ihres Vollzugs oft weit von ihren ursprünglichen Zielen und Zwecken entfernt. Das Motiv des Genusses an den Schmerzen des anderen kann das überschießende Moment einer Gewalt erklären, die über alle Maße ihres Anlasses hinausgeht. Aber bei denen, die in der Gewaltsituation von diesem Motiv affiziert werden, muss man nicht gleich an »krankhafte Folterknechte« denken.

Das folgende Beispiel aus dem Interview mit dem 17-jährigen Joe verdeutlicht dies. Joe ist ein deutscher Jugendlicher, der zum Zeitpunkt des Interviews noch die Schule besuchte, um seinen Haupt- oder Realschulabschluss nachzuholen. Die meisten seiner Gewalttaten hat er im Kontext seines arabischen und türkischen Freundeskreises begangen. Die Episode, um die es im nachstehenden Passus geht, hatte folgende Vorgeschichte: Joes türkischer Freund Ural hatte einem thailändischen Jungen eine Videokassette geliehen. Als er die Leihgabe zurückbrachte, behauptete Ural, jener habe die Kassette ausgetauscht und ihm die Hülle mit falschem Inhalt übergeben. Nachdem Joe dies von Ural erfahren hatte, kam es zum folgenden Vorfall.

Joe: Dann sag ich: »Ja, lass uns klingeln gehen und (.) die Sache klären.« So. Dann waren wir oben. Und er [der Thailänder, F.S.] sagt: »A-ah, willst du sagen, dass ich hier deine Videokassetten austausche?« und so und gibt (.) meinem Freund dafür 'ne Schelle. Und mein Freund ist nun mal schwächer, und (.) d- und da wollt er noch mal auf ihn rauf. Und dann, (.) weil ich gesehen habe, er vergreift sich an 'nem Schwächeren, hab ich gedacht: Wir sind zwei, dann brauchen wir uns nichts gefallen lassen. Also, bin ich einfach raufgegangen und hab (.) den Jungen dafür geschlagen. Weil ich wusste, wenn ich raufgehe, geht Ural auch noch. Ja, und gegen zwei hatte er halt keine Chance, und dann (.) hat er verloren. (2) Na ja, ich hab so geredet so: »Der Penner! Wenn er noch was sagt!«, und so, »ich hasse ihn sowieso, das ist richtig, dass wir ihm auf die Fresse hauen, der braucht noch viel mehr!«, und so. (.) Ich hab praktisch Hass auf ihn gehabt, weil ich wollte, dass er immer mehr kriegt. Dann kam die Schwester dazwischen, dann hab ich die Schwester weggeschubst. Und hab weiter auf ihn eingetreten und so, also mit Knie in den Bauch und so. Und hab ihn gegen den Fahrstuhl geschmissen. Und dann kam Ural auch noch (.) und hat auch noch auf ihn eingeschlagen. Und, (.) na ja, (.) hat, also war der Hausflur voller Blut, von seiner Nase und so, die hat voll geblutet und so. (1) Und dann sind wir einfach rausgegangen, einfach weggerannt.

Joe führt den Vorfall zunächst so ein, dass sein Einschreiten eine Konfliktlösung herbeiführen sollte. Er sagt, er habe zusammen mit seinem Freund »die Sache klären« wollen. Dass der thailändische Junge seinen Freund geschlagen hat, lieferte Joes Darstellung zufolge erst den Grund, seinerseits handgreiflich zu werden. Er sei auf den Jungen »raufgegangen«, weil sich der Kontrahent an seinem schwächeren Freund vergriffen und Anstalten gemacht habe, weitere Schläge zu setzen. Ferner berichtet Joe von seiner strategischen Situationseinschätzung, der zufolge sie zu zweit gute Chancen hatten, gegen ihren Kontrahenten den Sieg davonzutragen. Bis zu diesem Punkt ist das Geschehen aus der interaktiven Dynamik nachvollziehbar.

Die Brutalität von Joes Vorgehen sprengt den Rahmen der konfliktregulierenden Situationsdarstellung jedoch vollends. Alles ist plötzlich auf Eskalation angelegt. Der Kontrahent darf nichts mehr sagen, um etwa den Konflikt zu entschärfen. Jedes Wort hätte, wie Joe zu verstehen gibt, seine Gewalt bringenden Absichten bloß noch steigern können. Sein Handeln war auf einmal von der Gewissheit durchdrungen, es sei »richtig, dass wir ihm auf die Fresse hauen«. Hier kommt ein neues Motiv ins Spiel, das sich vom vorausgehenden Interaktionsverlauf ablöst und sich verselbständigt. Die Intention, seinem Kontrahenten »noch viel mehr« zuzufügen, beherrscht nun Joes Handeln. Die Zirkularität des folgenden Satzes macht dies ganz deutlich: »Ich hab praktisch Hass auf ihn gehabt, weil ich wollte, dass er immer mehr kriegt.« Dieser Aussage zufolge ist es sein Wille, dass der andere immer mehr Schlägen ausgesetzt sein soll, der seinen Hass begründet – und nicht umgekehrt. Es ist demnach die Pein des anderen, die ihn antreibt und seine gewalttätigen Energien mobilisiert. Folglich wird die Schwester des thailändischen Jungen, die zwischen die Konfliktparteien tritt, beiseite geschoben. Joe ist nicht mehr auf die Rückgabe der Videokassette und auf Deeskalation aus, sondern auf die Realisierung des intrinsischen Motivs, dem Kontrahenten möglichst viele Schmerzen zu bereiten. Dass dieses Motiv eine Eigendynamik entwickelt hat, ist unschwer an dem abzulesen, wie Joe den Jungen zugerichtet hat. Die folgende Stelle vermag dies weiter zu erhellen.

Int.: Gut, äh, dann hätt ich jetzt noch mal ein paar Nachfragen zu den Situationen, wo du, äh, Gewalt ausgeübt hast. Ähm, hat eine der Situationen, die du eben erzählt hast, dich oder dein Leben irgendwie verändert?

Joe: Jaaa, ich weiß nur, (.) dass ich's jederzeit wieder machen kann, also dass es mich nicht stört, wenn ich jemand schlage. Und ich mich irgendwie -, einerseits fühl ich mich gut, andererseits nicht. (2)

Int.: Erklär des └ mal.

Joe: [Betont:] Einerseits ┘ fühl ich mich gut, wenn ich grad dabei bin, wie ich ihn schlage, dass ich meine Wut rauslasse.

Int.: Erzähl mal genau, wie das ist, wenn du zuschlägst.

Joe: Ah, das ist so, (1) das kann ich nicht beschreiben. Das ist (1) so (.) lustbefriedigend einfach. Und du *freust* dich, wie -, wie ihm das weh tut. Und er sagt immer: »Hör auf. Hör auf!« Und du schlägst immer weiter auf ihn zu. Andererseits, wenn's vorbei ist, tut er mir leid, (1) weil (.) dann hörst du so: Ja, er hat voll geweint und so. Und dann hörst du des von anderen, und dann tut's dir wiederum leid. Einerseits sagst du: »Lass den doch heulen!«, und so. Aber im Inneren sagst du: »Irgendwie tut er mir ja leid.«

Joe zieht aus seinen Erfahrungen als Täter die Gewissheit, dass er jederzeit wieder dazu in der Lage ist, gewalttätig zu werden, ohne dass ihn etwas daran »stört«. Mehr noch, er räumt ein, dass er sich »gut fühlt«, wenn er jemanden schlägt und seiner Wut den freien Lauf lässt. Dabei zieht er jedoch eine deutliche Zäsur zwischen den Moment der Gewaltausübung und sein moralisches Empfinden nach der Tat ein. Im Anschluss an die zitierte Stelle räsoniert Joe dann darüber, dass er auch im Nachhinein frei von Skrupeln sei, wenn er einen Stärkeren oder einen Unbekannten geschlagen habe, während er sein Tun bereue, wenn es sich dabei um einen Bekannten oder um einen Schwächeren handelte, der keine Chance hatte. Weiterhin berichtet er von seiner Angst, dass beim anderen »irgendwas kaputtgeht, 'n Zahn kaputtgeht oder die Nase bricht«. Dies alles belegt, dass Joe durchaus zur Anteilnahme am Leiden anderer fähig ist und normative Regeln der Fairness und der Verhältnismäßigkeit kennt. Aber, wie die Situation mit dem thailändischen Jungen bereits zeigte, kann auch bei ihm im Akt der Gewalt ein affektiver Impuls aufflammen, der dem gewalttätigen Handeln eine Eigendynamik verleiht. Diese schaltete in der beschriebenen Situation die hemmenden Bedenken weitgehend aus und führte dazu, dass Joe weiter auf den thailändischen Jungen einschlug und ihn quälte, obwohl er schon besiegt und wehrlos war.

Wenn man dieses Beispiel mit Kai vergleicht, dann zeigt sich ein bedeutender Unterschied. Bei Kai hat sich das Motiv, die Schmerzen eines anderen erleben zu wollen, weitgehend verselbständigt. Auf Joe trifft das nicht zu. Während bei Kai zweck- und wertrationale Motive fast völlig fehlten und der Antrieb, einen anderen leiden sehen zu wollen, bereits wirksam war, als er nach der nächsten Gelegenheit für eine Schlägerei suchte, zeigt sich bei Joe, dass das

Motiv der Schmerzzufügung auch erst im Moment der Gewaltausübung entstehen, mit anderen Motiven koexistieren, diese überlagern und schließlich dominant werden kann. In beiden Fällen ist dasselbe Motiv handlungsleitend, dies jedoch in sehr unterschiedlicher Weise.

Als der Interviewer in der zweiten Passage Joe noch einmal genauer nach dem »guten Gefühl« fragt, das er zuvor dem Akt des Zuschlagens zugeschrieben hatte, bestimmt Joe dessen Qualität und Gegenstand. Nachdem er erst sibyllinisch die Unbeschreibbarkeit jenes Gefühls konstatiert hatte, bezeichnet er es schließlich als »lustbefriedigend«. Diesem Ausdruck muss vor dem Hintergrund der Nüchternheit von Joes sonstigen Darstellungen größte Bedeutung beigemessen werden. Er macht die basale Erlebnisqualität seines gewaltsamen Handelns explizit und zeigt auf, worauf die Selbstbeschreibung zurückzuführen ist, gemäß welcher er sich durch die vergangenen Erfahrungen als Täter so verändert hat, dass er weiterhin der Gewalt zugeneigt sein wird. Das »schöne« und »lustbefriedigende« Gefühl verbindet Joe mit nichts anderem als der Freude an den Schmerzen des anderen: »Und du *freust* dich, wie -, wie ihm das weh tut. Und er sagt immer: ›Hör auf. Hör auf!‹ Und du schlägst immer weiter auf ihn zu.« Diesen Aussagen zufolge bildet das Leiden des anderen den Gegenstand seiner Freude und das intrinsische Motiv seines gewalttätigen Handelns: Er genießt es, weiter zuzuschlagen, auch wenn sich der andere längst geschlagen gibt und um ein Einhalten bittet. Jenseits aller Gründe, anderweitiger Motive und nachträglicher Skrupel gibt es demnach bei Joe – und darin ist er mitnichten ein Einzelfall – eine gewissermaßen hedonistische Komponente, die seinem gewaltsamen Tun eine eigene Dynamik verleiht und darauf beruht, dass er im Schmerz des anderen einen Quell der Lust und der Freude erblickt.

2.2.3 Die Überschreitung des Alltäglichen

Ihre Außeralltäglichkeit ist die dritte Dimension von Gewalterfahrungen, die für jugendliche Täter einen intrinsischen Anreiz zur Gewaltausübung bilden kann. In der Fallrekonstruktion Kai artikulierte sich der Wunsch nach einer Überschreitung des Alltäglichen durch Gewaltakte in Begriffen wie »Ausflippen«, »Ausklinken«, »Ausrasten« und »Amok laufen«. Hinter dieser Metaphorik verbergen sich mit Gewaltausübung einhergehende Erlebnisse höchster Intensität, die das alltägliche Leben mit seinen Frustrationen und den dort geltenden Regeln weit hinter sich lassen. Bei allen interviewten Jugendlichen mit einer Gewaltkarriere zeigte sich, dass sie im Akt der Gewalt Augenblicke erlebten, die in ihrer überwältigenden Leidenschaftlichkeit nichts als die Gegenwart kennen, die Unmittelbarkeit des Geschehens. Diesen Aspekt der Gewalterfahrung hat der amerikanische Journalist Bill Buford (1994) eindringlich beschrieben. Er hatte über mehrere Jahre hinweg die Aktivitäten englischer Fußball-Hooligans begleitet und konnte, nach seiner anfänglichen Befremdung, die Faszination im Moment der Gewalt schließlich an sich selbst beobachten. Er schreibt:

»Was mich anzieht, sind die Momente, wo das Bewußtsein aufhört: Momente, in denen es ums Überleben geht, Momente von animalischer Intensität, der Gewalttätigkeit, Momente, wenn keine Vielzahl, keine Möglichkeit verschiedener Denkebenen besteht, sondern nur eine einzige – die Gegenwart in ihrer absoluten Form. Gewalt ist eines der stärksten Erlebnisse und bereitet denen, die fähig sind, sich ihr hinzugeben, eine der stärksten Lustempfindungen. (...) Und zum erstenmal kann ich die Worte verstehen, mit denen sie diesen Zustand beschreiben. Daß die Gewalttätigkeit in der Masse eine Droge für sie sei. Und was war sie für mich? Die Erfahrung absoluten Erfülltseins.« (Ebd.: 234)

Der Bann, unter dem diese Jugendlichen in Momenten der Gewaltausübung stehen, besitzt eine solche Vitalität, dass alle anderen Handlungsmotive sekundär werden. Eventuelle strafrechtliche und andere soziale Folgen für sie selbst, wie auch die körperlichen und psychischen Folgen für das Opfer verschwinden ebenso aus dem Bewusstsein wie etwaige Konflikte, die der situativen Entstehung der Gewalt vorausgegangen sind. Es ist in den Interviews vielfach zu beobachten, dass die Täter von dem enthusiasmierenden Moment der Gewalt in einer Weise hingerissen sind, dass sie alle normativen Regeln verletzen und ihren eigenen moralischen Gefühlen zuwiderhandeln – bis an die Grenze der Besinnungslosigkeit und der zeitweiligen Aufgabe der Selbstkontrolle. In solchen Momenten ist die reflexive Distanz zwischen dem Subjekt und seinem Handeln aufgelöst. Alles ist auf reine Aktion und auf Geschwindigkeit angelegt.

Die Außeralltäglichkeit der Gewalterfahrung hat ihren Grund auch darin, dass sie den Akteur auf eine existentielle körperliche Ebene führt. Den Schilderungen der Jugendlichen zufolge beginnt das häufig bereits in der Anfangsphase gewalttätiger Auseinandersetzungen mit körperlichen Reaktionen wie einem »Kribbeln« und einem »Zittern«, die aus der Angst vor dem Gegner oder Feind und dem riskanten Versuch, diese Angst zu überwinden, resultieren. Im Akt der Gewalt stehen die, die sie ausüben, in einem merkwürdigen Spannungsfeld zwischen Konzentration und Körperkontrolle auf der einen und der hemmungslosen Freigabe ihrer eigenen Körperreaktionen auf der anderen Seite.

Und die Geräusche, die ihre Schläge am Körper des anderen verursachen, seine Schreie und der Anblick seiner Verletzungen scheinen sich mit einer Vehemenz in die Wahrnehmung der Täter einzugraben, dass man oftmals den Eindruck hat, als führte die Gewaltausübung zu einem geschärften Aufnahmevermögen aller Sinne. Den Moment der Gewaltausübung kann man demnach nicht nur als einen moralischen, sondern auch als einen körperlichen Ausnahmezustand bezeichnen. Dass die Intensität solcher Ausnahmezustände und die damit verbundene Befreiung vom alltäglichen Dasein intrinsische Motive für Gewaltakte abgeben und zu einer Habitualisierung gewalttätiger Neigungen führen können, hatte sich bereits bei Kai erwiesen.

An der folgenden Episode aus dem Interview mit Cruse lassen sich die außeralltäglichen Erfahrungsqualitäten der Gewaltausübung und deren motivierende Wirkungen weiter untersuchen. Cruse ist ein 17-jähriger, in Berlin geborener Libanese, der bereits zu verschiedenen gewalttätigen Straßengangs gehörte. Er trifft sich zum Zeitpunkt des Interviews regelmäßig am UU-Boulevard mit einer Streetcorner-Clique junger Araber, die gelegentlich in Schlägereien verwickelt ist und sich ansonsten dem eigenen Amüsement, den Mädchen und dem Drogenverkauf widmet. Er arbeitet gelegentlich in Fastfood-Restaurants und möchte nach Abschluss eines Förderlehrgangs, in dem er den erweiterten Hauptschulabschluss nachholen kann, Bürokaufmann werden. Die Erzählung des hier interessierenden Vorkommnisses leitet Cruse mit der Bemerkung ein, er habe »neulich eine schöne Schlägerei« erlebt, und es sei »die beste von allen« gewesen. Die Schlägerei entwickelte sich wie folgt: Cruse ist mit einer Gruppe von »20 Arabern« an einem See am Stadtrand schwimmen, bis sie von einem Gewitter überrascht werden. Als Cruse am U-Bahnhof ankommt, steigen gerade sechs aus seiner Gruppe in die überfüllte U-Bahn, um einigen »Deutschen« zu folgen, mit denen es auf dem Bahnsteig zu einem Streit gekommen war. Er selbst steigt mit dem Rest der Gruppe in den nächsten Zug und stellt sich mit seinem »Kumpel« Jasir in die Mitte des Waggons, während sich die anderen der Gruppe ganz vorne positionieren. Zwei aus der vorderen Gruppe drehen ihre Ghettoblaster auf volle Lautstärke, und nachdem sich ein erwachsener Fahrgast beschwert hatte, schlägt ihm einer den Ghettoblaster ins Gesicht. Daraufhin wollen »vier etwas breitere Deutsche« in den hinteren Waggonbereich, und als sie Jasir, der ihnen den Weg versperrt, »schubsen« und »anmachen«, schwingt sich Cruse an den Haltestangen hoch und tritt einem der vier Männer mit den Füßen ins Gesicht. Die Situation eskaliert und es kommt, nachdem weitere Fahrgäste den Angegriffenen zu Hilfe kommen, zu einer tumultartigen Schlägerei, die sich auf dem Bahnsteig des nächsten U-Bahnhofs fortsetzt, als einige weitere Passanten eingreifen. Resümierend hält Cruse fest: »So, dann haben wir *die* noch mal zusammengeschlagen, das heißt, insgesamt waren's ungefähr 15 Mann von den Deutschen, die zusammengeschlagen worden sind.« Die Gruppe verschwindet, noch bevor die Polizei den U-Bahnhof erreicht.

Bereits die begeisterte Art und Weise, in der Cruse die Episode schildert, lässt etwas von der Dynamik seines gewalttätigen Handelns durchscheinen, dem im Schutz seiner Gruppe keine Grenzen gesetzt waren. Er lässt kein Detail seines entfesselten Tuns unerwähnt – etwa, wie er einem mit »der Faust ins Gesicht und gegen die Nase« geschlagen hat, dass er geblutet hat und ihm Tränen kamen; oder wie er einem anderen »mit dem Kopf gegen die Hitlernase geschlagen« und dann »noch*mal* zugetreten, *noch*mal zugetreten« hat. Im Anschluss an die Erzählung finden sich die nachstehenden Reflexionen.

Cruse: Das war auch die erste Schlägerei, wo ich so *richtig* hier ausholen durfte (.) und machen konnte, was ich wollte. Und zwar -, (.) ich hab mich so gefühlt: (2) Ja, ich kann's! (2) Ich hab's wirklich drauf. Ich wollt einfach nur sagen: »Ey, korrekt! Mein Freund war in Schwierigkeiten, ich hab ihm geholfen.« Und (.) was will man mehr? (1) Das könnten Beamte gewesen sein, oder sonst was, war mir in dem Moment egal. Na ja, ich hab mir erst mal alle meine Feinde vorgestellt: Vor dir sind (.) die dein Land -, (1) also, die mein Land wollen, (1) die Juden. Da hab ich mir vorgestellt: Da sind die Nazis, die halt jetzt ständig irgendwelche Ausländer anmachen, deinen Bruder, sozusagen. Da sind (2) Bullen, die dich hassen. Da sind deine Lehrer, die -, die dir irgendwas aufgeben wollen. In dem Moment, wirklich, hat man die ganze Energie, (.) das-das ist die Energiequelle, wo ich meine Energie herhole. Und sozusagen (.) hab ich gesagt: »Ey, nee, auf keinen Fall faßt jemand deinen Bruder an!« (2) Und (.) die sind nicht an mir rangekommen. Und falls mal was ist, ich weiß, ich-ich *kann* schlagen. Ich hab mich einfach (.) *super* gefühlt in dem Moment. Sozusagen, (.) ich hab 'ne -, ich hab 'ne Million gewonnen im Lotto. Das war -, (.) *richtig happy* war ich an dem Tag. Ich war nur am Lachen. An meiner Hose war *Blut* und so dran, aber das war mir *egal*. In dem Moment hab ich mir gesagt: »Ey, geil! [Klatscht in die Hände] Eeendlich mal können wir richtig schöne Massenschlägerei haben! Das ist, was ich wollte.« Einfach nur, um zu wissen, wie's ist, ausprobieren. Na ja, und dann kamen die *richtig* dran, und da hab ich mir einfach gesagt: »Hey, nee, das ist einfach super!« Richtig geiles Feeling. Ich konnt sagen: »Ey, wey-wey, hier sind meine Muskeln!«, oder so. Das heißt, ich wusste richtig, ich *hab's* drauf! [Knallendes Geräusch] Ist mir egal, wer jetzt ankommt. Richtig-richtig happy gefühlt. Das war einfach super, ich mein, so kann man des gar nicht beschreiben, des Gefühl, ist geil!

Int.: Äh, versuch's mal zu beschreiben.

Cruse: Ja, ich mein, äh -. (2) Sie, (.) Sie merken einfach neue Energie in sich, (1) Sie haben das drauf, Sie wissen, Sie sind rausgegangen (.) auf die Straße, haben dort jemand die Fresse poliert. Ist nicht einfach so ohne Grund, sondern einfach mit *Grund.* Und (.) die Leute haben jetzt endlich eingesehen, sie kommen nicht weiter, und vor allem bei Ausländischen nicht. (...) Und im gleichen Moment [in dem er nicht nur einem, sondern vier Kontrahenten gegenübersteht, F.S.] anzugreifen, das ist übergeil, (.) das ist richtig geil, das ist besser als jeden-jeden Trip (.) zu haben. Ist 'n richtig super -, des Gefühl, (.) ist geil. (2) Ja, ist klar, des hört man sich an jetzt, wenn i-, wenn ich des so hören würde, würd ich sagen: »Oh, Mann, der Typ muss ja verrückt sein, der steht bestimmt auf so was.« Im Gegenteil! Sagen wir mal so: (.) Schlagen tu ich mich nicht gerne. Aber bei so 'nen Situationen immer, (.), daaa, (2) da, sagen wir mal, bau *ich* die Spielregeln auf. ein

Int.: Also, hören die Spielregeln auf?

Cruse: Da bau *ich* sie auf.

Int.: Ach, da baust *du* sie auf.

Cruse: Ja. Auf keinen Fall verlieren, nur gewinnen! Nur noch Schnelligkeit und Taktik. Und machst so, dass auch wirklich, dass-dass dich an -, dass ich mich an meine Spielregeln *halte:* Keiiine Verletzten, [korrigiert sich:] äh, keine Gefangenen, nur Verletzte. Und der Typ hatte, pff, genug Prellungen. Genug Nasenbrüche (.) hatten da welche. Ich-ich *hoffe*, das waren auch bei allen Nasenbrüche. (...) Und das waren welche, die richtig stark aussehen, wo man so -, normalerweise sagen würde: »Ja, ich weiß nicht, ob ich den anmachen soll oder nicht. Weiß nicht, ob er was drauf hat.« Aber trotzdem geht man hin, man probiert's, man hat nur *ein* Leben, man riskiert es und gewinnt. Das ist so richtig geil, das Spiel. Das sind die Spielregeln der Straße. Das funktioniert dort, das Spiel. Das ist korrekt, das Spiel. (2) Weil die (.) sozusagen meine *ande-*

re Hälfte angegriffen haben, meinen Bruder, meinen besten Kumpel. Wenn die *den* angreifen, greifen die automatisch *mich* an.

Int.: Wie haben sie ihn noch mal ganz genau angegriffen?

Cruse: Die wollten nur vorbei. Und in dem Moment haben sie ihn weggeschubst, (.) so, (.) die wollten vorbei: »Weg hier! Wir wollen weiter!«

Int.: Ist das denn wirklich der Grund? Ich meine, da ⌊ jetzt -

Cruse: Ja. ⌋ Er meinte noch zu denen: »Ey, habt ihr 'ne Macke?« - »Halt deine Schnauze!«, hat der eine gemeint, er will gleich zuschlagen. Und das heißt, das Spiel *ist* so, die Spielregel lautet: Bist du schneller, gewinnst du. [Schnell, dramatisch:] Duck dich! Hoch! Mit Fuß treten! Alles schnell, innerhalb von zwei, drei Sekunden. Nur -, (.) Tasche ist kein Problem, beim Rausziehen fällt sie von alleine zurück; hoch, baamm, gleich zugetreten. Ich mein', da muss *er* damit klarkommen, nicht *ich*. [Lachend:] Ha, wenn er wieder aufsteht! (4) Aber so ma-, so spiel ich's nicht gerne. Außer wenn -, mit Grund, dann spiel ich des gerne. (2) Für mich war's in dem Moment (.) was Neues. Richtig geil was Neues.

Die Situationsbeschreibungen in dieser Passage enthalten eine ganze Reihe legitimierender Elemente, die aus Cruses subjektiver Sicht sein Handeln bereits in der Situation selbst gerechtfertigt erscheinen ließen und es ermöglicht haben – im Besonderen den angeblichen Angriff auf seinen Freund und die fiktive Verschiebung der Situation auf eine Auseinandersetzung beinahe kosmischen Ausmaßes, in der Cruse als der Retter seines Freundes, aller Araber und Ausländer auftritt. Vieles davon mag er *ex post* in die Situation hineinprojiziert haben, wobei der Inhalt dieser Projektionen natürlich alles andere als irrelevant ist, zumal sie auf seine Überzeugung, eine benachteiligte gesellschaftliche Position innezuhaben, und auf sein Unrechtsbewusstsein hinweisen. Was Cruse dann erzählt, bringt – jenseits aller Rationalisierungen – eine Bedeutungsschicht ans Licht, welche die Überschreitung des Alltäglichen als entscheidende Triebfeder seines gewalttätigen Handelns erkennen lässt.

So hebt die Passage damit an, dass die Schlägerei als die Erfüllung eines lange gehegten Wunsches figuriert: »Das war auch die erste Schlägerei, wo ich so *richtig* hier ausholen durfte (.) und machen konnte, was ich wollte.« Unabhängig von allen Begründungen nahm Cruse die Situation als eine Gelegenheit wahr, etwas zu tun, was er immer schon wollte, aber nicht durfte oder konnte. In Abhebung vom alltäglichen Leben betrachtete er in der Situation alles als erlaubt, so dass seiner Freiheit keine Grenzen gesetzt waren. Er konnte zeigen, was er »drauf hat«, d. h. wozu er in Sachen Gewalt fähig ist.[25] Auf die Situationsdefinition, gemäß der er durch sein gewaltsames Tun einem Freund zu Hilfe kam, folgt der erhellende Satz: »Und (.) was will man mehr?« Das heißt wohl, dass es ihm als eine glückliche Fügung erschien, einen guten Grund zu haben, um das zu tun, was ihm so verlockend erschien. Cruse sagt dies dann selbst recht deutlich: »In dem Moment hab ich mir gesagt: ›Ey, geil! Eeendlich mal können wir richtig schöne Massenschlägerei haben! Das ist, was ich wollte.‹ Einfach nur, um zu wissen, wie's ist, ausprobieren.« Von diesem Neuen, das er kennen lernen wollte, schien Cruse nicht zu viel erwartet zu haben. Die Ausdrücke, die sein unvergleichliches Glück fassen sollen, überschlagen sich beinahe und kulminieren in der Aussage: »Und im gleichen Moment anzugreifen, das ist übergeil, (.) das ist richtig geil, das ist besser als jeden-jeden Trip (.) zu haben.« Der Moment des Angriffs auf einen der vier Männer in der U-Bahn, auf den sich Cruse hier bezieht, überbot demnach jeden Drogenrausch und setzte ekstatische Zustände frei, die er in seinem alltäglichen Leben so nicht kannte.

Im weiteren Fortgang seiner Ausführungen erläutert Cruse die Situation anhand einer Analogie mit einem strategischen Spiel, dessen Regeln er einerseits gegenüber den Gegnern etabliert haben will und die er andererseits als die »Spielregeln der Straße« betrachtet. Das Spiel der Gewalt ist seiner Beschreibung zufolge auf Geschwindigkeit, auf Risiko und auf Sieg angelegt. Der situative Enthusiasmus, in dem alles andere – von moralischen Erwägungen bis zum Schutz der eigenen Unversehrtheit – nicht zählt, dringt in Cruses Schilderung dieses Spiels deutlich in den Vordergrund. All diese begeisternden Dimensionen der Gewaltausübung tragen den Glanz des Außeralltäglichen. Dass solche Erfahrungen nicht folgenlos bleiben können, liegt auf der Hand.

Ihre Reichweite und Tiefenwirkung versucht Cruse zu relativieren, um sich selbst ins rechte Licht zu rücken und nicht als Schläger zu erscheinen, der »auf so was steht«. Er betont, dass er »Gründe« braucht, um Gewalt ausüben zu können. Aber der motivierende Widerhall der Gewalt-Euphorie – oder genauer: der mit anderen geteilten Gewalt-Euphorie – erwies sich noch am gleichen Tage. Nach dem Vorfall in der U-Bahn trifft sich die Gruppe, inklusive der

25 Hier zeigt sich ein weiterer Aspekt, der für Cruses Handeln eine gewisse Rolle spielte, nämlich der Bezug zu den anderen Mitgliedern seiner Gruppe. Aus einer anderen Passage, die dieselbe Episode reflektiert, geht hervor, dass sich Cruse bei seinen Freunden Respekt verschaffen und bei dem dabei gewesen sein wollte, was noch lange Gegenstand von Erzählungen und Geschichten zu werden verhieß.

sechs, die in den ersten Zug eingestiegen waren und ebenfalls eine Schlägerei angezettelt hatten, im angestammten CK-Restaurant am UU-Boulevard, um zu feiern. Dazu erzählt Cruse: »Jeder hat dort 'n Getränk geholt, angestoßen sozusagen: ›Wir haben's geschafft! Warten wir auf die nächsten Opfer!‹, sozusagen. In dem Moment (.) -, wenn man so was erlebt hat, dann hat man nur noch eins im Kopf: Zerstören!« Wie Cruse berichtet, kamen keine Stunde nach dem Vorfall in der U-Bahn zwei junge Männer in das Restaurant am UU-Boulevard, um Haschisch zu kaufen. Die Clique führte die beiden auf die Straße hinaus, raubte ihnen das Geld und schlug sie zunächst mit bloßen Fäusten, dann mit einem Gürtel. Ein Mitglied von Cruses Clique verletzte einen der beiden sogar durch einen Messerstich ins Bein.

Aus den vorstehenden Analysen ergibt sich, dass wesentliche Aspekte und Erscheinungsformen von Jugendgewalt nicht zu verstehen sind, wenn bestimmte subjektive Erfahrungen, die mit der Gewaltausübung selbst verbunden sein können, unberücksichtigt bleiben. Wenn die interviewten Jugendlichen ihre Gewalttaten als äußerst intensive, als rauschhafte und lustvolle Erfahrungen beschreiben, dann sprechen sie nicht von bloßen Begleiterscheinungen ihrer Gewaltakte. Vielmehr bilden diese Erfahrungen – der Triumph der physischen Überlegenheit, das Genießen der Schmerzen des anderen und die euphorisierende Überschreitung des Alltäglichen – oftmals das motivationale Agens ihres gewalttätigen Handelns. Die unmittelbar mit der Gewaltausübung verbundenen Erfahrungen erweisen sich als deren Motiv. Genau dies ist mit dem Konzept der intrinsischen Gewaltmotive gemeint. Solche Motive können auf zweierlei Weise auftreten: Zum einen können sie im Zuge einer situativen Dynamik zu instrumentellen oder normativen Tatmotiven hinzutreten und, einmal handlungsleitend geworden, den Täter zu einem exzessiven Gebrauch der Gewalt treiben. Zum anderen können sie sich verselbständigen, so dass der Täter keiner Ziele und Zwecke jenseits der Gewalterfahrung mehr bedarf und die Aussicht auf die Euphorie der Tat bereits die aktive Suche nach Situationen der Gewaltausübung beherrscht.

Hinweise auf intrinsische Gewaltmotive sind ein typisches Merkmal von Erzählungen Jugendlicher, die sich in eine Gewaltkarriere verstrickt haben.[26]

26 Jene drei der 18 interviewten Jugendlichen, die nur sporadisch und in wenig schwerwiegender Weise als Gewalttäter in Erscheinung getreten sind, werden im Abschnitt 5.1 eingeführt. Bei zweien der drei Jugendlichen ohne Gewaltkarriere finden sich überhaupt keine Hinweise auf jene Erfahrungen, die den Stoff für intrinsisch motivierte Taten abgeben; beim dritten erwuchsen aus der Bekanntschaft mit dem sinnlichen Ausnahmezustand bei der Gewaltaus-

Narrative Interviewabschnitte, die von intrinsischen Gewaltmotiven gesteuerte Vorfälle thematisieren, sind meist durchsetzt von argumentativen Diskurstypen – insbesondere solchen, die moralische Skrupel und Ambivalenzen, Entschuldigungen und Rechtfertigungen artikulieren. Explizit scheinen die intrinsischen Gewaltmotive vielfach nur in einzelnen Momenten der Erzählungen und Reflexionen der Jugendlichen auf, um dann wieder aus dem Blickfeld verdrängt zu werden. Denn sie werfen für die Jugendlichen das Problem auf, die Entdeckung, Hochgefühle euphorischer Begeisterung bei der Gewaltausübung zu empfinden, in ihr Selbstbild integrieren zu müssen. Aber auch an vielen Stellen, an denen der affektive und motivierende Gehalt von Gewalterfahrungen nicht *expressis verbis* Gegenstand von Selbstthematisierungen ist, lässt er sich aus dem Duktus und der Metaphorik der Erzählungen rekonstruieren.

Unabhängig davon, ob die Hinweise auf intrinsische Gewaltmotive der Jugendlichen mehr impliziter oder expliziter Art sind, führen die entsprechenden Erzählungen vor Augen, dass sich die Anziehungskraft von Erlebnissen der Gewaltausübung *gegen* die moralischen Überzeugungen und Gefühle der Täter durchsetzen muss. Auch Jugendliche, deren Gewalt zum Selbstzweck wurde, zeigen durchaus moralische Skrupel, die sich keineswegs auf nachträgliche Rechtfertigungen reduzieren lassen. Vielmehr rufen diese Skrupel in Situationen der Gewaltausübung selbst Mechanismen auf den Plan, die es den Jugendlichen ermöglichen, den Attraktionen der Gewalt zu folgen. So kann mit intrinsisch motivierten Gewaltakten eine Externalisierung der Moral einhergehen, indem der Täter die Verantwortung für die Einhaltung von Gewalttabus und von Grenzen der Gewaltsamkeit an die anwesenden Zuschauer delegiert. Weiterhin beschreiben die Jugendlichen ihre Wahrnehmung von Interaktionssituationen, die einem gewalttätigen Furor vorausgingen, häufig so, dass das Verhalten des Gegenübers ihr Handeln provozierte oder sogar als geboten erscheinen ließ. Wo die Faszination der Gewalt den Jugendlichen allzu deutlich ins Bewusstsein tritt, reagieren sie mit Abwehrmanövern, die ihre Skrupel neutralisieren, indem sie sich selbst pathologisieren oder die eigene Handlungsfreiheit relativieren: So etwa, wenn sie ihre gewalttätige Aggressivität auf eine naturwüchsige Perversion zurückführen oder als etwas beschreiben, was – wie eine den Naturgesetzen gehorchende Dampfmaschine – eines Ventils zur Entladung bedarf. Insbesondere das Gewahrwerden dessen, an den Schmerzen des anderen

übung keine intrinsischen Motive. Daran zeigt sich, dass persistente Gewaltneigungen wesentlich mit der Herausbildung solcher Motive zu tun haben.

eine Lust zu empfinden, kann zu einer pathologisierenden Selbstbeschreibung führen, mit der die Jugendlichen die Verantwortung für ihre bereits begangenen und künftigen Gewalttaten von sich weisen.[27] Auch wenn die enthusiasmierenden Gewalterlebnisse, welche in den entsprechenden Erzählungen bisweilen mit einem sexualisierenden Nimbus und einer Metaphorik des Rausches ausgestattet sind, die Täter vor sich selbst erschrecken lassen, können sie eine eigenständige Motivquelle für Gewalttaten abgeben, die sich über fast alle hemmenden Impulse hinwegsetzen.

Die von den Jugendlichen zur Beschwichtigung ihrer Skrupel zum Einsatz gebrachten Rechtfertigungs- und Entschuldigungsmanöver, sind – abgesehen von prinzipiell denkbaren, aber empirisch wohl kaum vorkommenden Extremfällen – notwendige Bedingungen dafür, dass intrinsische Motive überhaupt wirksam werden können. Das Bewusstsein der Jugendlichen, mit ihren oft brutalen und völlig unverhältnismäßigen Gewaltakten moralische Verfehlungen zu begehen, ist jedoch bisweilen gerade das, was sie beflügelt. Daraus resultiert eine eigentümliche Ambiguität, die für intrinsisch motivierte Gewalt, wie sie sich bei den interviewten Mehrfachtätern zeigte, kennzeichnend ist: Einerseits müssen die Jugendlichen die unheimliche Motivationsbasis ihrer Gewalt im Modus legitimierender und entschuldigender Situations- und Selbstbeschreibungen wegdefinieren. Andererseits steigert die Immoralität gerade die Attraktivität einer Gewalt, die alle im alltäglichen Zusammenleben geltenden Regeln und Verhaltenserwartungen überschreitet.

Intrinsische Gewaltmotive können sich freilich mit extrinsischen Motiven verbinden, die in die entsprechenden Situationsdefinitionen eingehen und die Gewalt – ex ante und ex post – legitimieren. Die kreativen Leistungen bei der Vermittlung zwischen moralischen Skrupeln und den anziehenden Momenten der Gewalt können viele Formen annehmen. Aber selbst in jenen Fällen, in denen die Gewaltausübung tatsächlich von normativen Motiven – etwa der Solidarität mit einer nahe stehenden Person – getragen ist, lassen sich die Art

27 Die beschriebenen Rechtfertigungen und Entschuldigungen für intrinsisch motivierte Gewalttaten überschneiden sich teilweise mit den »Neutralisierungstechniken«, die Gresham M. Sykes und David Matza (1957) beschrieben haben. Die fünf von ihnen genannten Typen von Neutralisierungstechniken, die ihrem Verständnis zufolge nicht nur nach, sondern auch vor delinquenten Akten wirksam werden können, sind im einzelnen: »the denial of responsibility«, »the denial of injury«, »the denial of the victim«, »the condemnation of the condemners« und »the appeal to higher loyalties«. Vgl. dazu auch den weiter differenzierenden Beitrag von Horst Stenger (1985).

und Intensität der Gewaltausübung oft nicht begreifen, ohne dem enthusiasmierenden Antriebspotential intrinsischer Motive Rechnung zu tragen. Eine Theorie der Jugendgewalt, die dies verfehlt, hat eine entscheidende explikative Lücke.

2.3 Zum Status des Arguments

Das Konzept der intrinsischen Gewaltmotive weist nicht nur auf empirische Phänomene hin, die in der einschlägigen Literatur unterbelichtet sind, sondern es füllt auch eine handlungstheoretische Lücke der Gewaltforschung. Es steht, wie bereits mehrfach angedeutet, in einem begrifflichen Gegensatz zu extrinsischen Gewaltmotiven, d. h. zu Motiven, die als eine zweckrationale Verfolgung von Zielen und Interessen oder als eine Realisierung von Normen und Werten zu verstehen sind. Wenn es zutrifft, dass die unmittelbar mit der Gewaltausübung verbundenen Erfahrungen zu einer Verselbständigung gewalttätigen Handelns führen können, dann greifen Ansätze zu kurz, die instrumentalistisch und normativistisch verengten Handlungsmodellen verhaftet sind. Sie führen Gewalt prinzipiell auf Motivlagen zurück, die außerhalb der Situation der Gewaltanwendung liegen, und sind damit nicht geeignet, jene Phänomene in den Blick zu nehmen, auf die das Konzept der intrinsischen Gewaltmotive abhebt. Dieses ist jedoch keineswegs mit der These verknüpft, dass Erklärungsansätze, die jugendliches Gewalthandeln auf instrumentelle und normative Ziele zurückführen, einfach obsolet werden. Anstatt intrinsische Motive zu verabsolutieren, muss vielmehr die Frage nach ihrem Verhältnis zu extrinsischen Motiven gestellt werden. Dies wird – um auf eine möglichst breite empirische Diskussionsgrundlage zurückgreifen zu können – in der handlungstheoretischen Schlussbetrachtung geschehen (siehe Kapitel 6).

An dieser Stelle sind in einem ersten Schritt die Logik der Unterscheidung zwischen den drei genannten Dimensionen intrinsischer Gewaltmotive und die Reichweite dieser Unterscheidung zu bestimmen. In einem zweiten Schritt soll dann das Konzept der intrinsischen Gewaltmotive gegen bestimmte Spielarten einer Anthropologie der Gewalt abgegrenzt werden, um den theoretischen Status des Konzepts als Ganzem klarzustellen.

Folgt nun die Unterscheidung zwischen den drei Dimensionen intrinsischer Gewaltmotive einer theoretischen Logik, oder handelt es sich nur um drei mehr oder weniger zufällig entdeckte, rein induktiv gewonnene Dimensionen? – Die drei empirisch vorgefundenen Dimensionen intrinsischer Gewaltmotive lassen sich analytisch auf drei Bezugspunkte zurückführen. Mit der ersten Dimension, dem Triumph der physischen Überlegenheit, ist die vielfach mit der obsiegenden Gewalt verbundene Erfahrung gemeint, über einen anderen Menschen verfügen und sich über ihn erheben zu können. Hier basiert das motivierende Moment der Gewalterfahrung auf dem, was bei der Gewaltausübung im Verhältnis des Täters zu sich selbst geschieht. Der Erfahrungsgehalt dessen, was Kai das »Machtgefühl« nannte, ist auf den Täter selbst bezogen. Es handelt sich, auch wenn es auf einer spezifischen, extrem asymmetrischen Relation zu einem anderen beruht, um ein Selbstgefühl: um eine berauschende Selbstwahrnehmung des Täters, die sich auf die unabweisbare Gewissheit seiner eigenen Größe und Stärke bezieht.

Die zweite Dimension intrinsischer Gewaltmotive hängt hingegen mit dem zusammen, was dem anderen – dem Opfer oder dem unterlegenen Gegner – geschieht. Wenn der Täter einen Genuss aus dem Schmerz des anderen zieht, dann ist der Bezugspunkt der Gewaltmotivation das, was die Gewalt beim Gegenüber bewirkt. Die Schmerzen und die Verletzung des anderen sind es, an denen sich der Täter ergötzt und auf die seine Gewalt aus ist. Das unmittelbare Erleben der Schmerzäußerungen und der schädigenden Wirkungen auf den Körper des anderen erfüllen den Täter mit einem Hochgefühl und werden zum Tatmotiv.

Die dritte Dimension intrinsischer Gewaltmotive, die Überschreitung des Alltäglichen, ergibt sich aus dem Verhältnis der Gewaltsituation zu gewohnten, als weniger intensiv erfahrenen Lebensvollzügen. Das attrahierende Moment der Gewalt besteht in dieser Dimension darin, dass sie einen Ausnahmezustand herbeiführt, der sich radikal von den Routinen des Alltags unterscheidet. Dieser Ausnahmestand bezieht sich sowohl auf die extreme Spannung, die im Moment der Gewaltausübung alle Sinne in Beschlag nimmt, als auch auf den Umstand, dass die Gewalt im alltäglichen Zusammenleben geltende Regeln suspendiert, wenn nicht gar verhöhnt. Die Herbeiführung eines sinnlichen Ausnahmezustandes kann ebenso zu einem Gewaltmotiv werden wie die Herbeiführung eines normativen Ausnahmezustandes, in dem der Täter fundamentale Regeln des zwischenmenschlichen Umgangs mit vollem Bewusstsein durchbricht. In beiden Fällen resultiert die motivierende Kraft aus der Entgegensetzung der Gewaltsituation zur Normalität des Alltags.

Alle drei Dimensionen intrinsischer Gewaltmotive ließen sich womöglich durch weiteres Material aus jugendspezifischen und anderen Gewaltkontexten anreichern. Die vorstehende Analyse stellt also keinen Anspruch auf Vollständigkeit, was die interne Beschreibung der drei Dimensionen betrifft. Aber die drei genannten Bezugspunkte – das Verhältnis des Täters zu sich selbst, die Wirkungen der Gewalt auf das Opfer und die Entgegensetzung der Gewaltsituation zu Alltagsroutinen – machen das dreigliedrige Konzept insofern vollständig, als sie auf die drei logisch zu unterscheidenden Elemente der Täter-Opfer-Interaktion verweisen, auf die sich intrinsische Gewaltmotive beziehen können: auf den Täter, auf das Opfer und auf die Interaktionssituation als Ganze.[28] Bei empirisch vorfindbaren Gewalthandlungen kann einmal der eine, einmal der andere Bezugspunkt bzw. die eine oder die andere Motivdimension dominant sein. Und bei dem einen Täter können die intrinsischen Motive alle drei Dimensionen aufweisen, bei einem anderen kann eine Dimension völlig fehlen und bei einem dritten zeigen sich intrinsische Gewaltmotive, bei denen sich alles auf eine einzige Dimension konzentriert.

Die Analyse darf jedoch nicht bei der Feststellung und Beschreibung intrinsischer Gewaltmotive stehen bleiben. Vielmehr muss sie nach deren Genese und Entwicklungsdynamik fragen. Bisher beschränkte sich der analytische Blick auf Situationen der Gewaltausübung, in denen Motivlagen wirksam waren, die eher den Endpunkt als den Anfang der Entwicklung zum Gewalttäter markieren. Die damit verbundene Dekontextualisierung wird in den folgenden beiden Kapiteln wieder rückgängig gemacht, indem die biographische Vorgeschichte gewalttätiger Neigungen und die Entwicklungsschritte von Gewaltkarrieren rekonstruiert werden. Ein solches Vorgehen, das auf die Entstehungsbedingungen der euphorisierenden Momente der Gewalterfahrung gerichtet ist, weicht wesentlich vom anthropologischen Zugang ab, den Elias Canetti in *Masse und Macht* (1960) entfaltet hat.

Canetti sieht in der »Berührungsfurcht« ein archaisches Erbe, welches mit der biologischen Ausstattung des Menschen untrennbar verbunden ist und das Zusammenleben auch in modernen Gesellschaften bestimmt. Das Bewusstsein

28 Ein viertes Element der Gewaltsituation können auch anonyme Zuschauer oder Mitglieder einer Gruppe sein, zu der ein Täter gehört. Insoweit aber eine Gewalttat auf die Zuschauer oder die Eigengruppe ausgerichtet ist – etwa auf die Provokation der Zuschauer oder auf die Erhöhung der Reputation in der Eigengruppe –, handelt es sich nicht um *intrinsisch* motivierte Gewalt. In diesen Fällen liegt das Ziel der Gewalt außerhalb ihrer selbst und ist ein Mittel zu einem außerhalb der Situation liegenden Zweck.

der Bedrohung und der Verletzlichkeit ist für ihn konstitutiv für das menschliche Leben. Die archaische Furcht vor dem Berührt-Werden, das bei Canetti stets mit einer instinktiven Witterung tödlicher Gefahr verbunden ist, soll unhintergehbar in jede zwischenmenschliche Begegnung eingelagert sein. In Canettis »unendlich perpetuiertem Naturzustand« (Honneth 1995) ist jeder – wie im Hobbes'schen vorstaatlichen Krieg – des anderen Feind und muss versuchen, der Verletzung durch den anderen zuvorzukommen. Vor diesem Hintergrund sind Canettis Ausführungen zum Überleben zu verstehen, die oben bereits erwähnt wurden und sich in der These verdichten: »Der Mensch will sich erhalten, gewiss, aber es gibt andere Dinge, die er zugleich will und die davon nicht abzulösen sind. Der Mensch will töten, um andere zu überleben.« (Canetti 1960: 287) Auch wenn Canetti den theoretischen Anspruch seiner Beschreibung von Erfahrungen des Überlebens nicht explizit offen legt, wird an dieser Stelle deutlich, dass er diese Erfahrungen als universell betrachtet. Sie nehmen den Status einer anthropologischen Konstante ein. Bei Canetti ist der Wunsch, andere zu überleben, mit Todeswünschen verbunden, und der Tod eines anderen verleiht dem menschlichen Subjekt ein »Gefühl der Unverletzlichkeit« (ebd.: 260). Auf weite Strecken[29] vermittelt Canetti den Eindruck, dass jeder Mensch angesichts des Todes anderer letztlich dieselben erhebenden

29 Für Canetti sind das psychische und geistige wie das soziale Leben des Menschen von archaischen Grundbewegungen wie dem Ergreifen einer Beute und von physiologischen Vorgängen wie der Einverleibung und der Verdauung geprägt. So eigenartig faszinierend dieser Blick auf menschliche Gesellschaften und deren Geschichte ist, so problematisch ist es, dass Canetti überall die blutigen Zähne und den Willen, andere zu verdauen, am Werke sieht, obwohl er – aporetisch genug – schreibt, sein Hauptwerk *Masse und Macht* sei in der »unverhohlenen Hoffnung geschrieben worden, der Gewalt den Garaus zu machen« (zitiert nach Piel 1988: 156).

Freilich sind im Werk Canettis Stellen zu finden, denen zufolge *offene* Formen der Brutalität keineswegs unausweichlich zum menschlichen Leben gehören. Dort betrachtet er die angesprochenen archaischen Dispositionen als in sublimere Formen der Bedürfnisorganisation übersetzbar. So schreibt er, um ein mit dem »Gefühl der Erhabenheit« beim Überlebenden vergleichbares Beispiel zu nennen: »Jeder Mensch braucht eine legitime Sphäre der Unterdrückung, in der es ihm gestattet ist, zu verachten und seinen Hochmut höher als den Mond zu tragen. Die Wahl dieser Sphäre, die meist sehr früh erfolgt, ist ungefähr der wichtigste Vorgang eines Lebens. Hier kann ein Erzieher wirklich etwas leisten; er muss lange abwarten, vorsichtig mitfühlen, und wenn er das Richtige gefunden hat, mit Kraft die Grenzen dieser Sphäre ziehen. Auf diese Grenzen kommt es an; sie müssen stark und jedem Angriff gewachsen sein; sie müssen den übrigen Menschen vor den räuberischen Gelüsten des Hochmuts schützen.« (Canetti 1976: 52)

Erfahrungen des Überlebens macht. Wenn dies richtig wäre, könnte es nur einem Mangel an Gelegenheiten geschuldet sein, dass nicht alle zu leidenschaftlichen Mördern werden, um sich (immer wieder) das Glück des Überlebenden zu verschaffen. Zweifellos hat Canetti mit seinem Zugang den Blick auf zuvor unerkannte Aspekte von Gewaltphänomenen freigelegt, aber in der anthropologischen Universalisierung von Berührungsfurcht, Tötungswunsch und Erfahrung des Überlebens hat er einen Irrweg beschritten. Das Konzept der intrinsischen Gewaltmotive folgt also nicht dem anthropologischen Grundzug von Canettis theoretischem Werk. Anstatt von Canettis Prämissen auszugehen, fragt die vorliegende Untersuchung nach den spezifischen biographischen Entstehungsbedingungen solcher Gewaltmotive.

Die biographische Fragestellung steht auch in einem diametralen Gegensatz zu Wolfgang Sofskys »schwarzer Anthropologie«, die wiederum zentrale Gedanken den Schriften Canettis verdankt (Sofsky 1996). Wie Canetti reifiziert er verschiedene Gewaltphänomene wie etwa die Folter, die Menschenjagd und das Massaker, indem er ihnen jeweils eine eigene »Logik« unterstellt, nach der die menschlichen Akteure mehr oder weniger unterschiedslos funktionieren sollen, wenn sie nur in die entsprechenden Situationen kommen. Auf dieser Folie lehnt er es radikal ab, nach spezifischen Merkmalen der Täter und ihrer Sozialisation sowie den sozialen und historischen Umständen ihrer Taten überhaupt nur zu fragen. So schreibt er etwa im Anschluss an seine Interpretation des sodomitischen Kindermörders Gilles de Rais: »Was besagt überhaupt die soziale Herkunft über den Sinn eines Verbrechens? So rätselhaft die düstere Figur des Ritters ist, nicht die Person, sondern die Tat ist das Problem, diese Orgie des Blutes und der Perversion.« (Ebd.: 48) An anderer Stelle führt Sofsky dazu weiter aus:

> »Der Praxeologie der Gewalt geht es nicht um die Figur des großen Verbrechers, seine inneren Antriebe oder Charakterdefekte. Es ist ganz unerheblich, ob Rais ein Sadist aus Veranlagung war, ein Monstrum in Menschengestalt oder nur ein kindischer Schwachkopf. Ebenso unergiebig ist der Seitenblick auf die Bedingungen der Zeit. (...) Die Zeitbestimmung besagt über die Praxis der Gewalt und die Bedeutung der Greueltaten nicht das geringste. Gewalt hält sich nicht an die Maßstäbe der jeweiligen Zivilisationen. Stets will sie darüber hinaus. Absolute, grundlose Gewalt wird von Leidenschaften regiert, die sich um historische Umstände nicht scheren.« (Ebd.: 61)

So unerlässlich es ist, die bei Gewalttaten freigesetzten Leidenschaften und die situative Eigendynamik von Gewaltexzessen in die Analyse einzubeziehen, es hieße, das Kind mit dem Bade auszuschütten, deswegen biographische Prädispositionen und soziale Vorbedingungen für die Außerkraftsetzung normativer Regeln von vornherein und restlos aus der Betrachtung auszuschließen.[30] Und es wäre ein Fehlschluss zu glauben, dass eine Analyse, in der biographische Entwicklungen rekonstruiert werden, nur eine individualisierende und pathologisierende Gestalt annehmen kann.

Auch wenn der Umstand, dass Jugendliche mit der Gewaltausübung oft erhebende Erlebnisse verbinden, von entscheidender Bedeutung ist, bleibt erklärungsbedürftig, warum bestimmte Jugendliche gerade auf gewalttätige »Kicks« aus sind und warum sie Gewalt subjektiv als etwas Positives erleben können; dies trifft ja nicht auf alle Jugendlichen gleichermaßen zu. Bei der Erklärung der Genese solcher Dispositionen reicht auch der Hinweis auf Erfahrungen der Langeweile oder auf erlebnisarme Umwelten der Jugendlichen nicht aus. Darauf zielt ein Aufsatz von Norbert Klinkmann (1982), der nicht-instrumentelle Gewalt auf das Versagen der Kultur zurückführt, ein anthropologisch fundiertes Bedürfnis des Menschen nach Erregung und körperlicher Aktivität zu befriedigen. Gewalt sei eine der nahe liegendsten Reaktionen auf Langeweile, weil sie »eine fundamentale Form der Selbstverwirklichung des Menschen als ›Gattungswesen‹ darstellt und somit mit absoluter Sicherheit Langeweile aufhebt« (ebd.: 266).[31] Klinkmanns Ansatz gibt keine Hinweise darauf, welche Bedingungen maßgeblich dafür sind, dass innerhalb derselben Kultur einige Individuen tatsächlich gewalttätig werden, andere aber nicht. Bei der Beantwortung dieser Frage, und insbesondere der Frage nach der Genese der Fähigkeit, Gewalttätigkeit als Genuss zu erleben, der zum Selbstzweck werden kann, kommt man, wie im folgenden Kapitel dargelegt werden soll, nicht ohne eine Analyse in biographischer Perspektive aus, in der die familiäre Opfergeschichte der späterhin gewalttätigen Jugendlichen ins Auge gefasst wird.

30 Vgl. dazu auch die scharfsinnigen Rezensionen von Raulff (1996) und Münkler (1996).

31 Ähnliche Überlegungen hat Arthur Miller (1962) in seinem Essay *The Bored and the Violent* angestellt.

3

Gewalt und Missachtung in der Familie

Die Familie ist nicht nur der soziale Ort, in dem Biographien ihre Anfänge haben, sondern, folgt man der Gewaltkommission der deutschen Bundesregierung, auch eine Institution, die in besonderer Weise durch gewaltsame Interaktionen belastet ist. In ihrem Endgutachten gelangt die Kommission zu dem Befund, dass Gewalt in der Familie »nach den bisherigen (sehr lückenhaften) Erkenntnissen die *verbreitetste Form von Gewalt*« ist (Schwind/Baumann et al. 1990: 75). Die Unterkommission Soziologie wiederum spricht in ihrem Erstgutachten von einem »strukturell angelegten Gewaltpotential in Familien« (Eckert/Kaase et al. 1990: 394 f.). Dieses ergebe sich aus dem konflikthaften Zusammenleben verschiedener Geschlechter und Generationen, der Emotionalität familiärer Beziehungen, der Normalität intimer Körperkontakte in der Familie und dem daraus resultierenden Fehlen des – in distanzierteren sozialen Beziehungen bestehenden – Berührungstabus bei eskalierenden Konflikten. Was die Familie zu einem dauerhaften Gewaltzusammenhang machen kann, ist den Autoren des soziologischen Erstgutachtens zufolge auch der Umstand, dass der Abbruch der familiären Beziehungen für die jeweiligen Opfer eine in mehrfacher Hinsicht schwierige und problematische Handlungsoption darstellt. Schließlich weisen sie darauf hin, dass die Eigendynamik eskalierender Konflikte in der Familie aufgrund ihres Rechts auf Privatheit nur schwer durch Intervention von außen gestoppt werden kann.

Die Prävalenzraten familiärer Gewalt scheinen der These eines strukturell angelegten Gewaltpotentials in der Familie entgegenzukommen. Die erste umfassende *Dunkelfelduntersuchung* über das Ausmaß familiärer Gewaltanwendung wurde 1976 in den USA durchgeführt (Straus/Gelles/Steinmetz

1980).[1] Sie umfasste die ganze Bandbreite der Gewaltphänomene auf der vertikalen Ebene, d. h. alle Schweregrade von Gewalthandlungen. Auf der horizontalen Ebene, d. h. bezogen auf die jeweils beteiligten Personen, umfasste sie mit Ausnahme der Gewalt gegen ältere Familienangehörige ebenfalls sämtliche Formen familiärer Gewalt (Partnergewalt, Eltern-Kind-Gewalt, Geschwistergewalt und Kind-Eltern-Gewalt). Das Ergebnis der Untersuchung zeigte durchweg hohe Prävalenzraten, wobei die höchsten bei der Eltern-Kind-Gewalt und bei der Geschwistergewalt auftraten: 73 Prozent der befragten Eltern gaben an, schon einmal körperliche Gewalt in irgendeiner Form gegen ihre Kinder eingesetzt zu haben. Freilich wurden die Raten mit steigender Intensität der elterlichen Gewaltanwendung niedriger, aber es waren immer noch 20 Prozent der Eltern, die ihre Kinder mit Gegenständen geschlagen hatten; fast 3 Prozent der Eltern hatten ihre Kinder mit einem Messer oder einer Schusswaffe bedroht und ebenso viele hatten Gebrauch von diesen Waffen gemacht (vgl. Straus/Gelles/Steinmetz 1980: 59 ff.). Bei der Geschwistergewalt waren die Prävalenzraten noch höher als bei der Eltern-Kind-Gewalt. Von den Kindern mit Geschwistern hatten allein 1975, dem Jahr vor der Untersuchung, 82 Prozent ihre Geschwister gewaltsam angegriffen. 40 Prozent hatten ihre Geschwister in diesem Jahr mit Gegenständen geschlagen und 16 Prozent schwer verprügelt; 4,7 Prozent hatten zu irgendeinem Zeitpunkt während eines Konflikts mit den Geschwistern ein Messer oder eine Schusswaffe benutzt (vgl. ebd.: 80 ff.). In Bezug auf die Kind-Eltern-Gewalt sagten 9 Prozent der befragten Mütter und Väter mit Kindern zwischen 10 und 17 Jahren aus, dass sie im Vorjahr von ihren Söhnen oder Töchtern körperlich angegriffen wurden, und in 3 Prozent aller Fälle waren die Eltern Opfer schwerer Gewalthandlungen ihrer Kinder geworden, die von Faustschlägen bis zu bewaffneten Angriffen reichten (siehe Gelles/Cornell 1985: 98 f. und dies. 1987: 158).[2]

---

1 Einen guten Überblick über die Entstehung, die empirischen Ergebnisse und die theoretische Entwicklung der Erforschung der *family violence* in den USA bis 1989 bietet Hans-Joachim Schneider (1990: 258 ff.).

2 Die im Jahre 1985 von derselben Forschergruppe durchgeführte Folgeuntersuchung ergab bei einzelnen Gewaltformen leichte, insgesamt jedoch nicht signifikante Rückgänge der Zahlen (Straus/Gelles 1986). Bei den schweren und schwersten Formen der Kindesmisshandlung waren die Rückgänge um 24 Prozent bzw. 47 Prozent jedoch sehr hoch und lagen weit über der statistischen Signifikanzgrenze. Die Autoren mussten hier jedoch die Frage offen lassen, ob diese Rückgänge lediglich auf ein geändertes Antwortverhalten aufgrund der im Untersuchungszeitraum verstärkten öffentlichen Diskussion dieser sozialen Probleme zurückzuführen waren oder ob sich darin ein Einstellungswandel widerspiegelte, der tat-

Bei der Frage nach den Prävalenzraten familiärer Gewalt war man in Deutschland aufgrund des Fehlens einschlägiger Dunkelfelduntersuchungen lange auf Schätzungen von anfechtbarem Wert und auf regionale behördliche Zählungen angewiesen, deren Übertragbarkeit auf das gesamte Bundesgebiet skeptisch eingeschätzt werden musste (dazu Lösel/Selg et al. 1990: 94 ff., U. Schneider 1990: 510 ff.). Während zu den bekannt gewordenen Gewalttaten unter den (Ehe-)Partnern gar keine systematischen behördlichen Zählungen existieren, enthält die Polizeiliche Kriminalstatistik immerhin quantitative Angaben zum Delikt der Kindesmisshandlung; aber diese statistischen Zahlen können naturgemäß nur über das Hellfeld Auskunft geben, was ihre Aussagekraft aufgrund des erheblichen Dunkelfeldes entscheidend schmälert.[3] Neuere empirische Untersuchungen zur Eltern-Kind-Gewalt, die nicht dem Problem unterliegen, nur aktenkundig gewordene Fälle zu erfassen, treffen sich in der Einschätzung, dass in Deutschland etwa 70 Prozent der Kinder im Lauf ihrer familiären Sozialisation Erfahrungen mit zumindest leichteren Formen der Gewaltausübung durch ihre Eltern machen.[4]

Verlässliche Ergebnisse zur Prävalenz körperlicher Gewalt der Eltern gegen ihre Kinder bietet die Querschnittuntersuchung von Peter Wetzels (1997). Die am Kriminologischen Forschungsinstitut Niedersachsen durchgeführte Untersuchung basiert auf einer schriftlichen Befragung und erfasst innerfamiliäre Gewalterfahrungen in der Kindheit und im Erwachsenenalter sowie Vorkommnisse des sexuellen Missbrauchs. Hinsichtlich der Erfahrungen von Kindern mit körperlicher Erziehungsgewalt durch die Eltern, die Wetzels wiederum in »körperliche Züchtigung« und »körperliche Misshandlung« unterscheidet, kommt die Untersuchung zu folgenden Ergebnissen (N=3249 Befragte):

»Insgesamt geben 74,9% (n=2432) der Befragten an, in ihrer Kindheit körperliche Gewalthandlungen seitens ihrer Eltern erlebt zu haben. Darunter finden sich n=350 Befragte (10,6%

---

sächlich in einem veränderten Verhalten der Eltern gegenüber ihren Kindern seinen Niederschlag gefunden hatte (vgl. ebd.: 472 f. sowie Gelles/Straus 1987: 83 ff.). Gelles (1985) kommt in seinem Beitrag, der die differenzierten quantitativen Befunde diverser National Surveys und die Ergebnisse zahlreicher Studien zu Einzelaspekten familiärer Gewalt in den USA bis Mitte der 1980er Jahre zusammenfasst, zu dem Schluss, dass sich die Gewalt in Familien auf unverändert hohem Niveau bewegt und bei Trendaussagen Vorsicht geboten ist.

3 Michael-Sebastian Honig (1986: 33 ff.) hat allerdings nachdrücklich darauf hingewiesen, dass auch die Dunkelfeldforschung nicht alle Mängel von Schätzungen beseitigen kann.

4 Vgl. dazu die zusammenfassenden Bemerkungen und Literaturhinweise bei Andreas Böttger (1998a: 65).

der Stichprobe), die Opfer elterlicher Mißhandlung wurden. 38,4% wurden häufiger als selten [d. h. manchmal, häufig oder sehr häufig, F.S.] körperlich gezüchtigt, Mißhandlungen erlebten 4,7% häufiger als selten. Von den n=350 Befragten, die über elterliche körperliche Mißhandlung berichten, geben bis auf n=13 alle übrigen zusätzlich auch an, von ihren Eltern körperlich gezüchtigt worden zu sein.« (Ebd.: 146)

Wetzels' Vergleich der Prävalenzraten zwischen verschiedenen Alterskohorten spricht für einen Rückgang elterlicher Gewalt; die Raten der schwerwiegenden Misshandlungsfälle unterscheiden sich zwischen den jüngeren und den älteren Alterskohorten jedoch nicht signifikant (vgl. ebd.: 151 f.). Da die einschlägige Forschung gezeigt hat, dass die kindliche Zeugenschaft von Gewalthandlungen zwischen den Eltern sowohl in ihrem unmittelbaren Erfahrungsgehalt als auch in ihren langfristigen Folgen mit der direkten Viktimisierung durch elterliche Gewalt vergleichbar ist[5], kommt auch der Prävalenz der Konfrontation mit elterlicher Partnergewalt eine besondere Relevanz zu. Wetzels gelangt diesbezüglich zu dem Befund, dass insgesamt 22,7 Prozent der Befragten im Laufe ihrer Kindheit physische Gewalt eines Elternteils gegen den anderen miterlebt haben; bei 8,9 Prozent der Probanden war dies häufiger als selten der Fall (siehe ebd.: 165). Die Gewalt zwischen Geschwistern wie auch die Gewalt der jugendlichen oder heranwachsenden Kinder gegen ihre Eltern fanden in Wetzels' Untersuchung keine Berücksichtigung.

Diese beiden innerfamiliären Gewaltformen sind in Deutschland bislang unerforscht geblieben.[6] Dies stellte die Gewaltkommission bereits 1990 fest (Schwind/Baumann et al. 1990: 76), und seither hat sich an der Forschungslage zur Geschwister- und zur Kind-Eltern-Gewalt kaum etwas geändert. Eine Ausnahme in Bezug auf die Kind-Eltern-Gewalt stellt die Anfang der 1990er Jahre durchgeführte Untersuchung des Kinder- und Jugendpsychiaters Reinmar du Bois (1994) dar, der in seiner klinischen Praxis und im Rahmen seiner gerichtlichen Gutachtertätigkeit wiederholt auf Eltern gestoßen war, die von ihren heranwachsenden Kindern geschlagen und tyrannisiert wurden. Im Zuge der Untersuchung wurden alle Beratungsstellen, Jugend- und Gesundheitsäm-

5 Siehe Rosenbaum/O'Leary 1981, Pfouts/Schopler/Henley 1981, Jaffe/Wolfe/Wilson 1990: 32 ff. und 55 ff., Osofsky 1995.

6 Die US-amerikanische Forschung hat Ende der 1970er Jahre auf diese beiden Gewaltformen zumindest aufmerksam gemacht (siehe Steinmetz 1978a und 1978b, Harbin/Madden 1979, Felson 1983). Seither sind in den USA zur Kind-Eltern-Gewalt zwar einige Beiträge in der Zeitschrift *Victimology* und im *Journal of Family Violence* erschienen, aber sie reichen über kasuistische Beschreibungen von begrenztem explikativem Wert selten hinaus. Ähnlich verhält es sich mit der Erforschung der Gewalt zwischen Geschwistern.

ter, Jugendgerichte, Kinderpsychiater und kinderpsychiatrische Kliniken in Baden-Württemberg mit einem halb strukturierten Fragebogen befragt; der Charakter und Ablauf der gewalttätigen Handlungen der Kinder bzw. Jugendlichen gegen ihre Eltern wurde narrativ erfragt und meist telefonisch nachexploriert. Du Bois, der in seiner Ergebnisdarstellung einige Fallbeispiele massiver und wiederholter Misshandlung der Eltern durch ihre jugendlichen Söhne und Töchter schildert, stellt zusammenfassend fest: »Die Existenz einer Extremgruppe von Kindern, die ihre Eltern gewohnheitsmäßig schlagen, wurde bestätigt. Aus den genannten Institutionen wurden aus einem Zweijahreszeitraum 61 Fälle im Alter von 8 bis 22 Jahren berichtet.« (Ebd.: 172 f.) Die Erklärung du Bois' hebt auf die psychodynamische Entwicklung der Beziehung zwischen Eltern und Kind sowie auf ökologische Aspekte, insbesondere auf die soziale Isolation der ganzen Familie ab.[7] Neben den besonders engen, von Ambivalenz und wechselseitiger Abhängigkeit geprägten Beziehungen zwischen Eltern und Kind nach innen und der Kontaktarmut der Familie nach außen betont du Bois die meist lange Geschichte der Gewaltdrohung und -anwendung der Eltern gegen die Kinder, die sich schließlich gegen die Eltern wendet (vgl. du Bois 1994: 174 ff. und 1997). Auch die biographische Untersuchung von Andreas Böttger (1998a), deren Sample auch Jugendliche umfasst, die gegen ihre Eltern gewalttätig geworden sind, kommt zu dem Ergebnis, dass sich hinter solchen Taten stets eine Vorgeschichte willkürlicher und als ungerecht gedeuteter Gewaltanwendung der Eltern verbirgt. Die daraus entstehenden Aggressionen der Jugendlichen können sich, so Böttger, im Sinne einer »Rache« auch gegen die Eltern richten (vgl. ebd.: 133 ff. und 197 f. sowie Böttger 1998b: 227 f.).[8] Die empirischen Evidenzen der vorliegenden Studien weisen also übereinstimmend darauf hin, dass Gewaltakte von Jugendlichen gegen ihre Eltern eng mit vorausgegangenen Misshandlungen zusammenhängen. Der Geschichte der jugendlichen Täter, die ihre Eltern misshandeln, geht, so können die spärlichen Forschungsergebnisse zur Kind-Eltern-Gewalt zusammengefasst werden, eine Geschichte des kindlichen Opferdaseins voraus.

---

7 James Garbarino, einer der führenden Vertreter des *ökologischen Ansatzes* zur Erklärung familiärer Gewalt, hat die soziale Isolation von Familien und das Fehlen von lebensweltlich wirksamen (nachbarschaftlichen und professionellen) Interventions- und Unterstützungssystemen als notwendige Bedingungen sowohl für Kindesmisshandlungen als auch für die Entstehung von Jugenddelinquenz herausgearbeitet (vgl. Garbarino 1981a und 1981b).

8 Zu ähnlichen Ergebnissen wie Böttger und du Bois kamen zuvor bereits Peek, Fischer und Kidwell (1985) und Kratcoski (1985).

Straus, Gelles und Steinmetz (1980) haben vor mehr als zwei Jahrzehnten bei der Geschwistergewalt – sowohl insgesamt als auch auf allen Intensitätsstufen der Gewaltausübung – die höchsten Prävalenzraten vor jeder anderen Form familiärer Gewalt festgestellt. Angesichts dieser Tatsache und des Umstands, dass die Literatur zur Eltern-Kind-Gewalt und zur Mann-Frau-Gewalt fast unüberschaubar geworden ist, muss es erstaunen, dass es zur Geschwistergewalt kaum Untersuchungen gibt. Dieser ungleiche Forschungsstand lässt sich wohl darauf zurückführen, dass die Kinderschutz- und die Frauenbewegung seit den 1960er Jahren die Forschung und die öffentliche Diskussion über Kindes- und Frauenmisshandlung forcierten, während es eine soziale Bewegung, die mit der Erforschung der Gewalt zwischen Geschwistern hätte korrespondieren können, weder in den USA noch in Deutschland gab. Die Vernachlässigung der Geschwistergewalt in der Forschung könnte weiterhin damit zu tun haben, dass die Sozialwissenschaften an dieser Stelle einen kulturell bedingten blinden Fleck haben. In ihrem Sondergutachten der Gewaltkommission stellt Ursula Schneider (1990: 535) fest:

»Am großzügigsten ist die gesellschaftliche Einstellung gegenüber der Gewalt unter Geschwistern. Sie wird häufig noch nicht einmal als Gewalt wahrgenommen, sondern bereitwillig als normaler Bestandteil des Familienlebens akzeptiert und sogar als durchaus förderlich für die Entwicklung der Durchsetzungsfähigkeit der Kinder erachtet.«

Wie sich in diesem Kapitel zeigen wird, kann die Erfahrung geschwisterlicher Gewalt, sei es als unmittelbares Opfer oder als Zeuge, durchaus einschneidend und im negativen Sinne folgenreich für die Entwicklung von Jugendlichen sein.

Mary Lou Crane (1997) stellt in ihrem aufschlussreichen Beitrag zur Misshandlung unter Geschwistern während der Kindheit fest, dass diese Form der Gewalt nicht nur in den Sozialwissenschaften, sondern auch im Rechtssystem nur minimale Aufmerksamkeit gefunden hat. Sie weist darauf hin, dass Gewaltdelikte zwischen Geschwistern selbst dann nicht geahndet werden, wenn sie aufgrund ihres Schweregrades in jedem anderen Kontext strafrechtliche Konsequenzen nach sich ziehen würden. Sie beschreibt weiterhin die vielfältigen psychischen Langzeitfolgen der Geschwistergewalt für die Opfer und illustriert sie an einigen Fallbeispielen von nunmehr erwachsenen Opfern geschwisterlicher Gewalt. Zu diesen Folgen gehören zum Teil lebenslange Depressionen, der Verlust der Selbstachtung und des Vertrauens zu anderen, außergewöhnliche Ängste, Schwierigkeiten beim Aufbau enger Bindungen sowie eine manchmal offene, manchmal unterdrückte Wut gegen das gewalttätige Geschwisterteil oder gegen die Eltern, die das Opfer nicht beschützt haben. Derartige Folgen sind jedoch nicht spezifisch für die durch Geschwister zugefügte Gewalt, sondern sie treten bei allen Formen familiärer Viktimisierung in der Kindheit auf.

Von besonderem Interesse ist hier die Frage, welche Zusammenhänge zwischen den verschiedenen Formen innerfamiliärer Gewalt bestehen, wie auch die Frage, inwieweit sich kindliche Gewalterfahrungen in der Familie auf die Gewaltneigung der davon Betroffenen in der Jugendphase auswirken. Zur ersten Frage ist zu sagen, dass die Erforschung der Gewalt in der Familie in der einen oder anderen Weise immer wieder zu dem Ergebnis geführt hat, dass die verschiedenen Erscheinungsformen sowohl auf der horizontalen als auch auf der vertikalen Ebene selten alleine auftreten und einander bedingen. Gewalt, so könnte man zusammenfassend sagen, charakterisiert eher bestimmte Familien als Ganze und deren Interaktionen insgesamt, als dass sie auf eine Person der Familie und auf eine bestimmte Form beschränkt bliebe. Auf der Basis des bereits genannten, für die USA national repräsentativen Samples haben Murray A. Straus' Analysen die weithin anerkannte These »violence begets violence« erhärtet. Dies resümiert er in knapper und recht plakativer Form: »The more parents are violent toward their children, the more violent these children are to their siblings. (...) The more violent husbands are toward their wife, the more violent the wife is toward her children.« (Straus 1983: 229)[9] Die Zusammenhänge zwischen der Partnergewalt und der Eltern-Kind-Gewalt einerseits sowie zwischen der Eltern-Kind-Gewalt und der Geschwistergewalt andererseits lassen sich, wie Straus weiterhin gezeigt hat, in abgestufter Weise für alle Formen der Gewalt auf der vertikalen, die Intensität und Qualität der Gewaltanwendung betreffenden Ebene nachweisen. Sie gelten nicht nur für jene schweren Formen der Gewaltanwendung, die gemeinhin als »child abuse« und als »wife-beating« klassifiziert werden, sondern in hohem Maße auch für die »ordinary violence«, welche die leichteren, in der amerikanischen Gesellschaft weithin als legitime Bestrafung gebilligten Formen der Gewaltanwendung umfasst.

Die Hypothese, dass Gewalttaten andere Gewalttaten hervorbringen, hat sich nicht nur in synchroner, sondern auch in diachroner Perspektive vielfach bestätigt: Es ist nicht nur so, dass die eine Form familiärer Gewalt meist die andere nach sich zieht. Zu den gesicherten Ergebnissen empirischer Forschung gehört

9 Bezüglich des statistischen Zusammenhangs zwischen der Gewalt in der elterlichen Partnerbeziehung und der körperlichen Misshandlung der Kinder durch die Eltern in deutschen Familien kommt Wetzels' Untersuchung zu demselben Ergebnis wie Straus (vgl. Wetzels 1997: 184 ff., 224 ff. und 232 ff.); kritisch dazu allerdings Stark/Flitcraft 1985.

auch, dass in ihrer Herkunftsfamilie durch Gewalt viktimisierte Kinder in späteren Lebensphasen eine besonders hohe Neigung zur Gewalttätigkeit zeigen. Diese diachronen Zusammenhänge wurden in der breit gefächerten Literatur zum so genannten »Kreislauf der Gewalt« mit Bezug auf zwei Kontexte mehrfach aufgewiesen. Der erste Kontext betrifft die intergenerationale Übertragung gewalttätigen Handelns von der Herkunftsfamilie in die später gegründete eigene Familie. In den verschiedenen empirischen Untersuchungen stellte sich übereinstimmend heraus, dass Kinder, die von ihren Eltern geschlagen und misshandelt wurden, als Erwachsene in deutlich überhöhtem Maße selbst gewalttätige Ehepartner und Eltern sind.[10] Auf einer solchen Grundlage kann Straus feststellen:

»The experience of violence as a child in the form of presumably benign physical punishment shows up a generation later in the form of equally benign physical punishment of the respondents own children *and also* in the form of elevated rates of child abuse and spouse abuse.« (Ebd.: 230)

Der zweite Kontext, in dem die empirischen Evidenzen zur Diagnose eines Kreislaufs der Gewalt führten, betrifft den Nexus zwischen Kindesmisshandlung und außerfamiliärer Gewaltkriminalität im Jugend- und Erwachsenenalter.

Zu der für die weiteren Schritte dieser Untersuchung besonders relevanten Frage, ob Gewalt in der Jugendphase zu den Langzeitfolgen familiärer Opfererfahrungen gehört, existiert zwar keine so umfangreiche Literatur wie zur intergenerationalen Weitergabe der Gewalt in der Familie, aber die Untersuchungen, die sich der Frage gewidmet haben, sprechen eine deutliche Sprache. Diese vornehmlich quantitativ ausgerichteten Untersuchungen konvergieren in dem Ergebnis, dass Jugendliche, die im Lauf ihrer Sozialisation Opfer elterlicher Gewalt wurden, eine weit überproportionale Neigung zur Gewaltkrimina-

10 Vgl. dazu vor allem Kempe/Silverman et al. 1962, Silver/Dublin/Lourie 1969, Steinmetz 1977: 98 ff., Straus/Gelles/Steinmetz 1980: 97 ff. und Herrenkohl/Herrenkohl/Toedter 1983. Weitere Bestätigung fand die These der intergenerationalen Weitergabe der Gewalt auch bei Wetzels (1997: 227 ff.).

Joan Kaufman und Edward Zigler (1989) haben allerdings darauf hingewiesen, dass misshandelt worden zu sein keineswegs *unausweichlich* dazu führen muss, jemand zu werden, der seine eigenen Kinder wieder misshandelt. Man müsse, so ihr empirisch informiertes Argument, eine Vielzahl von kompensatorischen und Risikofaktoren berücksichtigen, um die Bedingungen angeben zu können, unter denen eine intergenerationale Übertragung des Kindesmissbrauchs wahrscheinlich ist (vgl. dazu auch Schneider 1995: 48 f.). Eine differenzierte und kritische Diskussion zum Kreislauf der Gewalt insgesamt findet sich bei Cathy Spatz Widom (1989).

lität aufweisen.[11] Bei aller Übereinstimmung der statistischen Zusammenhänge, welche die Rede von einem Kreislauf der Gewalt begründen, blieb jedoch die Frage, *wie* es zu einer Übertragung von Viktimisierungserfahrungen in der Kindheit in spätere familiäre und außerfamiliäre Lebenszusammenhänge kommt bzw. *wie* aus Opfern Täter werden – sofern sie denn überhaupt gestellt wurde –, nur auf unbefriedigende Weise gelöst (vgl. dazu Kapitel 4).

Darüber, wodurch und auf welche Weise familiäre Gewalterfahrungen wiederum gewalttätige Neigungen beim Nachwuchs hervorbringen und wie der Konnex zwischen diesen Sozialisationserfahrungen und der späteren Gewalttätigkeit in der Jugendphase beschaffen ist, können quantitative Analysen schon aus methodischen Gründen nur begrenzt Aufschluss geben. Nachdem aber die quantitative Forschung über breit angelegte Samples hinweg belegen konnte, *dass* ein solcher Zusammenhang besteht, kann sich die qualitative Forschung umso intensiver der Frage nach der Wirkungsweise von »Faktoren« wie körperliche Züchtigung, Kindesmisshandlung, Geschwistergewalt und Zeugenschaft familiärer Gewalt zuwenden. Diese Phänomene, die in den bisherigen Studien zu statischen Faktoren geronnen sind, müssen eine Dynamisierung erfahren.[12] Sie müssen als Bestandteil familiärer Interaktionsprozesse analysiert werden, will man verstehen, was für Auswirkungen sie auf die betroffenen Kinder und Jugendlichen haben, auf welche Weise sie deren Gewaltneigung hervorbringen und wie der Gewalttransfer von der Familie in jugendspezifische Kontexte vonstatten geht.

Dies gilt auch für bestimmte, nicht unbedingt mit Gewalt verbundene Erziehungspraktiken der Eltern, die in der Fachliteratur zu den bedeutendsten Ursachen jugendlicher Gewalt gezählt werden.[13] Allerdings haben die entsprechen-

---

11 Siehe Alfaro 1981, Lewis/Mallouh/Webb 1989, Pfeiffer/Wetzels 1997: 34 ff., Pfeiffer/Wetzels 1999: 11 f., Pfeiffer/Delzer et al. 1999: 87 ff.

12 In seinem Buch über Prozesse, durch welche jugendliche Delinquente sich in strafbare Handlungen verstricken und in eine delinquente Entwicklung »hineinschlittern«, hat David Matza nicht nur das Bild vom jugendlichen »drifter« gezeichnet, sondern auch eine tief greifende Kritik an positivistischen Faktorenmodellen und ihrem Determinismus formuliert (siehe Matza 1964: 1 ff. und 181 ff.).

13 Eine hervorragende Zusammenschau und Systematisierung der englischsprachigen Literatur zu kriminogenen Erziehungspraktiken bieten James Snyder und Gerald Patterson (1987); zur einschlägigen Diskussion in Deutschland siehe Böttger 1998a: 62 ff. und 142 f. Einen guten Überblick über die breite Palette familiärer »Faktoren« und »Belastungen«, die einen Zusammenhang mit der Gewalttätigkeit von Jugendlichen aufweisen, verschaffen weiterhin Siegel/Senna 1985: 227 ff., Lösel/Selg et al. 1990: 17 ff. und 101 ff., Farrington 1995.

den empirischen Untersuchungen sehr heterogene Formen des elterlichen Erziehungsverhaltens als kriminogen und gewaltfördernd ausgewiesen. Ihren Ergebnissen zufolge können sowohl »autoritäre«, »punitive« und »konfliktreiche« als auch »permissive«, »wenig unterstützende« und »vernachlässigende« Erziehungsstile beim Nachwuchs Delinquenz und Gewalttätigkeit hervorbringen. Diese Befunde, die auf den ersten Blick in gegensätzliche Richtungen zu weisen scheinen, kann man mit Blick auf die nachstehenden Analysen vielleicht doch auf einen gemeinsamen Nenner bringen: Alle diese Erziehungspraktiken und -stile bringen dann Gewalt hervor, wenn sie missachtend sind bzw. von den betroffenen Kindern und Jugendlichen als missachtend erfahren werden. Um eine solche These zu begründen, müssen die familiären Interaktionsmuster und die biographischen Entwicklungsprozesse rekonstruiert werden, die aus der Familie heraus zur Gewalt der jugendlichen Sprösslinge führen. Ebendies sollen die folgenden Abschnitte dieses Kapitels leisten.

Sie bestehen in einer Analyse der familiären Interaktionsmuster, von denen die interviewten Jugendlichen berichten, und der subjektiven Interpretationen, in welchen sie diese Interaktionen darbieten. Damit entsteht nicht nur eine Rekonstruktion von bestimmten Erfahrungstypen, welche die Sozialisation der Jugendlichen geprägt haben, sondern auch eine Rekonstruktion von oft recht früh in ihrer Entwicklung angelegten Gewaltdispositionen. Die nachstehenden Analysen könnte man demnach mit der Frage überschreiben: Welche familiären Interaktionsmuster und Erfahrungen konstituieren das »Problem«, das gewalttätige Jugendliche aus ihren Familien in andere Handlungszusammenhänge hineintragen?[14]

---

14 Dem darauf folgenden 4. Kapitel könnte man dementsprechend die Frage voranstellen: Weshalb und auf welchen Vermittlungswegen wird gerade Gewalt jene Handlungsform, durch welche die Jugendlichen jenes biographisch erworbene Problem zu lösen versuchen? Das 4. Kapitel, das die zweite Etappe des biographisch orientierten Erklärungsversuchs darstellt, besteht in der Analyse von Situationen, in denen die in der Familie entstandenen Gewaltdispositionen zur Entfaltung kommen und anhand derer die bisher nicht gelöste Frage beantwortet werden kann, wie es zum Gewalttransfer von der Familie in andere soziale Kontexte kommt und was für eine Gewaltdynamik sich entwickeln kann, wenn aus Opfern einmal Täter geworden sind. Während bei der Analyse von Faktoren wie zum Beispiel der Anzahl und Schwere familiärer Viktimisierungserfahrungen oft unklar ist, warum sie in der Jugendphase eine ganz spezifische Handlungsform, nämlich Gewalt, zur Folge haben, soll im 4. Kapitel gezeigt werden, dass es einen inneren Zusammenhang zwischen bestimmten, in diesem Kapitel beschriebenen *Erfahrungen* in der Familie und dem gewalttätigen Handeln der Jugendlichen gibt.

Das »Problem«, das die familiäre Sozialisation der befragten Jugendlichen prägt, lässt sich der nachstehenden Analyse zufolge auf gewalttätige und auf Anerkennungsansprüche verletzende Interaktionen zurückführen, die in der subjektiven Interpretation der Befragten in zwei Erfahrungstypen ihren Niederschlag finden: in *Ohnmachts-* und *Missachtungserfahrungen*. So unterschiedlich die einzelnen Ereignisse, die zu solchen Erfahrungen führen, und die familiären Kontexte, in die sie eingebettet sind, auch sein mögen, die Erzählungen der entsprechenden Ereignisse sind stets von einer Semantik geprägt, die den Stempel von Erfahrungen der Ohnmacht und der Missachtung trägt. Der erste Teilschritt (3.1) ist wiederum eine Fallrekonstruktion, in der auf der Grundlage der Erzählungen Bebeks, einer jungen Berliner Kurdin, Vorkommnisse der innerfamiliären Gewaltausübung und Missachtung analysiert werden. Im Zuge dieser Analyse, die sich auf einige relevante Interviewpassagen stützt, wird es darum gehen, den subjektiven Erfahrungsgehalt familiärer Gewalt und Missachtung in seinen wesentlichen Dimensionen zu rekonstruieren und die Folgen jener Vorkommnisse herauszuarbeiten. Die dabei entwickelten theoretischen Begriffe, die auf die wichtigsten analytischen Gesichtspunkte der Handlungsstrukturen in den Familien der befragten Jugendlichen zugeschnitten sind, leiten dann auch die Systematik des zweiten und dritten Teilschrittes (3.2 und 3.3) an, in denen Abschnitte aus anderen Interviews interpretiert werden. Diese Interpretationen sollen dazu dienen, die fallübergreifende Relevanz des entwickelten Begriffsnetzes zu erweisen und die analytischen Kategorien im Zuge der Arbeit an weiteren Fallbeispielen zu verfeinern.

In diesem Sinne hat Max Heirich (1977) in Bezug auf ein anderes Phänomen, nämlich religiöse Konversion, darauf hingewiesen, dass die reine Korrelation zwischen bestimmten sozialen Faktoren – zum Beispiel auf andere Weise unlösbarer psychischer Stress, prädisponierende Umstände der Sozialisation oder der vereinnahmende Einfluss anderer Personen – und Konversionserfahrungen nicht ausreicht, um den kausalen Einfluss jener Faktoren aufzuzeigen, weil sie die Natur des Phänomens selbst ignorieren. Um überzeugend zu sein, muss ein kausales Argument, so Heirich, eine schlüssige Verknüpfung zwischen dem *Inhalt* der neuen »Realität«, welche die Konversion mit sich bringt, und jenen *Erfahrungen* aufzeigen, die dazu geführt haben, dass die alte Weltsicht ihre Funktion als fundierendes Orientierungsmuster verloren hat. Er schreibt: »If the new vision does not offer a solution for the particular experiences that have broken the hold of past explanations, why should it be any more attractive than alternative possibilities for responding to stress? To be convincing, any causal argument should have to show links between content and experience.« (Ebd.: 675)

3.1 Fallrekonstruktion Bebek I: Leben mit familiärer Gewalt und Demütigung

Bebek ist eine in Berlin geborene, zum Zeitpunkt des Interviews 16-jährige Kurdin türkischer Staatsangehörigkeit. Sie lebt, wie auch ihre 23-jährige Schwester Songül, bei ihren Eltern. Ihr 25-jähriger Bruder Erol hat ganz in der Nähe eine eigene Wohnung, er hält sich jedoch oft bei der Familie auf. Bebeks Mutter ist als Reinigungskraft beschäftigt, ihr Vater ist als Maurer bei einer Baufirma angestellt. Songül macht zum Interviewzeitpunkt gerade ihr Abitur und Erol, der eine Lehre in der Elektronikbranche abgeschlossen hat, arbeitet, allerdings eher sporadisch, ebenfalls als Reinigungskraft. Bebek[15] besucht seit wenigen Wochen eine technisch ausgerichtete Berufsfachschule, an der sie, nachdem sie die Hauptschule absolviert hat, den Realschulabschluss nachholen will.

Von Kindesbeinen an war Bebek immer wieder Zeugin und Opfer innerfamiliärer Gewalt. Bis zum Interviewzeitpunkt gehörten Gewalt und Gewaltandrohung durch ihren Vater und ihren Bruder Erol zu ihrem häuslichen Alltag. Ein erster Hinweis auf die besondere biographische Relevanz der familiären Gewalt besteht darin, dass Bebek ihre Gewalterfahrungen bereits bei der Beschreibung ihrer Familie thematisiert, also bevor der Interviewer danach gefragt hatte. Gleichzeitig haben ihre Erzählungen eine spezifische Lücke. Sie betrifft jene Vorkommnisse, in denen Bebek Opfer der Gewalt ihres Vaters wurde. Dass sie als Kind von ihrem Vater geschlagen wurde, erwähnt Bebek mehrfach, konkrete Schilderungen spart sie aber systematisch aus. Als der Interviewer das Gespräch einmal auf den ausgeblendeten Punkt lenkt, entspinnt sich der folgende Dialog.

15 Dieser Deckname beruht auf dem türkischen Wort *bebek*, welches Baby, Kleinkind oder Puppe bedeutet. Auf die Frage, wie sie auf diesen Decknamen gekommen sei, antwortet Bebek: »Ähm, in der Hauptschule haben sie mich immer so genannt. Weil ich im Gesicht so -, noch so aussehe. Und von der Stimme auch noch so. Und dadurch. Und ich mag den Spitznamen. (2) Das ist irgendwie ein hübsches, ein süßes, (.) ein süßer Spitzname, finde ich.«

3.1.1 Riesenkopf-Metapher: Die Schläge des Vaters und der partielle Sprachverlust

Int.: Und weißt du noch, wann dich dein Vater zum ersten Mal in deinem Leben geschlagen hat?

Bebek: Nee. (3)

Int.: Aber als Kind hat er dich auch schon manchmal geschlagen? Stimmt das?

Bebek: [Bejahend:] Mhm. (2)

Int.: Fällt dir da jetzt eine bestimmte Geschichte dazu ein?

Bebek: [Prompt verneinend:] Hmh.

Int.: Warum weißt du, dass er dich geschlagen hat, wenn du nicht mehr genau weißt, wann und wie?

Bebek: Ich mein', es gab schon so viele Gründe. Und wenn ich mir jedes einzelne in den Kopf stecken würde, dann würde mein Kopf irgendwann mal soo [beschreibt mit einer Armbewegung einen großen Kreis] aussehen, ne. Ich weiß nicht mehr, ich kann -. Es ist schon so lange her, ich meine, ich hab ja auch nicht [peinlich auflachend:] so 'n Riesenkopf, dass ich mir alles merken kann. Das gab's aber einfach oft, dass ich Schläge bekommen habe. (2) Na ja. Mit meinem Bruder, da kann ich mich fast an jede Kleinigkeit erinnern.

Was könnte die anhaltende Brisanz jener längst vergangenen Schläge ihres Vaters deutlicher vor Augen führen als Bebeks bedrücktes Schweigen und die vehemente Abwehr einer Artikulation ihrer Erfahrungen? Es scheint zu abgründig, bedrohlich oder unerträglich für Bebek, über die nüchterne Information hinaus, dass dies oft vorgekommen ist, von den Schlägen ihres Vaters zu berichten. Die Verbalisierung jener Erinnerungen würde ihren Kopf, so das Bild, bis zur Unerträglichkeit aufblasen. Die Riesenkopf-Metapher weist auf Bebeks Vorstellung hin, dass es sie zu einem monströsen Wesen machen würde, wenn sie den konkreten Erinnerungen an die väterlichen Schläge Raum gäbe. Die Thematisierung dieser Schläge würde jene peinigenden Erfahrungen heraufbeschwören, denen Bebek sich nicht gewachsen fühlt. Ihr Versuch, jenen Viktimisierungserfahrungen ihren schädigenden Einfluss auf ihr gegenwärtiges Leben zu nehmen, ist erkauft durch eine Sprachlosigkeit, die einen nicht integrierbaren Teil ihrer Geschichte aus ihrem Selbstverständnis verbannt. Obwohl Bebek die narrative Vergegenwärtigung der väterlichen Gewalt offensichtlich ablehnt, um nicht wieder in die kindliche Opferrolle zurückgestoßen zu werden, stellt sich die Frage, ob sie nicht gerade durch das Schweigen Opfer ihrer Geschichte bleibt und ihr partieller Sprachverlust sie nicht noch einmal zum Opfer macht. Wenn es richtig ist zu behaupten, dass ein Kind, das der Gewalt eines Erwachsenen ausgesetzt ist, zwangsläufig mit seiner eigenen Hilflosigkeit konfrontiert ist, dann kann man auch sagen, dass sich diese Hilflosigkeit bei Bebek nun in der Unfähigkeit fortsetzt, sprachlich über ihre Erfahrungen mit der väterlichen Gewalt zu verfügen. Jedenfalls zeigt die Riesenkopf-Metapher, dass jene kindlichen Gewalterfahrungen Bebeks ein höchst problematischer und weitgehend unzugänglicher Teil ihrer Biographie geblieben sind.

Aus welchem Grund aber will oder kann Bebek gerade über jene Episoden, in denen sie von ihrem Vater geschlagen wurde, keine Einzelheiten erzählen, während sie sich bei der Gewalt ihres Bruders »fast an jede Kleinigkeit erinnern« kann? An diese Gewalterfahrungen kann sich Bebek nicht nur erinnern, sie kann im Interview auch über sie sprechen. So berichtet sie zum Beispiel recht detailliert, dass sie während ihrer Grundschulzeit, wenn sie nach Unterrichtsschluss auf den Spielplatz ging, des Öfteren von ihrem Bruder abgeholt und unter Schlägen nach Hause gebracht wurde.[16] Dafür, dass es gerade die Schläge des Vaters sind, die Bebek sprachlos machen, bieten sich zwei Erklärungen an.

Die erste besteht darin, dass die Schläge des Vaters für Bebek besonders traumatisierend waren und sie die Wiederbelebung der Erinnerung nicht zulassen will. Wie Lenore C. Terr (1991) gezeigt hat, führen Traumata in der Kindheit sehr oft zu der ungebetenen und lebhaften, meist visuellen Rückkehr der traumatischen Ereignisse. Für Traumata, die auf singulären Ereignissen beruhen und die Terr zufolge einen eigenständigen Typus bilden, ist es charakteristisch, dass die Traumatisierten präzise Beschreibungen des schockierenden Ereignisses liefern können und dies immer wieder geradezu zwanghaft tun. Der zweite Typus von Traumata, der auf wiederholte Torturen und Qualen zurückgeht, führt hingegen zum Verlust der Fähigkeit, die nämlichen Erfahrungen zu verbalisieren. Denn, so Terr, »children who have been repeatedly brutalized or terrorized *do* exhibit massive denial to the eyes of the trained observer. Such children avoid talking about themselves. They often go for years without saying

16 Dies ist ein Indiz dafür, dass Bebeks selektives Schweigen daher rührt, dass ihr die kindlichen Erlebnisse mit der väterlichen Gewalt selbst nicht verbal zugänglich sind, und nicht darin begründet ist, dass sie dem Interviewer gegenüber nicht von ihren familiären Opfererfahrungen berichten will.

a thing about their ordeals.« (Ebd.: 16)[17] Die Riesenkopf-Metapher weist deutlich Elemente des zweiten Typs der Traumatisierung auf. Bebeks Metapher hebt nicht nur auf die Vielzahl von Ereignissen ab, die ihr Kopf nicht zu fassen in der Lage ist, sondern sie impliziert auch ihre Angst, dass die Erinnerung an die Gewalt des Vaters einen immensen Raum einnehmen und verheerende Wirkungen entfalten könnte.

Die zweite Erklärung des Bebekschen Schweigens zur väterlichen Gewalt geht nicht aus der zitierten Stelle zur Riesenkopf-Metapher hervor, sondern ergibt sich aus dem familiären Kontext, in dem Bebek lebt. Mit Blick auf diesen Kontext, der in den folgenden Abschnitten dieser Fallrekonstruktion noch plastischer hervortreten wird, könnte das Ausblenden der väterlichen Gewalt damit zu tun haben, dass es Bebeks gegenwärtiges Leben in ihrer Familie, von der sie nach wie vor eine starke Abhängigkeit spürt, bedrohen könnte, würde sie an die Gewalt rühren, die sie als Kind durch ihren Vater erlitten hat. Insoweit dies zutrifft, hat Bebeks Weigerung, sich an Details zu erinnern, mit der kulturell verfassten Rolle ihres Vaters als Familienoberhaupt zu tun. Diese Erklärung ist auch konsistent mit den zahlreichen Stellen, die zeigen, dass Bebek ihren Bruder für seine Schläge offen hassen kann oder darf, ihren Vater jedoch nicht. Würde Bebek ihren Erfahrungen mit der väterlichen Gewalt Ausdruck verleihen und damit in ihrem Bewusstsein Raum geben, müsste sie wohl auch ihren Vater hassen, von dem ihr gegenwärtiges Leben in der Familie weit mehr abhängt als von ihrem Bruder. Von daher ist es plausibel, dass Bebek schweigt, weil sie ihren Vater gewissermaßen vor ihrer eigenen Wut schützen will, die aus ihrer Sicht den familiären Zusammenhalt gefährden würde.

Während Bebek der ersten Erklärung zufolge die früheren Schläge ihres Vaters nicht schildert, um sich nicht als Opfer sehen zu müssen und sich nicht mit unverarbeiteten Traumata konfrontiert zu sehen, so schweigt sie gemäß der zweiten Erklärung, weil sie mit dem Aussprechen ihrer Erfahrungen destruktive Wirkungen für die familiäre Interaktion verbindet. Die beiden Erklärungen schließen sich jedoch keineswegs aus, sondern ergänzen und durchdringen einander, zumal beide dafür sprechen, dass Bebeks partielle Sprachlosigkeit der

17 Das Leugnen der traumatisierenden Ereignisse bedeutet freilich keineswegs, dass sie ihre aufdringliche Präsenz verlieren und keine Folgen für das Handeln der Betroffenen haben: »The childhood survivors of single chocks and of long-standing terrors are usually entirely unaware that their behaviors and physical responses repeat something of the original set of thoughts or emergency responses. (...) Behavioral reenactments may recur so frequently as to become distinct personality traits.« (Terr 1991: 13).

Abwehr der befürchteten Folgen der väterlichen Gewalt auf ihr gegenwärtiges Leben geschuldet ist. Dass das Vergessenwollen nicht nur von der Intensität der intrapersonalen Traumatisierungsfolgen abhängig ist, sondern auch aus der Furcht geboren sein kann, bestehende interpersonale Bindungen zu zerstören, hat auch Terr im Auge, wenn sie schreibt: »Children who have been repeatedly physically or sexually abused may waver in their accusations of abusers and waver in the completeness and the detail of their memories.« (Ebd.: 14) Das Vermeiden von offenen Anklagen gegen ihren Vater und von detaillierten Erzählungen zieht sich in konsistenter Weise auch durch jene Interviewpassagen, in denen Bebek die väterliche Gewalt in späteren Lebensphasen thematisiert.

Ohne erkennbare Aussparungen schildert Bebek hingegen ihre Erfahrungen der familiären Missachtung, die ein beherrschendes Thema des ganzen Interviews bilden. Zahlreiche Episoden, die Bebek schildert, sind von der Frage geprägt, ob und inwieweit sie von den anderen Familienmitgliedern angenommen und anerkannt wird. Der folgende Abschnitt expliziert dies an drei Interviewpassagen. Die erste Passage, die sich auf Bebeks Kindheit bezieht, erscheint wie die Exposition eines Themas, das ein zentrales und in verschiedenen Variationen wiederkehrendes Problem beschreibt. In dieser Passage erzählt Bebek von einem »Spiel«, das ihre Eltern und Geschwister früher des Öfteren mit ihr durchexerziert haben: Sie haben Bebek eingeredet, dass sie ein Findelkind sei.

3.1.2 Findelkind-Spiel, Diebstahl-Geschichte und Redeverbot-Szene: Marginalisierung und Deprivation

Bebek: Ich hab da immer geheult, die haben mir immer gesagt, *auch* meine Eltern so: »Hä, du gehörst doch gar nicht zu unserer Familie, guck mal, du ähnelst uns gar nicht.« Weil meine Eltern, meine Schwester, alle, außer ich, sind tota-, also nicht so extrem braun, sondern sie sind so Mittelbräune, ne. Weil ich bin ja dann die, die so -, die so richtig so drin scheint, ne, so weiß. Und dann sagten die immer so: »Wir haben dich im Mülleimer gefunden, du hast geweint«, und so, »und wir haben dich halt rausgeholt«. Und ich hab richtig dran geglaubt. Ich war ja noch klein und hab immer geheult, und - [ein schreiendes Kind nachahmend]: »Ich will zu meiner Mamaa! Ich will -, ich mag euch nicht!«

Es ist vielleicht nicht außergewöhnlich, dass Geschwister sich gelegentlich gegenseitig verwünschen, weil sie die Aufmerksamkeit der Eltern nicht teilen wollen. Aber dass die Eltern ihrem eigenen Kind und über dessen Tränen hinweggehend vermitteln, eigentlich nicht zur Familie zu gehören, sprengt wohl den Rahmen des erwartbaren elterlichen Verhaltens. Im Findelkind-Spiel, in dem die Eltern den Geschwistern sekundierten, stand Bebek alleine und vom Rest der Familie isoliert da. Dies bekräftigten die anderen Familienmitglieder durch den Hinweis auf ein äußerlich evidentes Merkmal Bebeks, nämlich ihre hellere Hautfarbe. Im Kontext ihrer Beschreibung des Findelkind-Spiels »scheint« ihre helle Haut, als wäre sie ein weithin sichtbares Stigma, das Bebek zum Außenseitertum bestimmt. Der Mülleimer, aus dem sie herausgeholt worden sein soll, ist ein unmissverständliches Signal dafür, dass die anderen Familienmitglieder, indem sie Bebek auf diese Weise über ihre Herkunft aufzuklären vorgaben, auf die Herabsetzung ihres Wertes abzielten.

Während Bebek, wie sie sagt, in ihrer kindlichen Perspektive »richtig dran geglaubt« habe, was ihr im Findelkind-Spiel vermittelt wurde, kön sie heute, wie sie im Anschluss an die zitierte Passage feststellt, mit den anderen darüber lachen, wenn zu Hause das Gespräch darauf komme, was sie früher mit ihr »abgezogen« haben. Aber ihre familiäre Randständigkeit und Geringschätzung bleiben in ihren weiteren Erzählungen zentrale Topoi, wenngleich die entsprechenden Interaktionsmuster und Situationen sich mit zunehmendem Alter Bebeks ändern.

Die nun folgende Diebstahl-Geschichte zeigt, dass Bebek sich bis in die Gegenwart hinein ihren Geschwistern gegenüber zurückgesetzt fühlt.

Int.: Würdest du sagen, dass deine Eltern jemanden unter euch Geschwistern bevorzugen?

Bebek: (2) Früher kam mir das so vor. Zum Beispiel, wenn ich Geld haben wollte, hieß es: »Nein!« Wenn meine Schwester haben wollte: »Ja, okay«, und wenn mein Bruder: »Hier, sofort!«

Int.: Und, und wie war das für ⌊ dich, wenn -

Bebek: Schlecht. ⌋ Na, es war schlecht, es war doof, es ist *scheiße*! Ich meine, manchmal kommt's mir so vor, als ob ich nur wegen *den* beiden kein Geld kriege, oder so. (3) Zum Beispiel, ich war -, ich war 13 oder so, und ich hatte 'ne Kette bei A-Kaufhaus gesehen, ne? (.) Ich bin zu meiner Mama hingegangen, ich mein', so: »Mama, gib mir mal Geld, ich will mal 'ne Kette holen, ne? Die gefällt mir so.« – »Ach, was willst du mit 'ner Kette?« Und das und dies und jenes, ne. Hat sie nicht gemacht.

> Und dann bin ich zu A-Kaufhaus, hab die Kette noch mal gesehen und hab sie eingesteckt, ne. Und wurde dabei erwischt. Und dann kam's -, kam ich nach Hause, und hat mein Vater mich mit denen, halt Bullen gesehen und so, ne. Und dann hat er -, ist in die Kneipe und hat getrunken und so. Und ich hab nichts mehr mein-meiner Mutter und so erzählt. Am nächsten Tag kamen -, haben sie's halt von meinem Vater erfahren. Und dann kam meine Mutter: »Hä, warum hast du das gemacht?« Und das und dies. Und dann meint' ich: »Wenn du mir Geld gegeben, Geld gegeben hättest, hätt ich's bestimmt nicht gemacht, ne!« Und dann hat bei ihr auch so irgendwie 'ne Birne geleuchtet, ne? So: »Hmm, scheiße«-mäßig.

Bebek legt ihren Eindruck der Benachteiligung den beiden Geschwistern gegenüber zunächst in die Vergangenheit und macht die Verteilung der finanziellen Mittel der Eltern unter den Geschwistern zum Indikator ihrer damaligen Wahrnehmung. Ihrer plastischen Beschreibung zufolge gab es drei Abstufungen in der Gunst der Eltern, an deren oberen Ende ihr Bruder und an deren unteren Ende sie selbst stand. Sie sollte im Unterschied zu ihren Geschwistern kein Geld von den Eltern bekommen; und nicht nur kein Geld, denn dieses steht hier auch für die personale Zuwendung der Eltern. Bebek war subjektiv die Letzte in der Skala der elterlichen Wertschätzung, und sie ist es heute noch, wie der plötzliche Tempuswechsel anzeigt: »Na, es war schlecht, es war doof, es ist *scheiße*! Ich meine, manchmal kommt's mir so vor, als ob ich nur wegen *den* beiden kein Geld kriege.« Obwohl die Nachfrage des Interviewers auf die Vergangenheit zielte, bekommt Bebek es in Fragen der geschwisterlichen Konkurrenz um die Gunst der Eltern unversehens mit der Gegenwart zu tun. Dies verweist auf die Persistenz jenes Problems, dessen Konturen sich bereits im Findelkind-Spiel abgezeichnet hatten. Ausgehend vom gegenwärtigen Empfinden, hinter ihren Geschwistern zurückstehen zu müssen und den Eltern weniger wert zu sein als sie, führen Bebeks Betrachtungen wieder in die Vergangenheit zurück. Wenn nun Bebeks Wahrnehmung, dass ihr in den Augen ihrer Eltern kein gleichrangiger Platz neben den Geschwistern zukommt, den Ausgangspunkt für die Erzählung ihres drei Jahre zurückliegenden Diebstahls bildet, dann ist dies ein eindeutiges Indiz dafür, dass dieser als eine Antwort Bebeks auf ihre familiäre Benachteiligung zu interpretieren ist.

Nicht nur der Kontext, sondern auch der Ablauf der Diebstahl-Geschichte legt eine solche Interpretation nahe: Dass Bebek die Kette im Kaufhaus gestohlen hat, war eine Reaktion darauf, dass die Mutter ihren Wunsch, das begehrte

Stück zu kaufen, ausgeschlagen hatte. Alles deutet darauf hin, dass sie ihrer Mutter auf diesem Umweg zu verstehen geben wollte, dass sie ihre Bedürfnisse und Ansprüche nicht ignorieren darf. Konsistent damit ist auch, dass Bebek weder die Situation, in der sie die Kette einsteckte, näher beschreibt noch die genaueren Umstände ihres Erwischt-Werdens erwähnt. Wenn sie in ihrer Erzählung vom Einstecken der Kette unmittelbar zum Erwischt-Werden übergeht, hat man den Eindruck, als wäre es mehr oder weniger eingeplant gewesen, sich erwischen zu lassen; von etwaigen Vorkehrungen, die dazu angetan gewesen wären, unentdeckt zu bleiben, ist jedenfalls nicht die Rede. Die Erzählung enthält weder Hinweise darauf, dass Bebek den Lauf der Dinge als ein Zusammentreffen unglücklicher Umstände oder als ein Missgeschick empfunden hat. Dies gilt sowohl dafür, dass sie im Kaufhaus ertappt wurde, als auch dafür, dass ihre Eltern davon erfahren haben. Die ganze Erzählung ist – und darin liegt der Schlüssel zu ihrem Verständnis – auf die Reaktion der Eltern, besonders auf die der Mutter fokussiert. So auch Bebeks Fazit: »Und dann hat bei ihr auch so irgendwie 'ne Birne geleuchtet, ne?« Hier schreibt Bebek ihrer Mutter den Gedankenblitz zu, auf den die ganze Episode angelegt ist, nämlich dass sie ihr durch den Diebstahl etwas mitteilen wollte. Worin ihre Mitteilung bzw. die Einsicht der Mutter bestanden hat, lässt sich unschwer der Anlage der Erzählung entnehmen: Nachdem ihre Frage nach dem Geld für die Kette die Probe aufs Exempel war, ob sie nicht doch bekommen kann, was ihre Geschwister bekommen, sollte die Mutter ihre Bedürftigkeit erkennen. Die Mutter sollte begreifen, dass es Bebek nicht primär um den Besitz der Kette zu tun war, als sie diese gestohlen hatte, sondern dass es sich dabei um einen Winkelzug ihrer Suche nach Anerkennung handelte.

Diese Analyse der Diebstahl-Geschichte kommt der Interpretation jugendlicher Delinquenz nahe, die der englische Kinderarzt und Psychoanalytiker Donald W. Winnicott entwickelt hat. Winnicott führt delinquente Handlungen von Kindern und Jugendlichen auf emotionale Verlusterfahrungen zurück, die er unter den Begriff der »Deprivation« fasst. In verschiedenen kleinen Schriften (gesammelt in Winnicott 1988) erklärt er antisoziale Verhaltensweisen von Kindern und Jugendlichen damit, dass ihnen wesentliche emotionale Bedingungen zu Hause verloren gegangen sind, die sie durch delinquente Handlungen zurückgewinnen wollen, indem sie damit andere Personen, in erster Linie die Eltern, zwingen, Stellung zu beziehen und sich ihrer anzunehmen (vgl. ebd.: 152 f. und 160 f.). An mehreren Stellen spricht Winnicott davon, dass das antisoziale Verhalten bei deprivierten Kindern und Jugendlichen ein Ausdruck der Hoffnung sei. Mehr noch, diese Kinder und Jugendlichen, zu deren Wesensmerkmalen ansonsten die Hoffnungslosigkeit gehöre, werden genau in jenen Phasen delinquent, in denen die Hoffnung aufkeimt, dass sie das, was sie verloren haben, wiedergewinnen können. »Selbst das Stehlen enthält«, wie Winnicott (ebd.: 202) schreibt, »ein Moment der Hoffnung – der Hoffnung nämlich, eine Kluft überbrücken und den Eltern gegenüber einen legitimen Anspruch erheben zu können.« Eine solche Reaktion auf die Versagungen und Zurückweisungen, die sie in ihrer Familie erfahren hat, stellt Bebeks Diebstahl im Kaufhaus dar. Diese halb ohnmächtige, halb hoffnungsvolle Handlung konnte das zugrunde liegende Problem ihrer emotionalen Deprivation allerdings nicht lösen. Vielmehr setzte es sich fort und erhielt durch verachtende Äußerungen ihres Vaters und Bruders immerfort neuen Zustrom.

Die folgende Sequenz, hier Redeverbot-Szene genannt, ist durchaus symptomatisch für die familiäre Konstellation, die sich bis zum Zeitpunkt des Interviews durchgehalten hat.

Int.: Und hast du auch mal Meinungsverschiedenheiten oder Streit mit deinen Eltern?

Bebek: Nnö, eigentlich nicht so. Meine -, die hören ja meistens meine Meinung gar nicht an. Wenn *ich* mal meine Meinung sagen will, dann heißt es: »Du bist noch zu klein, halt deine Klappe!« [Lacht peinlich berührt]

Int.: Wer sagt das?

Bebek: Mein Vater meistens. Oder mein Bruder. (.) Und meine Mutter hört sich das an. (2) Na ja, gegen meinen Vater kann ich nichts sagen. Aber, meinen Bruder mecker ich manchmal an. Dann sag ich: »Nur weil ich die Jüngste bin, darf ich nichts sagen, oder was? Ich bin *auch* ein Mitglied der Familie, ich will auch was sagen können!«, und so mecker ich ihn dann an. [Resigniert:] Und dabei bleibt's dann halt auch.

Mit dieser Szene beschreibt Bebek eine sich wiederholende häusliche Situation, die sie als degradierend empfindet. Das von ihr als nur recht und billig erachtete Anliegen, im Familienverband ihre Meinung zu äußern, wird von den beiden männlichen Familienmitgliedern rabiat abgewiesen. Gegen ihren Vater könne sie in solchen Situationen »nichts sagen«, bemerkt sie, und unterlässt auch in der Interviewsituation jede explizite Kritik an ihm, während sie berichtet, dass sie das Sprechverbot ihres Bruders auch in der familiären Praxis zum Gegenstand ihres Protestes macht. An ihrer Beschreibung, wie sie gegen das brüderliche Verdikt »meckert«, fallen zwei Aspekte besonders auf: Der Inhalt und die Grenzen ihres Aufbegehrens.

Der Inhalt berührt die bereits bekannte Thematik der innerfamiliären Ausgrenzung. Bebek hält nicht nur das Ansinnen ihres älteren Bruders, ihr als der Jüngsten die Stimme und das Mitspracherecht zu verbieten, für inakzeptabel, sondern empfindet das Redeverbot als einen Ausschluss auf ganzer Linie, wenn sie einklagt, sie sei »*auch* ein Mitglied der Familie«. Dass sich Bebek in diesem Punkt als besonders verletzlich zeigt, ist gewiss eine Folge der früh einsetzenden und sich wiederholenden familiären Missachtung. Aus der Vielzahl von Stellen, die dokumentieren, dass Bebek ihre vollwertige Zugehörigkeit zur Familie durch ihren Bruder in Frage gestellt sieht, sei nur eine weitere genannt. Auf Kommunikationsversuche, die von ihr ausgehen, pflege ihr Bruder zu antworten: »Ist mir doch egal, interessiert mich doch nicht!«, und über sie und ihre Schwester sage er: »Das einzige was mich an euch interessiert, das einzige, worüber ich mich freuen würde über euch, wäre, wenn ihr mal aus'm Haus kommt.«

Das zweite, was an Bebeks Beschreibung ihrer Reaktion auf das brüderliche Redeverbot auffällt, ist, dass ihr Protest auf halber Strecke stehen bleibt. Dies geht aus der ihre Entmutigung besiegelnden Feststellung hervor: »Und dabei«, d. h. dass sie den Bruder anmeckert, »bleibt's dann halt auch«. An der Stelle des Interviews, an der Bebek ihren Bruder beschrieben hatte, wurde nicht nur der Grund deutlicher, weshalb ihrem Protest gegen ihn enge Grenzen gesetzt sind, sondern auch, was für affektive Kräfte sie dabei zurückhalten muss: »Und manchmal denkst du: ›Vor dir steht 'n Teufel.‹ Na ja, halt, (.) ich weiß nicht, [verlegen lachend:] wie ich das formulieren soll. (.) Es steht einfach 'ne Person -, die du einfach hassen kannst oder ins Gesicht spucken kannst, ne?« Wie sich kurz darauf herausstellt, sind es die Schranken der innerfamiliären Ordnung, die ihr Bruder in Anspruch nimmt, um sie zurückzuhalten. Bebek erzählt, dass sie sich kaum mit ihrem Bruder streite, um dann festzustellen: »Na ja, okay, er schreit mich manchmal an, ich schrei ihn manchmal zurück an, aber dann heißt's wieder: ›Wen schreist du denn an? Wer steht denn vor dir?‹, ne.« Dass der Hinweis auf des Bruders Stellung seine Wirkung nicht verfehlt, wird sich noch mehrfach zeigen.

Die Redeverbot-Szene enthält auch eine knappe Bemerkung zum Verhalten der Mutter, die zu bedenken ist. Die Reaktion der Mutter darauf, dass der Vater und der Bruder ihr die Stimme im familiären Meinungsaustausch verwehren, beschreibt Bebek so: »Und meine Mutter hört sich das an.« In dieser vorwurfsvollen Feststellung steckt Bebeks enttäuschte Erwartung, dass die Mutter das ihr widerfahrene Unrecht als solches benennt und sich auf ihre Seite stellt, anstatt tatenlos zuzusehen, wie ihre Tochter zur schweigenden Außenseiterin degradiert wird. Sie findet in der Person der Mutter, von der Bebek dies am ehesten erwartet, keine Anwältin, die sich mit ihr solidarisiert und sie gegen das Unrecht der Missachtung abschirmt. An vereinzelten Stellen scheint die Mutter die ihr von Bebek zugedachte Haltung einzunehmen. Sie berichtet zum Beispiel, dass ihr Vater einmal schrie und tobte, weil sie es unterlassen hatte, ihm beim Tischdecken das obligatorische Mundtuch hinzulegen. In dieser Situation stellte sich die Mutter schlichtend vor sie und entschuldigte ihre Unterlassung als bloßes Vergessen; danach schrie der Vater auch die Mutter an, weil sie »versöhne« und Bebek nicht rigoros genug Gehorsam abverlange. Wie in diesem Fall bildet die Mutter bisweilen gewissermaßen einen Puffer zwischen Bebek und den männlichen Familienmitgliedern, aber sie handelt Bebek gegenüber oft als verlängerter väterlicher und brüderlicher Arm. So droht sie etwa mit der strafenden Reaktion des Vaters oder des extrem gewaltbereiten Bruders, wenn Bebek zu spät nach Hause kommt oder ähnliche Verbote übertritt. Die Rolle der Anwältin kann ihre Mutter aber schon deswegen nur bedingt erfüllen, weil sie selbst der Gefahr ausgesetzt ist, Opfer der familiären Gewalt zu werden. Dies zeigt zum Beispiel der im folgenden Abschnitt behandelte Vorfall, in dem Bebek Zeugin der Gewalt des Vaters gegen ihre Schwester und ihre Mutter wurde.

Der Grund, weshalb Bebeks Erzählung dieses Vorfalls nun etwas genauer untersucht wird, besteht allerdings darin, dass sie besonders deutlich macht, in welchem Maße auch die Zeugenschaft der Gewalt viktimisierende Wirkungen haben kann. Der erste Teil der Erzählung findet sich in dem Abschnitt des Interviews, in dem Bebek ihre Eltern und deren Verhältnis zueinander beschreibt; er wird durch eine Nachfrage des Interviewers eröffnet, die eine vorhergehende Bemerkung Bebeks wieder aufnimmt.

3.1.3 Rauch-Geschichte: Die paralysierende Zeugenschaft der Gewalt

Int.: Du hast vorhin ja erwähnt, äh, du kannst dir nicht vorstellen, wie du ohne deine Mutter leben solltest. Hast du dir das schon mal vorgestellt, dass sie auf einmal nicht mehr da ist, oder irgendwie so etwas?

Bebek: Ja, es gab mal 'ne Situation, da wollte sich meine Mutter mal umbringen. (2) Das war vor zwei bis drei Jahren. Es kam wegen meiner Schwester; weil sie geraucht hat. Also sie raucht, ne. Und das hat mein Vater rausgekriegt, und er hat sie so geschlagen, dass, ähm, ich, meine Mutter und meine Schwester nicht mehr ins Wohnzimmer rein durften. Und dass er halt für sich alleine da war. Er hat selber gekocht, selber gegessen, selber abgewaschen. Und *wir* durften halt nur im Schlafzimmer oder im Kinderzimmer sitzen, ne. Und da war's für meine Mutter -, ging's schon so schlecht, dass sie gesagt hat: »Nee, mach ich nicht mehr länger mit, Bebek. Wenn -, wenn du hören solltest, dass deine Mama mal tot ist, dann, äh, lass ich dir so viel Geld da, dass du in die Türkei fliegen kannst zu deiner Tante«, ne? Ich meinte: »Schmink dir das ab! Wenn du weg bist, dann komm ich dir hinterher.« (.) Und sie meint *jetzt* auch: »Von jetzt an nur noch -«, meint sie immer so: »Dann ist -, deine Schwester ist selbständig. Die könnte auf sich selber aufpassen. Dein Bruder genauso, dein Vater genauso. Ich leb nur noch für dich«, sagt sie zu mir.

In dieser Episode wird Bebek das indirekte Opfer der väterlichen Gewalt und deren Folgen, obwohl sie selbst nicht geschlagen wird. Die Spannungen, die aus dem väterlichen Gewaltausbruch und aus der darauf folgenden Verbannung der weiblichen Familienmitglieder aus dem vom Vater besetzten Wohnungsbereich resultieren, nehmen solche Ausmaße an, dass die Mutter laut über einen Suizid nachdenkt. Diese Auswirkungen auf die Mutter schlagen in voller Schärfe auf Bebek durch. Und dies nicht nur, weil sie sich ihrer Mutter gegenüber empathisch zeigt, sondern auch, weil sie deren Verlust[18], wie Bebek offenbar annimmt, nicht verkraften könnte. Sowohl ihre Abhängigkeit von der Familie als auch die lebenswichtige Rolle, die ihr die Mutter zuspricht, zwingen Bebek, das mütterliche Unglück mitzutragen und in einer von Zerwürfnissen und innerer Spaltung geprägten familiären Situation zu leben. Aber erst als im Verlauf des zweiten Interviews das Gespräch noch einmal auf die Rauch-Geschichte zu-

18 In der Tat hat Bebek in ihrem Leben bereits die Erfahrung gemacht, dass Gewalt nicht nur den Zusammenhalt ihrer Familie gefährdet, sondern tatsächlich zu schmerzlichen Trennungen führt. Bis einige Monate vor der Rauch-Episode hatten Bebeks Schwägerin, ihr kleiner Neffe und ihr Großvater väterlicherseits mit der Familie gelebt. Die drei verließen die Familie, nachdem die Schwägerin von ihrem Mann, d. h. von Bebeks Bruder, wiederholt brutal geschlagen wurde.

rückkommt, vervollständigt Bebek ihre erste Erzählung mit Details, die zum Verständnis der ganzen Situation unerlässlich sind.

Int.: Das letzte Mal hast du auch erzählt, dass du gesehen hast, wie dein Vater deine Schwester geschlagen hat, weil sie raucht.

Bebek: Ja.

Int.: Und wie war das für dich, das zu beobachten?

Bebek: Auch nicht schön. (3) Na ja, das ist halt, das tut weh. Es tut weh, es zu sehen, wie 'ne Schwes-, also, wie so -, wie jemand geschlagen wird, so. [Leise:] Ich weiß nicht, das ist nicht schön. (4) Ich wäre bestimmt nicht sehr gerne an ihrer Stelle gewesen. (1) Ich weiß nicht, was ich dazu sagen kann. (3) Das bringt einen natürlich zum Nachdenken. Und es gibt auch Phasen, wo man dann halt 'n paar Tage heult und so, und -. Es ist nicht schön halt. Es ist, es bringt einen zum Nachdenken und so, na ja, warum das so ist.

Int.: Mm. Und weißt du noch, zu was für einem Ergebnis du gekommen bist, als du darüber nachgedacht hast, warum das so ist?

Bebek: (2) [Sehr leise:] Nein.

Int.: Mhm, okay. (2) Äh, das letzte Mal hast du gesagt, dass ihr dann nicht mehr ins Wohnzimmer durftet. Wie das kam, weißt du das noch?

Bebek: Na ja, das war halt durch mei-, meine Schwester, weil sie geraucht hat. Und das haben sie ja rausgekriegt, und, ähm, mein Vater hat dann meine Schwester geschlagen und so. Und dann, weiß ich nicht m-, hm, ha-halt, meine Mutter hat ver-versucht, uns zu verteidigen. Und dadurch hat dann mein Vater sie auch zum ersten Mal überhaupt angegriffen. (2) Das war ja für mich total schlimm. Ich konnte den Stress halt nicht mehr zu Hause aushalten. Ich bin hoch zu den Nachbarn, ne, und in der Zeit hat dann mein Vater meine Mutter angegriffen. Und meine Mutter hat wohl nach mir geschrien, und so, aber ich war ja nicht da, ne. Und es war halt nicht so schön, ne, dass ich nicht dabei sein konnte und halt irgendwie ihr *helfen* konnte. (1) Und dann durften wir halt nicht mehr ins Wohnzimmer, gar nichts mehr.

In dieser Schilderung geht Bebeks Empathie mit der Schwester so weit, dass sie sagen kann, dass es »weh tut« zu sehen, wie sie geschlagen wird. Diese Wendung, die eine Analogie zum physischen Schmerz herstellt, ist ein erster Hinweis darauf, dass tatenlos mit ansehen zu müssen, wie ein nahe stehender Mensch geschlagen wird, ähnliche Wirkungen wie die am eigenen Leib erlittene Gewalt haben kann. Die Zeugenschaft der väterlichen Gewalt gegen ihre Schwester bringen Bebek, wie sie sagt, zum »Nachdenken«. Es ist ein ergebnisloses Nachdenken darüber, »warum das so ist«; das klingt, als wollte Bebek der – in dieser Fassung wohl unlösbaren – Frage nachgehen, weshalb denn die Welt so eingerichtet ist, dass sich nahe stehende Menschen Gewalt antun können. Dieses Nachdenken und die damit verbundenen »Phasen, wo man dann halt 'n paar Tage heult«, weisen bereits deutlich auf die emotionalen Folgen von Situationen der indirekten Viktimisierung hin: Sie führen zu einer passiven Trauer und zu Gefühlen des Ausgeliefertseins und der Handlungsunfähigkeit.

Welchen Niederschlag jene Situation bei Bebek gefunden hat, lässt sich jedoch am deutlichsten am Schlussabschnitt der Interviewpassage ablesen. Dort wird zunächst erneut offenkundig, dass sich Bebek von den Schlägen ihres Vaters unmittelbar mit getroffen fühlt. Denn das Eingreifen der Mutter galt, zumindest aus Bebeks retrospektiver Sicht, nicht nur der Schwester, sondern auch ihr selbst: Plötzlich ist die Rede davon, die Mutter habe »versucht, uns zu verteidigen«. Die Mutter, die daraufhin ihrerseits »zum ersten Mal überhaupt angegriffen« wurde, rückt von nun an in den Mittelpunkt der Erzählung. Was genau zwischen ihren Eltern passiert ist, verbirgt Bebek hinter dem künstlich und distanziert wirkenden Ausdruck, der Vater habe die Mutter »angegriffen«. Was immer geschehen sein mag, Bebek bezeichnet die Beobachtung des väterlichen Angriffs auf die Mutter als etwas, was »total schlimm« für sie war. Diese zeigte sich in der Situation des Geschehens daran, dass sie »den Stress halt nicht mehr zu Hause aushalten« konnte und die Flucht zu den Nachbarn ergriff. Aber sie entkam der Situation damit nicht oder nur bedingt.

Mit der Bemerkung: »Und meine Mutter hat wohl nach mir geschrien, und so, aber ich war ja nicht da« bringt Bebek einen wesentlichen Aspekt dessen auf den Punkt, worin das Erschütternde der Situation für sie bestand. Zuerst einmal fällt auf, dass der Satz mit dem Adverb »wohl« konjunktivisch gefasst ist. Dies ist ein deutlicher Hinweis darauf, dass ihre Mutter sie nicht tatsächlich herbeigeschrien hat, sondern dass es sich hier um einen vergegenständlichten Ausdruck der existentiellen Erfahrung handelt, die Bebek während ihrer Abwesenheit vom Ort der Gewalt gemacht hat. Jene Erfahrung – und das ist entscheidender als die Frage, ob die Schreie der Mutter nun ein Faktum oder eine Projektion darstellen – fasst Bebek in die Worte: »Und es war halt nicht so schön, ne, dass ich nicht dabei sein konnte und halt irgendwie ihr *helfen* konnte.« Damit legt Bebek den Blick darauf frei, was ihre subjektive Wahrnehmung der Situation bestimmte. Sie hatte den Eindruck, einer Aufgabe und ihren eigenen Ansprüchen nicht gerecht werden zu können. Sie »konnte« nicht, was sie hätte tun wollen und sollen. Ein lähmender Zustand der Hilflosigkeit angesichts ihres Impulses, der angegriffenen Mutter beizustehen und sie vor dem Angriff des Vaters zu schützen, sowie das Bewusstsein der Unfähigkeit, das Richtige zu tun bzw. überhaupt etwas an der Situation ändern zu können, kennzeichnen also Bebeks Erfahrungen in der Rauch-Geschichte. Das, was sie hinsichtlich ihrer Zeugenschaft der Gewalt mit der standardisierten und untertreibenden Formel als »nicht so schön« bezeichnet, ist, mit einem Wort, die Erfahrung der Ohnmacht.

In massiver Form kehren Ohnmachtserfahrungen in Bebeks Schilderungen von Episoden wieder, in denen sie das direkte Opfer der Gewalttätigkeit ihres Vaters, und mehr noch ihres Bruders wurde. Bevor solche Episoden ins Blickfeld rücken, ist nun in einem Exkurs auf Bebeks kulturell vermittelte Stellung in der Struktur ihrer Familie einzugehen. Ihre familiäre Stellung, ihre Rolle als junge Frau und die daraus resultierenden Konflikte bilden nämlich in mehreren Situationen den Hintergrund der familiären Gewalt, die sie erleben musste.

3.1.4 Exkurs zum kulturellen Hintergrund und zur positionalen Struktur der Familie Bebeks

Bei der oben angeführten Redeverbot-Szene könnte man geneigt sein, sie lediglich als Ausdruck von Rollenmustern zu interpretieren, die in türkischen Familien häufig anzutreffen und kulturell verbürgt sind. In dieser Perspektive ist Bebek als jüngstes und weibliches Mitglied der Familie den älteren und männlichen Mitgliedern gegenüber zu besonderer Achtung und Ehrerbietung verpflichtet. In der Tat führen der Vater und der Bruder, den sie oft als ihren »Älteren«[19] bezeichnet, ein an starren traditionellen Rollen orientiertes Regiment, das darauf gerichtet ist, ihre Autoritätsposition durchzusetzen. Aber die oftmals willkürlichen und erniedrigenden Akte der Machtausübung des Vaters und des Bruders gehen weit über eine bloß patriarchal geprägte Auffassung des familiären Zusammenlebens hinaus; und erst recht gilt dies für ihre Gewaltakte, deren Analyse noch folgen wird.

In der Redeverbot-Szene steht der Hinweis, Bebek sei »noch zu klein«, um mitreden zu können, gewiss auf dem Boden des Senioritätsprinzips, das ihrem

19 Dabei handelt es sich um eine wörtliche Übersetzung des türkischen Wortes *ağabey*, einer Respekt bezeugenden Bezeichnung für den älteren Bruder.

Vater und älteren Bruder gegenüber gilt. Und gewiss spiegelt sich darin, wie auch an vielen anderen Stellen des Interviews, ein Kulturkonflikt, der sich hier in einem Konflikt zwischen den Generationen und Geschlechtern niederschlägt, zumal Bebek andere Vorstellungen der familiären Kommunikation und Rollenverteilung als ihr Vater und ihr Bruder hat. Aber sie rechnet den beiden ihre Äußerungen persönlich zu, nicht ihrer kulturellen Prägung. Und – dies ist im vorliegenden Zusammenhang das Entscheidende – sie fühlt sich persönlich gekränkt und missachtet. In der geschilderten Situation, oder vielmehr in dem sich wiederholenden Situationstyp steht für Bebek mehr auf dem Spiel als ihr bloßes Nicht-gehört-Werden, weil sie als jüngste Tochter sowohl durch ihr Geschlecht als auch durch ihren Altersstatus am unteren Ende der familiären Hierarchie steht.[20] Wenn ihr Vater und ihr Bruder ihre Meinungsäußerungen aggressiv als irrelevant abkanzeln und sie damit mundtot zu machen versuchen, dann ist dies für Bebek eine Degradierung, die sie nicht als Ausdruck der Regeln der traditionellen türkischen Familienstruktur interpretiert. Den verletzenden Befehl »halt deine Klappe«, so die deutlich zwischen den Zeilen lesbare Haltung Bebeks, müssen auch türkische Väter und Brüder nicht erteilen, die auf ihre traditionelle Stellung Wert legen. Dennoch sind die Rollenstruktur und Autoritätsverhältnisse in ihrer Familie von entscheidender Bedeutung dafür, dass Bebek gegen die auf Dauer gestellte Erniedrigung wenig ausrichten kann.

Der kulturelle und intergenerationale Konflikt, in dem Bebek steht, lässt sich im Anschluss an die Unterscheidung Basil Bernsteins (1972) als der Konflikt zwischen dem »positionalen« und dem »personalen« Familientyp beschreiben. Nach Bernstein ist die Erziehung des Kindes in Familien des *positionalen* Typs auf die Entwicklung und ständige Verstärkung seines Sinnes für bestimmte soziale Ordnungsmuster und festgelegte Rollenkategorien ausgerichtet. Die Interaktion in solchen Familien ist durch Machtverhältnisse charakterisiert und das Verhalten des Kindes wird durch unpersönliche, statusorientierte Appelle der familiären Autoritätspersonen kontrolliert. Bei der Bewertung seiner Handlungen sind die individuellen Motive des Kindes sekundär, weil es hauptsächlich darauf ankommt, dass es den Anforderungen des eindeutig bestimmten und hierarchischen sozialen Beziehungsnetzes genügt. Der Status und die Rollen der einzelnen Familienmitglieder werden durch Alter und Geschlecht *zugewiesen*. Die geschlossenen Rollen- und Kommunikationssysteme

20 Zu den feinen Abstufungen, wer aufgrund der Rangordnung in türkischen Familien wem Achtung schuldet, vgl. Schiffauer 1983: 67 ff.

sowie die ritualisierte Wahrnehmung von Richtig und Falsch in positionalen Familien erschweren auf Seiten der Kinder die verbale Artikulation ihrer emotionalen Innerlichkeit und ihrer individuellen Besonderheit. Nicht ihre individuelle Ausdrucksfähigkeit wird prämiert, sondern ihr Sinn für situationsadäquates, dem Status der Interagierenden entsprechendes Verhalten.

Familien des *personalen* Typs hingegen, so Bernstein, legen das Gewicht in der Erziehung der Kinder nicht auf feststehende Rollenmuster, sondern auf die Autonomie und Einmaligkeit des Individuums. Die Eltern kontrollieren das Kind weniger durch den Hinweis auf festgelegte Rollenmuster und ihre autoritative Machtposition, sondern versuchen, es durch personenorientierte Appelle zu erreichen, die das Kind für seine eigenen und die Gefühle anderer empfänglich machen und das wünschenswerte Verhalten des Kindes durch den Hinweis auf dessen Konsequenzen begründen. Der Status und die Rollen werden in personalen Familien nicht zugewiesen, sondern durch soziale, affektive und kognitive Eigenschaften des Individuums *erworben*. Die Sozialisation in einer personalen Familie, für die offene Rollen- und Kommunikationsformen typisch sind, begünstigt die Entwicklung der sprachlichen Ausdrucksfähigkeit des Kindes und prämiert dessen Fähigkeit, seine Innerlichkeit, seine emotionalen Regungen, seine individuellen normativen Maßstäbe und persönlichen Besonderheiten zum Ausdruck zu bringen.

Während die Beziehungsstrukturen in Bebeks Familie, so können ihre Schilderungen des Familienlebens zusammengefasst werden, dem positionalen Typ zuzuordnen sind, hält sie selbst den personalen Typ für wünschenswert und bringt ihre Orientierung an dessen Maximen durch ihr Handeln auch immer wieder zum Ausdruck. Der darin gründende Konflikt bietet immer wieder familiäre Reibungsflächen, und einige Episoden, in denen Bebek Opfer väterlicher und brüderlicher Gewalt und Missachtung wird, sind von diesem Konflikt unterlegt. Dennoch lassen sich weder das verletzende Handeln ihres Vaters und ihres Bruders noch Bebeks Wahrnehmung desselben auf jenen kulturellen, in die familiären Interaktionen hineinreichenden Konflikt reduzieren; manchmal, wie etwa beim Findelkind-Spiel und bei der Kaufhaus-Geschichte, fehlt der Bezug zu diesem Konflikt gänzlich.[21]

21 Ferner ist an dieser Stelle an Bernsteins Klarstellung zu erinnern, dass die relativ geschlossenen Rollenzuschreibungen und die Beschränkung des individuell Verhandelbaren in positionalen Familien nicht mit einem Fehlen von Feingefühl für den anderen einhergehen müssen, sondern dass dieses sich lediglich anderer Ausdrucksformen bedient: »Of course, within positional families there is sensitivity toward persons, but the point is that these sensitivities

Eine weitere Thematik, die in Bebeks Schilderungen ihrer familiären Opfererfahrungen eine wichtige Rolle spielt, ist die der »Ehre«. Werner Schiffauer, der die verschiedenen Ehrbegriffe in der türkischen Kultur mit ihren spezifischen sozialen Geltungsbereichen sehr anschaulich dargestellt hat, weist in seiner Analyse darauf hin, dass für Mann und Frau jeweils andere, jedoch komplementär aufeinander bezogene Konzepte der Ehre gelten. Er schreibt:

»So definiert sich die Ehre eines Mannes im wesentlichen über die Ehre der ihm anvertrauten Frauen, der Mutter, der Schwester, der Tochter, der Ehefrau. Der Begriff *namus* betrifft Mann und Frau unterschiedlich: Ein ›ehrenhafter Mann‹, das ist einer, der seine Frauen zu verteidigen vermag, der Stärke und Selbstbewußtsein zeigt, politische, die äußere Sicherheit seiner Familie garantierende Fähigkeiten. Frauen dagegen sind im wesentlichen ›ehrenhaft‹, wenn sie keusch sind. Die Frau, die Ehebruch begeht, ›befleckt‹ damit nicht nur ihre eigene Ehre, sondern auch die ihres Gatten, der nicht Manns genug war, sie abzuhalten. (...) Während für die Beurteilung und das Selbstverständnis eines Mannes die Dichotomie stark–schwach entscheidend ist, gilt für die Frau der Gegensatz rein–unrein. Die Klassifikation der Frauen kennt nur drei Kategorien: die Jungfrau, das Mädchen (*kız*); die geschlechtlich erfahrene Ehefrau (*hanım*); und, beiden gegenübergestellt, die Hure (*orospu* oder *fahişe*), die ehrlose und schmutzige Frau, die außerhalb der Ehe Beziehungen zu Männern pflegt.« (Schiffauer 1983: 74 f.)

Diese Darstellung Schiffauers weist mehrere Merkmale auf, die sich in Bebeks Erzählungen wiederfinden. Ihre Ehre berührt auch die Ehre der männlichen Familienmitglieder, d. h. die ihres Vaters und, wie sich zeigen wird, die ihres Bruders. In Übereinstimmung mit den tradierten Vorstellungen betrachten sich die beiden für den Schutz ihrer Unbeflecktheit ebenso zuständig wie für die Ahndung von Verhaltensweisen Bebeks, die ihre Ehre in Gefahr bringen. An dem folgenden Beispiel wird dies deutlich.

3.1.5 Nachbarin-Geschichte: Die Jungfräulichkeit und der gute Ruf

Bebek: Und mit meinem Vater gab's noch so 'ne Sache. Äh, wir haben so 'ne Art Nachbarin, die wohnt im Gegenüber-Haus, ne. Und die (.) ist halt -, hat 'n bisschen schlechten Ruf. Weil sie war schon mal 'n paar Mal schwanger und abtreiben lassen und halt keine Jungfrau mehr, und das

are less likely to be raised to a level of verbal elaboration so that they can become objects of special perceptual activity and control.« (Bernstein 1972: 484) Mary Douglas (1974: 36 ff.) wiederum hat mit Bezug auf die genannten Bernstein'schen Kategorien die solidaritätsstiftende Funktion und besondere Vitalität der ritualisierten Kommunikation in positional strukturierten Familien betont.

> und dies. Und ich hab' mich eigentlich so mit ihr ganz gut verstanden, und ich durfte aber keinen Umgang mit ihr haben. Und wenn meine Mu-, mmei-, ähm, da hat mich mein Vater mal mit ihr zusammen halt quatschen sehen. Und dann hieß es: »Ja, du wirst dann auch noch so was wie sie!«, und das und dies, und hat angefangen, loszuschlagen. Ob ich das noch mal mache, und das und dies. (3) Schwachsinn! Ich meine, wenn *er* mich schlägt, kann er mich trotzdem nicht dran hindern, mit ihm -, mit ihr nicht zu reden. Weil ich kann's genauso gut heimlich machen, ganz woanders mich mit ihr treffen.

Was Bebek hier berichtet, zeigt einmal mehr, was für Erziehungsmethoden ihr Vater favorisiert und wie eilfertig er zur Gewalt greifen kann. Die Thematik der Ohnmacht fehlt hier jedoch ebenso wie eine genaue Schilderung der väterlichen Schläge. Der Fokus der Stelle liegt nicht darauf, wie Bebek die Gewalt des Vaters erlebt hat, sondern auf der Schilderung und Bewertung des väterlichen Begründungszusammenhangs, der mit dem »Ruf« der Nachbarin zu tun hat. An dieser Stelle fehlt jedoch, wie im gesamten Interview, jedes Anzeichen dafür, dass Bebek sich die offenbar allseits bekannte sexuelle Aktivität ihrer Nachbarin zum Vorbild nehmen würde. Aus der Sicht ihres Vaters verunreinigt sich Bebek bereits durch die bloße Unterhaltung mit der Nachbarin und unabhängig davon, worüber sie sich unterhalten haben. Bebeks Befremdung über das gewaltsame Vorgehen ihres Vaters deutet sich bereits in ihrer Ausdrucksweise an, wenn sie sagt, er habe angefangen, »loszuschlagen«. In dem Ausdruck schwingt die Bewertung mit, dass die Schläge des Vaters etwas Unkontrolliertes und Unbegründetes haben; wer gute Gründe hat und sich darüber im Klaren ist, ob er mit seinem Tun die mit ihm verfolgten Ziele erreichen kann, schlägt allenfalls, aber er schlägt nicht »los«. Die explizite Bewertung der väterlichen Schläge als »Schwachsinn« beschränkt sich jedoch darauf, dass sie ihr Ziel verfehlen, insofern sie Bebek nicht die Möglichkeit nehmen, sich über das Verbot hinwegzusetzen, mit der Nachbarin zu sprechen.

Aber Bebek muss, zieht man andere Passagen des Interviews zur Frage der Sexualität und Jungfräulichkeit zum Vergleich heran, die Reaktionsweise ihres Vaters auch deswegen für absurd halten, weil die Gefahr, die er wittert, nämlich dass sie »so was« wie ihre Nachbarin werden könnte, gar nicht besteht. So sagt sie an einer Stelle, es sei ihr sehr wichtig, bis zur Heirat Jungfrau zu bleiben, auch wenn sie – freilich ohne das Wissen ihrer Familie – einen Freund habe. Dies begründet sie damit, »den Türken« sei eben ihre »Ehre« wichtig, und diese habe »zum Beispiel mit Jungfrau und so zu tun«. Mit dem Hinweis auf die

Jungfräulichkeit spielt Bebek auf den zentralsten Punkt an, der die Ehre einer unverheirateten Frau wie Bebek konstituiert (vgl. dazu auch Strobl 1996: 160 f. und 172). In der Nachbarin-Geschichte liegt ein Fall vor, so könnte man folgern, der vom Vater aus den genannten, kulturell vorgegebenen Gründen eine strafende Reaktion verlangt. Für ihn als Repräsentanten der türkischen Kultur, könnte man weiterhin anführen, zählen nicht Bebeks subjektive Motive, mit der anrüchigen Nachbarin zu sprechen, sondern nur ihr tatsächliches Tun, weil dieses Bebeks Reinheit objektiv und ohne Ansehung ihrer persönlichen Intentionen bedroht. Ein solches Verständnis des Begriffs der Ehre, das Schiffauer als »Ritualismus« bezeichnet hat, wäre durchaus charakteristisch für die türkische Kultur: Die Ehre wird dort nicht als ein subjektives Empfinden oder als eine Charakterdisposition aufgefasst, sondern bestimmte Handlungen oder Unterlassungen gelten *per se* und invariant als ehrenvoll oder ehrlos (vgl. Schiffauer 1983: 87 f.).

Aber, so muss man fragen, ist die Situation, die Bebek in der Nachbarin-Geschichte schildert, wirklich eindeutig eine solche, die vom Vater verlangt, aus Sorge um die Ehre seiner Tochter einzuschreiten bzw. so einzuschreiten, wie er das tut? Erstens ist dagegen einzuwenden, dass die Ehre, wie Jan Koehler kritisch gegen Schiffauers statische Darstellung einwendet, ein Konzept ist, das »im Handlungsalltag durchaus Interpretations- und Verhandlungsoptionen offenläßt« (Koehler 1998: 56). Ein kulturalistischer Determinismus, der – um es mit einem pointierten Begriff Harold Garfinkels (1984: 68) auszudrücken – die Akteure zu »cultural dopes« macht, die nur starre, kulturell vorgegebene Verhaltensgesetzmäßigkeiten erfüllen, ist hier also fehl am Platze. Zweitens erfordert Bebeks Gespräch mit der Nachbarin auch nach Maßgabe der Erwartungen, welche die türkische Kultur für einen Vater bereithält, nicht notwendigerweise *gewaltsame* Reaktionen. Es steht nirgends geschrieben, dass solche Übertretungen auf diese Art sanktioniert werden müssen. Und drittens wäre es irreführend, wollte man die beleidigenden und erniedrigenden Handlungen, mit denen Bebek in ihrer Familie konfrontiert ist, auf einen Ausdruck der kulturellen Bindung der männlichen Familienmitglieder reduzieren. Insbesondere die bisweilen grausame Willkür, die Bebek durch ihren Bruder widerfährt, geht weit über das hinaus, was die traditionelle türkische Kultur als Reaktion auf ein ehrenrühriges Fehlverhalten einfordert. Gleichwohl steht die Wahrung ihres Rufes und ihrer Ehre im Zentrum der argwöhnischen Kontrolle Bebeks durch ihren Vater und ihren Bruder.

Auch in den folgenden Passagen, in denen Bebek ihre Erfahrungen mit der Gewalt ihres Bruders schildert, spielt dies eine gewisse Rolle und ist zum Verständnis der darin beschriebenen Episoden unabdingbar.

3.1.6 Tagebuch-Geschichte: Das Erniedrigungsritual und der gefangene Hass

Bebek: Mit meinem Bruder, da kann ich mich fast an jede Kleinigkeit erinnern. Weil (.) einmal halt hat er mein Tagebuch durchgelesen. Und da standen halt Dinge, die er nicht wissen sollte, ne. Dann waren wir mal alleine zu Hause, und dann hat er gesagt, ich soll mein Tagebuch holen. Hab ich geholt. Meinte er so: »Was steht da drin?« Ich so: »Hast -, wenn du's gelesen hast, weißt du's ja wohl, ne?« Dann meinte er so: »Was soll das?«, und so, und hat rumgeschrien und hat angefangen, mich zu schlagen. Hat mich auf den Boden gelegt und hat halt sein-, seine Hand gegen mein Herz gedrückt, ne. Und ich hab dann nur geschrien und konnte nichts anderes machen. Und dann hab ich ihn -, irgendwie versucht, ihn wegzustoßen. Und dann hat er auch aufgehört. Und dann -, das war's dann halt. Aber halt, ich weiß nicht, das ist immer ein schlimmes Gefühl. Wenn ich mir so denke: Hätt ich ihn nicht weggesto-, -geschubst, ne, er hätte weiterge-. Vielleicht wär ich jetzt gar nicht mehr am Leben.

Int.: Hm. (4) Und wie war das dann in der Familie? Haben das deine Eltern erfahren?

Bebek: Ja. (2)

Int.: Und was haben sie dazu gesagt?

Bebek: Nichts, was sollen sie sagen? Meine Mutter kam dann zu mir: »Was hab ich gehört, du führst 'n Tagebuch?« Das war's. (2) Und das war nicht schön. Ich -, es war, ich hätte mehr erwartet. Dass sie sagt: »Warum?« Und: »Was hast du da reingeschrieben?« Und: »Wieso?« Und: »Warum führst du dieses Buch?« Oder so 'ne Art halt, solche Fragen, dass da vorkommen sollten, ne. Aber gar nichts.

Diese Episode, die unmittelbar auf die oben zitierte Riesenkopf-Geschichte folgt, findet mehrfache Erwähnung im Interview. Auf die Frage des Interviewers, ob es bestimmte Gewaltsituationen gebe, die sie sehr lange beschäftigt haben, nennt Bebek denn auch ohne zu zögern die Tagebuch-Geschichte, und erklärt dies zum einen damit, dass der Bruder in ihren »Privatsachen rumgewühlt«, und zum anderen damit, dass sie um ihr Leben gefürchtet habe. An jener Stelle gibt Bebek Auskunft darüber, was für »Dinge« ihr Bruder »nicht wissen sollte«: In der neuesten Eintragung ihres Tagebuchs sei zu lesen gewesen, dass ein Junge »etwas von ihr wollte«. Bebek stellt dort weiterhin klar, dass ihr Bruder in seiner Eigenschaft als Hüter ihrer Ehre handelte. Sie berichtet, dass ihr Bruder manchmal sage, dass er wegen Bebek und Songül ins Gefängnis kommen könne, wenn er einmal hören sollte, dass sie »was machen«. Auf die Frage des Interviewers, was dies zu bedeuten habe, antwortet Bebek, dies habe »mit diesem scheiß Jungfrau« zu tun und heiße, »dass er uns umbringen will, oder so was. Er hätte mich ja fast wegen dem Dings, Tagebuch erwürgt. Es ist schon so extrem geworden.« Wenn Bebek das brüderliche Handeln in den Bedeutungshorizont von Ehrbegriffen stellt, ist damit allenfalls das Handlungsmotiv des Bruders beschrieben, keineswegs aber die Gewalterfahrung Bebeks. Für sie als Opfer scheint es denkbar wenig zu ändern, dass ihr Bruder aus seiner autorisierten Position heraus agiert und sein gewaltsames Tun als legitim betrachtet.

Die Situation, in der ihr Bruder sie wegen des Tagebuchs zur Rechenschaft zieht, ist zunächst einmal dergestalt, dass die beiden alleine zu Hause sind. Es ist also niemand da, der Bebek beschützen oder ihr zu Hilfe kommen könnte, so dass sie ihrem Bruder ausgeliefert ist. Sein Handeln empfindet Bebek als eine doppelte Grenzüberschreitung. Die erste Grenze überschreitet er, indem er in die privatesten Angelegenheiten Bebeks eindringt und den Schutzgürtel ihrer Intimität verletzt. Die zweite Grenze, die er überschreitet, ist die körperliche; dies verdichtet sich in Bebeks Aussage, der Bruder habe gegen ihr »Herz« gedrückt, was nicht nur auf die Gefahr für Leib und Leben, sondern auch auf die Missachtung von Distanzgeboten hinweist. Durch diese doppelte Grenzüberschreitung ist Bebek schutzlos einer Situation ausgesetzt, in der ihr der verhasste Bruder bedrohlich nahe kommt.

Die gewaltsame Annäherung und Verletzung der Persönlichkeitsgrenzen ist eingebettet in eine Art Erniedrigungsritual. Der Bruder habe sie »auf den Boden gelegt«[22], heißt es da. Diese Formulierung trifft den Kern der subjektiven Erfahrung Bebeks in der beschriebenen Situation. Ihr Hinweis, dass sie ihm zu Füßen liegen musste, geht über die Beschreibung des physischen Tathergangs hinaus und dokumentiert, dass sie sich als das Opfer einer erniedrigenden Unterwer-

---

22 Dieses Detail, dass sie sich auf den Boden legen muss, um von ihrem Bruder geschlagen zu werden, wiederholt sich auch in der im nächsten Abschnitt behandelten Episode, der »Flughafen-Geschichte«.

fungszeremonie wahrgenommen hat. Die Erfahrung der physischen Ohnmacht ging mit der Erfahrung der personalen Erniedrigung einher. Die physische Ohnmacht, der Bebek wie gelähmt ausgesetzt war, bringt sie in ihrer Erzählung explizit zum Ausdruck, indem sie sagt: »Und ich hab dann nur geschrien und konnte nichts anderes machen.« Erst als sie um ihr Leben fürchten musste, wehrte sie sich mit Leibeskräften und konnte sich ihres Peinigers erwehren. Ihre Ohnmacht ging jedoch über die Situation der unmittelbaren physischen Bedrohung hinaus und setzte sich auf der sozialen Ebene insofern fort, als sie von ihrer Familie weder nach der Gewalttat Beistand erhielt noch vor weiteren Gewalttaten ihres Bruders geschützt wurde. Auf dieses dauerhafte Ausgeliefertsein spielt Bebek auch an, wenn sie sagt, es sei »immer ein schlimmes Gefühl«, dass es bei Vorfällen wie dem beschriebenen beim bloßen situativen Aufhören des Bruders bleibe. Von ihren Eltern erwartet sie sich keinerlei Unterstützung; dies zeigt sich ganz deutlich in Bebeks Abwehr der Frage des Interviewers nach der Reaktion ihrer Eltern.

Sie stellt indessen die Gegenfrage: »Nichts, was sollen sie sagen?« Dass ihre Eltern den Bruder für seinen Übergriff zur Rechenschaft hätten ziehen können, scheint sie überhaupt nicht in Betracht zu ziehen. Sie äußert jedoch ihre Enttäuschung darüber, dass ihr Tagebuch nicht zum Gegenstand des kommunikativen Austauschs wurde. Von ihrer Mutter hätte Bebek erwartet, dass sie Interesse an ihrem Tagebuch bekundet und nach ihren Motiven fragt, es zu führen. Bebeks Enttäuschung über das Desinteresse ihrer Mutter ist vor dem Hintergrund der großen Bedeutung zu lesen, die Bebek ihrem Tagebuch in einem früheren Abschnitt des Interviews beimißt. In diesem Abschnitt, in dem es um ihre Berufspläne geht, spricht sie unter anderem davon, dass sie gerne Schriftstellerin werden und auf der Grundlage ihres Tagebuchs ein Buch über ihr Leben schreiben würde. Auch wenn sie sich die Realisierung ihres Wunsches, Schriftstellerin zu werden, nicht recht zutraut, zeigen ihre Ausführungen, dass ihr Tagebuch untrennbar mit ihren expressiven Bedürfnissen und ihrem Anspruch verbunden ist, sich und ihre subjektive Welt authentisch zu erkennen zu geben und zur Geltung zu bringen. Es ist für Bebek ein Dokument des Ausdrucks ihrer selbst, ein Dokument ihres Versuchs, anderen zu zeigen, »wie sie ist« – um eine Formulierung aufzunehmen, die Bebek an der genannten Stelle selbst gebraucht. Man könnte somit sagen, dass das Tagebuch für Bebek ein Instrument ihrer »Identitätsdarstellung« nach innen und außen ist.

Den Begriff der Identitätsdarstellung verwendet Lothar Krappmann (1969), um – neben Empathie, Rollendistanz und Ambiguitätstoleranz – eine der grundlegenden Kompetenzen zu bezeichnen, die das Individuum zur erfolgreichen Teilnahme an Interaktionsprozessen benötigt und es zur Identitätsbehauptung in sozialen Handlungszusammenhängen befähigen. Die Fähigkeit, die eigene Identität zu präsentieren, ist nach Krappmann »Voraussetzung und Folge der Ich-Identität zugleich« (ebd.: 168). Unter Rückgriff auf Erving Goffmans Unterscheidung zwischen »sozialer« und »persönlicher Identität« (Goffman 1967)[23] hat Krappmann das Konzept einer »balancierenden Identität« entwickelt. Dazu schreibt er:

»Im Falle der ›social identity‹ wird verlangt, sich den allgemeinen Erwartungen unterzuordnen, im Falle der ›personal identity‹ dagegen, sich von allen anderen zu unterscheiden. Es wird also zugleich gefordert, so zu sein wie alle und so zu sein wie niemand. Auf beiden Dimensionen muß das Individuum balancieren, weil es, um Interaktion nicht zu gefährden, weder der einen noch der anderen Anforderung noch beiden voll nachgeben, noch sie gänzlich verweigern kann. (...) Ich-Identität wird dem Individuum zuerkannt, das gerade unter Ausnutzung der Identitätsnormen der anderen und im Medium gemeinsamer Symbolsysteme seine besondere Individualität festhalten kann.« (Krappmann 1969: 78 f.; vgl. weiterhin ders. 1979 und 1997)

In seiner Rede von einer Identität, die einem Individuum »zuerkannt« wird, deutet Krappmann an, dass die Ich-Identität einer Person von der Anerkennung anderer abhängig ist.[24] Er gibt auch einige Hinweise darauf, unter welchen sozialen Bedingungen die angesprochene Balance zwischen sozialer und persönlicher Identität gefährdet ist. Die Bildung und Aufrechterhaltung einer Ich-Identität wird ihm zufolge besonders in asymmetrischen sozialen Beziehungen erschwert und in Verhältnissen extremer Repression völlig unmöglich gemacht, weil unter derartigen Bedingungen die divergierenden Erwartungen der Interpretation und kommunikativen Verständigung entzogen sind. Die persönliche Identität kann unter diesen Umständen keine Anerkennung finden, so dass die Balance zugunsten der sozialen Identität völlig verloren geht und im Grenzfall von einer Ich-Identität gar nicht mehr gesprochen werden kann. Eine solche Situation sieht Krappmann in Familienverhältnissen gegeben, welche das Individuum vollends absorbieren und keine Konflikte, keine Kritik und keine Auseinandersetzung über strittige Fragen zulassen; solche Familien, schreibt er,

23 Vor Goffman hatte bereits Erik H. Erikson (1966/1946) mit den beiden Begriffen der Gruppenidentität und der persönlichen bzw. der Ich-Identität eine ähnliche Differenzierung eingeführt.

24 Diese Erkenntnis wurde bereits von mehreren Psychologen, Philosophen und Sozialwissenschaftlern formuliert; am pointiertesten – im Anschluss an den frühen Hegel und die Schriften George Herbert Meads – vielleicht von Axel Honneth (1990, 1992, 1996).

nähern sich »totalen Institutionen« an (vgl. Krappmann 1969: 81 f. und 172 f., Goffman 1972).

Nun würde man wohl zu weit gehen, wollte man Bebeks Familie mit der Struktur einer totalen Institution im Sinne Goffmans gleichsetzen, denn dies hieße, dass die mit Autorität ausgestatteten Familienmitglieder die Regeln bis in die kleinsten alltäglichen Verrichtungen hinein vorgeben, alle Entscheidungen über den Kopf der untergebenen Familienmitglieder hinweg fällen und deren Selbst durch gezielte Techniken der Demütigung und Entwürdigung angreifen. Aber Bebeks Artikulation ihrer persönlichen Identität findet keinen positiven Resonanzboden in ihrer Familie. Im Gegenteil, wie die Tagebuch-Geschichte demonstriert, trifft Bebeks Versuch, sich als die zu zeigen, als die sie sich versteht, auf die Ignoranz der Mutter. Und für ihren Bruder ist die Entdeckung des Tagebuchs, welches für Bebeks Identitätsdarstellung steht, der Anlass, sie zu schlagen und zu erniedrigen. Es ist also just Bebeks Ausdruck ihrer subjektiven Welt, die der Missachtung preisgegeben wird. Ihre Selbstrepräsentation erfährt eine doppelte Zurückweisung, indem sie von ihrer Mutter, von der Bebek Verständnis erwartet hätte, nicht wahrgenommen wird, und indem sie von ihrem Bruder mit einer brutalen Strafe belegt wird. Vor allem auf den Bruder verspürt sie daher einen immensen Hass, wie aus der folgenden Passage hervorgeht, die unmittelbar auf die Tagebuch-Geschichte folgt.

Int.: Und hast du jetzt noch manchmal Angst, dass dich dein Bruder schlägt?

Bebek: Ich hab schon seit langem keine Angst mehr, dass er mich schlägt. Weil, mir tut's eh nicht weh. Und sobald er mich schlägt, dann hab ich noch mehr, *noch mehr*, ähm, Hass gegenüber ihm. (2) Und, ich weiß nicht, es ist einfach -, nee, ich hab keine Angst davor. Ich mein', ich hab mich schon soo dran gewöhnt, dass ich sagen kann: »Komm, mach's, schlag mich!« Es ist mir jetzt scheißegal.

Die Frage nach der Angst vor der Gewalt ihres Bruders weist Bebek entschieden zurück. Hass scheint das dominierende Gefühl ihrem Bruder gegenüber zu sein. Es handelt sich Bebeks Darstellung zufolge um einen Hass, der sich mit jedem Schlag ihres Bruders kumulativ steigert. Neben ihrem tiefen Hass auf den Bruder bringt Bebek hier eine zweite Folge ihrer Gewalterfahrungen zum Ausdruck, nämlich die Gewöhnung an seine Schläge. Diese Gewöhnung, so Bebek, nimmt ihr die Angst vor weiteren Schlägen, weil sie die körperlichen Schmerzen nicht mehr spürt. Damit bringt Bebek die Thematik der physischen

Indolenz ins Spiel, die noch öfter im Interview auftaucht und auf die gleich zurückzukommen sein wird. Zuvor soll eine Stelle Berücksichtigung finden, die vor Augen führt, weshalb Bebeks Hass auf ihren Bruder nie zum Ausbruch kommt.

Bebek: Ich meine, manchmal kommt's mir so vor, als ob mein Erziehungsberechtigter mein Bruder wäre.
Int.: Wieso?
Bebek: Na ja, meine Mutter sagt dann manchmal so, zum Beispiel, (.) wenn-wenn ich zu oft draußen bin oder so und -, äh, oder mal nach der Schule mit anderen zusammen halt lernen will und so, dann sagt sie immer: »Ja, du bist heutzutage zu oft draußen, ich glaub, ich muss es mal deinem Bruder sagen.« Und so, ne? (.) Aber das macht sie dann halt nur, um mir ein bisschen Angst einzujagen und dann halt, dass ich dann sage: »Jetzt mach mal 'ne Pause.« Und: »Immer zu Hause sein!«, ne? Obwohl, das klappt halt nicht, ne. Weil, ich meine, ich hab inzwischen schon so -, so viel gelernt, dass ich keine Angst vor meinem Bruder mehr habe, ne? Ich meine gegenüber seinen Schlägen. Ich meine, wenn ich nicht irgendwie denken würde: Er ist mein Älterer, er ist mein Bruder, dann würde ich zurückschlagen. Würde ich machen! Aber, ich meine, das geht schlecht. [Lacht]
Int.: Warum? Weil er der Kräftigere ist?
Bebek: Nee, nicht mit Kraft, das hat nicht mit Kraft zu tun. Das hat nicht mit Kraft zu tun, sondern es hat einfach damit zu tun: Er ist mein Bruder, ich kann es nicht machen. Zum Beispiel, wenn ich zurückschlagen würde, dann würden meine Eltern vor mir stehen: »Wie kannst du nur so -, wie kannst du's nur wagen, deinen Älteren -, halt so zu«, (.) Dings, ne, »zu reagieren! Hast du keinen Respekt?« Oder so, ne? So würde es dann heißen. (2) *Kann* ich nicht, ist einfach -, (.) nicht Respekt, ich hab keinen Respekt vor ihm, aber des ist so: Hä, wenn ich mich wehre, dann heißt es: »Guck mal, guck mal, nn, die ist jünger und wehrt sich gegen den Bruder, schämt sich nicht mal«, und das und dies, dann ist man schlecht vor den Eltern dargestellt, ne. Und ist auch 'n bisschen -, des möcht ich auch nicht.

Diese Stelle zeigt einmal mehr, mit welchem Argwohn die Familie Bebeks außerfamiliäre Sozialkontakte beäugt und zu kontrollieren versucht. Weiterhin dokumentiert sie, dass Bebeks Bruder seine Funktion als »Erziehungsberechtigter« nicht nur aus eigenem Antrieb an sich reißt, sondern dass ihm diese Rolle auch von der Familie zugewiesen wird. Bebek verdeutlicht dies mit dem Hinweis, dass die Gewalt des Bruders von ihrer Mutter als Drohpotential eingesetzt wird, um sie zum gewünschten Verhalten zu bewegen. Sie stellt jedoch klar, dass die mütterlichen Drohungen mit den Sanktionen des Bruders ihre Effizienz eingebüßt haben, seit sie es gelernt hat, keine Angst mehr vor seinen Schlägen zu haben. Darüber hinaus betont Bebek, dass sie »zurückschlagen« würde, wenn ihr dies möglich wäre. Was sie davor zurückschrecken lässt, ihrerseits Hand an den Bruder zu legen, ist der Gedanke daran, dass er ihr »Älterer« und ihr »Bruder« ist. In dieser rudimentären Erklärung für das Ausbleiben ihrer Gegengewalt steckt ein normatives Argument: Ihr Bruder ist aufgrund seiner Seniorität tabu, ihn zu schlagen wäre ein Sakrileg. Aus Bebeks Perspektive bedarf es über die Feststellung hinaus, dass er ihr älterer Bruder ist, keiner weiteren Erklärung dafür, dass sie ihre Affekte zügelt. Das gewaltsame Ausagieren ihres Hasses wird durch ihre Bindung an die traditionelle Familienstruktur und die damit zusammenhängenden Verhaltenserwartungen verhindert. In ihrer Rolle als der jüngeren Schwester, die ihre soziale Identität definiert, steht es ihr nicht zu, den älteren Bruder zu schlagen.

Die Mutmaßung des Interviewers, dass der Grund ihrer Zurückhaltung mit den physischen Kräfteverhältnissen zwischen den beiden zusammenhänge, verneint Bebek entschieden. Darüber hinaus macht sie deutlich, dass die Unantastbarkeit ihres Bruders nicht nur auf die internalisierten Normen der Familienordnung gestützt ist, sondern dass ihre aggressiven Impulse auch der äußeren Kontrolle durch die Familie unterliegen. Sie stellt sich bildlich vor, was geschähe, wenn sie zurückschlagen würde: Die angefochtenen Grundlagen des familiären Zusammenlebens würden in einem geradezu feierlichen Akt wiederhergestellt werden. Ihre Eltern würden vor ihr stehen, ihre gewaltsame Gegenwehr verurteilen und ihren »Respekt« gegenüber dem Älteren einklagen. Für die Eltern würde es demnach überhaupt keine Rolle spielen, dass es sich in ihrem Fall um Gegengewalt handelt; und dass die Eltern sowohl den Bruder als auch sie zur Rede stellen würden und der Streit eine kommunikative Bearbeitung erfahren könnte, steht für Bebek offenbar außerhalb jeder Erwägung. Anlass, Gründe und Verlauf des gewaltsam ausgetragenen Konfliktes blieben, so ist Bebek sicher, außen vor und das asymmetrische Geschwisterverhältnis würde erneut besiegelt werden. Ihre Gegengewalt würde als nicht hinnehmbare Respektlosigkeit gebrandmarkt werden, während die Gewalt des Bruders tatsächlich jeder Kritik entzogen bliebe. Wie sich zeigte, setzt Bebeks Mutter die Drohung mit der brüderlichen Gewalt sogar als pädagogisches Mittel ein.

Eine solche Konstellation macht verständlich, weshalb Bebek den mehrfach von ihr angesprochenen Hass gegen ihren Bruder und falschen Erziehungsberechtigten weder ausagieren noch im familiären Gespräch zwischen prinzipiell gleichberechtigten Partnern auflösen kann. Für den Hass auf ihren Bruder, der – um nur an eine bereits zitierte Stelle zu erinnern – so weit geht, dass sie ihn als »Teufel« und als eine Person bezeichnet, »die du einfach hassen kannst oder ins Gesicht spucken kannst«, kann Bebek keinen Ausdruck finden; zumindest nicht dort, wo dieser Hass entstanden ist und nicht gegen den, der diesen Hass durch sein Handeln auf sich gezogen hat. Im innerfamiliären Kontext bleibt Bebek in diesem Hass gefangen.

Neben ihrem tiefen Hass auf den Bruder bringt Bebek eine zweite Folge ihrer Viktimisierungserfahrungen ins Spiel, nämlich die der *körperlichen Indolenz.* An mehreren Stellen spricht sie davon, dass sich bei ihr eine Unempfindlichkeit gegenüber Schmerzen herausgebildet habe. Diese Folge des wiederholten Gewalterleidens ist für die Entstehung der Gewaltbereitschaft auf Seiten der Opfer nicht ganz unwesentlich, denn die Indolenz, die Kinder und Jugendliche durch Gewalterfahrungen in der Familie erwerben, nimmt diesen die Angst davor, dass ihnen in gewalttätigen Auseinandersetzungen selbst Schmerzen zugefügt werden könnten. Was es mit der physischen Indolenz auf sich hat, wird in den folgenden beiden Interviewpassagen besonders plastisch und greifbar.

3.1.7 Flughafen-Geschichte: Physische Indolenz und der »Schmerz der Seele«

Bebek: Das letzte Mal, wo ich Schläge bekommen habe, war's, weil 'n Kumpel von uns, der sollte für immer nach Syrien fliegen. Und da wollten wir ihn halt zum Flughafen mit begleiten. Und da hatten -, hat's mein Bruder irgendwie erfahren, oder so, dass wir halt 'n Kumpel dort wegbringen wollen, als Abschied und so. Und dann ist er dort hingefahren, ne, und hat mich dort abgeholt. Dann kamen wir nach Hause, und dann hat er erst mal gefragt: »Wer ist das?« Und: »Warum und weshalb?« Und: »Was geht dich das an!«, und so. Und dann hat er angefangen mit 'm Stock halt loszuschlagen und so. Dann hat mir das halt ni-, hat er gemerkt, dass mir das nicht weh tut, dass ich nicht darauf reagiere. Hat er gesagt, ich soll mich auf den Boden legen und hat mir mit dem Stock gegen die Füße geschlagen. (.) [Peinlich berührt auflachend:] Und das war nicht so toll. Ich mein', im Nachhinein hatt ich halt blaue Flecke oder so, aber, wie ich schon mal gesagt habe, es tut nicht am Körper weh, sondern inner Seele. (3)

Int.: Mhm. Wie hat dir das in der Seele weh getan? Kannst du das ein bisschen genauer in Worte fassen?

Bebek: Na ja, dass man nicht reden kann, dass er halt nicht mit mir reden kann, sondern dass er's gleich auf Gewalt macht, und so. Und, äh, ich versteh nicht, was so daran schlimm ist, jemanden zum Flughafen zu begleiten, ohne dass da was drunter, äh, dahinter steckt oder so. Ich weiß nicht, ich versteh das nicht, warum? Halt, warum er das getan hat, weil ich hab ja nichts verbrochen.

Int.: Hat er dir irgendeinen Grund gesagt?

Bebek: Nein.

In dieser Passage wiederholen sich einige bereits bekannte Elemente: Bebek empfindet das gewalttätige Handeln ihres Bruders als willkürlich, unverständlich und, zumal sie mit der Verabschiedung ihres Kumpels »nichts verbrochen« hat, als ungerecht. Dennoch gibt sie mit ihrer Klarstellung, er habe sie geschlagen, »ohne dass da was dahinter steckt«, einen Hinweis darauf, dass sie das Tun ihres Bruders als Ausdruck seiner Rolle als Hüter ihrer sexuellen Unberührtheit begreift, der alle ihre Kontakte zu männlichen Altersgenossen mit scheelem Blick betrachtet. Zumindest in latenter Form ist hier, ebenso wie in der Tagebuch-Geschichte, die Semantik präsent, die um die Begriffe der Ehre und der Jungfräulichkeit kreist. Aber selbst vor diesem Bedeutungshorizont, der das Tun ihres Bruders motiviert oder legitimiert, hält Bebek seine Gewalt für nicht verständlich und für unberechtigt. Dennoch fügt sie sich auch in dieser Situation dem Erniedrigungsritual und vollzieht den Unterwerfungsgestus, den der Bruder von ihr verlangt: Sie legt sich tatsächlich auf den Boden, um sich – wohl halb aus Resignation, halb aus provokativem Trotz – widerstandslos schlagen zu lassen. An diesem Punkt führt Bebek die Differenzierung zwischen körperlichen und seelischen Schmerzen ein, die hier im Mittelpunkt stehen soll.

Bei den Schlägen der beschriebenen Art, so Bebek, sitze der Schmerz nicht »am Körper«, sondern »inner Seele«. Dieser Schmerz der Seele besteht ihrer Erklärung zufolge darin, dass der Bruder nicht mit ihr redet, sondern es »gleich auf Gewalt macht«. Woran sie leidet, ist weniger der physische Schmerz, sondern vielmehr die Kommunikationsverweigerung des Bruders. Schon die Fragen, die ihr Bruder stellt, bevor er sie schlägt, sind nicht auf eine Antwort Bebeks und eine Erklärung ihres Handelns angelegt, sondern sie bilden den verbalen Auftakt seiner strafenden Gewalt, wobei der Straftatbestand für ihn längst feststeht. Bebek wird von ihrem Bruder als Subjekt, mit dem man sich über seine Handlungsmotive und deren Interpretation austauschen und verständigen kann, ausgeschaltet und zum Objekt seiner Gewalt degradiert. Nach ihrem subjektiven Empfinden trifft die Gewalt des Bruders weniger ihren Körper, sondern zielt direkt auf ihre Person und richtet Zerstörung in ihrem Verhältnis zu sich selbst an. Von einer solchen inneren Zerstörung spricht Bebek an der Stelle, auf die sie in der zitierten Interviewpassage verweist und die sich auf dieselbe Episode bezieht. Dort bemerkt sie, dass sie durch die Schläge des Bruders »mehr innerhalb, innerlich kaputt war als äußerlich«. Die Situation der Ohnmacht, zu der sie verdammt ist, bricht sie als eine Person, die im Besitz der fundamentalen Fähigkeit ist, mit einem anderen zu sprechen und zu interagieren. Und die Missachtung, die sie erfährt, negiert sie als Person, deren Bedürfnisse, Beziehungen und Handlungen die Anerkennung der anderen verdienen. In dieser Weise muss man wohl Bebeks Rede von ihrem »Schmerz der Seele« und ihrem »inneren Kaputt-Sein« ausbuchstabieren. Sie verweisen, so kann man zusammenfassend sagen, auf eine Beschädigung ihrer Identität.

Die Kehrseite ihrer psychischen Empfindsamkeit besteht in der physischen Indolenz. An der bereits genannten Parallelstelle zur Flughafen-Geschichte thematisiert Bebek diesen Punkt ebenfalls, deutet dort aber auch an, wie sich ihre Indolenz entwickelt hat und mit welchen situativen Strategien sie diese bewerkstelligt. Die Stelle folgt im Interview auf eine Passage, an der Bebek erzählt hatte, dass sie als Kind von ihrem Bruder oft »wegen Kleinigkeiten Schläge und Ohrfeigen« bekommen habe.

Bebek: Na ja, okay, es hat mich -, es hat vielleicht früher auch körperlich weh getan, ne. Aber, wenn er mich -, zum Beispiel die letzten Schläge von ihm hab ich irgendwann im Fe-, (.) im Februar, März bekommen. Und ich mein', ich hab mich schon sooo dran gewöhnt körperlich, dass es mir eigentlich nur innerlich weh getan hat. Außer die ganzen blauen Flecken, ne. Das ist ja nicht soo schlimm gewesen, aber halt dass ich, na ja, mehr innerhalb, innerlich kaputt war als äußerlich. Weil, ich hab auch nicht geweint, als er mich geschlagen hat. »Guck mal, guck mal«, meinte er noch so, »ihr -, ihr tut's doch gar nicht mehr weh!«, und so. (2) Er sagte so zu meiner Mutter: »Siehst du, siehst du, sie-sie-sie fängt

> nicht mal an zu, äh, sich zu wehren oder sie fängt nicht mal an zu heulen, ihr tut's gar nicht weh, sie hat doch gar keine Angst!«, ne. Hahat er richtig auch gemerkt, ne. Weil ich meine, wenn er mich schlägt, dann schlägt, dann schlägt er richtig doll, aber (.) es tut mir nicht weh, ich hab keine Angst, ich-ich setz mich einfach nur ganz cool hin, ne, und der schlägt zu. Und macht mir nichts aus. (3) Vor Schlägen hab ich keine Angst mehr, also ich hab vor *gar* keinem Angst irgendwie. So: »Höö, jetzt scheiße, was mach ich nun?«, und so: Gar nichts mehr.

Bei einer synoptischen Betrachtung dieser und der vorstehenden Fassung der Flughafen-Geschichte treten drei Aspekte der Indolenz-Thematik hervor. Der erste Aspekt bezieht sich unmittelbar auf die Situation, in der Bebek von ihrem Bruder geschlagen wird, und betrifft jene Reaktionsbildung, die es ihr erlaubt, sich unempfänglich für den Schmerz zu machen, nämlich dic *Strategie der Erstarrung*. Um die Schläge ertragen und ihre Angst überwinden zu können, erstarrt Bebek ihrem Bericht zufolge wie ein Stein und wartet reglos, bis die Situation überstanden ist. Diese Erstarrung rührt also nicht daher, dass Bebek mit dieser Reaktion die Hoffnung verbindet, der Peiniger möge von ihr ablassen, wie es anzunehmen nahe liegend wäre. Es handelt sich nicht um einen Gestus, der eine Hemmung beim Täter auslösen soll – in dieser Hinsicht ist die Starre, wie sich in der ersten Fassung der Erzählung zeigte, sogar kontraproduktiv. Bebek spricht an keiner Stelle von einer Erwartung, dass ihre regungslose Haltung ihren Bruder besänftigen soll, oder von einer Enttäuschung, dass dieser Effekt nicht eintritt. Ihre Starre ist vielmehr Ausdruck dessen, dass sie sich in ihr Schicksal fügt, aber sich selbst gleichzeitig für den physischen Schmerz unerreichbar macht.[25] In dieser Fähigkeit erkennt Bebek eine Folge ihrer vielfachen Erfahrungen als Gewaltopfer und führt den Erwerb ihrer stoischen Fähigkeit, Gewalt ohne Angst und mit vermindertem Schmerzempfinden hinnehmen zu können, auf ihre Gewöhnung zurück. Ihre subjektive Schmerz-

---

25 Lenore C. Terr (1991) hat vergleichbare Reaktionen bei Kindern festgestellt, die wiederholt körperlicher Misshandlung ausgesetzt waren. Sie hat darauf hingewiesen, dass diese Kinder, nachdem sie einen Sinn für die Antizipation weiterer Schreckensereignisse ausgebildet haben, massive Versuche unternehmen, ihre Psyche zu schützen. Zu diesen Versuchen zählen Verteidigungs- und Verarbeitungsstrategien, die Terr mit den Begriffen »bodily anesthesias«, »self-hypnosis« und »psychic numbing« umschreibt (ebd.: 15 ff.). In diesen körperlichen und emotionalen Betäubungsversuchen sieht Terr Anpassungsmechanismen, die es dem Kind erlauben, den traumatischen Situationen mental zu entfliehen.

wahrnehmung ist, so kann man ihre Darstellung zusammenfassen, aufgrund der langen Geschichte ihrer Gewalterfahrungen herabgesetzt.

Wenn Bebek von ihrer »coolen« Haltung berichtet, dann zeigt dies einerseits, dass sie mit ihrer Erstarrung thermische Konnotationen verbindet: Sie macht sich kalt, gefriert, so dass der Schmerz nicht bis zu ihr vordringen kann. Andererseits weist Bebeks Betonung dieser Haltung in der Situation der Gewalt auf den zweiten Aspekt der Indolenz-Thematik hin, der darin besteht, dass sie ihre physische Indolenz zu einem *Selbstideal* gemacht hat. *Coolness*, ein Modewort der Jugendsprache, steht für das Ideal, unerschütterlich zu wirken, sich nichts anmerken zu lassen und die eigenen Emotionen nicht zu zeigen. Bebek hebt hervor, dass ihr Bruder stets »richtig doll« zuschlägt und dass sie in der Flughafen-Episode blaue Flecken davongetragen hat, so als wollte sie sagen: Objektiv schlägt mein Bruder heftig zu, aber subjektiv kenne ich keinen Schmerz. Womöglich hängt ihr Anspruch an sich selbst, dass die Gewalt sie nicht tangieren darf, damit zusammen, dass sie ihren Bruder um den »Erfolg« bringen will, ihr Schmerzen zufügen und sie verletzen zu können. Das Ideal, für den Schmerz unerreichbar zu sein, könnte jedoch auch eine Folge dessen darstellen, dass sie keinen Weg sieht, den Gewaltausbrüchen ihres Bruders dauerhaft zu entkommen. Dass Bebek in der Flughafen-Episode ihrem Bruder ausgeliefert ist, zeigt sich nicht zuletzt daran, dass ihre anwesende Mutter keinen Einspruch gegen das brutale Vorgehen ihres Bruder erhebt und alles geschehen lässt; und die Familie zu verlassen ist für Bebek keine Alternative. Wenn es für Bebek zum bloßen Durchstehen von Situationen der brüderlichen Gewalt keine Alternative gibt, liegt es in der Tat nahe, dass sie einfach das Schmerzempfinden außer Kraft zu setzen versucht und die Indolenz – aus ihrer Not eine Tugend machend – zum Ideal erhebt.

Der dritte Aspekt der Indolenz-Thematik bezieht sich auf eine Folge der Schmerzunempfindlichkeit, nämlich die *Angstfreiheit*. Ihre Indolenz, so stellt Bebek mehrfach fest, nimmt ihr die Angst vor der Gewalt. In der abschließenden Bemerkung der zweiten Erzählung hält sie noch einmal deutlich fest: »Vor Schlägen hab ich keine Angst mehr, also ich hab vor *gar* keinem Angst irgendwie.« Hier gibt Bebek zu erkennen, dass ihr in Situationen, in denen sie Gefahr läuft, geschlagen zu werden, die Fluchtreaktion fremd geworden ist. Nun gehört die Angst vor Schmerz und Verletzung, jenseits aller normativ begründeten Hemmnisse, gewiss zu den wichtigsten Mechanismen, welche die Ausübung von Gewalt verhindern. Diese Angst ist bei Bebek ausgeschaltet. Mit ihrer Angstfreiheit, die auf ihre frühe Gewöhnung an die Gewalt und ihre Indolenz zurückgeht, ist eine wesentliche Voraussetzung ihrer eigenen Bereitschaft zur Gewaltanwendung erfüllt. Die Freiheit von Angst ist natürlich kein Motiv, ja nicht einmal eine notwendige Bedingung der Gewaltausübung, aber sie setzt eine wesentliche Hürde außer Kraft, nämlich Angst davor, selbst Opfer zu werden und Schmerzen zu erleiden.

Dass es überhaupt zur Entstehung dieser Indolenz kommen konnte, hat, wie oben bemerkt, damit zu tun, dass es für Bebek zum Erdulden der brüderlichen Gewalt keine Alternative gab. Diese Ausweglosigkeit zieht sich bis zum Interviewzeitpunkt durch ihr Leben, wie eine Erzählung zeigt, in der Bebek einen Vorfall schildert, der sich wenige Tage nach dem ersten Interview ereignete (und zur Verschiebung des zweiten Interviews führte). Nachdem ihr Bruder beobachtet hatte, dass sie sich nach dem Unterricht mit einigen Freundinnen ihrer früheren Schule traf, schlug er sie, weil sie nicht gleich nach Hause gekommen war. Ein paar Tage später stellte eine Ärztin die Diagnose, dass infolge eines Schlages auf Bebeks Ohr ein Trommelfell geplatzt war. Daraufhin nahm Bebeks Schwester Kontakt mit der Ärztin auf, um sie dazu zu bewegen, Anzeige gegen ihren Bruder zu erstatten. Die Ärztin, die bei einer Anzeige um die Sicherheit Bebeks fürchtete, wollte stattdessen das Jugendamt einschalten. Damit deutete sich eine Möglichkeit an, Bebek aus dem Einflussbereich ihres Bruders zu bringen. Das Argument Bebeks, warum sie den Vorschlag der Ärztin ablehnte, ist hier von besonderem Interesse: »Und da hab ich gesagt: ›Ich mach des nicht mit, nee.‹ (3) Ich meine, wenn ich zum Jugendamt gehen würde oder anrufen würde, dann würden sie vor der Tür stehen, mich abholen und wegbringen. Und dann vo-von meinen Eltern mich fernhalten, ne.« Bebek befürchtet also, dass sie diejenige wäre, die von ihren Eltern getrennt werden würde, wenn das Jugendamt über das Geschehene informiert werden würde. Dieser Preis wäre ihr zu hoch. Damit rückt ein wichtiger Punkt in den Vordergrund, nämlich dass aus Bebeks Abhängigkeit von der Familie und ihrer emotionalen Bindung an diese das Problem resultiert, der Gewalt ihres Bruders nicht entrinnen zu können. Der finale Ausweg ist versperrt, weil sie ihr Zuhause braucht und die Verbindung zu den Eltern nicht aufs Spiel setzen möchte.

Damit bestätigt sich ein Aspekt dessen, was die Verfasser des soziologischen Erstgutachtens der bundesdeutschen Gewaltkommission als das »strukturell angelegte Gewaltpotential in Familien« bezeichnet haben: »Verfügbar ist in Familien auch nicht die in anderen Sozialbeziehungen überwiegend naheliegende Chance, bei Konflikteskalationen einfach ›aus dem Felde zu gehen‹, den oder die anderen also zu verlassen, ehe es zum Äußersten kommt.« (Eckert/

Kaase et al. 1990: 395) Dass die komplexen emotionalen Bindungen und vielfältigen Abhängigkeiten zwischen den Mitgliedern einer Familie den Ausstieg aus einer von Gewalt und Missachtung geprägten familiären Situation erheblich erschweren, gilt natürlich ganz besonders für Kinder und Jugendliche. Für sie konstituiert sich dadurch der Druck, sich an einen von Aggressivität geprägten und mit bedrohlichen Stimmungen geladenen Alltag anzupassen. Und sie unterliegen dem Zwang, gewalttätige Situationen irgendwie zu ertragen und sich an die Gewalt zu »gewöhnen«, wie Bebek sagt. Dies alles blieb bei ihr allerdings nicht ohne gewalttätige Folgen, wie die Fortsetzung der Fallrekonstruktion Bebek II im Abschnitt 4.1 zeigen wird.

Im Folgenden werden die familiären Ohnmachts- und Missachtungserfahrungen sowie deren Folgen anhand weiterer Beispiele einer systematisierenden Analyse unterzogen. Die Fallrekonstruktion Bebek I erbrachte das Ergebnis, dass die Gewalt, die sie am eigenen Leib erfahren hat, und die beobachtete Gewalt, die ihrer Mutter und ihrer Schwester angetan wurde, subjektiv mit Gefühlen der Wehr- oder Hilflosigkeit und der Handlungsunfähigkeit einhergingen. Darauf zielt der Begriff der Ohnmachtserfahrungen ab. Weiterhin zeigte die Fallrekonstruktion, dass Bebek die partielle familiäre Ausgrenzung, die Benachteiligung gegenüber ihren Geschwistern, die Ablehnung ihrer subjektiven Welt und die Zurückweisung ihrer expressiven Bedürfnisse stets in Kategorien der verweigerten Anerkennung und der Erniedrigung geschildert hat. Darauf ist der Begriff der Missachtungserfahrungen zugeschnitten. Während Ohnmachtserfahrungen im hier gemeinten Sinn auf Gewalt zurückgehen und auf das physische Ausgeliefertsein abheben, bestehen Missachtungserfahrungen in der nicht gewaltförmigen Verletzung von Anerkennungsbedürfnissen und -ansprüchen.[26]

Von Anerkennungs*bedürfnissen* ist hier die Rede, weil der Wunsch nach Achtung und Wertschätzung ein Grundbedürfnis darstellt, das zur *conditio humana* gehört (vgl. dazu Taylor 1995: 52 ff., Todorov 1998: 73 ff., Straub 1999a: 71 ff.). Eng verknüpft mit einer solchen anthropologischen Annahme ist die Idee vom dialogischen Charakter der menschlichen Existenz, die impliziert, dass ohne ein Mindestmaß an gelingender Anerkennung die Voraussetzungen personaler Identität und eines positiven Verhältnisses zu sich selbst zerstört werden (Honneth 1992: 148 ff., Taylor 1993: 13 ff.). Tzvetan Todorov, der die

26 Dies soll nicht ausschließen, dass es etwas an Widerfahrnissen der Gewalt geben kann, was vom Opfer als missachtend und seine Integrität verletzend erfahren wird.

Anerkennung unseres Seins und die Bestätigung unseres Wertes als den »Sauerstoff der Seele« (1998: 74 und 107) bezeichnet, belegt die unhintergehbare Abhängigkeit der menschlichen Existenz von der Bestätigung durch andere mit zahlreichen Beispielen aus verschiedenen Epochen und sozialen Kontexten. Er verleiht der Existenz eines anthropologisch fundierten Anerkennungsbedürfnisses zusätzliche Überzeugungskraft, indem er die verschlungenen Wege nachzeichnet, die Menschen aus Verletzungen dieses Bedürfnisses heraus einschlagen: Sie greifen zu vielfältigen »Palliativen«, welche die Wirkungen versagter Anerkennung zu lindern versprechen, und sie suchen nach »Notbehelfen«, welche ersatzweise eine zumindest vorübergehende Anerkennung sichern sollen. Gewalt etwa beschreibt Todorov als einen prekären Versuch, sich den »Respekt« anderer zu verschaffen, wenn diese ihre Anerkennung nicht freiwillig zu gewähren bereit sind (ebd.: 111 ff.; vgl. auch Honneth 1996: 28).

Von Anerkennungs*ansprüchen* ist hier die Rede, weil die konkreten Inhalte, wofür eine Person anerkannt werden will und anerkannt zu werden erwarten kann, biographisch, historisch und kulturell variabel sind. So können Anerkennungsansprüche zum Beispiel auf habitualisierten und kollektiv geteilten Konzepten der »Ehre« oder auf hochgradig reflexiven und individualisierten Konzepten der »Reputation« basieren (Voswinkel 2001: 107 ff.); und sie können, um nur eine weitere Möglichkeit der Varianz zu nennen, auf »Konformitätsanerkennung« oder auf »Distinktionsanerkennung« zielen (Todorov 1998: 98). Auch wenn es bestimmte Formen des Handelns von Bezugspersonen geben mag, die Kinder immer und überall als Missachtung erfahren, sind solche Erfahrungen stets gesellschaftlich und kulturell situiert. Auf empirischer Ebene wäre es daher wohl kaum möglich, eine Unterscheidung zwischen Formen der Missachtung durchzuhalten, die entweder allgemein menschliche Anerkennungsbedürfnisse oder ausschließlich kontextabhängige Anerkennungsansprüche verletzen. Wenn im Folgenden Missachtungserfahrungen analysiert werden, die Anerkennungsansprüche verletzen, geht es also um etwas, worin die Verletzung von Anerkennungsbedürfnissen immer schon aufgehoben ist.

Obwohl Missachtungs- und Ohnmachtserfahrungen auf der empirischen Ebene ineinander greifen können – wie Bebeks Rede vom »Schmerz der Seele« exemplarisch zeigt –, ist es angebracht, diese beiden Erfahrungstypen begrifflich zu unterscheiden. Sie gehen auf unterschiedliche Interaktionssituationen zurück und zeichnen sich durch eine unterschiedliche Körpernähe aus: Ohnmachtserfahrungen sind unmittelbar an den Körper gebunden, insofern die Betroffenen, wenn sie Opfer der Gewalt werden, ihre Handlungsunfähigkeit direkt am eigenen Leib erfahren oder, wenn sie Zeugen der Gewalt werden, mit der physischen Unfähigkeit konfrontiert sind, so zu handeln, wie es ihren affektiven Impulsen und moralischen Ansprüchen entspräche. Missachtungserfahrungen, die sich in Situationen der Ausgrenzung, Ablehnung, Vernachlässigung oder Benachteiligung einstellen, sind weniger körperliche als vielmehr psychische Erfahrungen. Aufgrund dieses Unterschieds werden die beiden Erfahrungstypen im Folgenden begrifflich auseinander gehalten und in zwei getrennten Abschnitten behandelt, wenngleich, wie sich noch zeigen wird, sowohl Ohnmachts- als auch Missachtungserfahrungen negative Auswirkungen auf das Selbstverhältnis der davon betroffenen Kinder und Jugendlichen haben.

Weil die Verletzung der physischen Integrität die intersubjektiv erworbene Selbstbeziehung einer Person beeinträchtigen oder sogar zerstören kann, hat Axel Honneth (1992) in seinem Buch *Kampf um Anerkennung* das Erleiden von Gewalt als eine spezifische Form der Missachtung behandelt. Als die paradigmatischen Beispiele hierfür nennt er Vergewaltigung, Misshandlung und Folter. Die Missachtung, die aus solchen Gewalterfahrungen hervorgeht, ist Honneths Systematik der Anerkennungs- und Missachtungsformen zufolge das negative Äquivalent zu der Anerkennungsform der »emotionalen Zuwendung« oder »Liebe«, die in Primärbeziehungen, zu denen die Beziehung zwischen Eltern und Kindern zählt, ihren sozialen Ort hat.[27]

Der Sache nach ist es durchaus überzeugend, Gewalterfahrungen in der Familie zu den identitätsgefährdenden Missachtungserfahrungen zu zählen. Da diese Studie es aber nicht auf eine Typologie von Anerkennungs- und Missachtungsformen abgesehen hat, folgt sie nicht der Terminologie Honneths, sondern legt den begrifflichen Schnitt etwas anders. Sie differenziert nach gewaltförmigen Interaktionssituationen und solchen, die Anerkennungsansprüche verletzen, ohne dass dabei physische Gewalt im Spiel ist. Und sie differenziert nach den mit diesen beiden Typen von Interaktionssituationen jeweils verbundenen Erfahrungen auf der Opferseite. Damit ergibt sich eine Zuordnung des Gewalterleidens zu Ohnmachtserfahrungen und der nicht gewaltsamen Verletzung von Anerkennungsansprüchen zu Missachtungserfahrungen. Im vorliegenden Zusammenhang hätte es keinen theoretischen Gewinn gebracht, statt von

27 Davon unterscheidet Honneth zum einen die »kognitive Achtung« in Rechtsverhältnissen und die ihr entsprechenden Missachtungsformen der Entrechtung und des Ausschlusses und zum anderen die »soziale Wertschätzung« im Rahmen einer solidarischen Wertegemeinschaft und die ihr entsprechenden Missachtungsformen der Entwürdigung und der Beleidigung (vgl. Honneth 1992: 153 ff. und 211 ff.).

»Ohnmacht« und »Missachtung« von zwei Typen von Missachtungserfahrungen zu sprechen.

Was hier »Missachtung« genannt wird, wäre ferner zu wesentlichen Teilen in jene Honneth'sche Kategorie der Missachtung gefallen, die das negative Pendant zur Anerkennungsform der Liebe oder emotionalen Zuwendung bildet und die er mit Situationen der Vergewaltigung, der Misshandlung und der Folter verknüpft. Honneth weist darauf hin, dass diese Klasse von Missachtungserfahrungen das in Verhältnissen dichter Intersubjektivität erworbene Selbst- und Weltvertrauen auf der basalen Ebene der leiblichen Integrität zerstören kann. Wie die Fallrekonstruktion Bebek gezeigt hat, können auch nicht gewaltförmige Interaktionen in Familien den Anspruch auf emotionale Zuwendung und Liebe in Primärbeziehungen verletzen und eine Beeinträchtigung des Selbst- und Weltvertrauens herbeiführen.[28] Deswegen wären mit der Übernahme der Honneth'schen Terminologie bzw. ohne die Unterscheidung zwischen Ohnmachtserfahrungen, die mit dem physischen Gewalterleiden verbunden sind, und Missachtungserfahrungen, die auf nicht gewalttätige Interaktionssituationen zurückgehen, erhebliche begriffsstrategische Schwierigkeiten entstanden.

3.2 Ohnmachtserfahrungen und ihre Folgen

Die interviewten Jugendlichen, die wiederholt als Gewalttäter in Erscheinung getreten sind, wurden ausnahmslos – meist über einen längeren Zeitraum hinweg und bereits in frühen Phasen ihrer familiären Sozialisation – Opfer familiärer Gewalt und gewaltbelasteter Familienverhältnisse. Sie sind in Familienverhältnissen aufgewachsen, die man als einen dauerhaften Gewaltzusammenhang bezeichnen muss. Wenn man den Erzählungen der Jugendlichen folgt, fällt auf, dass Vorkommnisse von Gewalt in ihren Familien durchweg mit Erfahrungen der Ohnmacht verbunden waren. Diese Ohnmachtserfahrungen

28 Dies bestreitet Honneth zwar nicht, er nennt bei dem Typ der Missachtung, der das negative Pendant zur Anerkennungsform der Liebe bildet, jedoch nur Beispiele, die auf dem Erleiden von Gewalt beruhen. Mehr noch, er *definiert* diesen Typ der Missachtung durch die Begriffe »Misshandlung«, »Folter« und »Vergewaltigung« und ordnet ihm, seinem körperlichen Charakter entsprechend, die »physische Integrität« als die damit bedrohte Persönlichkeitskomponente zu.

bilden das zentrale Thema ihrer Beschreibungen des subjektiven Gehalts familiärer Viktimisierung.[29] Die Erfahrung der Ohnmacht machten die betroffenen Jugendlichen nicht nur in Situationen, in denen sie selbst das Opfer von Gewalthandlungen waren, sondern auch in Situationen, in denen sie Zeugen der Misshandlung einer Bezugsperson wurden. In vielen, aber nicht in allen Fällen trifft beides zu – wie zum Beispiel bei Bebek.

Nun sollen, aufbauend auf die Fallrekonstruktion Bebek I, an weiteren Beispielen die verschiedenen Facetten der ohnmächtigen Lage von Kindern aus gewaltbelasteten Familien aufgezeigt werden. Dabei wird zunächst die direkte Viktimisierung durch selbst erlebte Misshandlung (3.2.1) und dann die indirekte Viktimisierung durch die kindliche Zeugenschaft von Gewalt in der Familie (3.2.2) thematisiert. Im Anschluss daran wird es um die Folgen der familiären Viktimisierung und der daraus resultierenden Ohnmacht gehen, wobei die negativen Auswirkungen auf das Selbstverhältnis der Opfer und auf ihre Gewaltprojektionen im Mittelpunkt stehen werden (3.2.3).

3.2.1 Direkte Viktimisierung

Der erste von drei Jugendlichen, deren Erfahrungen der direkten Viktimisierung nun analysiert werden, ist der 21-jährige Ostberliner Skinhead Kilian, der den familiären Alltag seiner Herkunftsfamilie als von der Gewalt seiner Eltern durchdrungen schildert. Seinen Vater, den er seit der Trennung seiner Eltern vor fast zehn Jahren kaum noch gesehen hat, nennt er einen »Suffi«, der »eigentlich mit seinem Leben gar nichts anzufangen weiß«. Kilians Erinnerungen an seinen Vater reduzieren sich darauf, dass er »mal öfters gesoffen« und »sich gern geprügelt« hat. Er selbst wurde nicht von seinem Vater geschlagen, von seiner Mutter jedoch, so erzählt er, habe er »öfter mal wat eingesteckt, wegen Kleinigkeiten. Hab eine fünf gekriegt oder (.) bin zu spät nach Hause gekommen, oder meine Klamotten waren dreckig. Also so Kleinigkeiten. Dafür hat's

29 Bei den Jugendlichen, die sich in eine Gewaltkarriere verstrickt haben, gibt es nur einen Fall – den Fall Sunny –, aus dem nicht ganz deutlich hervorgeht, dass die familiäre Gewalt mit massiver Ohnmacht verbunden war. Bei den drei Vergleichsfällen von Jugendlichen ohne eine Gewaltkarriere wurden zwei gar nicht Opfer familiärer Gewalt und in einem Fall – dem Fall Janet – waren mit den väterlichen Schlägen aufgrund einer speziellen innerfamiliären Beziehungskonstellation keine Ohnmachtserfahrungen verbunden. Vgl. dazu Kapitel 5, in dem diese vier Fälle – Jacques, Janet, Johnny und Sunny – kurz beschrieben und zum Gesamtergebnis der Untersuchung in Beziehung gesetzt werden.

Haue gegeben, ja! Det war schon ein Grund.« Die Gewalt in seiner Familie vor der Trennung der Eltern[30] wurde nach Kilians Beschreibung von einer Person an die andere weitergegeben. So sagt er einmal: »Ick hab in meiner Kindheit Gewalt erlebt (1) durch meine *Mutter*. Und meinen Vater. Es war so, dass (.) mein Vater meine Mutter geschlagen, meine Mutter *mich* geschlagen hat, meine Mutter meine Schwester geschlagen hat.« Hier fällt gleich auf, dass Kilian einen engen Zusammenhang zwischen den verschiedenen Gewaltformen in seiner Familie herstellt und dass er auch die Schläge seines Vaters, die nicht ihn selbst getroffen haben, zu seinen eigenen Gewalt*erlebnissen* zählt. Daraus geht hervor, dass das Miterleben der Gewalt des Vaters gegen die Mutter für ihn mehr war als ein Einfach-nur-dabeigewesen-Sein. Während an späterer Stelle seine indirekten Opfererfahrungen behandelt werden, soll es nun um jene Situationen gehen, in denen er das direkte Opfer der Gewalt seiner Mutter wurde. In der folgende Passage beschreibt Kilian ihre gewaltsamen Sanktionspraktiken.

Int.: Und-und wie war das früher gewesen, als du noch jünger gewesen bist, wenn du irgendwas Verbotenes gemacht hast, was ⌊ angestellt -?

Kilian: Ich hab ⌋ fast alles verboten gekriegt, ja. Ich durfte das und jenes nicht machen. Ich durfte nicht rausgehen, ich durfte das nicht machen, ich durfte den Typen nicht sehen oder, weil das angeblich ein schlechter Einfluss war, oder so. Alles so was. Das durfte ich nicht machen. (2) Hat einfach gesagt: »So ist det, du darfst det nicht, so ist det«, und-und-und (.) wenn's -, wenn ich irgendwas gesagt habe, hab ich eben gleich eine gefangen gekriegt, so war dat. Und ich hatte da zu diesem Zeitpunkt ja auch ziemlich, also, so-so die Angst, [leiser werdend:] also, ich hatte ziemliche Angst vor meiner Mutter. Ja, so-so -, also, ich hab mich manchmal nicht getraut, nach Hause zu gehen oder so, weil ich eine schlechte Zensur hatte oder so, oder eine schlechte Note, oder wenn ich (.) einen Eintrag hatte, in meinem Hausaufgabenheft und so. Dann hab

30 Nach der Trennung seiner Eltern zog die Mutter mit Kilian und seiner fünf Jahre jüngeren Schwester aus einer sächsischen Kleinstadt nach Berlin. Von diesem Zeitpunkt an lebte der Freund seiner Mutter mit der Familie zusammen. Diesen beschreibt Kilian als ein »Arschloch«, mit dem er sich »von Anfang an nicht verstanden« habe. Er sei ein »total verschlossener Typ, der nie was erzählt«, und einer, von dem er glaube, dass er »auch keine Kinder mag«. Voller Ressentiment erzählt Kilian, der Freund seiner Mutter sei für ihn in all den Jahren »wie ein Nachbar« geblieben, »den man vielleicht irgendwann mal gesehen hat«.

ich immer versucht, da irgendwas zu machen dran: s-s-so 'ne Seite rauszureißen oder so, hab ich meistens gemacht.

Int.: Mhm. Ja, und wie hat sie dann reagiert, wenn du zum Beispiel mit einer schlechten Zensur nach Hause gekommen bist?

Kilian: (3) Ich hab mir öfter mal eine gefangen.

Int.: Mhm. War das so die-die-die klassische Strafe von deiner Mutter, oder gab's da ⌊ noch andere?

Kilian: Ja, war da ⌋ ziemlich Gewalt, war immer Gewalt im Spiel. So. Also, sie hat ziemlich leicht die Beherrschung verloren, auch wenn ich Hausaufgaben gemacht habe und sie mir versucht hat, irgendwat zu erklären, und ich hab's nicht gleich von Anfang an geschnallt. Hab ick erst mal paar rechts und links gekriegt. (2) Besonders, wenn sie schlechte Laune hatte und gereizt war oder so, hat sie dann einen Grund gesucht oder so. Meistens ooch gefunden, irgend'n Scheiß oder so. Ick meine, da gibt's ja immer irgendwat: War zu Hause, na ja, die-die war öfter mal gereizt so und -. Tja, da hab ich mit ihr immer Hausaufgaben gemacht, da war ick aber, ick glaub, da war ick in der ersten Klasse oder so, bin ick da gekommen. Und da hab ick das nicht so verstanden, wat -, das Schrei-, det Schreiben und so. Da hat sie mich erst mal -, hab ich erst mal rechts und links eine Ohrfeige gekriegt, nur weil ick det nicht kapiert habe. Tja, solche Sachen und so. (...)[31]

Int.: Ja, und hat sie dich auch mal körperlich verletzt bei ihren Ausfällen?

Kilian: Klar. Ich hab mal öfter geblutet, oder so. Ja. Hat ja auch Gegenstände hier (.) benutzt oder so. Also, ich hatte hier mal [weist auf die entsprechende Körperstelle], glaub ich, (.) Blut, weiß ich nicht, so 'ne kleene (.) Schürfwunde, oder so wat. Alles so wat oder so-so uffgeplatzte Lippen oder so. Allet so wat, ja. (2)

Int.: Und in welchem Alter hat sie ungefähr angefangen, dich zu schlagen? Wie alt warst du da?

Kilian: Pfff, das weiß ich nicht mehr. Das weiß ich nicht mehr.

Int.: Aber zog sich das jetzt eher so über Jahre hinweg, oder war das nur so eine kurze Phase?

Kilian: Ja-ja, das zog sich über Jahre weg. Wie alt werd ich da gewesen sein? Ich glaub, das ging so mehr los -, (3) nee, das war schon, als sie noch mit meinem Vater zusammen war. So, seit -, ziemlich jung. So vier,

31 Die hier übersprungene Transkriptpassage wird im Abschnitt 3.2.3 behandelt.

> fünf Jahre oder so, ging das schon los da. Also, da hab ich komischerweise noch een so 'n Kopf -, ein Ding so im Kopf, wo hier, äh, ick irgendwelche Bücher kaputtmach-, kaputtgemacht habe, aus dem Regal. Dass ich dann dafür verprügelt wurde, das weiß ich noch. Da war ich noch ziemlich jung. Das waren so Kinder-, Kinderbücher oder so waren det gewesen und so. An solche Sachen kann ich mich noch erinnern.

Diese Stelle verweist auf zwei Aspekte von Kilians Ohnmacht angesichts der Gewalt seiner Mutter. Erstens konnte Kilian die Situationen, in denen er von seiner Mutter geschlagen wurde, kaum durch sein eigenes Verhalten beeinflussen. So war etwa der Anlass der Gewalt für Kilian gar nicht willentlich steuerbar, wenn er die Erklärungen seiner Mutter bei den Hausaufgaben nicht gleich verstand und sie »die Beherrschung verloren« hat. Dass er dann »erst mal paar rechts und links gekriegt« habe, taucht in nahezu identischem Wortlaut an späterer Stelle wieder auf, an der er die strafende Reaktion seiner Mutter beschreibt, als er in der ersten Klasse Schwierigkeiten mit dem Schreiben hatte. Ein Kind kann sich nicht dazu zwingen, sofort zu verstehen, wie die Hausaufgaben zu lösen sind, oder zu begreifen, wie das mit dem Schreiben geht. Es lag also außerhalb der Handlungsmöglichkeiten Kilians, die beschriebenen Situationen zur Zufriedenheit seiner Mutter zu gestalten. Während Kilian in den Situationen, in denen es um seine schulischen Schwierigkeiten ging, die Schläge seiner Mutter erwarten konnte, ohne sie jedoch durch sein Verhalten steuern zu können, waren in anderen Fällen die Anlässe der mütterlichen Gewalt selbst undurchschaubar und unberechenbar. Darauf weist Kilians Aussage hin, seine Mutter habe schon »einen Grund gesucht« und »meistens ooch gefunden«, wenn sie »schlechte Laune hatte und gereizt war«. Ob nun die Anlässe der Gewalt für Kilian vorhersehbar, aber nicht beeinflussbar oder völlig willkürlich gewählt waren – in beiden Fällen konnte er der mütterlichen Gewalt nicht entrinnen und Wiederholungen durch sein eigenes Verhalten nur bedingt vermeiden.[32] Darin besteht der erste Aspekt seiner kindlichen Ohnmachtserfahrungen.

---

32 Im Kontext der Forschung zum »Battered Child Syndrome« wurde seit ihren Anfängen in den USA der frühen 1960er Jahre immer wieder auf das Phänomen hingewiesen, dass Eltern ihre Kinder schon im Säuglingsalter schlagen, weil sie ihre Erwartungen nicht erfüllen. Die einschlägigen Analysen zur weiteren Entwicklung der elterlichen Gewalt diagnostizierten eine typische Dynamik, die in einer stetigen Wiederholung der Kindesmisshandlung und oft in einer zunehmenden Intensität der elterlichen Gewaltsamkeit besteht. Ein wesentliches Merkmal dieser Dynamik ist, dass die Kinder häufig für ein Verhalten geschlagen werden,

Der zweite Aspekt besteht darin, dass Kilian über die Situationen der unmittelbaren Gewalt hinaus die Angst entwickelte, von seiner Mutter erneut geschlagen zu werden. Seine Angst führt Kilian zunächst im Kontext seiner Bemerkungen dazu ein, dass ihm seine Mutter »fast alles verboten« und er »eben gleich eine gefangen gekriegt« habe, wenn er »irgendwas gesagt« hat. Dann expliziert er seine Angst an Situationen, in denen die Übermittlung negativer Nachrichten aus der Schule bevorstand. Mit einer schlechten Zensur oder Note traute er sich nicht nach Hause, und Einträge in seinem Hausaufgabenheft ließ er aus Angst vor seiner Mutter verschwinden. Daran kann man erkennen, dass ihn die Angst vor der mütterlichen Gewalt weit über die Situationen der unmittelbaren Bedrohung hinaus umgetrieben hat. Wo eine gewalttätige Reaktion der Mutter absehbar war, suchte er ihr zu entgehen, aber es blieb die Angst, die seine ohnmächtige Lage zu Hause verdoppelte, weil er sie verinnerlicht hatte. Er konnte an der strafenden Hand seiner Mutter nichts ändern und griff infolgedessen zu Vermeidungsstrategien. Die verinnerlichte Ohnmacht, die sich in Angstgefühlen äußerte, verlängerte die physische Ohnmacht über die Situationen des Geschlagenwerdens hinaus und führte zur Anpassung Kilians an die gewaltsamen Straf- und Willkürakte seiner Mutter.

Ein dritter Aspekt seiner Ohnmacht geht aus der Passage hervor, die unmittelbar an die hier behandelte anschließt und die der Interviewer mit der Frage an Kilian eröffnet, ob ihn sein Vater früher manchmal in Schutz genommen habe. Kilian kann sich nicht erinnern, von seinem Vater jemals beschützt worden zu sein, und er fragt sich selbst, weshalb er sich daran nicht erinnern kann, wenn sein Vater ihn jemals beschützt haben sollte. Seinem Hin-und-her-Überlegen ist förmlich anzumerken, wie fremd ihm der Gedanke zunächst ist, der in der Frage des Interviewers steckt. Sein Vater hat ihm eben keinen wirksamen Schutz vor der Gewalt seiner Mutter geboten. Kilian äußert keine explizite Enttäuschung über seinen Vater, dass er nicht die Rolle eines Beschützers oder Fürsprechers eingenommen hat, wie dies Bebek etwa in der Tagebuch-Geschichte in Bezug auf ihre Mutter tat. Gleichwohl bleibt der Umstand bestehen, dass das Fehlen einer solchen Figur in der Familie, die Schutz gewährt

das sie nur begrenzt kontrollieren können, während die Eltern zu immer härteren Maßnahmen greifen, ohne damit eine Verhaltensänderung beim Kind herbeizuführen. Vielmehr rufen diese Maßnahmen gerade neues Fehlverhalten der Kinder hervor, das die in ihren Erwartungen enttäuschten Eltern wiederum bestrafen, so dass sich zwischen Fehlverhalten und Bestrafung eine wechselseitige Verstärkung einstellt (vgl. dazu Kempe/Kempe 1984: 19 ff., U. Schneider 1990: 520 ff.).

oder wenigstens geschehenes Unrecht benennt, ein die Ohnmacht verschärfendes Element darstellt.

Das folgende Beispiel bestätigt die massiven Ohnmachtsgefühle, die mit einer Geschichte der Misshandlung einhergehen, und vertieft einen bereits genannten Punkt, nämlich den der kindlichen Anpassungsleistungen an eine unentrinnbare Lage. Es handelt sich um den 16-jährigen, aus Polen stammenden und seit sechs Jahren in Berlin lebenden Murat, der bereits im Abschnitt 2.2.1 erwähnt wurde. Die folgende Passage, in der Murat die Gewaltsamkeit seines Vaters[33] schildert, bezieht sich auf die Phase, in der er im Grundschulalter war und noch in Polen lebte.

Murat: Na ha, also auf den -, vor dem [dem Vater, F.S.] hab ich immer Angst gehabt. Ja, äh, (2) war voll scheiße. Bei jeder Kleinigkeit hat er mich geschlagen. Man wusste nicht -, hab immer, wo er nach Hause kam, hab ich schon Angst gehabt: Wird er mir *wieder* eine runterhauen ohne gar nix? Oder, was weiß ich. Ja, war schon komisch, der hat mir einfach eine runtergehauen. (.) Und manchmal hab ich so gedacht: Der hat mir eine runtergehauen, weil es sein *musste*, oder so, weil ich des verdient hab. (3) [Sehr leise:] Nja, keine Ahnung.

Int.: Kannst du dich an dieses Gefühl noch erinnern? Wie war das, als du noch jünger warst?

Murat: (8)

Int.: Kannst du dich nicht mehr erinnern, oder möchtest du nicht ⌈ darüber reden?

Murat: Ma-man ⌉ *kann* das Gefühl gar nicht beschreiben. (.) Ich kann das Gefühl einfach nicht beschreiben, ich weiß ja nicht -. [Stöhnt] Naah, ich hab einfach vor ihm Angst gehabt (2) vor seinen Schlägen, und so. (.) Ich konnt ja nix dagegen machen, wenn er mich geschlagen hat. Na ja, dann bin ich ihm aus 'n -, aus dem Weg gegangen. Oder ich hab so getan, als ob ich die Schläge kriegen müßte. (2)

Int.: Du hast so getan, als müßtest du die Schläge kriegen?

Murat: Ja-ja, klar.

Int.: Wieso?

Murat: Ich weiß nicht, hab keine Ahnung. (.) War schon so, ich weiß nicht. Ich hab Angst gehabt, wenn ich nicht so reagiere, dass er mich noch -,

33 Es handelt sich hier um seinen Stiefvater, den er im Interview meist als seinen »Vater« bezeichnet; sein leiblicher Vater ist früh verstorben.

> gleich noch mehr schlägt, oder was weiß ich. (.) Äh, manchmal bin ich von der Schule gekommen, hat er mir eine runtergehauen, wenn er betrunken war. Ich hab schon gedacht: Warum hat er mich *jetzt* geschlagen? Was hab ich denn jetzt schon wieder gemacht? (.) Wegen jeder Kleinigkeit.

Eingerahmt von Bemerkungen, welche die Willkür und Grundlosigkeit der väterlichen Schläge herausstreichen, führt Murat in dieser Passage die Situation der permanenten Angst plastisch vor Augen, in die ihn sein Vater durch die ständige Gewaltdrohung gebracht hat. Sein unbeschreibliches Gefühl der permanenten Angst vor weiteren Schlägen führt er auf die Unberechenbarkeit der väterlichen Gewalt zurück. Die daraus hervorgehende Ohnmacht fasst Murat mit der Wendung: »Ich konnt ja nix dagegen machen« auf einfache, aber an Deutlichkeit nichts offen lassender Weise zusammen. Auf diese Ohnmacht nun reagierte Murat mit spezifischen Anpassungsleistungen.

Die Auswirkungen der väterlichen Gewalt bringt Murat zunächst mit einer Bemerkung zum Ausdruck, aus der hervorgeht, dass er seinem Vater Recht gegeben hat: »Und manchmal hab ich so gedacht: Der hat mir eine runtergehauen, weil es sein *musste*, oder so, weil ich des verdient hab.« Dies ist eine erstaunliche Bemerkung. Sie kann nur bedeuten, dass Murat durch die väterliche Misshandlung ein negatives Selbstbild entwickelte, aufgrund dessen er der Schläge würdig zu sein glaubte, zumal er sich auf Situationen bezieht, in denen kein spezifischer Grund dafür vorlag, geschlagen zu werden. Er empfand sich demnach als jemanden, dem solche Misshandlung gebührt. Dies war die Antwort des jungen Murat auf die Gewalt seines Vaters: Er hat das Selbstvertrauen verloren und sich als einen Menschen wahrgenommen, der es nicht verdient, gut behandelt zu werden. In dieser Art der Selbstbeziehung besteht Murats Anpassung an das gewaltsame Handeln seines Vaters, aus dessen Perspektive er sich selbst wahrgenommen hat.[34]

---

34 Anette Engfer weist darauf hin, dass die oft und willkürlich bestraften Kinder die ihnen von den Eltern zugeschriebene Rolle des »Sündenbocks« oder des »bösen Kindes« schließlich in ihr eigenes Selbstbild übernehmen. Sie schreibt in diesem Zusammenhang: »Nicht nur daß die Eltern, die ihr Kind hart bestrafen, dieses Kind besonders ungehorsam, bösartig und aggressiv finden; diese elterlichen Beschreibungen korrelieren hochsignifikant mit der Art, wie sich die vielbestraften Kinder in einem Persönlichkeitsfragebogen selbst beschreiben. (...) Allerdings zeigt sich in den Befunden dieser Studie auch, daß diese ›bösen‹ Kinder zugleich sehr unglückliche Kinder sind: Diese Kinder finden sich selbst nicht attraktiv und liebenswert, sie haben wenig Ausdauer, sind leicht entmutigt, haben massive Minderwertigkeitsge-

In der Interviewpassage interpretiert Murat den Umstand, dass er seinem Vater Recht gegeben hat, plötzlich in einer ganz anderen Weise. In dieser Variante war es eine strategische Reaktion seinerseits. Nachdem er festgestellt hat, er sei dem Vater »aus dem Weg gegangen«, benennt er seine Handlungsstrategie in Situationen, in denen er dem Vater nicht entkommen konnte: »Oder ich hab so getan, als ob ich die Schläge kriegen müßte.« Wie Murat im Anschluss an diese Aussage weiter ausführt, handelte es sich hier um eine Methode, seinen Vater um den Preis der Selbstverleugnung zu beschwichtigen und weitere Schläge zu verhindern. Seine Angst und Wehrlosigkeit brachten demnach ihn dazu, seinem Vater vorzuspiegeln, dass er es für rechtens hält, geschlagen zu werden. Das bedeutet, dass er sich dem gefürchteten Täter anverwandeln musste, indem er dessen weitere Reaktionen antizipierte und sein eigenes Handeln daran ausrichtete. Das dauerhafte Gewaltverhältnis zwang ihn, sich in die Perspektive des Täters einzufühlen und sich ihm so weit anzupassen, dass er das eigene Unrechtsempfinden unterdrückte, um aus dem dauerhaften Gewaltverhältnis möglichst unbeschadet hervorzugehen.

Die Antwort auf die Frage, welche der beiden Varianten, in denen Murat seine Reaktion auf die Schläge des Vaters beschreibt, nun die zutreffendere ist, scheint sich zu erübrigen, zumal einiges dafür spricht, dass sie entweder verschiedenen Lebensphasen zuzuordnen sind oder sich überlagert haben. Wenn man die beiden Varianten als eine zeitliche Abfolge liest, dann heißt das, dass Murats Bewusstsein, zu Unrecht bestraft zu werden, und seine strategische Verstellung erst später einsetzten, während er sich in jüngeren Jahren tatsächlich selbst für strafwürdig hielt, auch wenn für ihn kein konkreter Grund zur Strafe erkennbar war. Ebenso gut könnten sein Glaube, die Schläge verdient zu haben, und seine Strategie der Verstellung zur Vermeidung weiterer Schläge auch koexistiert haben, so dass er das eine Mal dem einen und das andere Mal dem anderen näher war. Für diese Lesart, nach der die beiden Varianten seiner Reaktion auf die väterliche Gewalt sich nicht ausschließen, sondern nach- oder nebeneinander existierten, spricht im Besonderen, dass der Interviewtext keine Hinweise darauf enthält, dass Murat seine erste Variante korrigiert, indem er ihr eine zweite folgen lässt. Ob er sich nun aus strategischen Gründen verstellt hat oder wirklich glaubte, die Schläge verdient zu haben, es handelt sich dabei jedenfalls um eine Begleiterscheinung seiner massiven Ohnmacht, die sich

fühle und sie leiden darunter, nicht nur von den eigenen Eltern, sondern auch von den Gleichaltrigen abgelehnt zu werden.« (Engfer 1986: 122; vgl. auch Erickson/Egeland/Pianta 1989: 679) nicht auf die physische Unterlegenheit gegenüber seinem Vater beschränkte. Sie setzte sich vielmehr darin fort, dass Murat seinen Peiniger auch noch bestätigte. Sei es, weil er in seiner kindlichen Logik von den väterlichen Schlägen darauf schloss, dass er sie verdient haben musste, sei es aus der bloßen Angst vor weiteren Gewaltakten des Vaters. In beiden Fällen handelt es sich um eine Rollenübernahme; Murat sah sich selbst aus der Perspektive des Vaters. Im ersten Fall führte die Rollenübernahme zu einem negativen Bild seiner selbst und zu einer Selbstverurteilung. Im zweiten Fall führte die Beschwichtigungsstrategie, die voraussetzte, dass sich Murat in die Verhaltensweisen des angstbesetzten Vaters einfühlte, zur Unterdrückung des authentischen Ausdrucks seines Unrechtsempfindens. Auch darin verlängert sich Murats Ohnmacht weit über die Situationen hinaus, in denen er von seinem Vater geschlagen wurde.

Nicht aus allen Interviews mit Jugendlichen, deren familiäre Situation von der Gewalt der Eltern geprägt war, geht mit derselben Klarheit hervor, dass sie sich als ohnmächtig erlebt haben. Einzelne tendieren dazu, die subjektive Seite der familiären Gewalt auszublenden und ihre Opfererfahrungen hinter ihren späteren Tätererfahrungen zum Verschwinden zu bringen. Ein extremes Beispiel hierfür ist der 20-jährige Skinhead Olaf. Aber selbst bei ihm lassen sich Hinweise auf Ohnmachtserfahrungen finden.

Olaf, der zum Interviewzeitpunkt seit einigen Monaten Sozialhilfeempfänger ist und zu einer konspirativen rechtsextremen Gruppe gehört, berichtet, dass er früher regelmäßig von seinem Vater geschlagen wurde. Seine Darstellung ist aber so nüchtern, als wäre die väterliche Gewalt für ihn nur ein äußerliches Geschehen gewesen, das ihn gar nicht berührte. Dies kann bei ihm nicht verwundern, da er die negativen Erfahrungen mit seinen Eltern durchgehend herunterspielt. Bei Olaf ist zu beobachten, was die Forschergruppe um Christel Hopf als die »abwehrend-bagatellisierende Bindungsrepräsentation« bezeichnet hat: Er stellt schmerzhafte und verletzende Erlebnisse mit den Eltern oft als nicht so schlimm und als unwesentlich für seine eigene Entwicklung dar; viele seiner Erinnerungen erzählt er mit restringierten Gefühlen oder blendet diese völlig aus; und schließlich wertet er die Bedeutung seiner Bindung an die Eltern generell ab (vgl. Hopf/Rieker et al. 1995: 112 ff. und 138 ff.).[35]

---

35 Die Hopf-Gruppe konnte einen Zusammenhang zwischen rechtsextremen Orientierungen junger Männer und bestimmten kognitiven und emotionalen Verarbeitungen der erlebten Beziehung zu den Eltern, d. h. der inneren »Bindungsrepräsentation« nachweisen. Sie unterscheidet zwischen drei Typen der Bindungsrepräsentation – zwischen dem »abwehrend-bagatellisierenden«, dem »verstrickten« und dem »sicher-autonomen« Typus – und kommt

Mit dieser abwehrend-bagatellisierenden Bindungsrepräsentation ist also zu rechnen, wenn Olaf seine Erfahrungen mit dem schlagenden Vater beschreibt. Dieser war in der DDR Kraftfahrer bei einer Spedition und später Flugzeugtankwart. Er sei, so berichtet Olaf, während seiner Schulzeit jeden Tag betrunken und sehr aggressiv nach Hause gekommen. Die Mutter, die als Buchhalterin arbeitete, war selbst der launischen Streitsucht seines Vaters ausgesetzt und nahm eine passive Rolle ein, wenn er Olaf schlug. Die folgende Interviewpassage gibt einen Einblick in das dauerhafte Gewaltverhältnis zwischen Olaf und seinem Vater.

Olaf: Na, von meinem Vater hab ich öfter mal eine Backpfeife gekriegt oder den (.) Po voll, [verlegen lachend:] hmhm. (2) Na ja, das war -, na fing ooch schon damals in der Schule -. Na, also (2), also, der Grund war meistens, dass wenn mein Vater halt wat getrunken hatte, hat er dann immer (.) meine Mappe kontrolliert und hat sich dann an jedem kleinen Ding hochgezogen, also hat sich da (.) ziemlich immer richtig reingesteigert. Und wenn, weiß ich nicht, wenn da halt 'n Löschblatt gefehlt hat, oder wenn da eine Ecke abgerissen war, dann war es halt ein Grund für ihn, sich halt tierisch aufzuregen. (1) Irgendwas hat er immer gefunden, also (.) da konnte die Mappe perfekt gepackt sein, irgendwas war trotzdem. Irgendein Löschblatt hab ich übersehen oder irgendeinen Bleistift nicht angespitzt, und denn -. (3)

Int.: Und dann? (2) Und wenn er die Mappe gesehen hat, hat er dich geschlagen, oder wie?

Olaf: Ja.

Int.: Kam das ziemlich oft vor?

Olaf: Na, eigentlich jeden Tag.

---

zu dem Ergebnis: Jugendliche, deren Beziehung zu den Eltern von negativen Erfahrungen, mangelnder Zuwendung und von Zurückweisungen geprägt war und die die Bedeutung der Bindungserfahrungen entwerten oder bagatellisieren, sind besonders anfällig für rechtsextreme Einstellungen und Gewalt. Dasselbe gilt für Jugendliche mit ähnlich negativen Beziehungserfahrungen, die übermäßig in die Auseinandersetzung mit diesen Erfahrungen verstrickt sind; nur der »sicher-autonome« Typ der Bindungsrepräsentation ist demnach rechtsextremen Einstellungen und gewalttätigen Neigungen gegenüber relativ resistent. Welches Muster der Bindungsrepräsentation nun vorliegt, lässt sich der Hopf-Gruppe zufolge aus einem Vergleich zwischen den Beziehungserfahrungen selbst bzw. dem, was sich in Interviews über diese Erfahrungen erschließen lässt, und den Erzähl- und Erinnerungsweisen der Interviewten herausarbeiten. (Vgl. Hopf/Rieker et al. 1995: 107 ff.)

Int.: Jeden Tag?

Olaf: Ja, außer Wochenende, weil da war ja nix mit Mappe kontrollieren, da war ja keine Schule.

Int.: Und wie war das für dich, wenn er die Mappe kontrolliert und dich geschlagen hat?

Olaf: (5) Na, (3) wie soll ich das beschreiben? (7) Na, also, die -, also die erste Zeit, wo ich mich so noch daran erinnern kann, war das eigentlich denn -, hab ich nicht verstanden, warum er sich daran schon wieder so hochzieht. Da hab ich das (.) nicht verstanden, dass er mich geschlagen hat. Oder einen Klaps auf den Hintern oder Ohrfeige oder so. Und, na ja, und dann war es mir eigentlich auch ziemlich egal, also, weil ich genau gewusst habe, irgendwas findet er wieder, und das war denn praktisch, als ob es dazugehört jeden Tag, also. (1) Und dann hab ich mich daran gewöhnt, also dann war mir ganz klar, dass wenn er nach Hause kommt; kontrolliert er die Mappe, und wenn er irgendwat findet, dann geht es wieder los, also.

Int.: Und wie war das früher für dich gewesen? Kannst du das beschreiben?

Olaf: Pff, weeß ick nicht, wie det -. (3) Nee, weiß ich nicht mehr. (9) Na, (2) ängstlich war ich danach, also, (8) na, hm, (9) na, weiß ich ni-, weiß ich nicht mehr, wat ick da beschreiben soll. (10) Ja, hm ja, ängstlich war ich da, also, dass es wieder passieren könnte, oder dass vielleicht das nächste hinterher kommt so. Na, und dann mittlerweile hatt ick mich dran gewöhnt gehabt. Nun, da war denn der Klaps oder die Ohrfeige nicht mehr so schlimm, weil (.) wusste ick auch vorher, dass det kommt.

Int.: Ja. Was hat sich da bei dir eigentlich so genau verändert? (2) Du hast ja gesagt, dass dir das erst sehr wohl was ausgemacht hat und mit der Zeit dann nicht mehr.

Olaf: Mmjo, det hat einfach nicht mehr weh getan.

Was Olaf hier schildert, ist durchaus vergleichbar und in einzelnen Formulierungen nahezu identisch mit Kilians Beschreibung des gewaltsamen Regiments seiner Mutter. Anders als bei Kilians Mutter, aber wie bei mehreren anderen interviewten Jugendlichen war bei der Gewalt von Olafs Vaters der Alkohol im Spiel.[36] Aus Olafs Schilderung geht hervor, dass er es seinem Vater ohnehin

36 In der einschlägigen Literatur gibt es sehr unterschiedliche Aussagen zum Zusammenhang zwischen Alkohol- und Drogenmissbrauch der elterlichen Täter einerseits und Kindesmiss-

nicht recht machen und seiner Gewalt auch nicht durch eine korrekte Führung seiner Schulmappe entkommen konnte; vielmehr bot sie seinem Vater immerfort neue Anlässe für körperliche Züchtigungen. Wie Olaf die Situationen der väterlichen Kontrollen seiner Mappe beschreibt, befand er sich damals in einer ohnmächtigen Lage. Die subjektive Seite der alltäglichen Züchtigung und Bedrohung blendet Olaf jedoch weitgehend aus. Er normalisiert die Gewalt seines Vaters. Während man zuweilen den Eindruck hat, als wäre er bei dem, was er erzählt, gar nicht selbst dabei gewesen, lässt Olaf an zwei Stellen durchdringen, worin die kognitiven und emotionalen Wirkungen der väterlichen Schläge damals bestanden. Zum einen heißt es an einer Stelle, in der ersten Zeit habe er »nicht verstanden«, warum sich sein Vater so auf seine Mappe kapriziert und weshalb er ihn nach deren Kontrolle schlägt. Und zum anderen weist Olaf darauf hin, dass er in jener Phase »ängstlich« gewesen sei und befürchtet habe, dass sich die Schläge wiederholen. Beide Stellen, die nahe liegende kindliche Reaktionen auf die väterliche Strenge und Gewalt beschreiben, tragen das Siegel der Ohnmacht. Wenn Olaf nicht verstanden hat, weshalb der Vater so versessen auf die Schulmappe ist und weshalb er regelmäßig zur gewaltsamen Maßregelung greift, dann bedeutet dies, dass sich Olaf nicht kontrollierbaren und ungerechten Willkürakten ausgesetzt sah, die ihn dauerhaft verängstigten.

An beiden Stellen, an denen Olaf seine subjektiven Erfahrungen bei den Züchtigungen seines Vaters artikuliert, beeilt er sich, seine Gewöhnung an diese von Gewalt geprägte Zwangslage zu konstatieren. Wenn Olaf nun sagt, dass die Züchtigungen des Vaters, die vom »Klaps« bis zum »Po voll« reichten, damals für ihn bald einfach »dazugehörten«, dann hat dies gewiss mit seiner gegenwärtigen Haltung zu tun, der zufolge Gewalt das Natürlichste der Welt ist. Aber der Interviewtext enthält auch Hinweise darauf, dass er bereits während seiner Schulzeit die unverständlichen, aber erwarteten Strafen des Vaters über sich ergehen ließ, ohne sich dagegen aufzulehnen. So lässt seine Beschreibung der

handlung andererseits. Anette Engfer (1986: 72) kommt zu dem Schluss, »daß Alkohol- und Drogenprobleme zwar relativ häufig in vernachlässigenden Familien, nicht aber in Familien beobachtbar sind, die mit körperlichen Misshandlungen auffällig werden«. Kenneth E. Leonard und Theodore Jacob (1988: 400) schreiben, »that alcoholism and acute alcohol consumption, particularly among certain alcoholics, is related to marital violence. The evidence with respect to child abuse is much weaker.« Robert Nash Parker und Kathleen Auerhahn (1998) wiederum ziehen in ihrer neueren Literaturbesprechung das Fazit, dass die empirischen Evidenzen eindeutig für einen Zusammenhang zwischen Alkoholgebrauch und allen Formen der Gewalt sprechen – und dies ganz im Gegensatz zu anderen Drogen.

Mappenkontrollen durchblicken, dass er sich nicht etwa durch die Vernachlässigung seiner Mappe rebellisch zeigen wollte, sondern vielmehr bemüht war, diese ordentlich zu führen und den väterlichen Erwartungen gerecht zu werden. Dies wird auch von einer anderen Stelle des Interviews unterstrichen, an der Olaf sagt, die Strenge seines Vaters sei »eigentlich sehr positiv« gewesen, denn »nur deshalb« sei er »in der Schule auch so gut gewesen«. Olaf hatte es aufgrund der Unentrinnbarkeit aufgegeben, den Situationen möglicher Bestrafung zu entgehen, und stattdessen versuchte er, die Situation auszuhalten. Er veralltäglicht und normalisiert die Gewalt des Vaters nicht nur ex post, sondern versuchte bereits damals, wie dies auch Bebek beschrieben hat, sich selbst gegen die alltägliche Gewalt zu immunisieren. Die Veränderung zwischen der ersten Zeit der Angst und des Unverständnisses und der späteren Zeit der Gewöhnung an die Schläge erklärt Olaf durch die Entstehung seiner Indolenz: »Mmjo, det hat einfach nicht mehr weh getan.« Das dauerhafte Gewaltverhältnis zwischen Olaf und seinem Vater hat dazu geführt, dass er sich in das Unabwendbare gefügt und sich unempfänglich für den Schmerz gemacht hat. Auch er passte sich an eine unentrinnbare Lage der Ohnmacht gegenüber dem gewalttätigen Vater an.

3.2.2 Indirekte Viktimisierung

An zwei Beispielen – Kilian und Murat – soll nun dargelegt werden, dass auch die indirekte Viktimisierung durch kindliche Zeugenschaft innerfamiliärer Gewalt mit Ohnmachtserfahrungen verbunden sein kann. Kilian war, wie sich im vorangegangenen Abschnitt bereits zeigte, nicht nur Opfer der Gewalt seiner Mutter, sondern er musste auch wiederholt mit ansehen, wie seine Mutter vom Vater geschlagen wurde. Bei der Analyse der folgenden Interviewpassage dazu ist zu bedenken, dass Kilian stets in einem Ton der Wut und des Hasses von seiner Mutter spricht. Bei ihm liegt ein klassischer Fall einer »verstrickten Bindungsrepräsentation« vor: Kilian ist übermäßig davon in Anspruch genommen, sich mit seinen Bindungsbeziehungen auseinanderzusetzen, und es fällt ihm schwer, konzentriert, sachlich und kohärent über seine Erinnerungen zu sprechen; er zeigt im Interview ein Changieren zwischen Vergangenheit und Gegenwart, das sich sprachlich darin manifestiert, dass er in seinen Erzählungen über vergangene Erfahrungen häufig plötzlich ins Präsens wechselt; und er kann an den entsprechenden Stellen nicht davon lassen, immer neue Geschichten von seiner strafenden Mutter zu erzählen und jedesmal seinem hasserfüllten Abscheu ihr gegenüber Ausdruck zu verleihen (vgl. Hopf/Rieker et al. 1995: 119 ff. und 146 ff.). Von den beiden Subtypen der verstrickten Bindungsrepräsentation, dem »wütend/konfliktgeladenen« und dem »passiven« Typ, ist Kilian also eindeutig dem ersteren zuzuordnen (vgl. ebd.).

Kilians gegenwärtiges, von einer unabgeschlossenen Verstrickung in negative Beziehungserfahrungen und von einer hasserfüllten Haltung geprägtes Verhältnis zu seiner Mutter ist im Auge zu behalten, wenn er erzählt, wie er die Schläge seines Vaters gegen die Mutter erlebt hat.

Int.: Und weißt du, wie das Verhältnis zwischen deinen Eltern früher so gewesen ist?

Kilian: (4) Ja, mein Vater hat meine Mutter oft verprügelt. Das weiß ich noch.

Int.: Hast du das mitgekriegt?

Kilian: Ja, das hab ich mitgekriegt. Also, wenn er nach Hause kam von der Kneipe oder so, da hat er eben (.) sich eine Bratpfanne geschnappt oder so, irgend so wat, und hat auf meine Mutter da eingeprügelt, ääh, so aus Lust und Laune, als er so bisschen besoffen war. (2) Und zu dem Verhältnis weeß ick sonst -. (2) Mehr nicht, nur dass sie sich oft gestritten haben. Ich hab's da gesehen. Ich hab mich da nicht eingemischt, oder so. Ich hab's gesehen, also, manche Dinge, die weiß ich noch, das war -, also die sind da noch irgendwo im Hinterstübchen drinne, also mehr nicht, also.

Int.: Kannst du die mal aus deinem Hinterstübchen hervorholen?

Kilian: Mmmjaa, zum Beispiel die eine Sache mit der Bratpfanne ist im Kopp noch. Wie meine Mutter da gelegen hat und geschrien hat. Der hat immer weiter auf sie eingedroschen, also. So was eben. Obwohl (.) *mich* hat er nie angefasst. Das hat dann aber meine Mutter gemacht. Öhm, (1) das war so 'ne Kettenreaktion: Vater-Mutter, Mutter-Sohn und-und, denn so, ja. (2)

Int.: Also, kannst du das mit der Bratpfanne mal ganz genau schildern, was du da gesehen hast?

Kilian: Det sind nur Bruchstücke.

Int.: Ja. Dann erzähle mal die Bruchstücke.

Kilian: Mmmm. Wie's dazu gekommen ist, weiß ich nicht, weil da war ich noch sehr klein. Uund ich stand auf einmal da, (2) also, ick hab Streit gehört, wie immer mal, und (.) bin ich rausgegangen (.) uuund hab meine Mutter da auf dem Boden gesehen. Die hat geheult, geflennt, ge-

> schrien. Der hat mit ‘ner (.) Bratpfanne da auf die eingeschlagen, (.) immer wieder. Und ick hab -, konnt nüscht machen. Ich hab auch nüscht gesagt, glaub ich. (2) Ick hab nüscht gesagt. Obwohl, meine Mutter hat mir Leid getan. Aber leider weiß ich nicht mehr, wie det Verhältnis zu meinem Vater war (.) als Kind. Also, deshalb kann ich nicht sagen, was ich nun so über meinen Vater gedacht habe.

Kilians Erinnerung an das Verhältnis zwischen seinen Eltern beschränkt sich darauf, dass sie sich häufig gestritten haben und sein Vater die Mutter verprügelt hat. Seine Bilder vom Zusammenleben zwischen seinen Eltern sind von Streit und Gewalt geprägt. Die Erzählung zu dem Vorkommnis mit der Bratpfanne, das ihm besonders in Erinnerung geblieben ist, trägt er als exemplarische Darstellung vieler vergleichbarer Episoden vor. Zunächst sagt er nur: »Ich hab mich da nicht eingemischt, oder so.« Dies klingt sehr erwachsen und so, als habe er sich einfach diplomatisch verhalten, indem er sich aus einem Konflikt herausgehalten hat, der ihn nichts angeht. Es ist unschwer auszumachen, dass ein Erlebnis von der Art, wie Kilian es schildert, für ein Kind etwas anderes bedeuten muss als für einen – einmal unberührt und distanziert erzählenden, dann wieder vom Hass gegen seine Mutter erfassten – jungen Mann.

Erst durch die Interventionen des Interviewers, der Genaueres über das damalige Geschehen und über Kilians damaliges Erleben in Erfahrung bringen möchte, zeigt sich, dass dieser von dem, was er mit ansehen musste, nicht ganz unberührt geblieben ist. Nachdem er zu einer recht lebendigen Schilderung dessen gefunden hat, was seiner Mutter angetan wurde und wie sie geweint und geschrien hat, bewegt er sich auf sein subjektives Erleben zu, als er noch »sehr klein« war. Aus der Perspektive des Kindes, das er damals war, sagt Kilian schließlich: »Und ick hab -, konnt nüscht machen.« Trotz Kilians Abwehr der emotionalen Seite seiner Erinnerungen dringt hier ans Tageslicht, dass er der Situation, in der sein Vater die Mutter mit der Bratpfanne schlug, mit Gefühlen der Hilflosigkeit und Ohnmacht gegenüberstand. In dieser knappen Bemerkung steckt die subjektive Wirkung, die das Miterleben der väterlichen Gewalt und des Leidens der Mutter auf Kilian hatte: Er konnte die Mutter nicht schützen und nicht aus der Situation retten. Er war der Situation ausgeliefert und musste tatenlos zusehen, wie seine Mutter misshandelt wurde, obwohl er den Impuls spürte, ihr zu helfen. Allein, er konnte es nicht; von diplomatischem Verhalten also keine Spur.

Auf die Bekundung seiner kindlichen Ohnmachtsgefühle lässt Kilian die doppelte Feststellung folgen: »Ich *hab* auch nüscht gesagt, glaub ich. (2) Ick hab *nüscht* gesagt.« Diese beiden Sätze könnte man auf den ersten Blick als eine nüchterne Feststellung verstehen, mit der Kilian in die Gegenwart zurückkehrt und konstatiert, dass er damals nicht intervenierte. Aber es liegt der Schluss näher, dass er, mit seinem damaligen Erleben in Berührung gekommen, seine kindliche Handlungsunfähigkeit zum Ausdruck bringt. Dass er nichts gesagt hat, hieße dann, dass er nicht so handeln konnte, wie er es gerne getan und für richtig empfunden hätte; dass sein Wunsch, der Mutter zur Seite zu stehen, vergeblich war. Dafür spricht erstens, dass er unmittelbar darauf sein damaliges Mitleid mit seiner Mutter zum Ausdruck bringt, und zweitens, dass die zweimalige Feststellung seiner Nichtintervention von einer Nachdenklichkeit geprägt ist, die gar nicht zu seinem gegenwärtigen Verhältnis zu seiner Mutter passt, das von Hass und Verachtung bestimmt ist.

Kilians indirekte Viktimisierung durch die familiäre Gewalt beschränkte sich jedoch nicht auf Situationen, in denen sein Vater die Mutter schlug. Voller Empathie mit seiner fünf Jahre jüngeren Schwester schildert er in der folgenden Passage mit knappen Worten, wie es für ihn war, wenn sie von der Mutter geschlagen wurde.

Int.: Und wurde deine Schwester auch ab und zu geschlagen?

Kilian: Ja! [Mit erhobener Stimme:] Da war ick immer sauer! Da war ich noch mehr sauer, als wenn *ich* geschlagen werde. Ich hab dann immer ihre Schreie gehört und so. Ich war dann schon, also -, bloß, ich hab dann selber geheult oder so, wenn ich so wat gehört hab. Also, war schon ziemlich (.) herbe gewesen, fand ich nicht so gut.

Int.: Und sie wurde auch von deiner Mutter geschlagen?

Kilian: [Leise, traurig:] Ja, von der Mutter. Also, von meinem Vater nicht.

Deutlicher als Kilian es in diesem Passus tut kann man es gar nicht formulieren, dass ein Kind die Gewalt, die einer anderen Person aus der Familie widerfährt, so erleben kann, als wäre sie ihm selbst widerfahren. Der Text lässt Kilians kindliche Empörung ebenso hervortreten wie seine Ohnmacht gegenüber der schlagenden Mutter. Aber seine Empörung scheint kein Ziel gefunden zu haben: »Ich war dann schon, also -, bloß, ich hab dann selber geheult oder so, wenn ich so wat gehört hab.« Wie der abgebrochene Satz, so scheint es, erhielt Kilians Impuls, seine Schwester aus ihrer peinigenden Lage herauszubringen, angesichts seiner Unfähigkeit, gegen die Mutter etwas auszurichten, einen Rückschlag. Obwohl er »sauer« war, musste er es ohnmächtig hinnehmen, dass seine Schwester geschlagen wurde. Wenn er heute daran denkt, scheint er die Schreie seiner Schwester immer noch zu hören.

Auch Murat war unzählige Male Zeuge dessen, wie seine Mutter vom Vater geschlagen wurde; im Unterschied zu Kilian hat er jedoch ein sehr positives Verhältnis zu seiner Mutter. Ähnlich wie Kilian beschreibt Murat die Beziehung zwischen seiner Mutter und seinem ebenfalls dem Alkohol zugeneigten Vater als ein Verhältnis, das über mehrere Jahre hinweg wesentlich durch Gewalt bestimmt war. In Murats Erinnerung steht alles andere, was es zwischen seinen Eltern gegeben haben mag, so weit im Hintergrund, dass es sich so darstellt, als hätte die Gewalt in der Beziehung seiner Eltern alles andere überschattet. Erst nachdem er verschiedene Episoden über diese durch und durch von Gewalt durchdrungene Beziehung, die gerade kurz vor dem Interview gerichtlich geschieden wurde, geschildert hat, bemerkt Murat sichtlich mitgenommen, er wolle eigentlich gar nicht über seinen Vater reden und »nicht wieder die alten Erinnerungen wieder rausholen«. Die folgenden Aussagen zeigen sehr deutlich, wie er das Gewalterleiden seiner Mutter erlebt hat.

Murat: Also, es ging's manchmal um Kleinigkeiten nur. Äh, einmal hat er meine Mutter ein goldenes Armband gekauft, und -. Und der hatte kein Geld, und da wollte er das Armband wiederhaben und verkaufen. Und meine Mutter wusste ganz genau, was er dafür kaufen wird. Dann hat er meine Mutter am Arm genommen, immer umgedreht, und wollt das Armband haben. Ich bin oft dazwischen gegangen. Äh, einmal hat er mir 'ne Schelle gegeben, da bin ich runtergefallen gegen die Schranktür. Es ging immer so. (1) Oder wenn, ähm, wir einkaufen gegangen sind, und, da sind wir zurückgekommen, und der war da betrunken, und, äh, meine Mutter hat kein Bier gekauft oder so, hat er wieder angefangen, Theater zu machen. Und ich bin immer dazwischen gegang-, ich bin *immmmer* dazwischen gegangen. Aber ich konnt ja nix machen, ich war ja klein.

Diese Passage, die eine Mischung aus erinnerten Details an einzelne Vorfälle und einer Beschreibung des verstetigten Gewaltverhältnisses zwischen Murats Eltern darstellt, vermittelt einen Einblick in den früheren familiären Alltag und das rücksichtslose, brutale Handeln des häufig alkoholisierten Vaters. Seiner Darstellung zufolge hatte sich Murat stets mutig und das eigene Geschlagen-Werden in Kauf nehmend zwischen seine Eltern gestellt, wenn der Vater die Mutter schlug. Aber schließlich muss auch er feststellen: »Aber ich konnt ja nix machen, ich war ja klein.« Mit dieser Formulierung beschreibt Murat die Art, wie er die beobachtete väterliche Gewalt gegen die Mutter erlebt hat, mit den gleichen Worten wie die am eigenen Leib erlittene Gewalt des Vaters. Dieselbe Formulierung taucht in fast wörtlicher Übereinstimmung auch in der oben zitierten Tagebuch-Geschichte Bebeks auf; zu der Situation, als ihr Bruder ihr die Hand gegen das Herz drückte, sagt sie: »Und ich hab dann nur geschrien und konnte nichts anderes machen.« Ebenso verwendet Kilian diese Formulierung in Bezug auf die eben behandelte Situation, in der sein Vater mit einer Bratpfanne auf die Mutter einschlug: »Und ick hab -, konnt nüscht machen.« Es ist schon bemerkenswert, dass Jugendliche, die aus so verschiedenen Kontexten stammen wie Murat, Bebek und Kilian ihre Ohnmachtserfahrungen mit nahezu denselben Worten beschreiben, wobei sie diese einmal auf Situationen direkter, dann wieder auf Situationen indirekter Viktimisierung anwenden. Dies kann nur bedeuten, dass die Jugendlichen in beiden Typen von Situationen vergleichbare Erfahrungen gemacht haben und dass sowohl das eigene Erleiden als auch die Zeugenschaft familiärer Gewalt zu Gefühlen der Ohnmacht und der Handlungsunfähigkeit führen. Bei Murat zeigt sich dies besonders deutlich, zumal er beide Typen von Ohnmachtserfahrungen mit einer parallelen Formulierung beschreibt.

Auch die Veralltäglichung der Angst vor weiteren Gewaltakten kann bei der wiederholten Zeugenschaft familiärer Gewalt ebenso auftreten wie bei der direkten Viktimisierung. Murat bringt dies in einem einzigen Satz auf dichte Weise zum Ausdruck.

Murat: Dann, wo mein Vater meistens rausgegangen ist, abends, da hab ich nie nachts geschlafen, ich hab immer gewartet, wann er kommt, ob der wieder Theater macht, oder wieder-wieder meine Mutter schlagen wird.

Murat gibt hier zu verstehen, dass das unmittelbare Miterleben der väterlichen Gewalt gegen die Mutter zu permanenten bösen Erwartungen bei ihm führte und ihn bis in den Schlaf hinein verfolgte. Er lebte in der beständigen Angst, dass es wieder zu Streit kommen und seine Mutter erneut das Opfer des nach Hause kommenden Vaters werden könnte. Dies belegt abermals, dass die Zeugenschaft familiärer Gewalt bei Kindern und Jugendlichen Wirkungen hervorbringen kann, als wären sie selbst geschlagen worden. Der Gewalt an einer nahe stehenden Person beizuwohnen ist ebenso eine Opfererfahrung wie die am eigenen Leib erfahrene Gewalt, und eine Erfahrung, auf welche die permanente Angst folgen kann, immer wieder auf die eigene Unterlegenheit und Ohnmacht zurückgestoßen zu werden. Dies wurde bei Murat – wie in anderen Fällen – dadurch verstärkt, dass die Mutter selbst ohnmächtig seinem Vater ausgeliefert war und ihm seine Ängste auch nicht nehmen konnte.

An dieser Stelle ist festzuhalten, dass sowohl die am eigenen Leib erfahrene Gewalt als auch die Zeugenschaft von Gewalt in der Familie bei den davon betroffenen Kindern zu massiven Ohnmachtsgefühlen führen, wenn sich die entsprechenden Ereignisse, wie dies meist der Fall ist, über einen längeren Zeitraum hinweg erstrecken. Die Erfahrungen der Ohnmacht, die sich selbst bei Jugendlichen aufzeigen lassen, die negative Beziehungserfahrungen mit dem schlagenden Elternteil abwehren und bagatellisieren oder die in aggressiver Weise in die Auseinandersetzung mit dem geschlagenen Elternteil verstrickt sind, weisen drei Komponenten auf.

Erstens ist da die *physische Wehrlosigkeit*. Sie äußert sich bei der direkten Viktimisierung darin, dass die Kinder sich dem Täter ohnmächtig ausgeliefert sehen – sofern es, wie meist der Fall, niemanden gibt, der sie wirksam schützen kann. Die physische Wehrlosigkeit wird dadurch verstärkt, dass die Täter in ihrem strafenden und misshandelnden Verhalten oft unberechenbar sind und die Opfer die wiederkehrenden Situationen, in denen sie geschlagen werden, nur in begrenztem Maße steuern können. Die daraus resultierende Ausweglosigkeit führt dazu, dass die Kinder sich ihrer schutzlosen Lage anpassen; dies kann so weit gehen, dass sie schließlich glauben, es verdient zu haben, geschlagen zu werden. Sie übernehmen die Perspektive des familiären Täters und schließen in ihrer kindlichen Logik von den Schlägen auf ihre eigene Schlechtigkeit und Strafwürdigkeit. Die Anpassung kann auch darin bestehen, sich an die Schläge zu gewöhnen, eine gewisse Indolenz zu entwickeln und die Unempfindlichkeit gegenüber körperlichem Schmerz zum Ideal zu erheben. Bei der indirekten Viktimisierung hängt die physische Wehrlosigkeit mit der Unfähigkeit zusammen, aufgrund der körperlichen Unterlegenheit dem Täter gegenüber die geliebte Person, die Opfer der Gewalt wird, nicht schützen zu können und dem Geschehen tatenlos zusehen zu müssen.

Diese Handlungsunfähigkeit führt zweitens zu *Angstzuständen*, die aus der Erwartung geboren sind, erneut geschlagen zu werden oder wieder der Misshandlung eines anderen Familienmitgliedes – in allen Fällen waren dies entweder die Mutter und/oder die Geschwister – miterleben zu müssen. Die Angst vor weiterer Gewalt verlängert die Ohnmacht weit über die Situationen der unmittelbaren Gewaltanwendung hinaus. Die Kinder verinnerlichen ihre Stellung im familiären Gewaltzusammenhang, der weite Teile ihres Sinnens und Trachtens in Beschlag nimmt und zu einem ängstlichen Vermeidungsverhalten führt: Sie haben Angst, mit einer schlechten Note nach Hause zu kommen, weil sie dann wieder geschlagen werden; sie verleben durchwachte Nächte aus Angst davor, dass der betrunkene Vater nach Hause kommt und die Mutter wieder schlägt; sie vermeiden den Kontakt mit dem gefürchteten Elternteil u. Ä. m.

Drittens haben Ohnmachtserfahrungen die Komponente einer *moralischen Verletzung*, die besonders die Zeugenschaft von Gewalt betrifft. Diese Verletzung besteht darin, dass die Kinder, die miterleben müssen, wie eine Bezugsperson geschlagen wird, mit der beißenden Erkenntnis leben müssen, nicht so handeln zu können, wie sie es für richtig hielten. Was sie als das gebührende Handeln empfinden, nämlich der Bezugsperson zu Hilfe zu kommen, können sie allein schon aufgrund ihrer physischen Unterlegenheit nicht realisieren. Dem erwachsenen Täter gegenüber sind sie unfähig, ihrer moralischen Empörung die entsprechenden Taten folgen zu lassen. Weil die Realisierung des intuitiv als richtig empfundenen Handelns immer neue Rückschläge erfährt, erleben sie sich nicht nur im physischen, sondern auch im moralischen Sinne als ohnmächtig und als moralische Person verletzt. Die Verletzung als moralische Person kann – wie sich im folgenden Abschnitt zeigen wird – negative Auswirkungen auf das Selbstbild der Kinder haben; dies kann so weit gehen, dass sie aufgrund ihrer Unfähigkeit, das Unrecht zu verhindern, das einer misshandelten Bezugsperson geschieht, sich selbst hassen.

3.2.3 Projektionen der Gegengewalt

Dieser Abschnitt widmet sich einer spezifischen Folge von Ohnmachtserfahrungen, die besonders relevant für die Frage ist, wie die spätere Täterschaft mit der direkten und indirekten Viktimisierung in der Familie zusammenhängt: um die Projektion der betroffenen Kinder und Jugendlichen, den Täter gewaltsam zur Rechenschaft zu ziehen, sobald die physischen Kräfte dies zulassen. Dies lässt sich zunächst an einer Stelle zeigen, an der Murat die Folgen seiner Ohnmacht thematisiert, die er angesichts seiner Unfähigkeit empfand, der Mutter beizustehen, wenn sie vom Vater geschlagen wurde.

Murat: Und dann [schnieft], ähm, mit meinem Vater einmal, äh, wie sich meine Mutter mit meinem Vater gestritten hat, und mein Vater hat meine Mutter heruntergeschubst, meine Mutter ist auf den Boden gefallen.

Int.: Wo runtergeschubst?

Murat: Äh, also, [sehr schnell:] in der Wohnung haben die sich gestritten, mein Vater hat meine Mutter geschubst, meine Mutter ist hingefallen. Na- bin ich an meinen Schrank gegangen, und ich hab mein Messer rausgeholt und bin auf ihn losgegangen.

Int.: Wie alt warst du da?

Murat: Da war ich, glaub ich, schon elf oder zwölf, glaub ich jedenfalls. Ich hab so 'n -, so 'n großes Messer gehabt, ich hab immer auf dieses Messer gespart, wollte es immer kaufen; so was wie zum Schutz, gegen mein' Vater schon aber. Dann hab ich das Messer rausge-, bin auf ihn losgegangen. Nachher hat es mein großer Bruder gesehen, er hat mich aufgehalten, meinte: »Nein, was willst denn machen damit?« Da hat er mir erzählt: »Du kannst ins Gefängnis kommen, wenn du das machst.« Ich meinte: »Nein, wieso denn, ich lieb meine Mutter! Wieso, wie sollte ich das zulassen?« Und hab ich gesehen, dass mein Vater auch Angst hat, hatte. Also, wenn mein Bruder mich nicht aufgehalten hätte, ich hätte es ihm in den Bauch hineingesteckt. Ich hab's einfach schon *satt* gehabt, wie er meine Mutter geschlagen hat immer, ohne -, manchmal ohne Grund.

Int.: Kannst du das, ähm, genau schildern, wie das gewesen ist für dich? Und wie er deine Mutter geschlagen hat, hast du das gesehen?

Murat: [Sehr schnell:] Ich hab des immer gesehen, ich hab immer mir vorgestellt: Wenn ich älter wäre, dann würd ich ihm gleich -, würd ich ihn gleich schlagen, aber ich konnt nix machen, weil ich klein war. Und manchmal hab ich mich selber gehasst, dass ich nix dagegen weh-, gemacht hab, und dass der meine Mutter geschlagen hat. Manchmal war ich auch sauer auf meinen großen Bruder. Bin ich einmal, manchmal, äh, zu meinem großen Bruder gegangen: Warum er nix dagegen macht, und so. Ich hab nur gewartet, bis ich älter werde, damit ich was dagegen machen kann. Na ja, und dann hab ich gesehen wieder, wie er meine Mutter rumschubst, und meine Mutter ist hingefallen und hat geweint. Und er stand da und hat meine Mutter noch angeschrien. Dann hab ich gesagt: »Nein, das reicht jetzt!« Dann bin ich in mein Zimmer gegangen, hab ich das Messer rausgeholt. Na- wollt ich ihn damit erstechen.

Diese Passage eröffnet Murat mit der Erzählung einer Episode, in der er – damals elf- oder zwölfjährig – versuchte, seinen Vater mit dem Messer anzugreifen, als er wieder einmal seine Mutter schlug. Hätte ihn sein älterer Bruder nicht zurückgehalten, so Murat, hätte er seinem geängstigten Vater das Messer »in den Bauch hineingesteckt«. Mit der Feststellung, dass er seinen Vater »erstechen« wollte, endet dann auch die Interviewpassage. Zwischen diesen beiden Stellen liegt die Vorgeschichte, die zu Murats Griff zum Messer führte, als er es »*satt* gehabt« hat, dass seine Mutter von seinem Vater geschlagen wird. Diese Vorgeschichte, so kann man seine Ausführungen zusammenfassen, bestand in massiven Ohnmachtserfahrungen Murats angesichts der väterlichen Gewalt gegen seine Mutter und der frühzeitigen Koppelung seiner Ohnmacht an die Projektion, in Zukunft einmal zur Gegengewalt anzusetzen – er hatte sogar gespart, um sich ein Messer »zum Schutz« vor seinem Vater kaufen zu können.

Murats Schilderung der Vorgeschichte lässt seine Ohnmacht und ihre Folgen in aller Deutlichkeit hervortreten. Mit der bereits bekannten Wendung »ich konnt nix machen« bringt er seine physische Ohnmacht und seine ohnmächtige Wut dem Vater gegenüber zum Ausdruck. Auch dass seine Ohnmacht mit einer moralischen Verletzung verbunden war, führt Murat plastisch vor Augen, wenn er sagt: »Und manchmal hab ich mich selber gehasst, dass ich nix dagegen weh-, gemacht hab, und dass der meine Mutter geschlagen hat.« Er fühlte sich durch seine ohnmächtige Tatenlosigkeit mitschuldig und deswegen hassenswert. Nicht so handeln zu können, wie er es für geboten hielt, tangierte sein Selbstverständnis so stark, dass er von einem Selbsthass sprechen kann. Einem ähnlichen Phänomen begegnete bereits die Analyse der Rauch-Geschichte, in der Bebek sich selbst vorgeworfen hat, nicht zur Stelle gewesen, sondern geflohen zu sein, als ihre Mutter vom Vater geschlagen wurde.

Mit den Gefühlen der Ohnmacht, der Schuld und des Selbsthasses korrespondierte bei Murat der Wunsch, die Übergriffe seines Vaters auf die Mutter durch Gegengewalt zu vergelten: »Ich hab des *immer* gesehen, ich hab immer mir vorgestellt: Wenn ich *älter* wäre, dann würd ich ihm gleich -, würd ich ihn gleich schlagen, aber ich konnt nix machen, weil ich *klein* war.« Diese Sätze zeigen, dass Murat schon früh seine eigene Gewalt als das geeignete Gegengift betrachtete, um seine Ohnmacht und den daraus hervorgehenden Selbsthass zu bekämpfen. Er projizierte seine Fähigkeit, seiner physischen Wehrlosigkeit und moralischen Verletztheit gewalttätig Abhilfe zu schaffen, in die Zukunft: »Ich hab nur gewartet, bis ich älter werde, damit ich was dagegen machen kann.« Murats Erinnerung zufolge führte die Ohnmacht angesichts der Misshandlung seiner Mutter dazu, dass er den Tag herbeisehnte, an dem er endlich körperlich in der Lage sein würde, den Vater seinerseits zu schlagen. Diese Projektionen von Gegengewalt und Vergeltung mündeten bei Murat schon recht früh in seinen ersten Versuch, sie in die Tat umzusetzen. Der Versuch, den Vater mit dem Messer anzugreifen, deutet bereits an, dass jene aus der Ohnmacht geborenen Projektionen noch ganz handfeste Folgen für Murats Entwicklung und seine Gewalttätigkeit haben sollten.

Der 17-jährige, bereits im Abschnitt 2.2.2 eingeführte Joe ist ein weiteres Beispiel, bei dem die Zeugenschaft innerfamiliärer Gewalt zu Projektionen der Gegengewalt führte. Joe, der bereits in jungen Jahren miterleben musste, wie sein Vater seine Mutter regelmäßig geschlagen hat, berichtet von einer ähnlich gelagerten Reaktion auf solche Ereignisse wie Murat. An diesem Beispiel lässt sich weiterhin zeigen, dass die Ohnmacht und die daraus resultierenden Projektionen der Gegengewalt nicht zuletzt auch das Ergebnis der Gewaltfolgen für das ganze Interaktionssystem der Familie sein können. Joe selbst, der mit Abstand jüngste unter fünf Brüdern – die anderen vier[37] sind zwischen acht und fünfzehn Jahre älter als er –, blieb die direkte physische Misshandlung in seiner Familie erspart, während alle anderen vom Vater oft und manchmal auf die roheste Weise, von der Mutter seltener und längst nicht so brutal geschlagen wurden. Joe hingegen wurde, so seine eigenen Worten, »von allen verwöhnt« und von seinen Eltern »bevorzugt«. Dennoch geht aus seinen Erzählungen hervor, dass er nicht nur von der Gewalt seines Vaters an der Mutter in Mitleidenschaft gezogen wurde, sondern auch von den gewaltsam herbeigeführten Störungen des gesamten Familienverbands.

Sein Vater – wohl die zentrale Figur in den zahlreichen, teilweise mit relativ schwereren Verletzungen endenden Zerwürfnissen in der Familie – hat kurz vor dem Interview seine langjährige Arbeitsstelle als Galvaniseurmeister verloren, weil er ein Alkoholiker ist. Er hat, wie Joe sich ausdrückt, »ein langes Vorstrafenregister« und musste sich bereits einmal, als Joe acht Jahre alt war, nach einem Streit in der Kneipe wegen versuchten Totschlags vor Gericht verantworten. Die Ehe von Joes Eltern wurde zweieinhalb Jahre vor dem Interview aufgrund der notorischen Gewalttätigkeit des Vaters geschieden, nachdem seine

37 Ein weiterer Bruder ist unter ungeklärten Umständen in der Badewanne umgekommen, noch bevor Joe geboren wurde. Aufgrund der Erzählungen der anderen Familienmitglieder verdächtigt Joe seinen ältesten Bruder, der aufgrund seiner Homosexualität in der Familie verhasst ist, des Mordes an dem verstorbenen Bruder. Jener soll, so der Verdacht, aus Eifersucht auf diesen von der Mutter bevorzugten Bruder einen Fön in das Badewasser geworfen haben.

Mutter zuvor die bereits eingereichte Scheidung zweimal zurückgezogen hatte. Seine Mutter, bei der Joe nun lebt, ist Sozialhilfeempfängerin. In der folgenden Erzählung, die einen Einblick in Joes Gewaltprojektionen gewährt, steht die Misshandlung seiner Mutter durch den Vater im Mittelpunkt.

Joe: Und (.) mein Vater hat meine Mutter immer geschlagen. Und (.) wo ich kleiner war, hab ich das immer mitbekommen und so. Und die Polizei hat nie was gemacht und so. Mein Vater wollte meine Mutter auch schon umbringen und so. (1) Und (.) die Polizei hat gesagt: »Wir können erst was machen, (.) wenn's geschehen ist«, also. (3) Und deswegen mag ich die Polizei auch nicht. (4) [Mit zitternder Stimme:] Also, er hat meine Mutter sehr oft geschlagen. Meine Mutter hat immer gesagt, (.) sie ist die Treppe runtergefallen oder hat sich gestoßen. (2) Ja.

Int.: Kannst du das mal erzählen, wie das früher so genau war zwischen deinen Eltern?

Joe: Also, (.) wenn er von Arbeit kam (.) und was getrunken hatte (.) und meine Mutter hat ihm Essen auf 'n Tisch gestellt, (.) dann hat er gesagt: »Der Fraß schmeckt mir nicht!« Dann hat sie gesagt: »Dann kauf dir doch selber was!« Dann hat der den Teller genommen und ihr ins Gesicht geschmissen. Und meine Mutter hat überall geblutet. (1) Und -

Int.: Hast du das gesehen?

Joe: Ja. Ich hab alles gesehen. Und dann hat (.) er ihr noch 'n Bierkrug über'n Kopf gegeben und so. Und sie hat überall geblutet. Und dann kam mein Bruder hinzu, der jetzt im Knast sitzt, (.) und hat sich mit meinem Vater geschlagen, und da ging alles zu Bruch. Also, wir haben mindestens -, jedes Jahr mussten wir 'n neuen Schrank deswegen kaufen. (2) Und immer wegen einer Kleinigkeit. (1) Es ging da auch meistens um finanzielle Dinge und so. Also, wenn meine Mutter Geld brauchte für Essen kaufen, hat er gesagt: »Ich hab dir doch erst welches gegeben«, und so. (2) Und dann (.) ist er immer ausgeflippt, und dann hat er sie wieder geschlagen und so. Aber immer nur, wenn er was getrunken hat. Und dann, wenn meine Mutter die Scheidung eingereicht hat, dann hat er gebettelt und gefleht, dass sie sie wieder zurückzieht. Das ging dann über 'n halbes Jahr. Dann hat meine Mutter die wieder zurückgezogen. Dann ging das ganze -, also (.) dann hat er gesagt, er hört auf zu trinken, (1) hat ein Jahr nichts getrunken. Und danach fing das Theater *wieder* an. (3) Und er hat sie wieder geschlagen und wieder. Dann hat meine Mutter noch mal die Scheidung eingereicht. Und dann hat er sie mit dem Messer bedroht. Und (.) hat gesagt: »Ich bring (.) dich um!«, und so. Und (.) ich war mit 'm Freund -, und (.) wir sind dann zum Freund gegangen, (.) weil meine Mutter wollte nicht, dass ich das alles sehe, und so. Und meine Schwägerin, von meinem Bruder die Frau, (.) hat sich davor gestellt und hat gesagt: »Wenn du sie umbringen willst, dann musst du erst mich umbringen!«, und so. Und (.) deswegen -, komisches Familienverhältnis!

Int.: Hmm. (2) Und wie war das für dich als Kind, äh, da zuzusehen, wie dein Vater deine Mutter schlägt? Kannst du dich daran erinnern, was das bei dir so für Gefühle ausgelöst hat?

Joe: Traurige Gefühle, also (.) ich hätt das nie von meinem Vater gedacht, dass er so was macht. (1) Das erste Mal hat e-, (1) das erste Mal dacht ich, wär 'n Ausrutscher, oder so.

Int.: Wie alt warst du, als du das zum ersten Mal ⌈ gesehen hast?

Joe: Da war ⌉ ich (.) fünf Jahre oder so. (1) Und (.) dann später hab ich gemerkt, dass es alltäglich wurde, also (.) da hab ich meinen Vater gehasst. Er hat sie -, meine Mutter war wehrlos, und er hat sie immer wieder geschlagen und so. Ich hab nur-nur Hass empfunden! (2) Ich hab ihm immer den Tod gewünscht und so. Weil (.) ich steh mehr zu meiner Mutter als zu meinem Vater, war schon so, seitdem ich klein bin. Also, ich lieb meine Mutter über alles. (5) Und ich hab mir früher vorgestellt, dass ich älter wäre und, also, meinen Vater umbringen würde, also sooo gesagt. Weil ich ihn dafür soo gehasst habe, dass ich ihm den Tod gewünscht habe. Und (1) deswegen (.) hab ich immer zu meinem größeren Bruder gesagt, der im Knast sitzt und so -, hab ihm immer gesagt: »Bring ihn um!«, und so. Und er meinte: »Das kann ich nicht. Das ist mein Vater«, und bla-bla-bla. Und jetzt, wo mein Vater weg ist, ist es viel besser. Also, es ist ruhig, gibt's keinen Streit mehr, gar nichts. So. Man kann (.) in Ruhe Weihnachten feiern und so. Weil man konnte *nie* in Ruhe Weihnachten feiern. Immer hat -, gab's da Schlägereien und so, Weihnachtsfeier.

Dieser Passus, der einige frappierende Ähnlichkeiten mit den Erzählungen anderer Jugendlicher aufweist, gibt das jahrelang von Gewalt getränkte Zusammenleben und die davon bestimmte Entwicklung der Familie Joes wieder. Die Gewalt, die extreme innerfamiliäre Parteiungen, Trennungen und Wiedervereinigungen zur Folge hatte, bestimmte immer wieder das Geschehen. Während sich die Details, die Joe in diesem Durchlauf durch die Chronik der Gewalt zwischen seinen Eltern schildert, auf verschiedene Phasen seiner Lebensgeschichte beziehen, soll nun Joes kindliche Reaktion auf das alltägliche Geschehen der Gewalt beleuchtet werden.

Joe spricht, nachdem der Interviewer in diese Richtung nachgefragt hatte, von »traurigen Gefühlen« und von seiner Enttäuschung, dass sein Vater »so was macht«. Dann berichtet er vom Umschlag seiner Gefühle von Trauer in Hass, nachdem er gemerkt hatte, dass »es alltäglich wurde«. Seine Ohnmacht gegenüber der alltäglichen Gegenwart der Gewalt, der seine »über alles« geliebte Mutter ausgeliefert war, bringt Joe nur indirekt und zwischen den Zeilen zum Ausdruck. Besonders die Stelle, an der Joe der Polizei ihre Untätigkeit vorwirft und damit auf die innerfamiliäre Unlösbarkeit der Konflikte sowie die Unabwendbarkeit der Bedrohung für seine Mutter hinweist, macht dies deutlich. Der Hass gegen seinen Vater verband sich, so erinnert sich Joe, mit der Phantasie einer zukünftigen Realisierung seiner Todeswünsche: »Und ich hab mir früher vorgestellt, dass ich älter wäre und, also, meinen Vater umbringen würde, also sooo gesagt.« In dieser Aussage artikuliert sich nicht nur die unendliche Wut, die sich bei Joe gebildet hatte, sondern sie enthält implizit auch den Hinweis auf seine Einflusslosigkeit und Handlungsunfähigkeit, die sich daraus ergab, nicht – oder noch nicht – in der Lage zu sein, seine Mutter der gewalttätigen Hand des Vaters zu entreißen oder ihn zu beseitigen. Wie Murat war Joe in seiner kindlichen Ohnmacht darauf verwiesen, sein gewaltsames Einschreiten in die Zukunft zu projizieren. Oder – auch darin besteht eine Parallele zwischen Joe und Murat – er beschritt einen anderen Weg, mit seinem Hass umzugehen, nämlich den, einen seiner Brüder[38] zur Gewalttat gegen den Vater aufzustacheln. »Bring ihn um!« will er zu einem Bruder gesagt haben. Dies verdeutlicht noch einmal, dass Joe sich außerstande sah, selbst etwas gegen seinen Vater zu unternehmen und die Situation seiner Mutter und der ganzen Familie zu verändern; schließlich hatte auch er die Folgen dieser Gewalt mit-

38 Es handelt sich hier um Ludwig, den zweitjüngsten Sohn der Familie. Der acht Jahre ältere Ludwig wäre Joes Erzählungen zufolge am ehesten in der Lage gewesen, den Vater zu bezwingen. Joe bezeichnet Ludwig, der zur Zeit des Interviews wegen Drogenhandels eine Gefängnisstrafe verbüßt, als seinen »Lieblingsbruder«. Dieser war bereits früher wegen diverser anderer Delikte im Jugendarrest gewesen und hatte den homosexuellen Bruder unter Gewaltandrohung gezwungen, für ihn stehlen zu gehen. Ludwig ist in vielerlei Hinsicht Joes Vorbild; nur im Knast wolle er nicht enden, wie er an einer Stelle sagt. Joe hält Ludwig besonders zugute, dass er sich oft vor seine Mutter gestellt hatte, wenn der Vater sie schlagen wollte, und dass er bereit war, dafür selbst die väterlichen Schläge in Kauf zu nehmen.

zutragen. Als besonders bitter empfand Joe, dass man in seiner Familie »*nie* in Ruhe Weihnachten feiern« konnte, solange sein Vater noch im Hause war.[39]

An anderer Stelle antwortet Joe auf die Frage, ob ihn eine Gewaltbeobachtung längere Zeit beschäftigt habe, dies treffe auf jene Situation zu, als sein Vater der Mutter damit gedroht hatte, sie umzubringen. Danach habe er immer Angst gehabt, dass der Vater seine Drohung in die Tat umsetzt. Dazu führt er weiter aus: »Und ich hab immer gedacht: Wenn er's macht, dann (1) werd ich mich später dafür rächen und ihn auch töten. Ich hab nur -, hab ich nur an Hass gedacht, und dass ich ihn später dann umbringen werde, wenn ich größer und älter bin (.) und kräftiger.« Diese Bemerkungen machen einmal mehr darauf aufmerksam, dass Joe schon früh mit der Vorstellung seiner selbst als einem künftigen Gewalttäter vertraut war und dass diese Vorstellung aus einer Mischung aus Angst um seine Mutter und Hass auf seinen Vater entsprang. Aus mehreren Stellen des Interviews geht in der Tat hervor, dass Joe bereits seit seiner Grundschulzeit immer wieder durch gewalttätiges Verhalten auffällig wurde – wobei seine Schilderungen zeigen, dass er Mitschüler gerade dann schlug, wenn sie etwas Negatives über seine Mutter gesagt hatten oder er dies vermutete; einmal trat er einer Lehrerin den Tisch gegen den Bauch und spuckte sie an, nachdem sie seine Mutter als »dumm« bezeichnet hatte, weil sie sich nie um Joes Hausaufgaben kümmerte.

Der Wirkungszusammenhang zwischen Ohnmachtserfahrungen und Gewaltprojektionen gilt nicht nur, wie die beiden Beispiele Murat und Joe gezeigt haben, für die indirekte, sondern ebenso auch für die direkte Viktimisierung durch familiäre Gewalt. Dies soll nun an einer knappen Stelle aus dem Interview mit Kilian illustriert werden. Sie steht im Kontext von Kilians Erzählung

---

39 Im Anschluss an die zitierte Passage führt er dies weiter aus. Als er sechs und sieben Jahre alt war, endete die Feier am »Heilig Abend« jeweils mit Drohungen und Schlägen und einem vorzeitigen Abbruch der Feier. Das eine Mal war der Vater mit seinen Geschenken nicht zufrieden, schlug die Mutter, tobte und schlug einen seiner Brüder, der ihm Einhalt gebieten und die Feier retten wollte. »Und«, so Joe, »da hat er gesagt: ›Wenn ihr nicht gleich aus der Wohnung verschwindet, dann schlag ich euch alle zusammen!‹ Und meine Mutter wusste, dass er's tun wird, also haben wir alle die Wohnung verlassen.« Der Rest der Familie ging für ein paar Tage zu Joes Schwägerin. Das zweite Mal war der Mutter der Weihnachtsbraten auf den Boden gefallen; der Vater beschimpfte sie als »unfähig« und schlug sie. Sie wiederum drohte ihm, ihn zu verlassen; Joes »Lieblingsbruder« griff ein, forderte seinen Vater auf, zu verschwinden, und es kam zu einer brutalen Schlägerei zwischen den beiden und zu wüsten Beschimpfungen. Dabei drohte der Vater, dem Kind seines Sohnes, also seinem Enkelkind, etwas anzutun.

der Schläge seiner Mutter, wenn er mit den Hausaufgaben nicht zurechtkam. Es handelt sich um die oben übersprungene Stelle, die an folgende Aussage Kilians anschließt: »Da hat sie mich erst mal -, hab ich erst mal rechts und links eine Ohrfeige gekriegt, nur weil ick det nicht kapiert habe. Tja, solche Sachen und so.«

Kilian: So-so-so-so was Bescheuertes! (.) Dann ging det weiter, dann hat die -, auch ihr Ton, ihr -, wenn sie (.) geschimpft hat oder so, da war das auch ziemlich -, also davor hatte ich auch Angst, zu hören, ihre Stimme, und so, weiß ich nicht, also, davor hatte ich ziemlich Angst, das hat mir auch nicht gefallen, also. (2) Und da hab ich meine Mutter auch (.) eine Zeitlang gehasst. Ich wollt sie sogar vergiften mal. Aber ich wusste ja nicht, mit wat, ha. Mir ist nichts eingefallen.

Int.: Hast du da mal irgendwie einen Versuch unternommen, oder hast du ⌊ den -?

Kilian: Nee, ⌋ Versuch hab ich nicht unternommen, also, so-soo den Wunsch so, sie mal zu vergiften, oder so, mit 'm Mittel, oder so.

Das Unrecht, das Kilian aus seiner heutigen Sicht durch seine Mutter permanent erfahren hat, ist nicht nur der Gegenstand seines gegenwärtigen Hasses, von dem auch seine retrospektive Darstellung seiner Mutter gefärbt ist. Er legt seinen glühenden Hass und seine Rachegelüste bereits in jene Jahre, in denen er der strafenden Stimme und den mitunter drakonischen Züchtigungsmethoden seiner Mutter noch unmittelbar ausgesetzt war. Er trug sich damals, wie er erzählt, mit dem Gedanken, seine Mutter zu vergiften. Die kindlichen Todeswünsche gelangten freilich zu keiner Realisierung, aber ihre Erwähnung zeigt, dass aus Kilians ohnmächtiger Lage schon relativ früh Gewaltphantasien erwuchsen, die sich auf die Person der Mutter richteten, deren Gewalt er erdulden musste. Wie sich im Abschnitt 4.2.1 noch zeigen wird, wird Kilian tatsächlich gewaltsam Rache an seiner Mutter üben und deswegen in ein Heim eingewiesen werden.

Die angeführten Beispiele sollten zeigen, dass Projektionen der Gegengewalt eine durchgehend zu beobachtende Folge von Ohnmachtserfahrungen darstellen. Damit erweist sich, wie man nun zusammenfassend sagen kann, die Verknüpfung kindlicher Ohnmachtserfahrungen mit der lebhaften, in die Zukunft projizierten Vorstellung, sich am Täter gewaltsam zu rächen, als ein konsistenter Zusammenhang, der sowohl für die direkte als auch für die indirekte Viktimisierung gilt. Projektionen der Gegengewalt treten bereits in einem Alter auf, in dem die betroffenen Kinder noch gar nicht gegen die hoffnungslos überlegenen Täter ankommen können. Diese Projektionen entspringen dem Wunsch, den familiären Aggressor und Despoten eines Tages zu bezwingen und gewaltsam zur Rechenschaft zu ziehen, sobald die physischen Kräfte dies zulassen. Sie enthalten bereits die Konturen eines Selbstbildes, das von der Vorstellung getragen ist, künftig selbst zum Täter zu werden. Diese Folgen von Ohnmachtserfahrungen sind von größter Relevanz für die Frage, wie die spätere Täterschaft mit der direkten und indirekten Viktimisierung in der Familie zusammenhängt: Junge Menschen, die wiederholt misshandelt oder Zeugen der Misshandlung einer anderen Person in der Familie wurden, nehmen die Gewalt schließlich als probates Mittel wahr, ihre Ohnmacht zu beenden.

Diese Gewaltprojektionen können in der Jugendphase, wie mehrfach angedeutet, zu Vergeltungsschlägen führen, die sich gegen den Elternteil oder das Geschwister richten, dessen Gewalt sie zuvor jahrelang ausgesetzt waren. Wie das Beispiel Bebeks demonstrierte, gibt es auch familiäre Konstellationen, in denen sich diese Projektionen auch in der Jugendphase nicht unmittelbar in gewalttätige Handlungen gegen die familiären Täter übersetzen. Aber Gewaltdispositionen können sich auch an Stellen entfalten, die weit vom Ort ihres Ursprungs entfernt sind, wie das 4. Kapitel zeigen wird.

Wenn hier familiäre Ohnmachtserfahrungen als Baustein einer Erklärung der Genese jugendlicher Gewalttätigkeit geltend gemacht werden, könnte man einwenden, dass zwischen den Generationen ganz allgemein ein kulturell und strukturell verbürgtes Machtgefälle besteht. Diesem Einwand zufolge befinden sich alle Jugendlichen ihren Eltern und generell Erwachsenen gegenüber in einer abhängigen und ohnmächtigen Position, so dass sich die These, Gewalt entstehe aus Ohnmachtserfahrungen, als absurd erweist, weil dann alle Jugendlichen gewalttätig werden müssten. Die Feststellung, dass mit dem Status als Kind und Jugendlicher grundsätzlich eine Situation der Abhängigkeit und Ohnmacht gegenüber den Erwachsenen verbunden ist[40], kann schwerlich als unzutreffend bezeichnet werden, aber sie ist als Einwand gegen das hier vertretene Argument nicht stichhaltig. Denn die erniedrigende Gewalt und das Ausgeliefertsein, wie es die Jugendlichen in den beschriebenen Situationen erfahren

---

40 Darauf hat etwa Fritz Sack (1973) aufmerksam gemacht. Ihm zufolge sind »sozial sanktionierte und institutionalisierte Formen der Gewaltanwendung« das Hoheitsgebiet der Erwachsenen; zum Beispiel die Gewalt der Eltern, Lehrer und Erzieher gegenüber ihren Zöglingen, wobei Sack hier nicht nur von physischen, sondern auch psychischen Gewaltmitteln der Erwachsenen spricht.

haben, sprengt jedes Maß, das mit jener intergenerationalen Machtverteilung zu fassen wäre. Die existentielle Ohnmacht, die ein Kind durchlebt, das nachts nicht schlafen kann, weil es Angst hat, dass der betrunkene Vater bald nach Hause kommt und seine Mutter schlägt, oder das sich ständigen und unausweichlichen Züchtigungen der Eltern ausgesetzt sieht, ist qualitativ etwas ganz anderes als die generelle Abhängigkeit und Unterlegenheit von Kindern und Jugendlichen gegenüber Erwachsenen.

Diesen Abschnitt beschließend, soll noch eine wesentliche Differenz zwischen Bebek und allen anderen behandelten Fällen, die direkte Gewaltopfer in ihrer Familie wurden, aufgegriffen werden: Außer bei Bebek endeten die physischen Misshandlungen stets in der frühen Jugendphase. Dass die Misshandlungen bei den anderen, durchweg männlichen Jugendlichen nicht so weit in die Jugendphase hineinreichen wie bei Bebek, scheint durchaus der geschlechtsspezifischen Charakteristik der familiären Misshandlung zu entsprechen. James Garbarino (1989: 699) fasst die Ergebnisse der einschlägigen Forschung so zusammen: »Females appear more likely to be abused as they pass through adolescence than they are in childhood, whereas risk for males peaks early and generally declines through adolescence.« Garbarinos Hinweis auf die Forschungsergebnisse fällt deswegen so vorsichtig und vage aus, weil er es für unklar hält, ob diese valide sind oder nicht vielmehr Artefakte darstellen, die daraus resultieren, dass die betroffenen männlichen und weiblichen Jugendlichen in unterschiedlichen Einrichtungen erfasst und »behandelt« werden, die wiederum mit unterschiedlichen Definitionen von Misshandlung arbeiten und einen unterschiedlichen Blick auf die Jugendlichen haben. Zu dem Ergebnis, dass weibliche Jugendliche in der Adoleszenz ein höheres Risiko haben, Opfer familiärer Gewalt zu werden, kam bereits David G. Gil (1975) auf der Grundlage von Statistiken der Kindesmisshandlungsmeldestellen in den USA aus den Jahren 1967 und 1968. Ab dem Alter von zwölf Jahren, so stellte Gil fest, werden Mädchen öfter geschlagen als Jungen, während bis zu diesem Alter das Verhältnis genau umgekehrt ist.[41] Die familiären Missachtungserfahrungen jedoch, um die es im folgenden Abschnitt geht, finden bei beiden Geschlechtern mit dem Eintritt in die Adoleszenz in aller Regel kein Ende.

---

41 Gil führte die Unterschiede des typischen Misshandlungsalters zwischen Mädchen und Jungen auf »kulturell bestimmte Einstellungen« zurück. Ab zwölf Jahren seien die Misshandlungsraten bei Mädchen deswegen plötzlich höher, weil die Eltern das »Dating-Verhalten« ihrer Töchter kontrollieren wollen und in den damit zusammenhängenden Konflikten körperliche Gewalt anwenden (siehe ebd.: 246).

3.3 Missachtungserfahrungen und ihre Folgen

Die familiären Erfahrungen der Missachtung[42], die in den Interviews zutage treten, haben viele Gesichter. Allein die Fallrekonstruktion Bebek stieß auf ein recht breites Spektrum von Missachtungserfahrungen. Sie bestanden zum einen in Erfahrungen der innerfamiliären Ausgrenzung, die von der Marginalisierung im Kindesalter bis zum gegenwärtigen Ausschluss aus der familiären Kommunikation reichten. Zum anderen wurden ihre Ansprüche auf die Anerkennung ihrer Subjektivität auf brutale Weise von ihrem Bruder zurückgewiesen und von ihrer desinteressierten Mutter ignoriert. So kann man zusammenfassend sagen, dass Bebeks familiäre Sozialisation wesentlich von der Vorenthaltung der elterlichen und geschwisterlichen Wertschätzung sowie von direkt beabsichtigten Akten der Erniedrigung und der Degradierung geprägt war und noch immer ist.

Im nun folgenden Abschnitt (3.3.1) werden an exemplarischen Fällen die Missachtungserfahrungen anderer Jugendlicher beleuchtet. Dabei geht es weder darum, alle Formen der Missachtung aufzulisten, die sich in den Interviews zeigen, noch darum, eine Typologie der Missachtungserfahrungen zu entwickeln oder zu bestätigen. Vielmehr verfolgen die Fallanalysen das Ziel, die oft die ganze Biographie der Jugendlichen durchziehende Dynamik der innerfamiliären Missachtung aufzuzeigen. Der an die Rekonstruktion solcher Dynamiken anschließende Abschnitt (3.3.2) wird die Folgen der Missachtung für das Selbstverhältnis der Jugendlichen untersuchen.

3.3.1 Dynamiken der Missachtung

Anhand von Erzählungen Murats, Xavers und Fabians soll nun die innerfamiliäre Missachtungsdynamik herausgearbeitet werden, von der die familiäre Sozialisation dieser drei Jugendlichen geprägt war. Murat, um den es zunächst gehen wird, ist in einer Familie aufgewachsen, deren Geschicke über Jahre hinweg nicht nur von der bereits geschilderten Gewalt, sondern wesentlich auch von den demütigenden Verhaltensweisen seines Vaters bestimmt waren.

---

42 Zum Begriff der Missachtung und seiner anerkennungstheoretischen Einbettung sowie zur terminologischen Abgrenzung zwischen Missachtungs- und Ohnmachtserfahrungen vgl. die den Abschnitt 3.1 beschließenden Ausführungen.

Drei Jahre nach dem Tod seines leiblichen Vaters, der starb, als Murat ein Jahr alt war, heiratete seine Mutter wieder. Murats Erzählungen zufolge hatte der neue Vater ihn und seinen vier Jahre älteren Bruder Józef nie angenommen, während er seinen leiblichen Sohn Franek, der wiederum vier Jahre nach Murat geboren wurde, ostentativ bevorzugte. Hasserfüllt erzählt Murat, dass der Vater die Waisenrente, die er und Józef erhalten sollten, an sich genommen hat, um sich mit Alkoholika einzudecken. Mehrmals, so schildert Murat weiter, warf er ihn und Józef aus der Wohnung, und überließ sie ihrem Schicksal; die beiden übernachteten dann bei einem Onkel mütterlicherseits. Als Murat acht Jahre alt war, zogen der Vater, dessen Familie bereits zum Großteil in Berlin lebte, die Mutter und Franek aus K-Großstadt in Polen nach Berlin, während er und Józef noch für zwei Jahre bei dem genannten Onkel und dessen Frau in Polen blieben. Als die beiden Brüder ebenfalls nach Berlin geholt wurden, war die Familie, die in einem Heim für wohnungslose Familien auf engstem Raum lebte, gänzlich der Willkür des Vaters ausgesetzt. Solange die Familie noch in Polen lebte, hatte sein Onkel, wie Murat erzählt, den Vater immer wieder in die Schranken gewiesen; diese Form der sozialen Kontrolle fehlte nach dem Umzug nach Berlin vollständig. In der folgenden Passage beschreibt Murat die Phase seiner Übersiedlung und die Zeit danach.

Murat: Und, (.) ja, kamen wir hier nach Berlin; und ich wusste, das wird nicht gut gehen, weil er [der Vater, F.S.] hat schon meine Mutter in Polen manchmal geschlagen und uns, wenn er betrunken war – hat viel getrunken. Das war schon einer von dem Grund, warum ich nicht hierher wollte. Da -, hier hab ich niemanden hinter mein Rücken gehabt, nur mein großen Bruder, und in Polen hatt ich meine Onkels, meine Tanten, meine Oma, mein Opa, alles hab ich -, mein Cousins, Cousinen. Und hier hab ich niemanden gehabt und (.) ich wollte einfach nicht herkommen. [Plötzlich ganz schnell, dramatisch:] An den Tag, wo wir verreisen sollten, bin ich abgehauen von zu Hause.

Int.: Als ihr was solltet?

Murat: Also, meine Mutter wohnte schon hier, und die -, die haben uns 'n Brief geschickt, dass die an den und den Tag kommen, und die werden mich abholen kommen, und dann kommen wir hier nach Berlin. Am nächsten Tag sind die gekommen, und abends um sechs Uhr so-sollten wir abfahren. Bin ich abgehauen von zu Hause, wollt ich nicht mitkommen, (.) bin ich zu mein Freund gegangen, und (.) dann ist mein Onkel zu mir gekommen, hat mit mir geredet, der meinte: »Wir werden

> anrufen«, und: »Du kommst doch uns besuchen in Ferien, und wir werden uns Briefe schreiben«, und so, »ist doch ganz klar!«, und so. (.) Ja, ich wollte einfach nicht kommen und ich hab die ganze Zeit hier geweint in Berlin, wo ich -. Ich wollte einfach nicht hierbleiben. Ja, und da nach 'ner Zeit ging es irgendwie. Und (.) dann kamen wieder die Zeiten, wo mein Vater wieder angefangen hat zu trinken, und so, [leise:] also ziemlich schlimm. (2) Manchmal hat er mich von zu Hause rausgeschmissen, da war ich die ganze Nacht draußen. Da musste ich die ganze Nacht rumlaufen; da bin ich (.) zu mein Freund, also, mit dem haben Sie schon auch Interview gemacht.[43] Mein großen Bruder hat er mal auch, äh, rausgeschmissen, die Tür abgesperrt und nicht reingelassen.

Murats Schilderung des Umzugs wider Willen trägt unübersehbare Zeichen seiner Gefühle der Entwurzelung und des Hin-und-hergeschoben-Werdens. Der geographische Ortswechsel und der Wechsel der Bezugspersonen mag diese kindlichen Gefühle begünstigt und verstärkt haben, zumal Murat aus der ersten Zeit in Berlin zusätzlich von erheblichen Sprach- und Integrationsproblemen in der Schule sowie von einer verächtlichen Behandlung durch seine Klassenlehrerin berichtet. Aber die Erzählung zeigt auch, dass Murat aufgrund der erfahrungsgesättigten Erwartung, dass die familiäre Entwicklung seines Vaters wegen »nicht gut gehen« würde, nicht nach Berlin kommen wollte. Und es sollte sich tatsächlich wiederholen, was Murat bereits erlebt und befürchtet hatte. Die Beziehungs- und Interaktionsstrukturen blieben dieselben: Der Vater lehnte Murat und seinen älteren Bruder weiterhin ab und schloss sie buchstäblich aus. Dass er sie nicht haben wollte, brachte er unmissverständlich zum Ausdruck, indem er sie – wie das bereits in Polen der Fall gewesen war – vor die Tür setzte und der Dunkelheit überließ. In diesem symbolträchtigen Akt ist gewissermaßen das ganze Verhältnis zwischen Murat und seinem Vater aufgehoben. Denn sein Vater nahm, wie aus verschiedenen weiteren Erzählungen Murats hervorgeht, von ihm allein Notiz, um ihn zu demütigen. So erzählt Murat nicht nur, dass er vom Vater weiterhin grundlos geschlagen wurde, sondern berichtet auch von vielen alltäglichen Demütigungen. Wenn Murat etwas brauchte, um nur ein Beispiel zu nennen, habe sein Vater, der das Geld

---

43 Es handelt sich um Emin, mit dem der Autor ein Pretest-Interview geführt hat. Seit Murat nach Berlin kam, sind die beiden Klassenkameraden. Durch Emin wurde Murat auch Mitglied der türkischen BF-Bande.

der Familie verwaltete, gesagt, für ihn sei »das Billigste gut genug«. Die familiären Strukturen, mit denen Murat aufgewachsen ist, ließen basale Bedingungen für einen gelingenden Sozialisationsprozess vermissen – sofern man zu diesen Bedingungen zählen darf, dass die Bedürfnisse des Kindes nach Zuwendung und seine Ansprüche auf die Anerkennung der Eltern bis zu einem gewissen Grad erfüllt sein müssen.

Solche Sozialisationsbedingungen fehlten auch beim 21-jährigen Xaver, der zeitweilig als Gewalttäter in der Skinheadszene aktiv war und zahlreiche Eigentumsdelikte beging, zu denen auch bewaffnete Raubüberfälle gehörten, die ihn für insgesamt drei Jahre in die Jugendvollzugsanstalt brachten. Die Folgen der familiären Missachtung sind bei ihm von Beginn des ersten Interviews an sichtbar. Auf die allererste Frage, nämlich die nach seinem Decknamen, antwortet er, er wolle »X« oder »schwarzes Schaf« heißen.[44] Xavers Wahl dieser beiden alternativen Decknamen drückt wohl seine Meinung aus, ein namenloser, x-beliebiger Niemand oder ein missratener Mensch zu sein. Von seiner Mutter, die Krankenschwester von Beruf ist, sagt er bald darauf, sie sei ihm immer eine »Rabenmutter« gewesen. Was lässt Xaver sich selbst und seine Lebensgeschichte in derart dunkle Farben tauchen? Es ist eine Geschichte der elterlichen Abschiebungen und der verschlossenen Türen, der Degradierung und schließlich des Scheiterns, die Xaver erzählt. Bis zu seinem siebten Lebensjahr hat er bei seinen Eltern in H-Mittelstadt in der DDR gelebt. Weil sein Vater, von Beruf Maler und Lackierer, regelmäßig betrunken war und seine Mutter geschlagen hatte, kam es zur Trennung der Eltern, kurz nachdem Xavers jüngere Schwester Michaela geboren wurde. Ein paar Wochen lang verbrachte Xaver die Wochenenden beim Vater, der in eine andere Stadt gezogen war; die Mutter, bei der er bis dahin nur die Werktage verbrachte, sagte damals zu Xaver und seiner um ein Jahr älteren Schwester Julia: »Ihr-ihr könnt, äh, au-auch gleich beim Vater bleiben, ich will euch nicht mehr haben.« Doch der Weg zum Vater, bei dem Xaver lieber geblieben wäre, war bald versperrt, weil er ins Gefängnis musste; aufgrund welchen Delikts erzählt Xaver nicht, dessen Kontakt zu seinem Vater dann endgültig abbrach.

Die Mutter begann bald damit, Xaver und Julia herabzuwürdigen. So verlangte sie von den beiden, die damals noch Schulkinder waren, Geld dafür, dass sie sich um deren Wäsche und deren Essen kümmerte. Laut Xavers Darstellung, wollte sie ihm und Julia mit solchen offensichtlich absurden Forderungen zu

44 Der Deckname »Xaver« stammt vom Autor.

verstehen geben, dass sie sie als bloße Last empfindet; außerdem schlug sie Xaver. Nach den ersten beiden Schuljahren wurde Xaver – wie er sich ausdrückt – »in die Hilfsschule eingeliefert«. Die mütterlichen Reaktionen auf seine Lernschwierigkeiten bestanden Xavers Beschreibungen zufolge stets in Bestrafungen und waren nie unterstützender oder fördernder Art. An der folgenden Passage lässt sich seine Rolle in der Familie ablesen, die ihm seit der Zeit geblieben ist, als seine schulischen Probleme manifest wurden.

Xaver: Also ick war meistens vor meiner Fa-, von unserer ganzen Familie (.) das schwarze Schaf. »Du bist das schwarze Schaf! Warum machst du so wat?«

Int.: Haben deine Eltern das gesagt ⌊oder -

Xaver: Meine ⌋ Mutter hat des gesagt, mein Vater nie. Meine Mutter hat immer gesagt: »Du bist das schwarze Schaf, du machst die Familie kaputt«, obwohl ich das (.) nie wollte. Und jetzt -, und *heutzutage* sagt sie noch: »Du machst meine Familie kaputt.«

Einer seiner beiden Decknamen geht also auf die stigmatisierenden Äußerungen seiner Mutter zurück. Dass er sich »Schwarzes Schaf« nennen mag, zeigt an, dass die Stigmatisierung durch seine Mutter Eingang in Xavers Selbstbild gefunden hat, ein Selbstbild, dem – wie sich im nächsten Abschnitt zeigen wird – das Vertrauen in die eigenen Möglichkeiten und die Zuversicht in die eigene Zukunft völlig abhanden gekommen sind.

Mit dreizehn Jahren kam Xaver auf Betreiben seiner Mutter ein Jahr lang in ein Kinderheim, nachdem er in der Schule ein Hakenkreuz an die Wand und an die Tafel gemalt hatte. Während seines Aufenthalts im Kinderheim, in dem seinen Schilderungen zufolge rauhe Sitten unter den Zöglingen herrschten, litt er unter extremen emotionalen Entbehrungen. Nach dem Heimaufenthalt zog er zu seinen Großeltern, die auf dem Lande lebten und in einer LPG arbeiteten, um in einer nahe gelegenen Jugendeinrichtung ein berufsvorbereitendes Jahr zu absolvieren. Es kam zu Auseinandersetzungen mit der strengen Großmutter, in deren Auftrag ihn sein Großvater mit dem Rohrstock oder Teppichklopfer schlug – etwa, weil Xaver sein Taschengeld, das er während seiner Ausbildung verdiente, für die »falschen Dinge«, nämlich für »Klamotten und 'n Walkman«, ausgegeben hatte. Nachdem er einmal nach einer Auseinandersetzung mit seiner Großmutter für zwei Wochen verschwunden war und bei einem Freund gewohnt hatte, teilte ihm die Großmutter mit: »Ich will dich nicht mehr.« Mit dem besagten Freund zusammen wurde er bald darauf eines Nachts von der

Polizei aufgehalten und wiederum in einem Jugendheim untergebracht. In den Folgemonaten, die mit der ersten Zeit nach dem Fall der Mauer zusammenfielen, war Xaver arbeitslos und wohnte einmal bei seiner Cousine, einmal bei Freunden; seine Mutter, so berichtet er, nahm sich seiner in dieser Phase überhaupt nicht an und interessierte sich nicht für seine Situation. Es sei, wie er an der entsprechenden Stelle sagt, »reiner Zufall« gewesen, dass er einmal vierzehn Tage bei ihr wohnen durfte.

Der Lebensgeschichte Xavers, so darf man wohl zusammenfassen, wohnt von Anfang an eine Dynamik der Missachtung inne. Zu dieser Dynamik gehören nicht nur die zahlreichen Situationen, in denen sich Xaver als ein von seiner Mutter zurückgewiesenes, nicht gewolltes und ungeliebtes Kind erfuhr. Teil dieser Dynamik ist auch sein eigenes Verhalten, welches zumindest zum Teil die Folge des verachtenden und ausschließenden Handelns der Mutter war und wiederum verstärkt zu derartigen Reaktionen ihrerseits führte.

Zu den Schlüsselepisoden gehören dabei zweifelsohne fünf Einbrüche, die Xaver im Alter von dreizehn Jahren, als er im Kinderheim war, allesamt am Geburtstag seiner Mutter beging. Diese Episode eignet sich sehr gut, um an einem einzigen Vorfall den Fortgang jener Missachtungsdynamik zu verdeutlichen. Die Motivation für seine fünf Einbrüche beschreibt Xaver so: »Sie hat mir halt -, ich wollte ihr 'n Geburtstagsgeschenk koofen, sie hat mir aber keen Geld gegeben, hab ick gesagt: ›Vielleicht (2) könnt ich da irgendwat machen‹, und so.« Dass diese Einbrüche ausgerechnet am Geburtstag der Mutter stattfanden, ist ein greifbares Zeichen dafür, dass sein Tun ein an sie gerichtetes Signal war. Nachdem sein Versuch, in eine Beziehung des gegenseitigen Gebens und Nehmens mit ihr zu treten, gescheitert war, wollte Xaver, der damals ja erstmals von seiner Mutter getrennt war, ihre Aufmerksamkeit und Zuwendung erzwingen. Sein Handeln war – wie das Bebeks in der oben analysierten Diebstahl-Geschichte – durch seine emotionale Deprivation motiviert. Es war ein hilfloser Protest gegen die Vernachlässigung und die Abschiebung durch seine Mutter und gleichzeitig ein Kommunikationsversuch, ein Beziehungsangebot an sie. Bei seiner Schilderung der fünf Einbrüche hat man fast den Eindruck, dass Xaver gefasst werden wollte und deshalb so lange weitermachte, bis er tatsächlich gefasst wurde, damit die Mutter das Signal ja hören möge. Dafür spricht auch, dass Xaver für den fünften Einbruch, den er mit einem Freund zusammen verübte und bei dem die beiden dann auch von der Polizei festgenommen wurden, ausgerechnet die Kaufhalle wählte, in der seine Tante arbeitete: Es sollte in der Familie bekannt werden, dass er am Tag des Geburtstags seiner Mutter eingebrochen hatte. Aber das Signal verhallte ungehört, und die Botschaft blieb unverstanden. Im Gegenteil, sowohl Xavers Mutter als auch seine Großmutter reagierten auf seine Eskapaden mit Etikettierungen, die ihn auf eine delinquente Karriere festschrieben. Darauf wird im nächsten Abschnitt, in dem es um die Folgen der Missachtung geht, zurückzukommen sein.

Das dritte, hier vorgestellte Beispiel einer von Missachtung geprägten Sozialisation ist Fabian[45], der sich in wechselnden Konstellationen an Gewaltaktionen deutscher und arabischer Cliquen beteiligt hat. Bereits ein flüchtiger Blick auf die Geschichte und Konstellation der Familie, in der er aufgewachsen ist, lässt höchst konfliktreiche Beziehungsstrukturen erwarten. Fabians Eltern lernten sich in einer Entziehungsanstalt für Alkoholiker kennen. Beim Vater war die Entziehungskur erfolgreich, während die Mutter bald wieder rückfällig wurde. Während sein Vater als Fernfahrer meist abwesend war, hatten es Fabian und seine drei Brüder – von denen zwei älter sind und einer jünger ist als er – in ihrer Kindheit mit einer immer häufiger alkoholisierten Mutter zu tun. Als Fabian ins Schulalter kam, entwickelte sich ein Liebesverhältnis zwischen seinem Vater und seiner zehn Jahre älteren Halbschwester, die seine Mutter schon geboren hatte, bevor sie Fabians Vater kennen lernte, und die bei ihren Großeltern aufgewachsen war. Als Fabian sieben Jahre alt war, kamen turbulente Zeiten mit Trennungen und Versöhnungen. Für Fabian begann eine Odyssee zwischen dem Familiennotdienst, dem alten Zuhause und einem Onkel, bis die Familie schließlich endgültig auseinandergerissen und die Ehe geschieden wurde. Seitdem lebt Fabian bei seinem Vater und seiner Stiefmutter, die auch seine Halbschwester ist, und mit seinen Brüdern, zu denen noch ein Halbbruder kam. Fabians Mutter, die in der Trennungsphase noch mehr zu trinken begann, wurde »ins Heim gebracht« – was immer sich hinter dieser Bezeichnung Fabians verbergen mag. Kontakt zu ihr hat Fabian erst wieder in jüngerer Zeit und gegen den Willen seines Vaters.

Nun muss diese hier kurz rekapitulierte Familiengeschichte noch nicht unbedingt bedeuten, dass Fabian massive Missachtung erfahren hat. Zudem zeigt Fabian eine ausgeprägte Neigung, seine Familie zu normalisieren. Allen seinen Erzählungen über seine Familie ist anzumerken, dass er dem Stigma entgegenwirken möchte, aus einer Trinkerfamilie zu kommen, in der die Verhältnisse unklar sind und die Gewalt das Geschehen bestimmt. Fabian kann

---

45 Der Deckname »Fabian« stammt ebenfalls vom Autor. Fabian hatte den Namen des FBI-Agenten »Fox Mulder« aus der Fernsehserie *Akte X* als seinen Decknamen gewählt.

darüber, wie er die ganze Entwicklung der Familie subjektiv erlebt hat, kaum sprechen – was womöglich schon eine Folge dieser Entwicklung ist. Es gibt dennoch einige Passagen im Interviewtext, in welchen sich seine subjektive Erfahrung in früheren Situationen und die Spuren seiner Kränkungen wiederfinden. Ein wichtiger Punkt dabei ist der Alkoholismus seiner Mutter, von dem die nächste Interviewpassage handelt.

Int.: Und hast du das als Kind manchmal mitgekriegt, dass deine Mutter betrunken war?

Fabian: Ja, ich musste ihr immer so Wodka Gorbatschow holen, aber da war mein Vater schon weg, also war schon mit der Trennung.

Int.: Und wie war das für dich, dass deine Mutter getrunken hat?

Fabian: Schlimm, also. (3) Man konnt nicht einmal mit ihr reden, oder so. Ah ja, nicht immer so, dass sie jetzt betrunken war, aber -. (2) War schlimm, ah! Weil sie war nicht so zurechnungsfähig, man konnte -, man konnte ihr was sagen, dann hat sie gleich darüber gelacht, oder so, weiß nicht. Hättest zu ihr »doofe Fotze« sagen können, hätt sie gleich gelacht, oder so.

Int.: Mhm. Und wie hast du das empfunden, dass man nicht immer mit ihr reden konnte?

Fabian: Ah ja, ich hab mit 'm Kumpel drüber geredet; so schnell wie möglich raus. (3) Nja, früher, weil es -, na ja, ich hab sie früher auch dafür gehasst, weil sie gesoffen hat, so. Und weil ich sie gehasst habe, war's so, dass ich nicht mit ihr gesprochen habe, und so.

Int.: Und dann, wie hat sie darauf reagiert, wenn du nicht mit ihr gesprochen hast?

Fabian: Sie hat's gar nicht gepeilt, oder so, weil sie war ja *immer* besoffen.

Was Fabian hier zur Sprache bringt, bezieht sich auf die Zeit, als er ungefähr sieben Jahre alt war. Die Beschreibung seiner Situation, als die Mutter ständig betrunken war, ist zunächst von einer normalisierenden Tendenz geprägt, wenn er sagt, sie sei nicht immer betrunken gewesen, um sich dann allerdings im Schlusssatz zu korrigieren. So bedarf Fabian denn auch der Nachfragen des Interviewers, um seine Sprachlosigkeit durchbrechen und sich über seine subjektiven Erfahrungen mit der Alkoholsucht seiner Mutter äußern zu können. Was lässt sich nun über diese sehr knappen Äußerungen Fabians sagen?

Auffallend ist zunächst, dass er es als besonders »schlimm« empfand, dass er mit seiner betrunkenen Mutter nicht kommunizieren konnte. Mit der versagten Kommunikation wurden die legitimsten Ansprüche, die er als Kind mit sieben Jahren an seine Mutter richten konnte, zurückgewiesen; die Mutter war nicht ansprechbar oder hat allenfalls »gelacht«, wenn er ihr etwas mitteilen wollte. Wie Fabian, der seine Mutter ansonsten als warmherzig und liebevoll beschreibt, auf das Beispiel kommt, dass sie damals gelacht hätte, wenn man »doofe Fotze« zu ihr gesagt hätte, wird nicht recht klar. Einerseits unterstreicht das Beispiel die Unzurechnungsfähigkeit der Mutter, von der Fabian spricht, aber es könnte andererseits auch sein, dass er ihr dieses Schimpfwort, an diese früheren Situationen denkend, aus gegenwärtiger Sicht gerne an den Kopf werfen würde. Damals, so geht es aus Fabians Bericht hervor, kannte er zwei Reaktionen darauf, dass seine betrunkene Mutter nicht ansprechbar war. Die erste bestand in der Flucht von zu Hause; er sei »so schnell wie möglich raus«. Die zweite Reaktion kommt in der Aussage zum Ausdruck, er habe seine Mutter »dafür gehasst, dass sie gesoffen hat«. Sein Hass führte dazu, wie er weiter erzählt, dass er seinerseits die Kommunikation abgebrochen hat – wohl in der vergeblichen Hoffnung, dass die Mutter daraufhin wieder das Gespräch suchen würde, denn er zeigt sich enttäuscht, dass sie seinen Kommunikationsabbruch »gar nicht gepeilt« hat. Er fand keinen Weg, der Vernachlässigung und Nichtachtung entgegenzuwirken. Die Anerkennung in der alltäglichen Kommunikation mit seiner Mutter war ihm in jener Phase entzogen. Und er wurde, indem ihn seine Mutter immer schickte, Wodka zu besorgen, auch noch dazu eingespannt, die Perpetuierung dieser Situation zu unterstützen.

Als diese Phase beendet war und die Mutter die Familie verlassen musste, übernahm ihre damals 18-jährige Tochter die Mutterrolle. Bei jeder sich im Interview bietenden Gelegenheit vergleicht Fabian seine Stiefmutter mit seiner Mutter. Der Tenor ist jedesmal derselbe. Die folgenden Sätze geben ihn wieder: »Nja, meine Mutter ist *ganz anders* als meine Stiefmutter ist. Nur Gegenteil! Na ja, unsere Stiefmutter kann nicht so die richtige Liebe für uns zeigen so, wie sie für ihr *eigenes* Kind empfindet; ist auch ganz klar, also. Na ja, und meine Mutter ist genau das Gegenteil.« Während Fabians Reden von seiner Mutter, zumindest solange es sich im Kontext seiner Erzählungen über die Stiefmutter bewegt, von großer Sympathie geprägt ist, beschreibt er seine Stiefmutter so:

Fabian: Mei-meine Stiefmutter ist 'ne harte Frau, bestimmt ja, also. (3) Bei ihr muss alles richtig sein. Zimmer muss ordentlich sein, Schrank muss ordentlich sein, muss eigentlich alles ordentlich sein. Hausaufgaben sorgfältig machen. (5) Sie ist zwar hart, aber nett, doch ja, sie ist sehr nett. (1) Kann manchmal ganz schön gemein sein. (2) Ich will sie jetzt nicht als schlechte Frau darstellen, oder so, aber -. (2) So richtig schön hart. Ja doch, weil sie ist auch sehr jung, sie hat nicht die richtige Perspektive einer Mutter, würd ich mal sagen so, ja.

Int.: Was heißt: Keine richtige Perspektive als Mutter?

Fabian: Nja, was heißt des? Nja, es kann vieles heißen, also. (3) Des soll heißen, dass -? (2) Sie hat eigentlich nur sozusagen ihren Sohn im Kopf, so. Nesthäkchen, oder so, wie das immer heißt. (2) Ja, na ja, (.) na ja, zwar streng, aber nett.

Int.: Ich würde gerne ein bisschen mehr dazu wissen, äh, zu deiner Meinung, dass sie nicht so die richtige Perspektive als Mutter hat.

Fabian: Na ja, ich glaube, sie versteht uns nicht richtig so, weil sie ist 25, na ja. (...)

Int.: Und in was für Fällen merkt man, dass sie euch nicht so richtig versteht, wie du das vorhin meintest?

Fabian: [Leise:] Möcht ich nicht beantworten jetzt, hhh, [wieder lauter:] na ja, wie merkt man -? Na, die ist ganz anders als unsere andere Mutter, daran merkt man das.

Diese Passage ist erneut von Fabians Versuch durchdrungen, seine negativen familiären Erfahrungen herunterzuspielen, wenn er seine Stiefmutter »nicht als schlechte Frau darstellen« möchte und sie mehrmals phrasenhaft als »nett« bezeichnet; und er möchte auch nicht zu tief in das schmerzliche Drama seines Familienlebens eindringen. Wenngleich er an anderer Stelle versichert, dass er seine Stiefmutter »akzeptiere«, ist unübersehbar, dass sich Fabian doch als eines ihrer Stiefkinder im sprichwörtlichen Sinn betrachtet. Er bemerkt, sie sei »hart« und könne »ganz schön gemein sein«, sie habe »nicht die richtige Perspektive einer Mutter«, sie bevorzuge ihren leiblichen Sohn und sie könne ihn und seine Brüder nicht verstehen; kurz: sie ist nicht so, wie Fabian sich eine Mutter vorstellt.

Obgleich sich in seinem Interview kaum Erzählungen finden, die seine Aussagen konkretisieren, macht Fabian deutlich, dass die Stiefmutter die Mutter nicht ersetzen kann. Er fühlt sich von ihr nicht angenommen. Das Verhalten der Stiefmutter ist, wie Fabian einmal bemerkt, auch des Öfteren Gegenstand des Streits zwischen ihr und dem Vater. Dieser, der aufgrund seiner Tätigkeit als Fernfahrer nur an den Wochenenden bei der Familie ist, werfe ihr häufig vor, dass sie Fabian und seine Brüder außer dem Jüngsten vernachlässige. Wenn sein Vater, der nicht gerade zimperlich ist – er schlägt seine Söhne –, dies moniert, dann bestätigt dies Fabians Beschreibung seiner Stiefmutter. Das

Problem der unerfüllten Anerkennung, das mit der mentalen Absenz seiner ständig alkoholisierten Mutter begann, bleibt also für Fabian bis in die Gegenwart hinein bzw. bis zum Interviewzeitpunkt bestehen. Inwieweit dies sein Bild von sich selbst geprägt hat, beschreibt Fabian, wohl weil ihm seine innere Welt recht verschlossen ist, an keiner Stelle, so dass man darüber nur mutmaßen kann. Die Folgen der Missachtung werden in anderen Interviews sichtbarer, bei Fabian zeigen sie sich allenfalls darin, dass er angesichts seiner Erfahrungen weitgehend sprachlos ist, die Verbalisierung problematischer Punkte seines Lebens oft gequält abwehrt und keinen Zugang zu wesentlichen Teilen seiner Geschichte und seiner selbst findet.

Bei allen Unterschieden hinsichtlich der reflexiven Verfügbarkeit ihrer Sozialisationserfahrungen kann man zusammenfassend sagen, dass das Familienleben der interviewten Jugendlichen, die später selbst mehrfach gewalttätig geworden sind, von Erfahrungen der Missachtung bestimmt war. Dabei zeigten sich recht unterschiedliche familiäre Praktiken des Anerkennungsentzugs und der Erniedrigung.

Was die Jugendlichen subjektiv als Missachtung erlebt haben, ist teilweise das Nebenprodukt von Umständen wie der zeitweiligen Trennung von den Eltern infolge geographischer Mobilität oder der versagten Kommunikation aufgrund des Alkoholismus eines Elternteils. Hier ist die Missachtung die Folge *passiver Anerkennungsverweigerung*. Damit ist nicht nur die Versagung von Bestätigung gemeint, sondern auch Vernachlässigung und Nichtbeachtung, die von den Bezugspersonen gar nicht als solche intendiert sein müssen, um von den betroffenen Kindern und Jugendlichen als radikale Entwertung wahrgenommen zu werden. Oft jedoch gehen Missachtungserfahrungen aus *Handlungen der aktiven Demütigung* hervor. Die Jugendlichen wurden Objekt einer Vielzahl missachtender Handlungen und Äußerungen der Eltern und teilweise auch der Geschwister: Hier reicht das Repertoire von der ostentativen Zurücksetzung gegenüber den Geschwistern bis zur erniedrigenden Behandlung der Kinder als eine bloße Last, von verletzenden negativen Zuschreibungen bis zum Ausschluss aus der familiären Kommunikation. Immer scheint jedoch die ganze Haltung des familiären Umfeldes der Jugendlichen so geprägt gewesen zu sein, dass sie in einem fort ihre Zurückweisung und ihr grundlegendes Nicht-angenommen-Sein ausdrückte. Die Missachtungserfahrungen beschränkten sich nicht auf einzelne Episoden, sondern waren eingelagert in relativ stabile familiäre Interaktionsstrukturen, in denen sich die Missachtung reproduzierte und fortentwickelte.

Anders als bei den auf Gewalt zurückgehenden Ohnmachtserfahrungen in der Familie setzte sich die familiäre Missachtung typischerweise von der Kindheit bis ins Jugendalter hinein fort. Die konkreten Akte, in denen sich Ablehnung und Erniedrigung durch die Eltern äußerten, änderten sich je nach Situation und Alter der Jugendlichen, aber die Missachtung blieb meist eine sich fortentwickelnde Erscheinung ihrer familiären Sozialisation. Deswegen war hier von *Dynamiken* der Missachtung die Rede. Solche Missachtungsdynamiken haben gravierende Folgen: Sie ziehen die Selbstbilder der betroffenen Jugendlichen nachhaltig in Mitleidenschaft und führen zu Verhaltensweisen, die wiederum die weitere Missachtung in der Familie, aber auch in anderen Kontexten wie etwa der Schule nach sich ziehen.

3.3.2 Negative Selbstkonzepte

Die Folgen von familiären Missachtungserfahrungen liegen insbesondere auf der Ebene des Verhältnisses der betroffenen Kinder und Jugendlichen zu sich selbst. Dies zeigt sich sehr deutlich bei Xaver, Kilian und Palü. Die folgende Interviewpassage setzt das im vorangegangenen Abschnitt behandelte Fallbeispiel Xaver fort. Sie schließt unmittelbar an Xavers Schilderung der Einbrüche an, die er am Geburtstag seiner Mutter verübte, als er dreizehn Jahre alt und im Heim war. Xaver beschreibt hier die Reaktionen seiner Mutter und seiner Großmutter.

Xaver: Mei-meine Mutter und meine Oma haben immer gesagt: »Du wirst so enden wie dein Vater, als Trinker und als Knasti.« Da hatten sie wahrscheinlich Recht. (2) Weil durch die Straftaten, die ich begangen hab. Haben gesagt: »Du wirst so wie dein Vater!« Ich hab gesagt: »Neee, ick komm niemals in den Knast!« Schwupp, war ick doch im Knast. Ich hatte irgendwie, ick hatte immer gesagt: »Ach, ick werd nicht so wie mein Vater, ich werd 'n anständiger Junge, ick geh niemals in den Knast, wird nie passieren, ick paß schon uff uff mich«, und so. [Zerknirscht, traurig:] Und dabei wurd ick 'n straffälliger Typ, na ja. (2) War's vorbei.

Wie in dieser Erzählung führt Xaver seine delinquente Entwicklung nie explizit auf seine Missachtungserfahrungen und die negativen Zuschreibungen seiner Familie zurück. Gleichwohl gibt es in Xavers Erzählungen eine wiederkehrende

Assoziation zwischen jenen Erfahrungen und Zuschreibungen einerseits und seinen Straftaten und späteren Gefängnisaufenthalten andererseits. Darin tritt eine spezifische Ereignisverkettung zutage, die ihren Ausgangspunkt in Xavers familiären Missachtungserfahrungen hat und sich in der Übernahme des negativen Bildes, das seine Familie von ihm hatte, und in seinen Straftaten fortsetzt.

So stößt man bei seiner Lebensgeschichte immerfort auf jene Konstellation, die sich exemplarisch an den Einbrüchen am Geburtstag seiner Mutter und an dem, was darauf folgte, zeigte: Auf seine vielfältigen familiären Missachtungserfahrungen und auf seine emotionale Deprivation folgte sein Kampf um Anerkennung, dem sowohl die Eigenschaft eines renitenten Protests als auch die eines verqueren Hilferufs eignet. Seine Einbrüche, die als ein Versuch verstanden werden müssen, von der Mutter gehalten zu werden – im doppelten Sinne von »liebevoll aufgefangen« und »in die Schranken gewiesen« –, führen jedoch zu einer Verstärkung der Ablehnung und zu einer weiteren Stigmatisierung durch seine Familie. Inwieweit und ab welchem Zeitpunkt seiner Biographie die negativen Zuschreibungen der Mutter und Großmutter, die unter anderem auf den Vater in seiner Eigenschaft als »Trinker« und »Knasti« Bezug nahmen, zu Xavers Straftaten führten, lässt sich schwer sagen. Gewiß ist indes, dass die negativen Etikettierungen in sein Selbstbild übergegangen sind. Aus dem »anständigen Jungen«, der er allen Voraussagen zum Trotz immer werden wollte, wurde ein »straffälliger Typ«, wie Xaver feststellen muss. In seiner Erzählung steckt ein gewisser Fatalismus, so als hätte es, trotz seiner gegenteiligen Intentionen, so kommen müssen, dass sich die Zuschreibungen seiner Familie wie eine sich selbst erfüllende Prophezeiung realisieren.

Er wurde zwar kein Trinker, aber ein »Knasti«. In der Zeit nach dem zweiten Aufenthalt in einem Heim beging er zahlreiche Gewaltdelikte, Einbrüche, Autodiebstähle und Raubüberfälle, die ihn zunächst für fünf Monate in die Jugendvollzugsanstalt brachten. Auf Bewährung freigelassen, wurde er bald mit neuen Straftaten rückfällig, meist in Begleitung ehemaliger Mithäftlinge. Nach einem Raubüberfall, bei dem Xaver und einer seiner Freunde einer älteren Frau in einem Treppenhaus die Handtasche entreißen wollten, weil sie »Geld brauchten«, und Xaver die sich wehrende Frau die Treppe hinunterschubste, verbrachte er weitere zweieinhalb raue Jahre in der Jugendvollzugsanstalt. Der fatalistische Zug, der Xavers Beschreibung seiner Geschichte charakterisiert und sich darin zeigt, dass er selbst nicht zu verstehen scheint, wie er sich unversehens zum »straffälligen Typen« entwickeln konnte, spiegelt sich auch in Xavers Bilanz seiner Lebensgeschichte.

Xaver: Ick hab eigentlich schon sehr viel verloren, ick meine, die ganze Zeit, die ick im Knast gesessen habe. Ick hab insgesamt 21 Jahre zur Luft rausgefeuert, (1) die ick eigentlich nutzen hätte können. Wat ick nicht gemacht habe. Ick hätte *soo* viel aus mir ma-, aus meinem Leben machen können! Na ja, wat soll ick machen? Ick bin nun mal inne Situation reingeraten. (2) Jetzt muss ick damit auskommen.

Dafür, dass er nun »damit auskommen« muss, seine Lebensjahre, »zur Luft rausgefeuert« zu haben, macht er keine dritten Personen verantwortlich, eher noch sich selbst. Meist gewinnt man jedoch den Eindruck, dass ihm sein Werdegang wie ein undurchschaubares Fatum erscheint. Er ist in seine Situation »reingeraten«, wie er sagt. Eindeutig geht indes aus dem Interview hervor, dass sich Xavers Problem, das darin besteht, von seiner Mutter nicht angenommen und verurteilt, ja verstoßen worden zu sein, durch sein ganzes Leben zieht, so weit seine Erinnerung zurückreicht. Noch im Alter von 21 Jahren, als er interviewt wurde, traten die offenen Wunden seiner Missachtungserfahrungen zutage. Dies wird in Xavers Erzählung einer Episode besonders deutlich, die sich zunächst auf die Zeit bezieht, als er noch im Gefängnis war: Als er einmal Ausgang hatte, rief er seine jüngere Schwester an, um sich mit ihr zum Eis zu verabreden. Als er sie zum vereinbarten Zeitpunkt von zu Hause abholen wollte, stand seine Mutter, die davon nichts hätte erfahren sollen, mit einem Messer in der Tür, verbot ihm den Kontakt zu seiner Schwester und schickte ihn fort. Nach seiner Entlassung versuchte Xaver Kontakt mit seiner Mutter aufzunehmen, aber sie verweigerte den Kontakt mit ihm; er war erneut sehr enttäuscht und konnte die Haltung seiner Mutter nicht verstehen. Daran schließen sich die folgenden Reflexionen an.

Xaver: Jetzt gibt's *nie* Streitereien zwischen meiner kleenen Schwester und meiner Mutter, die ist jetzt wieder die *schönste* Mutter der ganzen Welt! Aber für mich ist sie die letzte! Weil, ick hab -, seit dem Kinderheim (.) hat sie sich nie um mich gekümmert, nie! Nie. Hab ick gesagt: »Wat ist det für 'ne Mutter? Eigentlich kannste die jetzt abschreiben.« Aber in Gedanken *ist* sie meine Mutter, lieb ich sie. Aber manchmal könnt ick meine Mutter umbringen für das, was sie mir getan hat. Aber ick kann's nicht.

Aus dieser Stelle geht hervor, dass Xaver sich als das Opfer seiner Mutter fühlt – und er ist es wohl auch. Der Vergleich mit seiner jüngeren Schwester macht weiterhin seinen immer noch vorhandenen Wunsch nach einem auf Zuwendung und Anerkennung angelegten Verhältnis zu seiner Mutter transparent. Bei dem Gedanken jedoch, dass sich seine Mutter seit seinem Aufenthalt im Kinderheim nie um ihn »gekümmert« hat, schlagen seine Emotionen in eine Wut um, die bis zu dem Gedanken reicht, die Mutter umzubringen. Seine Verarbeitungsform der tief in sein Leben eingeschriebenen Anerkennungsproblematik war indes nie die der direkten Rache an seiner Mutter. Er konnte sich, so muss man zusammenfassend feststellen, überhaupt nie von seinem negativen Selbstbild lösen, das von entsprechenden Zuschreibungen seiner Mutter und anderer Familienmitglieder herrührte. Zum Zeitpunkt des Interviews war Xaver arbeitslos, er lebte von Sozialhilfe und wurde von massiven Zukunftsängsten geplagt.

Wenn man nach den Folgen der mütterlichen Missachtung bei Kilian fragt, dann sticht zunächst ein Satz seiner Mutter ins Auge, der in mehr oder weniger identischer Weise und bezogen auf verschiedene Situationen immer wieder im Interview auftaucht. Als er das Verhältnis zwischen ihm und seiner Mutter beschreibt, formuliert Kilian diesen Satz in allgemeiner Form: »Sie hat mich öfter mal runtergemacht: ›Du wirst et nie zu irgendwat bringen und nie zu irgendwat schaffen!‹« Eine der Episoden, in der Kilian von solchen Äußerungen seiner Mutter berichtet und die er zum Anlass nimmt, über die Auswirkungen der mütterlichen Haltung zu reflektieren, bezieht sich auf seine abgebrochene Grafikerlehre, die er, der in der DDR aufgewachsen ist, kurz nach der Maueröffnung in Westberlin begonnen hatte. Diese Lehre, so Kilian, habe er »nicht durchgehalten«, weil er »noch zu jung« gewesen sei. Daran schließt die folgende Passage an.

Int.: Und wie hat sie [die Mutter, F.S.] dann reagiert, als du die Grafikerlehre abgebrochen hast?

Kilian: War sie sauer gewesen. Hat sie geschimpft.

Int.: Was hat sie da gesagt?

Kilian: Das weiß ich nicht. Ich glaub -, weiß ich nicht, also ick kann immer bloß sagen: »Aus dir wird sowieso nüscht!« Weil det andere weiß ich nicht mehr, was sie so gesagt hat. Aufbauend war das nicht gerade, aber -, na ja, muss ich mit leben. Aber ich fand's nicht gut. Also, mich hat sie auch früher irgendwo fertig gemacht. Bin auch irgendwo nicht mehr klargekommen in der Schule und so, da ging alles so ein bisschen bergab, und so. Hab auch keinen Bock mehr gehabt, zu Hause zu wohnen, oder so. (.) Und so ist das nun alles gekommen so, im Nachhinein. Ich hab dann auch nie was von mir gehalten dann eine Zeitlang. (2) Ich hab da nie an mich geglaubt, dadurch dass mich meine Mutter immer runtergemacht hat. Ich wollte versuchen, zwar, äh, meine Ziele da zu verwirklichen und so, aber irgendwo ist das (.) noch drinne, irgendwo. (2) Also, das ist nicht weg oder so, ist immer noch da.

Int.: Ja, mhm. Und was heißt: Du bist in der Schule nicht mehr klargekommen?

Kilian: (3) Ich hab keine Arbeiten mehr mitgeschrieben, ich war -, oft geschwänzt und so, (.) dann bin ich mit Kumpels rumgezogen, oder so. Wat aber nicht die Sache war, dass ich da zur rechten Szene ging, oder so. Wegen der ganze Sache bin ick nicht da hingegangen. Weil man ja immer sagt: »Leute, die aus solchen Familien kommen«, oder so, »die gehen dann dahin und dahin«, und so. So ein Schubladendenken. Uuund, na ja -, uund da hab ich öfter geschwänzt, und so. Bin dann auch sitzen geblieben und so, (2) einmal.

Int.: Ja, das war in der Gesamtschule?

Kilian: Genau. Äh, ich glaub, die achte war det. Oder die neunte.

Int.: Und wo bist du dann hingegangen, also, während du geschwänzt hast?

Kilian: Na ja, wir hatten einen Treffpunkt gehabt (.) SP-Park, T-Bezirk. Und dort haben wir uns getroffen, so Kumpels und so, waren ja ziemlich viele arbeitslos gewesen oder haben auch geschwänzt oder so, und da bin ick da hingefahren, ein bisschen (.) so auch gesoffen und so, unterhalten und so, und so bisschen Spaß halt, und so. Waren so -, meine kleine Ersatzfamilie war das gewesen. Weil da waren ziemlich viele Leute, die auch okay waren so, nicht alle, aber die meisten so. Mir hat einfa-, mir hat alles gefallen da drinne.

Mit der »nicht gerade aufbauenden« Haltung, die seine Mutter nach der abgebrochenen Grafikerlehre zum Ausdruck brachte, war Kilian, wie er erklärt, bereits in seiner Schulzeit konfrontiert; schon damals habe sie ihn »fertig gemacht«. Die degradierenden Zuschreibungen seiner Mutter stellt Kilian – wie Xaver – so dar, als handle es sich um sich selbst erfüllende Prophezeiungen. Die Folgen der Missachtung, die eine negative Entwicklung in Gang setzten, lokalisiert Kilian auf zwei miteinander verwobenen Ebenen. Die erste bezieht sich auf sein Selbstbild, die zweite auf seine äußere Entwicklung und soziale Verortung.

Auf der Ebene seines Selbstbildes formuliert Kilian die Folgen der erniedrigenden Bekundungen seiner Mutter recht deutlich: »Ich hab dann auch nie was von mir gehalten dann eine Zeitlang. (2) Ich hab da nie an mich geglaubt, dadurch dass mich meine Mutter immer runtergemacht hat.« Die Herabsetzungen durch seine Mutter führten demnach zu einem verminderten Selbstvertrauen und zu einem partiellen Verlust der Selbstschätzung. Die Art, wie Kilian dies thematisiert, liest sich wie eine Bestätigung der anerkennungstheoretischen These, dass Individuen in ihrer Selbstschätzung – einer zentralen Dimension personaler Identität – auf die intersubjektive Anerkennung ihres konkreten Soseins angewiesen sind. Der Entzug sozialer Wertschätzung und die aktive Erniedrigung durch seine Mutter schlugen sich bei Kilian subjektiv als »Erfahrung einer sozialen Entwertung« nieder. Mit dieser Erfahrung, schreibt Honneth (1992: 217), geht »typischerweise auch ein Verlust an persönlicher Selbstschätzung einher, der Chance also, sich selber als ein in seinen charakteristischen Eigenschaften und Fähigkeiten geschätztes Wesen verstehen zu können«. Kilian, der zunächst nicht recht zu wissen scheint, wie er sein vermindertes Selbstvertrauen und seine geringe Selbstschätzung[46], zeitlich eingrenzen soll, kommt abschließend zu dem Ergebnis, dass die Herabwürdigungen seiner Mutter Langzeitfolgen hatten, die immer noch wirksam sind: »Ich wollte versuchen, zwar, äh, meine Ziele da zu verwirklichen und so, aber irgendwo ist das (.) noch drinne, irgendwo.« Gleichzeitig mit dem gegenwärtigen Fortwirken seines negativen Selbstbildes kommt Kilian hier auch auf die äußeren Folgen der Missachtung durch seine Mutter zu sprechen.

Auf dieser Ebene liegt es, wenn Kilian davon spricht, dass er seine schulischen und beruflichen Ziele nicht zu erreichen imstande war, weil »das«, d. h. sein negatives Selbstbild, irgendwo »noch drinne« sei. Er führt seine Misserfolge darauf zurück, dass er das Bild des Versagers, als den ihn seine Mutter sah, verinnerlicht hatte. Sein daraus resultierender Mangel an Selbstbewusstsein hatte ihn seiner Einschätzung zufolge daran gehindert, den angestrebten schulischen und beruflichen Weg zu gehen. Dies könnte man leicht als eine nachträgliche Verschiebung der Verantwortung für seine Misserfolge auf seine Mutter abtun. Aber selbst wenn man unterstellt, dass der besagten Einschätzung Kilians eine Entlastungsfunktion zukommt, heißt dies nicht, dass ihre Wirkungen irreal sind. Im Gegenteil, die Wirkungen seiner Vorstellung, der zufolge er aufgrund seines minimierten Selbstvertrauens nicht fähig war, seine Ziele zu

46 Während der Begriff der *Selbstschätzung* mit der Anerkennungsform der Solidarität verbunden ist, d. h. mit der Anerkennung der Leistungen und der besonderen Eigenheiten des Einzelnen in seiner Unterschiedenheit von allen anderen, hat der Begriff des *Selbstvertrauens* bei Honneth einen internen Bezug zur Anerkennungsform der Liebe, in der es um die Annahme und die aktive Bestätigung der Affekt- und Bedürfnisstruktur des Einzelnen geht.

erreichen, sind ganz real. Selbst wenn er also die Mutter für seine Misserfolge verantwortlich macht, ist davon auszugehen, dass Kilian von tatsächlich empfundener Missachtung und einer damit einhergehenden Selbstabwertung spricht, wenn er die Haltung seiner Mutter und deren Konsequenzen für seine Entwicklung schildert. Es sei denn, er täuscht den Interviewer. Aber dagegen spricht wirklich alles: angefangen vom Verlauf der beiden Interviews[47] bis hin zu dem Umstand, dass er sich gegen die Vorstellung wehrt, seine spätere Zugehörigkeit zur »rechten Szene« sei auf die Familienverhältnisse zurückzuführen.

Wenn man seine Entwicklung betrachtet, ist unschwer zu sehen, dass die komplexen Wechselwirkungen zwischen der mütterlichen Abwertung seiner Person, Kilians schulischen Misserfolgen und seinem frühen Wunsch, nicht mehr zu Hause zu wohnen, insgesamt eine Entwicklung in Gang brachten, die ihn in die nationalistisch orientierte Skinheadszene führte.[48] Die »Kumpels«, die er, statt die Schule zu besuchen, im SP-Park getroffen hat und mit denen er »rumgezogen« ist, bezeichnet er selbst als »Ersatzfamilie«, also gewissermaßen als ein funktionales Äquivalent für seine Herkunftsfamilie. Unter dem Einfluss der Park-Gruppe, zu der mehrere Skinheads zählten, ließ er sich, wie er unmit-

47 Der Verlauf der beiden Interviews, die in der Einrichtung stattfanden, in der Kilian an einem Sozialen Trainingskurs teilnahm, war davon geprägt, dass er zwischen zwei Polen hin und her gerissen war: In manchen Phasen trat er sehr aggressiv und renitent auf. Vor dem ersten Interview warf er etwa in der Küche der Einrichtung ein Glas zu Boden, um dann zu einer Sozialpädagogin zu sagen: »Heb es auf, das ist Frauenarbeit.« Zu Beginn des Interviews nahm er das Mikrophon an sich, um selbst den Interviewer zu spielen und das Heft in die Hand zu nehmen; über manche Fragen, die auf sein emotionales Erleben abzielten, machte er sich lustig; er knallte mehrmals seine Springerstiefel auf den Tisch und saß ansonsten auffällig breitbeinig da. In anderen Phasen des Interviews zeigte sich, dass er durchaus so etwas wie einen Leidensdruck verspürte, besonders wenn er von seiner Mutter erzählte, und dass er es genoss, einmal jemanden vor sich zu haben, der an seiner Person interessiert war und ihm stundenlang zuhörte. Während er nach dem ersten Interview noch abschätzig bemerkt hatte, dass er eigentlich nie so viel »labere«, wie er es gerade getan habe, ging er am Tag nach dem zweiten Interview zu einer Sozialpädagogin, um sie, wie sie dem Verfasser später mitteilte, nach den Möglichkeiten zu fragen, eine Psychotherapie zu beginnen. Sowohl Kilians aggressives als auch sein sich bedürftig zeigendes Verhalten bei den Interviews sprechen dagegen, dass er den Interviewer täuschen wollte, indem er sich – entgegen seiner eigenen Überzeugung – zum Opfer stilisierte, das aufgrund seiner schweren Kindheit nur Misserfolg ernten konnte. Vielmehr war es der Anspruch, authentisch zu sein, der Kilians Haltung im Interview bestimmte.

48 Diese Feststellung soll freilich nicht bedeuten, dass hier ein notwendiger Zusammenhang besteht; sie schließt keineswegs aus, dass Kilians Entwicklung ganz anders hätte verlaufen können, dass er sich einer anderen Gruppe hätte anschließen können usw.

telbar im Anschluss an die zitierte Passage berichtet, die Haare abrasieren, kleidete sich im Stil der Skinheads und hörte rechtsradikale Musik. Während er zunächst recht naturwüchsig in den Bannkreis der Skinheads kam – zunächst war es, wie er einmal sagt, einfach eine »Mode« für ihn –, begann er sich dann intensiver mit der Geschichte und Orientierung der Skinheads auseinanderzusetzen und sich deren nationalistische und fremdenfeindliche Ideologie und Lebensform anzueignen. Dieser Entwicklung wohnte gewiss eine eigene Dynamik inne, aber der Ausgangspunkt, der diese Dynamik einleitete, war sein Anerkennungsproblem in der Familie. Dieses trug nicht nur zu seinen schulischen Misserfolgen bei, sondern war auch ausschlaggebend dafür, dass er der Familie vorzeitig den Rücken kehrte und sich eskapistisch einen Ersatz bei Jugendlichen suchte, die ihm die Tür zur Skinheadszene öffneten und ihm einen neuen sozialen Anker zu bieten schienen.

Während Kilian die Wirkungen der mütterlichen Missachtung auf sein Selbstbild sowie auf seine schulische und berufliche Entwicklung gerade in den narrativen Interviewabschnitten deutlich hervortreten lässt, gibt es auch Jugendliche, die sowohl ihre Missachtungserfahrungen selbst als auch deren Folgen verharmlosen. Dies trifft vor allem auf türkische Jugendliche zu, die sich ihren Eltern gegenüber zu einer besonderen Achtung und Loyalität verpflichtet fühlen. Dennoch lassen sich auch in diesen Fällen die Missachtungserfahrungen und deren Folgen rekonstruieren. Dies soll nun am Beispiel Palüs gezeigt werden.

Palü[49] ist ein 15-jähriger türkischer Hauptschüler und Mitglied einer Bande. Sein Vater betreibt eine Spielhalle und eine Kneipe sowie seit kurzem zusammen mit seinem Schwiegersohn auch ein Restaurant; seine Mutter arbeitet seit 25 Jahren als Küchenhilfe in einer Betriebskantine. Seine 22-jährige Schwester und sein 21-jähriger Bruder wohnen beide nicht mehr bei den Eltern, und Palü fühlt sich zu Hause oft etwas allein.

Er erzählt kaum direkt von der Missachtung, die er vor allem durch seinen Vater erfahren hat. Seine Erfahrungen der Missachtung und seine Frage nach der väterlichen Anerkennung sind jedoch häufig die untergründigen Themen, die in verdeckter Form seine Erzählungen bestimmen und hier und da offen zutage treten. Seine Frage, die des Öfteren im Interview auftaucht, ist die, ob er

---

49 Dieser Deckname, den Palü gewählt hat, ist abgeleitet vom türkischen *palavracı* und heißt so viel wie Spinner, Phantast. Er selbst übersetzt »Palü« als »Lügner«. Seine Freunde, so Palü, nennen ihn so, weil sie immer denken, dass er lüge, und weil er häufig nicht zur ausgemachten Zeit am ausgemachten Ort erscheine.

von seinem Vater geliebt wird. So berichtet er an einer Stelle, dass seine beiden Geschwister immer sagen, dass er, der Jüngste, von den Eltern bevorzugt würde. Dieser Ansicht seiner Geschwister tritt er mit folgenden Worten entgegen: »Stimmt nicht. Mein Vater hat mehr meinen Bruder geliebt, und meine Mutter hat mehr meine Schwester geliebt. Mei-meine Mutter liebt mich auch, (.) mein Vater nicht so. Das weiß ich wieder nicht jetzt, ob die mich lieben oder -. Meine Mutter liebt mich auf alle Fälle, das *weiß* ich. Aber mein Vater? Weiß ich nicht.« Was ist nun der Grund für Palüs Zweifel? Um diese Frage zu beantworten, muss man den vermittelten Wegen seiner Darstellung folgen. Dies soll nun im Rückgriff auf drei Interviewpassagen geschehen.

Palü: Aber mein Bruder, (4) der hat's -, (.) alles falsch gemacht. Aber, ich glaub, nur wegen meinem Vater.

Int.: Kannst du mir das erklären?

Palü: Der hat ihn immer früher geschlagen. Der ist nach Hause gekommen, da hat er immer Schläge bekommen. Tja, der hat sich mit meinem Vater nie verstanden. Die hatten immer Probleme. Mein Bruder ist dann abgehauen von zu Hause. Immer das gleiche. Dann haben sie sich *wieder* vertragen, *wieder* abgehauen, *wieder* vertragen, *wieder* abgehauen, immer das Gleiche. (3)

Int.: Mhm. Kannst du noch ein bisschen mehr dazu sagen, äh, warum du glaubst, dass dein Vater die Schuld dafür hatte?

Palü: Weil er hat ihn nie so richtig gut behandelt. Der ist, der ist nie zum Beispiel, weiß nicht, der hat nicht so richtig aufgepasst auf meinen Bruder. Der war für ihn *nie* da, für meinen Bruder, als Vater. Nur, wenn er Scheiße gemacht hat, ist er gekommen, hat ihn geschlagen und ist *wieder* weggegangen. Nur (.) so 'n Vater war der. Der war nicht für meinen Bruder da. Er hat nur Geld gegeben, keine Liebe. Der hat ihm immer Geld gegeben, und: »Tschüs!« Dann ist mein Bruder rausgegangen. Es *war* nichts also, mit meinem Vater und mit meinem Bruder. [Leise:] Scheiße.

Int.: Und wie ist es bei dir?

Palü: Fast genauso. Fast das Gleiche. Aber der-der, der sagt schon: »Mach keine Scheiße!«, und so weiter. Aber der ist *nie* da, wenn man ihn braucht. Wenn man zum Beispiel -, wenn ich ein Spiel hab, oder so, kommt er nie. Elternabend kommt er nie. (.) So ist es. (2) Er sagt immer zu mir: »Mach das Beste daraus!«, aber (.) was er früher gemacht hat, ist viel schlimmer, als was ich jetzt mache. Der hat früher getrun-

> ken und (.) immer Karten gespielt, um Geld und so. Hat sich geprügelt. Also, der war nichts besseres als mein Bruder oder als ich, aber er -, der sagt immer: »Mach das Beste daraus!«

Palü begründet hier seine Ansicht, dass beim Vater die Gründe dafür zu finden sind, dass sein Bruder »alles falsch gemacht« hat. Der Vater habe seinen Bruder geschlagen, ihn nicht verstanden und nicht richtig gut behandelt, er habe nicht auf ihn aufgepasst und sei nie für ihn da gewesen. Sein Vater habe seinem Bruder, darin lässt Palü seine Erzählung kulminieren, »nur Geld gegeben, keine Liebe«. Warum beschäftigt dieses Thema Palü an dieser und an vielen weiteren Stellen in einem solchen Maße? Die Antwort ist, dass Palüs Beschreibung des lieblosen Verhältnisses zwischen seinem Vater und seinem Bruder als verklausulierter Ausdruck seines eigenen Anerkennungsproblems zu verstehen ist.

Dafür gibt es eine Reihe von Anhaltspunkten. Der offensichtlichste ist derjenige, dass Palü, nachdem er resümiert hatte, dass es zwischen seinem Bruder und seinem Vater »nichts« bzw. »scheiße« war, zu dem Ergebnis kommt, dass es sich bei ihm »fast genauso« verhalte. Dieses Ergebnis, das die Antwort auf die entsprechende Nachfrage des Interviewers darstellt, füllt Palü sodann mit Inhalt, indem er darauf hinweist, dass sein Vater nie da sei, »wenn man ihn braucht«. Die beiden Beispiele, die er dafür anführt, weisen auf das Desinteresse des Vaters hin: seine Abwesenheit bei Elternabenden in der Schule und bei Palüs »Spielen«; es handelt sich hier um Fußballspiele (Palü spielt in der Landesliga und will Fußballprofi werden). Die guten Ratschläge des Vaters wiederum, die seltsam inhaltsleer und kalt wirken, scheinen, wie Palü sie wiedergibt, eher eine Pflichtübung als eine interessierte Geste zu sein, eher eine drohende Mahnung als ein Ausdruck der Unterstützung; überdies erscheinen ihm die Ratschläge vor dem Hintergrund der Vergangenheit des Vaters ohnehin wenig glaubwürdig zu sein.

Palüs Tendenz, seine eigenen Belange, Befürchtungen und Probleme in Erzählungen über seinen Bruder zu kleiden, ist im Interview allgegenwärtig; dasselbe Phänomen tritt manchmal auch in Bezug auf seine Mutter auf. Nachdem er zum Beispiel aufgefordert wurde, sie zu beschreiben, führt er aus: »Manchmal, weiß nicht, manchmal wird sie so richtig aggressiv, aber sie schlägt mich nicht, sie schreit immer. Weil sie auch Probleme hat wegen meinem Vater. Und (.) ich kann sie verstehen. Sie braucht auch Liebe (.) von meinem Vater. (2) Kriegt sie aber nicht.« Palü kann die Aggressivität seiner Mutter, weil sie, wie er betont, »auch« Probleme mit seinem Vater habe, nur allzu gut verstehen. Der empathische Hinweis auf die Liebe, die seine Mutter von seinem Vater »auch« bräuchte und die dieser verweigert, lässt sich darauf zurückführen, dass Palü denselben Mangel empfindet. Warum sonst sollte die Frage der väterlichen Liebe ein Dauerthema des ganzen Interviews sein? Und warum sollte Palü dieses Thema ins Spiel bringen, nachdem er aufgefordert wurde, die Charaktereigenschaften seiner Mutter zu beschreiben? Die Frage der versagten väterlichen Anerkennung treibt ihn zweifellos um.

Überdies bekümmert ihn die Frage, warum sein Bruder so geworden ist, wie er geworden ist. An einer anderen Stelle wird etwas deutlicher als an der oben zitierten, weshalb er seinen Vater dafür verantwortlich macht. Palü schildert dort, dass sein Bruder, als er noch zur Schule ging, in den Sommerferien in der Spielhalle, die seinem Vater gehört, gearbeitet habe. Sein Bruder habe dabei öfter selbst an den Automaten gespielt und das Geld dafür aus der Kasse genommen. Als dies seinem Vater bei seiner abendlichen Kontrolle der Kasse einmal auffiel, habe er zum Bruder gesagt: »Geh, und besorg das Geld, egal, was du machst. Entweder du lässt deinen Arsch ficken, und so. Egal, bring mein Geld!« Die Folgen für die Entwicklung seines Bruders beschreibt Palü so: »Und er ist dann rausgegangen und hat geklaut. Und dadurch wurde er -, wurde es immer schlimmer.«

Was es nun bedeutet, dass es bei seinem Bruder »immer schlimmer« wurde, geht aus der folgenden Stelle hervor. Sie zeigt auch, weshalb das Verhältnis zwischen seinem Bruder und seinem Vater sowie dessen Folgen für Palü so brisant sind: Er erkennt sich in der unerfreulichen Entwicklung seines Bruders wieder und befürchtet, in dessen Fußstapfen zu treten.

Palü: Ja. Mein Vater erz-, sagt immer das gleiche. Jeeeden Tag.

Int.: Was sagt er denn?

Palü: »Mach keine Scheiße! Paß auf dich auf! Versuch, was zu werden! Geh zur Schule! (2) Versuch, das Beste daraus zu machen«, sagt er. (.) Weil ich später das nicht machen kann, entweder jetzt oder gar nicht. Er sagt nur: »Da siehst du, guck, dein Bruder, dein Bruder, dein Bruder.« Der nimmt immer meinen Bruder als Beispiel. Weil mein Bruder, der ist *gar nichts* geworden. Der war ein guter Fußballspieler, der war intelligent. Durch die Freunde ist er (.) weg vom Fenster.

Int.: Was heißt: Weg vom Fenster?

Palü: Isss, sss, nicht so 'n Junkie, aber sondern weiß nicht -. Der ist immer mit Freunden zusammen, in Discos und so weiter, (.) fährt 'n BMW, ist 'n Dealer. (.) Dealt, ja. (2) Es ist scheiße. Der dealt, der hat keinen Beruf, *gar nichts*. Der ist kein Fußballspieler geworden, der nimmt vielleicht kein Heroin oder so, aber vielleicht Haschisch oder Koks oder so. (2) Könnte sein, aber er hat zu mir gesagt, dass er jetzt arbeitet. Aber ich glaub nicht, dass er so einfach aufhören kann damit. (3) Ich seh ihn nicht so oft. Zu uns -, kommt nicht nach Hause. Zu uns nach Hause *darf* er nicht. (.) D-der hat Streit mit meinem Vater und so. (5) Ich weiß nicht. Ich *will* nicht so werden wie mein Bruder. Aber es *scheint* so, dass ich genauso werde. (3)

Int.: Mhm. (2) Was meinst du damit, es scheint so, dass du genauso wirst?

Palü: Ja, bei *vielen* Sachen sind wir immer gemeinsam. Und ich spiele auch gut Fußball. Er war auch, äh, in der achten, siebenten so gut, und in der neunten ist er richtig scheiße geworden, also in der Schule. Da hat er angefangen, Scheiße zu machen, sich immer zu prügeln, abstechen und so weiter. (.) Klauen. (3) Ääh, das ist der Unterschied zwischen uns. Ich klau nicht, und er hat immer geklaut. Vielleicht mach ich das selber mal.

Diese Stelle eröffnet Palü wiederum mit der Wiedergabe der väterlichen Ratschläge, die er als einen ewig gleichen Sermon wahrnimmt, der ihm wenig hilfreich erscheint und an seiner Person vorbeigeht. Zentral für die hier gestellte Frage ist, dass Palüs Vater ihm stets seinen Bruder als Negativbeispiel vor Augen führt. Die Stelle zeigt eindeutig den aus Palüs Sicht verletzenden Charakter und den kontraproduktiven Effekt der notorischen Vergleiche mit seinem Bruder. In doppelter Weise lässt der Interviewtext durchscheinen, dass Palü diese Vergleiche als Missachtung erfährt: Zum einen kränkt es ihn, dass ihm sein Vater keine andere und bessere Entwicklung als die seines Bruders zutraut, und zum anderen sieht er sich von seinem Vater nicht als eigenständige Person mit spezifischen Eigenschaften und einer eigenen Biographie anerkannt.

Palü hört in den väterlichen Warnungen vor allem die Unterstellung, dass seine Entwicklung in ähnlichen Bahnen verlaufen wird wie die seines Bruders – so, als wäre er, gefangen von den Befürchtungen und Zuschreibungen seines Vaters, zwanghaft daran gebunden, den Spuren seines Bruders zu folgen. Dies kommt beispielhaft in seiner Bemerkung zum Ausdruck: »Ich *will* nicht so werden wie mein Bruder. Aber es *scheint* so, dass ich genauso werde.« Auch sein Bruder habe, wie Palü weiter erklärt, sein sportliches Talent nicht in eine Karriere als Fußballspieler umsetzen können, so als würde er sein eigenes Scheitern bereits vorwegnehmen. Weiterhin sieht er eine Parallele zwischen sich und seinem Bruder in Bezug auf den plötzlichen Abfall der schulischen Leistungen – Palü hatte nach der Grundschule das Gymnasium besucht und musste nun auch seine Hoffnungen auf einen Realschulabschluss aufgeben – sowie in Bezug auf den Beginn seiner delinquenten und gewalttätigen Karriere. Palü spricht zwar von einem Unterschied zwischen ihm und seinem Bruder, der darin bestehe, dass er selber nicht »klaue«. Aber wenn er im nächsten Augenblick sagen kann, dass er dies vielleicht auch einmal machen werde, dann zeigt sich einmal mehr, wie stark er in seinem Selbstbild auf seinen Bruder fixiert und in dessen Bann gezogen ist. Ein Pädagoge, der einige Wochen nach dem Interview mit Palüs Schulklasse ein Seminar zur politischen Bildung durchgeführt hatte, erzählte dem Verfasser tatsächlich, dass Palü dort die Videokamera gestohlen hatte, die zur Aufnahme von Rollenspielen eingesetzt worden war.

An mehreren Stellen zeigt sich, dass sein Vater ihn nicht nur implizit durch seine Mahnungen mit dem kriminellen Bruder in Verbindung bringt, sondern ihm dieselbe Entwicklung vorhersagt. Ein Beispiel dafür ist eine Stelle, an der es um die Frage geht, ob Palü später die Geschäfte seines Vaters übernehmen wird. Sie mag als letzter Hinweis dafür gelten, dass in der fehlenden Anerkennung seines Vaters das alles überschattende Problem Palüs besteht.

Palü: Er sagt immer aber: »Du wirst die Geschäfte übernehmen.« Obwohl er sagt: »Du wirst schlimmer als dein Bruder!« Ich weiß nicht, wa-, wie mein Vater ist. Ich *kenn* ihn nicht so richtig, obwohl er mein Vater ist. Ich weiß nicht, wie er richtig denkt über mich und so. (.) Ob er mich eigentlich mag. (2) Aber mein Taschengeld gibt er regelmäßig, jede Woche.

Über die Zuschreibung des Vaters hinaus, er werde »schlimmer« als sein Bruder, äußert Palü hier sein Bedauern darüber, dass er seinen Vater gar nicht richtig kenne und beklagt damit letztlich das Fehlen einer Kommunikation, wie er sich das zwischen Vater und Sohn vorstellt. Und dies, obwohl es für Palü von eminenter Bedeutung zu sein scheint, wie sein Vater über ihn denkt und ob er ihn überhaupt mag. Diese Unsicherheit über das Vater-Sohn-Verhältnis ist mit einer Infragestellung seiner Person und einer intrasubjektiven Unsicherheit verbunden. Wer und wie er ist, hat ganz zentral damit zu tun, wer und wie er in den Augen seines Vaters ist. Es bleiben, wie gesehen, der Zweifel an der väterlichen Zuneigung und oftmals die Gewissheit, negativ von ihm bewertet zu werden. Palüs Hinweis auf das regelmäßige Taschengeld unterstreicht dies, wenn man ihn, wie der Kontext es auch nahe legt, vor dem Hintergrund seiner früheren Bemerkung liest, dass der Vater seinem Bruder, mit dem er sich weitgehend identifiziert, zwar immer Geld, aber keine Liebe gegeben habe.

Die Möglichkeit eines positiven Selbstbilds scheint bei Palü stark mit der Anerkennung durch den Vater verbunden zu sein, von dem er bisher vornehmlich Ablehnung, Vernachlässigung und Abwertung erfahren und weiterhin zu erwarten hat. Wie die mütterlichen Zuschreibungen bei Xaver und Kilian zu einem Verlust des Selbstvertrauens und der Selbstachtung führten, so verhält es sich mit den väterlichen Zuschreibungen im Fall Palüs. Dass er eine ebenso problematische Entwicklung wie sein Bruder nehmen werde, hat Palü bereits verinnerlicht. Dies hat auch sein Zutrauen zu sich selbst angegriffen. Weil die negativen und missachtenden Etikettierungen des Vaters die Anerkennungsansprüche des Sohnes enttäuschen und verletzen, konstituieren sie bei ihm Selbstzweifel und führen zu einer Herabsetzung seiner Selbstachtung. Auf diesem Wege verhindern die Etikettierungen, dass es Palü gelingen kann, sich von dem Negativbild, das ihm sein Vater vermittelt, zu lösen und ihm ein anderes Selbstbild entgegenzusetzen. Auch wenn bei ihm Ansätze zu erkennen sind, dass er sich bereits einer delinquenten Identität verschrieben hat, so bleibt bei Palü gleichwohl in jeder Phase des Interviews deutlich, dass es auch in seiner Wahrnehmung etwas Negatives ist, in die Nachfolge seines Bruders zu treten. Dennoch sollte das offene Anerkennungs- und Identitätsproblem Palüs, das auf die väterliche Missachtung zurückgeht, gewalttätige »Lösungen« erfahren.

Bevor solche »Lösungen« im nächsten Kapitel zum Thema gemacht werden, kann an dieser Stelle das Fazit gezogen werden, dass familiäre Missachtung negative Folgen für das *Selbstkonzept der Missachteten* haben. Kinder, deren Wert ständig herabgesetzt wird, bekommen den Eindruck, der Zuneigung und des Wohlwollens anderer nicht würdig und verachtenswert zu sein. Durch die vielfältigen, sich oft durch die gesamte familiäre Sozialisation ziehenden Missachtungserfahrungen erben sie ein spezifisches »Problem«. Es ist das Problem der intersubjektiven Anerkennung und – dies ist die andere Seite der Medaille – der intrasubjektiven Selbstachtung. Die Akte der Geringschätzung und der Herabsetzung führen bei den Jugendlichen zu einem Verlust des Vertrauens in die eigenen Fähigkeiten und in den Wert der eigenen Person. In dem Verlust des Selbstvertrauens und der Selbstschätzung ließ sich in Übereinstimmung mit Honneths anerkennungstheoretischer Deutung der personalen Identitätsbildung eine tiefe Verunsicherung der Identität der Jugendlichen feststellen (vgl. Honneth 1990, 1992 und 1996). Eine besondere Rolle spielten in den Fallstudien die negativen Etikettierungen der Eltern oder anderer Familienmitglieder, die den Jugendlichen die Rolle eines Taugenichts oder Versagers, eines zukünftigen Trinkers oder Straftäters zuschrieben. Solche Zuschreibungen, so zeigten alle

Beispiele, verfangen und gehen in das Selbstbild der Jugendlichen ein. Den lebensgeschichtlichen Erzählungen der Jugendlichen wohnt oft ein gewisser Fatalismus inne, der den degradierenden Zuschreibungen den Charakter einer sich selbst erfüllenden Prophezeiung verleiht. Ganz im Sinn des Labeling-Ansatzes (vgl. bes. Kitsuse 1962, Becker 1973, Lemert 1974, Steinert 1979) führten die Fallbeispiele zu dem Ergebnis, dass sich die Jugendlichen nicht von den negativen Etikettierungen ihrer Eltern lösen konnten, sie schließlich übernommen und zu einem Element ihrer abweichenden Identität gemacht haben.

Neben dem negativen Selbstkonzept der betroffenen Jugendlichen traten in diesem Abschnitt auch Folgen von Missachtungserfahrungen zutage, die auf einer *interaktiven Ebene* und auf der *Ebene der äußeren Entwicklung* der Jugendlichen liegen und eng mit den Wirkungen der ramponierten Selbstachtung verwoben sind. Die aus dem verminderten Selbstvertrauen und dem niedrigen Selbstwertgefühl resultierenden negativen Erwartungen an sich selbst und andere führen zu einem Verhalten der Jugendlichen, das wiederum die Ablehnung durch die familiären Bezugspersonen verstärkt und zu Misserfolgen in der Schule führt, so dass sich die negativen Selbstbilder, die ihnen entsprechenden Verhaltensweisen der Jugendlichen und die Reaktionen der Erwachsenenwelt wechselseitig verstärken. Diese Dynamik, in der die vielfältigen inneren und äußeren Folgen von Missachtungserfahrungen eine unselige Allianz eingehen, erhält meist einen neuen Schub, wenn die Jugendlichen strafbare Handlungen begehen und wenn sich zu den Konflikten und Missachtungserfahrungen in der Familie Konflikte mit und Missachtungserfahrungen durch Lehrpersonen gesellen. All dies kann zu Aggressionen, zu Verweigerungshaltungen und eskapistischen Reaktionen bei den Jugendlichen führen, die typischerweise in einem Bruch mit der Familie, der Vernachlässigung der schulischen Pflichten und der Mitgliedschaft in einer kriminogenen Jugendgruppe enden.

Denn die Jugendlichen, die in ihrem Kampf um die familiäre Liebe und Anerkennung unaufhörlich scheiterten und stattdessen immer neue Herabwürdigungen ernteten und deren Gefühle des Nicht-gewollt-, Nicht-geschätzt- und Nicht-zugehörig-Seins durch außerfamiliäre Missachtungserfahrungen oftmals verstärkt wurden, wollen den ihnen aufgebürdeten negativen Selbstbildern nicht das letzte Wort lassen. Gewalt und die Zugehörigkeit zu gewalttätigen Gruppen erscheinen diesen Jugendlichen oft als die Lösung ihres biographisch erworbenen Problems der mangelnden Anerkennung und Selbstachtung. Sie wollen ihre Selbstschätzung, wie sich an einigen Beispielen bereits andeutete, durch die Zugehörigkeit zu gewaltbereiten Gruppen reparieren und durch die Ausübung der Gewalt sich ihrer Überlegenheit und Größe versichern. An dieser Stelle zeigt sich, dass die beiden in diesem Kapitel behandelten Erfahrungstypen eine Affinität zur Gewalt aufweisen.

Vergangene familiäre Ohnmachts- und Missachtungserfahrungen, die oftmals durch aktuelle Vorkommnisse in der Schule, der Nachbarschaft und spezifisch jugendlichen Lebenszusammenhängen neue Nahrung erhalten und reaktiviert werden können, haben Folgen mit Langzeitwirkung und stellen die wesentlichsten Bestandteile des Problems dar, das die Jugendlichen durch gewalttätiges Handeln auf prekäre Weise zu »lösen« versuchen. Wo andere Wege der Verarbeitung dieser existentiellen Erfahrungen versperrt sind, führen ihre Folgen – in erster Linie sind dies Gewaltprojektionen und negative Selbstbilder – dazu, dass die Jugendlichen ihr Selbstwertgefühl zu heben versuchen, indem sie anderen das zufügen, was ihnen selbst widerfahren ist. Es entsteht die Disposition, Ohnmachtserfahrungen in Macht- und Überlegenheitsgefühle umkehren und Missachtungserfahrungen in ein akzeptables, auf Gewalt gestütztes Verhältnis zu sich selbst überführen zu wollen. Im Zusammenspiel dieser in Ohnmachts- und Missachtungserfahrungen gründenden Dispositionen entwickelt sich eine zum Teil direkt auf die Täter gerichtete, zum Teil ungerichtete Gewaltbereitschaft, die bloß noch der Gelegenheiten ihrer Entfaltung harrt.

Gewalttätige Jugendliche haben, so kann man zusammenfassen, durchgehend Erfahrungen in der Familie gemacht, die subjektiv als Ohnmachts- und Missachtungserfahrungen zu Buche schlagen und zu Gewaltdispositionen führen. Die Analyse der Viktimisierungserfahrungen durch Gewalt, Anerkennungsentzug und Zurückweisung in der Familie zeigte Elemente, die man mit autoritären, punitiven, konfliktreichen und vernachlässigenden Erziehungsstilen in Verbindung bringen kann; aber die Beispiele waren so beschaffen, dass die Begriffe der Erziehungsstilforschung als zu unspezifisch und bisweilen als Euphemismen erscheinen. Denn in den aufgezeigten Fällen waren die Interaktionen zwischen Eltern und Kindern von einer so rohen Gewaltsamkeit und Verachtung geprägt, dass die Begriffe »autoritär«, »punitiv«, »konfliktreich« oder »vernachlässigend« nicht mehr recht greifen, und von einer solchen Inkonsistenz und Willkür, dass von einem bestimmten »Stil« der Erziehung kaum noch gesprochen werden kann. Wenn es nun zu den konstanten Merkmalen gewalttätiger Jugendlicher gehört, dass sie in ihren Familien massive Ohnmacht und Missachtung erlebt haben und mit daraus hervorgegangenen Gewaltdispositionen in die Jugendphase eintreten, dann ergeben sich daraus weitere Fragen: Wie gestaltet sich der Transfer von familiär entstandenen Gewaltdispositionen in außerfamiliäre Kontexte? In welchen Entwicklungsstufen und -prozessen realisieren sich diese Dispositionen? Und schließlich, wie werden jugendliche Gewaltkarrieren zu einem eigendynamischen Geschehen?

4

Entwicklung und Wendepunkte von Gewaltkarrieren

Die Auswirkungen familiärer Viktimisierung auf die Gewalttätigkeit von Jugendlichen wurden oft mit dem geflügelten Wort vom »Kreislauf der Gewalt« beschrieben, das von Suzanne K. Steinmetz (1977) geprägt wurde.[1] Untersuchungen des Kriminologischen Forschungsinstituts Niedersachsen haben die Virulenz dieses Kreislaufs erneut bestätigt: »Jugendliche, die in ihrer Kindheit oder aber auch als Jugendliche von ihren Eltern massiv geschlagen oder misshandelt wurden, werden erheblich häufiger selber gewalttätig als nicht geschlagene junge Menschen.« (Pfeiffer/Wetzels 1999: 11) Es ist zwar keineswegs so, dass innerfamiliäre Gewalterfahrungen in der Kindheit notwendig zu Gewalt in der Jugendphase führen, aber der umgekehrte Zusammenhang ist von überwältigender empirischer Evidenz: Jugendliche und junge Erwachsene, die andere misshandeln, waren häufig bereits sehr früh direkte oder indirekte Opfer von Gewalt.

Dorothy Otnow Lewis, Catherine Mallouh und Victoria Webb (1989) schreiben dazu:

> »Abuse alone does not usually lead to a career of violence. It would seem either that something peculiar about certain kinds of abuse promotes violence, or that additional factors interact with abuse and together with it contribute to the development of antisocial, often aggressive behaviors.« (Ebd.: 708)

Die Vermutung, dass nur bestimmte Formen der Misshandlung gewalttätige Neigungen fördern, kann man dahingehend konkretisieren, dass die Misshand-

1 Der Begriff des Gewaltkreislaufs bezog sich zunächst auf die Übertragung der Gewalt von einer Generation zur anderen, d. h. von der Herkunftsfamilie in die später gegründete eigene Familie. Bald wurde er auch zur Bezeichnung des Sachverhaltes verwendet, dass die Opfer familiärer Gewalt häufig in jugendlichen Kontexten als Gewalttäter in Erscheinung treten. Im Folgenden ist ausschließlich mit Bezug auf diesen zweiten Verwendungskontext von einem Kreislauf der Gewalt die Rede.

lungen mit Erfahrungen der Ohnmacht verbunden sein müssen. Diese auf das vorangegangene Kapitel aufbauende These wird im Folgenden weiter ausgearbeitet. Ebenso soll die von Lewis, Mallouh und Webb gestellte Frage nach den zusätzlichen Faktoren beantwortet werden, die womöglich mit der Misshandlung interagieren und mit dieser zusammen zur Entwicklung gewalttätiger Handlungsweisen beitragen. Während im 3. Kapitel die familiären Dynamiken der Missachtung im Vordergrund standen, werden nun deren langfristige Gewaltfolgen untersucht.

Auch die bundesdeutsche Gewaltkommission spricht der Familie in ihrem Endgutachten eine Schlüsselrolle bei der Entstehung der Gewalt junger Menschen zu und begründet dies damit, dass die Familie eine Sozialisationsinstanz ist, in der sich »Lernprozesse« abspielen, die zu Gewalt führen. Bei der Frage, inwieweit von einem »Gewalttransfer« von der Familie in andere Interaktionszusammenhänge auszugehen ist, kommt die Kommission zu dem vagen Ergebnis, es sei »doch wahrscheinlich, daß die Neigung zu aggressivem und gewalttätigem Handeln, vor allem in Konfliktsituationen, aufgrund früherer Erfahrungen bereits ›mitgebracht‹ wird« (Schwind/Baumann et al. 1990: 80). Diese vorsichtige Formulierung ist der Tatsache geschuldet, dass die Gewaltkommission zwar auf eindeutige statistische Befunde zurückgreifen, aber nicht zeigen kann, *wie* der Gewalttransfer zustande kommt.

Wo überhaupt der Versuch unternommen wird, den Kreislauf der Gewalt im Sinne der familiären Genese von Jugendgewalt zu erklären, geschieht dies – von biologischen, d. h. neuropsychologischen und vererbungstheoretischen Ansätzen einmal abgesehen – auf der Grundlage von Lerntheorien. So führen zum Beispiel Christian Pfeiffer und Peter Wetzels (1997) lerntheoretische Argumente zur Erklärung des Zusammenhangs zwischen der Gewalt in der Familie und der Delinquenz von Kindern und Jugendlichen an:

> »Demnach tragen innerfamiliäre Sozialisationserfahrungen, insbesondere die direkte gegen Kinder gerichtete Gewalt, aber auch die Beobachtung gewaltförmiger Konfliktaustragung seitens bedeutsamer primärer Bezugspersonen, über soziale Lernprozesse zur Entwicklung einer Risikogruppe bei, in der sich ein zunächst noch latentes Potential der Gewalt- und Delinquenzbereitschaft herausbildet.« (Ebd.: 37)

Die Autoren sagen hier weder, um was für soziale Lernprozesse es sich handelt, noch, welchen Inhalt sie haben. Wenn das lerntheoretische Versatzstück mehr als ein argumentativer Lückenbüßer sein soll, dann ist zu fragen, was mit »sozialem Lernen« gemeint ist.

Die Idee, dass kriminelle Handlungen das Ergebnis eines Lernprozesses sind, ist untrennbar mit dem Namen des Soziologen Edwin H. Sutherland verbunden. Seine 1947 in ihrer endgültigen Version formulierte *Theorie der differentiellen Assoziationen* enthält neun Punkte[2], die den Prozess erklären sollen, durch den sich spezifische Personen kriminelle Verhaltensweisen aneignen. Der erste Punkt lautet:

»*Criminal behavior is learned.* Negatively, this means that criminal behavior is not inherited, as such; also, the person who is not already trained in crime does not invent criminal behavior, just as a person does not make mechanical inventions unless he has had training in mechanics.« (Sutherland/Cressey 1970: 75)

Kriminelles Verhalten wird Sutherland zufolge in der Kommunikation und Interaktion von Primärgruppen erlernt, deren Situationsdefinitionen, Einstellungen und Fertigkeiten kriminelle Handlungen begünstigen. Zu dem dabei ablaufenden Lernprozess betont Sutherland zwar in seinem achten Punkt: »A person who is seduced, for instance, learns criminal behavior by association, but this process would not ordinarily be described as imitation.« (Ebd.: 76) Doch Ronald L. Akers stellt zu Recht fest, dass Sutherland über diese kurze Bemerkung hinaus nicht erklärt hat, »what the mechanisms of learning are« (Akers 1999: 62).[3] Über das Fehlen einer ausgearbeiteten Lerntheorie hinaus war die Gewalt in der Familie für Sutherland nie ein Thema, so dass von seiner Theorie wenig zur Aufklärung des Gewaltkreislaufs zu erwarten ist. Die prekäre Forschungslage hinsichtlich der Frage, wie es zum Kreislauf der Gewalt kommt, hat gewiss mit der von Terrie E. Moffitt (1993) beobachteten Tendenz zu tun, dass soziologische Kriminalitätstheorien ihren Blick vornehmlich auf die Adoleszenz und die in dieser Phase wirksamen strukturellen oder kulturellen Faktoren sowie auf den Einfluss der Gleichaltrigengruppe richten, während psychologische Kriminalitätstheorien sich auf die individuellen Differenzen während

2 Sutherlands *Principles of Criminology*, die 1947 in der vierten Auflage erschienen, waren erstmals 1924 unter dem Titel *Criminology* veröffentlicht worden. Nach Sutherlands Tod wurde sein zum Klassiker gewordenes Werk ab der fünften Auflage im Jahre 1955 von Donald R. Cressey ediert und sukzessive weiterentwickelt. Die genannten neun »statements«, die Sutherland ausgearbeitet hatte, blieben seit der vierten Auflage von 1947 jedoch unverändert. Zu den frühen Entwicklungsphasen der Theorie der differentiellen Assoziationen vgl. Sutherland 1956/1942.

3 Akers steht selbst auf dem Boden von Sutherlands Ansatz und hat ihn mit lernpsychologischen Theorien kombiniert; unter anderem, um Gewaltverbrechen zu erklären (siehe Akers 1977: 39 ff. und 259 ff.).

der frühen Kindheit und deren Wirkungen im Erwachsenenalter konzentrieren (vgl. ebd.: 693 f.). Es gibt indes eine psychologische Lerntheorie, die bei der Erklärung des Kreislaufs der Gewalt häufig zitiert wird. Die Rede ist von Albert Banduras sozial-kognitiver Lerntheorie der Aggression.

Dieser Ansatz, den Bandura mit seinen Mitarbeitern auf der Basis einer Feldstudie (Bandura/Walters 1959) und einer Serie von Untersuchungen in experimentellen Settings (vgl. u. a. Bandura/Huston 1961, Bandura 1962, Bandura/Ross/Ross 1963) entwickelte, mündete schließlich in eine allgemeine Theorie der Aggression (Bandura 1979).[4] Diese in der psychologischen Forschung äußerst einflussreiche Theorie (vgl. Selg/Mees/Berg 1997: 17 ff., Lösel 1995: 10 ff.) fand eine weit über die Grenzen der Psychologie hinausgehende Rezeption, die von der Soziologie und Kriminologie bis zur Humanethologie reicht.[5] Worin besteht nun Banduras Beitrag zur Erklärung der Entstehung kindlicher Gewaltneigungen in der Familie und des Gewalttransfers von der Familie in andere soziale Räume?

Bandura unterscheidet zwei Typen von Lernprozessen, durch die aggressive Handlungsformen erworben werden: das *Lernen am Modell* und das *Lernen durch Anwenden* (Bandura 1979: 85 ff.). Gemäß dem Konzept des Lernens am Modell entwickelt das Kind aggressive Verhaltensformen durch die Beobachtung entsprechender Handlungen von bedeutsamen Modellpersonen, insbesondere der Eltern, während es sich solche Verhaltensformen gemäß dem Konzept des Lernens durch Anwenden auf der Grundlage von Versuch und Irrtum aneignet. Ob aggressives Verhalten sich beim Kind dann weiter entfaltet und verfestigt, hängt Bandura zufolge davon ab, ob es zu »Erfolgen« führt und »belohnt« wird. Für das Lernen durch Beobachtung von Modellpersonen wie auch für das Lernen durch Anwenden auf der Grundlage von Versuch-und-Irrtum-

4 Banduras Aggressionsbegriff umfasst auch nicht im physischen Sinne gewaltförmige Verhaltensweisen, die psychische Schädigungen nach sich ziehen (siehe Bandura 1979: 16 ff.); die empirischen Erscheinungsformen, auf die Banduras Aggressionstheorie zugeschnitten ist, sind jedoch vornehmlich solche physischer Gewalt.

5 Auch die bundesdeutsche und die US-amerikanische Gewaltkommission haben das lerntheoretische Paradigma übernommen, um die Entstehung von Gewalt im Allgemeinen, aber auch den Gewalttransfer von der Familie in jugendtypische Gewaltkontexte zu erklären (vgl. Schwind/Baumann et al. 1990: 78 ff., Schwind 1994: 115, Reiss/Roth 1993: 104, 240 f. und 378 ff.). Banduras Lerntheorie erlangte auch bei der Entwicklung von Präventions- und Interventionsprogrammen im Bereich der Jugendgewalt große Wirkung (vgl. etwa Hawkins/Weis 1985, Petermann/Petermann 1990, Weidner 1995, Burschyk/Sames/Weidner 2000).

Erfahrungen gilt dasselbe Prinzip, demzufolge »positiv bekräftigtes aggressives Verhalten, wie auch immer es gelernt wurde, zu einer bevorzugten Reaktionsform wird« (ebd.: 110).

Zu diesem Ergebnis kam Bandura nicht nur bei seinen experimentellen Versuchsanordnungen, sondern auch bei seiner Studie, die sich mit Aggressionen von Jungen sowie elterlichen Erziehungspraktiken unter ›natürlichen‹ Bedingungen beschäftigte (Bandura/Walters 1959). Die im Rahmen der Studie angestellten Vergleiche zwischen den Familien von aggressiven und nicht aggressiven Jungen resümiert Bandura wie folgt:

»Die Familien unterschieden sich am auffallendsten im Ausmaß, in dem sie ihren Söhnen – durch Unterweisung und Vorbild – beibrachten, sich aggressiv zu verhalten. Die Eltern von non-aggressiven Jungen ermutigten ihre Söhne durchaus, ihre Prinzipien entschlossen zu verteidigen; aber sie entschuldigten körperliche Aggressionen als Mittel zur Beilegung von Streitigkeiten nicht. (...) Im Vergleich dazu zeigten die Eltern der aggressiven Jungen zwar wenig antisoziales Aggressionsverhalten, aber sie modellierten und verstärkten immer wieder kämpferische Einstellungen und Verhaltensweisen. Während sie keinerlei Aggressionen tolerierten, die gegen sie selbst gerichtet waren, so ermunterte der eine oder andere Elternteil beinahe ausnahmslos die Söhne, sich gegenüber Gleichaltrigen, Lehrern und anderen Erwachsenen außerhalb der Familie aggressiv zu verhalten. Während der frühen Kindheit nahm die Anstiftung häufig sogar die Form von Forderungen an, nach denen der Junge seine Fäuste gebrauchen sollte, wenn er sich mit seinen Gegnern abgab.« (Bandura 1979: 112 f.; vgl. Bandura/Walters 1959: 88 ff. und 312 ff.)

Wie dieses Zitat andeutet, geht Bandura davon aus, dass das »Bekräftigungsverhalten« der Eltern aggressiven Verhaltensweisen der Kinder gegenüber auch deren Einstellungen und Werthaltungen beeinflusst; aber die normative Ebene betrachtet er als sekundär gegenüber dem instrumentellen Erfolg der beobachteten Handlungen. Seine Analyse der Bedingungen für die Beibehaltung aggressiven Verhaltens (Bandura 1979: 206 ff.) zeigt besonders deutlich, dass er normative Gesichtspunkte an Erfolgskriterien angleicht. Er unterscheidet dabei drei Typen der »Bekräftigung«, die allesamt Resultate des Erreichens von – wie auch immer gearteten – Zielen darstellen: die externe Bekräftigung, die stellvertretende Bekräftigung und die Selbstbekräftigung.

Die *externe Bekräftigung* umfasst materielle, soziale und Statusbelohnungen sowie die Leidensäußerungen der Opfer aggressiver Akte.[6] Gewaltsame Hand-

6 Die externe Bekräftigung durch die Leidensäußerungen der Opfer aggressiver Akte ließe an intrinsische Gewaltmotive denken, aber auch diese nähert Bandura an eine Logik von Erfolg und Misserfolg im Sinne einer Ökonomie von Frustration und Aggression an. Er schreibt: »Erstens können aggressive Verhaltensweisen unangenehme Spannungen reduzieren, die sich aus dem Konflikt zwischen dem Wunsch, zuzuschlagen und der Furcht vor negativen

lungen werden demnach deshalb wiederholt, »weil sie, wenn sie geschickt ausgeführt werden, als effektive Mittel dienen, um sich erwünschte greifbare Belohnungen zu sichern« (ebd.: 207). Derselben Logik folgen auch Banduras Ausführungen zur *stellvertretenden Bekräftigung*, die sich den beobachteten positiven Ergebnissen und Konsequenzen aggressiven Verhaltens anderer verdankt. Hier lautet seine These: »Beobachtete Belohnungen rufen im allgemeinen einen größeren Anstieg ähnlicher Reaktionen hervor, als wenn die veranschaulichten Verhaltensweisen keine evidenten Wirkungen haben.« (Ebd.: 227) Die *Selbstbekräftigung* schließlich basiert Bandura zufolge auf den von den Kindern verinnerlichten Normen der Eltern und anderer Bezugspersonen. Dazu schreibt er, es gebe »Individuen, die ein Selbstbekräftigungssystem übernommen haben, in dem aggressive Verhaltensweisen eine Quelle persönlichen Stolzes darstellen. Solche Menschen beteiligen sich gern an aggressiven Aktivitäten, weil sie Selbstzufriedenheit gewinnen, wenn sie sich erfolgreich aggressiv verhalten.« (Ebd.: 232) Die Grundannahme von Banduras Lerntheorie besteht also darin, dass die Übernahme aggressiven Verhaltens zunächst vom perzipierten Erfolg von Modellpersonen bestimmt wird, um dann – und dies gilt auch für das Lernen durch Anwenden – von den erreichten Erfolgen und den darauf aufbauenden Erfolgserwartungen reguliert zu werden.

Eine solche Lerntheorie ist nicht in der Lage, den Kreislauf der Gewalt bzw. den Gewalttransfer von der Familie in jugendliche Lebenswelten adäquat zu fassen. Gewiss hat Banduras Theorie eine Pointe gegen die Triebtheorien von Sigmund Freud (1975a, 1975b)[7] und Konrad Lorenz (1963), die von einem angeborenen Aggressions- bzw. Kampftrieb ausgehen (vgl. Bandura 1979: 26 ff.). Mit den im Folgenden vorgetragenen Einwänden – einem handlungstheoretischen und einem empirischen Einwand – soll auch nicht in Abrede gestellt werden, dass gewalttätiges Handeln von Jugendlichen sich in Lernprozessen entwickelt und dabei die Familie als Lernkontext eine entscheidende Rolle

Konsequenzen ergeben. Zweitens wird aggressives Verhalten, das Frustrationen beseitigt, häufig von Zeichen des Schmerzes und des Unbehagens bei denen, gegen die der Angriff gerichtet ist, begleitet. Schmerzhinweise werden somit belohnend dank ihrer wiederholten Assoziation mit Spannungserleichterung und mit der Beseitigung von Frustrationen.« (Ebd.: 218)

7 Zur werkgeschichtlichen Entwicklung und den vielfältigen Veränderungen, die Freud in den verschiedenen Schaffensphasen an seiner Konzeptualisierung des Aggressionstriebes vorgenommen hat, siehe Nagera 1974: 52 ff.

spielt. Vielmehr sollen sie zeigen, dass die Art und Weise, wie Bandura diese Lernprozesse konzeptualisiert, zurückgewiesen werden muss.

Der *handlungstheoretische Einwand* besteht darin, dass Bandura zufolge alle Formen und Aspekte von Gewalttaten unter der Ägide instrumenteller oder utilitaristischer Handlungsmotive stehen. Die im sozialen Umfeld geltenden Normen und Werte reduziert er auf externe »Bekräftigungsbedingungen« für das aggressive Verhalten von Kindern oder Jugendlichen, denen er ihrerseits unterstellt, dass ihr Handeln zweckrational an der Erlangung von Status- und anderen sozialen Belohnungen orientiert ist. Werte und Normen scheinen nichts Eigenständiges zu sein, das gewalttätiges Handeln motivieren und ihm Grenzen setzen kann, sondern sie figurieren bei Bandura lediglich als Kontext von Lob und Tadel, Lohn und Strafe, also gewissermaßen als Gelegenheitsstruktur für zweckorientierte Gewalthandlungen. Aber selbst wenn man die Unterstellung akzeptieren würde, dass gewalttätige Akteure generell und unterschiedslos instrumentelle Ziele verfolgen und auf Gratifikationen aus sind, bliebe die Frage offen, was ein »Erfolg« ist. Denn Gewalthandlungen haben Folgen auf den unterschiedlichsten Ebenen, etwa auf der materiellen, sozialen, psychischen, moralischen oder der justitiellen Ebene, so dass mit einer einzigen Handlung sowohl positive als auch negative Folgen zugleich verbunden sein können. Was ein Kind als erfolgreiches Gewalthandeln einer aggressiven Modellperson wahrnimmt, dürfte fraglicher sein als Bandura es darstellt. Nimmt ein Kind es als einen Erfolg wahr, wenn sein Vater die Mutter schlägt? Selbst wenn es gegenüber den Geschwistern oder gegenüber Gleichaltrigen das Handeln des Vaters nachahmt, ist noch lange nicht gesagt, dass es dies tut, weil das väterliche Handeln erfolgreich war, hat doch solche Gewalt oft vielfältige destruktive Auswirkungen auf das gesamte Familienleben. Wenn das Kind etwa in der Schule durch gewalttätiges Verhalten auffällt, dann kann dies Folgen haben, die in ganz unterschiedliche Richtungen weisen: Es wird vielleicht von den Lehrern getadelt und von einigen Mitschülern gemieden, von anderen Mitschülern und den Eltern jedoch bestätigt. Die vielfältigen Folgen sind in solchen Fällen so inkonsistent, dass bei Wiederholungen nicht der Erfolg vergangener Gewalthandlungen allein ausschlaggebend sein kann. Die Fragen des Gewaltlernens und des Gewalttransfers verlangen also nach einem weiter gefassten Handlungsmodell, das zu verstehen in der Lage ist, warum auch gewalttätige Verhaltensformen gelernt, angewendet und von der Familie in andere Lebenszusammenhänge übertragen werden, die schädliche, kontraproduktive und selbstzerstörerische Folgen zeitigen.

Der *empirische Einwand* gegen Banduras Aggressionstheorie ergibt sich daraus, wie er die Gewalt- und Lernsituationen beschreibt. Bereits die Situationen, in denen das Kind an erfolgreichen Modellfiguren gewalttätige Handlungsformen erlernen soll, unterliegen bei Bandura einer einseitigen und in vielen Fällen fundamental falschen Beschreibung. Dies lässt sich an Norman K. Denzins Analyse der Strukturen von Familien ermessen, die in eine sich fortdauernd reproduzierende Dynamik der Gewalt verstrickt sind:

»He [the violent subject, F.S.] has the flesh of the other in his grip, while the other's will and freedom slips from his grasp. The goal of the violent act eludes the man of violence. He is drawn over and over again into the cycle of violence. He can never succeed in establishing his dominance and will over the will of the other. In this sense his violent actions are doomed to failure, yet his very failure destroys the relationship with the one he wishes to control. (...) The man of violence is never free of negative emotion, nor are his victims, for he and they are bound together in a structure or field of negative experience.« (Denzin 1984: 489)

Diese Darstellung Denzins findet viele Entsprechungen in empirischen Studien zum *Battered Child Syndrome* und zum *Battered Woman Syndrome*, welche die verschiedenen Erscheinungsformen innerfamiliärer Gewalt, die auffallend häufig gleichzeitig und in derselben Familie auftreten, als Ausdruck und Katalysatoren einer fortschreitenden Störung des gesamten familiären Interaktionssystems ausgewiesen haben (vgl. dazu zusammenfassend U. Schneider 1990: 524). Wenn also Denzins Diagnose zuzustimmen ist, nach welcher die Mitglieder solcher Familien zu einem Interaktionssystem gehören, in dem die Handlungen, Äußerungen und das Selbstverständnis aller Akteure auf je eigene Weise zutiefst von der Gewalt durchdrungen sind, dann wird deutlich, dass Bandura in seiner Theorie den wesentlichsten Fall des Gewaltlernens unbeachtet lässt: Wenn das familiäre Interaktionssystem als eine Art Zwangszusammenhang charakterisiert werden kann, das von negativen Emotionen beherrscht und aufrechterhalten wird, dann sind die darin auftretenden Gewaltakte nicht als rein zweckorientierte Handlungen zur Erreichung bestimmter Ziele zu betrachten. Vielmehr stellt sich die Frage, weshalb sich die Gewalthandlungen in der Familie wiederholen und verschärfen, *obwohl* sie, wie Denzin bemerkt, stets wieder auf ihre Erfolglosigkeit und Kontraproduktivität zurückgeworfen werden.

Bandura geht bereits von falschen Annahmen hinsichtlich der Situationen aus, in denen die Kinder am Erfolg beobachteter Gewalthandlungen der Eltern entsprechende Verhaltensformen erlernen sollen; sie sind selbst nicht nur lernende, sondern emotional in Mitleidenschaft gezogene Beobachter und als solche *Opfer* der Gewalt in der Familie – ein Umstand, den Bandura völlig zu übersehen scheint. Selbst dann, wenn er von tyrannischen Disziplinierungsmaßnahmen und von Schlägen der Eltern gegen die Kinder spricht, betrachtet er diese Phänomene nur unter dem Gesichtspunkt, inwieweit die Kinder an diesen lebendigen Modellen lernen, das Verhalten anderer, besonders gleichaltriger Spielkameraden, mit ebenso aggressiven Praktiken zu beeinflussen und zu kontrollieren (siehe zum Beispiel Bandura 1979: 114 f). Wie sich im vorangegangenen Kapitel gezeigt hat, erleben die Kinder etwa die gewaltsame Unterwerfung der Mutter durch den Vater keineswegs als Erfolg des Vaters, sondern vielmehr als einen permanenten Schrecken, dem sie ohnmächtig ausgeliefert sind.[8] Die Situation, die Bandura und Walters (1959: 131 ff.) in ihrer Feldstudie als typisch beschrieben haben, nämlich dass gewalttätige Jungen von ihren Eltern von Kindesbeinen an dazu angehalten wurden, sich gegenüber Gleichaltrigen und Lehrern aggressiv, kämpferisch und unter Einsatz ihrer Fäuste zu verhalten, findet sich in den Interviews dieser Untersuchung nicht bestätigt. Hier steht Befund gegen Befund, wenn Andreas Böttger in seiner biographischen Untersuchung aufgrund von Erzählungen einiger Probanden zu der Einschätzung kommt, dass die Akzeptanz oder sogar die Erwartung der Eltern, dass ihre Kinder sich durch Schläge an Gleichaltrigen rächen oder gewaltsam ihre Stärke demonstrieren, einen wesentlichen Faktor bei der Entstehung jugendlicher Gewaltsamkeit darstellt (vgl. Böttger 1998a: 129 ff. und 142, 1998b: 226). Ungeachtet dieser nicht auflösbaren Unterschiedlichkeit empirischer Befunde, ist hier erstens festzuhalten, dass der von Böttger beschriebene Fall des Gewalttransfers nicht der einzige sein kann. Zweitens dürften auch in jenem Fall die Gratifikationen gewalttätigen Verhaltens ambivalent bleiben, so dass der oben formulierte Einwand gegen Bandura hinsichtlich der vielfältigen und weit auseinander weisenden Folgen der Gewalt auch gegen Böttger greift (der sich im Übrigen auch auf Bandura beruft).

Wenn ein innerfamiliärer Gewaltzusammenhang, in dem Kinder zuallererst Opfer sind, etwas mit der späteren Gewalttätigkeit der betroffenen Kinder zu tun hat und sich in jugendliche Interaktionszusammenhänge hinein überträgt, dann kann man die Übertragung nicht, wie Bandura dies tut, auf einen Lernprozess reduzieren, der von instrumentellen und utilitaristischen Motiven ange-

8 Ein dritter, *methodologischer Einwand*, ließe sich auf den Umstand beziehen, dass Bandura wesentliche Elemente seiner Aggressionstheorie aus experimentellen Untersuchungen im Labor gewonnen hat. Die Ergebnisse von Laboruntersuchungen lassen sich aber nicht umstandslos auf ›natürliche‹ Situationen übertragen, wie Bandura unterstellt (vgl. auch Epstein 1962: 270).

trieben wird. Gewalt ist sowohl in der familiären Lernsituation als auch in außerfamiliären Anwendungssituationen mit destruktiven Folgen für den jugendlichen Akteur selbst verbunden. Somit kann man Peter G. Jaffe, David A. Wolfe und Susan Kaye Wilson (1990), die das Theorem des Kreislaufs der Gewalt als »derived in part from learning theory« (ebd.: 56 f.) beschreiben, Recht geben, wenn sie zu dem Schluss kommen:

»Whereas the cycle-of-violence hypothesis has received indirect support from a number of sources, it remains incomplete as a theory of interpersonal violence because of its lack of confirmed mechanisms that account for how such intergenerational transmission takes place.« (Ebd.: 60 f.)

Aber nicht nur der Kreislauf der Gewalt konnte in der einschlägigen Forschung nur ungenügend erhellt werden, sondern auch der Zusammenhang zwischen Missachtungserfahrungen und jugendlicher Gewalttätigkeit. Sicherlich spielt die Thematik der fehlenden Anerkennung und der Missachtung bei mehreren Autoren eine wesentliche Rolle in ihren Erklärungen von Phänomenen der Jugendgewalt. Jack Katz hat darauf hingewiesen, dass die verschiedensten Verbrechen aus Erfahrungen der Erniedrigung hervorgehen (siehe Katz 1988: 312 f. sowie 1991: 400 und 416). Das martialische Auftreten gewalttätiger Gangs, die sich aus Mitgliedern ethnischer Minoritäten zusammensetzen, begreift er etwa als eine Reaktion auf die kollektive Erniedrigung ihrer Vorfahren beim Eintritt in die moderne Gesellschaft (vgl. Katz 1988: 163). Nach einem ähnlichen Muster erklärt Hermann Tertilt die Gewalttätigkeit der *Turkish Power Boys*, einer türkischen Bande in Frankfurt am Main (siehe Tertilt 1996: 238 ff.).[9] Aber nicht nur die Gewalt von Jugendlichen, die ethnischen Minderheiten angehören, wurde von einzelnen Autoren in der einen oder anderen Weise mit Erfahrungen der Missachtung in Verbindung gebracht. So bezieht Axel Honneth (1996) die Gewalt von rechtsradikalen Jugendlichen auf eine Anerkennungsproblematik.

Honneth traut Gefühlen der Missachtung, die sich aus der moralischen Erfahrung der Verletzung von sozialisatorisch erworbenen Anerkennungs- und Identitätsansprüchen bilden, ein emanzipatorisches Potential zu, besonders dann, wenn diese Missachtungsgefühle eine kollektive Artikulation erfahren und in soziale Bewegungen münden. Dennoch spricht er mit Bezug auf das rechtsradikale Spektrum auch von einer »Pathologisierung des Anerkennungs-

9 Tertilt erwähnt Katz allerdings gar nicht und beruft sich stattdessen auf Cohen (1955) und Fanon (1981).

bedürfnisses« und weist darauf hin, dass man nicht davon ausgehen könne, dass »die Empfindungen der Missachtung als solche moralisch etwas Gutes« seien (ebd.: 28 und 31). Dies exemplifiziert er anhand des Insider-Dokuments von und über Ingo Hasselbach, dem Gründer der *Nationalen Alternative* und prominenten Aussteiger aus der Ostberliner Neonaziszene, der die Jugendlichen, die zu den rechtsradikalen »Kameradschaften« stoßen, als mit einem geringen Selbstwertgefühl ausgestattet, sozial isoliert, unsicher, perspektivenlos und extrem abhängig von der Anerkennung der Gruppe beschreibt (vgl. Hasselbach/Bonengel 1993: 120 ff.). Dies kommentiert Honneth mit folgenden Worten:

»Soziale Wertschätzung kann in kleinen militaristischen Gruppen, deren Ehrenkodex von der Praxis der Gewalt beherrscht ist, ebenso gesucht werden wie in den öffentlichen Arenen einer demokratischen Gesellschaft. Die Empfindung, aus den Netzen sozialer Anerkennung in irgendeiner Weise herausgefallen zu sein, stellt in sich eine höchst ambivalente Motivationsquelle sozialen Aufbegehrens und Widerstandes dar; ihr fehlt jeder normative Richtungsindex, der festlegen würde, auf welchen Wegen gegen die Erfahrung von Missachtung und Demütigung angekämpft werden soll.« (Honneth 1996: 31 f.)

Ähnlich wie für Honneth stellt die rechtsradikale Jugendgewalt auch für Annette Streeck-Fischer (1992) eine Antwort auf Missachtungserfahrungen dar. Sie führt die Gewalt rechtsradikaler Jugendlicher auf »narzißtische Verwundungen und Beschämungen« der Täter zurück, für die sie alles Fremde verantwortlich machen. Die gegen Fremde gerichtete Gewalt versteht Streeck-Fischer als einen Versuch der Jugendlichen, ihr »bedrohtes Selbstgefühl« wiederherzustellen, und fasst den Zusammenhang zwischen missachtenden Sozialisationserfahrungen und rechtsradikaler Gewaltbereitschaft so zusammen:

»Jugendliche mit Gewaltbereitschaft haben früh und anhaltend dehumanisierende Bedingungen erleben müssen. In der rechtsextremen Gruppe werden solche entwürdigenden Verhaltensweisen wenn nicht gegen den Feind, so untereinander durch Unterwerfungs- und Beschämungsrituale fortgesetzt. Den Feind zu erniedrigen, zu beschämen, fertigzumachen, dient der Bewältigung und Abwehr entsprechender eigener Erfahrungen.« (Ebd.: 764; vgl. auch Armstrong 2000)

Während sich die bislang genannten Autorinnen und Autoren in ihrer Erklärung jugendlicher Gewalt auf Erfahrungen der Missachtung im außerfamiliären Bereich beziehen oder, wie Honneth und Streeck-Fischer, die familiäre als eine unter anderen Formen der Missachtung anführen, richten andere ihren Blick besonders auf missachtende Erziehungspraktiken und Interaktionen in der Familie. Besonders die Erziehungsstilforschung (vgl. dazu Snyder/Patterson 1987: 236, Hurrelmann 1989, Bründel/Hurrelmann 1997: 45 ff.) hat, wenngleich nicht in einem anerkennungstheoretischen Vokabular, auf die gewaltfördernden Wirkungen bestimmter, in sich recht variantenreicher elterlicher Erziehungspraktiken hingewiesen, die, so das Argument im vorstehenden Kapitel, ihre Gemeinsamkeit darin haben, dass sie von den betroffenen Kindern und Jugendlichen als Missachtung erfahren wurden; Ähnliches ließe sich auch über jenen Strang der Forschung über Kindesmisshandlung sagen, der unter diesen Begriff auch die Vernachlässigung und die psychische bzw. emotionale Misshandlung subsumiert (dazu Engfer 1986: 10 ff. und 111 ff.). Aber selbst wenn man die Ergebnisse der Erziehungsstilforschung und Misshandlungsforschung anerkennungstheoretisch wendet, bleibt in beiden Fällen stets unklar, was die Missachtungserfahrungen mit den Situationen der Gewaltausübung zu tun haben; dies können sie meist schon aus methodischen Gründen nicht leisten, weil sie allenfalls die Tatsache betrachten, dass die entsprechenden Jugendlichen oft durch Gewalttaten in der Jugendphase auffällig werden, nicht jedoch die Situationen untersuchen, in denen es zu diesen Gewalttaten kommt. Ob und in welcher Weise die Missachtungserfahrungen der Jugendlichen situativ in ihre Gewalthandlungen eingehen, ist eine Frage, die bisher ebenso ungeklärt geblieben ist wie die nach dem Gewalttransfer.

Nun ist der Frage nachzugehen, ob und wie sich die familiären Gewalt- und Missachtungserfahrungen in der Wahrnehmung von Situationen niederschlagen, in denen die Jugendlichen zur Gewalt greifen. Gibt es den Opfer- und Tätererfahrungen gleichermaßen zugrunde liegende Interpretationsmuster? Gibt es bestimmte Wahrnehmungs- und Bewertungsmuster, die in Erfahrungen der familiären Gewalt und Missachtung ihren Ursprung haben und aktiv werden, wenn die davon betroffenen Jugendlichen in bestimmten Situationen und gegenüber bestimmten Verhaltensweisen anderer gewalttätig handeln? Gibt es also Interpretationen der Akteure, die auf ihre innerfamiliären Opfer- und Missachtungserfahrungen zurückgehen und in ganz anderen Handlungskontexten bei ihrer Gewaltanwendung wiederkehren? Wie diese Fragen andeuten, ist mit dem vorliegenden Kapitel zum einen der Versuch verknüpft, eine Antwort auf die von der sozial-kognitiven Lerntheorie Banduras nur unzureichend beantwortete Frage zu finden, auf welche Weise sich die Übertragung von Gewalterfahrungen in der Familie auf andere Kontexte vollzieht. Zum anderen wird es darum gehen, die Bedeutung familiärer Missachtungserfahrungen für die jugendliche Gewaltausübung nachzuweisen und zu präzisieren. Darauf aufbauend soll schließlich die eigendynamische Entwicklung jugendlicher Gewaltkarrieren aufgezeigt werden.

Das damit skizzierte Programm dieses Kapitels wird in zwei Teilschritten realisiert werden. Im ersten Schritt wird anhand der Fortsetzung der Fallrekonstruktion Bebek (4.1) herausgearbeitet, in welcher Weise die familiären Ohnmachts- und Missachtungserfahrungen in die Situationen der außerfamiliären Gewaltausübung hineinwirken, worin der subjektive Gewinn der Gewalt vor dem Hintergrund jener Erfahrungen besteht und was für eine identitätsstiftende Handlungsdynamik sich daraus entwickeln kann. Im zweiten Schritt (4.2) wird es darum gehen, die Ergebnisse der Fallrekonstruktion zu systematisieren, begrifflich zu präzisieren und mit Varianten anzureichern, um daraus die wesentlichen Momente jugendlicher Gewaltkarrieren freizulegen.

4.1 Fallrekonstruktion Bebek II: Wandlungen vom Opfer zur Täterin

Dass Bebek in einer Familie aufgewachsen ist, in der sie oft geschlagen und auf vielfältige Weise missachtet wurde, ist noch kein Beleg für einen Zusammenhang zwischen diesen Erfahrungen und ihrer eigenen Gewaltausübung. Auch wenn es sich hier nicht um eine zufällige Koinzidenz handelt, ist damit noch nicht geklärt, worauf dieser Zusammenhang beruht. Die damit angesprochene Frage nach dem Gewalttransfer von der Familie in andere Sphären jugendlichen Lebens steht im Mittelpunkt der folgenden Analysen. Am Beispiel Bebeks wird zu fragen sein, *ob* ihre außerfamiliäre Gewalt tatsächlich eine Folge der besagten häuslichen Erfahrungen darstellt. Und wenn dies zutrifft, wird die Frage zu beantworten sein, *wie* es zu einem solchen Gewalttransfer kommen kann und *welche Rolle* die familiären Missachtungserfahrungen dabei spielen.

Diese Leitfragen werden in einem zweistufigen Interpretationsverfahren beantwortet: Zunächst wird am Beispiel einiger Episoden, in denen Bebek als Täterin auftritt, eine immanente Rekonstruktion der Situationsdefinitionen durchgeführt, die sie zur Gewalt veranlassen, und der Bedeutungsgehalt herausgearbeitet, den sie mit ihren Gewalthandlungen verbindet. Dann werden die dabei rekonstruierten Deutungsmuster mit jenen Interpretationen in Beziehung gesetzt, die Bebeks Erzählungen über ihr Leben mit der Gewalt in der Familie bestimmt haben, um zu sehen, inwieweit und mit welchen Transformationen ihre Opfererfahrungen in die Situationen ihrer Täterschaft eingehen. Mit der folgenden Erzählung eröffnet Bebek ihre Ausführungen zu Situationen, in denen sie selbst Gewalt ausgeübt hat.

4.1.1 U-Bahn-Geschichte: »Anguckereien« und das Schlagen »zum Spaß«

Bebek: Na ja. Halt (.) paar Leute habe ich schon oft geschlagen, ne. Es waren eigentlich meistens auch so Kleinigkeiten, und so, halt nur so mal zum Spaß und -. (2) War halt (.) nicht so besonders halt.

Int.: W-willst du damit sagen: Nichts Besonderes?

Bebek: [Lacht]

Int.: Also kannst du mal erzählen, was du mit diesem Nichts-Besonderen meinst?

Bebek: Es war kein besonderer Grund (.) dafür. Es war meistens halt blöde Anguckereien oder so, dass die blöd geguckt haben, oder halt so was.

Int.: Mm. Erzähl doch mal 'n Beispiel.

Bebek: [Mit auffallend sanfter Stimme:] 'n Beispiel? (2) Na, wir saßen einmal in der U-Bahn, also unten, ne. Haben auf die Bahn gewartet, und dann saßen dort zwei Mädchens auf der Bank, und eine Bank weiter saß ich mit 'ner Freundin. Und über uns war die Uhr, ne. Und sie hat andauernd zu uns geguckt, zu un-, aber so richtig ständig, ne. Hat gequatscht, und bla, bla, blaa. Und dann, äh, und dann hab ich halt so hingeguckt so böse, und meinte so: »Was guckt ihr denn so blöd?«, ne. Sie meinten: »Ja wir gucken die Uhr an.« Ich so: »Was lügst du denn noch so bescheuert?«, und so. Und dann kam's halt dazu, dass ich -, [lachend:] dass ich die zusammengeschlagen habe.

Int.: Mm, mm. Und, äh, was hat dir an ihnen nicht gepasst?

Bebek: Na, dass die so doof *geguckt* haben. (2) Und dann noch dazu gelogen haben.

Int.: Ich würde mir gern noch ein bisschen genauer vorstellen können, was das für zwei Mädchen waren.

Bebek: [Prompt:] Blond. Lang. Äh, (.) 'ne Fresse wie sonstwas. Also, hat mir gar nicht gepasst, wie die aussahen und so. Und freche Mädchen waren des eher auch so, so-so: »Hm, wir haben ja was drauf«, und so. Und aber nichts dahinter. Na ja, erst mal so 'ne -, so 'ne Dings abziehen, so 'ne Show abziehen, und danach ganz klein wieder zurückgehen, ne. So kam's mir vor. Große Klappe, aber nichts dahinter, hh.

Int.: Mm. Ja. Mm, und kannst du mal versuchen zu beschreiben, *wie* du sie geschlagen hast, wie das abgelaufen ist?

Bebek: Hmm. [Verlegen lachend:] Uff, weiß ich gar nicht mal, das ging -. Man-man merkt das doch gar nicht, ich mein', wenn ich mich schlage, steh ich ja nicht da und guck mir zu. [Lacht]

Int.: Nja gut, aber so ungefähr wirst du dich wohl erinnern können.

Bebek: (4)

Int.: Mm. Was hat deine Freundin dazu gesagt?

Bebek: Na ja, sie stand dabei und hat gelacht. [Lacht]

Bebeks Aussagen sind doppeldeutig: Zum einen spielt Bebek die Bedeutung von Vorfällen ihrer Gewaltausübung herunter, als wollte sie sagen, es habe sich dabei um triviale, alltägliche Verrichtungen gehandelt. Zum anderen deutet ihr Hinweis, sie habe andere meistens nur »zum Spaß« geschlagen, auf eine intrinsische Motivation hin. Dabei fällt auf, dass Bebek das Vorhandensein einer solchen Motivlage benennen kann, solange sie in allgemeiner Reflexion über entsprechende Situationen spricht, dass sie das Spaß-Motiv im Zuge ihrer konkreten Schilderungen aber an keiner Stelle mehr explizit anspricht. Das von Bebek angesprochene Fehlen eines »besonderen Grundes« und die Nichtigkeit der Anlässe sind in der Tat ein Kennzeichen intrinsischer Gewaltmotive. Es wird also bei ihren Gewalttaten mit einer Beimengung intrinsischer Motive zu rechnen sein, auch wenn diese in ihren konkreten Schilderungen allenfalls dem Erzählduktus und der darin durchscheinenden Eigenlogik ihres Gewalterlebens zu entnehmen sein werden.

Hier ist zunächst festzuhalten, dass Bebek aus der Perspektive distanzierter Reflexion ein klares Bewusstsein davon zu haben scheint, dass es um die Begründungsfähigkeit ihrer Schläge aus den jeweiligen Situationen heraus nicht zum Besten bestellt ist. Wie sieht es nun aus der Nähe aus? Es seien, so Bebeks Auskunft, »meistens halt blöde Anguckereien« gewesen, die ihr den Anlass gegeben haben, andere zu schlagen. Die von Bebek geschilderte Episode nimmt denn auch ihren Ausgang von den Blicken der beiden Mädchen im U-Bahnhof. Dann verschärft sich die Situation, indem Bebek »böse hinguckt« und die beiden zur Rede stellt. Bebek ist eindeutig auf Eskalation aus und legt nun jede Äußerung der beiden Mädchen zu ihren Ungunsten aus. Sie will die beiden nicht entkommen und kein *principle of charity* mehr gelten lassen. Das folgende Geschehen stellt Bebek dann als zwangsläufige Folge der Situation dar: »Und dann kam's halt dazu, dass ich -, [lachend:] dass ich die zusammengeschlagen habe.« Unklar bleibt, ob sie beiden oder nur einem der Mädchen dieses

Schicksal zuteil werden ließ, und aus irgendeinem nicht erkennbaren Grund lehnt Bebek die genaue Beschreibung des Tathergangs ab. Aber es gibt eine weitere offene Frage, deren Beantwortung wesentlich für das Verständnis des ganzen Vorfalls ist: Greift Bebek zur Gewalt, weil sie im Blick der anderen etwas Bestimmtes gesehen hat, oder geht es um den »Spaß« an der Gewaltausübung? Im ersten Fall hätte das Motiv ihres Handelns mit dem Verhalten der beiden Mädchen zu tun, und im zweiten Fall wäre ein intrinsisches Gewaltmotiv ausschlaggebend.

Dafür, dass das erstgenannte Motiv in der U-Bahn-Geschichte mit im Spiel ist, spricht die Beschreibung der beiden Mädchen. Bebek nimmt Anstoß an ihrer »Fresse« und ihrem Aussehen; überdies seien sie »frech« gewesen und hätten den Eindruck vermitteln wollen, dass sie »was drauf haben«. Mit diesen Bemerkungen lässt Bebek anklingen, dass sie die äußere Erscheinung und das Verhalten der beiden Mädchen so wahrgenommen hat, als wollten diese sich über sie und ihre Freundin erheben. An zahlreichen anderen Stellen ist bei ihr die Rede davon, sie habe andere geschlagen, weil sie sich »als etwas Besseres« gefühlt hätten. Wenn es die als missachtend empfundenen Blicke und das als herablassend wahrgenommene Auftreten der Mädchen gewesen sind, die Bebek in der Situation auf dem U-Bahnhof so tangiert haben, dass sie zugeschlagen hat, dann könnte dies mit dem damit aktivierten Anerkennungsproblem zu tun haben, das sie von zu Hause kennt. Niemand darf sich über sie stellen wie ihr Bruder, so könnte ihr gewalttätiges Handeln dann gedeutet werden. In ihrer Reaktion stellt Bebek sich selbst über sie und lässt sie »ganz klein wieder zurückgehen«. Bei aller Mehrdeutigkeit dieser Stelle insgesamt lässt sich feststellen, dass die ganze Episode um Fragen der folgenden Art kreist: Wer hat wirklich »etwas drauf«, d. h. wer verdient den Respekt der andern? Wer ist wirklich groß und wer klein? Wer darf wen wie und wie lange ansehen? Alle diese Fragen lassen sich in der einen zusammenfassen: Wer muss wem Anerkennung zollen? Selbst wenn die Darstellung des für Bebek nicht tolerierbaren Verhaltens der beiden Mädchen auch etwas mit einer Legitimation ihrer intrinsischen Gewaltmotive zu tun hat, dürfte es kein Zufall sein, dass diese Darstellung in Kategorien erfolgt, die alle in einem Bezug zur Anerkennungsfrage stehen. Und selbst das originäre Motiv des »Spaßes« an der Gewaltausübung könnte in seiner Genese auf ihre familiären Gewalt- und Missachtungserfahrungen zurückgehen. Es wäre zumindest plausibel, dass der so genannte »Spaß« der Befriedigung geschuldet ist, die sie dabei empfindet, endlich nicht mehr die missachtete Tochter und Schwester zu sein, endlich nicht mehr die Ohnmächtige, sondern diejenige, die keinen überheblichen Blick, kein falsches Wort mehr dulden muss und andere in ihre Schranken weisen kann. Wenn diese Interpretation der U-Bahn-Geschichte die richtige Schlagseite hat, dann erlebt Bebek die Gewalt als eine Befreiung von ihrem Opferdasein. Durch die Wandlung vom Opfer zur Täterin erfährt sie sich als eine aktiv Handelnde, die sich weder der Demütigung ergeben noch zur Ohnmacht verurteilen lassen muss. Über diese tentativen Überlegungen hinaus zeigt die Episode, dass Bebeks Gewalthandeln von einem ausgeprägten, ja hypochondrischen Empfinden für die verächtlichen und abwertenden Blicke, Gesten und Äußerungen von anderen geleitet ist. Die folgenden Interviewpassagen werden weiteren Aufschluss über die hiermit skizzierten Interpretamente geben.

4.1.2 Nutten-Geschichte: Der Rollentausch und das wehrhafte Selbst

Int.: Du hast vorhin ja erwähnt, dass irgendwelche Jungs deine Freundin Nuray, äh, als Nutte bezeichnet haben und du einen geschlagen hast. Also, das hast du auch nur ganz kurz erwähnt.

Bebek: Ach so, ja.

Int.: Also kannst du die Geschichte mal von Anfang an erzählen?

Bebek: Na ja, ich bin halt zur U-Bahn, ne, um meine Freundin zu sehen, und so. Nuray, das war halt die Person, wo ich erzählt hab, dass wir so von weitem Cousinen sind, ne. Wir waren ZN-Straße, ne, U-Bahnhof ZN-Straße, und da waren halt auch Jungs da. Und da hab ich -, hab ich *die* Leute dort kennen gelernt, durch meine Freundin, weil ich sie halt abholen gegangen bin von der Schule. Und sie meinte so: »Ich möchte dich mal denen vorstellen.« Und so ging's dann halt so, dass wir uns näher kennen gelernt haben, und so. Und da war so 'n Typ, der hat -, also, als ich da angekommen bin, meinte der so: »Wie geht's?«, so bla, bla, bla. Und da kommt sie zu mir an, meint so: »Ja, guck mal, der ist da«, und so. Ich so: »Ja, was ist denn mit dem?« – »Ja, der hat zu mir ›Nutte‹ gesagt«, und so. Und ich so: »Warum denn?« – »Weiß ich nicht.« Ich so: »Sag mal, bist du bescheuert? Kannst du dich nicht wehren, oder so? Kannst du nicht was zurück sagen?« Bin dann hingegangen, meinte ich so: »Siehst du, so musst du das machen.« Ich geh hin, *ohne* was zu sagen, klatsch ihm eine rein, ne. Hab ihm eine runtergeklatscht, vor seinen ganzen Freunden, ne. Und das war ihm halt total peinlich, überhaupt, ne. (2) Und dann wird er voll sauer, aggressiv. Und er schlägt voll gegen die Werbedinger da, an 'ner -, in den U-Bahnen, die Werbeplakate, ne, und meint so: »Ich werde dir noch, was weiß ich wen, 'ne Person auf dich -, also auf dich hetzen«, und das und dies und jenes, ne. Und ich so: »Mach doch, denkst du, ich hab Angst, oder was? (.) Pass erst mal auf deine Wörter auf, und dann komm und hetz Leute auf mich!«, ne. »Wenn du nicht so 'ne Scheiße reden würdest, würde dir das auch gar nicht passieren!«, ne. Und seitdem [triumphierend lachend:] hält er jetzt seine Klappe. (2) Und dann kam halt 'ne Freundin von uns und meinte sie, ähm: »Na, Bebek, wie geht's?«, und so, und das und dies. Ich so: »Gut«, und so. Meinte ich so: »Was hab ich gehört, [ironisch lachend:] du bist gekommen, um mich zu schlagen?«, ne. Meint sie: »Ach, bist du bescheuert?«, meint sie zu mir, ähm: »Du hast es richtig gemacht. Wenn mir jemand sagen würde, dass ich 'ne Nutte bin, dann würd ich genauso reagieren«, ne. Und dabei war die Sache auch gegessen. Und derjenige, der sich blamiert hat, war *er*, ne.

Int.: Hm. Und was heißt das genau: Du hast ihm eine runtergehauen?

Bebek: Na, ins Gesicht hab ich ihm geschlagen.

Int.: Mhm. So mit der flachen Hand, oder -?

Bebek: Mit der flachen Hand, ja. (3)

Int.: Mm. Und was war für dich das für ein ⌊ Gefühl, äh -?

Bebek: War ⌋ stolz. (2) Na ja, ich meine, viele Leute bezeichnen mich als -, als -, mehr, ähm, wir sagen: erkek Fatma, also: 'ne Frau, aber die ist so männlich, ne. Weil -, also, ähm, die haben das halt dadurch rausgekriegt bei mir, dass ich so reagiere wie ein Junge, dass ich mir nicht alles gefallen lasse wie ein Mädchen, ne. (2) Zum Beispiel: Kommt 'n Junge, gibt mir 'n Knuffi, dann geb ich den zurück. Ich mein' -, und andere Mädchen sagen [in einem geziertes Gehabe nachäffenden Ton]: »Hör mal aauuf!«, ne, so. So bin ich nicht und, ich meine, da haben -, äh, ich weiß nicht, und es -, irgendwie, andere würden sagen: »Ach, ist mir doch egal, was er sagt. Hauptsache ich weiß, was ich bin«, ne. Ich lass mir das nicht gefallen, wenn jemand zu mir »Nutte« sagt, dass ich dann -, dann nicht reagiere, ne.

Zuerst fordert Bebek von Nuray, die von einem Jungen eine »Nutte« genannt wurde, Gegenwehr und eine verbale Gegenoffensive, um sich der Sache dann selbst anzunehmen. Ihr Vorhaben, den Jungen zu schlagen, leitet Bebek Nuray gegenüber als eine Vorführung dessen ein, worin die richtige Reaktion in einer solchen Situation bestanden hätte. Bebek handelt nicht nur an Nurays Stelle, sondern vertritt ebenso sehr ihre eigene Sache. Auch wenn Nurays Mitteilung, dass sie als »Nutte« bezeichnet wurde, die implizite Aufforderung enthalten haben mag, Bebek möge dieses Fehlverhalten des Jungen ahnden[10], geht es hier auch um Bebeks Ansprüche an eine solche Situation und um eine Demonstration dessen, wie sie sich selbst sehen und von anderen gesehen werden möchte. Dies wird im weiteren Verlauf der Erzählung noch deutlicher, zumal Bebek zunehmend den Eindruck entstehen lässt, als wäre sie selbst als »Nutte« bezeichnet worden, bis ihr schließlich über die Lippen geht: »Ich lass mir das nicht gefallen, wenn jemand zu mir ›Nutte‹ sagt, dass ich dann -, dann nicht reagiere, ne.«

Die Tatsache, dass die Nutten-Geschichte einen herausgehobenen Platz in Bebeks Erinnerung einnimmt, sowie die Lebendigkeit und der Detailreichtum, die diese Erzählung – im Gegensatz zu den vielfach kargen und summarischen Berichten ihrer Gewalthandlungen – charakterisieren, sind markante Hinweise darauf, dass die Episode an einen vitalen Punkt rührt, an dem Bebek sich unmittelbar angesprochen fühlt. Das Kapitel in Bebeks Leben, in dessen Mittelpunkt die diese Episode bestimmende Thematik steht, ist längst eröffnet: Das Bild der Nutte ist das exakte Gegenbild zur Jungfrau. Bebeks gefährdete Jungfräulichkeit war – auch wenn es aus ihrer Sicht dazu nie eine Veranlassung gab – für ihren Vater und ihren Bruder immer wieder der Stein des Anstoßes und Ausgangspunkt gewaltsamer Sanktionen gewesen. Die Semantik der Ehre, die es zu wahren und zu verteidigen gilt, verbindet die Nutten-Geschichte mit der Nachbarin-, der Tagebuch- und der Flughafen-Geschichte, die in den Abschnitten 3.1.5 bis 3.1.7 behandelt wurden. Alle diese Episoden stehen in demselben Bedeutungshorizont. Aber in der Nutten-Geschichte sind die Rollen vertauscht, und die Bebek sich bietenden Handlungsmöglichkeiten sind völlig andere. War sie zu Hause das passive Opfer, so ist sie nun die aktiv Handelnde, die keinen Schatten auf die Untadeligkeit ihrer Freundin fallen lässt und dem entsprechenden Verdacht gewaltsam begegnet. Sie macht die Indignation ihrer Freundin zu ihrer eigenen, braucht nun aber keine Rücksicht mehr auf das familiäre Beziehungsgefüge und ihre Abhängigkeiten zu nehmen.

---

10 Dies stünde auch im Einklang mit jener anderen Stelle, an der Bebek die Episode zuvor erwähnt und auf die der Interviewer in seiner Eröffnung der zitierten Passage verwiesen hatte. Dort stellte Bebek die Nutten-Geschichte unter das Motto, dass sie ihrer Freundin Nuray mit ihrem Eingreifen »geholfen« hat.

Die Nutten-Geschichte lässt einen besonders engen Konnex zu jenen Episoden hervortreten, die von der Gewalt des Bruders handeln. Dieser Konnex manifestiert sich in vier signifikanten Details. Erstens besteht eine auffällige Affinität zwischen dem von Bebek mehrfach geäußerten Wunsch, dem Hass und der Verachtung, die sie ihrem Bruder gegenüber empfindet, tätlich nachzukommen, und ihrem Verhalten, das sie im U-Bahnhof dem Jungen gegenüber tatsächlich zeigt. An einer bereits zitierten Stelle sagt Bebek über ihren Bruder, er sei eine Person, »die du einfach hassen kannst oder ins Gesicht spucken kannst«. Die Geste, jemandem ins Gesicht zu spucken, drückt Verachtung und das Bestreben aus, jemanden zu erniedrigen; und eine ähnliche Bedeutung hat es, wortlos auf jemanden zuzugehen und ihm eine »reinzuklatschen« bzw. »runterzuklatschen«. Der erniedrigende Gehalt ihres Tuns spiegelt sich auch in ihrer Aussage, dass es dem Jungen im Kontext seiner anwesenden Freunde »total peinlich« gewesen sei, und dass er derjenige gewesen sei, »der sich blamiert hat«. Die Situation ist also bestimmt von einer Thematik, in die das gewalttätige und missachtende Handeln ihres Bruders häufig eingebettet war, und sie führt zu einer Reaktion, mit der Bebek vorexerziert, wie sie jenes Handeln ihres Bruders zu erwidern stets sich imaginiert hat. Die Situation in der U-Bahn bietet ihr die Gelegenheit, sich als die Person darzustellen, als die sie sich selbst ihrem Bruder gegenüber immer gerne gesehen hätte: Als die wehrhafte Frau, die selbst zuschlägt und einen anderen erniedrigt, als eine, die sich nichts gefallen lässt und von der Opferrolle denkbar weit entfernt ist.

Ein zweites Detail, das in der Nutten-Geschichte wiederkehrt, ist das der Kommunikationslosigkeit, die Bebek ihrem Bruder immer wieder angelastet hatte. Nun ist sie es, die dem Jungen keine Gelegenheit gibt, sich zu erklären oder seine Äußerung zurückzunehmen. Sie geht auf ihn zu, »*ohne* was zu sagen«, und schlägt ihm ins Gesicht. Ihr Handeln gleicht damit dem ihres – in der Nutten-Geschichte allgegenwärtigen – Bruders, als wollte sie ihre Erfahrungen der Ohnmacht und Missachtung annullieren oder umkehren. Nun ist sie, die stets unter der Kommunikationslosigkeit ihres Bruder gelitten hat, diejenige, die nichts sagt und ihr Gegenüber nicht zuletzt dadurch demütigt und beschämt: Es handelt sich nicht nur im wörtlichen, sondern auch im sprichwörtlichen Sinn um einen Schlag ins Gesicht. Aber auch die Gestaltung ihrer Erzählung macht förmlich spürbar, wie sehr sie es immer noch genießt, den Jungen nicht nur physisch, sondern auch an einem zentralen Punkt seines Selbstverständnisses getroffen und seine Anerkennungswürdigkeit vor Dritten herabgemindert zu haben. Unter umgekehrten Vorzeichen hatte die gleiche Semantik ihre Beschreibungen der brüderlichen Akte der Gewalt und der Erniedrigung durchwaltet, so dass man hier von einer Rollenumkehr sprechen muss. In diesem Sinne ist Bebeks Schlag ins Gesicht des Jungen im U-Bahnhof ein Befreiungsschlag, der auf außerfamiliärem Terrain eine Antwort auf die innerfamiliären Ohnmachts- und Missachtungserfahrungen darstellt – ein Befreiungsschlag allerdings, der, wie ihre weiteren Gewaltakte und die Fortdauer des zugrunde liegenden Anerkennungsproblems zeigen, nur von ephemerer Wirksamkeit ist.

Das dritte Detail des Interviewtextes, das eine Verbindung zwischen den Erfahrungen der brüderlichen Gewalt und der Nutten-Geschichte anzeigt, manifestiert sich in der Thematik der Angstlosigkeit. Der von Bebek geschilderte Handlungsablauf legt die Vermutung nahe, dass die situativ relevanten Regeln des Umgangs zwischen den Geschlechtern sie vor der Gegengewalt des Geschlagenen geschützt haben. Anhaltspunkte dafür, dass Bebek von vornherein die Erwartung ins Kalkül gezogen hat, dass dem geschlagenen Jungen durch jenen Kodex die Hände gebunden sein würden, bietet der Interviewtext jedoch nicht; und wie hätte sie auch sicher sein können, dass sich der Junge nicht über die bestehenden normativen Schranken hinwegsetzt? Sie scheint in der Tat von Anfang an relativ angstfrei zu Werke gegangen zu sein. Thematisch wird ihre Angstfreiheit jedoch erst in dem Dialog mit dem Jungen, in dem sie sich wenig beeindruckt von dessen Drohung zeigt, eine andere Person – wohl eine weibliche, die Bebek schlagen *darf* – auf sie zu hetzen: »Mach doch, denkst du, ich hab Angst, oder was?« Angesichts der Möglichkeit, selbst Schläge zu beziehen, tauchen Bebeks Ideale der Indolenz und der Angstfreiheit wieder auf, die beide eine Folge der familiären Viktimisierungen darstellen. In der Familie hat Bebek es »gelernt«, wie sie an verschiedenen Stellen bemerkt, keine Angst vor der Gewalt irgendeines anderen zu haben.

Im Anschluss an Bebeks Erzählung der Nutten-Geschichte und ihre Aussage, dass sie »stolz« darauf war, dem Jungen ins Gesicht geschlagen zu haben, tritt ein vierter, vielleicht der wesentlichste Gesichtspunkt hervor, unter dem ihre Täterschaft mit ihren Opfererfahrungen verknüpft ist. An der Stelle, an der Bebek jenen Stolz reflektiert, erklärt sie den Inhalt desselben, indem sie zunächst auf die Etikettierung als *erkek Fatma*[11], als männliche Frau verweist.

11 *Erkek Fatma* ist im Türkischen ein stehender Ausdruck; er ist zusammengesetzt aus dem sowohl substantivisch als auch adjektivisch gebrauchten Wort *erkek*, das »Mann« bzw. »männlich« bedeutet, und dem weiblichen Vornamen *Fatma*. Im Interview mutmaßt Bebek an einer Stelle, dass sie eine »männliche Frau« geworden sei, weil ihre Mutter immer erzählt habe, dass sie sich nach der Geburt ihrer Schwester einen Sohn gewünscht hat. Die Enttäu-

Diese Fremdzuschreibung erachtet Bebek als durchaus zutreffend, wenn sie sie damit begründet, die anderen hätten »rausgekriegt«, dass sie »wie ein Junge« reagiere und sich »nicht alles gefallen lasse wie ein Mädchen«. Es geht hier weniger um eine Diffusion der Geschlechtsidentität, sondern um die Art ihres Umgangs mit bestimmten Situationen, die höchst relevant für Bebeks Selbstverständnis sind. Der wehrhafte und offensive Umgang mit derartigen Situationen und ihr Verhalten des Sich-nichts-gefallen-Lassens sind es, die sie stolz machen (und nicht das Faktum als solches, dass sie so wie ein Junge zu reagieren in der Lage ist). Dass solche Formen des Handelns und Reagierens zentrale Fragen ihres Selbstverständnisses berühren, geht aus Bebeks Vergleichen zwischen sich und anderen Mädchen hervor. »So bin ich nicht«, kontrastiert sie sich selbst mit dem defensiven und gezierten Gebaren anderer Mädchen, die von Jungen gekniffen werden. In den Vergleichen mit anderen Mädchen geht es um nichts weniger als um die Frage, »wie und was sie ist«. Aber auch darum, dass andere dies wissen bzw. zu spüren bekommen sollen. Situationen, in denen Bebek ihre Wehrhaftigkeit und ihre Fähigkeit zur Gewalt unter Beweis stellt, berühren Fragen ihrer Identität, ihrer Identitätsdarstellung und -behauptung. Ihr Stolz, so kann man diese Sequenz zusammenfassen, basiert darauf, dass sie ihr Selbst bzw. ihr Selbstideal zur Geltung gebracht hat, indem sie dem Jungen unerschrocken und furchtlos ins Gesicht geschlagen hat.

Durch ihren Schlag gegen den Jungen und ihre tatkräftige Gewissheit, sich nichts gefallen lassen zu haben, erntet Bebek die Möglichkeit einer Selbstachtung, die in einem diametralen Gegensatz zu ihren erniedrigenden Gewalterfahrungen in der Familie steht. Der Schlag ist der Moment der Umkehrung ihrer Ohnmachts- und Missachtungserfahrungen, denen sie im familiären Alltag in latenter Form permanent und in manifesten Kulminationen der Grausamkeit in regelmäßiger Wiederkehr ausgesetzt war und noch ist. Aus diesem wunderbaren Rollentausch resultieren ihr Gefühl des Stolzes und der subjektive Gewinn ihrer Gewalt: Statt Opfer zu sein, ist sie nun die Täterin, die selbst die Geste der Erniedrigung vollzieht und die Macht der Gewalt sich zu eigen macht. War der

schung der Mutter darüber, dass ihr drittes Kind ein Mädchen geworden ist, gehört Bebeks Schilderungen zufolge zu den »kanonischen Erzählungen« (Schütze 1976b: 24 ff.) ihrer Familie. Bereits früh, so erzählt sie, sei ihr Verhalten damit erklärt worden: Wenn die Eltern von den Lehrern davon unterrichtet worden seien, dass sie in der Schule wieder einmal »wie ein Junge zugegriffen« habe, hätten die Verwandten stets zu ihrer Mutter gesagt: »Vielleicht ist es daher, weil du so gern 'n Sohn haben wolltest, aber es ist 'n Mädchen, aber (.) so was wie 'n Junge.«

Ausdruck ihrer Individualität in ihrer Familie – wie die Tagebuch-Geschichte in besonderer Dichte vor Augen führte – der mütterlichen Ignoranz und der brüderlichen Abstrafung anheim gefallen, so zelebriert sie in der Nutten-Geschichte eine Souveränität und eine Handlungsmächtigkeit, die keinen Schritt vom authentischen Ausdruck ihres Selbstverständnisses abzurücken bereit sind. Im Gegensatz zu ihrer Taktik gegenüber ihrem Bruder, die in einem Erstarren und damit in einem Ausschalten jeglichen Empfindens bis zur Selbstverleugnung besteht, demonstriert Bebek in der Nutten-Geschichte unbedingte und kompromisslose Treue zu sich selbst. Wenn man der Logik Bebeks folgt, gemäß der sich in dem einen Schlag gegen den Jungen ausdrückt, was für eine Person sie ist, muss man zu dem Schluss gelangen, dass sich in ihrem gewalttätigen Handeln die Konturen eines neuen und – aus ihrer Sicht – »wahren Selbst« (Winnicott 1974) abzeichnen. Die Gewalthandlung offenbart Bebek, was für ein Mensch sie nun geworden ist und sein will[12], und wie sie den alten Menschen in ihr, der vielfältige Formen der defensiven Anpassung an den familiären Gewaltzusammenhang entwickelt hatte, zumindest zeitweilig abstreifen kann.

Der fallinterne Vergleich zwischen der Semantik der Nutten-Geschichte und der Semantik, in der Bebek ihre Opfererfahrungen schildert, weist also eine Reihe von Übereinstimmungen auf, die ihren Schlag ins Gesicht des Jungen als ihre Antwort auf eine innerfamiliär erworbene Anerkennungs- und Identitätsproblematik erkennen lassen. Hier besteht keine Einheit von Ort, Zeit und handelnden Personen: Bebeks Gewalt entfaltet sich nicht im familiären Kontext, sondern an einem öffentlichen Ort, und ihr Schlag folgt nicht auf einen Übergriff ihres Bruders, sondern auf eine an ihre Freundin adressierte Beleidigung durch einen ihr unbekannten Jungen. Und Bebek selbst interpretiert ihren Schlag auch nicht als etwas, was mit ihren familiären Gewalt- und Missachtungserfahrungen in Zusammenhang steht. Sie gibt in ihrer Erzählung und Reflexion der Nutten-Geschichte zwar mannigfaltige Hinweise darauf, dass ein solcher Zusammenhang besteht, aber es blieb der Rekonstruktion im Modus des fallinternen Vergleichs vorbehalten, ihn sichtbar zu machen.[13]

---

12 Dieses Phänomen wird im Abschnitt 4.2.1 mit Norman K. Denzins Begriff der »epiphanischen Erfahrung« genauer untersucht.

13 Dies ist insofern kein ungewöhnlicher Vorgang, als auch im alltäglichen Leben Akteure kein Interpretationsmonopol auf ihre eigenen Erfahrungen haben und andere Personen Zusammenhänge sehen können, die den Akteuren selbst – aus welchen Gründen auch immer – verborgen geblieben sind.

Die gewaltsame Reaktion bliebe völlig rätselhaft, würde man nicht berücksichtigen, dass bereits Bebeks Situationsdefinition durch ihre biographische Vorgeschichte präformiert war. In ihrem hoch sensiblen Gehör für die Nutten-Thematik und in ihrer identifikatorischen Haltung der Freundin gegenüber manifestieren sich die Folgen bitterer familiärer Erfahrungen. Bebek wird von ihrer situativen Interpretation jedoch mehr beherrscht[14] als dass sie diese bewusst zur Anwendung bringt; sie ist dabei nicht die Herrin im eigenen Hause. Nur vor dem Hintergrund ihrer familiären Gewalt- und Missachtungserfahrungen lassen sich die enorme Bedeutsamkeit, die Bebek nun ihrer Täterschaft zuweist, und der Stolz auf den Schlag begreifen, den sie mit dem Pathos der Authentizität auflädt. Der Boden dafür, dass Bebek ihre Gewaltanwendung als identitätsstiftenden Akt erleben konnte, war längst bereitet. Ihr »Schmerz der Seele«, den ihr die erniedrigende Gewalt des Bruders bereitete, erfährt in der Umkehrung der Rollen eine Linderung. Die Gewaltanwendung wird ihr – so kann man Bebeks Formulierung weiter treiben – zum »Balsam für die Seele«. Der Schlag ins Gesicht des Jungen gilt ihr als Fanal eines neuen Selbstverständnisses, welches allerdings auf einer bloßen Umkehr der Rollen beruht und damit in negativer Abhängigkeit von ihren Opfererfahrungen steht. Der identitätsstiftende Rollentausch ist nun vollzogen: Sie lässt es sich »nicht gefallen« und »reagiert«, wenn sie eine »Nutte« genannt wird, wie Bebek abschließend festhält und damit die assoziative Brücke zur folgenden Erzählung schlägt.

4.1.3 Jugendhaus-Geschichte: Der identitätsbildende Zirkel von Ausgrenzung und Gewalt

Bebek: Das war ja auch genauso, ähm, wir sind i-, BF, ist so 'n Jugendhaus, ne, in-in der -, am AC-Platz. Da war ich fast jeden Tag früher. Und, ähm, da gibt's verschiedene Räume, wo man alle möglichen Sachen machen kann. Was weiß ich, Tanzen, oder alles mögliche. Und da war halt 'ne Gruppe, die hat getanzt, ne. Und da waren paar Freunde von mir drinne, und da meinte -. Und da bin ich kurz reingegangen, um mit den Freunden was zu besprechen, ne. Und sie so -, ich stand an der Tür, und sie so: »Kommst du jetzt raus, oder gehst du rrei-, kommst du jetzt raus oder gehste rein?«, ne. Und ich so: »Ich geh rein, ne.« Bin

14 Dieser Aspekt, der wesentlich für Gewaltkarrieren ist, wird im Abschnitt 4.2.2 unter dem Begriff der »gewaltaffinen Interpretationsregimes« vertieft.

reingegangen und dann meint' ich so: »Nee, nee«, meint' ich so, so wie sie mich frech angemacht hat, ne: »Gehste raus oder bleibst du drin?«, ne. Da meint' ich so: »Ich bleib drin«, ne. Und dann bin ich drin geblieben, hab zu Ende gesprochen, und da meint' ich so: »Nee, nee, ich geh lieber, anstatt mir euren Tanz anzusehen«, ne. Bin rausgegangen, hab die Tür noch in der Hand gehabt, so halt, noch nicht zugemacht, und meinte so zu meinem Kumpel: »Vielleicht komm ich nachher noch mal.« Und dann meinte die so, äh, dies Mädchen: »Ja, wenn ich's dir erlaube«, ne, so. Und ich so: »Du hast hier nichts zu sagen!«, knall die Tür zu und, äh, bin dann halt runter. Nach 'ner Weile meint' ich so zu meinem Kumpel, ne, er soll zu ihr hingehen und sagen, sie soll aufpassen, ne, was sie tut, sonst werd ich einfach sauer. Und dann soll sie gesagt haben: »Ja, okay«, und das und dies, und dann, als sie immer an mir vorbeigelatscht ist und so immer so voll blöd angeguckt und so, und das und dies. Und dann, als ich sie drauf angesprochen habe, meint sie: »Ja, der Erzieher hat gesagt, dass ich keinen reinlassen soll.« Und ich so: »Was, der Erzieher hat das gesagt? Warum saßen dann Leute drin?« – »Na, die *durften* ja rein.« Ich sag: »Na, hör mal auf zu lügen!«, ne. – »Ja, doch!«, und so, und dann sitzen so 'ne Menge von Leuten drinne, und warum grade *ich* nicht, ne. Und dann halt ist es mir so -: Was ist denn mit ihr?, so-mäßig, und: Warum lügt sie rum?, und so. Und dann kam es halt dazu, dass wir uns 'n bisschen gestritten haben. [Ironisch lachend:] Und dann kam's dazu, dass sie irgendwie an demselben Tag im Krankenhaus gelandet ist. Und dann lag sie 'ne Woche drin.

Int.: Und wie kam das, dass sie im Krankenhaus gelandet ist?

Bebek: Äh, na ja, [lachend:] so krass wie ich sie geschlagen habe, lag sie im Krankenhaus. Eine Woche. Sie hatte Schädeltrauma, Schädelprellung, Gehirnerschütterung, äh, hier Brüche an den - [deutet auf ihre Rippen]

Int.: Rippen.

Bebek: Ja genau, und Schürfwunden.

Int.: Und, äh, was hast du denn mit ihr angestellt? Wie hast du das gemacht?

Bebek: Na ja, ich hab sie am Kopf gehalten, an den Haaren, und dann immer gegen mein Knie gestoßen, und so. Dann, äh, in die halt Rippen reingeboxt. Und das und dies. Und dadurch halt. Und dann hab ich 'ne Anzeige bekommen. Und jetzt muss ich Schmerzensgeld in -, in Höhe von 2500,– Mark zahlen.

Int.: Mm. Ist das auch einer der Gründe, warum du hier beim Sozialen Trainingskurs bist?

Bebek: Ähm, das Gericht, normal, also Jugendgericht, wurde abgeschlossen. Die Sache mit der Körperverletzung wurde mit hier in den Sozialen Kur-, äh, Trainingskurs mit reingepa-, äh, -getan. Bloß, äh, die Eltern von ihr haben *wieder* 'ne Anzeige gemacht wegen dem Schmerzensgeld. Und die haben einen Zivilprozess draus gemacht. Und es ging praktisch halt nur noch um das Geld, ne. Und da war ich halt nicht beim Gericht, weil ich mir gedacht habe: »Nee, ich bezahl das nicht«, ne. Und jetzt hab ich halt, ähm, 'nen Brief bekommen, und da steht halt, dass ich das zahlen muss und dass eventuell dann noch irgend so 'n Typ zu mir kommt, falls ich das nicht zahle, um andere Wege zu finden, wie ich das bezahlen kann, und so. (3)

Int.: Mhm. Okay (2). Ja, und was hattest du mit diesem Mädchen eigentlich vorher schon zu tun gehabt?

Bebek: Nee.

Int.: Noch ⌊ gar nichts?

Bebek: Gar nichts. ⌋ Also, ich hab sie gesehen und so, aber sonst *gar* nichts. (3) Na ja, ich hatte sowieso noch 'n bisschen Hass auf sie, und des*wegen* halt, des ist (.) eigentlich der Grund gewesen, weiter keins.

Int.: Und warum hattest du eh schon ein bisschen Hass auf sie?

Bebek: Na ja, weil sie kam mir so eingebildet vor, hh. So: »Ich kann gut tanzen, und keiner kann mir was sagen«, und das und dies. (.) Also so, ähm, tanzen-mäßig hat sie immer rumerzählt, so: »Ja, dann und dann haben wir dies gemacht und wir haben Geld bekommen, also 'n Auftritt, und dann und dann haben *wieder* eins, und dann werden wir 100,– Mark kriegen«, und so was. Und: »So, hää, und ich bin ja groß und ich kann dir was tun«, und so-was-mäßig, ne.

Int.: Wie alt ist sie denn, ist sie älter als du?

Bebek: Nee, die ist so alt wie ich.

Int.: Kannst du das Mädchen, um das es dabei geht, noch mal 'n bisschen genauer beschreiben? Was dir an der nicht gepasst hat?

Bebek: Na ja, ich weiß nicht, die kam mir halt so -, (.) hab ich ja erklärt, mir fällt nichts weiter ein.

Int.: Wie sieht sie denn aus?

Bebek: Die ist so groß wie ich, kurze Haare, schwarz. Und sie ist selber braun, (2) etwas mollig, des war's.

Int.: Ist sie 'ne Deutsche?

Bebek: Nein, sie ist Iranerin. (4)

Int.: Mm. Ja, und was hast du eigentlich in dem Moment empfunden, als du -, als du sie zusammengeschlagen hast? Kannst du dich dran erinnern?

Bebek: Na jaa, (2) ich meine, ich war -. Ich weiß nicht, ich fand es halt scheiße, dass ich -, dass ich mich mit ihr geschlagen habe, ne. Aber sie so, wie gedruckt gelügt, gelogen, ne. Und dann hab ich das nicht mehr aushalten können und, ich weiß nicht, ich war richtig sauer. Richtig wütend, also. Und ich hab gar nichts mehr um mich herum gesehen. Ich kam -, äh, als die Schlägerei zu Ende war, hab ich nur noch meine ganzen Freunde draußen stehen sehen, wie sie zugeguckt haben.

Int.: Mm, mm. Hat sie sich eigentlich gewehrt?

Bebek: Nee.

Int.: Mm. Und war das für dich von Bedeutung, dass deine Freunde da zugeguckt haben?

Bebek: Na ja, ich meine, dass sie grade zugeguckt haben, fand ich nicht so besonders gut. Die hätten auch ein bisschen auseinander nehmen können. Aber (.) andererseits [peinlich berührt lachend:] war's schon schön.

Int.: Was war daran schön?

Bebek: [Lachend:] Na ja, dass sie gesehen haben, wie ich schlage.

Int.: Mm. Und was haben die dann danach zu dir gesagt? Wie haben sie das gefunden?

Bebek: Mm, die meinten dann: »Du hast sie [lachend:] gut geschlagen!«

Bebeks Erzählung der Jugendhaus-Geschichte ist von zwei sich überlagernden Perspektiven durchdrungen. Die erste Perspektive führt die Thematik des Sich-nichts-gefallen-Lassens aus der Nutten-Geschichte fort, die zweite bezieht sich auf die beiden Gerichtsverfahren, die auf die Episode folgten. In der ersten Perspektive berichtet Bebek von dem Geschehen, das ihrer Gewalttat vorausging. Die Situation im BF-Jugendhaus und den Dialog mit der Kontrahentin schildert Bebek sehr detailgenau und erfahrungsnah, als durchlebe sie die Szene noch einmal. Dies zeigt sich unter anderem daran, dass Bebek das Mädchen nur als »sie« einführt, ohne zuvor erwähnt zu haben, um wen es sich dabei handelt; sie ist subjektiv hautnah am Geschehen, so dass sie gleichsam nur mit einer deiktischen Geste auf ihr Gegenüber hinweisen zu müssen glaubt. Die später eskalierende Spannung zwischen Bebek und dem iranischen Mädchen bezieht ihre Kraft aus der Thematik des Ausschlusses. Bebek, die gleich zu Beginn ihrer Erzählung betont, dass sie im BF-Jugendhaus gewissermaßen ein Heimrecht genießt, zumal sie früher »fast jeden Tag« dort war und sich daselbst ihre Freunde aufhielten, sieht ihre Zugehörigkeit von einem anderen Mädchen in Frage gestellt. In der Interaktion an der Tür geht es – ganz material und symbolisch zugleich – um die Frage, ob sie hineingehen bzw. drinnen bleiben darf oder ob sie hinausgehen bzw. draußen bleiben muss. Bei dieser geradezu archetypischen Situation springt ins Auge, dass sie wiederum familiäre Antezedenzien hat. Die Konstellation, dass sie sich in der Position der Ausgegrenzten befand, kennt Bebek bereits aus ihrer Familie, und sie hatte dort mehr oder weniger ohnmächtig gegen diese Konstellation aufbegehrt.

Am dichtesten kam die Thematik des Ausschlusses in dem im Abschnitt 3.1.2 beschriebenen Findelkind-Spiel zum Ausdruck. Ein Element in diesem Spiel war es gewesen, dass Bebeks Nicht-Zugehörigkeit durch den Hinweis auf ihre weiße Hautfarbe belegt wurde, die, wie sie sagte, zwischen der Bräune aller anderen Familienmitglieder »so richtig so drin scheint«. Die Frage der Hautfarbe taucht in Bebeks Beschreibung ihrer iranischen Kontrahentin, von der sie sagt, sie sei »selber braun«, wieder auf. Die Interpretation dieses im Zusammenhang der Jugendhaus-Geschichte auf den ersten Blick recht ungewöhnlich wirkenden Hinweises darf sicher nicht in der Weise überspannt werden, dass die braune Hautfarbe als eine direkte Anspielung Bebeks auf das Findelkind-Spiel zu werten ist. Aber auffallend ist es schon, dass dieses Detail ausgerechnet in einer Episode wiederkehrt, in der es um dieselbe Thematik geht, war die braune Hautfarbe in ihrer Familie doch das Signum der zweifelsfrei Dazugehörigen. Jedenfalls geht es in der Jugendhaus-Geschichte um die Frage, ob Bebeks Kontrahentin dazu legitimiert ist, über ihren Zugang oder ihren Ausschluss zu entscheiden. Wenn Bebek dann ihrer Kontrahentin klarmacht: »Du hast hier nichts zu sagen!« ist erneut eine Thematik angesprochen, die in Bebeks Erzählungen über die Interaktionsstrukturen in ihrer Familie eine zentrale Rolle spielte. So hatte sie, um nur an ein Beispiel zu erinnern, berichtet, dass sie, wenn sie einmal ihre Meinung sagen wolle, von ihrem Vater und ihrem Bruder zu hören bekomme: »Du bist noch zu klein, halt deine Klappe!« An der entsprechenden Stelle äußert sie sich enttäuscht über die Tatenlosigkeit ihrer Mutter angesichts solcher Äußerungen und stellt fest, dass sie gegen ihren Vater »nichts sagen« könne. »Aber«, so fährt sie an jener Stelle fort, »meinen Bruder mecker ich manchmal an.« In der Jugendhaus-Geschichte indes bleibt es nicht beim Meckern. Ihre Reaktion ist nicht mehr die des ohnmächtigen Protests, sondern die der Gewalt, in der sich ihr neues Selbstverständnis der Wehrhaftigkeit Bahn bricht. Der Bedeutungshorizont ist aber wieder in beiden Fällen derselbe: Es geht um die Frage der Zugehörigkeit und der Ausgrenzung.

Dabei scheint die Situation im Jugendhaus für den Hörer von Bebeks Erzählung gar nicht so eindeutig: Ihre Kontrahentin verweist auf die nicht ganz unplausible Order eines Erziehers, während des Tanzes niemanden mehr einzulassen, so dass sich Bebek nicht unbedingt persönlich getroffen fühlen müsste. Aber anstatt den Hinweis auf die Order des Erziehers als Angebot zur Deeskalation der Situation zu begreifen, fragt sich Bebek »warum grade *ich* nicht?«, wo doch so viele andere bereits Zugang bekommen haben. Bebek treibt die Situation zum offenen Konflikt weiter, provoziert ihre Kontrahentin durch Warnungen und Drohungen, die sie durch andere übermitteln lässt. Die für Bebek in die Situation eingeschriebene Thematik des Ausschlusses verfängt in einer Weise, dass sich das damit heraufbeschworene Problem nicht mehr abschütteln lässt. Nach Bebeks Interpretation ist das Auftreten der Kontrahentin von dem Bewusstsein getragen: »So, hää, und ich bin ja groß und ich kann dir was tun«. Dieser Zuschreibung zufolge zieht Bebeks Kontrahentin ein Ungleichgewicht in ihr Verhältnis zueinander ein. Das Interpretationsmuster, das bei dieser Zuschreibung Pate steht, ist längst vorbereitet; Bebek sieht hier etwas, was sie aus vielfacher und leidvoller Erfahrung kennt: In ihrer Familie wird ihr – stets mit Hinweisen auf ihre untergeordnete Position, die ihr als der Jüngsten zukommt – der Mund verboten. Der Rekurs auf diese familiären Erfahrungen erklärt zum einen die Art, in der Bebek das Verhalten ihrer Kontrahentin perzipiert, nämlich im Sinne einer Höherwertigkeit, die jene sich anmaßt. Und zum anderen macht der Rekurs auf die einschlägigen innerfamiliären Erfahrungen plausibel, weshalb Bebek so extrem verletzlich auf die Situation im Jugendhaus reagiert. Obwohl Bebek *de facto* in den Tanzraum gelangt, um mit ihren Freunden zu sprechen, begreift sie das Verhalten ihrer Gesprächspartnerin als einen schwerwiegenden und empörenden Ausschlussversuch. Zu einer solchen Interpretation scheint in der von Bebek beschriebenen Situation zunächst keine Notwendigkeit bestanden zu haben; für Bebek stellte sie sich indes ganz anders dar und sie handelte aufgrund *ihrer* Situationsdefinition, die *für sie* real war.

Anders als in ihrer Familie, in der sich Bebek in der Position der Ohnmächtigen gegenüber dem familiären Beziehungsgefüge und Machtgefälle befand, greift sie ihre Kontrahentin in der Jugendhaus-Geschichte an und treibt den

Konflikt auf die Spitze. Sie lässt, wie bereits in der U-Bahn-Geschichte, ihrer Kontrahentin keine Chance mehr zu entkommen und legt alles zu ihrem Nachteil aus. Ihren Gewaltausbruch beschreibt sie zunächst mit einer Untertreibung, die in ihrer teilnahmslosen Lakonik kaum zu überbieten ist: »Und dann kam's dazu, dass sie irgendwie an demselben Tag im Krankenhaus gelandet ist.« Auf die Nachfrage des Interviewers, wie es dazu gekommen sei, antwortet Bebek zunächst nur, sie habe das Mädchen »so krass« geschlagen, um dann in distanzierter medizinischer Begrifflichkeit – welche sie wohl aus den gerichtlichen Schreiben zu den Schmerzensgeldforderungen übernimmt – die schweren Verletzungen zu nennen, die sie ihrer Kontrahentin zugefügt hat. Auf eine erneute Nachfrage des Interviewers beschreibt Bebek den Tathergang etwas konkreter, zeigt aber kein Zeichen des Mitgefühls oder der Reue, und auch ihre Ausführungen zu den jugend- und zivilgerichtlichen Verfahren sind betont sachlich und ausschließlich mit der Frage beschäftigt, mit welchen Auflagen und Sanktionen sie aus der Sache herauskommt.

Als der Interviewer den Blick noch einmal auf den Moment der Gewalt lenkt und Bebek danach fragt, was sie dabei empfunden habe, verurteilt Bebek ihr Handeln: »Ich weiß nicht, ich fand es halt scheiße, dass ich -, dass ich mich mit ihr geschlagen habe, ne.« Es scheint ihr etwas an ihrem Handeln nicht ganz geheuer zu sein, und diesem Umstand dürfte es auch geschuldet sein, dass Bebek die Situation zunächst so aussehen lässt, als hätten sich die beiden gegenseitig geschlagen; kurz darauf spricht sie von einer »Schlägerei«, ein Ausdruck, der ebenfalls ein Geschehen bezeichnet, in das mindestens zwei Personen aktiv involviert sind. Dann stellt sich jedoch heraus, dass sich das Opfer gar nicht gewehrt hat. Ihr brutales Vorgehen erklärt Bebek mit einer Art Zwang, der aus der Unerträglichkeit der vermeintlichen Lügen[15] des iranischen Mädchens resultierte und in einen nicht zu bremsenden, blinden Hass mündete, so dass sie es »nicht mehr aushalten« konnte. Die moralischen Vorwürfe, die sich für Bebek *ex post* erheben, richtet sie, die ja in der Situation von unbändigen Kräften getrieben war, an ihre Freunde, die ihrem brutalen Handeln tatenlos zugesehen haben – ein Phänomen, dem man bereits bei Kais Schilderungen seiner Gewalttaten im Abschnitt 2.1 begegnen konnte. Bebek weist jedoch nicht nur da-

15 Die beiden Mädchen in der U-Bahn-Geschichte »logen« auch, als sie sagten, sie hätten lediglich auf die Uhr geschaut. Die »Wahrheit«, die Bebek hören möchte, ist hier wie dort offenbar die, dass die anderen tuscheln und sie beleidigen oder ausgrenzen wollen. Diese »Wahrheit«, die sie hinter den »Lügen« der anderen vermutet, ist es, was sie nicht ertragen will und was sie zur Gewalt aufstachelt.

rauf hin, die Freunde hätten sie und ihre Kontrahentin »ein bisschen auseinander nehmen können«, sondern gesteht auch zu, dass es andererseits »schon schön« gewesen sei, dass ihre Freunde gesehen haben, wie sie schlägt. Das Lob für die technische Ausführung sollte ihr, wie die von Bebek abschließend zitierte Äußerung ihrer Freunde zeigt, nicht verwehrt bleiben.

Dass die Gewalttat vor diesem Publikum geschieht, ist keineswegs nebensächlich. Wie bereits erwähnt, hatte Bebek die Jugendhaus-Geschichte im Anschluss an die Nutten-Geschichte als eine weitere Explikation ihres wehrhaften Selbstverständnisses eingeführt. Zu diesem neu gewonnenen Selbstverständnis gehörte nicht nur, sich nichts gefallen zu lassen, sondern auch, dass alle Welt wissen sollte, wer und wie Bebek ist. Für ihre Wehrhaftigkeit und gewaltbereite Selbstbehauptung fordert sie die Anerkennung anderer ein. In der Jugendhaus-Geschichte lässt sich genau beobachten, wie Bebek die dafür notwendige Öffentlichkeit ihrer Freunde selbst herstellt.

An der Jugendhaus-Geschichte, so kann man nun bilanzieren, lassen sich vier Bedeutungsebenen unterscheiden. Auf einer ersten Ebene zeigte sich, dass Bebek die Situation im Jugendhaus im Lichte eines alten Problems interpretiert, dessen Spuren im Interviewtext deutlich zu erkennen sind: dem Problem der innerfamiliären Ausgrenzung. Ihre Situationsdefinition, über deren Herkunft Bebek kein Bewusstsein zu haben scheint, erwies sich als von ihren vergangenen Erfahrungen der innerfamiliären Ausgrenzung geleitet. Diese Erfahrungen erklären die besondere Brisanz, welche die gegebene interaktive Konstellation für Bebek besitzt. Derselbe Sachverhalt zeigte sich bereits bei der Nutten-Geschichte. Auch dort bestimmten vergangene Erfahrungen naturwüchsig Bebeks Interpretation der Situation, die zum Gewaltakt führte. In der Nutten-Geschichte war es die Erfahrung gewesen, von ihrem verhassten Bruder beim geringsten Verdacht auf ein sexuelles Fehlverhalten geschlagen und gedemütigt zu werden, die Bebeks identifikatorische Haltung mit der Freundin, die eine Nutte genannt wurde, hervorrief. Wenngleich beide Erzählungen einen Bezug zur Thematik der verweigerten Anerkennung und der aktiven Missachtung aufweisen, so sind die familiären Erfahrungen, die jeweils in Bebeks Situationsdefinition hineingewirkt haben, durchaus verschieden. Einmal geht es um die Erfahrung des Geschlagen- und Erniedrigt-Werdens, einmal um die Erfahrung des Ausgegrenzt-Werdens. In beiden Fällen jedoch handelt es sich strukturell um denselben Vorgang: Die Ausgangssituation, die der Gewaltausübung vorausgeht, bringt jeweils bestimmte vergangene Erfahrungen zum Schwingen, die Bebeks Interpretation dessen determiniert, was in der fraglichen Situation vor sich geht und wie sie zu bewerten ist. In beiden Fällen ist Bebeks Situationsdefinition von einer präreflexiven Unmittelbarkeit geprägt; sie entscheidet sich nicht intentional dafür, die Situation in der besagten Weise wahrzunehmen, ihre Wahrnehmung drängt sich ihr vielmehr auf.

Mit Bebeks Situationsdefinitionen müsste nicht notwendigerweise verbunden sein, dass sie gewalttätig handelt. Sie tut es jedoch, weil sich mit diesen Interpretationen ihr neues Selbstverständnis verbindet. Darin besteht die zweite Bedeutungsebene der Jugendhaus-Geschichte. In ihrer Wehrhaftigkeit und Gewaltbereitschaft artikuliert sich, als was für eine Person sie sich nunmehr versteht. Sie geht den kurzen Weg der Umkehrung ihres ohnmächtigen und erniedrigten Opferdaseins in den Stand der Gewalttäterin, und auf dieser Rollenumkehr basiert ihr neues Selbstverständnis. Sie, die den Ausschluss aus dem familiären Gespräch ohnmächtig hinnehmen musste, dreht in der Jugendhaus-Geschichte gewissermaßen den Spieß um und schlägt diejenige, deren Verhalten sie als einen Ausgrenzungsversuch wahrgenommen hatte: Nun ist ihr Opfer diejenige, die nichts mehr zu sagen hat. Ihr brutales Handeln subsumiert Bebek unter ein Sich-nichts-gefallen-Lassen, das sie als Motto über ihre Erzählung der Jugendhaus-Geschichte gestellt und zuvor als wesentliches, sie von anderen Mädchen unterscheidendes Merkmal ihres Selbst proklamiert hatte. Gegenerfahrungen zu Ausgrenzung und Missachtung zu erzeugen hat für sie identitätsstiftende Bedeutung.[16] Ihre Gewaltakte verleihen Bebek zumindest temporär eine Identitätsstütze und verhelfen ihr, befreit vom Opferstatus, zu einem positi-

16 In einem ganz anderen Zusammenhang spricht Heiner Keupp (1997) von der Gewalt als einer »stabilen Identitätsplattform«. Gewalt scheint, schreibt er, »ein ›Bewältigungsversprechen‹ für eine der größten Lasten der postmodernen Lebensverhältnisse anzubieten: für die unaufhebbare Reflexivität unseres Alltags, in dem alles so, aber auch ganz anders sein könnte, in dem ich permanent zwischen Alternativen abzuwägen und mit den damit verbundenen Ambivalenzen und Widersprüchen zu leben habe. « (Ebd.: 23) Diese Argumentation ist äußerst problematisch. Denn Keupp führt seine Zeitdiagnose unvermittelt mit empirischen Gewaltphänomenen zusammen. Dass Gewalt eine Lösung für unsichere Identitäten darstellen kann, soll hier nicht in Frage gestellt werden. Aber die gewalttätige Lösung geht, wie das Beispiel Bebeks zeigt, aus spezifischen biographischen Erfahrungen hervor und kann nicht einfach aus den postmodernen Lebensverhältnissen hergeleitet werden, die mit den Mühen der Unübersichtlichkeit, des Abwägens und Reflektierens behaftet sind. Ferner kann Keupps These, dass Gewalt allgegenwärtigen Unsicherheiten und Ambivalenzen gegenüber die ersehnte Eindeutigkeit zurückbringt, nicht erklären, weshalb längst nicht alle Jugendlichen, die denselben postmodernen Bedingungen ausgesetzt sind, zu gewalttätigen Anworten auf ihre ungelösten Identitätsfragen greifen.

ven Verhältnis zu sich selbst. Nun bleibt es ganz sicher richtig, dass Identitätsbildung auf ihren elementaren Stufen, d. h. bei der Herausbildung der basalen Fähigkeit einer reflexiven Selbstbeziehung, auf dialogische Primärgruppenbeziehungen angewiesen ist. Aber, wie Hans Joas (1996b) gezeigt hat, ist die klassische Identitätskonzeption unzureichend, der zufolge Identitäts*bildung* nur unter dialogischen Bedingungen gelingen kann, während Gewalt und Ausgrenzung nur zur *Stabilisierung* von Identitäten in der Lage sind (vgl. ebd.: 366 ff.). Dieser an Mead und Erikson geschulten Vorstellung gegenüber gelte es, so Joas, »die saubere Sortierung der beiden Formen der Identitätsbildung (über Dialog oder über Ausgrenzung) auf getrennte Realitätsbereiche« zu überwinden und »die Verschränkung der beiden Formen in *einer* Wirklichkeit« zu erkennen (ebd.: 368). Eine solche Verschränkung zeigt sich in Bebeks Jugendhaus-Geschichte. Ihre Wendung zur eigenen Gewalttätigkeit ist zwar nicht identitätsbildend im Sinne des Erreichens einer neuen Stufe der Selbstreflexivität, und schon gar nicht in dem normativ gehaltvollen Sinne, dass sie ihr Handeln nun aus der Perspektive eines ausgeweiteten Kreises anderer Personen betrachtet und die Perspektive des »verallgemeinerten Anderen« (Mead 1968: 194 ff.) einnimmt. Aber die Gewalt führt ein neues Element in die Struktur ihres Selbstverhältnisses ein und bringt es zugleich zum Ausdruck. Dieses neue Element hängt aufs Engste mit ihren familiären Ausgrenzungserfahrungen zusammen, und diese sind es auch, die Bebeks brutale Bestrafung ihrer Kontrahentin zu einer positiven, identitätsbildenden Erfahrung für sie machen. Andererseits ist Bebeks Gewalt in einen Kontext der intersubjektiven Anerkennung durch ihre Freunde eingebettet, so dass ihr neues Selbstkonzept nicht monologisch verpufft.

Mit dem Hinweis auf den Anerkennungskontext, in dem Bebeks Gewalt auftritt, ist auch schon die dritte Bedeutungsebene der Jugendhaus-Geschichte angesprochen. In allen drei bisher behandelten Episoden der Gewaltausübung war Bebek nicht allein mit ihrem Widerpart bzw. Opfer, sondern jedesmal in Begleitung von mindestens einer befreundeten Person. In der Nutten- und in der Jugendhaus-Geschichte berichtete sie explizit von der Anerkennung, die ihr das anwesende Publikum für ihre Gewaltakte entgegenbrachte. Wenn Bebek bei ihren Gewaltakten die Öffentlichkeit ihres Freundeskreises vielmehr sucht als scheut, handelt sie in der Erwartung, dass ihre Gewaltakte als der Anerkennung würdig befunden werden. Dieser Kontext, in dem Gewalt anerkennungsfähig ist, spielt neben Bebeks biographisch erworbenen Gewaltdispositionen eine wesentliche Rolle bei ihrem Handeln. Daraus lässt sich der vorläufige Schluss ziehen, dass die Frage, ob die gewalttätige »Lösung« einer individuellen Missachtungs- und Anerkennungsproblematik zum Zuge kommt oder nicht, wesentlich vom Gruppenkontext abhängt, in dem sich die Jugendlichen bewegen. An dieser Stelle zeigt sich daher besonders deutlich, dass die biographische Analyse um eine Untersuchung der Gruppenzusammenhänge sowie der dort geltenden Anerkennungskriterien, Werte und Normen ergänzt werden muss.[17] Hier sei noch vermerkt, dass bei den AK-Girls, der türkischen Mädchenclique, zu der Bebek gehört und an deren Aktivitäten sie sich mit wechselnder Intensität beteiligt, die Rhetorik der Gewalt eine große Rolle spielt. Bebek erzählt, dass es in ihrem Beisein noch nie zu ernsten gewaltsamen Auseinandersetzungen mit anderen Gruppen kam, aber aus ihrer Beschreibung der Clique geht hervor, dass dort oft die Rede ist von einer gemeinsamen, notfalls gewaltsamen Verteidigung der Gruppenmitglieder in einer als feindlich erlebten Umwelt. Der hohe Wert der Solidarität ist bei den AK-Girls, zumindest rhetorisch, untrennbar mit der Bereitschaft verbunden, auch gewaltsam für die anderen Mitglieder der Clique einzustehen, wenn diese von anderen beleidigt, geschlagen oder ungerecht behandelt werden.

Die vierte Bedeutungsebene der Jugendhaus-Geschichte bezieht sich auf die schonungslose Brutalität von Bebeks Gewaltausübung, welche die drei anderen Bedeutungsebenen transzendiert. Dieses überschießende Moment scheint aus der Situationsdynamik hervorzugehen, in deren Verlauf einige Momente auftreten, die typisch für intrinsisch motivierte Gewalttaten sind. Der Weg zur Gewalttat ist wohlgemerkt ein anderer als etwa bei Kai, dessen Wahl der Opfer bisweilen von völliger Willkür geprägt war und dessen Gewalttaten keines besonderen Anlasses bedurften. Aber auch Bebeks Motive lösen sich zusehends von dem ursprünglichen Konflikt mit dem iranischen Mädchen ab. In der Jugendhaus-Geschichte gibt es keine Anzeichen dafür, dass es von Anfang an intrinsische Gewaltmotive sind, die Bebeks Handeln im Sinne einer willkürlichen Suche nach einem Opfer antreiben. Auf halbem Wege jedoch kommen solche Motive ins Spiel. Dafür gibt es mehrere Anhaltspunkte. Erstens ist Bebek blind dafür, was um sie herum geschieht. In ihrer besinnungslosen Wut zählt nur noch der Augenblick – ein typisches Kennzeichen intrinsisch motivierter Gewalttaten. Zweitens delegiert sie alle moralischen Bedenken an die anwesenden Freunde, denen sie vorhält, nur zugeschaut und es versäumt zu haben, für

17 In kriminalsoziologischen Erklärungen von Jugendgewalt und -delinquenz lag der Fokus seit jeher auf diesem Punkt. Ohne die biographische Perspektive aufzugeben, wird besonders im Abschnitt 4.2.3 auf die Bedeutung gewalttätiger und Gewalt verherrlichender Gruppen hingewiesen.

eine Begrenzung ihrer Gewalt zu sorgen. Und drittens lässt Bebek sich von der Wehrlosigkeit ihres Opfers nicht von ihrem Tun abbringen. Auch wenn Bebek die Erlebnisdimension ihres Handelns generell nur sehr verhalten artikuliert und nicht jene alle Grenzen des Alltäglichen sprengende Euphorie zeigt, von der etwa Cruse gesprochen hatte (siehe Abschnitt 2.2.3), so lässt sie doch durchscheinen, dass sie ihre Überlegenheit und Verletzungsmacht bis zur bitteren Neige genießen wollte; gerade ihre akribische und zynische Aufzählung der gravierenden körperlichen Folgen, die das iranische Mädchen davongetragen hat, weist einen triumphalen Zug auf, der sich auch im berichteten Verhalten selbst niederschlägt. Nun ist die Jugendhaus-Geschichte viel zu komplex und von zu vielfältigen Bedeutungsebenen durchdrungen, als dass man sie ohne weiteres jenen Situationen zuordnen dürfte, von denen Bebek gesagt hatte, sie habe jemanden »aus Spaß« geschlagen. Dennoch deutet die Episode darauf hin, dass sich im Zuge des Ausagierens biographisch erworbener Gewaltdispositionen intrinsische Gewaltmotive herausbilden können. Darum und um die damit einhergehende Konstituierung bestimmter Rollenerwartungen geht es auch in der folgenden Episode.

4.1.4 Nazi-Geschichte: Ethnische Missachtung und das *action*-Motiv

Int.: Ja, fallen dir noch weitere Situationen ein, in denen du jemanden angegriffen hast, oder so?

Bebek: [Verneinend:] Hmh. (2). Ja doch! Im NO-Kongreßzentrum. [Lacht] Wir waren mit der Klasse dort, besser gesagt, mit, ähm, mehreren Klassen aus der Schule, mit den neunten und mit den zehnten. Wir sind richtig halt -, WL-Messe, ne. Richtig vorbei, hin und her, und so. Am Schluss, wo wir uns -, wir Freunde, ne, -. (.) Die Lehrer sind ja früher gegangen. Wir Freunde haben gesagt: »Wenn wir uns verlieren, treffen wir uns dann und dann am Ausgang«, ne. Dann sind wir halt um die Zeit -, die Zeit ist gekommen. Wir gehen zum Ausgang. Sitzen alle so da. Und ich hör so grad so [Flüsterton]: »Ja, Bebek, renn, renn! Die -«, da waren 'n paar Nazis, »die machen unsere Leute an!«, ne. Ich geh so hin. So voll die Jungs und 'n paar Weiber, und stehen da und gucken uns so schief an, und so: »Scheißtürken, geht mal in euer Land zurück!«, und so, ne. Und meine Freundin macht die voll an. [Lachend:] Die hat richtig so 'n kl-, die ist richtig klein, ne. Und sie so: »Halt mal deine Klappe, du Arschloch! Verpiss dich, geh mal weg!«, und so, ne. Und alle haben angefangen zu lachen, ne. Weil sie -, halt sie ist so klein und macht so voll den Cotton[18], ne. Und dann kam so 'ne Deutsche und meint so: »Halt mal deine Klappe, du Schlampe!«, zu ihr, ne. Und ich so: »Wer ist 'ne Schlampe? Du Hure!« Hab sie angegriffen und wir haben uns in die Haare gekriegt, ne. Und dann guck ich, [lachend:] meine Freundin greift 'n *Jungen* an, schlagen sie sich und alle, die ganzen Schulen, also unsere ganze Schule, ne, also jetzt die vier Klassen (.) gegen die anderen, ne. Haben wir uns so geschlagen und so. Und nach 'ner Weile halt sind wir auseinander genommen worden durch andere Freunde, und so. Und dann kamen die Bullen und der -, halt Dingsda, die dort -, dort zuständig sind. Kam 'n Bullenwagen, haben, äh, die zwei Nazis mitgenommen, die -, weil die schon volljährig waren. Und (.) wir sind ja halt noch minderjährig, ne. Weil die volljährig waren, und dann haben sie die mitgenommen, und die anderen mussten das Dings verlassen. (.) Und wir durften noch drin bleiben. Weil, wir haben dann erklärt, ne, dass die gesagt haben: »Scheißausländer, geht mal in euer Land zurück!« Und da meinte der Typ da, der Angestellte vom NO-Kongreßzentrum da, so: »Wäre ich an eurer Stelle, hätte ich [lachend:] genauso ge-, reagiert«, ne. Und dann durften wir halt noch drin bleiben. Aber (.) wir wollten ja eh gehen, ne. [Lachend:] Sind wir gegangen.

Int.: Und was war dann deine Rolle genau, in dieser Auseinandersetzung?

Bebek: Wie?

Int.: Was hast du da genau gemacht (.) oder reagiert? Das hab ich ⌊ jetzt -

Bebek: Na ja, ⌋ wie ich reagiert habe? Ich hab nicht zugelassen, dass man einfach »Scheißausländer« sagt, und meine Freundin halt als »Schlampe« bezeichnet, ne. Und dann halt hätten wir sie so auch dastehen lassen, ne. Weil, wir saßen ja alle. Ich und meine Freundin standen, und die Nazis standen, ne. Alle sitzen, nur *wir* stehen. So viele Jungs, Nazis, Deutsche, und wir zwei Mädchen. Und hätten wir -, hätte *ich*, also, ähm, einfach so gelassen, oder *sie*, dass, äh, dass man sie Schlampe genannt hat, dann würden alle unsere Freunde dann später sagen: »Iih, Bebek, die haben euch ›Schlampen‹ genannt, und ihr habt nichts ge-

18 Anspielung auf den heldenhaften New Yorker FBI-Agenten *Jerry Cotton* aus der gleichnamigen Kriminalroman-Serie.

> macht«, und so, ne. Weil, als-als ich sie angegriffen habe, und meine Freundin den andern Typen, habe ich richtig gesehen, wie alle Jungs von unserer Seite auf die gegangen sind, ne. Richtig soo, dass sie am Boden lagen, ne. War *auch* schön, (2) so dass man zusammenhaltet, ne.

Auffallend an dieser Erzählung ist zunächst die Plötzlichkeit, mit der die bedrohliche Situation vor Bebek auftaucht. Nach ihrer Schilderung begibt sie sich furchtlos zum Ort des Geschehens, ohne auch nur einen Augenblick zu zögern. Als die kleine Freundin, die den türkenfeindlichen Sprüchen der »Nazis« Kontra gibt, von einer »Deutschen« eine »Schlampe« genannt wird, greift Bebek diese an und bringt damit die handgreifliche Auseinandersetzung zwischen den beiden Gruppen in Gang. Im weiteren Verlauf der Interviewpassage nennt Bebek zwei Gründe für ihr Eingreifen, von denen der eine normativer und der andere gruppendynamischer Natur ist.

Der normative Grund besteht darin, dass sie nicht zulassen wollte, »dass man einfach ›Scheißausländer‹ sagt« und dass man ihre Freundin »als ›Schlampe‹ bezeichnet«. In Reaktion auf die ethnische Diskriminierung ihrer Gruppe zeigt sich Bebek von ihrer wehrhaften Seite, als wäre es die selbstverständlichste Sache der Welt, und auch die Beleidigung ihrer Freundin will sie nicht ungestraft lassen. Der Anlass ist eindeutig und im Vergleich zu den zuvor analysierten Episoden weniger von starken Interpretationen getragen, die als projektive Verlängerungen ihrer familiären Negativerfahrungen zu verstehen sind. Die Gründe für ihr Handeln scheinen auf der Hand zu liegen, aber ihre Erzählung enthält diesbezüglich auch Ungereimtheiten: Einerseits zeigt sie sich nicht verletzt von den diskriminierenden Äußerungen, und es finden sich kaum Anhaltspunkte für eine ernsthafte moralische Empörung. Andererseits weiß sich ihre kleine Freundin, wie Bebek sie beschreibt, selbst zu wehren, so dass keine Notwendigkeit besteht, gewaltsam einzugreifen. Diese Inkonsistenzen, die zwischen Bebeks normativer Begründung und ihrem Handeln bestehen, lassen den Schluss zu, dass bei Bebek eine gewisse Verselbständigung ihrer gewaltsamen Reaktionsformen stattgefunden hat. Neben dem normativen muss noch ein anderes Motiv im Spiel gewesen sein, das Bebek die Situation als eine Gelegenheit für eine von vornherein legitimierte Gewaltanwendung sehen ließ. In der Tat ist ihre ganze Erzählung im Stile einer Abenteuergeschichte gehalten, die weniger von moralischer Entrüstung als von einem gewissen *thrill* zeugt, der mit der Situation verbunden ist. Es handelt sich um eine Situation, in der *action* im Sinne Erving Goffmans (1971) stattfindet. Goffman charakterisiert den Begriff mit folgenden Merkmalen: *Action* ist riskant, sie verspricht affektive Intensität und Aufregung, sie lässt vielfältige Folgen erwarten und ist gleichzeitig in ihren Folgen ungewiss. Auch wenn Bebek in den argumentativen Passagen des Interviewtexts eine normative Begründung für ihr Handeln anführt, verweist der Duktus der erzählenden Passagen auf ein zusätzliches Motiv, das mit den erregenden und außeralltäglichen Qualitäten der *action* umschrieben werden kann.[19]

Die gruppendynamische Begründung für ihr Tun eröffnet Bebek mit dem Hinweis, sie habe ihre Freundin nicht so »dastehen lassen« können. Dies ist im doppelten Sinne gemeint: Sie und ihre Gruppe konnten die Freundin erstens nicht ungesühnt als Schlampe dastehen lassen, und zweitens nicht als die einzige der Gruppe, die mit ihrer aufrechten Körperhaltung signalisiert, dass sie handlungsbereit ist, während alle anderen sitzen. Aber es geht hier für Bebek nicht nur um eine Beistandspflicht im Sinne der Gruppensolidarität, sondern ebenso um die Befürchtung, im Falle des Nichthandelns später von den anwesenden Freunden bezichtigt zu werden, »nichts gemacht« zu haben. Ob dies so wahrscheinlich gewesen wäre, zumal ja nicht sie selbst als »Schlampe« bezeichnet wurde, muss dahingestellt bleiben. Wesentlich ist, dass Bebek annimmt, dass die Freunde eine festgelegte Rollenerwartung an sie haben. Sie erwartetet, dass ihre Freunde von ihr erwarten, dass sie in der Weise tätig wird, wie sie es tut. Hatte sie nicht gesagt, dass sie großen Wert darauf legt, dass alle sie sehen, wie sie wirklich ist? Und gehörten die Wehrhaftigkeit und die gewaltsame Verteidigung der Ehre nicht zu den wesentlichen Elementen ihres neuen Selbstverständnisses? Nun sieht sie sich der realen oder imaginierten Erwartung ausgesetzt, sich als diesem Bild ihrer Person gerecht zu erweisen. Auch wenn das Zusammenhalten, das Bebek abschließend – neben der ganzen Kampfsituation – als »auch schön« bezeichnet, einen kollektiv geteilten Wert ihrer Gruppe darstellt, bleibt die Frage, warum gerade von ihr in besonderer Weise erwartet werden sollte, die Initiative zur gewaltsamen Auseinandersetzung zu ergreifen. Die Antwort kann nur lauten, dass sich als Folge ihrer Gewalttaten entsprechende Erwartungen der anderen konstituiert haben; Erwartungen, die sie sub-

19 Goffman meint mit dem Begriff der *action* – auf seine alltagssprachliche Verwendung aufbauend – Handlungen, die »um ihrer selbst willen unternommen werden« (Goffman 1971: 203), die also, so könnte man sagen, intrinsisch motiviert sind. Die empirischen Felder, in denen Goffman das Phänomen der *action* untersucht hat, sind vor allem Glücksspiele, gefährliche Sportarten, Duelle und Wettkämpfe unter Männern sowie gewisse Spielarten der Jugenddelinquenz.

jektiv in den Zugzwang bringen, ihre Rolle als gewaltbereite, »männliche« Frau zu spielen.

Die normative Begründung, die Bebek für ihr Handeln vorträgt, wird also konterkariert durch die Verselbständigung ihrer gewaltsamen Reaktionsformen und die Herausbildung des intrinsischen Motivs der Überschreitung des Alltäglichen in der *action*. Der Kick, den sie mit der Gewalt verbindet, löst sich immer stärker von den Situationen, in denen sich die problematischen biographischen Erfahrungen Bebeks widerspiegeln. Dies führt zu einer Ausweitung der potentiellen Gewaltsituationen und zu einer anders gearteten Motivlage. Eine zweite Form der Ausweitung der Motive und der potentiellen Gewaltsituationen fördert ihre gruppendynamische Begründung zutage. Es hat sich ein Gruppenkontext gebildet, der von Bebek in bestimmten Situationen den Gewalteinsatz erwartet. Wie stark sich ihre Rolle als wehrhafte und gewaltbereite Frau bei anderen verfestigt hat, zeigt die nächste, diese Fallrekonstruktion abschließende Interviewpassage.

4.1.5 Die ambivalente Etikettierung als »Schlägerbraut«

Int.: Du hast vorhin, äh, gesagt, dass du das auch schon bei Schlägereien gemerkt hast, dass andere Angst vor dir haben. An was für Situationen denkst du da jetzt grade?

Bebek: Na, dass sie sich nicht gewehrt haben, und dass sie gesagt haben: »Hör auf! Bitte, bitte!«, und so.

Int.: Und dann? Was machst du, wenn jemand »Bitte, bitte, hör auf!« sagt?

Bebek: [Lachend:] Leck mich! (2) Ich meine, na erst mal was anstellen, und dann »Hör auf, bitte, bitte!« sagen, des ist eigentlich nicht so besonders, find ich. Dann sag ich: »Hättest Du vorher dran gedacht«, ne.

Int.: Das heißt, du machst dann einfach weiter?

Bebek: Ja. (7) Das war schon oft bei Schlägereien, dass sie dann Angst hatten, (.) oder überhaupt so 'n paar Freunde von mir, die sagen zu mir: »Ich möcht nicht von Bebek geschlagen oder angeschrien werden.« (3) Ich weiß nicht. Vielleicht, weil -, (.) ich meine, ich kenn ja schon sehr viele Leute hier, und, ähm, die wissen -, die meisten wissen ja, was für 'ne Person ich bin und des erzählt sich ja auch o-oft rum, also [geheimnisvoll]: »Kennst du Bebek?« Und: »Die macht das und -«, (.) immer so. Zum Beispiel mein Cousin, (.) wenn er mich mit jemandem vorstellt,

> dann sagt er: »Das ist meine Cousine, unsere Schlägerbraut in der Familie.« Und ich so: »Hä? Was erzählst du denn für 'ne Scheiße?«, ne. Und da sagen die gleich immer so: »Hm, von ihr müssen wir Abstand halten«, sogar Jungs -, Jungs sagen zu mir, dass sie nicht, äh, irgendwie von mir getreten werden wollen, ne. Weil die wissen, wie ich aushole mit den Beinen, und dann gegen schlage, die wissen des, weil [lachend:] manche haben's ja abgekriegt. (2)

Bebek beschreibt zunächst summarisch Situationen, in denen sie jemanden geschlagen hat, der sich nicht gewehrt und um Schonung gefleht hat. In solchen Situationen zeigt sie sich gemäß ihrer Aussage als unnachgiebig und lässt sich durch nichts erweichen. Mit ihrem kompromisslosen Gewalthandeln beschreibt Bebek genau das, was das Etikett »Schlägerbraut«[20] rechtfertigt. Diese Zuschreibung bringt die Thematik, um die herum der ganze Interviewabschnitt organisiert ist, in metaphorischer Dichte auf den Punkt und führt vor Augen, wie stark die Art, in der Bebek von ihrer sozialen Umgebung wahrgenommen wird, von ihren Gewaltaktionen bestimmt ist. Nicht minder bedeutsam ist, dass Bebek der Fremdwahrnehmung, dass sie eine »Schlägerbraut« ist, der Sache nach zustimmt. Sie weist diese Etikettierung nicht zurück, sondern begründet sie vielmehr mit ihrem realen Verhalten und damit, dass die anderen wissen, »was für 'ne Person« sie ist.

Bei Bebek hat sich ein intersubjektiv verbürgtes Selbstbild verfestigt und veralltäglicht, zu dem wesentlich die physische Fähigkeit und die mentale Bereitschaft zur Gewalttätigkeit gehören. Im Interviewtext sind aber auch Zwischentöne und Ambivalenzen zu hören. Im Anschluss an die Stelle, an der es heißt, dass ihr Cousin sie anderen als »unsere Schlägerbraut« vorstellt, zitiert sie sich selbst mit den Worten: »Hä? Was erzählst du denn für 'ne Scheiße?« Worauf diese Abwehr beruht, wird in der an die zitierte anschließenden Passage deutlicher. Auf die Frage des Interviewers, wie es sich für sie anhöre, als »Schlägerbraut« bezeichnet zu werden, antwortet Bebek zunächst, es sei gut zu

20 Der Ausdruck »Schlägerbraut« ist auch sprachlich interessant, denn er verweist auf ein kulturelles Muster, das Gewalt als eindeutig männlich kodiert. Die gewalttätige Frau wird als Anhang eines Schlägers betrachtet, auch wenn es dazu gar keine reale Veranlassung gibt: Bebek wird eine »Schlägerbraut« genannt, obwohl sie weder die Braut irgendeines Mannes noch die eines Schlägers ist. Wenn die wehrhafte, gewalttätige Frau im Türkischen als eine »männliche Frau«, im Deutschen als eine »Schlägerbraut« bezeichnet wird, dann zeigt dies, dass hinsichtlich der geschlechtsspezifischen Kodierung von Gewalt der Unterschied zwischen den beiden Kulturen nicht allzu groß ist.

wissen, von den anderen so gesehen zu werden, weil es ihr gefalle, dass andere Angst vor ihr haben. Aber sie begrüßt dieses Image nicht nur. Als Beispiel für Situationen, in denen sich dessen negative Seiten zeigen, nennt Bebek eine Hochzeit, zu der sie eingeladen war. Sie sei dort »total fein« erschienen und habe zu hören bekommen: »Ach, du bist die Bebek, die so was drauf hat. Man sieht es dir gar nicht an!« Es sind also bestimmte Situationen und Kontexte, die ihr die Zuschreibung unangenehm machen. In solchen Situationen möchte Bebek eine Rolle spielen, zu der ihr Ruf als »Schlägerbraut« nicht passt. Sie lehnt das Etikett nicht als inhaltlich unzutreffend ab; sie sagt an keiner Stelle, dass sie einem anderen Selbstbild verpflichtet ist oder einem anderen Selbstideal anhängt, sondern nur, dass andere sie in unpassenden Situationen auf dieses Bild festlegen. Aber dies verdeutlicht auch, dass das Bild der wehrhaften und gewalttätigen Frau von Bebek nicht gänzlich und situationsübergreifend Besitz ergriffen hat, zumal es mit ihrer Geschlechtsidentität im Konflikt steht – ein Konflikt, der in dieser Form bei männlichen Jugendlichen wohl kaum auftreten könnte (dazu auch Bruhns/Wittmann 2001: 61).[21]

Wenn man nun die Fallrekonstruktion Bebek II auf die Frage zurückbezieht, wie es zu einem Gewalttransfer von der Familie in jugendliche Lebenszusammenhänge kommt, dann zeigt sich ein ganz anderes Bild als es Bandura gezeichnet hat. Der fallinterne Vergleich zwischen Bebeks Erzählungen ihrer Opfer- und Tätererfahrungen förderte eine Homologie in der semantischen Struktur beider Erfahrungstypen zutage. In beiden Fällen sind ihre Erzählungen durchdrungen von einer Semantik der Ohnmacht und der Missachtung, und diese Semantik ist es, die eine biographische Kontinuität der Gewalt bzw. den Zusammenhang zwischen ihrer familiären Opferrolle und ihrer außerfamiliären Täterschaft begründet. Zunächst einmal zeigte sich, dass Bebeks Ohnmachts-

21 Joachim Kersten (1997) hat darauf hingewiesen, dass in unserer Gesellschaft Gewalttätigkeit bei männlichen Jugendlichen durchaus als Erfüllung des kulturellen Leitbildes »hegemonialer Männlichkeit« wahrgenommen wird, während Gewalttätigkeit von weiblichen Jugendlichen dem kulturell maßgeblichen Paradigma »betonter Weiblichkeit« widerspricht und zu extremer Verachtung und Marginalisierung nicht nur innerhalb der Mehrheitskultur, sondern auch innerhalb gewaltbereiter subkultureller Gruppen führt. Kersten hat damit gezeigt, dass das gewalttätige Handeln junger Männer – ungeachtet dessen, dass auch dieses nicht immer als legitim gilt und bisweilen dämonisiert wird – in unserer Kultur als eine Verwirklichung von »Männlichkeit« gesehen wird. Für Frauen hingegen steht kein kulturelles Muster zur Verfügung, in dessen Rahmen gewalttätiges Handeln als eine Verwirklichung von »Weiblichkeit« gelten könnte. Gewalt bringt Frauen vielmehr in Konflikt mit geschlechtsspezifischen kulturellen Erwartungen.

und Missachtungserfahrungen ihre Wahrnehmung von Situationen bestimmen, in denen sie gewalttätig reagiert. Eine extreme Sensibilität für Handlungen anderer, die sie aus ihrer Sicht wieder in eine ohnmächtige, ausgeschlossene oder erniedrigte Position zu bringen drohen, determinieren ihre Situationsdefinitionen, wenn sie andere schlägt; dies ließ sich bis in die Details von Bebeks Schilderungen ihrer Gewalttaten hinein verfolgen. Wesentlich ist weiterhin, dass Bebeks Gewalttaten, wenngleich sie derselben Semantik gehorchen wie ihre Opfererfahrungen, eine Umkehrung der Rollen vollführen. Die Erfahrung der Rollenumkehr vom Opfer zur Täterin bedeutet nicht nur die Realisierung ihrer Gewaltphantasien, die sie ihrem Bruder gegenüber seit langem hegt, sondern etabliert für Bebek auch ein neues, akzeptables Verhältnis zu sich selbst. Mit ihrer Gewaltausübung verbinden sich Erfahrungen der Selbstbildung. Ihre Wehrhaftigkeit wirkt identitätsstiftend.

Wenn die Gewaltausübung Bebeks in diesem Sinne als »Lösung« eines biographisch erworbenen Identitätsproblems verstanden werden kann und damit eine spezifische Funktion erfüllt, dann führt dies in eine ganz andere Richtung als Banduras sozial-kognitive Lerntheorie. Abgesehen davon, dass die familiären Täter alles andere als nachahmenswerte »Modelle« für Bebek sind, und abgesehen von dem völligen Fehlen einer familiären »Bestärkung« ihrer eigenen Gewalttätigkeit, sind es auch nicht rationale Erfolgskalküle, die ihre Gewalthandlungen anleiten; vielmehr sind es Interpretationen, die hinter ihrem Rücken wirken und mit einem utilitaristischen Abwägen der Handlungsfolgen wenig gemein haben. Der Gewalttransfer von der Familie in die Interaktion mit Gleichaltrigen folgt also nicht dem Muster, dass irgendjemand Bebek aufgefordert hätte, sich gewaltsam zur Wehr zu setzen, sondern sie bringt den Blick der Ohnmächtigen und Missachteten in die Gewaltsituationen mit und entdeckt im Gefolge ihrer Gewalttätigkeit eine Möglichkeit, sich selbst treu zu sein und sich selbst zu schätzen. – Wo dies der Fall ist, verstetigen sich gewalttätige Neigungen, die wiederum in eine Gewaltkarriere münden können.

4.2 Entwicklungsstränge jugendlicher Gewaltkarrieren

Die Rede von »Gewaltkarrieren« soll keine teleologisch gerichtete Entwicklung implizieren, in der eine Stufe in vorgegebener Weise auf die andere folgt, wie etwa die Stufen einer Beamtenlaufbahn. Der Begriff der Gewaltkarriere bezieht sich auf jugendliche Wiederholungstäter, deren Gewalttaten keine isolierten Ereignisse darstellen, sondern eine Verbindung miteinander aufweisen und in einen erkennbaren Entwicklungsprozess eingebunden sind. Dieser Entwicklungsprozess ist allerdings nicht von kausaler Notwendigkeit bestimmt und keineswegs frei von kontingenten Handlungssituationen und Handlungsfolgen, biographischen Ereignissen und Verläufen. Die so verstandenen Gewaltkarrieren von Jugendlichen weisen drei Entwicklungsstränge auf, die zwar aufeinander aufbauen, aber keine strenge zeitliche Stufenfolge bilden müssen, sondern auch simultan verlaufende Prozesse darstellen können. Der erste Entwicklungsstrang von Gewaltkarrieren geht aus Ereignissen hervor, in denen die Jugendlichen den Wechsel von der Opfer- in die Täterrolle vollziehen und dabei »epiphanische Erfahrungen« machen, die biographische Wendepunkte markieren (4.2.1). Den zweiten Strang bilden »gewaltaffine Interpretationsregimes« – in wiederholten Erfahrungen der Ohnmacht und der Missachtung erworbene Wahrnehmungsmuster, die eine besondere Vulnerabilität der Jugendlichen bei bestimmten Handlungen anderer mit sich bringen und ihre Situationsdefinitionen bei der Gewaltausübung beherrschen (4.2.2). Der dritte Entwicklungsstrang besteht in der Herausbildung von »Gewaltmythologien«, d. h. von gewaltverherrlichenden Wertbindungen, die auf überhöhten Erwartungen der Jugendlichen an die Wirkungen der Gewalt beruhen und in denen sich ihre auf Kämpferideale gestützten Selbstbilder artikulieren (4.2.3).

4.2.1 Epiphanische Erfahrungen und biographische Wendepunkte

Zur Entwicklung jugendlicher Gewaltkarrieren gehören bahnbrechende Erfahrungen der Gewaltausübung, die eine bleibende Bedeutung für die Jugendlichen besitzen. Diese Erfahrungen sind Kandidaten für das, was Norman K. Denzin (1989a und 1989b) als »Epiphanien« bezeichnet und mit dem Begriff des Wendepunktes verknüpft hat:

»Those interactional moments that leave marks on people's lives, like the murder described above [der Mord von Raskolnikow an der Pfandleiherin Aljona Iwanowna in Dostojewskis *Schuld und Sühne*, F.S.], have the potential for creating transformational experiences for the person. They are ›epiphanies‹. In them, personal character is manifested and made apparent. By recording these experiences in detail, the researcher is able to illuminate the moments of crisis that occur in a person's life. They are often interpreted, both by the person and by others, as turning point experiences (Strauss, 1959). Having had this experience, the person is never again quite the same.« (Denzin 1989b: 15)[22]

Wie sich Denzins Begriff der Epiphanie auf Gewalterfahrungen von Jugendlichen beziehen lässt, zeigt bereits die Fallrekonstruktion Bebek II. Wenn die Erfahrung der Gewaltausübung, wie etwa in der Nutten-Geschichte, Bebek mit einer anderen Seite ihres Selbst in Kontakt bringt und sich ihr damit ein neuer Aspekt ihres Selbstverständnisses erschließt, dann erfüllt eine solche Erfahrung die wesentlichen Kriterien, die Denzin für den Begriff der Epiphanie anführt. Bei dem Vorfall handelt es sich jedoch nicht um den Typ einer epiphanischen Erfahrung, den Denzin als *major epiphany*[23] bezeichnet. Eine solche epiphanische Erfahrung geht, wie zum Beispiel der von Dostojewski beschriebene Mord, auf ein absolut singuläres Ereignis zurück und bildet *den* Wendepunkt schlecht-

22 Vor Anselm L. Strauss (1959), auf den sich Denzin hier bezieht, hatte bereits Everett Hughes (1971/1952) von »turning points« gesprochen und in diesem Zusammenhang auf den verlustreichen Rückgang von kollektiven Riten – wie etwa Übergangs-, Initiations- oder Trauerriten – aufmerksam gemacht, die biographische Wendepunkte und einschneidende Ereignisse im Leben eines Menschen begleiten.

Der Begriff der Epiphanie geht zurück auf das gleichnamige Fest Epiphania (auch Fest der Erscheinung des Herrn oder Dreikönigsfest genannt), mit dem die christlichen Kirchen das Offenbarwerden der universellen heilsgeschichtlichen Bedeutung der Geburt Jesu feiern. Die spezifische Verwendung des Begriffs der Epiphanie im Sinne einer Erfahrung, die ein neues Licht auf den personalen Charakter eines Menschen wirft und oft einen biographischen Wendepunkt initiiert, hat Denzin von James Joyce entliehen. Die Beispiele, an denen Denzin selbst die Wirkungen epiphanischer Erfahrungen auf das Selbstverständnis und die biographische Entwicklung von Personen aufzeigt, sind zum Teil literarischen und wissenschaftlichen Texten entnommen, zum Teil beruhen sie auf seinen eigenen Forschungen auf dem Gebiet des Alkoholismus.

23 Seine vier Formen umfassende Typologie epiphanischer Erfahrungen erklärt Denzin wie folgt: »I distinguished four forms of the epiphany: (1) the *major event*, which touches every fabric of a person's life; (2) the cumulative or *representative event*, which signifies eruptions or reactions to experiences which have been going on for a long period of time; (3) the *minor epiphany*, which symbolically represents a major, problematic moment in a relationship or a person's life; and (4) those episodes whose meanings are given in the *reliving* of the experience. I called these, respectively, the major epiphany, the cumulative epiphany, the illuminative or minor epiphany, and the re-lived epiphany.« (Denzin 1989a: 71) Die vier Typen epiphanischer Erfahrungen sind begrifflich nicht ganz trennscharf und können, wie Denzin selbst schreibt, ineinander übergehen: »A given event may, at different phases in a person's or relationship's life, be first, major, then minor, and then later relived. A cumulative epiphany will, of course, erupt into a major event in a person's life.« (Denzin 1989b: 129)

hin in der Biographie eines Menschen. Bebeks Erzählung der Nutten-Geschichte entspricht hingegen dem, was Denzin dem Typus der *cumulative epiphany* zuordnet. Als Beispiel für diesen Typ einer epiphanischen Erfahrung führt Denzin den Fall einer von John M. Johnson und Kathleen J. Ferraro (1984) beschriebenen Frau an, die von ihrem Ehemann geschlagen wurde. Diese Frau, schreibt Denzin (1989b: 129), »had lived with her violent husband for years, until one day he put a gun to her head. On that day, she sued for separation of property and left her husband. This woman's turning point experience did not just happen, it was the result of an accumulation of past experiences that culminated in a single moment«.

Wie das neuartige Handeln dieser Frau das Ergebnis vergangener Gewalterfahrungen darstellt, so ist auch Bebeks Handeln in der Nutten-Geschichte nur als das Resultat ihrer vielfältigen Erfahrungen als Opfer der väterlichen und brüderlichen Gewalt zu verstehen. Was Bebek in der Nutten-Geschichte beschreibt, ist ohne Zweifel eine *epiphanische* Erfahrung, zumal es sich – mit Denzin gesprochen – um einen Moment der Offenbarung in Bebeks Leben handelt, um ein Ereignis, in dem sich ihr individueller Charakter enthüllt und sich ihrer Erfahrung erschließt. Diese Episode lässt sich weiterhin als eine *kumulative* epiphanische Erfahrung reformulieren, weil der rote Faden durch Bebeks familienbezogene Erzählungen gerade darin bestand, dass sie nicht zur Geltung bringen konnte, wie sie sich als individuelle Person mit ihren eigenständigen Handlungsmotiven und Einstellungen versteht. Während sie in ihrer Familie defensive Strategien entwickelt hatte, um Gewalt und Erniedrigung ertragen zu können, greift sie nun zur Gegenwehr und stellt sich als die dar, die sie ist bzw. sein möchte: Eine wehrhafte Frau, die sich nichts gefallen lässt und jede Äußerung der Vermutung, sie könnte eine »Nutte« oder eine »Schlampe« sein, gewaltsam sanktioniert.

An den folgenden Beispielen Kilian und Murat soll nun der Wechsel von der Opfer- in die Täterrolle als epiphanische Erfahrung beschrieben werden, die ihre Biographien strukturiert und ihre Selbstbilder nachhaltig geprägt hat. An einem dritten, dem Beispiel Svens soll dargelegt werden, dass es auch epiphanische Gewalterfahrungen gibt, die keine direkte Verbindung zu familiären Negativerfahrungen aufweisen und eine ganz neue Stufe von Gewaltkarrieren eröffnen können, auf der sich Epiphanien mit intrinsischen Gewaltmotiven verbinden.

Das Beispiel des Skinheads *Kilian* variiert die Fallrekonstruktion Bebeks, insofern sich der Rollentausch in seinem Fall innerhalb der Familie vollzieht.

Während Bebek – aus den beschriebenen familiären Gründen – trotz ihres Hasses auf den gewalttätigen Bruder nicht zur Gewalt gegen ihn greift, schlägt Kilian seine Mutter, die ihn früher missachtet und misshandelt hatte. Er thematisiert dies im Interview zum ersten Mal bei der Beschreibung des Mutter-Sohn-Verhältnisses und gibt damit den Kontext vor, in dessen Licht seine Gewalt gegen die Mutter zu interpretieren ist.

Kilian: Sie hat mich öfter mal runtergemacht: »Du wirst et nie zu irgendwat bringen und nie zu irgendwat schaffen!« (1) Na, bis ich ihr (.) maaal (.) die Meinung gesagt hab.

Int.: Mhm. Und was hast du ihr denn gesagt?

Kilian: Ah, ich hab -, ich hab gar nüscht gesagt. Also, ich hab mehr (.) meine Fäuste sprechen lassen (.) da, abgesehen davon. Dann ist det ooch gekommen, dass ick ein paar Skinheads so eingeladen habe, und wir dann die Wohnung so ein bisschen eingenommen haben und so, dann haben wir sie ooch eenmal rausgeschmissen, und so, na ja, und dann ist das alles gekommen. (2) Da wollte ich's ihr aber bloß heimzahlen, (2) was sie vorher gemacht hat (.) und so. (4) Und dann, jaa, dann bin ick aber ooch irgendwann ins Heim gekommen, weil ich ihr eine verpasst habe. (1) Seit da hat sie Angst vor mir gehabt.

Int.: Und wie war das für dich zu sehen, dass deine Mutter Angst vor ⌊ dir hat?

Kilian: Positiv. ⌋ Weil (.) sie hat mich *ooch* immer früher geschlagen, und so. Also: Warum darf ich mit ihr das nicht machen? Sozusagen. Ich hab ihr nur det gegeben, was sie mir gegeben hat. Mehr nicht. Und dafür, dass ick, öh, (2) nie an mich geglaubt habe, also, dass sie mich immer runtergemacht hat. Det-det hab ich ihr alles wiedergegeben, aber ich bin noch nicht fertig damit.

Int.: Mhm. Was heißt das: Du bist noch nicht fertig damit?

Kilian: Irgendwann kommt der Zeitpunkt, wo wir uns richtig ausreden werden. Und je nachdem, wie sie rüberkommt, wird det ganz böse für sie enden. (.) Also, wenn irgendwann -, wenn sie mich irgendwann mal wieder dumm anmacht oder so, (1) also mit irgendwelchen Sprüchen oder so, oder vorschreibt, was ich zu machen habe oder so, ähm, dann (.) muss ich ihr leider mal (.) meine Meinung sagen. (.) So ist det.

Kilian spielt hier mehr auf seine Gewalt gegen die Mutter an als dass er sie beschreibt: Er sagt zunächst nur, er habe seine »Fäuste sprechen lassen« und er sei ins Heim gekommen, weil er ihr eine »verpasst« habe. Die Stelle zeigt sehr deutlich, dass Kilians Gewalthandeln zwischen einem Davor und einem Danach eine Grenze zieht. Das Davor ist bestimmt durch die Missachtung und die Gewalt, die er durch seine Mutter erfahren hat. Kilian leitet die Stelle mit der Feststellung ein, seine Mutter habe ihn »öfter mal runtergemacht« und ihm gesagt, er werde es »nie zu irgendwat bringen und nie zu irgendwat schaffen!« Diese Praxis der Demütigung und der negativen Zuschreibungen, so Kilian, habe schließlich dazu geführt, dass er seiner Mutter – mit den Fäusten – die Meinung gesagt habe. Und später heißt es im Interviewtext, er habe sie dafür geschlagen, dass er nie an sich selbst geglaubt habe. Demnach war seine Gewalt nicht nur eine Reaktion auf die mütterliche Missachtung, sondern auch ein Racheakt für die Folgen dieser Missachtung. Weiterhin bezieht Kilian seine gewaltsame Vergeltung darauf, dass seine Mutter ihn »*ooch* immer früher geschlagen« habe. Es sind also seine von Kindheit an kumulierten Erfahrungen der Ohnmacht und der Erniedrigung (vgl. 3.2.1, 3.2.2 und 3.3.2), die zu seinem Gegenschlag führen und dessen Bedeutung ausmachen.

Dass es sich hier um einen außerordentlich bedeutungsvollen Moment für Kilian handelt, geht nicht nur daraus hervor, dass er die Erzählung seiner Ohnmachts- und Missachtungserfahrungen auf diesen Moment zulaufen lässt. Es zeigt sich auch daran, dass Kilian wesentliche Veränderungen in seinem Leben mit seinem Gegenschlag in Verbindung bringt. Neben der Einweisung ins Heim benennt er eine weitere spezifische Veränderung, die er unmittelbar mit dem Zeitpunkt verbindet, als er seine Mutter geschlagen hatte: »Seit da hat sie Angst vor mir gehabt.« Bei dieser Bemerkung muss man sich die im 3. Kapitel angeführten Erzählungen Kilians vor Augen führen, in denen er berichtet hatte, dass er früher ständig in Angst vor seiner Mutter lebte, weil sie ihn regelmäßig geschlagen hatte – oft wegen kaum beeinflussbarer Tatbestände und kaum steuerbarer kindlicher Verhaltensweisen. Vor diesem Hintergrund sind sowohl Kilians Gewaltausübung als auch die fortan vorhandene Angst auf Seiten der Mutter die exakte Umkehrung der früheren Konstellation. Der Unterton des Triumphes, den er dabei empfand, nun seinerseits die Mutter das Fürchten gelehrt zu haben, ist in der ganzen Interviewpassage unüberhörbar, auch wenn er auf die entsprechende Zwischenfrage des Interviewers denkbar knapp und nüchtern antwortet, die Angst der Mutter sei »positiv« für ihn gewesen. Die Ausführungen Kilians, die auf diese Aussage folgen, sind einerseits eine Rechtfertigung seiner Gewalt als einer gerechten Rückzahlung dessen, was seine Mutter ihm früher angetan hatte, andererseits lassen sie sich auf die Formel bringen: Rache ist süß! Sowohl die Intensität des Erlebens seiner Gewalttat als auch die verändernde Kraft des mit ihr verbundenen Rollentausches lassen das, was Kilian beschreibt, als eine epiphanische Erfahrung erscheinen.

Aber sein unmittelbar als Befreiung empfundener Gegenschlag ist nicht in der Lage, seinen Hass auf die Mutter einfach hinwegzufegen. Dies zeigt sich am Ende der Passage, wo sehr deutlich wird, dass Kilian immer noch auf Rache sinnt und nicht ausschließt, dass es noch einmal »ganz böse für sie enden« könnte, wenn sie ihm nur einen Anlass dafür bietet. Sein unbändiger Hass und sein Wille, anderen Angst, Schmerz und Schrecken einzuflößen, sollten nach dem familiären Umsturz, der keineswegs zufällig mit seiner verstärkten Hinwendung zur Skinheadszene einherging, in einer Vielzahl außerfamiliärer Gewaltverbrechen zum Ausdruck kommen. Die epiphanische Erfahrung des gewaltsamen Rollentausches stellt bei Kilian einen entscheidenden biographischen Wendepunkt dar. Dies geht auch aus einer anderen Passage hervor, in der das Gespräch noch einmal auf Kilians Gewalt gegen die Mutter zurückkommt.

Int.: Du hast ja auch deine Mutter offenbar schon mal geschlagen.

Kilian: Ja!

Int.: Kannst du das mal erzählen, wie's dazu kam?

Kilian: Ah, det war kurz bevor ick ausgezogen bin. Ungefähr ein Vierteljahr, bevor ick ausgezogen bin, oder 'n halbes Jahr. Hab ick so auch, hab ick ihr eine Backpfeife gegeben. Kam so auf mich zu, hat gemeckert, wollte *grad* so die Hand heben, das weiß ich noch, da hab ich die Hand festgehalten und hab (.) ihr (2) 'ne Ohrfeige gegeben. Ich hab sie nicht mit der Faust geschlagen oder so, aber war schon, (.) also war schon Kraft hinter oder so. Also, ick hab voll ausgeholt, so von hier [imitiert mit Laut und Geste den Schlag:] Tsch!

Int.: Also, sie wollte dir ⌈ zuerst -

Kilian: Ja, ⌉ sie hat die Hand gehoben, (.) was mich total gewundert hat, so: Ja, die Oma, vielleicht tickt sie nicht richtig! (2) Da hatte ick *so 'n Hass*, dass ick die geschlagen habe! Boah, war ick da -, da hat die geheult! Die hat voll geheult! Ha! (.) Bin dann abgehauen. Ich bin dann -, ich hab dann meine Sachen gepackt, und so. Ich glaub, ich hatte (.) Docs angezogen und bin abgehauen.

Int.: Ich versteh immer noch nicht genau, wie's dazu gekommen ist.

Kilian: Oh. Ist eine gute Frage, weiß ich nicht. Durch irgendwat, irgendein Streit oder so, also war nichts Besonderes oder so. Wat war denn det gewesen? (5) Aah! Ick gloob, det war so, dass ich in meinem Zimmer war (1) mit meiner Schwester (.) und über meine Mutter hergezogen habe. So, ja, oder: »Die Schlampe!«, und so, wa. Und irgendwie hat sie gelauscht. Sie hatte die komische Angewohnheit, da an der Tür zu lauschen, (.) wat ick immer *gehasst* habe! Und dann kam die auf einmal rinn, eh, und hat rumgemeckert [eine weinerliche Stimme nachahmend]: »Warum? Wieso? Weshalb?« Wollt dann die Hand heben. Tja, und dann ist det so passiert. Hab ick det so gemacht, dann kam sie mir noch hinterher irgendwie, hat voll gemeckert und geheult gleichzeitig. Ja. [Mitleid spielend:] Oooah, dann hab ich noch nach ihr getreten, det weeß ick noch. Weil ick hab sie absichtlich gegen die Wand getreten. Da ist sie aber (.) weggehuscht! Da ist sie in ihr Zi-, äh, abgehauen dann. Das war ooch ganz witzig. Ja, war lustig, so (.) ihr zu zeigen, dass [skandierend:] *sie* mir nüscht mehr (.) zu *sagen* hat. Dass ick auf ihre Meinung pfeife. Und ihre Ein-, Ansicht nicht teile, oder so. (2) So, *die* Aktion. Hab ich's ihr endlich gezeigt! Ich glaub, ich bin dann zwee Tage später wieder nach Hause gekommen oder so. War ick bei 'm Kumpel gewesen, gefragt, ob ich da pennen kann.

Int.: Ja, mhm. Und-und war das das einzige Mal, dass du deine Mutter geschlagen hast, oder-oder war das des Öfteren der Fall?

Kilian: Zweemal, und mehrmals war, glaub ich, gar nicht. Nö. (.) Nee. (2) Das zweite Mal war, (.) wo ick paar Kumpels eingeladen habe, war det. (2) Wie ick sie nachher rausgeschmissen habe. Da hab ick ihr ooch (.) so eene geschlagen. [Im Tonfall, in dem man Kleinkinder tröstet:] Da war sie traurig gewesen, geklagt. Dann hat sie die Bullen gerufen. Dann kam die Polizei. (3) Und die haben mich dann festgenommen. Dann war ick da. Haben sie mich verhört. Haben mich gefragt, warum ick det gemacht habe. Und wat der Anlass war und bla-bla-bla, hatten sie mich so gefragt, pff. Hab ick denen so allet erzählt, hab ick gesagt: »So und so war det.« War ick in der Zelle, ich glaub, drei Stunden oder so. Dann bin ich wieder rausgekommen. Durft ick gehen. (3) Und dann, später bin ich dann ins Heim gekommen. Musste ich zum Jugendamt gehen so, allet so wat. Also, meine Mutter hat ja keine Anzeige gemacht, oder so.

Als Kilian seine Mutter zum ersten Mal geschlagen hat, gab es dafür einen konkreten Anlass: Die Mutter erhob die Hand gegen ihn, und es drohte sich zu wiederholen, was er bereits so oft erlebt hatte. Was dem vorausgegangen war, fällt Kilian zunächst gar nicht ein, und es bedarf der Nachfrage des Interviewers, ehe er die mutmaßliche Vorgeschichte erzählt. An seinen ersten Schlag gegen die Mutter indes erinnert sich Kilian in jedem Detail. Wenn dieser eine Schlag seine Erinnerung so in Beschlag nimmt, dass ihm die situative Entstehungsgeschichte sekundär erscheint, dann ist dies ein Hinweis darauf, dass dieser Schlag in Kilians Relevanzstruktur weit über jene einmalige Situation hinausgeht. Das unmittelbare physische Aufeinandertreffen zwischen Kilian und seiner Mutter steht im Mittelpunkt seiner Erzählung, ein Aufeinandertreffen, dessen essentieller Sinn darin besteht, dass sich in ihm ein Rollentausch vollzieht. An dieser entscheidenden Stelle tritt in der Erzählung der Hass auf den Plan (und damit gegenüber der zuvor behandelten Interviewpassage ein neues Thema). Seiner Erzählung zufolge stieg der Hass genau in jenem Moment auf, als die Mutter ansetzte, ihn zu schlagen. Wenn man sich hier wiederum die im 3. Kapitel analysierte Stelle in Erinnerung ruft, an der Kilian berichtete, dass er seine Mutter eine Zeit lang so gehasst habe, dass er den Wunsch verspürte, sie zu vergiften, dann scheint es, dass sich in der erhobenen Hand die lange Vorgeschichte der mütterlichen Gewalt verdichtete. Kilians frühere Gewaltprojektionen, als er seiner Mutter noch ohnmächtig ausgeliefert war, scheinen sich in seinem Gegenschlag zu realisieren, und sein lange gehegter Hass scheint darin zum Ausdruck zu kommen. Seine Mutter sollte, indem sie seinen Hass zu spüren bekommt, verstehen, was sie ihm früher angetan und welches Unrecht sie mit ihren Übergriffen begangen hat. Deswegen kann Kilian auch sagen, er habe seine Fäuste »sprechen« lassen.

Kilians Fazit, es seiner Mutter »endlich« gezeigt zu haben, ist ein klares Indiz dafür, dass er die Situation und ihre biographische Bedeutung im Lichte seiner früheren Gewaltprojektionen und seines akkumulierten Hasses deutet. Auch hier zeigt sich eine Erzählstruktur, die das Ereignis als eines ausweist, das eine Scheidelinie zwischen Vergangenheit und Zukunft einzieht. Bei Kilian hat sich ein solcher Hass aufgestaut, dass bereits sein erster Schlag über eine bloße Abwehr hinausging. Mit seinen nachfolgenden Tritten versuchte Kilian, seine Mutter zu erniedrigen und – wie seine hämischen Bemerkungen zur heulenden Mutter und sein Zynismus des gespielten Mitleids zeigen – sie gewissermaßen in die Lage zu bringen, in der er sich früher befand. Das Nachtreten nimmt sich so aus, als habe Kilian das Ergebnis, nämlich die vollständige Rollenumkehr, sichern und den damit einhergehenden Triumph noch einmal genießen wollen.

Aber Kilians Erzählung ist nicht nur so aufgebaut, dass die Episode ein Davor beendete, sondern auch ein Danach bestimmte: Nichts sollte mehr wie früher sein. Damit ja kein Jota verloren gehe, betont Kilian im Interview jedes

Wort, wenn er das triumphale Erlebnis und die bahnbrechende Veränderungskraft seiner Gewalthandlung beschreibt: »Ja, war lustig, so (.) ihr zu zeigen, dass [skandierend:] *sie* mir nüscht mehr (.) zu *sagen* hat. Dass ick auf ihre Meinung pfeife.« Kilian hat mit seinem ersten Gewaltausbruch gegen die Mutter einen entscheidenden und unumkehrbaren Bruch vollzogen.

Seinen Weggang von Zuhause schildert Kilian mit einem unscheinbaren, jedoch höchst signifikanten Satz: »Ich glaub, ich hatte (.) Docs angezogen und bin abgehauen.« Docs, eine Abkürzung für die britische Springerstiefel-Marke Doc Martens, sind ein Zeichen der Zugehörigkeit zur Skinheadszene und der Ausdruck eines militärischen und aggressiven Habitus. Wenn Kilian seine Bemerkung über sein Schuhwerk nicht im Sinne dieser Symbolik verstünde, wäre es unwahrscheinlich, dass er sich Gedanken darüber macht, was für Schuhe er getragen hat, als er den Ort des Geschehens verließ; aber er erwähnt dieses Detail, obwohl er nicht einmal sicher ist, ob er tatsächlich Docs angezogen hatte. Dies legt folgende Deutung nahe: Wenn es in Kilians Erinnerung zu dem Ereignis passt oder zu ihm gehört, dass er mit Docs von dannen zog, dann bedeutet dies einerseits, dass er mit der Episode seine verstärkte Hinwendung zu den Skinheads in Verbindung bringt. Er begab sich, gemäß seiner Erinnerung ausgestattet mit den Insignien der Zugehörigkeit, auf den Weg zu den Skinheads, zu seiner »Ersatzfamilie«, wie er den Gruppenzusammenhang, den er fortan zu seinem Lebensmittelpunkt machen sollte, in einer im Abschnitt 3.3.2 zitierten Stelle einmal genannt hat. Andererseits bedeutet der Hinweis auf seine Docs, dass er seiner Erinnerung zufolge das Zuhause aggressiv und kampfbereit, sozusagen gerüstet für weitere Gewalttaten verließ. Vor dem Hintergrund von Kilians weiteren Erzählungen über seine Gewalttaten in der Skinheadszene kann man in der Tat sagen, dass er auszog, um Angst und Schrecken zu verbreiten.

Seine knappe Erzählung der späteren Episode vermittelt den Eindruck, als habe Kilian das in der früheren Episode begonnene Werk vollenden wollen, indem er den offenen Bruch mit der Mutter herbeiführte. Er hat seine Kumpel aus der Skinheadszene eingeladen und mit diesen die Wohnung der Mutter »eingenommen«. Kilians Schilderung enthält keinen Hinweis darauf, dass ihm seine Mutter, wie in der ersten Episode, einen Anlass für sein Handeln bot. Vielmehr scheint es, als habe er mit der Einnahme des familiären Terrains seine Macht über seine Mutter demonstrieren wollen, die sich von ihm schlagen und demütigen lassen musste. Die ganze Situation ist so angeordnet, als habe er den vollzogenen Rollentausch neu inszenieren und die damit verbundene biographische Wende endgültig bestätigen wollen. Die Konstellation der beteiligten Akteure weist darauf hin, dass er nicht nur die Abrechnung mit der Mutter vollenden, sondern auch sein neues Selbstverständnis öffentlich, d. h. vor seiner Mutter und vor seinen Kumpeln aus der Skinheadszene, zur Darstellung bringen wollte. Zu diesem Selbstverständnis gehörte es, seinem als legitim empfundenen Hass gewaltsam Ausdruck zu verleihen. Dass es sich um eine kompromisslose, gewissermaßen »authentische« Selbstdarstellung handelte, zeigt sich auch daran, dass er keine Anstalten machte, den Tatort zu verlassen, nachdem seine Mutter die Polizei gerufen hatte. Bei der Vernehmung nach seiner Festnahme beantwortete Kilian dann ganz unaufgeregt die Fragen der Beamten und erzählte, was geschehen war. Damit brachte er die Haltung zum Ausdruck: Hier bin ich und stehe aufrichtig zu dem, was ich getan habe, welche Folgen dies auch immer haben mag. Auch im Nachhinein rückt er keinen Deut von seiner Tat ab und hält sie, gemäß seiner Moral der Vergeltung, weiterhin für legitim.[24]

Seine Gewaltakte erschienen Kilian als etwas, was »endlich« eine Wende im Verhältnis zur Mutter, aber insbesondere auch zu sich selbst herbeiführte – eine Wende, die er als eine Errungenschaft empfand. Daher rührten seine provokante Authentizität gegenüber den Polizeibeamten und sein demonstratives Desinteresse an etwaigen strafrechtlichen Folgen. Hätte er nicht zu seinem Tun ohne Wenn und Aber gestanden, hätte er den »Gewinn« seines gewalttätigen Handelns wieder verspielt. Er hatte eine »Lösung« für seinen Hass auf die Mutter und für sein negatives Selbstverhältnis gefunden: Die gewaltsame Degradierung seiner Mutter sollte ihm Selbstvertrauen zurückbringen und Selbstachtung aufbauen. Seine Gewaltakte gegen die Mutter verstand er bereits damals als eine Brücke zu einer neuen Lebensphase und als Übergang zu einem neuen Selbstverhältnis, das sich wesentlich durch Gewalt konstituierte. Er hatte – wie Bebek – ein Selbst gefunden, dem er treu sein konnte. Deswegen wäre es ihm wohl als Verrat an sich selbst und als Aufgabe der subjektiven Gratifikationen seiner Gewaltakte erschienen, hätte er bei seiner Vernehmung gegenüber den Polizeibeamten irgendetwas von seinem Tun zurückgenommen und sich auf

24 Dies gilt nicht nur für die Vernehmung bei der Polizei, sondern weit darüber hinaus. Auf die Frage des Interviewers im Anschluss an die hier behandelte Interviewpassage, ob er nie ein schlechtes Gewissen gehabt habe, nachdem er seine Mutter geschlagen hatte, antwortet Kilian: »Nee. Schlechtes Gewissen hatte ick bis heute nicht (2) deswegen. Weil sie hat mich auch geschlagen, warum soll ich das nicht können? Also, so war det nicht! So wie *sie* mich manchmal (.) geschlagen hat, da war det ja noch ein Jux gegen. Det war ja nun nicht doll (2) so in dem Sinne. Aber leid hat's mir nie getan, also. Nie!«

dessen Bewertung durch Dritte eingelassen. Damit war die biographische Wende besiegelt, innerlich durch ein neues, auf Gewalt gegründetes Selbstverhältnis und äußerlich durch die Einweisung ins Heim.

Die höhnische Gleichgültigkeit, die Kilian in seiner Erzählung gegenüber der Trauer und dem Klagen seiner Mutter an den Tag legt, zeigt einerseits, dass ihn jener Jahre zurückliegende Handstreich zum Zeitpunkt des Interviews immer noch mit einer tiefen Befriedigung erfüllt. Andererseits macht dies deutlich, dass die Bindungs- und Identitätsprobleme, die sich aus seinen Erfahrungen der Ohnmacht und der Missachtung entwickelt hatten, auch nach dem Rollentausch weiter virulent blieben. Er ist immer noch nicht fertig mit seiner Mutter, auch wenn er die Gewalttaten gegen sie als epiphanische Erfahrungen wahrnimmt. Obgleich er die Gewalt als Befreiung und als Erneuerung seiner selbst erlebt hatte, blieben das Joch seiner Ohnmachtserfahrungen und der Stachel der vielfältigen Demütigungen, die er erdulden musste, weiterhin bestehen. Der Befreiungsschlag Kilians brachte also keine dauerhafte »Heilung« seiner familiär erworbenen Verwundungen. Kilians Erzählungen zur Folgezeit zeigen vielmehr, dass er außerfamiliäre Interaktionssituationen im Lichte seiner familiären Ohnmachts- und Missachtungserfahrungen deutet und zur Gewalt greift. Die einfache Rollenumkehr kann jene Erfahrungen und deren Wirkungen nicht ein für allemal aus der Welt schaffen. Wie bei Bebek gehört auch bei Kilian die gewalttätige Reaktion bei drohender Missachtung und Ohnmacht ganz wesentlich zu seinem neuen, positiven Selbstbild. Dadurch etabliert sich bei Kilian eine wirkmächtige Tendenz zur Wiederholung der Gewalt, um deren stets ephemere Wirkungen zu erneuern. Zusammen mit dem Aufkommen intrinsischer Gewaltmotive besteht darin eine wesentliche Triebfeder seiner Gewaltkarriere.

Wie Kilian gegen seine Mutter hegte *Murat* bereits in präadoleszenten Jahren vitale Gewaltphantasien gegen seinen Vater. Diese Phantasien äußerten sich unter anderem darin, dass Murat im Alter von elf oder zwölf Jahren den Tyrannen der Familie mit einem Messer angriff, als dieser die Mutter schlug (vgl. 3.2.3). Es blieb beim Versuch, weil ihn sein älterer Bruder zurückgehalten hatte. »Ich hab nur gewartet, bis ich älter werde, damit ich was dagegen machen kann«, so lautete Murats Credo, nachdem er dem Odium seiner anhaltenden Ohnmacht und Erniedrigung vorerst kein Ende bereiten konnte. Es dauerte noch zwei Jahre, bis sein Verlangen auf unverhoffte Weise in Erfüllung gehen sollte: Im Alter von 14 Jahren assistierte er seinem damals 18-jährigen Bruder, als dieser seinen Vater schlug. Den Ausgangspunkt der Erzählung über dieses

Ereignis bildet Murats Äußerung (vgl. 3.2.1), aus Angst vor weiteren Schlägen seinem Vater gegenüber so getan zu haben, als ob er es verdient hätte, geschlagen zu werden.

Murat: Meistens hab ich Schläge dann gekrie-, wenn meine Mutter arbeiten war (.) und mein Bruder nicht zu Hause war.

Int.: Und hast du's deiner Mutter erzählt?

Murat: Ja, klar. Und dann hat sie immer Theater gemacht zu Hause, und so. Also, sie hat geschimpft: »Warum schlägst du denn?«, und so. »Du Arschloch! Du kannst dich nur gegen Kleine wehren!«, und so. »Du kannst nur Kleine schlagen.« (.) Na ja, und dann hat des öfters mein Bruder miterlebt, bis er sagte: »Des reicht!« (3)

Int.: Und dann?

Murat: Na ja, mein Vater meinte: »Was, du willst mir drohen? Willst du dich mit mir anlegen?« Da meinte mein Bruder: »Ja, ich will mich mit dir anlegen!« Na ja, und dann kam's zum Kampf. (3) Ich hab da selber noch zugeschlagen, meinen Vater. Ich hab mich gefreut, dass endlich mein Bruder was dagegen gemacht hat. (.) Ich hab nur geschrien: »Schlag ihm die Fresse kaputt, schlag ihm richtig die Fresse kaputt!«, und so. Mein Bruder hat mächtig geschlagen, richtig kaputt.

Int.: Wann war das?

Murat: Ähm, das war, glaub ich, (3) da war ich, glaub ich, 13, (.) nee 14, 14, stimmt. Von da aus sind wir in das Heim im Osten gezogen, WW-Platz waren wir da. Da war, äh, meine Mutter mit meinem kleinen Bruder, äh, im Frauenheim, das hab ich Ihnen schon erzählt, und ich war mit meinem älteren Bruder in normale, so 'n Heim im Osten, Kindernotdienst oder so.

Im Unterschied zu allen früheren Vorfällen, in denen Murat das direkte oder indirekte Opfer der Gewalt des Vaters wurde, hatte er in der hier geschilderten Situation nicht nur eine Anklägerin in der Person seiner Mutter auf seiner Seite, sondern auch einen Beschützer und Rächer in der Person seines Bruders. Murat lässt seine Schilderung der Ohnmacht und der daraus resultierenden Selbstverleugnung auf die Erzählung dieser Episode zulaufen. In der Erfahrung des gewaltsamen Aufbegehrens gegen den Vater waren Murats kumulierte Ohnmachts- und Missachtungserfahrungen präsent und erfuhren jene Wendung, die oben als Rollentausch bzw. als Umkehrung des Täter-Opfer-Verhältnisses beschrieben wurde. Gleichzeitig beendete die sich abzeichnende Niederlage des

Vaters die Praxis der Verstellung auf Seiten Murats. Er nutzte die Gelegenheit des »Kampfes« zwischen seinem Vater und seinem Bruder, um selbst zuzuschlagen und seinem Hass, der sich zuvor auf die Projektion zukünftiger Gewalt beschränkt hatte, authentisch und voller Genugtuung Ausdruck zu verleihen.

Dass sein Bruder »endlich« gegen die Gewalt des Vaters aufgestanden ist – wie Kilian »endlich« über die Gewalt seiner Mutter triumphierte –, zeigt, dass auch Murat die Episode und ihr biographisches Gewicht im Lichte seiner früheren Ohnmachts- und Missachtungserfahrungen deutet. Doch hätte sein Bruder nicht den Weg dazu bereitet, wäre Murat womöglich nie in die Lage gekommen, seinen Vater zu schlagen und seiner als eines Besiegten ansichtig zu werden. Ob es bei Jugendlichen, die in ihrer Familie geschlagen und missachtet wurden, zur Gewalt gegen die innerfamiliären Täter kommt, oder ob deren Gewalt, wie bei Bebek, auf außerfamiliäre Kontexte beschränkt bleibt, hängt also nicht nur von der inneren Struktur der Familie ab, sondern auch von situativen Gelegenheiten und vom Handeln Dritter. Derartige Bedingungen, die ausschlaggebend dafür sind, ob die epiphanischen Erfahrungen der Gewaltausübung innerhalb oder außerhalb der Familie statthaben, lassen sich aufgrund ihres hohen Kontingenzgrades nicht im Sinne kausaler Faktoren fassen, die immer zu denselben Wirkungen führen, und schon gar nicht vollständig auflisten.

Murats Schilderung seiner Auflehnung gegen den Vater kennt auch ein Danach, das er allerdings nur zum Teil ausdrücklich mit dem besagten Vorfall zusammenbringt. Zunächst einmal konstatiert Murat, dass er erneut in ein Heim kam. Seine darauf folgende eigene Gewalttätigkeit und die damit einhergehende Veränderung seines Selbstverständnisses schreibt Murat nicht explizit dem Triumph über den Vater zu. Gleichwohl setzt er die Erzählung jenes Vorfalls mit einer Reflexion über die Veränderung seines Verhaltens und seiner Person fort.

Murat: Also, (.) wenn ich meinen Vater jetzt irgendwo treffen würde, dann würd' ich ihn wieder schlagen, das ist ganz normal. Ich würd' ihn fragen erst mal, warum er es gemacht hat, warum er meine Mutter einfach ohne Grund geschlagen hat, und uns, und -. (2) Mich hat es auch irgendwie gewalttätig gemacht, wo ich es gesehen hab, wie er's macht. Da bin ich anders geworden. Zumindest sa-sagt es meine Mutter immer [leise]: »Du hast dich verändert«, und so, »Du warst gar nicht früher so, was ist mit dir los?«, und so.

Int.: Mhm. (3) Und würdest du auch selber sagen, dass sich etwas verändert hat?

Murat: Ja! Früher, wenn zum Beispiel mich irgendeiner beschimpft hat oder irgendwelche blöden Bemerkungen gemacht, dann bin ich gegan-, ich hab ihn gefragt: »Warum machst du so was?«, und so, und -. Aber jetzt, wenn mich irgendeiner blöde anguckt oder, ja, das reicht schon, wenn mich einer lange anguckt. Dann geh ich hin: »Was guckst du?«, dann gibt er eine Antwort, dann hau ich ihm gleich eine runter. (2) Oder blöde Bemerkung, wenn er macht, dann geh ich auch gleich hin: »Warum?« Oder wenn er meine Freundin anmacht, hab ich schon oft -, mich voll oft gekloppt wegen einem Mädchen, oder weil sie angeguckt wurde, oder -. Und *in Polen war es nicht so*, dass man sich geschlagen hat, oder dass man sich gleich, (.) also mit Messer -, hat man gar nicht dran gedacht, mit Messer und so. *Hier* ist es so geworden, hier in Berlin. (2) Also, in Polen haben wir nicht so gekämpft, so wie hier. In Polen war ich gar nicht so 'n Schlägertyp, oder so. Ja, ich hab mi-, also, haben mir schon viele Leute gesagt, dass ich voll viel mich verändert hab. Wegen der Schlägereien und so, meine Mutter sagt zu mir immer, ich hab mich verändert, und so. Na ja, wegen diesen Schlägereien und so. Jetzt mit Gericht hab ich zu tun und mit der Polizei hab ich was die ganze Zeit zu tun. (.) Alles hat sich jetzt verändert!

Aus den Eröffnungssätzen dieser Passage geht zunächst hervor, dass Murats Gewaltprojektionen gegen seinen Vater durch den einmaligen, von seinem Bruder initiierten Gewaltakt kein Ende gefunden haben. Obwohl dieser Akt von Erfolg gekrönt war und zu dem von Murat lange gewünschten Ergebnis führte, dass sich die Familie vom verhassten Vater trennte, wirken bei ihm, wie bei Bebek und Kilian, die Folgen seiner Ohnmachts- und Missachtungserfahrungen fort. Und dies nicht nur in Form der Gewaltprojektionen gegen seinen Vater, sondern auch und gerade in Form seiner Gewaltbereitschaft und -tätigkeit bei alltäglichen Auseinandersetzungen mit anderen Jugendlichen und im Kontext von »Kämpfen« seiner Bande, auf die er im Zuge seiner Reflexionen darauf, wie er sich im Lauf der Jahre verändert hat, ebenfalls anspielt. Dem Erleben der väterlichen Gewalt als indirektes und direktes Opfer schreibt Murat hier eine bedeutende Veränderung seiner Person und den Ursprung seiner ungerichteten Gewaltbereitschaft zu. Von der Veränderung seiner Person spricht Murat zunächst mit den Worten seiner Mutter. Dies zeigt an, dass seine Gewalttaten, die auf den Aufstand gegen den Vater folgten, intersubjektiv als eine einschneidende Wandlung seiner Person wahrgenommen wurden. Aber Murat hat nicht einfach eins zu eins in sein Selbstbild übernommen, wie er in den Augen seiner Mutter erscheint. Schon die Zuschreibung der Ursache für seine Veränderung legt er an keiner Stelle seiner Mutter in den Mund, sondern entstammt seiner eigenen Theorie über sich selbst.

Murat beschreibt an mehreren typisierten Situationen, in welcher Weise er sich verändert habe. Sein Verhalten in diesen Situationen, in denen er auf vergleichsweise geringe oder nichtige Anlässe äußerst spitz und aggressiv reagiert, kontrastiert er mit seinem früheren Leben in Polen. Auch den Kontext der BF-Bande, in dem er nunmehr in Berlin lebt und in dem die Auseinandersetzungen bis zum Einsatz von Messern gehen, bringt er in einen diametralen Gegensatz zu seinen Erlebnissen in Polen. Er sei durch seine Tätererfahrungen und durch seine Zugehörigkeit zu einem durch Gewalt geprägten sozialen Umfeld ein anderer geworden, ein »Schlägertyp« und einer, der ständig mit der Polizei und neuerdings auch mit dem Gericht[25] zu schaffen habe. Hier hat es den Anschein, als sei dies alles eher das Produkt einer kontinuierlichen Entwicklung als die Folge eines singulären epiphanischen Ereignisses, in dessen Gefolge sich ihm sein neues Selbst offenbarte. Doch er assoziiert den Aufstand gegen den Vater unmittelbar mit seiner späteren Gewalttätigkeit und mit seinem veränderten Selbstverständnis als Schläger. Zeitlich betrachtet bildete jenes Ereignis, als er mit seinem Bruder den wohl bereits unterlegenen Vater schlug, den Auftakt zu seinen weiteren Gewalttaten, die sich im außerfamiliären Bereich entwickelten. Sowohl die temporale Ereignisfolge, wie sie aus Murats Ausführungen zu seinen Gewalttaten hervorgeht, als auch die Struktur seiner Erzählung, welche die innerfamiliäre Rollenumkehr mit seiner außerfamiliären Gewaltsamkeit verbindet, weisen darauf hin, dass der lang ersehnte und dennoch in seinen Einzelheiten kontingente Triumph über den Vater so etwas wie sein Coming-out als Täter war. Der singuläre Akt gegen den Vater bildet mithin einen biographischen Wendepunkt, der seine Handlungsneigungen und sein Selbstverständnis tief greifend verändert hat. Dies lässt sich sowohl der Chronik von Murats Gewalttaten entnehmen als auch aus der subjektiven Perzeption seiner Lebensgeschichte erschließen, die in ein für epiphanische Erfahrungen typisches Davor und Danach gegliedert ist.

---

25 Zum Interviewzeitpunkt stand ihm gerade eine Gerichtsverhandlung bevor, nachdem er auf Seiten seiner türkischen Freunde an einer Gruppenauseinandersetzung mit Skinheads beteiligt war, bei der ein Jugendlicher der gegnerischen Gruppe lebensgefährlich verletzt wurde (vgl. 4.2.3).

Der 18-jährige *Sven* schildert eine epiphanische Gewalterfahrung, die er explizit als einen Wendepunkt seines Lebens darstellt. Sven, der kurze Zeit vor dem Interview wegen Drogenhandels am Arbeitsplatz seine Lehrstelle als Koch verloren hatte, ist in Ostberlin als Sohn eines Ingenieurs und einer Lehrerin aufgewachsen. Bis zu seinem 14. Lebensjahr bekam er von seinem Vater »öfters eine Tracht Prügel« und »den Arsch versohlt«. Im Interview verteidigt er das Verhalten seines Vater allerdings als »normal zwischen Vater und Sohn« und weist darauf hin, dass er nie grundlos geschlagen wurde. Sein Vater habe immer »alles in sich reingefressen« und sei oft »einfach stumm« gewesen. Über sein Verhältnis zum Vater berichtet Sven, er habe »früher Angst vor seiner Stummheit und seinem starren Blick« gehabt und besonders gekränkt habe ihn immer, dass sein Vater ihm gegenüber das »Vorurteil« hatte, man könne ihm »nichts glauben« und ihm »nicht trauen«. Die Erfahrung der Missachtung durch seinen Vater setzte sich außerhalb der Familie fort. Schon im Kindergarten sei er »ein totaler Außenseiter« gewesen, und es sei ihm auch in der Schule nicht gelungen, Anschluss an seine Mitschüler zu finden. Dies führte schließlich zu einer Haltung, die Sven so beschreibt:

Sven: »Ich habe mich selber immer zurückgezogen, und wenn dann mal einer kam und wat von mir wollte, dann hat er gleich -, gleich eine auf die Schnauze bekommen. Das war damals schon übel gewesen. Irgendwelchen Leuten den Kopf eingehauen, und so. Bevor mir jemand was antut, dann dacht' ich: tff, war mir egal gewesen.«

Er hatte im Alter von zehn Jahren in der Schule mehrere Male Mitschüler brutal geschlagen, so dass er bei den Lehrern als »verhaltensgestört« galt und von seiner Mutter zum Psychologen geschickt wurde, um seine aggressiven Neigungen zu bearbeiten. Aber er fiel bei Streitigkeiten mit anderen Schülern weiterhin durch eine besondere Roheit auf. Keinem seiner Gewaltakte in der Schule schreibt er eine herausragende Bedeutung für seine weitere Entwicklung zu; und mit seinem Vater kam es erst zu einer gewalttätigen Auseinandersetzung, als er 16 Jahre alt und seine Gewaltkarriere bereits voll entwickelt war.

Einen einzigartigen Schub erfuhr diese Karriere durch einen Überfall auf vietnamesische Zigarettenhändler, an dem Sven beteiligt war. Zwei Freunde aus seiner Schule hatten bereits zuvor damit begonnen, jenen Zigarettenhändlern und deren Zulieferern aufzulauern, um ihnen die Ware zu entreißen, die sie dann an andere Händler weiterverkauften. Die beiden Freunde boten ihm an, in ihr »Geschäft« einzusteigen; wie Sven berichtet, hatte er sich dafür qualifiziert, indem er eine Woche zuvor einen Mitschüler aus seiner Klasse »zusammengelegt« hatte. Svens Einstieg in diese gewalttätigen Machenschaften verweist auf einen Typ epiphanischer Erfahrungen, der von den bisher behandelten Fällen abweicht.

Sven: Ja, beim ersten Mal hat man noch mal -, so zwei-, dreimal hab ich davon geträumt. In größeren Abständen, ne. Na ja, nicht direkt 'n Alptraum, sondern da bin ich einfach aufgewacht: Träum ich schon wieder so 'n Scheiß hier, einfach so, ne. Kam noch mal die Szene im Traum, wie wir die so abgezogen haben, wie die so geschrien haben, ne. Immer nur die Schreie so gehört, weißte, krass eh, wie die geschrien haben, wa.

Int.: Wer war das, wer hat da geschrien?

Sven: Das war der eine von den Vietnamesen gewesen, die wir da abgezogen haben zu dritt. War so nach der Schule: »Pass mal auf, wir gehen jetzt abziehen«, und so. War det erste Mal gewesen.

Int.: Und wann war das, wie alt warst du da ungefähr?

Sven: Da war ich Anfang der achten Klasse. Wie alt war ich denn da gewesen? 15 oder so. (4)

Int.: Okay, dann erzähl mal.

Sven: Na ja, das war -, haben die ebend halt abgezogen, ne. Das war irgendwo dort, äh, O-Bezirk. Kennst du diese Schrebergärten da, wo der Park ist, dieser Berg und so?

Int.: Ja.

Sven: Ist doch so 'n P-Discounter, dort war das gewesen. Wir sind -, wollten eigentlich NG-Straße fahren, weil NG-Straße war ja Hauptumschlagsort gewesen, also dort konnte man echt gut abziehen, wa. Da lief wirklich jede fünf Minuten einer lang mit 'ner dicken Tasche, weißte. Und da haben wir zwei Vietnamesen gesehen, und jeder so 'n richtig, also 'n *richtig* dickes Ding von Reisetasche hatte jeder gehabt, bestimmt 30 Stangen oder so, ne. Ja, (.) und eben halt sind wir hinter denen hergerannt, die haben det natürlich mitgekriegt, ne, irgendwie haben die det echt mitgekriegt: Ey, die wollen irgendwat von uns, ne. Ja, hinterhergerannt und dann so von hinten: Tuff, so. Und die konnten ja nicht schnell rennen, ne, Vietnamesen, also echt kleine Beine, kurze Beine und so, ne. (3) Und -, na jedenfalls haben wir sie dann auf der Wiese zusammengelegt und -. (2) Jetzt der eine Vietnamese, der war -, der wollte die *Tasche* einfach nicht loslassen!, weißte. Der eine ist ihm auf dem Arm rumgetrampelt, und ich zieh so an der Tasche: »Nun lass da endlich los, du Sau!« Ich klopp ihm so rein, richtig auf's Maul, weißte, 'ne Bombe gekriegt. Ja, [schnalzt mit der Zunge, dann leise:] einfach raufgehauen, ne. Na ja, Nasenbein war richtig eingeplättet gewesen dann zum Schluss, ne. Geblutet hat er auch. (2) Adrenalinrausch, purer Adrenalinrausch, echt!

Int.: Was heißt das genau: Adrenalinrausch?

Sven: Echt Aufregung, *action*, weißte. Tuck-tuck-tuck, äh, Herz schlägt schneller, weißte, (2) na, mehr eigentlich nicht. War einfach so *action*: Uff-uff-uff. Weißte: Wat, der will auch noch eine drauf haben? Okay: Tuff. Weißte, so nach dem Motto. (2) Dann fuhren noch irgendwelche BMWs noch vor, so zwei Stück, mit Vietnamesen drinne, und die haben uns dann auch noch gejagt.

Int.: Wie?

Sven: Wir haben da diese zwei Vietnamesen umgehauen, ne, und die Taschen genommen, und grade wie wir so abhauen wollten, weißte, haben -, die haben ja echt 'n Hochfrequenz-Schrei drauf, war richtig übel. Und dann so zwei BMWs, und da saßen auch so Vietnamesen drinne. Und gehupt und so und dann hinter uns -, auch hinter uns hergefahren und so, ne, und dann in die Innenhöfe abgespurtet, so war das denn, so ist es dann gelief-, gelaufen. Krass! (2) Irgendwie so nach dem Motto: Hey, machst du's jetzt noch mal, oder -? Weißte, ich hab immer so gedacht: Jetzt haste echt 'ne Hemmschwelle durchbrochen, aber wirklich, auf jeden Fall! (1) Ja. Und man kam sich ja auch irgendwie integriert vor in die Gruppe dadurch, ne, also, das auch, ne. Ja, also irgendwie, weiß ich nicht, man gehörte auch dazu irgendwie und so, ne. (2) Ich mein', ich hab auch Leute alleine abgezogen, det war auch nicht des Ding gewesen, ne. (2)

Int.: Okay. Und wie war's dann danach?

Sven: Nicht direkt 'n schlechtes Gewissen, möcht ich sagen, sondern (.) einfach bloß so 'n Schrei gehört und so, aber krass, Alter!

Int.: Was war das für 'n Schrei?

Sven: Irgendwelche Laute rausgelassen, aber echt, übelst hoch geschrien und so, ne. (3) Weil die Methoden von der Vietnamesenmafia -, ist ja wirklich krass, ne. Wenn die am Tag nicht soundso viel Zigaretten verkaufen, ist denen doch das scheißegal, ob die abgezogen wurden von irgendwelchen Leuten, oder so. Ist denen wirklich scheißegal, ne, [leise:]

> Finger abgehackt und halt so 'ne Sachen, ne. Ja, ist schon richtig übel, was dort abgeht. (3) Ja-ja.

An dieser Passage fällt als erstes die ungewöhnliche Eröffnung auf. Noch bevor Sven das gewaltsame Geschehen dargelegt hat, spricht er von den Schreien der Opfer, deren Nachhall ihm noch in seinen Träumen in den Ohren lag. Die anhaltende Wirkung dieser Schreie, die Sven im Weiteren mit deren physischer Qualität in Zusammenhang bringt, hat, wie sich am Ende der Passage herausstellt, auch mit der moralischen Qualität seiner Tat zu tun. Wie Sven erkennen lässt, hörte er in dem Schreien der vietnamesischen Opfer die schwerwiegenden Folgen, die der Verlust der Zigaretten für die Händler bedeutete, welche sich durch die Illegalität ihrer Tätigkeit in einem rechtsfreien Raum bewegten und harte Sanktionen innerhalb ihres Händlerrings zu erwarten hatten, wenn sie nicht den gewünschten Ertrag einbrachten.[26] Die Schreie, die Sven immer wieder hörte, brachten für ihn die Schwere seiner Tat zum Ausdruck, die sich daraus ergab, dass die betroffenen Händler neben der erlittenen Gewalt und dem materiellen Verlust weitere furchtbare Konsequenzen zu befürchten hatten. Die Folgen für die Opfer ließen sich nicht einfach ausblenden oder verdrängen, auch wenn er im Interview seine Überlegung, dass er nach seiner Tat ein »schlechtes Gewissen« hatte, wieder abwehrt. Aber die moralische Qualität seiner Gewalttat stellte Sven seinem Bericht zufolge unmittelbar nach der grausamen Tat vor die Frage, ob sie den Einstieg in eine neue Stufe seiner Gewaltentwicklung bedeute. Sven empfand den Übergriff gegen die Zigarettenhändler schon damals als ein Geschehen, das einen Einschnitt mit potentiell nachhaltigen Folgen für seine Entwicklung darstellte. Seine Feststellung, dass er »eine Hemmschwelle durchbrochen« hatte, weist darauf hin, dass ein moralischer Schutzwall, der ihn bisher von bestimmten Handlungen abgehalten hatte, mit weit über den Moment der Tat hinausgehender Wirkung abgetragen wurde. Die Metaphorik der durchbrochenen Hemmschwelle beantwortet damit auch die

26 Mit was für Methoden jedoch in der sog. vietnamesischen Zigarettenmafia gearbeitet wurde, kam im Sommer 1996 an die Öffentlichkeit, als 16 mutmaßliche Mitglieder der Ngoc-Thien-Bande verhaftet wurden, nachdem in einer Berliner Wohnung die Leichen von sechs Vietnamesen gefunden wurden, die geknebelt und mit Kopfschüssen aus nächster Nähe hingerichtet worden waren. Die Ermordeten, so wurde vermutet, galten als Verräter und wollten den Aufenthaltsort ihres neuen Bandenchefs nicht preisgeben. Wie Vera Gaserow (1997) anlässlich des Prozessbeginns gegen die 16 Angeklagten berichtete, starben bis 1996 im Kampf rivalisierender Banden um die Verkaufsreviere für den illegalen Zigarettenhandel allein in Berlin 40 Vietnamesen.

Frage nach der Entscheidung, mit der sich Sven nach dem Übergriff konfrontiert sah; der Entscheidung nämlich, ob er sich wieder an solchen Taten beteiligen solle oder nicht. Auch der Umstand, dass Sven wiederholt davon spricht, dass dies das »erste Mal« war, dass er in dieser Weise vietnamesische Zigarettenhändler gewaltsam beraubt hat, hebt einerseits die einmalige Bedeutung des Ereignisses hervor und ordnet es zugleich in eine Reihe ähnlicher Vorfälle ein, deren Anfang es darstellt.

Dass jener erste Übergriff eine neue Stufe der Gewaltausübung Svens eröffnete, lässt sich in drei Hinsichten spezifizieren. Erstens verfolgte seine Gewalt bei diesem Übergriff, im Unterschied zu den vorausgegangenen Gewaltakten gegen seine Mitschüler, einen utilitaristischen Zweck, nämlich den der Bereicherung. An einer anderen Stelle hebt Sven hervor, dass es nicht um »Selbstverteidigung«, sondern um »materielle Werte« gegangen sei. Zweitens war seine Gewalt erstmals in eine gemeinsame Unternehmung eingebettet. Diese positive Erfahrung hat vor dem Hintergrund seines früheren Außenseiterdaseins eine nicht geringe Bedeutung, wenngleich Sven später »auch Leute alleine« – oft unter erheblichem Gewalteinsatz – »abgezogen« hat. Aber bei jenen Übergriffen, in denen er als Einzeltäter auftrat, ging es, wie Sven wiederholt betont, »nur um Profit, nur um Kohle«, um damit etwaige fremdenfeindliche Motive von sich zu weisen. Seine Schilderungen durchzieht dennoch eine Bedeutungsebene, die den rein zweckrationalen Charakter seiner Gewalt in Frage stellt und auf intrinsische Gewaltmotive hinweist. Damit ist der dritte Gesichtspunkt angesprochen, unter dem der erste Übergriff auf die Zigarettenhändler als der Anbruch einer neuen Stufe der Gewalt zu betrachten ist. Die Intensität und Qualität der Erfahrung, die Sven der Episode zuschreibt, enthält Attribute, die typischerweise den Rohstoff für intrinsische Gewaltmotive abgeben. Besonders der Einwurf, in dem er auf seinen »Adrenalinrausch« zu sprechen kommt, welchen er mit Aufregung, einer erhöhten Frequenz des Herzschlages und mit *action* in Verbindung bringt, verdeutlicht den außeralltäglichen und euphorisierenden Charakter seines Erlebens in der Situation der Gewaltausübung. Im Vollzug der Gewalttat traten zum zweckrationalen Kalkül Erfahrungsmerkmale hinzu, aus denen, wie das 2. Kapitel zeigte, intrinsische Motivlagen für weitere Gewalttaten hervorgehen können. In der Tat zeigen Svens weitere Überfälle auf Zigarettenhändler eine immer stärkere Kontamination der utilitaristischen mit intrinsischen Motiven.[27] Der erste Überfall war es, der ihn mit jenen rauschhaften Erfahrungen vertraut machte, die mit der physischen Verletzung und Unterwerfung anderer verbunden sein können.

Es handelt sich hier um eine epiphanische Erfahrung und einschneidende Wende, die jedoch in keiner direkten Abhängigkeit von seinen früheren Erfahrungen der Ohnmacht und der Missachtung steht, wie das bei seinen vorausgehenden Gewalttaten im schulischen Rahmen noch der Fall war. Das Ereignis ragt vielmehr monolithisch aus Svens Erzählungen der Ereignisse seines Lebens heraus. Während die epiphanischen Erfahrungen Bebeks, Kilians und Murats einen deutlichen Zusammenhang zu ihren Opfererfahrungen erkennen ließen, gibt es in Svens Schilderung keine Anhaltspunkte für einen solchen Zusammenhang. Seine epiphanische Erfahrung ist keine kumulative, sondern lässt sich mit Denzin (1989a und 1989b) als *major epiphany* bezeichnen. Sie hat keinen semantischen Bezug zu seinen innerfamiliären Ohnmachts- und Missachtungserfahrungen; nur hinsichtlich der Zugehörigkeit zu einer Gruppe lässt seine Erzählung das Echo früherer Erfahrungen – nämlich als Außenseiter in der Schule – erkennen. Aber auch die Erfahrung des Integriert-Seins in eine Gruppe scheint eher ein unerwartetes Produkt seiner Tat gewesen zu sein als etwas, was bereits lange vorher in seinen Gewaltprojektionen vorbereitet war, die – wie bei den vorstehenden Beispielen kumulativer Epiphanien – nun eine Realisierung erfuhren. Es war insbesondere die Intensität der Gewalterfahrung, die deutliche Spuren in seinem Leben hinterließ.

Diese intensive Erfahrung stellte Sven vor die Frage, wie es mit ihm weitergehen soll, zu welchen Handlungen er künftig bereit oder nicht bereit sein wollte. Seine Gewalt gegen die vietnamesischen Zigarettenhändler setzte sich fort, weitete sich jedoch alsbald auf andere Personengruppen aus, vor allem auf Jugendliche aus der Skinhead- und der rechtsradikalen Szene. In diesem Zusammenhang hatten seine Gewaltakte gar nichts mehr mit utilitaristischen Motiven zu tun und wurden zum Selbstzweck, so dass die intrinsischen Motive die beherrschende Rolle übernahmen. Insbesondere das intrinsische Motiv des physischen Triumphes über andere spielt in den weiteren Gewaltepisoden, von denen er berichtet, eine entscheidende Rolle. An einer Stelle reflektiert er seine

27 Eine rein utilitaristische Orientierung wäre auch insofern erklärungsbedürftig, als Sven aus einer ökonomisch gut situierten Familie kommt. Jedenfalls kann man seine Raubtaten nicht auf seine Armut oder die Notwendigkeit zurückführen, mit illegalen Methoden den Lebensunterhalt zu bestreiten. Die brutale Art seines Vorgehens passt überhaupt nicht in das Bild rein zweckgerichteten »ökonomischen« Handelns.

vielen Gewalttaten: Er sei »echt 'n machthungriger Mensch, der gern andere unter sich sieht«, um dann darüber zu philosophieren, dass er durchaus in der Lage sei, jemanden »total zu vernichten« und »auf den absoluten Nullpunkt zu setzen, körperlich und gesellschaftlich«. Solche Aussagen, die etwas theatralisch und übertrieben daherkommen, zeigen zumindest an, dass er Bekanntschaft mit dem gemacht hat, was Kai das »Machtgefühl« nannte. Bei Sven äußert sich das Motiv, andere in die bedingungslose Unterlegenheit zu schlagen, besonders bei seinen Gewalttaten gegen Skinheads und rechtsradikale Jugendliche, die er abgrundtief hasst – obwohl sein Handeln und sein Vokabular deutliche Parallelen mit diesen beiden Gruppen aufweisen.[28]

In der folgenden Episode berichtet Sven von einem etwa ein Jahr zurückliegenden Vorfall, bei dem er auf dem Weg zu einer Party zusammen mit seinem Freund Daniel – einem »Dealerkumpel«, mit dem er seit Schultagen befreundet ist – drei Skinheads mit einer automatischen Gaswaffe bedrohte und schließlich zusammenschlug. Neben Svens ideologischer Gegnerschaft zu rechtsextrem orientierten Jugendlichen zeigt sich hier die intrinsische Motivlage seines gewalttätigen Handelns.

Sven: Weißte, wir stehen a-an der Bahnstation, warten auf die Bahn, hatten unsere Gasknarren beigehabt, und so. Kommen uns halt so 'ne Leute, eben halt wie gesagt, entgegen. Und dann haben wir so gemeint: »Ey, guck dir mal die Glatzen, die Glatzköppe da drin, Alter!« Das waren drei Leute, hhä. Weißte, einer mit 'm Hakenkreuz hier auf der Jacke drauf und so 'n Scheiß, weißte, waren so faschomäßig angezogen gewesen. Dann haben wir die auch erst mal so 'n bisschen angewichst: »Na, ihr kleinen Scheißer«, und so, »habt ihr immer noch nicht gecheckt,

28 Sven spricht an einer Stelle etwa davon, er sei gerade mit seinen Freunden damit beschäftigt, ihr unmittelbares Wohnumfeld »von Nazis und Glatzen systematisch zu säubern«. Eine andere Parallele besteht darin, dass die Beraubung der vietnamesischen Zigarettenhändler, wie u. a. aus dem Interview mit Kilian hervorgeht, zu jener Zeit auch unter Skinheads verbreitet war. Vor diesem Hintergrund scheint es, dass Sven die Skinheads und Rechtsradikalen nicht hasst, obwohl, sondern weil sie ihm in einigen Zügen ähnlich sind. Es liegt hier so etwas wie ein »Narzißmus der kleinen Differenzen« vor – ein Begriff, den Sigmund Freud geprägt hat, um damit das verbreitete Phänomen zu bezeichnen, dass »gerade benachbarte und einander auch sonst nahe stehende Gemeinschaften sich gegenseitig befehden und verspotten« (Freud 1974: 243). Rita Marx (1993) hat Freuds Begriff des Narzißmus der kleinen Differenzen auf die feindselige Haltung rechtsradikaler Jugendlicher gegenüber Ausländern und Asylbewerbern angewandt.

dass der Zweite Weltkrieg vorbei ist? Das hat doch schon mal einer vor 50 Jahren kapiert, und habt ihr's immer noch nicht gecheckt?« Und: »Seid ihr blöd!«, und so, weißte. Hab geschrien: »Ööh, Sieg geil, Alter! Kommt mal her, kommt mal rüber! Ihr Fotzenköpfe! Wir hauen euch jetzt die Glatze ein!«, weißte. Haben wir so -, die Leute, also: »Kommt mal!«, und so, weißte, und: »Habt ihr's immer noch nicht gecheckt? So 'ne Assis wie ihr dürft eigentlich gar nicht hier rumlaufen«, so nach dem Motto, weißte, »seid ja 'ne Schande, seid ihr echt!« (2) Und irgendwann kamen sie so rüber, haben uns geschubst, ne. Da haben wir uns schon (.) gefreut. Sind die rübergekommen, und so: »Ja, was wollt ihr denn?«, und so, weißte, so nach dem Motto. So angeguckt, so genau gegenübergestanden, weißte, und so genau in die Augen reingeguckt, so weißte, so wie 'n Pitbull, weißte so. Die standen so daneben, Alter, ich sagte [lachend]: »Nein, des kann nicht sein! Du musst ja wohl 'n Witz sein, wa!« Halt ihm so die Knarre an den Schädel: »Na, Bursche, wat ist denn jetze? Scheißt du dir jetzt ein?«, weißte. »Fängst ja an zu stinken schon. Pass mal auf, deine Hose wird gleich nass«, und so, weißte. Erstmal zugelab-, haben wir die 'n bisschen zugetextet, und so. (2) So. Und dann haben wir sie einfach zusammengelegt.

Int.: Was heißt: Zusammengelegt?

Sven: Na, zusammengehauen. So 'n paar Bomben gegeben bis die Bahn kam, sind wir eingestiegen und sind losgefahren. Einer lag dann so: »Oh, meine Nase!«, und so, weißte.

Dass es sich um Jugendliche mit rechtsradikalen Emblemen handelt, die Sven und Daniel in dieser Situation zu schlagen und möglichst tief zu erniedrigen trachteten, ist gewiss alles andere als willkürlich. Durch den ganzen Interviewtext hindurch zieht sich Svens Abneigung gegen diese Gruppe wie auch sein Gefühl der moralischen Superiorität über solche Jugendliche. Für ihn, so scheint es, gelten gegenüber rechtsradikalen Jugendlichen keine Tabus und Handlungsbeschränkungen. Woraus immer sich sein Hass gegen diese Jugendlichen speiste und welche Rolle seine antifaschistische Orientierung als Handlungsmotiv und für sein Gefühl, aus moralisch gerechtfertigten Gründen zu handeln, gespielt haben mag – die Stelle zeigt insbesondere, dass sein Handeln von intrinsischen Motiven geleitet war. Aus dem Ablauf des Geschilderten wie auch aus dem Duktus seiner Schilderung geht hervor, dass Sven und sein Freund sich die Gelegenheit, den drei mutmaßlich rechtsradikalen Jugendlichen ihre Minderwertigkeit und physische Unterlegenheit vorzuführen, nicht entgehen lassen wollten.

Zweifelsohne enthält Svens Charakterisierung der verabscheuenswürdigen politischen Orientierung der Kontrahenten eine normative Begründung für ihr Vorgehen. Schon das verbale Vorspiel zielt jedoch darüber hinaus und hebt darauf ab, die drei Rechtsradikalen zu verhöhnen: Sven und Daniel bezeichnen diese als Leute, die »blöd« sind und »nichts gecheckt haben«, nennen sie »kleine Scheißer«, »Fotzenköpfe«, »Assis« und »'ne Schande« und sie verballhornen deren Sprüche, indem sie »Sieg geil« brüllen. Aber die verbalen Beleidigungen dienten nicht nur dazu, die drei glatzköpfigen Jugendlichen zu demütigen, sondern sie waren darauf angelegt, die Situation eskalieren zu lassen. Am ausdrücklichsten kommt dies an der Stelle zum Ausdruck, an der Sven erzählt, dass die drei ihre Herausforderung angenommen haben: »Und irgendwann kamen sie so rüber, haben uns geschubst, ne. Da haben wir uns schon (.) gefreut.« Die Freude, von der Sven hier spricht, bezog sich eindeutig darauf, dass die drei Gegner sich zur physischen Auseinandersetzung bereit gefunden hatten; damit hatten sie ihr Ziel, nämlich das, eine Situation des gewalttätigen Kampfes herbeizuführen, erreicht. Schließlich waren Sven und Daniel durch ihre Bewaffnung bestens darauf vorbereitet, ihren Gegnern eine Niederlage beizubringen. Der von Sven geschilderte Ablauf der Gewaltausübung weist darauf hin, dass es in erster Linie intrinsische Motive waren, die sein und Daniels Handeln bestimmten. Die Gegner in die Flucht zu schlagen, reichte ihnen nicht, sondern es lag ihnen daran, jene zu verletzen und – um eine Formulierung Svens wieder aufzunehmen – »richtig unten zu sehen«.

Intrinsische Gewaltmotive haben sich im Lauf der Entwicklung Svens verselbständigt, auch wenn sie bisweilen zweckrationale Anteile enthielten, wie bei seinen zahlreichen Überfällen auf vietnamesische Zigarettenhändler und bei Streitigkeiten zwischen Dealern, und mit normativen Motiven vermischt waren, wie bei seinen Angriffen auf rechtsradikale Jugendliche und Skinheads. Diese Entwicklung führt Sven im Anschluss an seine Erzählungen solcher Situationen noch einmal explizit auf jene epiphanische Erfahrung zurück, die er bei seinem ersten Überfall auf die Zigarettenhändler gemacht hatte.

Int.: Gut, dann hätt ich jetzt noch so 'n paar Nachfragen zu diesen Situationen, die du jetzt geschildert hast, wo du selbst Gewalt angewendet hast. Äh, gibt es eine von diesen Erfahrungen, von der du sagen würdest, sie hat dich oder dein Leben in irgendeiner Weise verändert?

Sven: Ja, das Abziehen, also die erste Aktion. Wo ich auch richtig Gewalt ausgeteilt *habe*. (2) Ich meine, wenn man denen hinten ran rennt und denen wat abzocken will, dann muss man sich irgendwie *überwinden*. Aber wenn man's gemacht -, deswegen hab ich ja auch gesagt, hat man - [leise]: »Hey, ich hab heute 'ne Hemmschwelle durchbrochen!« Davor merkt man das auch am Körper so, weißte, so des Kribbeln so am Körper, dann fühlt man sich völlig unfähig, irgendwie Kraft auszuüben irgendwie. (1) Weißte. Na, das ist dann halt einfach passiert, weißte. (2) Dann hat's klick gemacht irgendwie. (5) Das hat mein Leben wirklich verändert irgendwie, also, hätte anders laufen -. Also heute seh ich's eigentlich so: Hätte anders laufen können, weißte. Hätte echt -, ich meine, ist nun mal passiert einfach. Und das hat in dem Sinne -, mein Leben in dem Sinne verändert, also ick meine, weiß nicht, ob det nun so vorherbestimmt gewesen war, oder -. (4)

Int.: Was heißt -, wie verändert, in welcher Weise verändert?

Sven: Na ja, ich weiß nicht, ich wär normalerweise weiter zur Schule eigentlich normalerweise gegangen, hätte nicht den Unterricht geschwänzt und so 'ne Geschichten halt, weißte. (1) Und hätte auch nicht so 'n -, dann hätt ich auch meinem Alten nicht auf die Fresse gehauen, hä. (1) Weil man lernt ja auch verdammt viel, weißte, wenn man sich mit mehreren Leuten fightet und so, Erfahrung und so, weeßte: Wo man die Leute treffen muss und (.) welche Schlagtechniken und so. Nicht Schlagtechniken so, aber so 'n, so 'n -, einfach schon diese Reflexe, weißte. Also wenn zum Beispiel einer auf mich zukommt, (2) und dann tret ich -, dann steh ich hinter ihm auf einmal und kriegt er 'n Drehkick ins Genick oder so, weißte, halt so 'ne Geschichten zum Beispiel, weißte. Einfach diesen Instinkt so. Also dieses effektive Zurückschlagen, dieses effektive (.) Schlagen denn halt, weißte, dass man eben halt, wenn er -, wenn er dann so vor dir hocken tut, weißte, gibst ihm 'ne Bombe in den Bauch, Alter, der hockt so vor dir, dann ziehst du ganz automatisch des Knie nach, genau ins Gesicht so. So 'ne Sachen zum Beispiel, weißte. (3)

Diese Passage bestätigt noch einmal den epiphanischen Charakter des ersten Überfalls auf vietnamesische Zigarettenhändler und dessen Bedeutung als biographischer Wendepunkt. Und sie führt eindringlich vor Augen, dass Sven selbst der Situation diesen Charakter zuschreibt. Seine Ausführungen lassen sich in zwei Teile gliedern: erstens in die Beschreibung der Situation als Paradigma und Vorbotin einer neuen Stufe der Gewalt und zweitens in die Darstellung seiner darauf folgenden Gewaltkarriere.

Im ersten Teil beschreibt er das Neuartige der Situation wieder als die erstmalige Überwindung einer Hemmschwelle. Viel deutlicher als zuvor jedoch wird der qualitative Sprung sichtbar, den die Episode im Vergleich zu seinen früheren Gewalttaten bedeutete. Zunächst einmal beschreibt er es als eine hohe Hürde, »sich irgendwie *überwinden*« zu müssen. Als unterscheidende Kriterien gegenüber der »Selbstverteidigung« in der Schule hebt er zum einen das zweckrationale Motiv hervor, sich materielle Güter gewaltsam anzueignen, und zum anderen die Tatsache, dass es überhaupt keinen vorhergehenden Konflikt mit den Opfern gab. Er rannte »hinten ran«, verfolgte also Menschen, die ihn nicht geschlagen, beleidigt, ausgeschlossen oder ihm sonst etwas angetan hatten. Sehr plastisch beschreibt Sven die moralische Hemmung, die ihn bis dahin vor einer solchen Tat zurückschrecken ließ und sich in einer schier körperlichen Unmöglichkeit äußerte. Als es doch »passiert« war, so Sven, habe es »klick gemacht irgendwie«. Mit dieser Formel gibt Sven zu verstehen, dass mit dem ersten Mal jene Hemmung ein für allemal beseitigt war.

In Kenntnis seiner weiteren Entwicklung beschreibt Sven im zweiten Teil der Passage die seine Biographie bestimmenden Folgen jener Tat. Durch sie trat, wie Sven in verschiedenen Variationen darlegt, etwas Neues in sein Leben. Einerseits weiß er, dass diese Tat von kontingenten Umständen – nämlich von der bereits vorhandenen Praxis seiner Freunde – abhängig war, wenn er sagt, dass alles hätte »anders laufen können«. Andererseits scheint sein Kontingenzbewusstsein so weit zu gehen, dass er sich fragt, »ob det nun so vorherbestimmt gewesen war«. Die Idee, dass die einschneidende, für die kommende Gewalt wegweisende Tat das Produkt eines vorherbestimmten Ratschlusses war, hat sicherlich entlastenden Charakter, da Vorherbestimmung und Verantwortlichkeit für das eigene Tun sich wechselseitig ausschließen. Wenn Sven erwägt, es könnte eine wie immer geartete höhere Macht bei dem Ereignis mitgewirkt haben, die seine Entwicklung auf den Weg der Gewalt festlegen sollte, dann zeigt dies nicht zuletzt, welch enorme Bedeutung er diesem Ereignis beimisst.

Auf Nachfrage des Interviewers beschreibt Sven dann auch die Entwicklung nach jenem Ereignis. Er tut dies auf drei Ebenen, wenngleich nicht auf allen drei gleich ausführlich. Als erstes erwähnt er die schulische Ebene und erklärt, dass die Vernachlässigung seiner schulischen Pflichten eine Folge seiner gewalttätigen Unternehmungen war. Als er im Interview seinen schulischen Werdegang beschrieben hatte, erzählte er, dass er öfters in den Pausen »Vietnamesen abgezogen« habe und, neben dem Dealen mit weichen Drogen, ständig damit beschäftigt war, auch wenn er in der Schule war und gerade nicht schwänzte. Vielleicht will er an dieser Stelle auch andeuten, dass er einen anderen als einen Realschulabschluss hätte schaffen können, wäre er nicht in jene gewalttätigen Machenschaften verstrickt gewesen. Die zweite Ebene betrifft seinen Vater, dem er ohne das besagte Erlebnis »nicht auf die Fresse gehauen« hätte. Er spielt damit auf eine Situation an, die er zuvor geschildert hatte und die wenige Monate vor dem Interviewtermin lag: Er hatte seinen Vater geschlagen, nachdem dieser einmal die Unordnung in seinem Zimmer und seine dreckigen Fingernägel kritisiert hatte. Diese Situation, so Sven, habe das »ganze Verhältnis« zwischen ihm und seinem Vater »irgendwie wirklich *abrupt* geändert«. Sein Vater habe nicht mehr mit ihm gesprochen und ihn einige Zeit später aus der Wohnung geworfen. Die dritte Ebene, auf der Sven die Folgen der epiphanischen Erfahrung lokalisiert, besteht in der Aneignung automatisierter Handlungsabläufe bei der Gewaltanwendung. Er habe, nachdem er mit mehreren »gefightet« habe, die entsprechenden »Reflexe« und den »Instinkt« dafür erworben, wie man effektiv zuschlägt etc. Die technische Anwendung der Gewalt hat sich, kann man zusammenfassend sagen, bei ihm automatisiert. Auch diesen Lernprozess betrachtet er als Folge seines ersten Überfalls auf die Zigarettenhändler. Diese eine Situation, die durchaus kontingente Momente aufwies, sich aber mit einer epiphanischen Erfahrung verband, hatte also weite Kreise gezogen und in der Tat, wie Denzin (1989a: 33, 1989b: 15 und 39 f.) formuliert, »Male und Narben« in seinem Leben hinterlassen.

Neben diesen singulären epiphanischen Erfahrungen spielen bei der Entwicklung von Gewaltkarrieren auch Interpretationsprozesse eine entscheidende Rolle, die auf die familiäre Opfergeschichte zurückgehen. Dies soll nun unter dem Begriff der »gewaltaffinen Interpretationsregimes« untersucht werden.

4.2.2 Gewaltaffine Interpretationsregimes

Die Fallrekonstruktion im Abschnitt 4.1 hatte gezeigt, dass Bebek speziell auf Situationen gewalttätig reagierte, in denen das Verhalten anderer ihre familiären Ohnmachts- und Missachtungserfahrungen wachrief. Die Semantik, die ihre Situationsbeschreibungen bestimmte, wies einen internen Bezug zu ihren familiären Opfererfahrungen auf, der sich bis in die Details ihrer Darstellung hinein verfolgen ließ. Während Bebeks Erzählungen durchaus Anhaltspunkte für alternative – und dem externen Betrachter nahe liegender erscheinende – Deutungen des Handelns ihrer Gegenspieler und Gegenspielerinnen boten, zeigte sie sich als von ihren Situationsdefinitionen förmlich in Beschlag genommen. Dieses Phänomen lässt sich mit dem Begriff der »gewaltaffinen Interpretationsregimes« genauer fassen.

Von *Interpretations*regimes zu sprechen, bietet sich hier an, weil die Wahrnehmung einer Interaktionssituation, die zu Gewalt führt, eine Deutung ist – so wie jede Handlung auf einer Deutung, einer Situationsdefinition beruht und Akteure immer aufgrund der Bedeutung handeln, die Objekte für sie besitzen (vgl. Blumer 1969a und 1969b). Als Interpretations*regimes* können diese Deutungen bezeichnet werden, weil sie keiner bewussten Entscheidung der Jugendlichen entspringen, gewisse Interaktionssituationen auf eine bestimmte Weise zu betrachten und zu werten. Sie deuten diese Situationen im Lichte vergangener, paradigmatischer Situationen, ohne dass sie sich oder anderen darüber Rechenschaft geben könnten. Die Jugendlichen werden vielmehr von ihren biographischen Erfahrungen beherrscht und unterstehen dem Regime der mit ihnen erworbenen Wahrnehmungsmuster. Die entsprechenden Situationen sind aus biographischen Gründen überdeterminiert – und dies nicht nur, was ihre Interpretation, sondern auch, was die folgenden Reaktionen angeht. Interpretationsregimes im hier gemeinten Sinn sind *gewalt*affin, weil die Jugendlichen bestimmte Situationen durch die Brille von Deutungsmustern wahrnehmen, die eine gewaltsame Antwort als die nahe liegendste erscheinen lassen. Sie wollen nicht länger Opfer der Gewalt und Objekt der Erniedrigung sein und glauben, da sie die feindselige Welt ihrer Familie auf andere Handlungskontexte übertragen, sich ständig verteidigen und den Angriffen anderer zuvorkommen zu müssen. Als gewalt*affin* schließlich sind solche Interpretationen zu bezeichnen, weil sie nicht immer zu tatsächlicher Gewaltausübung führen. Auch wenn sie einen Impuls zu gewaltsamem Handeln freisetzen, besteht hier noch lange kein Automatismus. Es handelt sich um Handlungsdispositionen, deren Realisierung von den vielfältigsten situativen Kontextbedingungen und Opportunitäten abhängig ist.

Der Begriff der gewaltaffinen Interpretationsregimes weist also einerseits auf eine besondere Sensibilität für Situationen, in denen sich zu wiederholen droht, was die Jugendlichen von zu Hause kennen, und andererseits auf die Bereitschaft hin, in solchen Situationen zur Gewalt zu greifen. In dieser Sensibilität und Gewaltbereitschaft sind, wie sich bereits bei Bebek zeigte, Folgen familiärer Opfererfahrungen zu erkennen. Auf einen solchen Zusammenhang haben auch Judith G. Smetana und Mario Kelly (1989) in einer Untersuchung hingewiesen, in der sie die soziale Wahrnehmung von misshandelten und vernachlässigten Kindern mit der von Kindern ohne solche Erfahrungen verglichen haben. Sie gelangen zu Ergebnissen, die dem Konzept der gewaltaffinen Interpretationsregimes der Sache nach sehr nahe kommen:

»The results of this study also raise an intriguing issue. They indicate that children who have been maltreated do not internalize different standards of behavior. Rather, as predicted, maltreated children appear to be more sensitive to the intrinsic wrongness of transgressions most closely related to their experiences of abuse or neglect. Yet, we began with observing that both abused and neglected children are more aggressive than their nonmaltreated counterparts. Thus, the findings point to an apparent discrepancy between maltreated children's moral evaluations and their aggressive behavior.« (Ebd.: 636)

Diese Beschreibung der besonderen Rezeptivität für und Ablehnung von Verhaltensweisen, die eine Ähnlichkeit mit früheren Erfahrungen körperlicher Übergriffe und Vernachlässigung aufweisen, verleiht dem Konzept der gewaltaffinen Interpretationsregimes zusätzliche Plausibilität. Auch die Beobachtung, dass Kinder, die geschlagen und vernachlässigt wurden, gleichzeitig aggressiver als nicht misshandelte Kinder sind, stützt das Konzept. Außer der Vulnerabilität und der Aggressionsneigung in Situationen, die an frühere Missachtungs- und Ohnmachtserfahrungen erinnern, ist noch ein weiterer Aspekt gewaltaffiner Interpretationsregimes hervorzuheben. Das Konzept steht auch dafür, dass die Gewalt zu einer wahrscheinlichen Handlungsoption wird, wenn die Jugendlichen die feindselige Welt ihrer Familie in weitere soziale Räume hineintragen. Sie erkennen in den Situationen, denen sie begegnen, immer wieder jene Feindseligkeit, die ihnen in ihrer Familie seit Kindheitstagen entgegenschlug. Im Zuge der Erweiterung ihrer sozialen Beziehungen im Jugendalter dehnt sich damit der Bereich des Feindlichen aus, in dem sich die Träger jener interpretativen Muster schon bei geringfügigen Anlässen missachtet oder herausgefordert fühlen und als Gewalttäter in Erscheinung treten. Darauf stützt sich die nun weiter zu belegende These, dass das Konzept der gewaltaffinen Interpretationsregimes – neben dem der kumulativen epiphanischen Erfahrungen – den *Gewalttransfer* von der Familie und in jugendliche Lebenswelten erklärt.

Die Interviews enthalten unzählige Beispiele dafür, dass Jugendliche gewalttätig reagieren, wenn sie im Verhalten ihrer Interaktionspartner die Absicht erkennen, sie zu erniedrigen oder in Situationen der Ohnmacht zu bringen. Oft genügt ein Blick des anderen, in den sie dessen Verachtung oder Aggressionsbereitschaft hineinlesen; oft ist ein falsches Wort des anderen Anlass genug, um ihre gewaltsame Gegenwehr herauszufordern. Dabei sind immer dichothomische Interpretationen am Werk, die sich – wie die entsprechenden innerfamiliären Negativerfahrungen – um die semantischen Achsen Macht versus Ohnmacht und Anerkennung versus Missachtung bewegen. Im Rahmen solcher Interpretationsregimes figuriert Gewalt stets als Kampf gegen die Ohnmacht bzw. um die Macht über andere oder als Kampf gegen die Missachtung bzw. um die Anerkennung anderer. Anhand der nachfolgenden Passagen aus den Interviews mit Palü, Kai und Murat lässt sich diese These bestätigen und weiter entfalten.

Dass *Palü* seine Gewalttaten im Sinne eines physischen Kampfes um Anerkennung begeht, lässt sich an einer Stelle ablesen, die im Kontext seiner Überlegungen zu der Frage steht, weshalb er seine früheren Hemmungen zuzuschlagen abgelegt hat und ihm heute in gewissen Situationen alles »scheißegal« sei.

Palü: Ich weiß nicht, ich hatte früher einfach keine Lust, mich zu schlagen, es war für mich sinnlos. Aber die Leute kapieren es nicht, (.) mit Reden und so weiter.

Int.: Was kapieren sie nicht?

Palü: Es wird ihnen nicht klar, weil, ähm -, weiß nicht, dann hat man mehr Probleme, wenn man -. Ich weiß nicht, ich kann's nicht erklären. (5)

Int.: Versuch's doch zu erklären.

Palü: (3) Dann haben die so mehr Respekt vor einem, (.) vor mir.

Int.: Mhm. Und meinst du, wenn man, äh, mit den Leuten redet, dann haben sie keinen Respekt vor einem?

Palü: Doch, auch, aber (2) manche kapieren's einfach nicht. Die wollen dich auf den Arm nehmen. Die wollen dich verarschen, oder so.

Int.: Wer kapiert das nicht?

Palü: (2) Jugendliche, (.) die ich kenne. (7)

Warum bedarf es an dieser Stelle erst einiger mäeutischer Anstrengung des Interviewers, bis Palü das entscheidende Wort »Respekt« ins Spiel bringt? Sieht er es als eine nicht eingestehbare Schwäche an, des Respekts der anderen zu bedürfen, oder hält er es für kompromittierend, sich nur durch Gewalt Respekt verschaffen zu können? Fest steht: Palü bringt die Überwindung seiner früheren Hemmungen damit in Verbindung, dass andere etwas »nicht kapieren«, solange man nur mit ihnen redet, und er gibt zu verstehen, dass Gewalt für ihn aus diesem Grund nicht mehr »sinnlos« ist. Der Sinn seiner Gewalt und der Grund für sein Abschütteln aller Skrupel besteht also in dem, was die anderen verstehen sollen, nämlich dass sie ihm Respekt zu zollen haben. Dies, so die Quintessenz seiner weiteren Ausführungen, macht er ihnen klar, indem er sie schlägt. Wie im Abschnitt 3.3.2 ausgeführt, ist Palüs Interview von dem immer wiederkehrenden Zweifel durchdrungen, ob sein Vater ihn wertschätzt; und er berichtete, dass er von seinem Vater des Öfteren zu hören bekomme, dass es mit ihm noch schlimmer als mit seinem Bruder kommen werde, der keinen Beruf erlernt hat und zum Dealer geworden ist. Die Analyse war zu dem Ergebnis gekommen, dass die versagte Anerkennung und die väterlichen Praktiken der Missachtung – die von Nichtbeachtung und Kommunikationsverweigerung bis hin zur aktiven Abwertung und Degradierung reichten – zu Selbstzweifeln und zu einer Herabsetzung seines Selbstwerts führten. Palüs Identitätsproblem, kein positives Verhältnis zu sich selbst entwickeln zu können, löst sich in dem gewaltsam erzwungenen Respekt der anderen – wenngleich nur notdürftig und für wenige Momente.

Gerade seine Gewaltakte zeigen, dass er überaus sensibel für die vermutete Abwertung anderer bleibt. Er fürchtet sich regelrecht davor, von anderen abgewertet zu werden. Deshalb lehrt er sie das Fürchten. Auch bei ihm sind die Situationsbeschreibungen von der Semantik der Anerkennung und von der Vorstellung einer ihm feindlich gesinnten Welt durchdrungen. In seinen Erzählungen konkreter Situationen, in denen er andere geschlagen hat, heißt es immer von seinen Gegenspielern, dass sie meinten, sie seien »was Besonderes« – allein darin erkannte er jeweils eine Abwertung seiner Person. Dass ihn das selbstgewisse Auftreten anderer in dieser Weise tangiert, wäre ohne seine familiären Missachtungserfahrungen völlig unverständlich. Weiterhin sagt er oft über seine späteren Opfer, sie hätten ihn »angemacht« und »runtergemacht«, ohne dass man dies aus seinen Schilderungen des jeweiligen Handlungsablaufs recht nachvollziehen kann. Und schließlich meint er stets, andere wollten ihn angreifen und schlagen.

So berichtet er zum Beispiel, dass er einmal einen Mann sofort geschlagen hat, der ihn und seinen Freund in einer U-Bahn-Station aufgefordert hatte, nicht so laut zu sein. Als der Interviewer nach dem Grund dieses mit einem Nasenbeinbruch und einer kaputten Brille endenden Angriffs fragt, antwortet Palü: »Weiß nicht, weil er mich *angemacht* hat! *Er* wollte ja mich schlagen. Wenn ich ihn nicht geschlagen hätte -. (3) Weil er aufgestanden ist, und so. Da dachte ich, der wird mich angreifen, wenn ich ihn nicht angreife.« Wie Palü diese Szene interpretiert, lässt sich nur begreifen, wenn man in Rechnung stellt, dass er unabhängig von dieser konkreten Situation von der Vorstellung einer ihn ablehnenden Mitwelt geleitet und seine Wahrnehmung darauf gepolt ist, sich ständig gegen Angriffe und Erniedrigungen zur Wehr setzen zu müssen. Es ist hier ein gewaltaffines Interpretationsregime am Werk. Diese Rekonstruktion, der zufolge Palüs Wahrnehmung im U-Bahnhof von der Befürchtung geleitet war, von dem Mann geschlagen zu werden, ist jedoch nur dann stichhaltig, wenn seine Situationsbeschreibung keine bloße Legitimation *ex post* darstellt. Seine Situationsbeschreibung gibt gewiss die Rechtfertigungsgründe seines Handelns wieder, aber es bleibt die Frage, ob diese unaufrichtig und damit rein strategischer Natur sind oder ob sie mit seiner Situationswahrnehmung übereinstimmen. Dass Letzteres der Fall ist, lässt sich nicht direkt an dem hier vorliegenden Beispiel verifizieren, aber es finden sich zahlreiche Hinweise im Interview, die zeigen, dass das Interpretationsmuster, welches dem Mann in der U-Bahn-Station gegenüber handlungsleitend wurde, Palüs soziale Wahrnehmung – weit über potentielle Gewaltsituationen hinaus – beherrscht. Seine Vorstellung einer feindlichen Mitwelt, die ihn erniedrigen und ohnmächtig machen will, tritt auch an Stellen des Interviews zutage, an denen kein Legitimationsinteresse seinerseits erkennbar ist. Dies zeigt die folgende Passage aus dem zweiten Interview, in der es noch einmal um die Thematik des gewaltsam erzwungenen Respekts der anderen geht. Die Passage folgt auf Palüs Aussage, es gebe »voll viele«, vor allem Jugendliche aus seiner Schule, die Angst vor ihm hätten.

Int.: Mhm. Und wie ist das für dich, wenn du das merkst, dass andere Angst vor dir haben?

Palü: Ich will das eigentlich nicht, dass die Angst vor mir haben, aber manche, bei denen muss es -, (2) bei denen muss es ein-einfach so sein, weil die verstehen des nicht. Wenn man denen einfach -, (.) also mit denen jetzt gut umgeht, die respektiert und so, dann (.) versuchen die, dich immer (.) zu verarschen und so weiter. Dann wollen die dich fertig machen. Dann wollen die dich fertig machen und, weiß nicht, (.) du darfst es gleich gar nicht zulassen. Deswegen darf man bei manchen das nicht, (2) dann haben die keinen Respekt vor dir, und so weiter.

Int.: Also, denkst du da an eine bestimmte Person jetzt zum Beispiel, die Angst vor dir hat?

Palü: Ja. (3)

Int.: Und wer ist das?

Palü: So 'n Junge, ist jetzt egal. (2) Der heißt Mesut. (2)

Int.: Ja. Und versucht dich der zu verarschen, wenn du dir nicht Respekt verschaffst?

Palü: Mhm, ja. Nicht jetzt direkt verarschen, äh, Sie haben das nicht verstanden. Er will mich dann fertig machen, wenn ich es zulasse. Und eines Tages wird er sagen: »Ach, wer bist du?«, und so weiter. Aber wenn man -, (3) man darf ihn einfach nicht so respektieren, man darf ihn nicht gut behandeln.

Int.: Mhm. Und, und hat er nun schon mal versucht, dich fertig zu machen?

Palü: [Verneinend:] Hmh. Weil ich hab's ja nicht zugelassen. Er denkt, er ist was Besonderes, und so. (3) Er hat au-auch voll -, die anderen haben auch Respekt vor ihm, aber *er* hat Angst vor mir.

Am Anfang dieser Passage zeigt Palü eine Ambivalenz in Bezug auf seine Praktiken, sich den Respekt anderer durch deren Angst zu erkaufen, indem er sagt: »Ich *will* das eigentlich nicht, dass die Angst vor mir haben.« Diese Ambivalenz gründet, wie eine andere Stelle aus Palüs Interview zeigt, in seiner Befürchtung, dass ihm die anderen nur aus strategischen Gründen und nicht aus freien Stücken respektvoll begegnen (solche Befürchtungen formulieren übrigens auch einige andere Interviewteilnehmer[29]). Aber das Ungenügen an Anerkennungsverhältnissen, die nicht auf reziproker Kommunikation, sondern auf Gewalt und Unterwerfung beruhen, wird bei Palü von einem Interpretationsregime in den Schatten gestellt, demzufolge andere »nicht verstehen«, dass sie ihn respektieren müssen. Sie ließen es, wie Palü hinzufügt, an Respekt fehlen, wenn er gut mit ihnen umginge. Er konstruiert eine Umgebung, in der die anderen ihn nur »verarschen« und »fertig machen« wollen. Entweder, so Palüs Standpunkt, kommt er den anderen zuvor, indem er ihnen Angst einjagt, oder er gehört zu denen, die geringschätzig behandelt und unterdrückt werden. Es ist sein Blick, der ihm die Welt so feindlich und die anderen als Subjekte erscheinen lässt, die ihn unterjochen und demütigen wollen.

Nun stellt sich die Frage, welcher Realitätsgehalt diesem Nullsummenspiel zukommt, das in einem Kampf besteht, bei dem nur er oder sein Gegenüber obsiegen kann, ohne dass es ein Drittes gäbe. Palü lebt in der Tat in einer Umgebung, in dem verschiedene türkische Gangs untereinander gewaltsam ausmachen, wer der »King im Bezirk« ist; und er gehört zu einer dieser Gangs, die durch eine tiefe, von Schlägereien begleitete Feindschaft zu arabischen Gruppen

---

29 Vgl. dazu die Ausführungen im Abschnitt 4.2.3, die eine ähnliche Ambivalenz beim Skinhead Kilian aufzeigen.

aus anderen Stadtteilen geprägt ist. Diese Feindschaftsbeziehungen, die teilweise auch in Palüs schulischen Alltag hineinwirken, führen dazu, dass er in der Tat gefährdet ist, Opfer von Vergeltungsschlägen von Mitgliedern gegnerischer Gruppen zu werden. Aber Palüs Konstruktion einer feindlichen Welt hat auffallenderweise gar keinen expliziten Bezug zu diesem Kontext der Gruppenauseinandersetzungen.

Denn seine Fixierung der Wahrnehmung auf Situationen, die Missachtung und Demütigungen auch nur erahnen lassen, liefert erst den eigentlichen Grund, weshalb sich Palü ausgerechnet an Jugendlichen misst, die andere beherrschen und erniedrigen wollen. Sein in der Familie entstandenes Problem prägt seine außerfamiliäre soziale Wahrnehmung und führt zu der Inklination, vorauseilend Angst herstellen zu müssen, bevor andere überhaupt in die Lage kommen könnten, ihm den Respekt zu verweigern oder ihn gar zu besiegen und zu demütigen. Dies wird dort deutlich, wo Palü von seinem Kontrahenten Mesut erzählt, dem er Angst einflößt, damit jener nicht eines Tages die verächtliche Frage stellen kann: »Ach, wer bist du?« Dass ihn eine solche Frage so tief treffen könnte, zeigt, worin seine eigene Angst besteht, die er durch die Angst anderer zu überdecken sucht. Von daher ist es nur folgerichtig, dass viele seiner Gewalttaten einen vorbeugenden Charakter gegenüber potentieller Missachtung haben. Ein beständiger, von Angst und Gewalt geprägter Kampf um Anerkennung – in welchem die Maxime »Entweder ich oder du« gilt – bestimmt die Koordinaten von Palüs Wahrnehmung seiner Mitwelt. Es ist daher wenig verwunderlich, dass die Schilderungen seiner Gewalttaten um Kategorien der Anerkennung und der Missachtung herum zentriert sind.

Sogar Kai, bei dem intrinsische Gewaltmotive eine besondere Dominanz entwickelt haben, stellt seine Gewalttaten in einen Bezug zu erniedrigenden Verhaltensweisen seiner Kontrahenten und in den Horizont eines Kampfes um Anerkennung. Die folgende Stelle, an der Kai seine vergangenen Gewalttaten und deren Unverhältnismäßigkeit reflektiert, gibt einen Eindruck davon.

Kai: Wenn ick mich jetzt noch mal zurückversetzen könnte, würd ich's nicht machen, sagen wir mal so. Oder nicht so brutal. Würd ick dann sagen, weeß ick: »Geh mal, hast eh keine Chance!«, oder so wat. Vielleicht 'n Ordnungsgong geben oder so wat, aber -. Damit mal *eener* geht, irgendwie. Nicht dass dann halt gleich wieder alle Knochen gebrochen sind oder (.) det ganze Gesicht uffgebläht ist oder so wat. Ist halt dann doch 'n bisschen vülle gewesen, also.

Int.: Ja, du hattest vorhin ja gesagt, dass dir die anderen sozusagen keinen Grund geliefert haben, sondern der Grund eher immer bei dir gewesen ist.

Kai: Ja-ja, aber die haben halt, haben det halt irgendwie, na sagen wir mal, provoziert irgendwo, weil die, pff, haben, weeß ick, mich blöde angeguckt oder blö-blöde irgend'n Satz gesagt oder so wat, weeß ick, irgend'ne doofe Bemerkung oder so wat, die da grade mal kam, det mir halt grade ooch nicht gepasst hat, ick grade wat unternommen habe und dann halt dachte: Da wirste mal, (.) erst mal hingehen, fragen, wat det soll, und dann kommt wieder 'n dummer Spruch und dann gibt's kurz mal eene. Und wenn er noch mehr wollte und nicht uffhören wollte mit, dann hat er halt noch mehr gekriegt, also. Es gab ooch immer welche, die dann schon nach 'm ersten Schlag begriffen haben und dann ooch gegangen oder so wat, hab ick ihn ooch gehen *lassen*, also. Gibt's da ooch wiederum Leute, die immer -, wat meistens der Fall ist, die sich dann noch weiter prügeln wollen, also (.) die dann halt sich selber ooch beweisen wollen, dass sie Klasse sind. (2)

Wohl angeregt durch Kais Rede vom »Ordnungsgong«, welche der Gewalt, die er gegenwärtig noch auszuüben bereit ist, eine pädagogische Note verleiht, erinnert ihn der Interviewer an seine Aussage, dass die Gründe für seine vergangenen Gewalttaten nicht im Verhalten der Opfer zu suchen waren. Kai widerspricht dem nicht, führt jedoch als Auslöser seiner Gewaltakte – wobei man in seinem Fall wohl besser sagen müsste: als Kriterium seiner Opferwahl – die Blicke und Bemerkungen anderer an. In der Tat ging seinen Gewalttaten immer wieder ein Blick oder eine verbale Äußerung des späteren Opfers voraus (vgl. 2.1.3 und 2.1.4). Auch wenn bei ihm intrinsische sich von anderen Gewaltmotiven weitgehend abgelöst haben, verraten Kais Hinweise auf das Verhalten seiner (angeblichen) Herausforderer immer noch das Wirken eines Interpretationsregimes, in dem die Spuren vergangener Ohnmachts- und Missachtungserfahrungen weiter sichtbar sind. Wie sonst könnte er die Äußerungen anderer so eilfertig in der Weise deuten, dass ihre Blicke und Bemerkungen seine Integrität zu verletzen trachten? Aber nicht nur, dass Kai sich bereits von Blicken und Bemerkungen anderer provozieren lässt, sondern auch der Umstand, dass er die anderen jeweils so lange geschlagen hat, bis sie es »begriffen haben«, dass sie nicht so »Klasse sind«, wie sie vorgaben, deutet auf das Interpretationsregime eines Akteurs hin, der nicht mehr als Unterlegener, Verlierer und Deklassierter gelten will.

In seinem Fall sind es nicht nur die Schläge des Vaters, welche die Negativfolie seiner situativen Interpretationen der Äußerungen anderer abgeben, sondern auch seine Ausschluss- und Missachtungserfahrungen als Mitglied einer verachteten Familie.[30] So schildert Kai an einer Stelle sehr einfühlsam, dass seine Mutter, als sie als Köchin an seiner Schule beschäftigt war, »geistig fertig gemacht wurde von den Leuten da« und deswegen später gekündigt hat. Er, der damals neun oder zehn Jahre alt war, habe »det immer mitgekriegt«, wie besonders die Direktorin und ihre Sekretärin auf seiner Mutter »rumgehackt« hätten. Über seine Identifikation mit der erniedrigten Mutter hinaus findet die Thematik der Missachtung und des Ausschlusses eine Fortsetzung in Kais Schilderung seiner schulischen Erfahrungen. Nachdem er im Alter von dreizehn Jahren seinen Vater, der ihn in betrunkenem Zustand angegriffen hatte, mit einem Messer besiegen konnte, mündeten die Situationen, die ihn aus seiner Sicht wieder in eine ohnmächtige Position zu bringen drohten, in Gewaltakte. Auf die schulische Missachtung, durch die Kai in die Rolle des »Außenseiters« gedrängt wurde, folgte zunächst eine ähnliche Wende. Kai berichtet, dass er sich, als er nach der Maueröffnung für sein letztes Pflichtschuljahr in eine Realschule in Westberlin wechselte, auf die Seite der Starken geschlagen habe und eine »Respektsperson« geworden sei. Trotz seiner auf Gewalt gestützten Dominanz in der Schule und der gewaltsamen Umkehrung des Gewaltverhältnisses zwischen ihm und seinem Vater ist er weiterhin besonders empfänglich für Verhaltensweisen anderer, die seine vergangenen Negativerfahrungen vergegenwärtigen. Die Gewalt – mit der er einmal die Gewissheit verbindet, »dann halt doch besser zu sein irgendwo, zur Elite zu gehören irgendwo«, und der er ein andermal das Gefühl attestiert, »zu wissen, dass du eben wichtig bist, dass du jemand bist in diesem Trott« – behält auch bei Kai ihren Bezug zu seinen Ohnmachts- und Missachtungserfahrungen. Daran änderten die gewalt-

30 Aber auch innerhalb seiner Familie zeigen sich bei Kai Deprivationserfahrungen. Während er über seine ältere (Voll-)Schwester im Interview immer sehr positiv spricht, äußert er sich immer wieder sehr negativ über seine drei jüngeren (Halb-)Geschwister, d. h. seine beiden jüngeren Schwestern und seinen geistig behinderten Bruder. Bei jeder Gelegenheit wieder darauf hinweisend, dass seine Mutter wegen der vielen Kinder »nichts vom Leben hatte«, empfindet er seine jüngeren Geschwister als überflüssig. So kommt er an einer Stelle zu dem Schluss, seine Eltern »hätten sich die drei Aktionen sparen können« – womit Kai seinen Standpunkt zum Ausdruck bringt, dass die drei gar nicht hätten gezeugt werden sollen. Darin, dass er die Existenz seiner Geschwister verwünscht, spiegelt sich die Deprivation dessen, der sich im Geschwisterverband als den Zukurzgekommenen, von den Geschwistern Verdrängten betrachtet.

sam herbeigeführten Gegenerfahrungen ebenso wenig wie die Verselbständigung seiner intrinsischen Gewaltmotivation. Sein gewaltaffines Interpretationsregime zeigt sich vielmehr, ähnlich wie das Palüs, in einer verallgemeinerten Haltung, die im anderen nur den Gegner und den Verächter zu sehen vermag. An der folgenden Stelle bringt Kai sein von tiefem Misstrauen geprägtes Verhältnis zu anderen Menschen zur Sprache.

Kai: Für mich -, für mich ist 'n Mensch, wenn ick ihn nicht kenne, erst mal in erster Linie 'n Idiot. Für mich ist jeder Mensch, den ich kennen lerne, erst mal 'n Scheißtyp, uff Deutsch gesagt, bis ick ihn kennen lerne halt. So ist det ooch meine Lebenseinstellung immer noch und wird sich ooch nicht ändern, also. Ist 'ne ganz gute Einstellung, eigentlich. (...) Aber ick hatte halt nie die *richtigen* Kumpels, ick hab immer die falschen ausgesucht, bis jetzt. Jetzt im Moment hab ick grad gute Kumpels, aber (.) mal sehen, wie det -, wie det in 'n paar Jahren aussieht, hhfh. Meistens treten sie een' denn doch in den Arsch, irgendwo. So hab ick die Erfahrung bisher gemacht, dass (.) een' alle bloß in 'n Arsch getreten haben.

Wer von einer solchen Haltung dominiert wird, die im anderen nur böse Absichten erkennen kann, diese Haltung als der Realität des Lebens abgeschaut erfährt und die gewaltsame Reaktion auf potentiell missachtende Blicke und herausfordernde Äußerungen habitualisiert hat, wird, wie Kai, viele Gelegenheiten finden, seiner Gewaltkarriere neue Taten hinzuzufügen. Diese Taten, so muss man abschließend feststellen, können eine von Widerfahrnissen der Missachtung und der Gewalt geprägte Lebensgeschichte nicht aufwiegen. Der Nachhall dieser Widerfahrnisse, der sich im Wirken gewaltaffiner Interpretationsregimes Gehör verschafft, bleibt daher meist ein ständiger Begleiter jugendlicher Gewaltkarrieren.

Die individuellen, biographisch erworbenen Interpretationsregimes der Jugendlichen bilden sich auf der kollektiven Ebene von Gruppenzusammenhängen noch einmal ab. Gewaltaffine Interpretationsregimes, denen zufolge vom anderen in erster Linie Bedrohung und Kränkung ausgehen, und deren Semantik, die man als einen gewaltsamen Kampf um Macht und Anerkennung bezeichnen kann, finden sich auch in den Beziehungen zwischen rivalisierenden Gruppen. Diese Übereinstimmung zwischen der individuellen und der kollektiven Ebene ist schon deswegen plausibel, weil es keineswegs zufällig ist, welche Jugendlichen sich gewalttätigen Gruppen anschließen. Gewalt und Missachtung in der Familie führen oft dazu, dass die Jugendlichen das Zuhause früh verlassen und mit gewalttätigen Gruppen in Kontakt kommen, wenn sie an öffentlichen Orten »herumhängen«. Oft gehen die Probleme zu Hause mit schulischen Misserfolgen einher, und die Jugendlichen kehren nicht nur der Familie den Rücken, sondern schwänzen auch die Schule, so dass die Gelegenheiten, mit gewalttätigen Gruppen in Kontakt zu kommen, sich vervielfältigen. Diese Gelegenheitsstrukturen sind besonders bedeutsam, weil die Jugendlichen, um die es hier geht, mit einer in der Familie entstandenen Affinität zur Gewaltsamkeit ausgestattet sind, der die entsprechenden Gruppen Entfaltungsräume bieten. Dieser Befund bestätigte sich in einer Repräsentativbefragung von Jugendlichen neunter Schulklassen, die am Kriminologischen Forschungsinstitut Niedersachsen durchgeführt wurde:

»Der Anteil derer, die sich in devianten Cliquen aufhalten, ist um so höher, je häufiger und intensiver die Jugendlichen innerfamiliärer Gewalt ausgesetzt waren. (...) Jugendliche aus gewaltbelasteten Familien haben eine erhöhte Tendenz, ihre Familiensituation zu verlassen und sich in Cliquen aufzuhalten, und zwar gehäuft in gewaltbefürwortenden Cliquen.« (Pfeiffer/Wetzels 1999: 20 f.)

Die weiterführende Feststellung von Pfeiffer und Wetzels, dass Jugendliche »in ihren Gleichaltrigengruppen Normen und Verhaltensweisen« annehmen, die ihren »biographischen Erfahrungen mit ihren Eltern entsprechen« (ebd.: 21), kommt wiederum der These entgegen, dass die individuell erworbenen Interpretationsregimes auf der kollektiven Ebene wiederkehren. In welcher Weise dies der Fall ist, soll nun dargelegt werden.

Die Gruppen, denen die interviewten Jugendlichen angehören oder in deren weiterem Kontext sie sich bewegen, unterhalten meist agonale Beziehungen zu anderen Gruppen, die sie als zu bekämpfende Feinde betrachten. Manchmal ist diese Feindschaft mehr rhetorischer Natur, oft jedoch ist sie mit gewalttätigen Auseinandersetzungen verbunden. Diese Gruppen bilden ein komplexes Netz von Feindschaftsbeziehungen, die entlang ethnischer Grenzen und entlang des politischen Links-rechts-Schemas verlaufen. Zum Teil bestehen solche Beziehungen – wie zum Beispiel bei türkischen Jugendbanden aus bestimmten Stadtbezirken Berlins – auch zwischen benachbarten Gruppen, die sich überwiegend aus Mitgliedern mit derselben ethnischen Zugehörigkeit zusammensetzen. Die verschiedenen gewalttätigen Jugendgruppen – seien es Skinhead- oder Migrantengruppen – sind trotz der sich zum Teil rasch ändernden Akteure und Angriffsziele durch stabile Kommunikationsformen charakterisiert, die als *Kommunikation aggressiver Gesten* bezeichnet werden können (Sutterlüty 1998:

34 f.). Damit ist ein innerhalb der jeweiligen Gruppe erlerntes, aber zwischen den einzelnen Gruppen auffallend ähnliches Set sprachlicher Ausdrücke und körperlicher Signale gemeint, die ständige Angriffsbereitschaft und physische Kraft zur Schau stellen und zur Herbeiführung von gewalttätigen Auseinandersetzungen eingesetzt werden. Zur Kommunikation aggressiver Gesten gehören im Besonderen *Rituale der Beleidigung und der Provokation*. Solche Rituale der »Anmache«, wie die Jugendlichen sagen, können in einem despektierlichen Blick oder einer herausfordernden Bemerkung ihren Ausgang nehmen, sich quasi eigenmächtig hochschaukeln und zu Eskalationen führen, die, gemessen an ihrem Anlass, völlig aus dem Lot geraten. Im folgenden Vorfall, von dem *Murat* berichtet, bildet ein solches Ritual der Beleidigung den Anlass für eine gewalttätige Konfrontation.

Murat: Also, vor zwei Wochen ungefähr, da waren wir auch spazieren, am MC-Platz waren wir, und wir gingen grade die Treppe hoch, am U-Bahnhof, und (.) vier Araber mit Fahrrädern kamen gerade runter, und da haben die über uns blöde Bemerkungen gemacht: »Guckt ihr mal, die kleinen Wichser!, laufen hier rum, schieben voll den Harten!«, und so. Und (.) dann meinte einer von uns, äh: »Was denkst du denn, wer du bist?, du Scheißaraber!« Und gleich mit so 'ne Bemerkungen und -. (1) Die kamen gerade runter, wir waren schon oben, die waren unten, und jeder von denen hatte so 'n richtiges Buschmesser dabei, so 'n halben Meter waren die Messer lang. So 'n Dönermesser holte einer raus: »Was denn, wollt ihr hier auf dem Boden sterben, oder was? Was denkt ihr euch, wer ihr seid?, ihr kleinen Wichser!«, und so. Und wir haben natürlich unsere Messer rausgeholt, wir haben drei Baseballschläger dabei gehabt, und (.) die kamen hoch, die kamen die Treppe hoch, [dramatisch:] und Ayhan hat den Baseball- so aus, äh, von der Seite so rausgeholt, aah, einem genau auf sein' Kopf geschlagen, und der ist die Treppe runtergefallen und ist nicht mehr aufgestanden. Nn, und dann ist Feuerwehr gekommen und Polizei und alles. (2)

Int.: Was ist da genau passiert?

Murat: Die Araber kamen hoch, die wollten uns mit Messer (.) also erstechen, die kamen Treppe hoch, und der eine Junge hat halt -, hat den Baseballschläger hinter sein Bein gehalten. Und dann hat er, äh, sein' Baseballschläger rausgeholt und ausgezogen und genau auf sein' Kopf geschlagen. Und dann ist er die Treppe runtergerollt. Ah, und die anderen drei Araber haben des gesehen, haben ihre Fahrräder genommen, also sind mit denen weggefahren. Und der eine ist da liegen geblieben, und wir sind abgehauen. Haben wir nur gesehen, wie Feuerwehr und Polizei da angefahren ist.

Int.: Und ihr wart schon weg?

Murat: Ja, wir-wir waren schon auf dem Weg, äh, hier, wir waren schon fast (.) R-Bad. Den ganzen Weg [lacht] von MC-Platz bis KB-Platz sind wir gelaufen.

Diese Episode, in der Murat als Mitläufer innerhalb der – außer ihm aus türkischen Mitgliedern bestehenden – BF-Bande erscheint, zeigt die besondere Ansprechbarkeit der Gruppe für die Beleidigungen der vier arabischen jungen Männer. Murat und seine Begleiter reagieren hoch empfindlich auf die degradierenden Bemerkungen. Obwohl die »Anmache« einen ritualisierten Charakter hat, verfängt sie wie eine jeden persönlich treffende Demütigung und verfehlt nicht die Absicht, Murats Gruppe auf ihre Wehrhaftigkeit zu testen. Wie der Fortgang der Auseinandersetzung zeigt, lässt die Herausforderung, will man sein Gesicht nicht verlieren, nur eine Antwort zu, nämlich den verbalen und handgreiflichen Konter. Die gegenseitige Provokation läuft denn auch nach einem Eskalationsmuster ab, auf das beide Gruppen eingespielt sind und das in dem Schlag mit dem Baseballschläger gipfelt.

Bei dem vorausgehenden verbalen Schlagabtausch fällt eine Sequenz besonders auf, die anzeigt, worum es bei der Auseinandersetzung letztlich geht. Einer aus Murats Gruppe fragt den Wortführer der Gegner: »Was denkst du denn, wer du bist?, du Scheißaraber!«, während der mit dem Dönermesser drohende arabische Jugendliche die Gegenfrage stellt: »Was denkt ihr euch, wer ihr seid?, ihr kleinen Wichser!« In der Situation ist also die Frage zu entscheiden, wer man ist, d. h. ob man jemand ist, der etwas auf sich halten darf. Und es geht um die Frage, zu wem man gehört – zu den Gedemütigten oder zu den Demütigenden. Der darin implizierte Kampf um Anerkennung, der sich als ein Kampf um das Privileg darstellt, bei der wechselseitigen Missachtung das letzte Wort und den letzten Schlag zu haben, kennt nur Sieger und Verlierer. Er folgt der oben herausgearbeiteten Logik individueller Interpretationsregimes: Aus dem alternativenlosen Du-oder-Ich wird ein alternativenloses Ihr-oder-Wir. Jugendliche, die – wie Murat – bereits in einer subjektiven Welt leben, die von Feinden und Verächtern bevölkert ist, stoßen in gewalttätigen Jugendgruppen auf eine bereits etablierte Struktur, in der jene subjektive Welt bereits Realität ist. Wie auf Herausforderungen der beschriebenen Art zu antworten sei, ist in Murats Gruppe durch das kollektive Interpretationsregime immer schon entschieden. Für die

Gruppe kommt es nicht in Frage nachzugeben, zu fliehen oder zu vermitteln; sie zieht, um es mit Murats Wort zu sagen, »natürlich« ihrerseits die Messer und die Baseballschläger.

Dass sich besonders Jugendliche, die aus biographischen Gründen besonders hellhörig für Beleidigungen und Herausforderungen sind, im Kontext agonal aufeinander bezogener Gruppen bewegen, ist gewiss wesentlich dafür, dass es zwischen diesen Gruppen, die sich Ritualen der »Anmache« bedienen, zum gewaltsamen Kampf kommen kann – und zwar zu einem Kampf, welcher der Logik von Anerkennung und Missachtung, von Überlegenheit und Unterlegenheit folgt. Aber die Auseinandersetzungen zwischen den Gruppen und deren Feindschaftsbeziehungen sind natürlich mehr als ein Exerzierfeld, in dem die individuellen Anerkennungs- und Machtansprüche gebündelt und im Schutz der Gruppe durchgesetzt werden. Erstens spielt bei den Ritualen der Beleidigung und der Provokation nicht nur die besondere Sensibilität für die Anerkennungs- und die Machtthematik eine Rolle, sondern unverkennbar auch das Vergnügen an solchen Konfrontationen; diesem Doppelcharakter verdankt es sich auch, dass den Ritualen der Beleidigung und der Provokation wie auch den darauf folgenden Kämpfen bisweilen etwas Theatralisches anhaftet. Und zweitens besitzen diese Gruppenauseinandersetzungen eine Dynamik, die keineswegs auf individuelle Interpretationsmuster und Lebensgeschichten reduzierbar ist. Zu dieser Dynamik gehören Solidaritätserwartungen, die gewalttätige Gruppen in Kampfsituationen an ihre Mitglieder richten; zu ihr gehören weiterhin die vielfältigen Folgeerscheinungen der Gruppengewalt, die kaum steuerbare Eskalationsprozesse in Gang setzen und eine unselige Wechselbeziehung von Gewalt und Gegengewalt konstituieren und fortschreiben können; und es gehört schließlich zu dieser Dynamik, dass sie die Mitglieder vom Schutz ihrer Gruppe abhängig macht, da sie stets gefährdet sind, Racheakten gegnerischer Gruppen zum Opfer zu fallen (vgl. dazu Short/Strodtbeck 1965: 265 ff. und 1968, Horowitz/Schwartz 1974, Turner 1994, Sutterlüty 1998: 33 ff.).

Diese Analyse sollte jedoch in erster Linie darauf aufmerksam machen, dass sich die Struktur und Semantik individueller Interpretationsregimes auf der kollektiven Ebene von Gruppenauseinandersetzungen wiederholt. Damit ist eine zweiseitige These verbunden: Auf der einen Seite tragen die Jugendlichen ihre biographisch erworbenen Interpretationsregimes in die Gruppenzusammenhänge hinein, in denen sie verkehren. Auf der anderen Seite treffen Jugendliche mit ihren Interpretationsregimes auf ähnliche, bereits etablierte Deutungsmuster in den gewalttätigen Gruppen. Diese Gruppen sind eingebunden in ein Netz von

Feindschaftsbeziehungen mit anderen Gruppen und in diesem Kontext ihrerseits fixiert auf die Hervorbringung von und die Reaktion auf Situationen, in deren Zentrum Kategorien der Anerkennung und Missachtung sowie der Überlegenheit und Unterlegenheit stehen.

Die individuelle und die kollektive Ebene der Interpretationsregimes verstärken und ergänzen einander. Mit der Kommunikation aggressiver Gesten und den darin enthaltenen Ritualen der Beleidigung und Provokation bestehen in gewalttätigen Gruppen Interaktionsmuster, die ihre Mitglieder tatsächlich der Gefahr aussetzen, von Mitgliedern anderer Gruppen gedemütigt und geschlagen zu werden, so dass die individuellen Interpretationsregimes durch die in den Gruppen entstandenen Realitäten bestätigt und bestärkt werden. Umgekehrt wäre es wenig plausibel, dass die Gruppenmitglieder die ritualisierte »Anmache« anderer Gruppen als erniedrigend und als unbedingt gewaltsam zu beantworten wahrnehmen würden, lägen nicht auf Seiten der Individuen bereits eine besondere Empfänglichkeit für abwertende Äußerungen und physische Bedrohungen sowie die Neigung vor, solche Äußerungen mit Gewalt zu ahnden. Ein schlagendes Argument dafür, dass gewaltaffine Interpretationsregimes nicht erst in der Gruppe erworben werden, besteht darin, dass sie oft bereits vor der Zugehörigkeit zu einer gewalttätigen Gruppe vorhanden und überdies auch bei Jugendlichen anzutreffen sind, die – wie zum Beispiel Bebek – einer Gruppe angehören, die kaum gewalttätige Aktivitäten entwickelt. Außerdem sind die gewaltaffinen Interpretationsregimes auch dann, wenn eine Zugehörigkeit zu einer gewalttätigen Gruppe vorliegt, in Situationen wirksam, die fernab vom Gruppenkontext liegen.[31] Deswegen ist bei der Untersuchung der *Genese* gewaltaffiner Interpretationsregimes eine biographische Perspektive unabdingbar.

Ein solcher Zugang muss keineswegs individualistisch sein. Denn erstens impliziert die hier vorgetragene biographische Erklärung der Entstehung gewaltaffiner Interpretationsregimes keineswegs, dass sie nicht durch die gruppenbezogene Perspektive ergänzt werden muss. Gruppen haben eigene Handlungsmuster, Traditionen und Statuskriterien, sie kanalisieren die mitgebrachten Gewaltdispositionen ihrer Mitglieder auf bestimmte Personen und sie bringen eigene Realitäten hervor, die den Einzelnen vor ganz neue Handlungsprobleme und Bewährungsproben stellen. In diesem Sinne sind gewalttätige Gruppen Wirklichkeiten *sui generis* und können auch als solche untersucht werden,

31 Mit Bezug auf amerikanische Gangs hat Martín Sánchez Jankowski (1991: 140) betont, dass keineswegs alle Gewalttaten von Gangmitgliedern Teil der Gewalt der Gang sind.

wenngleich dies in der vorliegenden Studie aufgrund ihrer spezifischen Fragestellung nicht geschieht und der Gruppenkontext insgesamt etwas unterbelichtet bleibt. Zweitens bedeutet der biographische Zugang nicht, dass die individuell erworbenen Interpretationsregimes einfach dem Individuum als solchem entspringen. Die vorstehenden Ausführungen haben deutlich gemacht, dass gewaltaffine Interpretationsregimes nicht das Produkt atomistischer Einzelpersonen sind, sondern aus bestimmten *sozialen* Erfahrungen und *sozialen* Handlungsstrukturen hervorgehen. Sie sind, kurz gesagt, das Kondensat vergangener Interaktionen.

4.2.3 Gewaltmythologien und Kämpferideale

Die wiederholte Gewaltausübung lässt das Selbstbild und die normativen Ideale der jugendlichen Täter nicht unberührt. Wenn in der Erfahrung der Gewaltausübung selbst ein anziehendes, weil Ekstasezustände und Machtgefühle verbürgendes Moment steckt, dann kann dies nicht ohne Folgen für das Selbstverständnis und die Werthaltungen der entsprechenden Jugendlichen bleiben. Dies zeigte bereits die Analyse epiphanischer Gewalterfahrungen, die von den Akteuren als Auftakt zu einem neuen Selbstverständnis und als authentischer Ausdruck ihrer selbst wahrgenommen werden. Die nachhaltigen Wirkungen von Gewaltakten, mit denen Epiphanien verbunden sind, bestehen darin, dass das in ihnen aufkeimende neue Selbstverständnis der Akteure eine Veralltäglichung erfährt und die Jugendlichen die Gewaltsamkeit zu einem positiven Wert erheben. Um solche Werte und Selbstbilder, die im Prozess von Gewaltkarrieren entstehen und deren dritten Entwicklungsstrang sie bilden, wird es im Folgenden gehen.

Bei den Jugendlichen mit einer Gewaltkarriere zeigt sich in der Tat nicht nur eine Habitualisierung der Gewaltbereitschaft, sondern auch eine normative Aufladung gewalttätigen Handelns. Andere zu schlagen und für sie eine leibhaftige Bedrohung darzustellen, mit anderen gewaltsame Kämpfe auszutragen und als Sieger vom Platz zu gehen, gilt ihnen als erstrebenswert. Sie handeln auf der Grundlage von Werten. – Wenn hier und im Folgenden von »Werten« und »Normen« die Rede ist, dann werden diese Begriffe im Sinne Emile Durkheims verwendet, der den unauflöslichen Doppelcharakter der Moral herausgearbeitet und betont hat, dass moralischen Regeln nicht nur das Merkmal der »Pflicht« oder der »Obligation«, sondern auch das des »Erstrebenswertseins«

zukommt (Durkheim 1970a und 1970b). Hans Joas (1997a: 104 ff.) hat das Moment der Obligation, d. h. des restriktiven und imperativen Moments der Moral, dem Begriff der Norm zugeordnet. Für das Moment des Erstrebenswertseins, d. h. des anziehenden und motivierenden Moments der Moral, hat er hingegen den Begriff des Wertes reserviert. Diesem terminologischen Vorschlag folgen die nachstehenden Ausführungen. Gewalttätige Handlungsneigungen unter dem Begriff des Wertes zu analysieren bedeutet, dass die Gewaltsamkeit von Jugendlichen nicht nur einen Impuls unter anderen darstellt, sondern einen, der aus Normen resultierende Skrupel als nachrangig oder unzulässig zu bewerten in der Lage ist. Um nun das Phänomen einer solchen normativen Aufladung der Gewalt zu beschreiben, bietet sich der Begriff der »Gewaltmythologie« an.[32]

Zwei Gründe lassen sich mit Blick auf die interviewten Jugendlichen dafür anführen, von *Mythologien* der Gewalt zu sprechen. Erstens können mit dieser Begrifflichkeit die vielfältigen Glorifizierungen von Macht und Stärke gefasst werden, die sich in den Interviews finden, wie auch die hohen Erwartungen, die Jugendliche mit der Gewaltausübung verbinden. Sie erwarten, dass die Gewalt ihnen eine bisher nicht gekannte Anerkennung verschafft und ihnen eine ungeahnte Größe verleiht. Sie betrachten die Gewaltanwendung, wie Lewis Yablonsky (1962) es in Bezug auf Gangmitglieder treffend ausgedrückt hat, als »an easy, quick, almost magical way of achieving power and prestige« (ebd.: 4; vgl. auch Bettelheim 1980: 214 f.). Die Erwartung derartiger Wirkungen ist es, die den Jugendlichen die Ausübung von Gewalt als erstrebenswert erscheinen lässt.

Zweitens wird der Begriff der Mythologie durch die Beobachtung nahe gelegt, dass die Jugendlichen der Gewalt Wirkungen zusprechen, die sie letztlich gar nicht hat oder die langfristig durch konträre Gewaltfolgen wieder aufgehoben werden. Besonders in den Interviews mit älteren Jugendlichen, deren Gewaltkarriere bereits im Abklingen begriffen ist, zeigt sich das Bewusstsein, dass die positiven Wirkungen der Gewalt sich nur kurzfristig einstellen und zum Teil eine Chimäre sind. Die Anerkennungserwartung wird durch gegenläufige Gewaltfolgen konterkariert, die von der Stigmatisierung im privaten Lebensumfeld, negativen schulischen oder beruflichen Konsequenzen bis hin zu strafrechtlichen Folgen reichen. So haben einige der interviewten Jugendlichen

32 Den Begriff der Gewaltmythologie verwendet Joas zur Kennzeichnung einer positiven Umwertung der Gewalt in zwischenstaatlichen Kriegen sowie innergesellschaftlichen Konflikten und Kämpfen (siehe Joas 1992b: 541, 1994: 310 f. und 317 f., 2000: 33).

am eigenen Leib erfahren, dass ihnen aus dem Status als Vorbestrafte erhebliche Nachteile bei der Stellensuche erwachsen und ihnen einige berufliche Wege dadurch von vornherein verschlossen bleiben. Zudem berichten die Jugendlichen, dass sie ob ihrer Gewalttätigkeit mit negativen Reaktionen ihres sozialen Umfeldes zu kämpfen haben, nämlich mit belasteten und abgebrochenen innerfamiliären Beziehungen, mit dem Vertrauensverlust bei Lehrern und Mitschülern sowie mit sozialer Ausgrenzung bei nichtdelinquenten Jugendlichen. In diesem Sinne bleiben die hohen Erwartungen an die glorreichen Wirkungen der Gewalt ein *bloßer* Mythos.

Obwohl gewalttätiges Handeln unbeabsichtigte Nebenfolgen hervorbringt und – zumindest langfristig – nicht die Wirkungen zeitigt, die ihr die Jugendlichen zuschreiben, sind deren Gewaltmythologien weit davon entfernt, bloße Phantasien zu bleiben. Vielmehr drängen sie auf ihre physische Realisierung und bringen nicht nur auf der symbolischen Ebene der Gewalt huldigende Wertbindungen hervor. Hand in Hand mit der Herausbildung solcher Wertbindungen geht bei den entsprechenden Jugendlichen die Entwicklung von *Selbstidealen des Kämpfertums*, deren Wirkungen bis in die affektive Besetzung einer aggressiven Körperlichkeit hineinreichen.

Dies wird nun am Beispiel Murats expliziert und dann durch die Analyse einiger Passagen aus dem Interview mit Kilian ergänzt. Die für Gewaltmythologien wesentliche Erwartung, dass Gewalttätigkeit und das siegreiche Bestehen des gewaltsamen Kampfes die Anerkennung anderer einträgt und das eigene Selbst in positiver Weise transformiert und vergrößert, zeigt sich bei Murat besonders deutlich in seiner Beantwortung der Frage, ob er zur Bundeswehr gehen oder Zivildienst leisten wolle. Er werde, wie er begeistert erklärt, zur Bundeswehr gehen, weil man dort Kampfsport betreibe und lerne, sich zu verteidigen und mit Waffen umzugehen. »Eigentlich« wolle er aber »nach Vietnam gehen«. Er hatte mehrere Spielfilme über den Vietnamkrieg gesehen und schildert im Interview – in völliger Unkenntnis der Geschichte des Vietnamkrieges und in der Annahme, dass dieser noch immer andauert – des Langen und Breiten seinen Wunsch nach einer militärischen Ausbildung in Vietnam, um dort das Know-How für den »Straßenkampf« zu erwerben und zu lernen, »die Angst zu bekämpfen«. In seinen Ausführungen, in denen Murat sich mit den amerikanischen Rambo-Figuren identifiziert, kommen seine übersteigerten Erwartungen unverblümt zum Ausdruck, die er mit dem Bestehen von Situationen der Gewalt und des Kampfes verknüpft.

Int.: Hm. Du hast jetzt erzählt, wie das ist, im Dschungel zu leben und so weiter, aber das ist ja immerhin ein Krieg gewesen. Wie siehst du das? Also, könntest du dir vorstellen, da zu kämpfen?

Murat: Also, nicht direkt zu kämpfen, aber wenn's sein muss, dann *schon*. (3) Ich *weiß* auch nicht, *warum* die kämpfen. (2) [Leise:] Also. (4) Wenn man da irgendwie, zum Beispiel irgendwo 'n -, zum Beispiel ein Leben rettet oder so, dann ist man ja auch so was wie 'n Held, und so, kriegt man ja 'ne Medaille, oder so was. [Plötzlich auflebend:] Will ich, so was will ich auch mal kriegen! Ich will auch irgendwann mal so richtig vorne sein, dass ich bekannt werde oder irgendwie berühmt, oder so! Das ist auch mein Traum, so was zu werden. Und nicht, dass man so ein Unbekannter ist, (.) keiner weiß, dass du überhaupt auf der Welt bist, oder so.

Nachdem Murat zuvor nur von »Kämpfen« in Vietnam, denen jeder konkrete Bezug zu einem Gegner oder Feind fehlte, gesprochen hatte, konfrontiert ihn der Interviewer hier direkt mit der Tatsache, dass es sich dabei um einen Krieg gehandelt hat. Diese Intervention des verwunderten Interviewers führt zunächst dazu, dass Murat in die moralisch akzeptable Rolle des Lebensretters schlüpft, die er im Anschluss an die zitierte Passage weiter ausmalt. Die vorgestellte Situation, durch die er ein Held und berühmt werden könnte, besteht dort darin, dass er in einer lebensgefährlichen Lage einem verletzten Kameraden zu Hilfe kommt, den alle anderen bereits im Stich gelassen haben. Diese romantischen Vorstellungen mögen von der Moral unbedingter Solidarität in gewalttätigen Auseinandersetzungen gespeist sein, die in Murats Bande hochgehalten wird. An dieser Stelle hat sie die Funktion, seine Kriegerphantasien und Kämpferallüren vor dem Interviewer zu rechtfertigen. Welche Erwartung Murat aber in den kriegerischen Kampf hineinprojiziert, geht aus seiner entschuldigenden Erklärung hervor, in der er das treibende Element seiner kühnen Phantasien erläutert: Seine Großtaten sollen ihn zu einem mit einer Medaille dekorierten »Helden« machen. Die Vorstellung, sich im Kampfeinsatz als Held zu erweisen, ist Murats Wunsch geschuldet, einmal »so richtig vorne« zu sein, »bekannt« oder »irgendwie berühmt« zu werden.

In einer knappen, aber vielsagenden Bemerkung benennt Murat auch die dunkle Kehrseite seiner Heldenphantasien, die seine Imagination beflügeln: »Das ist auch mein Traum, so was zu werden. Und nicht, dass man so ein Unbekannter ist, (.) keiner weiß, dass du überhaupt auf der Welt bist, oder so.« Hinter Murats Traum, bekannt und berühmt zu werden, steht die massive

Angst, dass das genaue Gegenteil eintritt oder fortwährt. Die Stelle zeigt, dass Murat heldenhafte Taten in einer Kampfsituation als den privilegierten Weg betrachtet, von anderen wahrgenommen und anerkannt zu werden. Zwischen dem berühmten Helden, der sich von allen anderen unterscheidet, und dem Unbekannten, von dessen Existenz niemand Notiz nimmt, liegen allerdings Welten, zwischen denen Murat kein Drittes zu kennen scheint. Von der ruhmreichen Bewährung im Kampf scheint er zu erwarten, dass sie die Kluft zwischen der drohenden Möglichkeit, ein Niemand zu sein oder zu bleiben, und der Möglichkeit, ganz vorne zu stehen, mit einem Schlag überspringen kann. Auf dieser Erwartung beruht sein Mythos der Gewalt, der reichlich bizarr anmutet, solange er auf jene phantasmagorische Welt der Filmhelden des Vietnamkrieges bezogen ist; aber er spielt, wie sich gleich zeigen wird, eine eminente Rolle in Murats realem Leben in seiner realen Welt.

In der nun folgenden Passage aus dem zweiten Interview mit Murat zeigt sich seine Gewaltmythologie unmittelbar im sozialen Umfeld seiner Gruppe. Die Passage lässt auch die Konturen seiner Selbstideale des Kämpfertums deutlich hervortreten.

Int.: Hast du schon mal Leute bewundert, die körperliche Stärke ausstrahlen?

Murat: Die stark sind?

Int.: Ja.

Murat: Na klar!

Int.: Wen denn?

Murat: [Geheimnisvoll:] Den Kemal zum Beispiel, oder -

Int.: Kemal, das ist doch der, der jetzt vor Gericht steht.

Murat: Ja, genau, oder Bülent. Die sind -, ohne zu zögern, die schlagen zu, und -. Oder Feridun, Necdet. So werd ich eines Tages auch sein! Off, ohne zu zögern, so richtig körperlich! Wenn ich, äh, wenn ich weiter Bodybuilding mach, werd ich auch irgendwann mal Kraft in meinen Händen haben. (...) Weil, manche Leute sagen, dass es im XY-Jugendzentrum nur ‘n paar starke Leute gibt. Feridun, Orhan, Hakan und so, Necdet. Die sagen [eine gönnerhafte Stimme nachahmend]: »Manchmal ist auch Murat dabei«, und so. Und ich will, dass ich als *erster* gezählt werde. Ja, und ich will, dass sie auch von mir was, äh, zu sagen haben: »Der hat auch viel drauf!«, und so, »mit dem legen wir uns nicht an!«. (2) Na ja, eines Tages werd ich es so machen, dass die vor mir auch viel Respekt haben.

Int.: Was heißt das: Du wirst es eines Tages so machen?
Murat: Wenn ich groß bin und bekannt. (2)
Int.: Und wie willst du das machen? Wie stellst du dir das vor?
Murat: Einen so richtig kaputtschlagen, dann ins Knast kommen.
Int.: Dass *du* in den Knast kommst?
Murat: Ja, dann rauskommen, und dann denken von mir alle: »Ah, *shit*, der hat einen so richtig kaputtgeschlagen!«, und so, »war im Knast, mit dem legen wir uns lieber nicht an!«
Int.: Und was gefällt dir an dieser Vorstellung?
Murat: Man wird respektiert. (...) Na ja, weil bei jedem Kampf, und so, bei irgendein' Ärger, da sagen die: »Ja, du kommst mit, und du-du, ihr seid stark«, und so, »ihr kommt mit!«, und so. Manchmal, wenn Mädchen dabeisitzen und so, da messen sie sich die Kräfte und so, zeigen, was sie drauf haben und so. Und *ich* will auch mal dazugehören, auch so meine Kräfte zeigen, was ich drauf hab und so. Ich kann das auch schon *jetzt* machen, aber ich hab ja nicht viel so drauf.

In dieser Passage kommt zunächst einmal zum Ausdruck, dass Murats ideales Bild von sich selbst eng an seine Fähigkeit gebunden ist, skrupellos zuzuschlagen: So wie die brutalsten Gewalttäter, die er kennt, möchte er auch werden. Als seine Vorbilder benennt Murat als erstes die etwa gleichaltrigen Kemal und Bülent, die in der bereits erwähnten (2.2.1) und gleich noch näher beleuchteten Auseinandersetzung mit einer Ostberliner Skinheadgruppe die lebensgefährlichen Messerstiche gesetzt hatten, später gerichtlich als die Haupttäter identifiziert und zu mehrjährigen Haftstrafen verurteilt wurden. Als zweites verweist er auf Feridun und Necdet, zwei etwas ältere Mitglieder der BF-Bande, zu der Murat gehört und deren Treffpunkt das XY-Jugendzentrum ist. Die Genannten, denen er attestiert, dass sie bei der Gewaltausübung kein Zögern kennen, repräsentieren Murats Ideal von sich selbst.[33] Seinem Selbstideal des furchtlosen und gefürchteten Kämpfers eignet in der Interviewpassage auch eine körperliche Komponente.

Die Frage des Interviewers zielte allerdings auch unmittelbar auf diese Komponente; Murats Antwort kann jedoch nicht als ein methodisch induziertes

33 Dies drückt sich auch in Murats Wahl seines Decknamens aus. »Murat« ist nämlich der Name eines Mitgliedes der BF-Bande, das zu deren legendären Schlägern zählt. Bei der Wahl seines Decknamens weist Murat ausdrücklich darauf hin, dass seine Bewunderung für jenen Namensträger der Grund seiner Wahl sei.

Artefakt gelten, zumal sie mit vielen Interviewpassagen übereinstimmt, die vor jener Frage liegen und keinen solchen Verdacht aufkommen lassen. In der Bundeswehr-Vietnam-Passage zum Beispiel, die dem ersten Interview entstammt und der eine ganz andere Frage vorausging, hatte Murat die körperliche Komponente seiner Kämpferideale bereits *ex negativo* eingeführt, indem er die militärische Ausbildung als eine willkommene Gelegenheit begrüßte, durch Kampfsport und Training die physischen Voraussetzungen zu erwerben, um sich für den Kampf auf der Straße zu qualifizieren. Und dass er darunter leidet, sich erst noch qualifizieren zu müssen, wird in der hier behandelten Passage ebenso offenkundig wie in der Bundeswehr-Vietnam-Passage. Murats Unzufriedenheit mit seinem gegenwärtigen physischen Zustand, weil er für den Kampf noch nicht genug »drauf hat«, bestätigt eindrucksvoll sein Idealbild von sich selbst als einem starken und geübten Kämpfer. Um es einzulösen betreibt Murat, wie er bemerkt, Bodybuilding und will, wie oben gesehen, eine militärische Ausbildung durchlaufen. All dies zeigt, dass die Frage, inwieweit er seinen Idealen als Kämpfer bereits entspricht, einen neuralgischen Punkt für Murat darstellt. Das Bodybuilding erfüllt – wie er an anderer Stelle klarstellt – einzig den Zweck, die körperlichen Voraussetzungen für die Realisierung dieser Ideale zu erfüllen. Er nimmt das durchaus ungeliebte Training auf sich, um sich tauglich für den Kampf und das gruppeninterne Kräftemessen zu machen. Sein Bewusstsein der physischen Unzulänglichkeit ist die Kehrseite dessen, dass Murats affektive Besetzung einer aggressiven Körperlichkeit eine Komponente seiner auf den Kampf gestützten Selbstideale darstellt.[34] Solche Selbstideale

34 Die Idealisierung einer Körperlichkeit, die Aggressivität, Kampfbereitschaft und Stärke zur Schau stellt, ist auch bei Kai stark ausgeprägt. Bei ihm geht das so weit, dass er im Interview einmal auf seine vielen Narben hinweist, die er als die Spuren vergangener Kämpfe stolz an seinem Körper trägt. Er habe die Narben an seinem »Kadaver«, wie er sagt, einmal gezählt und sei dabei auf 36 gekommen, um dann zu erklären, wie die Körperstellen, an denen seine – wie Trophäen behandelten – Narben zu finden sind, mit seinen Schlagtechniken zusammenhängen. Vor allem auf seiner schwächeren, der linken Seite sei er »vernarbt wie Sau«, weil er bei seinen Gewaltakten immer wieder selbst geschlagen wurde oder sich durch seine eigenen Schläge verletzt habe.

An anderer Stelle erzählt Kai von seiner Desillusionierung angesichts der physischen Konstitution seines leiblichen Vaters, als er ihn nach Jahren der Trennung einmal wiedersah: »War 'ne große Enttäuschung gewesen, weil mir meine Mutter immer gesagt hat, dass mein Vadder, äh, groß ist und breit und stark und so, und dann (.) hab ick die Tür uffgemacht bei mir zu Hause und hab da so 'n kleen', abgebrochenen Mensch gesehen, also. (2)

zeigen sich bei den anderen der interviewten Jugendlichen ebenso häufig wie das damit einhergehende Bewusstsein, ihnen aufgrund körperlicher Unzulänglichkeit und kampftechnischer Mängel nicht zu genügen. Von daher ist es wenig überraschend, dass die meisten von ihnen Kampfsport betreiben.

Die Kämpferideale der Jugendlichen haben oft in der Gruppe, zu der sie gehören, ihre Vorbilder und den Ort ihrer Betätigung. So auch bei Murat, der es als eine Auszeichnung empfindet, von den älteren und führenden Bandenmitgliedern für den »Kampf« ausgewählt zu werden, wenn es »Ärger« gibt. Seine Werte und Ideale werden von seiner Bande geteilt. Insofern ist seine Gewaltmythologie, der zufolge körperliche Stärke, Kampftauglichkeit und Gewalt Anerkennung verschaffen, von der Realität gedeckt. Im Kontext der Bande versucht er die Anerkennung – offenbar auch die der Frauenwelt, wie seine Erwähnung der »Mädchen« im XY-Jugendzentrum zeigt – durch Demonstrationen von Kraft und Stärke im Inneren der Gruppe und durch Gewalttätigkeit nach außen zu gewinnen. Die Anerkennung und den Respekt anderer knüpft Murat unmittelbar und alternativenlos an Kampf und Gewalt sowie an die daraus resultierende Angst anderer. Um seiner Anerkennung als jenem Schläger der Bande, der »als *erster* gezählt« wird, näher zu kommen, ist Murat nicht nur bereit, seinen Körper zu trainieren. Um den auf Angst gegründeten Respekt aller zu besitzen, würde er – zumindest abstrakt – sogar eine Haftstrafe in Kauf nehmen. Jedenfalls spielt er mit dem Gedanken, einmal einen »so richtig kaputtzuschlagen« und seine Gefährlichkeit womöglich durch einen Aufenthalt im »Knast« unter Beweis zu stellen, um einen Ruf zu erwerben, der allen Respekt einflößt. Es entspricht also Murats Selbstideal, eine Aura der Gewalt um sich zu haben, die andere ängstigt und ihren Respekt erzwingt. Gewalt und Kampf bergen für ihn das Versprechen, gesehen und anerkannt zu werden. Aufgrund solcher Erwartungen erscheinen ihm die Gewaltausübung und der Ruf, ein hemmungsloser Gewalttäter zu sein, erstrebenswert. Mit diesen Erwartungen, die durch die Werte und Statuskriterien seiner Gruppe bestätigt werden, ist Murats mythisierende Aufladung der Gewalt untrennbar verbunden.

Die nun folgende Erzählung Murats zeigt, dass seine Bindung an die beschriebenen Werte und Selbstideale keine bloße Phantasterei darstellt, sondern in entsprechenden Situationen handlungsleitend werden kann. Bei dieser Erzählung handelt es sich um die bereits angekündigte Auseinandersetzung zwi-

---

Des war dann ooch so wat von irgendwie -, ick hab eigentlich gedacht, mein Vadder ist irgendwat, und dann steht da bloß 'n halbes Hemd vor mir, also.«

schen einer Westberliner, neben Murat hauptsächlich aus türkischen Jugendlichen bestehenden Gruppe und einer Ostberliner Skinhead-Clique.

Murat: Gut. Ähm, ‘s ga-, es war am, ein Dienstag. Wir hatten, ähm, äh, und da sind zwei Stunden, also ein Block ausgefallen. Wir sind früher nach Hause gegangen, und als wir runter geh’n, hm, kam uns ein Junge entgegen, also den kennen Sie ja bestimmt auch, hier von dieser Schule.

Int.: Wer ist das?

Murat: Ehm, ich kann jetzt nicht den Namen von ihm sagen.

Int.: Die Namen werden alle geändert, das kannst du ruhig ⌊ sagen.

Murat: Ja, ⌋ also des ist der Tarek, so ‘n Araber. Kenn’ Sie, wa?

Int.: Ich kenne ihn nicht, nein.

Murat: Kenn’ Sie nicht, gut. Auf jeden Fall ist er zu uns gekommen, wir kamen, wir wollten grade nach Hause geh’n, und der kam uns mit Fahrrad entgegen. Und fast ge-, hat er geweint, und meinte, er war grade im Osten auf einer Schule, da wo sein Freund geht. Und er wurde da geschlagen, sein Freund, weil er ‘n Schwarzer ist, der wurde immer beschimpft: »Nigger!« und: »Du Scheißausländer!«, und so. Und heute ist er da hingefahren und hat selber Schläge gekriegt, und er meinte, ob wir mit rüberkommen, und so. Danach hab ich zuerst aber gesagt: »Nein, ich hab keine Lust, um zu kämpfen, ich will nach Hause gehen mit Emin, wir wollen Fußball spielen.« Und er meinte: »Ja, aber der hat beschimpft mit ›Ausländer‹, ähm, die woll’n ein’ Kampf gegen uns machen, die woll’n wissen, wer die Stärkeren sind, die werden uns Ausländer -.«

Int.: Wer wollte das wissen?

Murat: Eh, die Osten. Also, der Tarek hat des zu uns gesagt, dass sie meinten, die woll’n uns herausfordern zum Kampf.

Int.: Ja, aber *wer* wollte euch herausfordern, das war jetzt meine Frage.

Murat: Äh, die aus Osten. Keine Ahnung, wer das ist.

Int.: Ach so.

Murat: Na ja, auf jeden Fall meinte er zu uns: »Das sind ungefähr 20 Nazis, und da gibt’s auch andere, die mit uns kämpfen woll’n«. Na ja, und danach (.) standen wir erst mal hier. Wir hatten erst mal überlegt, wo wir hingehen, und so, wir haben keine Waffen gehabt, überhaupt gar nix. Der meinte: »Macht euch keine Sorgen, ich werd’ die Baseballschläger und alles besorgen«, meinte: »Kommt in ‘ner halben Stunde zum SL-Platz, dann bring ich Waffen und so alles.«

Int.: Hat der Tarek gesagt?

Murat: Ja, der Tarek. Na gut, wir haben alle Männer gesammelt, sind wir zum SL-Platz gegangen, haben wir gewartet. Er kam mit Fahrrad, mit Stöcker, so was wie 'n Baseballschläger so, also richtige Schlagstöcke. Hat er jedem zwei gegeben, er hat ungefähr 30 Stück gehabt. Keine Ahnung, von wo er das hatte, auf jeden Fall hatte er es. Wir waren ungefähr so 16 Jungs. Hat er, also diese Stöcker hat er an uns verteilt. Na ja, und wir fragten, wo des ist genau. Er meinte: »Wir müssen nur mit der S-, also mit, von SL-Platz mit der U-Bahn bis PP-Straße fahren, und dann drei Stationen mit dem Bus.« Na ja, da meinten wir: »Okay« – sind wir hin, hingefahren.

Int.: Und worüber habt ihr auf der Fahrt geredet? Wie war das da?

Murat: Gar nix.

Int.: Wie war denn ⌊ die Stimmung?

Murat: Still, ⌋ alles still.

Int.: Aha.

Murat: Ich meinte die ganze Zeit [lachend]: »Ah ja, das sind Nazis, machen wir ganz schnell fertig!« Manche sagten: »Ja, wir schlagen die kaputt, dann geh'n wir wieder zurück.« Na ja, manche haben auch gesagt: »Was passiert, wenn *wir* Kloppe kriegen?«, und so. Haben wir gesagt: »Pech gehabt!«, und so. Na ja, auf jeden Fall kamen wir schon zu der Bushaltestelle, stiegen wir ein, wir sind drei Stationen gefahren, wollten wir aussteigen, der Tarek sagt: »Nein, nein, wir müssen noch zwei weiterfahren«, und so. Der hat uns die ganze Zeit verarscht. Wir sind zwei Stationen gefahren, da meinte er: »Nein-nein, wir müssen noch drei weiterfahren«, und so. Na ja, wurden manche sauer und meinten schon: »Du Arsch, wo bringst du uns hin, willst du uns in den tiefsten Osten bringen?«, und so, »da werden die uns fertig machen, wir sind nur 16 Jungs«, und so. Meinte er: »Ist gleich hier um die Ecke.« Danach hat, also ein Junge, also Kemal, ihn am Hals gepackt und meinte: »Wie weit ist 'n des noch?« Er meinte: »Noch fünf Stationen.« Da wollten manche aussteigen, aber da meinten wir: »Ah ja, sind wir schon so weit gekommen, na dann geh'n wir hin.« Wir ka-kamen grade an die fünfte Bushaltestelle, da meinte Emin und sagte: »Die sind bestimmt nicht da, ist bestimmt auch eine Lüge von ihm.« [Schnieft] Er meinte: »Nein-nein, die sind bestimmt da«, und so. [Schnieft] Wir sind ausgestiegen und, äh, au-. Gegenüber von uns war 'n Park, also 'ne

Schule und da, wo Jugendliche sich treffen, Tischtennisplatten und so. Und da kam grade eine Straßenbahn vorbei, und Tarek und ich, wir sind noch schnell rübergelaufen. Die anderen sind alle stehen geblieben. Straßenbahn ist stehen geblieben auf gr-, auf rot, konnten nicht rübergehen, also bin ich mit ihm alleine rübergegangen. Ich hab diese Stöcker hier gehalten, hier in mein' Arm, unterm Pullover. Und die war'n da, also die war'n wirklich da, [hastig, undeutlich:] die saßen alle da rum, geraucht, mit Mädchen, und so. ⌊ Ah ja.

Int.: Was haben ⌋ sie? Rumgeraucht?

Murat: Ja, rumgesessen und geraucht haben die da, und Bier getrunken, und so. Und, äh, ich bin also zu dem Tarek gegangen, ich meinte: »Wer war das von denen, der dich angemacht hat?« Und da saß grade so 'n Glatzkopf. Der sagte so: »Hast du 'n Problem? *Ich* war es, was willst du jetzt machen? Willst du mich jetzt schlagen, oder was?« Ah ja, ich meinte: »Ja und wenn, was willst du dann machen?« Der meinte: »Guck, sieh dich doch mal um, ihr seid nur zu zweit, und wir sind hier fast ungefähr 20 Jungs.« Ich meinte: »Ja, bist du dir sicher, dass wir zu zweit sind?«, und so. Da meinte er -. Da hab ich den Schlagstock rausgeholt und auf sein' Kopf geschlagen; der ist runtergefallen ins Gebüsch, [schnell, dramatisch:] ist nicht mehr hochgekommen. Da sind die andern aufgestanden, sind auf mich losgegangen und so rumgeschubst: »Sag mal, bist du bescheuert so, was schlägst du denn!«, und so. Der eine hat mir also von hinten, mir einen Schlag auf's Gesicht gegeben, ich bin hingefallen. Der eine wollte mich treten, und so. Dann hat ihn der Tarek weggeschubst und mit dem Schlagstock ins Gesicht wieder geschlagen – der ist auch hingefallen. Na ja, und die anderen sind alle aufgestanden, haben auch, äh, Ketten rausgeholt, und so. Die meinten: »Ich mach dich jetzt fertig!«, und so, und danach sind alle andern gekommen, also von mir, sind alle, Kemal und Bülent, alle sind rausgekommen, mit Baseball- und so. Die wollten, die haben versucht, wegzulaufen, aber wir haben sie so was wie umzingelt, also manche sind von, fünf sind von einer Seite gekommen, fünf von der Seite und fünf von der Mitte. Dann haben wir die so umzingelt und dann haben wir die angefangen zu schlagen. Na ja, ich hab danach mein' Baseball-, wo ich mit dem Stock geschlagen hab, auf den Jungen hier, ist der Stock kaputtgegangen, hab ich nix mehr gehabt, hab ich immer mit Fäusten geschlagen. Dann hab ich 'ne Kette auf dem Boden gefunden

	und dann hab ich gesehen, wie Emin -, ein Junge Messer rausgeholt hat und wollte Emin in seine Beine von hinten reinstecken – hab ich mit der Kette auf sein' Kopf geschlagen, und dann ist aufgeplatzt, hab ich geseh'n, wie 's ganze Blut von ihm runterläuft.
Int.:	Wie war das in dem Moment für dich?
Murat:	Ja, ich hab 'n Schock gekriegt, ich hab angefangen zu zittern, und zu Emin: »Was hab ich gemacht!?«, und so. Er hat mich am Arm gezogen, er meinte: »Komm-komm, wir hauen ab«, und so, »die Polizei kommt gleich!« Und ich meinte: »Komm, wir gucken, ob ihm was passiert ist«, und so. Er sagt so: »Nein-nein, lass sein!« Jeder hat danach sein' Stock weggeschmissen, ja und dann hab ich geseh'n, wie die zwei Jungs den einen mit Messer angefangen haben zu stechen.
Int.:	Kannst du das ganz genau beschreiben?
Murat:	Also, der Junge kam auf mich zu, also der kam grade mit Fahrrad, mit 'ner Schultasche, grade von der Schule, glaub ich, kam er oder so.
Int.:	Ach so, der war zunächst noch gar nicht dabei?
Murat:	Nee-nee, der war nicht dabei, aber der war 'n Nazi, der war auch 'n Nazi. Der kam mit Fahrrad, sprin-springt er von sein' Fahrrad ab, holt irgendwas aus seiner Tasche raus, 'n Chop oder irgendwas, wollte mich damit schlagen, also er kam auf mich grade zu, weil ich gegenüber von ihm stand. Er schreit so: »Ich mach dich jetzt fertig, du Scheißausländer!«, und so. Kam auf mich zu, hat mich einmal hier in die Rippen geschlagen damit. Und dann haben es Bülent und Kemal geseh'n. Kemal hat ihm so, also eine runtergehauen, und dann hat er ihm so, mit sein' Kopf so, also am Hals genommen, so hat er ihn festgehalten, ⌊ geschlagen die ganze Zeit.
Int.:	[Verbalisiert die Geste Murats:] Also unterm Arm festgehalten? ⌋
Murat:	Ja, und die ganze Zeit geschlagen. Bülent hat sein Messer rausgeholt und die ganze Zeit hier überall reingestochen. Dann hat ihn Kemal losgelassen, hat sein großes Messer rausgeholt und auch angefangen zu stechen. Da hab ich geschrien, dann haben wir also *alle* geschrien: »Was macht ihr denn, hört auf damit, seid ihr denn blöd!? Wir haben doch gesagt, ohne Messer!«, und so. Und die war'n so richtig, so wie *besessen* davon, die haben die ganze Zeit gestochen. Dann, erst wo der Junge so richtig ohnmächtig schon war, also der schon richtig flach lag, dann haben die ihn losgelassen, sind aufgestanden. Ich hab, Bülent wollte ihn, Bülent wollte ihn noch schlagen, dann hab ich ihn noch am

> Dings, hier so am Haar gezogen: »Komm, du Arschloch, wir müssen abhauen, die Polizei kommt jetzt!«, und so. Na ja, und danach haben wir uns alle verteilt, manche sind mit dem Bus gefahren, damit es nicht auffällt. Äh, ich, Emin und Muzaffer, wir sind mit Bus gefahren; Bülent, Kemal sind mit -, zu Fuß gegangen. Also so z-zu zweit, zu dritt sind wir gegangen, damit es nicht auffällt, jeder hat sich verteilt so. Na ja, und dann kamen die alle hier zur Schule, haben wir erst alle gesessen und erzählt so, zum Beispiel, was wir jetzt machen, wenn die Polizei kommt.

Der Ausgangspunkt der Erzählung ist die Westberliner Schule, die alle Beteiligten aus Murats Gruppe besuchen. Dem Weinen nahe berichtet Tarek, dass sein schwarzer Freund an dessen Schule in Ostberlin von einer zunächst nicht näher definierten Gruppe geschlagen und beschimpft wurde und dass ihm dort gerade dasselbe geschehen sei. Mit seinem Bericht ist die Aufforderung an die Schüler verbunden, mit nach Ostberlin zu kommen. Hier stellt sich die Frage, woher Tarek, der die Rolle des Anstifters einnimmt, so genau weiß, an wen er sich wenden muss. Er richtet sich nicht an eine vorab fest konstituierte Gruppe, und doch kann er damit rechnen, dass einige von ihnen als Kandidaten für einen Gang nach Osten in Frage kommen. Diese Einschätzung Tareks ist auf vergangene Gewalttaten der Angesprochenen zurückzuführen. Denn aus anderen Passagen des Interviews geht hervor, dass Murat, sein Freund Emin, der ebenfalls zur BF-Bande gehört, und einige andere der Beteiligten an der Schule bereits zuvor für ihre Gewaltbereitschaft und -tätigkeit bekannt waren. Wie bereits bei Bebek zeigt sich hier, dass vergangene Gewalttaten Verhaltenserwartungen konstituieren, aufgrund derer andere die entsprechenden Jugendlichen für gewalttätige »Dienste« einzuspannen versuchen; und im vorliegenden Fall verfehlte dieses Ansinnen nicht seine Wirkung.

Aber was motivierte die Jugendlichen dazu, mit nach Ostberlin zu kommen, um gegen die dortige Gruppe zu Felde zu ziehen? Was brachte den Eskalationsprozess in Gang? Negativ ist zunächst zu sagen, dass es nicht die Solidarität mit Tarek war, die den Stein ins Rollen brachte. Von Mitleid oder Betroffenheit darüber, was Tarek und seinem Freund widerfahren ist, ist auf Murats Seite in keiner Weise die Rede. Die Anstiftung kam nicht über Hilferuf und Mitleid erheischende Emotionen zum Erfolg; überhaupt führt Murat Tarek etwas despektierlich als »so 'n Araber« in seine Erzählung ein. Die Information, dass Tarek und sein Freund – der Erste ein nicht zur eigenen Gruppe Gehörender, der Zweite ein Unbekannter – beschimpft und geschlagen wurden, reichte nicht dazu aus, dass die Gruppe dem Anstifter Folge leistete. Der Prozess der Entscheidungsfindung, was weiter geschehen soll, stockte auf der Grundlage der bisherigen Informationen Tareks. Die Aussage: »Nein, ich hab keine Lust, um zu kämpfen, ich will nach Hause gehen mit Emin, wir wollen Fußball spielen« führt vor Augen, dass die Frage, ob Murat der Anstiftung Folge leistet oder nicht, für ihn zunächst keine Frage der moralischen Verpflichtung, sondern eine Frage der »Lust« darstellte. Es ging also nach seiner bisherigen Situationsdefinition um eine kontingente situative Präferenz, nicht um eine Frage »starker Wertungen«.[35] Dies zeigt sich daran, dass Murat »kämpfen« und »Fußball spielen« in einem Atemzug nennt und in einer Art und Weise parallelisiert, dass beiden Tätigkeiten derselbe Stellenwert zukommt: Ob er den Nachmittag mit Kampf oder mit Fußball verbringt, waren Fragen der Lust und Laune, Fragen des Zeitvertreibs. Das Sprachspiel, in dem Murat die Situation bis hierher beschreibt, ist das der sportlichen Präferenz, nicht das des moralischen Abwägens und Urteilens.

Tarek entgegnete Murats Unwilligkeit, seinem Begehren nachzukommen, mit der Neufassung der ursprünglichen Information: »Ja, aber der hat beschimpft mit ›Ausländer‹, ähm, die woll'n ein' Kampf gegen uns machen, die woll'n wissen, wer die Stärkeren sind, die werden uns Ausländer -.« Tarek stellte die Sache nun so dar, dass auch Murat und seine Gruppe persönlich beschimpft wurden. Er führte aber ein zusätzliches und das entscheidende Argument an, das seiner Anstiftung zum Erfolg verhalf: die Herausforderung zum Kampf. Ab diesem Punkt kann man den Kämpferidealen Murats und seiner Mitstreiter förmlich bei ihrem Werk zusehen; ab diesem Punkt ist eine »starke Wertung« im Spiel. Das Subjekt der Herausforderung ist in Murats Erzählung jedoch noch immer nicht spezifiziert, es geht hier um die bloße Tatsache einer

35 Zu den Begriffen der »schwachen« und der »starken Wertung« siehe Charles Taylor (1988). Die beiden Begriffe Taylors bauen auf Harry G. Frankfurts (1993/1971) Unterscheidung zwischen »Wünschen erster und zweiter Stufe« auf. In der Ausbildung von Wünschen zweiter Stufe manifestiert sich Frankfurt zufolge die spezifisch menschliche Fähigkeit zur reflektierenden Selbstbewertung bzw. zur Bewertung der eigenen Wünsche. Taylors Unterscheidung zwischen starken und schwachen Wertungen zieht in Frankfurts Wünsche zweiter Stufe eine wesentliche Differenzierung ein. Schwache Wertungen beziehen sich auf Entscheidungen zwischen gleichermaßen legitimen Wünschen und führen eine Wahl zwischen ihnen aufgrund situativer Präferenzen und Realisierungsmöglichkeiten herbei. Starke Wertungen hingegen beziehen sich auf den *qualitativen Wert* unterschiedlicher Wünsche, von denen wir manche als nicht annehmbar zurückweisen und andere als fundamental bedeutsam für unsere Identität betrachten.

Herausforderung zum Kampf und erst in zweiter Linie um die Feindschaft zu der herausfordernden Gruppe. Das provozierende Moment besteht in der blanken Frage, welche der beiden Gruppen die stärkere ist. Wie der weitere Verlauf der Ereignisse zeigt, ist es genau Tareks Evokation der Kämpferideale, welche die Situationsdefinition der Gruppe handlungsrelevant veränderte.

Auf die Frage des Interviewers, wer denn wissen wollte, wer die Stärkeren sind, antwortet Murat zweimal mit einem unvollständigen Satz: »die aus Osten«. Der Begriff »Osten« steht, gemäß der Landkarte Murats und seiner Bande, für ein feindliches Territorium. Durch die Frage des Interviewers öffnet sich für Murat dennoch ein Legitimationsproblem, das sich sprachlich an dem Hinzufügen des Satzes: »Also, der Tarek hat des zu uns gesagt« manifestiert und einen Wechsel von der Diskursart der Erzählung zu der der Argumentation herbeiführt. An dieser Stelle ist der Interviewtext sicherlich von hinten her zu lesen: Die Frage der Legitimität seiner Beteiligung an der schwerwiegenden Gewalttat tut sich für Murat an der Stelle auf, an der er realisiert, dass er alle Informationen aus zweiter Hand und von daher angreifbare Gründe hatte. Dieses Legitimationsproblem versucht Murat zu lösen, indem er die Verantwortung ganz auf Tarek abwälzt. Dies wird in einem späteren Abschnitt des Interviews noch deutlicher, in dem Murat, nach den Gründen für seine Beteiligung befragt, mit dem – seiner Darstellung des Tathergangs diametral entgegenstehenden – Argument antwortet: »Ich bin nur wegen Tarek gegangen.«

Dass die Bezeichnung »Nazis« relativ spät in Murats Erzählung auftaucht, verdeutlicht eindrucksvoll, dass es in seiner Relevanzstruktur nicht von primärer Bedeutung war, wer und wes Geistes Kind die Herausforderer waren. Dies wird auch dadurch bestätigt, dass Murat den Nachsatz Tareks, da gebe es »auch andere, die mit uns kämpfen woll'n«, so zitiert, dass sich die darin enthaltene Herausforderung für ihn nicht von der erstgenannten unterscheidet. Im weiteren Entscheidungs- und Eskalationsprozess gibt es auch keinen Hinweis darauf, dass irgendjemand aus der Gruppe genauer wissen wollte, ob es sich wirklich um »Nazis« handelte, die Tarek und seinen Freund angegriffen und Murats Gruppe herausgefordert hatten. Auch wenn in dem Ausdruck »Nazis« eine Legitimation *in nuce* stecken sollte, gab es Murats Erinnerung zufolge keine weitere Diskussion über die Frage, ob der Gang nach Osten *aus diesem Grund* gerechtfertigt ist. Für Murat und die Wortführer der Gruppe war es die Herausforderung, die einen verpflichtenden Charakter hatte und das entscheidende Handlungsmotiv auf den Plan rief. Die Herausforderung zum Kampf bewirkte offenbar eine Art Zwang, darauf zu antworten. Und der Spielraum, worin eine solche »Antwort« bestehen konnte, schien eng begrenzt gewesen zu sein, denn der weitere Diskurs der Gruppe ging direkt in die Frage nach einer geeigneten Bewaffnung über.

Die gesammelten Mitstreiter bezeichnet Murat nun plötzlich als »Männer«; er vergrößert sich und seine Mitstreiter gewissermaßen und weckt Assoziationen an eine militärische Truppe, die für einen Feldzug ihre Männer versammelt. Wenn dies mit Murats Wahrnehmung in der damaligen Situation übereinstimmt, dann darf man darin wohl eine Strategie der Angstabwehr sehen. Murat, der sich stets als aktiv, mutig und kampfbereit darzustellen bemüht ist, thematisiert seine Angst vor den »20 Nazis« nicht explizit. Dass Gefühle der Angst im Spiel waren, zeigt sich aber in einem gewissen Zögern der Gruppe und spiegelt sich auch implizit in Murats Feststellung, sie hätten »keine Waffen gehabt, überhaupt gar nix«. Nun jedoch hatte Tarek leichtes Spiel, weil er die »Sorgen« entkräften konnte, indem er darauf hinwies, dass er für eine Bewaffnung sorgen konnte. Nachdem die Bewaffnung arrangiert war, meinte die Gruppe – wie die durch das »na gut« eingeleitete Entscheidung für die Aktion zeigt – keine andere Wahl mehr zu haben, als die Herausforderung anzunehmen.

Die von Murat nicht näher qualifizierte Stille und Sprachlosigkeit, die auf der Fahrt zum Ort der Auseinandersetzung zunächst herrschte, sind wohl wiederum auf Gefühle der Bedrohung zurückzuführen. Denn Murat begegnete dieser Situation mit der ständigen Wiederholung, ja Beschwörung der Vorstellung, dass seine Gruppe den »Nazis« überlegen sein werde; die »machen wir ganz schnell fertig«, zitiert er sich selbst. Andere sekundierten: »Ja, wir schlagen die kaputt.« Die Abwehr der Angst nahm nun eine Form an, die man mit den Worten umschreiben kann: Die Fahne hoch, der Gegner ist schon tot! Der Erfolg dieser Abwehrstrategie stellte zweifellos eine Bedingung dafür dar, dass sich der Eskalationsprozess fortsetzen konnte. Nachdem einige gefragt hatten: »Was passiert, wenn *wir* Kloppe kriegen?«, antworteten die Wortführer, zu denen Murat seiner Erzählung zufolge gehörte, lapidar und rabiat zugleich: »Pech gehabt!« Damit kam eine weitere Dimension der Kämpferideale ins Spiel: Angst zu artikulieren galt als etwas Unerlaubtes. Stattdessen wurden Härte gegen sich selbst und Opferbereitschaft gefordert. Die Werte des Kämpfertums wiesen die Angst als illegitimen Impuls zurück. Diese Haltung blieb in der Situation auch weiter bestehen, als sich herausstellte, dass die Gruppe in den »tiefsten Osten« geführt wurde, wodurch sich die Angst der Gruppe steigerte, selbst zu unterliegen und zum Opfer zu werden. Die Angst entlud sich in einer zunächst verbalen, dann handgreiflichen Aggression Kemals, eines der beiden späteren Messerstecher, gegenüber Tarek. Überhaupt lässt sich beobachten, dass sich die Gewaltbereitschaft mit dem Anwachsen der Angst erhöhte und sich die Absichten der Gruppe mit der Vorstellung des gewalttätigen Gegners konkretisierten. Der Versuch einiger Mitglieder der Gruppe, aus dem ganzen Vorhaben auszusteigen, wurde von dem Teil der Gruppe, dem sich Murat zurechnet, unterbunden. Die Konflikttreiber übernahmen zunehmend die Initiative und wollten keinen Ausstieg aus dem Vorhaben mehr zulassen; der Punkt, ab dem es keine Rückkehr mehr gab, schien erreicht.

Mit der Ankunft am Zielort wurden alle Mutmaßungen und Diskussionen innerhalb der Gruppe Murats beendet, es entstand ein Handlungsdruck und der Eskalationsprozess nahm seinen Lauf. Bis zu diesem Punkt hätte sich noch eine Austragung des Konflikts mit gewaltfreien Mitteln denken lassen; die Übeltäter hätten zur Rede gestellt werden, sie hätten sich entschuldigen und den Konflikt schlichten können. Aber das stand, zumindest aus Murats Sicht, nie zur Debatte. Die Situationsdefinition war schon vorher geschlossen worden, und der Konflikt war von vornherein auf »Kampf« festgelegt. Und nachdem sich herausgestellt hatte, dass Murats Gegenüber auf seine Provokation auf der gleichen Ebene antwortete, bekam die weitere Kommunikation eine rituelle Form, die bloß noch der Vorbereitung der weiteren Eskalation diente. In dem kurzen Wortwechsel zwischen Murat und dem Glatzköpfigen ging es nur um strategische Fragen: um die jeweilige Gruppengröße und um die Kräfteverhältnisse. Signifikanterweise wurde weder der Anlass der Konfrontation zum Thema, noch kam es zu moralischen Vorwürfen an die »Nazis«, weil sie ausländische Schüler beleidigt und geschlagen haben. Die Kommunikation aggressiver Gesten, auf die alle Beteiligten eingeschworen zu sein schienen, verhinderte gerade Interaktionsformen, die über das bloße Schlagen und Geschlagenwerden hinausgehen. Murat setzte den ersten Schlag, und es entfaltete sich die Eigendynamik der Konfrontation nach dem Muster von Gewalt und Gegengewalt, bis Kemal und Bülent zum Messer griffen und die Situation ein tragisches Ende fand.

Dieses Ende war von Murat gewiss nicht so intendiert, und er gehörte seiner Erzählung zufolge in der Situation zu jenen, die darüber, dass Kemal und Bülent »wie besessen« zugestochen haben, erschraken und ihr Tun lautstark verurteilten. Im Anschluss an die zitierte Passage, in der Murat schildert, wie in den Medien von dem Vorfall und von dem im Koma liegenden Opfer berichtet wurde, rechtfertigt er jedoch auch noch diesen Ausgang des Vorfalls: »Ich meinte: ›Soll er verrecken, dieses Arschloch!‹ (.) Der-der hat mich auch angegriffen, *die* wollten ja den Kampf, nicht wir. Die haben uns herausgefordert, haben sie gekriegt, was sie wollten!« Diese Erklärung, welche die von Kämpferidealen geleitete Überzeugung, auf eine Herausforderung antworten zu müssen, noch einmal zur Rechtfertigung der ernstesten Folgen für das Opfer in Anspruch nimmt, stimmt mit dem überein, was Murats Erzählung zufolge das entscheidende Motiv für seine Teilnahme an dem Feldzug der Gruppe war.

In der Situation selbst jedoch hatte er sich, wie die im Abschnitt 2.2.1 analysierte Passage zeigte, einen anderen Ausgang vorgestellt: Die gegnerische Gruppe sollte unterworfen werden und um Gnade betteln müssen. Zu dem in entsprechenden Werten und Selbstidealen gründenden Antrieb, die Herausforderung zum Kampf anzunehmen, trat im Zuge der situativen Dynamik bei Murat – und seiner Zuschreibung zufolge auch bei seinen Mitstreitern – das intrinsische Motiv, die errungene Überlegenheit auszukosten und die Kontrahenten so weit zu bringen, die Verfügungsmacht der Gruppe anzuerkennen. Allein die Situationsdynamik und das Handeln anderer vereitelte es, dass aus der Auseinandersetzung eine Gelegenheit wurde, in der Murat die Erfahrung des Triumphators machen konnte, der seine Gegner demütigen kann. Daran zeigt sich exemplarisch, dass auch aus normativ motivierten, d. h. aus Werten des Kämpfertums hervorgehenden Gewalttaten Ereignisse werden können, in denen die Täter Erfahrungen machen, die das Substrat intrinsischer Gewaltmotive abgeben.

Dies lässt sich auch beim Skinhead Kilian feststellen, der an mehreren Stellen verkündet, dass Gewalt »Spaß« machen könne. In dieser Weise spricht er von Situationen, in denen er aufgrund seiner Erscheinung als Skinhead auf der Straße »angemacht« wurde: »Besonders wenn du 'n bestimmtes Outfit hast, (2) kann's dir häufiger passieren, dass du angemacht wirst von irgendwelchen Leuten: Betrunkene, Linke, alles mögliche, also Hauptsache ein Fall, dass du dich *dann wehren* musst.« Die Herbeiführung von Situationen, in denen er sich wehren musste und – wie man, seine entsprechenden Erzählungen zusammenfassend, ergänzen könnte – zuschlagen durfte, versprach ein Vergnügen eigener Art. Der normative Anspruch, sich nicht »anmachen« zu lassen und Wehrhaftigkeit zu zeigen, vermischte sich in solchen Situationen also mit dem Spaß-Motiv. Der »Spaß« an der Gewalt tritt dann als eigenständiges Motiv in Kilians Erzählungen von Prügeleien mit »feindlichen Fans« am Rande von Fußballspielen auf. In ähnlicher Form beschreibt er eine Auseinandersetzung mit Punks im Zuge einer Berliner 1. Mai-Demonstration. Die Aussicht auf Gewalt ließ ihn und seine Kumpels jene traditionell mit Randale verbundene Veranstaltung aufsuchen; sie trafen auf eine »dicke, fette Massenschlägerei«, die bereits im Gange war und an der bereits andere Skinheads beteiligt waren. Die Gegenseite, die Punks, bezeichnet er einmal als »Zecken«, dann wieder als »unsere komischen Kollegen«, also einmal als verabscheuenswürdige Feinde und einmal als solche, die das Gleiche im Sinn hatten und sozusagen das notwendige gegnerische Team bildeten. Er habe, so erzählt Kilian, »mit Wonne zugeschlagen«, und erklärt ausführlich, wie er einem bereits am Boden liegenden Punk »mit dem Knie in die Fresse getreten« und dann »noch ein paar Mal zugetreten« habe. Obwohl er selbst eine schmerzende Nase und eine blutende Lippe davongetragen hatte, zieht er unter die Episode folgendes Fazit: »Det war eines der besten Erlebnisse überhaupt.«

In seinen Erzählungen von Gewalttaten gegen Ausländer wiederum spricht Kilian oft – in derselben Weise wie Kai – von einem »Machtgefühl«, das ihn immer wieder zu neuen Taten motivierte. Dieses Machtgefühl keimte seinen Erzählungen zufolge während seiner Teilnahme an einem berufsvorbereitenden Lehrgang auf, als er, wie er berichtet, mit anderen Skinheads zusammen in seiner Klasse »das Sagen« hatte und öfters türkische Mitschüler drangsalierte und verprügelte.[36] Seine gegen Fremde bzw. fremd aussehende Menschen gerichteten Gewalttaten, die er im Kontext seiner Skinheadclique und im Rausch jenes »Machtgefühls« verübte, nahmen immer schwerere Formen an. So berichtet er zum Beispiel, dass er und seine Freunde einmal eines Nachts einem schwarzen Passanten, nachdem sie ihn bereits geschlagen und getreten hatten, einen Zigarettenstummel im Gesicht ausdrückten. Ein andermal schlug er mit denselben Freunden einen Türken in der S-Bahn zusammen, ehe sie ihn aus dem langsam fahrenden Zug warfen. Diesem Vorfall fügt er folgende Worte hinzu: »Wir waren uff Hass! Also, wir waren Hassmenschen, oder so. Wir waren richtige Glatzen und (4) böse drauf ebend, so. Wir hatten eben Bock drauf. Wir haben 'n Ausländer gesehen und haben den (.) vertrimmt.« Diese Stelle deutet auf eine intrinsische Gewaltmotivation hin, wenn Kilian sagt, er und seine Gruppe hätten »eben Bock drauf« gehabt, und sie zeigt an, dass die fremdenfeindliche Einstellung der Gruppe ihre Opferwahl bestimmte.

---

36 Aufgrund seiner Gewalttätigkeit gegen türkische Mitschüler und aufgrund von Konflikten mit einzelnen Lehrern wurde Kilian vorzeitig aus dem berufsvorbereitenden Lehrgang verwiesen. An diesem Lehrgang, mit dem er einen erweiterten Hauptschulabschluss erreichen und sich auf seine Lehre als Maler und Lackierer vorbereiten sollte, nahm er nach seinem Hauptschulabschluss teil. In dieser Zeit war Kilian in einem Heim in Westberlin untergebracht, nachdem er seine Mutter geschlagen hatte.

Am Beispiel Kilians lässt sich nun zeigen, dass das Verhältnis zwischen einer normativen Aufladung der Gewaltausübung und intrinsischen Gewaltmotiven sich auch anders als bei Murat darstellen kann. Während bei Murat die idealisierende Aufwertung der Gewalt zur Entstehung intrinsischer Gewaltmotive führt, macht der Fall Kilian darauf aufmerksam, dass dieses Bedingungsverhältnis auch in umgekehrter Richtung verlaufen kann. Beim 16-jährigen Murat gehen aus seiner Gewaltmythologie und den damit zusammenhängenden Erwartungen Gewalttaten hervor, in denen er mit Erfahrungen in Berührung kommt, die intrinsische Gewaltmotive erwecken. Der 21-jährige Kilian, der sich nunmehr aus der extrem gewaltbereiten Skinheadszene zurückgezogen hat, kann hingegen auf eine Lebensphase zurückblicken, in der sein Selbstverständnis und seine Wertbindungen wesentlich von intrinsisch motivierter Gewalt bestimmt waren. Die Analyse der folgenden Interviewpassagen wird dies näher belegen. In einem weiteren Schritt wird dann auf Kilians gegenwärtige Perspektive einzugehen sein, in der sich eine Entmythologisierung der Gewalt und eine Entzauberung ihrer Wirkungen feststellen lässt.

Eine Stelle, an der Kilian summarisch seine Gewaltorientierung im mittleren Teenageralter beschreibt, zeigt zunächst einmal auf, wie eng seine intrinsischen Gewaltmotive mit Erwartungen verwoben waren, die für Gewaltmythologien charakteristisch sind. Nachdem Kilian zuvor in recht distanzierter Form den »Spaß an der Gewalt« thematisch eingeführt hatte, fragt der Interviewer nach seinen konkreten Erfahrungen.

Int.: Okay. Ähm, in welchen Situationen hast du das schon erl-erlebt, dass es dir Spaß gemacht hat, ähm, Gewalt auszuteilen?

Kilian: Aber! Öfter. Also früher, als ick noch so 15 war, oder so 16 ooch, da hat det richtig Spaß gemacht, also richtig voll Spaß. (2) Da hast dir eingebildet, dass eben durch Gewalt (.) *duuu* etwas Stärkeres bist, dass du (.) keine Angst hast, keine Angst *zeigst* zumindest, und dass Leute dich *respektieren*, weil-weil sie denken, du -, wenn sie det nicht tun, dass du Gewalt anwendest. Und deshalb (.) fand ick det ganz jut, so als 16-Jähriger, 15-Jähriger. Also da war Gewalt -, ick bin durch die Straßen gelaufen und hatte nur Gewalt im Kopf. Hab ick -, ick hab mich gefragt, wann macht mich einer an: »Hey, wat kiekst'n so?«, oder so. Eben solche Sprüche. Wenn ick richtig Bock drauf hatte, (.) und der mich blöde angekiekt hat, dann hab ick (.) gerne zugeschlagen. (2) Du warst irgendwie total -, weiß ich nicht, die ganze *Wut* ist rausgekommen. Und vielleicht ooch aus Langeweile so mehr. (2) Ick war ja meistens ooch nicht alleene, davon ganz abgesehen. Und die waren ooch so ungefähr auch so drauf. Uund, tja, da war det schön. Hat det ooch Spaß gemacht, so in der Gruppe. So alleine? Hm, teilweise. War nicht mal sooo sehr. Aber in der Gruppe, (.) da hat det richtig -, da hat det Spaß gemacht. Da hat det richtig -, weil du hast gewußt, du hast noch, wenn's wirklich schief geht, hast du noch Rückendeckung. Uund, tja, die waren ebend auf dem gleichen Level wie icke.

Diese Aussagen Kilians befinden sich auf den beiden einleitend genannten Ebenen. Die erste betrifft seine intrinsischen Gewaltmotive, deren Beschreibung um die Thematik des »Spaßes« an der Gewalt zentriert ist. In der besagten Lebensphase, die Kilian deutlich von der gegenwärtigen abhebt, habe ihm, wie er gleich zu Beginn erklärt, Gewalt »richtig voll Spaß« gemacht. Eine weitere inhaltliche Qualifizierung der Erlebnisqualität, die für ihn mit der Gewaltausübung verbunden war, findet sich an dieser Stelle nicht. Auch wenn seine Beschreibung hier eher rudimentär bleibt, zeigt sich im Weiteren, dass es die mit der Gewalt verbundenen Erlebnisse waren, die ihn – häufig im Schutz seiner Gruppe – dazu veranlassten, Situationen herbeizuführen, die ihm eine Gelegenheit zur Gewaltausübung boten. Diese für intrinsisch motivierte Gewalttaten typische Suche nach entsprechenden Anlässen bringt Kilian gleich mehrfach zum Ausdruck. Er sei »durch die Straßen gelaufen« und habe »nur Gewalt im Kopf« gehabt; und er habe sich gefragt, wann ihn einer »angemacht« und »blöde angekiekt« habe. Der Angriff und die Herausforderung des anderen hatten eine bloße Alibifunktion, weil er nur – in einer recht aktiven Weise – darauf gewartet hatte. Ein Blick des anderen genügte Kilian, um zum Exekutor seiner eigenen, gewaltgeladenen Absichten zu werden. Hier mag vielleicht mitspielen, dass Kilian vom Blick oder von den Worten des anderen tatsächliche Ablehnung und Verletzung zu erwarten geneigt war[37]; das würde verständlich ma-

37 Aus diversen Erzählungen geht in der Tat hervor, dass er vom Blick und von der Rede der anderen Negatives befürchtete. So erzählt er etwa, dass er in den letzten Schuljahren mit anderen zusammen »das Sagen« in der Klasse hatte, um, so kann man seine Ausführungen zusammenfassen, vorauseilend zu bestimmen, was andere sagen dürfen und wie sie ihn zu sehen haben. Und wenn seine Mitschüler, so sagt er an einer Stelle, »etwas falsch sahen, dann haben sie eene auf's Maul gekriegt«. Mehrere Erzählungen zu seinen Gewalttaten schließt er mit der Formel ab, dass seine Opfer »nüscht mehr gesagt haben«. Wenn es in solchen Situationen darauf ankam, dass die anderen nichts mehr sagen oder falsch sehen konnten, dann zeigt dies, dass hinter seiner Gewalt ein Interpretationsregime stand, demzufolge er die anderen als ihm feindlich gesinnt perzipierte. An dieser Wahrnehmung hat Kilians Missach-

chen, warum er davon spricht, dass seine »ganze *Wut*« in seiner Gewalt zum Ausdruck gekommen sei. Aber er beschreibt einen Typus von Situation, in dem Kilian die in jugendlichen Kreisen allseits bekannten Rituale der Provokation und der Beleidigung nur zitierte, um sie als Strategie zur Herbeiführung einer Gewaltsituation einzusetzen. Die durch den »Spaß« motivierte, oft von seiner Gruppe gedeckte Suche nach Gewaltsituationen bildet also einen wesentlichen Motor von Kilians Gewaltkarriere, wie sie sich bis zum Alter zwischen 15 und 16 Jahren entwickelt hatte.

Kilians Beschreibung jener Phase hat eine zweite Ebene, nämlich die der positiven Wirkungen, die er der Gewalt über die Situationen ihrer Ausübung hinaus zuschrieb. Nicht ohne sich von seinen damaligen Erwartungen, die er an die Gewalt knüpfte, zu distanzieren, indem er plötzlich in der zweiten Person von sich erzählt und von einer »Einbildung« spricht, benennt Kilian drei Punkte, die anzeigen, welche positiven Funktionen der Gewalt für sein Selbstbild zukamen: Gewalt verlieh ihm erstens die Gewissheit, »etwas Stärkeres« zu sein. Da dieser Ausdruck im Interview nicht im Kontext einer bestimmten Gewaltsituation steht, in der es etwa um physische Überlegenheit geht, scheint er damit auch zum Ausdruck zu bringen, dass er sich durch die obsiegende Gewalt in seinem Wert gehoben und über anderen stehend empfand. Würde er damit auf die rein physische Überlegenheit abheben, wäre es etwas merkwürdig, dass Kilian davon spricht, er habe sich damals »eingebildet«, etwas Stärkeres zu sein. Denn in gewalttätigen Auseinandersetzungen gibt es meist wenig Raum für Einbildungen dieser Art; sich einbilden, in einem wertenden Sinn überlegen zu sein, kann man indes sehr wohl. Das zweite, sein Selbstbild berührende Moment der Gewaltausübung bestand für Kilian darin, dass er sich als jemanden wahrnehmen konnte, der »keine Angst« hat oder sie zumindest nicht zeigt. Dies impliziert, dass Kilian den Anspruch an sich stellte, keine Angst vor eigener Gewaltanwendung und vor der Gewalt anderer zu haben. Dieser Anspruch, frei von Angst oder Angstäußerungen in Situationen der Gewaltausübung zu sein, weist darauf hin, dass auch Kilian Selbstidealen des Kämpfertums verpflichtet war. Seine Gewalttätigkeit, so kann man vor diesem Hintergrund sagen, zeigte ihm, dass er das größte Hindernis zu ihrer Realisierung zu überwin-

---

tung durch seine Mutter gewiss einen wesentlichen Anteil. Insbesondere weil sie ständig etwas über ihn »sagte« und dabei mit negativen Beschwörungen den Stab über seine Person brach. Ihre verurteilende und strafende Stimme, die zum Schweigen zu bringen Kilian nie gelang, nimmt breiten Raum in seinem Interview ein.

den in der Lage war.[38] Er begrüßte es, sich als jemanden sehen zu können, der ohne Angst zur Gewalt fähig ist. Die anderen hingegen sollten Angst vor ihm haben, denn ihre Angst diente ihm als Unterpfand seines Glaubens, ihren Respekt erzwingen zu können. Darin, dass andere ihn aus Angst »respektieren«, bestand für ihn eine dritte Gabe der Gewalt, die er feierte. Mit seiner Gewalttätigkeit oder der von ihm ausgehenden Gewaltdrohung verband Kilian die ihm willkommene Wirkung, dass die anderen sich seinem Willen gefügig zeigen und er sich ihres Respekts sicher sein kann.

Zu den drei genannten Funktionen der Gewaltausübung sagt Kilian zusammenfassend: »Und deshalb (.) fand ick det ganz jut, so als 16-Jähriger, 15-Jähriger.« Gewalt war für ihn aufgrund ihrer positiven Wirkungen erstrebenswert, ein Wert geworden. Was er sein und wie er von anderen gesehen werden wollte, schien untrennbar mit Gewalt verbunden zu sein. Die folgende Passage zeigt, wie stark Kilians Selbstbild am Ende jener Lebensphase von seiner Gewaltsamkeit geprägt und eingenommen war: So stark nämlich, dass er nicht mehr nur seine Gewaltausübung glorifizierte, sondern sich selbst mit »dem Bösen« identifizierte. Die Passage ist einem Interviewabschnitt entnommen, in dem Kilian mehrere Episoden erzählt, in denen er mit seinen Freunden aus der Skinheadszene »Ausländer aufgeklatscht« hat.

Int.: Kannst du noch weitere Beispiele erzählen?

Kilian: Einen Nigger (1) haben wir verprügelt, das weiß ich noch. So eine dikken, fetten (1) Nigger. Uuund (.) der hat gekiekt, hff. (.) Det war schon Grund genug. Und da -, da hab ich den ersten Faustschlag gegeben. Also, ich bin auf ihn hingegangen (2) und hab nüscht gesagt, überhaupt nüscht (1) hab ich gesagt. Und dann hab ich ihm (.) auf seine breite Nase gedruckt. Genau. (3) Dann hat er bisschen geblutet. (.) Dann hab ich erst mal bisschen Ruhepause gehabt, und dann haben wir noch ein bisschen drauf rumgetreten, auf dem Teil. Tja, dann haben wir ihn liegen lassen. (3) Der hat vorher gejammert oder so, hat ihm aber nüscht genützt. (2) Tja, wat soll's. Wir haben ihn auch nicht verstanden, davon ganz abgesehen. Irgendwie konnt' der keen Deutsch. (.) Da hatte

38 Im Anschluss an die zitierte Passage erzählt Kilian von seinem, sehr an Murat erinnernden Problem: Bei seinen ersten Schlägereien als 14-Jähriger habe er »große Angst« gehabt, weil er nicht wusste, »wie man das macht«; er sei teilweise »vor Angst wie gelähmt« gewesen, bis er sie durch sein Boxtraining und seine Erfahrungen im »Straßenfight« schließlich abbauen konnte.

ick puren Hass. Also, es gab überhaupt nichts, also, ich hab weder Angst noch-noch Freude oder irgend so -, purer Hass! Ick hab mir gedacht: Der kiekt so! Was ist mit ihm los? Der darf, der darf det nicht! So nach dem Motto. Bin ick losgegangen, voll auf Hass, und hab mit aller Kraft (2) auf ihn eingeschlagen. (2) Tja. Det war's auch.

Int.: Wann war denn das?

Kilian: Det war -, das ist auch schon ewig her. Ooch so, als ick 16, 17 war.

Int.: Und hattest du, als du diesen Schwarzen geschlagen hast, ähm, eher den Eindruck, etwas Alltägliches zu tun oder etwas Außergewöhnliches?

Kilian: Ach, das war mehr außergewöhnlich halt. So wat passiert ja nicht alle Tage, dass du so was machst. Man fand det ja gut. *Ick* fand det ja gut. Und es war so ein *Macht*gefühl in mir: Du bist *unterer* Mensch, und ich bin *oberer* Mensch, oder so, (1) wat eigentlich Blödsinn ist. Aber so war det. Uund (1) hat dir einfach so ein Machtgefühl gegeben. (2) Also, ick dachte zur damaligen Zeit: Ich bin Deutscher, und ich bin, weiß ich nicht, Arier, und weeß-ick-nicht-wat. Und da war ick natürlich endlos stolz. Ich weiß auch nicht richtig, ob det Stolz *war*. Aber es war eben so ein Machtgefühl eben so. Du bist der Deutsche, wir sind die bösen Deutschen so, du musst vor uns Angst haben oder so. Weil wir haben echt -, wir haben sechs Millionen Juden vergast, oder so. Hm. Also musst du Angst haben vor uns. Wenn *nicht*, dann kriegst du eins auf die Schnauze.

In seiner Erzählung, wie er im Verbund mit anderen Skinheads den Schwarzen geschlagen hat, kehren einige bereits genannte Aspekte wieder: Es ist der bloße Blick eines anderen, an dem sein Hass sich entzündet; darin kommen wiederum die Wirkungen eines Interpretationsregimes zum Tragen, das im Blick des anderen nur eine schreckliche Berührung zu erkennen vermag. Die in Kilians Schilderung vergleichbarer Vorfälle öfter vorkommende Formulierung, er sei in der Situation »voll auf Hass« gewesen, ist mit dem Ausdruck »auf Droge sein« verwandt und beschreibt einen Zustand, der auf intrinsische Motive hinweist; ebenso seine Rede vom »Machtgefühl«. Aber Kilians Reflexionen, die sich an die Frage des Interviewers anschließen, ob die Episode mit dem Schwarzen für ihn alltäglich oder außergewöhnlich gewesen sei, zeigen sehr deutlich, dass die Erfahrung des »Machtgefühls« Ausstrahlungseffekte weit über die entsprechenden Situationen der Gewaltausübung hinaus hatte.

Das »Machtgefühl«, so Kilians erste Feststellung, verlängerte sich bei ihm zur Gewissheit: »Du bist *unterer* Mensch, und ich bin *oberer* Mensch.« Diese Gewissheit, die er aus seiner heutigen Sicht als »Blödsinn« qualifiziert, erwächst direkt aus der Überwältigung des Opfers. Sie wird erst durch Gewalt hergestellt, durch das sinnliche Oben und Unten zwischen Täter und Opfer, nicht durch einen vorab gegebenen Glauben an die eigene Höherwertigkeit, die aus dem ethnischen Unterschied zwischen Kilian und dem Opfer resultiert. Dass Kilian und seine Freunde aus der Skinheadszene Ausländer, zumal Schwarze als privilegierte Opfergruppe betrachten, spielt in der beschriebenen Situation gewiss eine Rolle. Aber es ist signifikant, dass Momente einer fremdenfeindlichen, rechtsradikalen Gesinnung erst in Kilians Reflexion auf den Gewaltakt auftauchen, wenngleich auch hier nur von einem »endlosen Stolz« und von einer Identifikation mit Nazi-Deutschland die Rede ist, und nicht von Fremdenhass. Wenn also das Verhältnis zwischen der Erzählung des Vorfalls und den auf sie folgenden Reflexionen im Interview dem Verhältnis zwischen Kilians Gewaltausübung und ihrer nationalsozialistischen Kodierung entspricht, dann ist die Gewaltausübung das primäre und jene Kodierung das sekundäre Phänomen.

Die nationalsozialistischen Vorstellungen bilden die von Kilian gewählte Möglichkeit, die subjektiven Wirkungen von Gewaltakten zu repräsentieren und gleichzeitig zu überhöhen. Die Identifikation mit den »Ariern« und den »bösen Deutschen«, die Angst verbreiten, weil sie »sechs Millionen Juden vergast« haben, ist demnach als eine Symbolisierung seines Selbstbildes zu betrachten – eines Selbstbildes, das wesentlich aus seinen Tätererfahrungen hervorging und eine spezifische Form ihrer Verarbeitung darstellt. Die Angst der anderen stützte Kilian in seinem Selbstbild, weil er sie als eine Respektbekundung sah. Die nationalsozialistische Kodierung der Gewalt radikalisierte diese Sichtweise und ist als eine Mythologisierung der Gewalt im Sinne einer Zuschreibung kolossaler Wirkungen zu verstehen. Mit welchem Selbstbewusstsein ihn die mit einer Nazisymbolik ausstaffierte Gewalt erfüllte, geht aus dem letzten Satz des Interviewabschnitts hervor, in dem er formuliert, was seine Präsenz als »böser Deutscher« für die – nicht näher genannten – anderen für Konsequenzen haben sollte: »Also musst du Angst haben vor uns. Wenn *nicht*, dann kriegst du eins auf die Schnauze.« Welche Rolle dem »bösen Deutschen«, als den Kilian sich im Kontext der Skinheadszene[39] verstand, für sein Selbstbild zukam, zeigt die folgende Passage in aller Deutlichkeit.

Int.: Kannst du mal beschreiben, was dich damals angezogen hat, was dir daran gefallen hat (.) an der rechten Gesinnung?

Kilian: Mir hat ebend so (3) die Geschichte gefallen, das ganze (.) Dritte Reich, also det Dritte Reich (.) hat mir gefallen. Der Adolf, wie er rübergekommen ist mit seinen Reden eben, und Goebbels und so. Und die ganze (.) Kriegsgeschichte. Eben so, was wir alles eingenommen hatten, war ick tierisch stolz drauf gewesen, und so. (.) War eben det Böse, was so fasziniert hat, det war es.

Int.: Das Böse, sagst du?

Kilian: Ja. Die Judenvergasung. (.) Das hat mir damals gefallen. Sich ebend als -, da hat man sich als wat ge*fühlt*. Da hat man *det* gemacht, und- und alle Länder haben jetzt Angst vor dir, also so war dat. (1) Eben so. Einfach *Sinn* zu haben. So-so, das war einfach so 'n Sinn.

Int.: Worin bestand dieser ⌊ Sinn genau?

Kilian: Man hatte ⌋ wat zu tun, hm, so Ausländer aufklatschen, oder so. (3) War zur damaligen Zeit ganz lustig gewesen. Eben so rumzufahren, und die Leuten kieken dich an, haben Angst vor dir vielleicht noch, oder so. Det war ebend det Lustige da dran. (2) [Leiser, geheimnisvoll:] Eben dass du eben zum Bösen gehörst: Du bist jetze det Böse, und die haben jetze alle Angst vor dir, und so. [Wieder in normalem Gesprächston:] So war det. Aber hat sich ziemlich schnell als (.) Irrtum rausgestellt.

Weshalb die nationalsozialistische Ära, seine Leitfiguren und Verbrechen eine Anziehungskraft auf ihn ausübten, fasst Kilian in dem Satz zusammen: »War eben det Böse, was so fasziniert hat, det war es.« Er leugnete und relativierte nichts von den Gräueltaten der Nazis, es war vielmehr der Schrecken, der von den Nazis ausging, was ihn faszinierte und mit dem er sich identifizieren mochte. Wie Kilian von der Angst spricht, die andere Länder vor dem nationalsozialistischen Deutschland hatten, steht in enger Verbindung mit der Angst, die andere vor ihm haben sollten. Er sah sich selbst so weit als Exponent der Nazi-Verbrechen, dass er, um seine damalige Sicht zu beschreiben, zu Formulierungen greifen kann, die es so aussehen lassen, als habe er gemeint, alle Län-

39 Er gehörte nie zu einer rechtsradikalen Partei oder Organisation.

der müssten nun Angst vor ihm (und seiner Gruppe) haben. Die Vorstellung, mit seiner Präsenz eine unermessliche Angst der anderen zu erzeugen, ließ seine Bedeutung ebenfalls ins Unermessliche steigen. Darin lag die Funktion seiner Identifikation mit den Nazis und ihrer Verbrechen für sein Selbstbild; die Wendung »da hat man sich als wat ge*fühlt*« bringt dies unmissverständlich zum Ausdruck. Kilian nennt einen zusätzlichen Punkt, der in eine ähnliche Richtung weist: »Einfach *Sinn* zu haben. So-so, das war einfach so 'n Sinn.«[40] Dies erklärt er damit, man habe »wat zu tun« gehabt, und nennt als Beispiel »Ausländer aufklatschen«. Darin zeigt sich, dass die nationalsozialistische Kodierung dem gewalttätigen Tun den Charakter einer Aufgabe verlieh, die ihn und seine Gruppe aus der Bedeutungslosigkeit heraushob. Die positiven Funktionen der Identifikation mit dem Bösen, dessen Inbegriff die Nazis darstellen, bestand für Kilian also in einer wundersamen Aufwertung seines Selbst und seines Handelns. Der Bedeutungsgewinn, den Kilian aus seinen nationalsozialistischen Anleihen und aus der Angst anderer vor ihm als der Inkarnation des Bösen bezog, blieb aber stets ambivalent – irgendwo zwischen Phantasma und Realität. Wie er bereits an zuvor zitierten Stellen davon gesprochen hatte, dass die positiven Wirkungen der Gewalt »Blödsinn« bzw. nur eine »Einbildung« gewesen seien, so schließt diese Erkenntnis auch die hier behandelte Passage ab: »Aber hat sich ziemlich schnell als (.) Irrtum rausgestellt.«

Die Ambiguität zwischen einer Mythologisierung der Gewalt und der Entzauberung ihrer Wirkungen hat sich bei Kilian bis zum Interviewzeitpunkt durchgehalten. Er hatte sich weitgehend von extremen Übergriffen gegen Ausländer, von der aktiven Suche nach Gewaltsituationen und einer stets präsenten Gewaltbereitschaft[41] verabschiedet. Er hat der Gewalt keineswegs abgeschwo-

40 Bei der Frage nach dem »Sinn« fällt auf, dass diese Thematik auch in Kilians Beschreibung seiner Mutter auftaucht. Er lehnt dort die Lebensform seiner Mutter und ihre aus seiner Sicht sinnentleerte Orientierung auf materielle Güter und passiven Konsum in Bausch und Bogen ab. Der daraus resultierende weltanschauliche Konflikt, der einen wesentlichen Anteil an dem Bruch zwischen ihm und seiner Mutter trägt, hinterlässt auch deutliche Spuren in dem, wie Kilian die Gesellschaft begreift, in der er lebt. Dies zeigt eine Stelle, an der er in kulturkritischer und geradezu Thomas Bernhard'scher Manier erklärt, er trage sein Skinhead-Outfit unter anderem als Zeichen seiner Auflehnung gegen diese Gesellschaft, weil es sich um eine »Spießergesellschaft«, eine »Totengesellschaft« und um eine durch Medienkonsum »verdummte Gesellschaft« handle.

41 Kilians Gewaltbereitschaft zeigte sich nicht nur im Skinheadkontext, sondern auch in seinem unmittelbaren Lebensumfeld. So berichtet er zum Beispiel, dass er einmal einen betrunkenen Nachbarn zusammenschlug, der ihm im Treppenhaus begegnete. Er sei gerade

ren, wie eine Stelle zeigt, die seine gegenwärtige Haltung zur Gewalt zusammenfasst: »Na ja, wenn *wieder* irgendwat ansteht, bin ick natürlich *dabei*! Also, ick verabscheue Gewalt eben nicht. Weil Gewalt gehört zum Leben. Gewalt gab's immer, und Gewalt wird's immer geben. Gewalt ist ganz normal, (.) gehört zum Alltag. Wie Zähneputzen.« Der folgende Passus, der dem zweiten Interview entnommen ist, macht die angesprochene Ambivalenz seiner Haltung zur Gewaltausübung und zur Bedrohung anderer besonders deutlich.

Int.: Du hast das letzte Mal erzählt, ähm, dass es in deinem Leben viele Situationen gab, in denen du gemerkt hast, dass andere Angst vor dir haben.

Kilian: Ja, klar!

Int.: Ja-ja, aber wie war es für dich eigentlich genau, also, kannst du das mal beschreiben? Kannst du das mal 'n bisschen genauer erklären?

Kilian: Ein Machtgefühl, ist ein einziges Machtgefühl. Fühlst dich gut, denkst, du bist der Boss (.) und kannst dem allet sagen, und der *macht* det. Ähm. (2) Ja, so ist det! Machtgefühl! Kribbeln! Und man fühlt sich einfach gut. Obwohl, wenn man zu Hause ist oder so un- oder alleine oder so, denkt man manchmal, wozu det (.) vielleicht führt, oder so. Und wat es dir eigentlich bringt. Ich meine, *die* denken doch eigentlich, dass du ein *Arschloch* bist. So ist det ja! Aber im Grunde ist es eher -, im Grunde fühlst dich gut. (2) Also, manchmal, im stillen Kämmerchen, denkst du schon, wat det bringt. Oder du kannst das nicht absehen, (.) was es für dich bringt, oder so. Weiß ich nicht. Dass sie nicht -, in dem Sinne, dass sie bloß Angst haben. Also, so, äh, aus reiner Angst det machen, wat du sagst. Weiß ich nicht, aber det war bloß manchmal so, so kurzweise.

Int.: Ist es auch heute noch so, dass es dir gefällt, wenn andere Leute Angst vor dir haben?

Kilian: Ja, klar! Find ick gut! Na, wenn ick irgendwelche Leute -, det mach ich heut nur bei Leuten, die ick nicht ausstehen kann oder so, mach ick dette. Find ick ooch jut. Die sagen dann keine Scheibe oder so, erzählen nüscht Blödet oder so, find ick einfach jut.

»irgendwie voll drauf gewesen« und habe »schlechte Laune gehabt«, als dieser Nachbar, den er als einen »Assi« bezeichnet, »blöde rumgelabert« habe und ihm »blöd gekommen« sei. Er schlug ihm einen Zahn aus, warf ihn die Treppe hinunter und ließ ihn dann liegen.

Kilian findet hier recht deutliche Worte für die Ambiguität, die er angesichts der auf Angst beruhenden Unterwerfung anderer empfindet. Sein erhebendes »Machtgefühl« hat eine bittere Kehrseite, nämlich das Bewusstsein, von den anderen abgelehnt zu werden. Diese Ambivalenz, die Kilians Beurteilung seiner Gewalt- und Bedrohungspraktiken bestimmt, zeigt sich auch darin, dass er zwischen den beiden Seiten mehrmals hin und her wechselt. Zunächst beweihräuchert er erneut die »kribbelnde« Erfahrung, die auf der Bedrohung anderer und deren zusammenzuckender Gefügigkeit fußt: »Fühlst dich gut, denkst, du bist der Boss (.) und kannst dem allet sagen, und der *macht* det.« Der glanzvollen Selbstwahrnehmung, die aus der Bezwingung anderer und ihrer Devotion hervorgeht, steht eine konträre Fremdwahrnehmung gegenüber. Kilian übernimmt die Rolle der geängstigten anderen und sieht sich aus deren Perspektive: »Ich meine, *die* denken doch eigentlich, dass du ein *Arschloch* bist.« Neben das explizite Bewusstsein seiner Ablehnung stellt er dann die Unsicherheit, wie er das Handeln anderer zu deuten hat: Sie könnten »aus reiner Angst det machen, wat du sagst«. Durch sein bedrohliches Auftreten und seinen Leumund als gewaltbereiter Skinhead, so ist dies wohl zu deuten, kann er nicht mehr zwischen wirklicher Achtung und vorauseilendem Gehorsam bei seinen Interaktionspartnern unterscheiden. Den Gratifikationen der Gewalt treten bedenkliche Nebenfolgen gegenüber.

Während er die bloße Angst und das von Bedrohungsgefühlen geleitete Handeln anderer zuvor als eine Selbsterweiterung gepriesen hatte, bringt Kilian nun die Erkenntnis zur Sprache, dass dies letztlich eine Selbstbeschneidung bedeutet. Seine selbstentgrenzende Erfahrung der Macht und Überlegenheit, die er oben mit dem Respekt der anderen in Verbindung gebracht hatte, wird in luziden Momenten durch das Bewusstsein entzaubert, dass die Angst der anderen nicht Anerkennung, sondern Verachtung zur Folge hat, und dass eine erzwungene Anerkennung nichts wert ist (vgl. Straub 1999b: 99). Darauf, dies nicht gesehen zu haben, beruht der »Irrtum«, von dem Kilian oben gesprochen hatte und der ihm im »stillen Kämmerchen« bisweilen zu schaffen macht. Es bleibt ein Zweifel an den positiven Funktionen von Gewalt und Bedrohung: »Oder du kannst das nicht absehen, (.) was es für dich bringt, oder so.« Solche Fragen und Zweifel bindet Kilian direkt an die Art, wie er von den anderen wahrgenommen wird und zeigt damit an, dass die Möglichkeit eines positiven Verhältnisses zu sich selbst in letzter Instanz auf die Anerkennung anderer angewiesen bleibt. Just an dieser Stelle zeigt sich nun die Diskrepanz zwischen Erwartung und Realität, die ihn zu einer partiellen Entmythologisierung der

Gewalt führt und ihn in Bezug auf die Frage ihrer Werthaftigkeit ins Wanken bringt. Denn – so kann man die Aussage der einen Stimme, mit der Kilian es im stillen Kämmerchen zu tun bekommt, resümieren – Gewalt schneidet die Möglichkeit ab, von anderen in freier Kommunikation und zwangloser Interaktion geachtet zu werden. Die andere, die offizielle Präsentation seines Selbst und sein Verhalten beherrschende Stimme indes erwartet von der Gewalt die Achtung anderer – unter Ausschluss dessen, dass es sich um eine erzwungene Achtung handelt, hinter der sich das pure Gegenteil verbirgt.

Warum die erste Stimme die leisere geblieben ist, zeigen die abschließenden Sätze der Passage, in der Kilian seine gegenwärtige Sicht darlegt. Zunächst schränkt er den Kreis jener Personen ein, bei denen er es immer noch begrüßt, wenn sie Angst vor ihm haben: »Na, wenn ick irgendwelche Leute -, det mach ich heut nur bei Leuten, die ick nicht ausstehen kann oder so, mach ick dette.« Kilian macht aber noch einmal sehr deutlich, worin für ihn der Gewinn seiner Angst einflößenden Praktiken besteht: »Die sagen dann keine Scheibe oder so, erzählen nüscht Blödet oder so, find ick einfach jut.« Er will um jeden Preis verhindern, dass die anderen etwas Negatives über ihn sagen können. Es ist seine panische Angst, auf Ablehnung zu stoßen, die ihn an Praktiken festhalten lässt, die, wenn sie schon keine Anerkennung bringen, die anderen wenigstens mundtot machen. Die Einsicht, dass es gerade diese Praktiken sind, die hervorbringen, was er befürchtet, ist wie weggewischt.

Wie neben Kilian auch andere in diesem Kapitel behandelte Beispiele zeigen, bleibt dieser Teufelskreis bestehen, solange das biographisch erworbene Problem der Anerkennung und der Selbstachtung nicht gelöst ist und die gewaltaffinen Interpretationsregimes in Kraft bleiben. Solange dies der Fall ist, halten sich die mythisierenden Erwartungen an die Gewaltausübung durch, die dafür verantwortlich sind, dass die – ebenso schnell verderblichen wie erneuerbaren – Früchte der Gewalt den Jugendlichen als erstrebenswerte Güter erscheinen. Die Rede von einem Kreislauf der Gewalt, der sich von der Familie in jugendliche Kontexte hinein transferiert, hat genau darin ihren Sinn.

5

Vergleiche der maximalen Differenz

Hält nun das bisherige Ergebnis, dass sich jugendliche Gewaltkarrieren aus familiären Ohnmachts- und Missachtungserfahrungen heraus entwickeln, dem Vergleich mit einer Kontrollgruppe von Jugendlichen stand, die keine solche Karriere eingeschlagen haben? Und gibt es nicht auch Fälle von Jugendlichen, die eine Gewaltkarriere einschlagen, ohne dass sie zuvor ohnmächtige Opfer familiärer Gewalt und Objekt der Missachtung anderer Familienmitglieder waren?

Im Folgenden werden zunächst (5.1) die erarbeiteten Ergebnisse mit jenen drei Jugendlichen aus dem Sample konfrontiert, die keine solche Karriere begonnen oder diese bereits im Anfangsstadium wieder aufgegeben haben. Diese drei Jugendlichen leben in Berliner Bezirken, die für ihre vergleichsweise hohe Dichte gewalttätiger Gruppen bekannt sind. Alle drei sind in ihrem unmittelbaren Lebensumfeld tatsächlich mit solchen Gruppen in Berührung gekommen und hatten beste Gelegenheitsstrukturen, selbst in den Sog gewaltsamer Auseinandersetzungen zu geraten. Weil sie sich nicht auf eine Gewaltkarriere eingelassen haben, kann man an diesen Beispielen überprüfen, inwieweit in ihren Lebensgeschichten auch jene Bedingungen fehlen, die aus den bisherigen Analysen als typische Antezedenzien von Gewaltkarrieren hervorgegangen sind. In der Tat bestätigen die drei Fälle die Ergebnisse dieser Untersuchung. Schließlich wird auf Sunny einzugehen sein (5.2), bei der eine Gewaltkarriere vorliegt, ohne dass sich dies umstandslos in das Bild der oben genannten Vorbedingungen solcher Karrieren einfügt. Das Theoriemodell prallt an diesem Fall zwar nicht gänzlich ab, scheint aber an eine Grenze zu stoßen.

Während die bisher aufeinander bezogenen Fallbeispiele eher minimale Kontraste bildeten, geht es nun also um den Vergleich im Modus der maximalen Kontrastierung (vgl. dazu Abschnitt 1.2.1 sowie Glaser/Strauss 1967: 55 ff. und 101 ff., Flick 1995: 85 ff. und 254 ff.).

Die Darstellung der genannten vier Fälle, die methodisch zwischen einer Globalauswertung (vgl. Legewie 1994, Flick 1995: 215 ff.) und einer Fallbeschreibung (dazu Strauss 1994/1987: 281 ff.) liegt, hat die Funktion, die Tragfähigkeit der hier entwickelten und angewandten theoretischen Konzepte zu prüfen.

5.1 Drei bestätigende Fälle

Die drei Jugendlichen des Samples, deren Geschichte nicht in eine Gewaltkarriere mündete, sind Jacques, Janet und Johnny. Die folgenden Ausführungen werden insbesondere die Berührungspunkte dieser Jugendlichen mit Gewaltkontexten herausarbeiten, um dann sehen zu können, weshalb bei ihnen daraus keine Gewaltkarrieren erwuchsen.

Jacques ist ein 16-jähriger türkischer Jugendlicher[1], dessen Eltern seit 25 Jahren in Berlin leben. Sein Vater war im Hoch- und Tiefbau beschäftigt und ist nun Rentner, seine Mutter ist Hausfrau. Jacques hat zwei Brüder, von denen der eine eineinhalb, der andere vier Jahre älter ist. Über seine Mutter kann Jacques sagen, sie sei »die beste Mutter«; im Unterschied zu anderen Müttern schreie sie nie, man könne mit ihr »über alles reden« und sie mache sich Sorgen über ihn und seine Brüder, wenn sie zu spät nach Haus kommen. Von seinem Vater erzählt Jacques: »Er guckt immer Nachrichten, geht immer zur Moschee, betet sehr viel.« Er erwähnt weiterhin, dass sich sein Vater öfters mit einem Nachbarn über Politik unterhalte, insbesondere über die Belange der islamischen Welt. Jacques' Beschreibung seiner Familie kann man dahingehend zusammenfassen, dass sie immer von recht positiven Beziehungen zwischen allen ihren Mitgliedern geprägt war. Er berichtet, dass er sich als Kind oft mit dem jüngeren seiner beiden Brüder gestritten und geschlagen habe; dann hätten sie sich »halt wieder hingesetzt und weitergeredet«, ohne aufeinander »sauer« zu sein. Abgesehen von diesen Balgereien, aus denen Jacques' Darstellung zufolge nie richtig Ernst wurde, spricht er an keiner Stelle des Interviews von Gewalt innerhalb seiner Familie. Ebenso wenig lassen sich in seinem Interview Anzeichen von familiären Missachtungserfahrungen erkennen.

1 Seinen französischen Decknamen wählte Jacques, wie er erklärt, weil er gehört habe, dass in Frankreich viele Türken leben und dass es ihnen dort besonders gut gehe.

Jacques besucht dieselbe Oberschule wie Murat, strebt im Unterschied zu diesem jedoch keinen Hauptschul-, sondern einen Realschulabschluss an. In der Schule, so Jacques, werde er von allen respektiert, was er unter anderem darauf zurückführt, dass er infolge seines regelmäßigen Bodybuildings – welches er betreibt, um »den Mädchen zu gefallen« – so kräftig aussehe. In der Schule und in seinem Wohnumfeld hat Jacques zwar vielfältige Kontakte zu türkischen Bandenmitgliedern, aber er gehört zu keiner Bande oder festen Clique. Seine Freizeit verbringt er meistens mit einem Freund; sie gehen, so Jacques, zusammen Fußball spielen oder schwimmen und unterhalten sich mit Mädchen.

Nach seinen Erfahrungen der Gewaltausübung gefragt, hält Jacques zunächst fest, dass er sich »fast noch nie so richtig mit einem Jungen geschlagen« habe. Dann berichtet er von einem etwa zwei Jahre zurückliegenden Vorfall in der Schule, in dem ein deutscher Mitschüler seinen Freund schlug. Er habe ersteren aufgefordert, von seinem Freund abzulassen, und ihn schließlich »auf den Boden geworfen«, nachdem er alle seine Drohungen in den Wind geschlagen und ihn auch noch beschimpft hatte. Weiterhin berichtet Jacques von einem ähnlich gelagerten Streit mit einem anderen Mitschüler, in dem die Auseinandersetzung »so schubsen-mäßig, nicht mit Fäusten« ausgetragen wurde. Aus diesen wenig schwerwiegenden Begebenheiten ragt ein Vorfall heraus, von dem bereits Murat berichtet hatte: Auch Jacques gehörte zu jener spontan an seiner Schule zustande gekommenen Gruppe, die nach Ostberlin fuhr, um die »Nazis« zu schlagen (vgl. 4.2.3).

Wenn man Murats und Jacques' Erzählung des Vorfalls vergleicht, springen drei Unterschiede ins Auge, wie sie größer kaum sein könnten: Erstens gibt es einen gravierenden Unterschied in der Motivlage. Bei Murat war es der an seine Kämpferideale appellierende Hinweis des Anstifters Tarek, dass sie zum Kampf herausgefordert worden seien, der ihn dazu motivierte, mit der Gruppe den Weg nach Ostberlin anzutreten. Jacques hingegen begründet seine Beteiligung mit dem Hinweis auf bestimmte Anschläge rechtsradikaler Täter auf Asylantenheime und türkische Wohnhäuser. Besonders hebt er den Brandanschlag auf ein Wohnhaus in Solingen im Mai 1993 hervor, bei dem fünf Türkinnen um ihr Leben kamen und der mehrfach als traumatisches Ereignis für die türkische Bevölkerung Deutschlands beschrieben wurde (vgl. Kirbach 1997, Pilsczek 1998). Nachdem er von diesen Ereignissen gehört habe, so Jacques, habe er einen »Hass« auf die Nazis verspürt und sei mit nach Ostberlin gefahren, weil er »den Nazis einen Denkzettel verpassen« wollte. Diese Motivlage, die auf einer moralischen Empörung beruhte, ist gänzlich von der Murats verschieden, bei der die bloße Herausforderung zum Kampf im Vordergrund stand. Zweitens haben die beiden im Zuge der gewaltsamen Auseinandersetzung selbst ganz anders gehandelt. Während Murat aktiv beteiligt war und im Zentrum des Geschehens stand, verfolgte Jacques einen bereits bei der Ankunft seiner Gruppe flüchtenden Skinhead, ohne dass er ihn zu fassen bekam. Er war gar nicht am Tatort, als die Gewalt eskalierte und blutig endete. Drittens reflektieren Jacques und Murat den Vorfall im Interview auf radikal unterschiedliche Weise. Murat erzählt zwar, dass er über die Messerstiche, die er aus unmittelbarer Nähe miterlebte, erschrocken war und dass er die beiden Messerstecher angeschrien hatte, um sie zurückzupfeifen. Im Nachhinein jedoch kann er über den lebensgefährlich verletzten Jungen sagen: »Soll er verrecken, dieses Arschloch!« und noch einmal auf die berechtigte »Antwort« auf die Herausforderung hinweisen. Jacques hingegen reflektiert die Tat, an der er gar nicht unmittelbar beteiligt war, auf völlig andere Weise.

Int.: Wie denkst du jetzt darüber?

Jacques: Äh, beschissen, was wir gemacht haben. (4) Wir *wissen* ja auch nicht, ob die Jungs nun gesagt haben: »Scheißausländer!, Scheißkanaken!« und so. Wir haben nur einfach auf einen Jungen gehört; ohne auf die anderen zu hören, sind wir hingegangen.

Int.: Mhm. (2) Äh, also wenn du sagst, du findest das beschissen, dann: Was wirfst du dir dabei selbst vor?

Jacques: Wir brauchten überhaupt nicht hinzugehen. (3) Und wenn wir schon da hingehen, dann sollten wir zuerst hören, ob die überhaupt so etwas gesagt haben. (2) Ohne auf andere zu hören. War richtig beschissen, was wir gemacht haben. Ich hatte überhaupt keine Lust danach, irgendetwas zu machen. Ich konnte auch nicht mehr lachen, so wie früher. Ich bin fast nie mehr von zu Hause rausgegangen, war auch nicht mehr so öfters mit Freunden zusammen. (3) Hatte einen inneren Druck eigentlich. (2) Ich hatte keinen Bock, mich -, mit einem zu reden, oder so. (.) [Monoton, deprimiert:] Keine Lust, irgendwo hinzugehen. Wollte mich auch mit keinem so richtig unterhalten. (4) Musste daran denken, was dem Jungen vielleicht geschehen ist, ob er noch leben wird.

Obwohl Jacques gar nicht so direkt wie Murat am Gewaltgeschehen beteiligt war, übernimmt er viel mehr Verantwortung für dessen schrecklichen Ausgang. Während Jacques sich vorwirft, sich nur auf die Information eines Dritten gestützt zu haben, ohne den Kontrahenten eine Gelegenheit zur Erklärung ihres vorangegangenen Handelns zu geben, taucht die Möglichkeit, die Situation noch einmal für den Diskurs zu öffnen, bei Murat gar nicht erst auf. Dieser Unterschied lässt sich auf die verschiedenartige Ausgangsmotivation der beiden zurückführen, aber auch darauf, dass sich bei Murat im Verlauf des Geschehens intrinsische Gewaltmotive einstellten, von denen bei Jacques wiederum jede Spur fehlt. Murat bedauert es nach der Tat, dass die Situation durch die Messerstiche und die darauf folgende Flucht seiner Gruppe abrupt beendet wurde, ohne dass die »Nazis« in die Knie gehen und um Gnade betteln mussten. Im Gegensatz zu Murat, der die blutige Tat im Nachhinein noch einmal affirmiert, zeigt sich Jacques von dem Geschehenen tief betroffen: Er konnte nicht mehr lachen, spürte einen inneren Druck und mochte sich nur noch zurückziehen, weil er am Leiden des im Koma liegenden Opfers teilnahm und sich um dessen weiteres Leben Sorgen machte.

Die Erzählung Jacques' lässt die Episode nicht als die Eröffnung einer neuen Stufe der Gewaltausübung erscheinen, sondern viel eher als eine epiphanische Erfahrung, die in die umgekehrte Richtung als die bereits beschriebenen Epiphanien wirkt (4.2.1). Eine Abkehr von der Gewalt ist die Lehre, die Jacques aus der Episode zieht, wie eine weitere Stelle vor Augen führt, an der er beschreibt, wie ihn der Vorfall in Ostberlin verändert habe: »Ich würde halt nicht einen beachten, der mich jetzt anmacht, oder so, ich würde den gar nicht beachten. Früher, wenn er mich angemacht hätte, vor dieser Sache, dann hätt ich vielleicht gleich zugeschlagen, ohne viel weiteres zu sagen. Aber jetzt -.« Diese Stelle zeigt einerseits das für epiphanische Erfahrungen typische Davor und Danach in Bezug auf ein veränderndes Ereignis. Andererseits lehnt Jacques hier explizit ab, was bei Murats Kämpferidealen im Vordergrund steht, nämlich die Bindung an die Maxime, Herausforderungen anzunehmen und gewaltsam auf sie zu reagieren. Während sich zuvor eine gewisse Gewaltbereitschaft Jacques' feststellen ließ, die eng mit seinem Bewusstsein zusammenhing, zu einer angegriffenen und gefährdeten ethnischen Gruppe zu gehören, lässt ihn seine Erfahrung realer Gewalt gerade vor diesem Weg der Konfliktaustragung zurückschrecken. Mit Blick auf den Vergleichsfall Murat – und die anderen Mehrfachtäter des Samples – kann man festhalten: Da Jacques keine Ohnmachts- und Missachtungsgeschichte in der Familie durchlebt hat, bildete sich bei ihm keine Gewalt*karriere* heraus, obwohl in seiner Lebenswelt günstige Gelegenheitsstrukturen dafür gegeben waren. Damit bestätigt Jacques das hier in Anschlag gebrachte Erklärungsmuster.

Etwas komplizierter liegt der Fall bei Janet, die in ihrer Familie durchaus Gewalt erlebt hat, ohne aber selbst zur Gewalttäterin zu werden. Die 17-jährige Janet[2] ist das zweitjüngste von sechs Kindern und besucht zum Interviewzeitpunkt die neunte Klasse einer Realschule. Ihre Eltern stammen aus dem Libanon, sie selbst ist in Berlin geboren und deutsche Staatsbürgerin. Der Vater betreibt seit Jahren ein Restaurant, die Mutter ist Hausfrau. Auf den ersten Blick sieht es so aus, als wären bei Janet familiäre Voraussetzungen gegeben, die sie für eine Gewaltkarriere prädisponieren müssten: Ihr Vater, den sie als einen »Alkoholiker« und einen »Egoisten« bezeichnet, hat sie, ihre Mutter und ihre Geschwister wiederholt geschlagen. Zudem äußerte er sich oft negativ über Janet und ihre Fähigkeiten.

Sie selbst, berichtet Janet, sei früher »eigentlich bei jeder Kleinigkeit« von ihrem Vater geschlagen worden und fügt hinzu: »Jetzt nicht mehr eigentlich, nicht mehr so oft so. Also, ich versuche, jeden Kontakt mit ihm zu vermeiden, also. Ich versuch erst gar nicht, mit dem irgendwas zu reden, oder ir-ir-irgendwas ihn zu fragen, und so.« Früher sei sie von ihrem Vater besonders wegen schlechter Noten geschlagen worden und weil sie – was zweimal im Laufe ihrer Schulzeit vorkam – eine Klasse wiederholen musste. Janets schulische Leistungen waren nicht nur Anlässe für die väterlichen Schläge, sondern auch der Ausgangspunkt negativer Zuschreibungen: »Das war das erste Mal in der Vorschule, bin ich sitzen geblieben. Da hat's sofort angefangen: ›Ja, du bist doof, du-du bist nicht gut in der Schule‹, und so, ›bist kein gutes Mädchen.‹ (2) Ab da hat's eigentlich angefangen.« Wie Janet weiter ausführt, fing sie als Reaktion auf die väterliche Gewalt und Abwertung an, ihm nur noch gefälschte Zeugnisse vorzulegen; dabei wurde sie vom eingeweihten Rest der Familie gedeckt. Wenn sie jetzt noch von ihrem Vater geschlagen wird, dann geht es um ihr Verhältnis zum anderen Geschlecht. Dabei stehen jene kulturellen Vorstellungen zur weiblichen Ehre und zur Jungfräulichkeit im Hintergrund, die bereits am Beispiel Bebeks beschrieben wurden. So schildert Janet einen Vorfall, in dem der Vater bemerkte, dass sie mit dem Bruder ihrer türkischen Freundin telefonierte. Ohne zu fragen, in welchem Verhältnis sie zu diesem Jungen stehe, den sie als einen »Kumpel« bezeichnet, habe ihr Vater sogleich begonnen, »rumzuschreien« und »draufzuschlagen«. Die Situation fand ein schnelles Ende: »Und dann kam sofort meine große Schwester, meine anderen

2 Janet begründet die Wahl ihres – englisch ausgesprochenen – Decknamens damit, dass er gut klinge.

Schwestern haben mich alle erst mal weggehalten und so. (1) Und dann hat er auch nix mehr gemacht, dann ist er ins Zimmer reingegangen.« Dass sich andere Familienmitglieder vor sie stellen und ihren Vater von der Gewalt abhalten, ist charakteristisch für ihre Familie; es bringt die ganze Beziehungskonstellation in Janets Familie zur Darstellung.

Genau an dieser Stelle besteht ein entscheidender Unterschied zu den bisher beschriebenen Jugendlichen, die familiärer Gewalt ausgesetzt waren – gerade auch zu Bebek, die oft aus vergleichbaren Anlässen Opfer der väterlichen und brüderlichen Gewalt wurde (vgl. 3.1). Bebek hatte keinen Beistand und keinen Anwalt in ihrer Familie. In der Familie Janets hingegen gibt es seit Jahren eine große Koalition gegen den Vater, der von allen verachtet und weitgehend aus der Kommunikation ausgeschlossen wird. Hier ist es der Gewalttäter, der isoliert dasteht, während das Opfer die Solidarität und den Schutz aller anderen Familienmitglieder genießt.

Dies bedeutet freilich nicht, dass die familiäre Situation für Janet zufriedenstellend und das Verhältnis zu ihrem aggressiven und herrschsüchtigen Vater für sie problemlos wäre, wie die folgende Stelle zeigt, an der sie die gegenwärtige Atmosphäre zu Hause beschreibt:

Janet: Ach, ich fühl mich dort einfach beschissen, hhh, ich fühl mich dort nicht wohl. Ich würde mich dort viel wohler fühlen, wenn (.) mein Vater nicht da wäre. (2) Der Rest, echt, alles sehr gut. (...) Zum Beispiel, wenn ich ihn [den Vater, F.S.] sehe, dann krieg ich meine Wut, dann würd ich eigentlich am liebsten anfangen, ihn zusammenzuschlagen. (2) Weiß nicht, (.) ich wünsch ihm sehr den Tod, sogar. Das macht sogar meine Mutter zur Zeit auch. (2) Es kann ihn *echt* keiner aus der Familie ausstehen.

Janet findet hier recht deutliche Worte dafür, wie sehr ihr der Vater das familiäre Leben vergällt und welch tiefen Hass sie auf ihn empfindet. Aber sie sieht sich mit ihrer Mutter und ihren Geschwistern in einer Front der Ablehnung gegen den Vater. Sie weiß sich in ihrer Verachtung für den Vater und in ihrem Unrechtsbewusstsein eins mit den anderen Familienmitgliedern. Janet hat also in ihrer Familie zwar Gewalt und Ablehnung durch ihren Vater erfahren, dies wurde aber stets vom großen Rest der Familie aufgefangen. Daher war sie der Gewalt des Vaters nicht ohnmächtig ausgeliefert wie Bebek und andere Jugendliche, die zu Hause geschlagen wurden. Und die väterlichen Bekundungen der Ablehnung wurden durch die familiäre Solidarität ausgeglichen, so dass die

Missachtung nicht so verfangen konnte, dass sie zerstörerische Wirkungen auf Janets Selbstvertrauen und ihren Selbstwert entfaltete. Damit bestätigt auch Janet die hier vertretene These von der Genese von Gewaltkarrieren aus familiären Ohnmachts- und Missachtungserfahrungen. Auch sie hatte alle Gelegenheiten dazu, zur Täterin zu werden und in eine Gewaltkarriere verstrickt zu werden, ohne dass es dazu kam.

Bis etwa zwei Jahre vor dem Interview, also bis zum Alter von 15 Jahren, war Janet Mitglied einer Mädchenclique, die sich regelmäßig in einem großen Hof mit einem Spielplatz traf und sich unter dem Einfluss einer befreundeten Jungenclique zunehmend mehr in die delinquente Richtung entwickelte. Weil es auf dem Hof »langweilig wurde«, so erklärt Janet, kam es eines Tages, dass zwei Freundinnen aus der Clique den Plan fassten, »jemanden abzuziehen«, und sie sich diesem Plan anschloss. Sie bedrohten daraufhin ein deutsches Mädchen aus der Nachbarschaft und wollten Geld von ihr haben; da sie keines hatte, schlug ihr eine der beiden Freundinnen Janets ins Gesicht. Sie selbst stand gemäß ihrer Schilderung nur dabei und rannte gleich mit ihren Freundinnen davon. Da das Opfer die Clique kannte, kam es zur Anzeige und zu einer Gerichtsverhandlung, bei der Janet eine richterliche Arbeitsweisung erhielt, die sie zum Interviewzeitpunkt längst erfüllt hatte. Die folgende Passage, in der sie über ihre Clique und ihre Beteiligung an dem Vorfall reflektiert, lässt Janets frühzeitige Abkehr von der Gewalt und ihre Gründe dafür deutlich hervortreten.

Janet: Am Anfang fand ich's gut, dass wir alle weggehen und irgendwie so was machen, und so. Aber als es passiert ist, dann hab ich irgendwie so nachgedacht, so: Nee, das war nicht grad besonders gut. (2) Ich *weiß* nicht -, und vielleicht -, waren noch *klein*, vielleicht dachten wir ja: Ja des ist cool, oder so. Damit des Mädchen au-auch Angst kriegt, oder so. (3) Na ja, eig-, irgendwie, aber wenn ich dann nachgedacht habe, da hatte ich gleich Mitleid mit dem Mädchen und kam ich mir irgendwie blöd vor. Am Anfang hab ich gar nicht dran gedacht, aber am nächsten Tag und so, und dann dacht ich: Eh, das ist irgendwie voll blöd. (2)

Int.: Wie: blöd?

Janet: Ich dachte so: Ey, jetzt hab ich mich blamiert, und so. (1) Und dann noch als Mädchen, weil (.) ich kenn sehr viele Jungs, die mögen's nicht. (...) Und dann hab ich nicht mehr mit denen auf dem Spielplatzhof zusammengehangen wie früher, weil da waren wir immer -, dann sind immer die Dinge immer *dort* passiert, solche Sachen.

Int.: Also, dass ihr jemanden geschlagen habt?

Janet: Ja, genau. Ist irgendjemand vorbeigelaufen, irgendwas dann passiert mit denen, und so. Und dann hat alles dort angefangen, dann meint' ich: »Da geh ich nicht mehr hin.« Dann bin ich einfach nicht mehr zum Hof gegangen, und dann (.) hab ich auch natürlich die Freunde nicht mehr gesehen.

Janet nennt hier zwei Gründe, mit denen sie ihre Beteiligung an dem Vorfall im Nachhinein verurteilte, nämlich ihr Mitleid mit dem geschlagenen Mädchen und ihr blamables Verhalten als Frau. Zugleich bestätigt ihre Erzählung den Satz, mit dem sie ihre Ausführungen zu der Frage nach ihren Gewalterfahrungen als Täterin eröffnet hatte: »Eigentlich hab ich noch nie einen richtig angegriffen, also ich war meistens eigentlich immer nur dabei. Selber einen richtig zusammengeschlagen hab ich eigentlich noch nie, richtig so.«

Hier bietet sich wiederum der Vergleich mit Bebek an. Während Janet Mitleid mit dem Opfer empfinden kann, zeigte Bebek eine solche Reaktion in keiner ihrer entsprechenden Erzählungen. Ferner thematisierte auch Bebek das Problem, dass die Gewalttätigkeit ihrer weiblichen Geschlechtsidentität zuwiderläuft. Anders als Janet jedoch hatte sie der geschlechtsspezifische Rollenkonflikt nicht davon abhalten können, zur »Schlägerbraut« zu werden. Bei Janet indes war es gerade die beginnende Gewaltneigung ihrer Clique, die sie Abschied nehmen ließ, ehe sie selbst zur Täterin wurde. Aber bei Janet sind auch nicht jene Kräfte am Werk, die in Bebeks Gewaltkarriere allgegenwärtig sind und die in ihren massiven Ohnmachts- und Missachtungserfahrungen wurzeln. Dies unterstützt die bereits formulierte These, nach welcher der Befund, dass nicht alle Jugendlichen gewalttätig werden, die familiärer Gewalt ausgesetzt waren, darauf zurückzuführen ist, dass diese bei den Opfern nicht in jedem Fall mit Ohnmachtserfahrungen einhergeht. Wie das Beispiel Janets zeigt, spielt hier der weitere familiäre Kontext eine entscheidende Rolle, weil es einen Unterschied ums Ganze macht, ob die Betroffenen den solidarischen Schutz anderer Mitglieder genießen oder ob dies nicht der Fall ist.

Das dritte und letzte Beispiel eines Jugendlichen ohne eine ausgeprägte Gewaltkarriere ist der 19-jährige Deutsche namens Johnny.[3] Wie Jacques berichtet auch er weder von Gewalt- noch von Missachtungserfahrungen in seiner

3 Diesen Decknamen hat ihm ein Jugendlicher gegeben, den er bei der Ableistung einer gerichtlich verordneten Arbeitsweisung kennen gelernt hatte. Johnny hat eine Weisung zu sog. Freizeitarbeiten erhalten, weil er ein Fahrrad gestohlen hatte und weil ihm – wie er erklärt: fälschlicherweise – die Absicht zu einem Kellereinbruch zur Last gelegt wurde.

Familie, und auch er lebt in einer Umgebung, in der er gar nicht umhinkann, mit der Gewalt anderer Jugendlicher in Berührung zu kommen. Johnnys Mutter ist Theaterschauspielerin. Sein Vater, ein Maler, verließ die junge Familie kurz nachdem Johnny und sein Zwillingsbruder Marco geboren wurden. Die beiden Brüder hatten immer Kontakt zu ihrem Vater und Johnny beschreibt das Verhältnis zu ihm als ein sehr positives; aber viel Verantwortung scheint er nie für Johnny und seinen Bruder übernommen zu haben. Johnny sagt, er sei »irgendwie ziemlich jugendlich geblieben«. Seine Mutter beschreibt Johnny als einen Menschen, bei dem »alles überkorrekt abläuft«, der »ziemlich fleißig« sei und alles »mit viel Disziplin« angehe. Über ihn und Marco mache sie sich »übermäßig Sorgen«, so dass sie »fast verrückt« werde.

Zu Marco habe er ein »perfektes Verhältnis« und sie seien »immer ein Team«. Auch wenn die Mutter ihre Söhne immer wieder anhielt, etwas für einen erfolgreichen Schulabschluss zu tun, haben sie beide, die stets verschiedene Schulen besuchten, ausgesprochen negative Schulkarrieren aufzuweisen. Johnny, der nach der Grundschule das Gymnasium besucht hatte, fing an, die Schule zu schwänzen, als es »mit den Mädchen losging«, bald fand er die »arroganten Schleimer« widerlich, und schließlich ist es ihm »egal gewesen«, wenn er Fünfen geschrieben hat. Nach seinem Abgang vom Gymnasium begann eine Irrfahrt von Schule zu Schule. Seine nachgymnasiale Phase beschreibt Johnny mit folgenden Worten: »Und dann wurde es richtig krass. (1) Also meine Mutter, die hat mich immer so gedrängt, dass ich auf jeden Fall was mache, aber in der Zeit war's irgendwie nicht so (.) mein Ding, Schule zu machen, das hätt ja nichts gebracht, auch noch so gut, wie die Schule war irgendwie, ich hatte gar keine Lust mehr.« Als er 19 Jahre alt wurde, kam Johnny im Rahmen eines berufsvorbereitenden Lehrgangs schließlich zu einem Hauptschulabschluss. Seine beruflichen Hoffnungen gelten dem Rap, nachdem er durch gemeinsame Auftritte mit seinem Bruder Marco bereits kleinere Erfolge erzielen konnte. Johnny bewegt sich zum Interviewzeitpunkt seit längerer Zeit in der Rapper- und Kifferszene mit fließenden Übergängen zu verschiedenen türkischen Jugendbanden und wohnt noch bei seiner Mutter.

Bei Johnny entwickelte sich zwar keine Gewaltkarriere, aber er ist in Sachen Gewalt auch kein gänzlich unbeschriebenes Blatt geblieben. Johnnys Erzählungen von Vorfällen seiner Gewaltausübung weisen auf eine rein situativ bedingte Motivation hin, ohne dass dabei das Wirken eines biographisch bedingten Interpretationsregimes zu erkennen wäre. Ein solcher Vorfall ereignete sich, als er im Alter von 17 Jahren, nachdem sich gezeigt hatte, dass der schulische

Unterricht bei ihm nicht fruchtet, an einer halbjährigen erlebnispädagogischen Schiffsreise teilnahm. Unter pädagogischer Anleitung sollte er mit elf anderen Jugendlichen ein Schiff mit einer Fracht beladen und diese dann von einem deutschen Hafen nach Rußland bringen. Johnny hatte sich die Sache etwas anders vorgestellt: Die harte Arbeit setzte ihm mehr zu als er erwartet hatte, vor allem aber stellte sich heraus, dass er der einzige Jugendliche war, der sich freiwillig an Bord begeben hatte, während alle anderen, wie er sagt, »Kriminelle waren, die sonst in den Knast gekommen wären«. Bereits in den ersten paar Tagen auf See wurde Johnny ständig von einem türkischen Jugendlichen drangsaliert und mit verbalen Attacken vor den anderen lächerlich gemacht, ohne dass er dieser Situation auf dem engen Schiff hätte entfliehen können. Auch Johnnys Warnung: »Irgendwann bekommst du eine rein!« führte zu keiner Veränderung. Weiterhin berichtet Johnny, er habe sich »Vorwürfe gemacht«, weil er sich von jenem »fertig machen« und sich »alles gefallen« ließ. Als das Schiff aufgrund von Konflikten zwischen einigen Jugendlichen und den Erziehern wieder vor Anker ging, kam es an Land wieder zu einer Situation, in der Johnnys Kontrahent ihm zusetzte.

Johnny: Der, äh, Typ war da vorne, hat denn wieder irgendwas losgelassen, seinen Spruch so. Wir wollten mit dem Schiff an einen anderen Anlegeplatz, und ja, der war denn dort gewesen, denn -, hat die Leine rübergeschmissen, ich hab die festgemacht, und denn hat er, äh, wieder irgendwas gesagt, ich weiß nicht genau, was. Und denn hab ich ihn so geschubst, und denn ist er so rausgekommen, so als ob ich sowieso nichts mach', er könnte mich jetzt schubsen und (.) mich wieder lächerlich machen, und so. Aber der hat -, der hat denn mich *auch* so geschubst, und denn war bei mir aus, also bin ich ausgerastet. Den einen Schlag ins Gesicht und der lag am Boden so. Also, ganz dickes, blaues Auge war des. (1) Ich bin nachher -, ja, aber da gab's nachher eine Besprechung (.) deswegen und (.) es war denn mit auch 'n Hauptgrund, warum ich geflogen bin.[4]

Int.: Wie war das genau in dem Moment, als du da zugeschlagen hast?

4 Der zweite Grund für Johnnys Entlassung bestand darin, dass er am selben Tag verbotenerweise Alkohol mit an Bord brachte. Er erklärt, dass er damit sicherstellen wollte, nicht von sich aus die Reise abbrechen zu müssen.

Johnny: Befreiend so. (2) Ja, jetzt -, war des Ganze weg, was ich davor mir selber die Vorwürfe gemacht hatte, und so. Ob ich mir des gefallen lasse, und so was.

Johnnys Handeln beruht hier nicht auf einer starken Deutung und ist allein aus der Situationsdynamik heraus nachvollziehbar: Seine Gewalt resultiert aus einer offensichtlichen Lage der Bedrängnis und der Schmähung. Dies gilt auch für die zweite Gewalttat, die Johnny schildert. In dieser Situation schlug er einen Jungen, der ihn im Schwimmbad in der Nähe seiner Wohnung mehrmals bedroht und ihm »Ausdrücke an den Kopf geschmissen« hatte, die bis zum »Hurensohn« reichten.

Es gab allerdings eine Phase, in der Johnny kurzzeitig zu einer neu gegründeten türkisch-deutschen Bande gehörte, zu deren Aktivitäten das »Abziehen« gehörte. Dies erklärt Johnny so: »War gewesen -, also es kam denn irgendwie 'ne Zeit, äh, mit 15, 16, da wollte -, da hab ich so in der Gegend gelebt und da bin ich auch so 'n bisschen wie die *Gegend* geworden, also, äh, (2) hat mir des irgendwie Spaß gemacht, wollt ich -, äh, andere auch anzumachen und so.« Er erzählt, dass er beim »Abziehen« nie zugeschlagen, sondern allenfalls damit gedroht hatte. Die Mitgliedschaft in seiner Bande, die einen gleichermaßen martialischen wie aristokratischen Namen trug, endete jäh nach einem Monat, nachdem er von mehreren Mitgliedern einer gegnerischen Bande zusammengeschlagen wurde. Es ist höchst interessant, warum gerade dies zu einem Ende seiner Bandenmitgliedschaft führte, und nicht etwa zu einem Racheakt. Zunächst, so Johnny, habe er geweint, weil es ein »Scheißgefühl« gewesen sei, von anderen umringt zu werden, nicht fliehen zu können und den Schlägen einer übermächtigen Gruppe ausgeliefert zu sein. Dann sei ihm klar geworden, dass sich diejenigen genauso fühlen müssten, die von seiner Bande bedroht werden, und er habe sich gedacht, dass er sein »Leben ändern« wolle. Diese Überlegungen haben, wie Johnny erklärt, schließlich dazu geführt, dass er »mit Anmachen und mit Abziehen aufgehört« hat. Die empathische Übernahme der Opferrolle und das gleichzeitige Fehlen eines gewaltaffinen Interpretationsregimes ermöglichten diese Wendung. Selbst in der erwähnten Episode im Schwimmbad, in der Johnny von einem Gewalterlebnis spricht, dem alle Qualitäten für die Herausbildung intrinsischer Motive eignen, kann er noch die Perspektive des Opfers einnehmen, wie die folgende Stelle zeigt.

Johnny: Und danach hab ich mich auch aufgebaut gefühlt, also f-für 'n paar Tage, und so. Ist ja auch, äh, ist des Gefährliche dabei, dass ich -, dass man sich auch gut fühlen kann dabei, so dieser Kick.

Int.: Kannst du diesen Kick jetzt noch mal (.) versuchen, in Worte zu fassen?

Johnny: Ja, also, äh, wie heißt des? Adrealin?

Int.: Adrenalin.

Johnny: Adrenalin, ja. Also in dem Moment, pff, bist irgendwie 'n ganz anderer Mensch. Und denn, danach, äh, zitterst du auch noch zum Teil und so was, ist richtig so aufreibend, also, weiß ich, als Koffeinschub oder so. Adrenalinschub. Es geht irgendwie -, äh, du explodierst fast so danach, also du fühlst dich irgendwie, äh, richtig (2) auf 'ner Stufe, also deine Gedanken sind auch, äh, schnell, fühlst dich irgendwie gut danach. Ja, (.) und aber der andere, der fühlt sich denn so, äh, richtig also, wenn mir so was passiert ist, dann fühlt man sich *richtig* scheiße. Also der eine fühlt sich denn überlegen gut so, also wenn man dem anderen seine Energie abzockt und ich -, die Energie zunimmt. So in der Art, ja.

Int.: Und in welchen Situationen hattest du diesen Kick?

Johnny: Nur da im WP-Bad da, wo's richtig denn zur Sache ging, war nur einmal.

Diese Stelle zeigt erstens, dass Johnny mit der Rauscherfahrung bei der Gewaltausübung Bekanntschaft gemacht hat und dass er diese Erfahrung, die er mit einem »Kick« vergleicht und mit einem »Adrenalinschub« in Verbindung bringt, als »das Gefährliche« an der Gewalt betrachtet. Ob er die Gefahr nun darin sieht, dass die rauschhafte Erfahrung zu weiteren Gewaltakten führen kann, oder ob er sie in dem grenzüberschreitenden Kontrollverlust erkennt, durch den man ein »ganz anderer Mensch« wird, bleibt in Johnnys Ausführungen allerdings offen. Zweitens weist die Stelle darauf hin, dass die Rauscherfahrung bei der Gewaltausübung nicht unbedingt zu Versuchen führen muss, solche Erfahrungen durch weitere – dann intrinsisch motivierte – Gewalttaten erneut herbeizuführen. Die Bekanntschaft mit dem in Gewaltsituationen obwaltenden sinnlichen Ausnahmezustand, der auf das Engste mit körperlichen Reaktionen zusammenhängt, ist für sich allein noch keine hinreichende Bedingung für die Herausbildung intrinsischer Gewaltmotive und die Entstehung von Gewaltkarrieren. Drittens schließlich macht die Stelle erneut deutlich, dass es die empathische Übernahme der Rolle des Opfers ist, die eine Entwicklung von Gewaltkarrieren verhindern kann – wenn nicht bestimmte Interpretationsmuster vorhanden sind, die durchaus vorhandene Gefühle der Empathie aus dem Weg räumen und Gewalt als die Lösung eines biographisch erworbenen Problems erscheinen lassen; oder wenn die »Empathie« nicht schon Teil der Fähigkeit geworden ist, das Leiden und den Schmerz des Opfers zu genießen. Weil es auf Johnny nicht zutrifft, dass sich mit seinen sporadischen Gewalttaten lange zuvor angelegte Dispositionen entfalten und intrinsische Motive verbinden, stützt das Ausbleiben einer Gewaltkarriere auch in seinem Fall die hier dargestellte Entstehungsgeschichte und Entwicklungsdynamik solcher Karrieren. Johnnys Gewaltakte waren nicht eingebettet in einen Kreislauf, der von familiären Erfahrungen der Ohnmacht und Missachtung zu einer immer tieferen Verstrickung in die eigene Täterschaft führte.

5.2 Ein mehrdeutiger Fall

Die 15-jährige Sunny[5] ist der einzige Fall des Samples, der sich nicht umstandslos in die These einfügen lässt, dass Gewaltkarrieren aus familiären Ohnmachts- und Missachtungserfahrungen hervorgehen. Sunny ist als Tochter einer deutschen Mutter und eines US-amerikanischen Vaters in Berlin aufgewachsen, besucht zum Interviewzeitpunkt die neunte Klasse einer Realschule und lebt, wie auch ihre siebenjährige Halbschwester, bei ihrer Mutter. Diese ist nach mehreren Studienabbrüchen in der ambulanten Hauspflege tätig, Sunnys Vater ist Beleuchtungsmeister an einem süddeutschen Theater. Die Ehe wurde geschieden, als Sunny sieben Jahre alt war. Sie hat zwar immer noch Kontakt zu ihrem Vater, dieser gestaltet sich jedoch recht schwierig, weil seine zweite Frau den Kontakt zu unterbinden versucht.

Als Sunny geboren wurde, war ihre Mutter, die aus gehobenen Verhältnissen stammt, erst 16 Jahre alt. Ihr Vater, der damals mit seinen 21 Jahren auch noch recht jung war, wollte stets, dass Sunny in Amerika aufwachsen sollte, weil er die Haltung hatte, Amerika sei »sowieso das Allerbeste, Größte, Schnellste, Coolste« und alles andere »nur Pipifax«. So kam es auch, dass er Sunnys Mutter, die Lehrerin werden wollte, direkt vor ihrem Abschlussexamen dazu brachte, mit in die USA zu gehen. Das Experiment dauerte zwar nur wenige Wochen, bis ihre Mutter, wie Sunny sagt, »aufgewacht« ist und – bald

5 Ihren vom englischen Wort für Sonne abgeleiteten Decknamen erläutert Sunny mit dem Hinweis, dass ihre Mutter sie immer so genannt habe, als sie noch ein Kind war.

gefolgt vom Vater – wieder nach Berlin zurückkam. Das Examen schaffte ihre Mutter jedoch nicht mehr. Nach der Geburt von Sunnys Schwester, deren Vater nie mit der Familie zusammenlebte, fing die Mutter parallel zu ihrer Tätigkeit als Altenpflegerin mit einem Germanistik- und Russischstudium an, bis sich schließlich herausstellte, dass sich dieses nicht mit ihrer Berufstätigkeit und ihren Aufgaben als Alleinerziehende vereinbaren ließ. Dass die Mutter Altenpflegerin geblieben ist, quittiert Sunny an mehreren Stellen als etwas, was sie »nicht versteht« und worüber sie sich »aufregen« könne. Dessen ungeachtet gibt es hier eine auffallende Parallelität zwischen Sunny und ihrer Mutter: Auch Sunny hat bisher einen Teil ihrer vielversprechenden Chancen vergeben. Sie ging mit einer Gymnasialempfehlung von der Grundschule ab und hat infolge notorischen Schwänzens und der grundsätzlichen Weigerung, Hausaufgaben zu machen, im laufenden 9. Schuljahr nicht einmal mehr die Chance auf einen Hauptschulabschluss; daher will sie die Klasse wiederholen, um noch einen Realschulabschluss zu erreichen. Ihr berufliches Ziel, Kriminalpolizistin zu werden, scheint sie bereits verfehlt zu haben; als sie dort ein Praktikum absolvieren wollte, wurde sie aufgrund ihrer aktenkundigen Straftaten abgelehnt.

Das Verhältnis zwischen Sunny und ihrer Mutter ähnelt dem zwischen gleichaltrigen »Freundinnen«, wie Sunny selbst einmal sagt. »Wir sitzen manchmal nächtelang da, rauchen, essen (.) und labern Blödsinn«, berichtet Sunny und ergänzt, dass sie ihre Mutter dazu bringen könne, ihr Entschuldigungen zu schreiben, wenn sie nicht in die Schule will, weil dort eine Arbeit zu schreiben ist; die Mutter »redet« mit ihr darüber und »versucht auch zu verstehen, wieso und weshalb und warum«. Wann immer ihre Mutter sie zu schulischen Leistungen anspornen möchte, verweist Sunny auf deren eigene Bildungsgeschichte und stellt im Interview fest: »Meine Mutter kann mir nicht sagen, wie ich meine Zukunft zu gestalten habe, weil sie *selber* ihre Zukunft noch nicht in die Hand gekriegt hat. Sie ist immer noch nicht mit ihrem Beruf zufrieden.« Außerdem erfährt sie ihre Mutter in ihrem Erziehungsverhalten als inkonsistent: »Meine Mutter sagt, ich soll machen, was ich *will.* (2) *Sie* sagt immer, sie will nicht, dass ihre Kinder in diese so (.) bescheuerte Gesellschaft reinwachsen und einfach mitlaufen wie alle anderen auch. Aber irgendwie sollen sie's dann doch machen.«

Früher, so Sunny, sei es öfter zu »schönen Streits« mit ihrer Mutter gekommen, in deren Verlauf sie sich »auch ab und zu mal eine Ohrfeige eingefangen« habe, ohne dass dies für sie »weltbewegend« gewesen sei. In ihren Erzählungen von Episoden, in denen sie von der Mutter körperlich angegangen wurde, weil sie etwas angestellt hatte, nehmen sich die Handgreiflichkeiten stets recht harmlos aus. An einer Stelle allerdings erzählt Sunny von einer Backpfeife der Mutter, die sie als »demütigend« empfand. Weil sie, damals 13-jährig, abends mehrere Stunden zu spät nach Hause gekommen war, habe ihre Mutter sie »aus Reflex« geschlagen. Einerseits berichtet sie von einer großen »Wut« auf die Mutter, andererseits sagt sie: »Das war mir auch voll klar, hätt ich auch zugeschlagen.«

Von ihrem Vater, dem sie attestiert, dass er »leicht zu provozieren« sei und dass er »richtig mal ausrasten« könne, erzählt sie, dass er sie nur ein einziges Mal in ihrem Leben geschlagen habe. Er habe sie als Kind einmal »über's Knie gelegt« und ihr »den Arsch versohlt«, weil sie erst spätabends nach Hause gekommen sei und ihm dann auch noch den Mittelfinger gezeigt habe. Zu diesem Vorfall findet sie Worte, mit denen andere Interviewteilnehmer ihre Ohnmachtserfahrungen beschrieben haben: »Das einzige Gefühl, an das ich mich noch erinnern kann, ist Wut. (.) Ich, ähm, weil *e-er* konnte mich *schlagen*, und *ich* konnte nichts dagegen *machen*, und das hat mich so wütend gemacht, dass ich -, ich hab dann (.) so einen Monat oder so nicht mehr mit ihm geredet.« Ihrer Erzählung zufolge machten sie die Schläge des Vaters nicht handlungsunfähig. Dies fing schon damit an, dass sie, unmittelbar nachdem sie geschlagen wurde, ostentativ in ihr Zimmer humpelte und ihren Vater auf diese Weise förmlich zu »Versöhnungsversuchen« zwang, die sie dann jedoch nicht annahm. Sie strafte ihn mit einem so standhaften Schweigen, dass der Vater sie, wie sie berichtet, »fast noch mal verprügelt« hätte. Seine darauf folgenden Versuche, sie mit Späßen und Geschenken wieder zum Sprechen zu bringen, kommentiert sie mit den Worten, dass er es dann »auf die schleimigste Tour« versucht habe. Nachdem er sie dann mit einem großen Geschenk, einem neuen Fahrrad »bestechen« wollte, hat sie es ihm »wieder vor die Füße geschmissen«. Obwohl Sunny also zunächst von einer Wut spricht, die aus ihrer Wehrlosigkeit resultierte, behielt sie vielfältige Handlungsmöglichkeiten in der Hand. Es gibt bei ihr kein Wort über eine dauernde Angst vor weiteren Schlägen, wie andere es beschrieben haben, vielmehr stellt sie das Nachspiel der Situation so dar, dass sie es jederzeit nach ihrem Belieben gestalten konnte. Die Erzählung über die einmaligen Schläge des Vaters beschließt Sunny mit der Feststellung: »Das hab ich aber auch verdient, muss ich dazu sagen. (2) Er würde mich sonst nicht *schlagen*, oder so.« Von grundloser oder unberechenbarer Misshandlung ist von Sunny jedenfalls nichts zu hören, und dafür, dass die wenigen familiären Gewalterfahrungen bei ihr mit anhaltenden Ohnmachtsgefühlen verbunden waren, fehlten im Interview eindeutige Belege. Es scheint vielmehr so zu sein, dass sie die bisweilen heftigen Reaktionen ihrer Eltern regelrecht herausforderte.

Sunnys Erzählungen vermitteln insgesamt den Eindruck, dass sie schon früh ein ausgesprochen eigenwilliges und renitentes Kind war, dem die Eltern nicht gewachsen waren. Dies verdeutlicht exemplarisch eine Episode, in der Sunny, als sie im Vorschulalter war, so lange Spinat an die Wand schleuderte, bis die Mutter ihr eine Bürste an den Kopf warf. An Sunnys Schilderung der Episode fällt das Bezwingende ihres Verhaltens auf, zumal sie ihre Mutter letztendlich dazu brachte, sich bei ihr zu entschuldigen; weiterhin zeigt sich auch hier die wenig konsistente, immer wieder zwischen Ernst und Spaß hin und her lavierende Haltung der Mutter. Die Reaktion des Vaters wiederum bestärkte Sunny in ihrem Verhalten. Er habe sich »nur kaputtgelacht« und gerufen: »Häääh, das Mädchen kommt nach mir! Das Mädchen kommt nach mir!«

Dass weder die Mutter noch der Vater Sunnys eigenwilligem Treiben beikommen konnten, sollte sich noch über Jahre hinziehen. Ihr Nonkonformismus erreichte seinen Höhepunkt, als Sunny 14 Jahre alt war.

Sunny: Also, ich war früher ziemlich schlimm drauf. So ab der sechsten Klasse halt. Mit der siebten fing das an mit dem krassen Schwänzen, und so. Ich hab geschwänzt. Ich bin nicht mehr nach Hause gekommen über Nacht. Ich hatte die falschen Freunde einfach. Ich wär fast zum Junkie geworden. Äääh m, (.) ja. Hab mich nur noch geprügelt, geklaut, hatte ständig irgendwelche Anzeigen, www-. (2) Und dann halt, ähm, (1) angefangen zu rauchen, also, geraucht hab ich schon vorher, aber meine Mutter hat's erst später erfahren. Und ich bin (.) über Nacht nicht mehr nach Hause gekommen, ähm, hab (.) einfach woanders übernachtet, hab im -, im Haushalt nichts mehr gemacht. Also, hab, (.) mein Zimmer völlig verwahrlost (.) hinterlassen, bin nicht mehr zur Schule gegangen, bin (.) gekommen und gegangen, wann ich will, hab nichts mehr gegessen zu Hause. Ähm, hab mit meiner Mutter nicht mehr geredet, also keine vernünftigen Sätze zumindestens mehr, nnnur: »Wann kommst du wieder? Was hast du, äh, wo warst du?« – Und: »Lass mich in Ruhe! Halt die Klappe!« Und was weiß ich. Ja, also ziemlich so, sagen wir mal, m-m, na, was heißt Straßenkind?, also, ich war nie irgendwie auf der Straße, aber (.) war eben nie zu Hause (.) und hatte eigentlich gar keinen richtigen Kontakt mehr mit meiner Mutter. Und daraufhin hat (.) mein Vater sich mit in die ganze Geschichte eingeschaltet. Und, ähm, die haben dann hinter meinem Rücken beschlossen, dass ich zu meinem Vater nach L-Mittelstadt ziehe. (2) Zumindestens bis ich mich wieder eingekriegt hab.

Ihr Vater fand in L-Mittelstadt eine Schule für sie, richtete ihr ein eigenes Zimmer ein und versuchte sein pädagogisches Glück mit einer Methode, die Sunny so beschreibt: »Also, er hat mir dann gezeigt, wo's langgeht, so nach dem Motto: ›Mädchen, du bist 14, du hast hier nichts zu melden! Du, d- ähm, ich bin dein Vater!‹ Er hat halt (.) durchgegriffen sozusagen, autoritär.« Nach wenigen Wochen nutzte Sunny eine günstige Gelegenheit zur Flucht nach Berlin. Die ratlosen Eltern kündigten ihr an, sie in ein Mädcheninternat in Amerika zu bringen.

Daraufhin suchte und fand Sunny selbst in Berlin ein Heim, in dem sie dann ein halbes Jahr zubrachte. Auch diese Erfahrung beschreibt Sunny als wenig dramatisch: »Ich würde nicht sagen, dass es 'ne Zeit war, wo ich mit Schrecken dran zurückdenke.« Das Zuhause habe ihr zwar gefehlt und sie habe dessen Wert immer mehr zu schätzen gelernt, aber der Aufenthalt im Heim sei »eine Erfahrung wert« gewesen. Weiterhin erzählt sie, dass sie sich während jener Zeit immer besser mit ihrer Mutter verstanden habe und dass es auch keine Probleme mehr mit ihrem Vater gab, der nach ihrer Flucht getobt habe. Wie die ganze Phase im Heim für sie war, beschreibt sie schließlich so:

Sunny: »Ich hab mich da gefühlt, als ob ich mal kurz verreist bin, auf Klassenfahrt, oder so. [Lacht kurz] Also, ich hatte zumindestens das im Gefühl, dass ich irgendwann wieder nach Hause komme, also, ich hab nicht, ähm, damit gerechnet, dass ich da jetzt bis so an mein Lebensende drinne bleiben muss, also bis ich 18 bin, hab ich niiie so (.) gedacht. War für mich wie Ferien. Klassenfahrt eben, hi.«

Wie auch aus diesem Passus hervorgeht, gibt es nichts in Sunnys familiärer Geschichte, was erkennen ließe, dass ihr krisenhafte Situationen besondere Probleme bereitet hätten. So fühlte sie sich keineswegs von ihrer Familie verstoßen, als sie im Heim war, vielmehr spricht aus allen ihren Erzählungen eine erstaunliche Unverwundbarkeit[6] und ein unerschütterliches Vertrauen in ihre

6 Das Phänomen, dass es Kinder und Jugendliche gibt, die aus schwierigsten Lebensereignissen unbeschadet hervorgehen, hat die sog. Resilienzforschung gezeigt. Sichere emotionale Bindungen an eine Bezugsperson, das positive Selbstwertgefühl und besondere kognitive und soziale Kompetenzen gingen aus diversen Untersuchungen immer wieder als die entscheidenden Faktoren hervor, die Kinder und Jugendliche »unverwundbar« machen (dazu zum Beispiel Lösel/Bliesener 1990, 1994). Obwohl es so aussieht, als ginge Sunny aus allen

Selbstwirksamkeit. Aber ist das die ganze Geschichte? Und wie lassen sich dann ihre zum Teil sehr schwerwiegenden Gewalttaten erklären?

Nun wurde bereits festgestellt, dass die Gewalterfahrungen in ihrer Familie nicht den Eindruck erwecken, einen bleibenden Einfluss auf Sunny hinterlassen zu haben. Und trotz aller Konflikte mit ihrer Mutter und ihrem Vater beschreibt sie das Verhältnis als eng und vertrauensvoll, so dass auch eindeutige Anzeichen von Missachtungserfahrungen fehlen. Aber im Interview Sunnys finden sich zahlreiche Hinweise darauf, dass sie mit ihren Gewalttaten die Mutter gewissermaßen zwingen wollte, ihre Rolle als Mutter wahrzunehmen, die ihr Grenzen setzt. Dass Sunny etwas fehlte, wenn ihre Mutter inkonsequent war und ihr keine Grenzen setzte, geht zum Beispiel aus einer Erzählung hervor, in der sie erzählt, dass sie sich einmal bei der Mutter beschwerte, dass sie nie »Hausarrest« bekomme, wenn sie die Schule schwänze. Als die Mutter auf den Wunsch Sunnys einging, hielt sie das Ausgehverbot schon beim ersten Versuch nicht durch, als Freunde kamen, um Sunny abzuholen. Die Mutter erfüllte die Aufgabe nicht, die ihr Sunny zugeteilt hatte, nämlich die, ihre Eskapaden zu sanktionieren. Wie Sunny erzählt, schickte ihre Mutter sie stattdessen zum Kampfsport, von dem sie sich eine Zügelung des Temperaments ihrer Tochter erhoffte.

Nachdem Sunny kurzzeitig Karate und Taekwondo betrieben hatte, wo ihr, wie sie sagt, »alles zu langsam ging«, weil »fünf Stunden vergehen, bis man da einmal zuschlagen kann«, kam sie zum Kickboxen. Dort trainierte sie von Anfang an nur mit Erwachsenen und war zum Interviewzeitpunkt schon weit auf der Stufenfolge der Gürtelprüfungen fortgeschritten. Stolz schildert sie das überaus harte Training und die Beulen sowie die blauen Flecken und Augen, die sie neben einer Gehirnerschütterung und einem gebrochenen Finger schon des Öfteren davongetragen hat. Beim Kickboxen hat Sunny die Techniken erlernt, die sie auch anderswo zur Anwendung bringt. Die folgende Erzählung einer Episode, die sich etwa ein halbes Jahr vor dem Interviewzeitpunkt zugetragen hat, zeigt nicht nur dies, sondern weist auch darauf hin, dass Sunnys Mutter jene Person ist, der ihre Gewalt zwar nicht physisch gilt, an die sie aber auf verschlungenen Wegen adressiert ist.

Belastungen und riskanten Lebensbedingungen als invulnerabel hervor, ist sie gewalttätig, was in der Resilienzforschung gerade als ein Merkmal derjenigen gilt, die *nicht* resilient sind, sondern eine »Verhaltensstörung« aufweisen.

Sunny: Also, bei uns auf der Straße, da ist (.) paar Häuser weiter, (1) ähm, vielleicht fünf, sechs Häuser weiter, war bis vor kurzem so eine Bar, (1) eine Disco-Bar oder was auch immer. Und das war halt so 'n Polentreff, also, da waren, äh, hauptsächlich Polen oder *nur* Polen, wenn man's so will. Und die haben halt dann, f-freitags ging das los, die ganze Nacht rumgegrölt wie die Bekloppten, waren halt alle besoffen und so, auch so Anfang zwanzig so oder noch jünger. (2) Und, ähm, (.) da stand ich irgendwann mal auf'm Balkon, (1) und wir haben gerade einen Film mit van Damme[7] geguckt, aus der Videothek ausgeliehen, ich und meine Mutter (.) und ihr Freund. Saßen in meinem Zimmer und haben (.) halt den Film geguckt. Und dann bin ich halt auf 'n Balkon gegangen, und dann waren also drei, vier Polen, die haben gerade so 'n (.) Mann angepöbelt, so der war -, stand da neben der Pizzeria. (.) Und dann wusste ich, da kommt 'ne Schlägerei raus, weil ich so 'ne Situationen gut einschätzen kann. Dann hab ich zu meiner Mutter gesagt [lachend]: »Komm, komm! Jetzt kannst du *richtiges Blut* sehen!«, und so. Sind sie halt mit auf 'n Balkon gekommen und hatten mir halt nicht geglaubt. Dann haben die halt angefangen, auf den loszudreschen und so. (1) Und keiner hat das irgendwie, keiner beobachtet, weil die Stadt war leer, und es war mitten in der Nacht, und so. Und dann kamen immer mehr Polen dazu und immer mehr auf den Mann rauf, und so. (...)

Und das hat mich dann so aufgeregt, und dann bin ich halt -, hab meine Jacke angezogen, meine Mutter meinte: »Bleib hiiier! Und misch dich nicht schon wieder da ein!«, und so, »Du bist -, äh, du bist lebensmüde. Und sei nicht so übermütig!«, und so. Und ich: »Das ist mir doch egal!«, Tür zu. Meine Mutter noch so zu ihrem Freund: »Na ja, lass die mal machen.« Meine Mutter weiß auch, dass mir bei so was noch nie großartig was passiert ist, weil ich einfach (.) fit bin, so m-mit Verteidigung, und so. Und das war *direkt* -, so zwei Zentimeter vor meiner Haustür. Also, ich hab die Tür aufgemacht, und man war mittendrin schon. Und dann hab ich halt die Tür aufgemacht, dann sind ein paar in den Hausflur reingetaumelt, die hab ich dann gleich wieder mit raus so. Und dann sooo richtig so [hechelnd]: rein! [Kurzes Lachen] (2) Ja,

---

7 Jean-Claude van Damme ist der Held mehrerer Kampfsport-Spielfilme und Sunnys Kickbox-Idol.

> und dann hab ich halt so, (2) hab ich gemerkt, dass das doch nicht so lustig war wie ich mir das *oben* noch vorgestellt hab, also die haben richtig zugeschlagen, ich hab auch ‘ne ganze Menge abgekriegt. (.) Nicht *gezielt*, also, so, weil die alle (.) irgendwie wild um sich geschlagen haben und überhaupt nicht mehr wussten, wohin und wen sie jetzt *überhaupt* schlagen. Ich hab dann halt auch angefangen, einfach um mich rumzuschlagen. Eigentlich, ähm, wenn ich schlage, dann halt mmm-mit System, eben Kickboxen und so mit Ziel und Kraft und (.) so und -. [Getragen:] Also, um mich rumschlagen, das mag ich nicht, weil (.) das ist einfach so gegen meine -, dadurch, dass ich so viel Kampfsport gemacht habe, und so. (3) Dann hab ich halt auch angefangen, einfach nur wild um mich rum zu treten und zu schlagen und so, und irgendwann sind sie dann alle auseinander. Und dann kam einer auf mich zu und meinte: »Was mischst du dich hier ein?«, und: »Geh dann wieder nach oben, du kleines Kind!«, und so. Ich meinte: »Ach, was denn?, kleines Kind! Komm doch!«, und so. Meinte er: »Ich-ich schlag keine Kinder«, und so. Ich meinte: »So, aber Erwachsene kannst du schlagen, oder was?« Hab ich mich halt mit dem rumgestritten, und irgendwann kam dann einer von hinten und hat mich so in seine Arme geschubst, und dann hab ich ihm so ‘n (.) Tritt, so ‘n *low kick*, heißt das (.) beim Kickboxen, hab ich ihm (.) verpasst, und dann lag er halt da, und dann sind die anderen auch abgehauen. Hab ich mich umgedreht und hab zu dem Mann -, und wollte ihm irgendwie helfen, da war der aber schon über alle Berge, mit seinem Schnee an der Nase, hi-hi-hi.

An dieser Erzählung fällt zunächst auf, dass Sunnys Erfahrungen und Fertigkeiten als Kickboxerin eine wesentliche Rolle bei ihrer Gewaltausübung spielen. Es ist nicht nur ein entsprechender Film, der am Anfang der Episode steht, sondern auch das Einschätzen der Situation und die Art, wie Sunny ihre Gewalt beschreibt, haben einen direkten Bezug zum Kampfsport. Sunnys – in einzelnen Details wohl etwas übertreibende – Erzählung zeigt ganz deutlich, dass die Gewaltausübung eine ästhetische Komponente für sie hat: Einfach nur um sich zu schlagen, gilt ihr als etwas, was unter ihrer Würde liegt. Ganz in diesem Sinne ist etwa von ihrem *low kick* die Rede, mit dem sie einen der betrunkenen polnischen Jugendlichen oder jungen Männer niederstreckte, und sie feiert eine Art der Gewaltaustragung, die »mit System« und »mit Ziel und Kraft« vonstatten geht.

Neben einer Ästhetisierung der Gewalt in der Schilderung Sunnys muss die Konstellation der Akteure in der geschilderten Situation selbst auffallen. Diese Konstellation ist ein starkes Indiz dafür, dass Sunny ihrer Mutter etwas vorführen und eine klare Reaktion der Mutter provozieren wollte. In diese Richtung weist auch Sunnys detaillierte Schilderung des Dialogs zwischen ihr und der Mutter, als sie ihre Jacke anzog, um in den Streit auf der Straße einzugreifen. Denn in diesem Dialog geht es just um die Frage, ob die Mutter sie zurückzuhalten vermag oder nicht. In dieser Frage liegt der Schlüssel zum Verständnis dieser Situation und vielleicht auch ihrer Gewalttätigkeit überhaupt. Allerdings führt Sunny in den hier nicht zitierten Passagen ihrer Erzählung weitere Handlungsmotive ein. Streckenweise sieht es so aus, als habe sie ihr Wohnviertel, »wo Leute schlafen« und »wo kleine Kinder sind«, vor dem »Gebrüll« der jungen Polen schützen wollen. Dann wieder begründet sie ihr Eingreifen mit einer Wut darüber, dass diese »Halbstarken« dem Mann, den sie auf der Straße angegriffen haben, nicht den »Respekt« zukommen ließen, den Jugendliche einem erwachsenen Menschen schulden. Und schließlich führt sie ihr gewaltsames Eingreifen noch darauf zurück, dass Regeln der Fairness verletzt wurden, weil sich mehrere Jugendliche auf einen einzelnen Mann gestürzt haben.

Ihre zum Teil widersprüchliche Darstellung nährt den Verdacht, dass es sich hier um etwas willkürliche Erklärungen handelt, mit denen sie sich ihr Tun zurechtlegt und zu legitimieren sucht. Dieser Verdacht wird dadurch verstärkt, dass sich der ganze Duktus der Erzählung wie eine Gewaltvorführung für die Mutter liest. – Will Sunny letztlich auch hier, dass ihre Mutter sie in die Schranken weist, wie dies der Fall war, als sie die Sanktionierung ihres Schulschwänzens einforderte? Die denkwürdige Konstellation, dass sie ihre Gewalt ausgerechnet vor den Augen ihrer Mutter ausübt, die, wie Sunny einmal sagt, »voll gegen Gewalt« sei, unterstützt diese Vermutung. Wenn es richtig ist, dass Sunny eine Zurechtweisung der Mutter herausfordern wollte, dann scheiterte dieser Versuch ebenso wie der Versuch gescheitert war, der Mutter die Aufsicht über ihren Schulbesuch zuzuweisen. Wie Sunny erzählt, gilt es zwischen ihr und der Mutter als ausgemacht, dass sie einen »ausgeprägten Gerechtigkeitssinn« hat. Nach der Episode mit den jungen Polen, in der sie dem Mann »geholfen« hat, sagte ihre Mutter, wie öfters bei ihren Gewalttaten, sie sei eine »Robina Hood«. Das Vorhandensein einer akzeptablen Rechtfertigung ist gewiss wesentlich für Sunnys Gewalthandeln, ebenso klar ist aber, dass sie nicht nur aus Gründen der Gerechtigkeit zuschlägt.[8]

Wenn Sunny ihre Mutter mit ihren Gewalttaten dazu bringen wollte, Stellung zu beziehen und die Rolle der kontrollierenden Ordnungsinstanz einzunehmen, dann liegt eine Motivlage vor, die Donald W. Winnicott (1988) beschrieben hat. Im Zuge seiner Analysen zur aggressiven Provokation, die er neben dem Stehlen als die zweite antisoziale Entwicklungstendenz von Kindern und Jugendlichen behandelt, schreibt Winnicott:

»Im anderen Fall [beim zerstörerischen Verhalten, F.S.] sucht das Kind nach einer Umwelt, die stark genug ist, um dem Druck durch sein impulsives Verhalten standzuhalten. Das ist die Suche nach etwas in der Umwelt, das verlorengegangen ist, nach einer menschlichen Haltung, die so zuverlässig ist, dass es die Freiheit gewinnt, sich zu bewegen und zu handeln und Erregung zuzulassen. Besonders um dieser zweiten Tendenz willen provoziert das Kind absolut eindeutige Reaktionen der Umwelt, so, als suche es nach einem sich ständig erweiternden Rahmen (...). Man kann eine Reihe erkennen: der Körper der Mutter, die Arme der Mutter, die elterliche Beziehung, das Elternhaus, die Familie einschließlich Vettern und anderen Verwandten, die Schule, der Wohnort mit der Polizeistation und schließlich das Land mit seinen Gesetzen.« (Ebd.: 163; vgl. auch 250 f.)

Wenn das, was Winnicott hier über die aggressive Variante der antisozialen Tendenz schreibt, als Erklärung für die Gewalttätigkeit Sunnys zutrifft, dann müssten bei ihr Erfahrungen der Deprivation vorliegen. In den oben interpretierten Interviewpassagen fanden sich in der Tat mehrere Hinweise auf derartige Erfahrungen Sunnys, die darin bestehen, dass sie in ihrer Mutter stets nur eine Freundin, aber keine erwachsene Person hatte, die ihrem Handeln einen zuverlässigen Rahmen zu bieten vermochte.

Nun könnte man die Weigerung der Mutter, die ihr von Sunny zugedachte Rolle zu übernehmen, als eine subtile Form der Missachtung bezeichnen. Ebenso stellt sich die Frage, ob nicht auch Sunny Erfahrungen der Ohnmacht ge-

8 So schlug Sunny zwei Wochen vor dem ersten Interview ein Mädchen vor einer Disco, das sie als »aufgetakelte Tussi mit Miniröckchen« bezeichnet, die »sich für sonst wen gehalten« habe. Das Mädchen hatte sich über Sunnys Turnschuhe mokiert, aufgrund derer sie vom Türsteher nicht eingelassen wurde. Sunny trieb die Situation so zur Eskalation, dass ihre Kontrahentin diejenige war, die den ersten Schlag setzte. Ihre Antwort auf diesen Schlag beschreibt Sunny so: »Na ja, das war die brutale Art und Weise. Also, meine brutalste, sagen wir mal so. Ich hatte ihre Haare genommen, ihre Nase so auf mein Knie so: [Imitiert das entsprechende Geräusch] Wieder hoch, dann mit der Faust ins Gesicht.« Zum Zeitpunkt des Interviews lag das Mädchen noch im Krankenhaus und Sunny war die Woche davor beim Verhör, nachdem die Eltern des Mädchens Anzeige gegen sie erstattet hatten.

macht hat, da auch sie früher manchmal von ihrer Mutter und ihrem Vater geschlagen wurde. Wenn sie nur an vereinzelten Stellen von Ohnmachtserfahrungen spricht, dann könnte dies dem Umstand geschuldet sein, dass sie die Wirkungen der familiären Gewalt herunterspielt, weil sie den Opferstatus nicht mit ihrem gegenwärtigen Selbstbild vereinbaren kann. Obwohl es zweifellos einige Anhaltspunkte für eine solche Argumentation gibt, so sind sie doch zu schwach, um sich bruchlos in das hier entwickelte Erklärungsmuster der Genese und Entwicklung von Gewaltkarrieren integrieren zu können. Obwohl bei Sunny die typische Vorgeschichte jugendlicher Gewaltkarrieren nicht eindeutig zu erkennen ist, lässt sich ihre Gewaltkarriere durchaus auf zwei der drei herausgearbeiteten Entwicklungsstränge beziehen.

Es gibt bei ihr zwar keine epiphanischen Gewalterfahrungen, welche eine Umkehrung von Täter-Opfer-Relationen bringen und in diesem Sinne einen biographischen Wendepunkt darstellen. Aber Sunnys Interview zeigt durchaus Hinweise auf ein gewaltaffines Interpretationsregime, das einer Semantik der Missachtung und der Ohnmacht gehorcht und das in ihre Deutungen gewaltsamer Situationen eingeht. Und weiterhin lässt sich bei ihr eine moralische Aufwertung der Gewalt beobachten, die einerseits eine Legitimationsfunktion im Sinne eines Kampfes für die Gerechtigkeit hat, der andererseits aber auch die Funktion zukommt, ihr Selbst zu erweitern und die Selbstachtung aufzubauen. Sunnys Gewaltkarriere speist sich jedoch, so kann man abschließend feststellen, zumindest teilweise aus anderen Quellen und erfordert im Vergleich zu Gewaltkarrieren der anderen Jugendlichen des Samples eine zusätzliche, ergänzende Erklärung. Ihre Gewalttätigkeit ist zumindest teilweise als eine Reaktion auf die Diffusion der familiären Generationsrollen und als eine paradoxe Rebellion gegen eine regellose Umwelt zu verstehen. In dem Maß, in dem dies zutrifft, ist Sunnys Gewalt eine Bewältigungsstrategie für einen anomischen Zustand des familiären Laisser-faire. Inwieweit sich auch in ihrer Gewaltkarriere ein sich eigendynamisch fortentwickelnder Versuch der Bewältigung von Erfahrungen der Ohnmacht und Missachtung widerspiegelt, ließ sich nicht eindeutig klären.

6

Handlungstheorie und Gewaltforschung

Dieses Buch rekonstruiert jugendliche Gewaltkarrieren und entwickelt Elemente einer Theorie der Jugendgewalt, die direkt bei Gewalt*handlungen* in ihrem situativen und biographischen Kontext ansetzt. Es zieht die Konsequenzen aus Desideraten einer soziologischen Gewaltforschung, die sich viel mit den gesellschaftlichen Ursachen, kaum aber mit den Akten der Gewaltausübung selbst beschäftigt hat (vgl. Trotha 1997 sowie Abschnitt 1.1). Dieses Forschungsdefizit ist umso erstaunlicher, als die Öffentlichkeit jedes Mal, wenn sie von brutalen Gewalttaten Jugendlicher aufgeschreckt wird und die physischen Details der Taten noch die Wahrnehmung bestimmen, fassungslos fragt: Wie ist es möglich, dass jemand einem anderen solch grausame Gewalt antut? Derartige Fragen, die eine starke affektive Abwehr hervorrufen, werden – bestärkt von der sozialwissenschaftlichen Forschung – meist bald durch Fragen nach weit von den Taten entfernten Ursachen abgelöst. Die Frage, wie es möglich ist, dass Jugendliche sich so brutal verhalten, bleibt jedoch unbeantwortet, solange man den Blick nicht auf die Situationen richtet, in denen die Gewalt tatsächlich ausgeübt wird.

In der Tat zeigen die Ergebnisse dieser Untersuchung, dass wesentliche Aspekte von Jugendgewalt und jugendlichen Gewaltkarrieren im Dunkeln bleiben, solange nicht Situationen konkreter Gewaltausübung zum Gegenstand der Analyse gemacht werden. Um Phänomene der Jugendgewalt angemessen begreifen zu können, müssen die situativ wirksamen Interpretationsmuster der Akteure herausgearbeitet werden. Ebenso unabdingbar für eine Erklärung von Jugendgewalt ist es, die innere Dynamik von Gewalthandlungen zu berücksichtigen. Ganze Typen von Motivlagen, um derentwillen es überhaupt zur Gewaltausübung kommen kann, werden nicht erfasst, solange man sich nicht mit dem Gewalthandeln selbst beschäftigt. Die folgenden Überlegungen, die einige handlungstheoretische Schlussfolgerungen aus den Ergebnissen dieser Untersuchung ziehen, sollen aber nicht nur darauf hinweisen, dass es wesentlich für die Gewaltforschung ist, die Handlungsebene in ihre Erklärungen einzubeziehen. Darüber hinaus soll aufgezeigt werden, dass es alles andere als unerheblich ist, von welchen handlungstheoretischen Grundannahmen die Gewaltforschung ausgeht.

Rationalistisch verengte Handlungstheorien sind nicht in der Lage, den gesamten Bereich der bei Gewalthandlungen mitwirkenden Motivlagen und Handlungstypen zu erfassen. Damit soll keineswegs der Behauptung das Wort geredet werden, Gewaltakte seien einfach irrational und für die Akteure mit keinerlei »Sinn« verbunden (vgl. auch Hitzler 1999: 15). Die Kritik gilt zum einen Ansätzen, die Gewaltphänomene *prinzipiell* nach dem Muster rationalen Handelns, d. h. in Kategorien von Mittel und Zweck deuten. Zum anderen gilt die Kritik Ansätzen, die das Zweck-Mittel-Schema, wo es empirisch zutreffend ist, *allzu statisch* zur Anwendung bringen. Diese Kritik an rationalistischen Handlungsmodellen wird nun in vier Thesen formuliert und an einigen in dieser Untersuchung entfalteten theoretischen Konzepten verdeutlicht werden.

1.

Theorien, die Gewalt ausschließlich in Kategorien von Mittel und Zweck analysieren, überspringen eine wesentliche dritte Kategorie, nämlich die der Gewaltsituation, in der die Ziele und Mittel gewalttätiger Handlungen spezifiziert und oft erst hervorgebracht werden. Diese erste These versteht sich als Korrektiv zu Grundannahmen von Theorien rationalen Handelns – unabhängig davon, ob man »Rationalität« utilitaristisch oder normativistisch, zweck- oder wertrational fasst. Die Handlungssituation spielt eine entscheidende Rolle sowohl beim Gewalthandeln, das instrumentell im Sinne eines effektiven Mittels zur eigennützigen Erreichung von materiellen Gütern und sozialen Vorteilen ist, als auch beim Gewalthandeln, das normenorientiert im Sinne eines Mittels zur Verwirklichung von Werthaltungen und Idealen ist. Gewalttheorien, die in der einen oder anderen Weise dem Diktum Max Webers folgen, jede Analyse sinnvollen Handelns sei an die Kategorien von »Mittel« und »Zweck« gebunden (vgl. Weber 1988: 149), verlieren den »konstitutiven Situationsbezug des menschlichen Handelns« (Joas 1992a: 235) leicht aus dem Blick. Ziele und Mittel werden beim Gewalthandeln ebenso wenig wie bei allem anderen Handeln immer vorab und von außen festgelegt, um dann bloß noch in die Tat umgesetzt zu werden. Im Vollzug des Handelns können sich vielmehr neue Handlungsziele einstellen, und die Mittel zur Erreichung dieser Ziele passen sich in jeder Phase einer Handlung an die physischen und interaktiven Gegebenheiten an, können sich aber auch gänzlich verändern.[1]

Eine gegenüber solchen prozessualen Veränderungen in der Handlungssituation blinde Theorie ist die von Gary S. Becker (1968). Seine Kriminalitätstheorie überträgt den Kosten und Nutzen rational abwägenden Akteur aus der ökonomischen Theorie auf das Feld kriminellen Handelns im Allgemeinen, so auch auf das gewalttätige Handeln. Das Auftreten oder Ausbleiben solcher Handlungen ist Becker zufolge das Ergebnis einer Kosten-Nutzen-Bilanz des potentiellen Täters, wobei die Kostenseite auf der Wahrscheinlichkeit beruht, erwischt und bestraft zu werden, sowie auf der Art und dem Maß der zu erwartenden Strafe.[2] Becker unterstellt Akteure, deren Ziele immer schon feststehen und die den Einsatz gewaltsamer Mittel aus Kalkülen ableiten, die dem kriminellen Akt vorausgehen. Für den Umstand, dass sich in der Handlungssituation selbst – zumal wenn es sich um Gewaltkriminalität handelt – eine unvorhergesehene Eskalationsdynamik entwickeln kann und nicht nur die Mittel, sondern auch die Handlungsmotive sich aus den situativen Gegebenheiten heraus neu formieren können, hat Beckers ökonomistisch-utilitaristische Theorie keinen systematischen Ort (zur Kritik dieses Ansatzes siehe weiterhin Knöbl 1994: 58 ff., Downes/Rock 1998: 246 ff.).

Der berühmten Anomietheorie Robert Mertons (1938 und 1968a) zufolge hat kriminelles Handeln einen instrumentellen Charakter und ist an Zielen ori-

---

1 Vgl. dazu Joas' »nicht-teleologische Deutung der Intentionalität« im Sinne einer selbstreflexiven Steuerung des laufenden Verhaltens (Joas 1992a: 218 ff.). Bernhard Waldenfels (1987) wiederum hat hervorgehoben, dass Handlungsziele nicht einfach von subjektiven Bedürfnissen vorgegeben und von transsubjektiven Normen verordnet werden, weil Handeln immer eine »leibliche *Auseinandersetzung* mit anderem« bedeutet. Im Handeln, schreibt er, haben wir es immer mit etwas zu tun, »das uns entgegenkommt und auf diese oder jene Weise mitspielt und uns mitspielt bis hin zur Tücke des Objekts« (ebd.: 46).

2 Auf ähnlichen Vorstellungen beruht das mit zweifelhaften Erfolgen ausgestattete und auch hierzulande vieldiskutierte Konzept des harten Durchgreifens der New Yorker Polizei, das von den beiden Kriminologen Kelling und Wilson entwickelt und vom New Yorker Polizeichef William Bratton ab 1993 in die Tat umgesetzt wurde. Die hinter der Zero-tolerance-Praxis stehende Broken-windows-Theorie geht davon aus, dass Straftäter die »Kosten« ihres Handelns überprüfen und Straftaten unterlassen, wenn diese »Kosten« zu hoch sind, d. h. wenn sie aller Wahrscheinlichkeit nach erwischt und dann streng bestraft werden (vgl. Alberts 1998, Ortner/Pilgram/Steinert 1998).

entiert, deren Erreichen mit legalen Mitteln den Akteuren aufgrund ihrer sozialstrukturellen Position verwehrt ist. Das so motivierte Handeln steht nach Mertons Theorie in einem kulturellen Rahmen, in dessen Zentrum das normative Ideal des Erfolgs – in Form von Reichtum, Macht, Einfluss und Sozialprestige – steht. Auch in dem von Merton gezeichneten Bild scheinen die Handlungsziele und instrumentellen Gewaltmittel immer schon situationsextern definiert zu sein. Aber selbst wenn ein Täter etwa plant, bei einem Raubüberfall Gewalt als Instrument zur Realisierung seiner Erfolgsziele einzusetzen, ist damit noch nicht gesagt, dass sein Handeln in der konkreten Situation an diesem Plan orientiert bleibt. Die Vorstellung eines Akteurs, der relativ stabile und präexistente Muster von Überzeugungen und Wünschen von Kontext zu Kontext trägt, ohne von Handlung und Erfahrung in diesen Kontexten recht tangiert zu werden, wird weder Gewalthandlungen noch menschlichem Handeln überhaupt gerecht (vgl. Whitford 2002).

Dafür, dass die eingesetzten Mittel und die Handlungsziele bei der Gewaltausübung situativen Veränderungen unterliegen, gibt es im Interviewmaterial dieser Untersuchung eine Vielzahl von Beispielen. So kann, wie mehrere Episoden aus Interviews mit Mitgliedern türkischer und Skinheadgruppen zeigen, im Vollzug einer Gewalthandlung aus der solidarischen Pflicht, einen Freund vor einem Angreifer zu verteidigen, unversehens eine Demonstration der eigenen Stärke werden, in der sich die Gewaltmythologien und Kämpferideale der Täter realisieren. Hier wird ein normativ bestimmtes Handlungsmotiv durch ein anderes ersetzt. In einer ähnlichen Situation kann der Täter, wie eine Episode aus dem Interview mit Murat zeigt, plötzlich eine Gelegenheit für den Raub wertvoller Gegenstände erblicken, so dass aus einem normativ orientierten Handeln eines wird, das utilitaristischen Zielen folgt. In keinem dieser Fälle wird das Zweck-Mittel-Schema aufgebrochen; lediglich der mit gewalttätigen Mitteln verfolgte Zweck verändert sich im Verlauf des situativen Geschehens. Daraus ist der Schluss zu ziehen, dass das Zweck-Mittel-Schema, um entsprechende Gewalthandlungen adäquat zu fassen, dynamisch und prozessual verstanden werden muss.

Als Hinweis auf die Notwendigkeit eines dynamischen Verständnisses zweckgerichteten Handelns lassen sich auch die Ergebnisse der Trierer Studien von Helmut Willems und Roland Eckert lesen, die einen engen Zusammenhang zwischen den fremdenfeindlichen Gewaltwellen in den frühen 1990er Jahren und komplexen gesellschaftlichen Situationsveränderungen festgestellt haben (Willems 1992, Willems et al. 1993, Eckert/Willems 1996). Jene Gewaltwellen, die sich über ganz Deutschland erstreckten, haben Willems und Eckert überzeugend als das Ergebnis komplexer Interaktionsprozesse im Kontext des Streits um die Immigration analysiert. Dabei haben sie einerseits die besondere Bedeutung der Eigendynamik der Interaktionen zwischen Asylbewerbern, Kommunen und der einheimischen Bevölkerung sowie zwischen den Tätern und der laschen Praxis des polizeilichen Eingreifens nachgewiesen; andererseits haben sie die vielfältigen Wechselwirkungen zwischen der wellenartigen Ausbreitung fremdenfeindlicher Gewalttaten, der Veränderung öffentlicher Diskurse, der Berichterstattung in den Medien und der Reaktion der politischen Eliten aufgezeigt. In den Anfangsphasen dieser Gewaltwellen stellten sich vielfältige »Erfolge« fremdenfeindlicher Täter ein, die zu weiteren Taten motivierten und günstige Opportunitätsstrukturen für eine Mobilisierung potentieller Gewalttäter schufen. Durch eine vorab gegebene Ausländerfeindlichkeit *allein* lassen sich die besagten Gewaltwellen gewiss nicht erklären; vielmehr waren die prozessualen Veränderungen des gesamten situativen Kontextes, wie Willems und Eckert dargelegt haben, wesentlich für die wellenförmige Ausbreitung fremdenfeindlicher Gewalt (vgl. auch Turner 1994).

2.

Theorien des rationalen Handelns verfehlen den Umstand, dass Gewalthandlungen oft unter Bedingungen extremer Unsicherheit stattfinden, die schon die Möglichkeit einer rationalen Abwägung der geeigneten Mittel zur Zielerreichung sowie der erwartbaren Handlungsfolgen drastisch einschränken. Diese zweite These gilt in besonderem Maß für gewalttätige Auseinandersetzungen zwischen Jugendgruppen. Vor solchen Auseinandersetzungen stellen rivalisierende Gruppen bisweilen durchaus Zweck-Mittel-Kalküle an, die so beschaffen sind, als stammten sie aus der Feder eines Rational-choice-Theoretikers. Dennoch können sie dabei oft gar nicht zu einer *rationalen* Entscheidung kommen.

So berichtet Palü von einem vereinbarten »Bandenkampf« zwischen zwei türkischen Gruppen, bei der es um die Vorherrschaft im Wohnbezirk der beiden Gruppen geht. Mit dem Ziel, der gegnerischen Gruppe eine Niederlage beizubringen, d. h. sie gewaltsam zu besiegen oder zur Flucht zu veranlassen, überlegt Palüs Gruppe, ob sie Messer mit in die Auseinandersetzung nehmen soll oder nicht. Diese Überlegungen durchzieht eine Ungewissheit hinsichtlich der Frage, ob die andere Gruppe Waffen bei sich tragen und zu benutzen bereit sein würde. In Kenntnis einer möglichen Eskalation und unkalkulierbarer Folgen spielt Palüs Gruppe die Chancen und Risiken verschiedener Szenarien durch: Wenn die Gruppe ihre Messer mitnimmt und die anderen keine Waffen haben, werden diese fliehen und kampflos besiegt werden. Wenn aber beide Gruppen Waffen haben, kann es zu einer Auseinandersetzung mit größten Gefahren kommen. Wenn Palüs Gruppe keine Messer mitnimmt, muss sie kämpfen, um die anderen zu besiegen, sie kann aber auch in die Flucht geschlagen werden, weil die anderen bewaffnet sind. Wenn beide Gruppen keine Waffen haben, muss Palüs Gruppe auf alle Fälle und mit ungewissem Ausgang kämpfen. Hier kann die Entscheidung, Waffen mitzunehmen, die »kostengünstigste« sein – dann nämlich, wenn nur Palüs Gruppe Waffen bei sich hat und die andere Gruppe kampflos in die Flucht geschlagen wird. Dieselbe Entscheidung kann aber auch die »kostenintensivste« werden – dann nämlich, wenn die andere Gruppe auch Waffen mitnimmt und diese ebenfalls einzusetzen bereit ist. Auf der Grundlage des zweckrationalen Kalküls kann hier keine Entscheidung herbeigeführt werden, weil die Situation viel zu unsicher ist. Es können hier nur Gewohnheiten und kontingente Faktoren entscheiden. So kann die Entscheidung etwa davon abhängen, ob diejenigen, die zu jedem Risiko bereit sind, oder diejenigen, die den Konflikt zu begrenzen trachten, sich lauter zu Wort melden (im Falle der geschilderten Situation setzten sich die Letzteren durch und Palüs Gruppe nahm, wie auch die andere Gruppe, keine Messer mit). Hier kann man zwar von vollständig rationalen Akteuren, aber nur von einer eingeschränkten Rationalität des Handelns sprechen, weil die Wirkungen der eingesetzten Mittel und die Folgen der gesamten Gewaltaktion kaum antizipierbar sind.

Dies gilt auch für die Gewaltanwendung bei Raubdelikten, wie Jack Katz (1996) in seiner Darstellung des Typus des *persistent robber* gezeigt hat. Der erfahrene Räuber weiß, dass er nicht weiß, was das Opfer in der Situation tun wird, in der es ausgeraubt werden soll. Katz berichtet von Tätern, die permanent von der Idee verfolgt werden, das Opfer werde beim nächsten Mal zu einem Gegenangriff mit Schusswaffen ansetzen. Aber es gibt auch die Unsicherheit des Täters, wie er selbst in der Raubsituation reagieren wird. Katz verweist hier auf das vielfach belegte Bewusstsein der Täter, dass sie plötzlich zu unverhältnismäßiger und explosiver Gewalt greifen könnten. Er kann zeigen, dass der *persistent robber*, der die Schwierigkeiten beim rationalen Einsatz von Gewalt kennt, utilitaristischen Kosten-Nutzen-Kalkülen bei einzelnen Taten widerstehen muss, obwohl der Raub unter Gewalteinsatz sein »Geschäft« ist, mit dem er seinen Lebensunterhalt bestreitet, und insofern eine rationale Seite hat.

Gewalt, so Katz, wird bei diesem Tätertyp immer mehr zum Ritual, um einen Willen aufrechtzuerhalten, der stets durch die Versuchungen der Vernunft bedroht wird; der ritualisierte Gewalteinsatz wird zu einer Strategie der Selbstbindung angesichts der unkalkulierbaren Risiken beim Raub auf offener Straße (vgl. ebd.: 179 f.). Davon zu unterscheiden ist wiederum der strategische und für andere unberechenbare Einsatz von Gewalt bei Crack-Dealern, die einen Ruf als jederzeit zu Gewaltausbrüchen fähige Akteure kultivieren, um den »Respekt« potentieller Herausforderer und Gegner aufrechtzuerhalten; sie müssen so tun, als ob sie unkalkulierbar wären (siehe Bourgois 1995: 22 ff.).

3.

Da Theorien rationalen Handelns – so die dritte These – den Akteur von seiner biographischen Vorgeschichte isolieren, bleibt in ihrem Rahmen die Entstehung gewalttätiger Handlungsneigungen und entsprechender Werthaltungen oft rätselhaft. Der rationale Akteur à la Gary Becker, der vor seinen kriminellen und gewalttätigen Unternehmungen Kosten-Nutzen-Rechnungen aufstellt, ist ein unbeschriebenes Blatt ohne Geschichte. Neben der etwas merkwürdigen Vorstellung, dass diese Kalküle handlungsentlastet und außerhalb jeder Interaktionssituation vonstatten gehen sollen, ist hier zu monieren, dass Täter in Gewaltsituationen nicht so frei sind, wie Beckers Theorie glauben machen will. Die Analyse gewaltaffiner Interpretationsregimes (4.2.2), die aus familiären Ohnmachts- und Missachtungserfahrungen hervorgehen und in der Situation der Gewaltausübung die Wahrnehmung der Täter förmlich beherrschen, zeigte ein ganz anderes Bild.

Die Jugendlichen sind weit davon entfernt, von einem über den Dingen stehenden Beobachterstandpunkt aus die Vorteile und Risiken eines Gewaltaktes quasi-objektivistisch gegeneinander abzuwägen. Vielmehr tragen sie ihre subjektiven Erfahrungen, idiosynkratischen Wahrnehmungsmuster und negativen Erwartungen an die soziale Mitwelt in die Deutung des Handelns ihrer Interaktionspartner hinein. Die Situationen der Gewaltanwendung sind überdeterminiert: Die Jugendlichen lassen, wenn sie die Blicke, Gesten, Worte und Handlungen anderer deuten, eine besondere Vulnerabilität und Empfänglichkeit für potentiell missachtende und an ihre Ohnmachtserfahrungen erinnernde Äußerungen anderer erkennen. Sie haben weder ein klares Bewusstsein davon, dass sie ihre familiären Sozialisationserfahrungen in andere Handlungskontexte hineinlesen, noch ziehen sie mögliche Handlungsalternativen in Erwägung. Damit lassen sie ein wesentliches Kriterium der Rationalität im Sinne eines Handelns nach utilitaristischen Kalkülen vermissen; es fehlen die Voraussetzungen für eine rationale Wahl zwischen verschiedenen Optionen (vgl. dazu Turner 1991: 89 ff.). Außerdem unterstellen Rational-choice-Theorien den Akteuren vom Eigeninteresse determinierte Handlungsziele. Diese sind denkbar schlecht mit der Anerkennungsproblematik in Übereinstimmung zu bringen, die für die Entwicklung jugendlicher Gewaltkarrieren eine ganz entscheidende Rolle spielt.

Die These, dass die Ausblendung der biographischen Vorgeschichte gewalttätiger Jugendlicher zu verkürzten Erklärungen führt, zielt auch auf eine Kritik sowohl an Ansätzen, die Gewaltmotive direkt auf die soziale Lage der Täter zurückführen, als auch an Ansätzen, die Gewalt hervorbringende normative Orientierungen umstandslos aus kulturell tradierten Werten herleiten. Richard A. Cloward und Lloyd E. Ohlin (1960) führen gewalttätiges Handeln amerikanischer Gangmitglieder auf »pressures« zurück, die in sozial desorganisierten Slumgebieten entstehen (ebd.: 171 ff.). Ihrer Theorie der differentiellen Gelegenheitsstrukturen zufolge haben die Jugendlichen in diesen Gebieten weder die Chance, ihre Aspirationen und Erfolgsziele mit legitimen Mitteln zu verwirklichen, noch die Chance, dies mit relativ gewaltfreien illegitimen Mitteln zu erreichen, weil im desorganisierten Slum keine stabilen und generationsübergreifenden Strukturen einer kriminellen Ökonomie existieren. Unter diesen Bedingungen entsteht nach Cloward und Ohlin eine »conflict subculture«, für die Gewalt konstitutiv ist.[3] Den Jugendlichen bleibt die Gewaltanwendung als einzige Ressource, um einen gewissen Status zu erringen (siehe ebd.: 175). Diese Theorie unterstellt rationale Akteure, welche die ihnen zur Verfügung stehenden Mittel des Statuserwerbs und ein Leben in einem subkulturellen Rahmen wählen, in dem die Gewaltsamkeit geachtet wird. Das Gewalthandeln von Jugendlichen unmittelbar aus ihrer Verortung in der Sozialstruktur

3 Wo es eine stabile Rekrutierung von Jugendlichen in kriminelle Unternehmungen der lokalen Erwachsenenwelt gibt, entwickelt sich Cloward und Ohlin zufolge eine »criminal subculture«, die durch Diebstahl, Raub und Erpressung Einkommensmöglichkeiten mit illegitimen Mitteln bietet (vgl. ebd.: 161 ff.). Jugendliche, die von einem »double failure« betroffen sind, die ihre Erfolgsziele also weder mit legitimen Mitteln noch – aufgrund internalisierter Verbote oder sozial strukturierter Barrieren – mit illegitimen Mitteln erreichen können, schließen sich, so Cloward und Ohlin, aller Wahrscheinlichkeit nach einer »retreatist subculture« an, für die der Drogenkonsum charakteristisch ist (vgl. ebd.: 178 ff.).

zu erklären ist jedoch ein Kurzschluss, weil die aus struktureller Benachteiligung hervorgehenden Motive der Gewaltausübung immer biographisch gebrochen sind und weil keineswegs alle benachteiligten Jugendlichen gewalttätig werden (und oft speisen sich ihre Gewaltmotive aus ganz anderen Quellen).

Ebenso wenig lässt sich jugendliche Gewaltsamkeit direkt aus normativen Leitbildern ableiten, wie dies etwa Thomas Macho (1996) tut. Er führt gewalttätige Jugendbewegungen auf einen kulturell übermittelten Mythos zurück, der im Zuge der modernen Kriegsführung zwischen Nationalstaaten entstanden ist und Jugendlichkeit mit Gewalt und Todesmut assoziiert. Diesem Mythos einer »essentiell gewalttätigen, aber auch opferfreudigen und ›todessehnsüchtigen‹ Jugend« (ebd.: 239), so Macho, sitzen auch die jugendlichen Täter von heute auf, ohne es zu wissen – zum Beispiel Skinheads und Hooligans, wie er explizit behauptet. Wenn das Wirken dieses Mythos die Motive gewalttätiger Jugendlicher überzeugend erklären sollte, müsste es auf der konkreten Handlungsebene aufgezeigt werden können[4], was Macho jedoch schuldig bleibt. Damit soll nun keineswegs behauptet werden, dass kulturelle Deutungsmuster, die jugendliche Gewalt mythisch aufladen, nicht existieren oder eine nur marginale Rolle spielen. Jugendliche können auf sie zurückgreifen, um ihre Gewalt zu legitimieren. Und gewiss bilden diese kulturellen Deutungsmuster einen Kontext, in dem Gewalt eine untergründige Bewunderung und bisweilen auch offene Bestätigung erfährt. Aber Machos Argumentation setzt voraus, dass die Jugendlichen zuerst bestimmte normative Leitbilder internalisieren und dann zur Gewalt schreiten. Die Analyse von Gewaltmythologien (4.2.3) hat indes vor Augen geführt, dass der Zusammenhang zwischen der Gewaltausübung und deren Mythologisierung auch in umgekehrter Richtung verlaufen kann. Die normative Aufladung gewalttätigen Handelns und die Entstehung von Kämpferidealen können Folge von Gewalterfahrungen sein, die von den Tätern als besonders intensiv erlebt wurden. Am Beispiel des Skinheads Kilian etwa ließ sich zeigen, dass erst aus der berauschenden Erfahrung der Verfügungsmacht über andere eine Mythologisierung der Gewalt und eine Überhöhung ihrer Wirkungen hervorgingen. Die nationalsozialistische Kodierung der Gewalt und Kilians Selbstideal, das sich mit einer Identifikation mit »dem Bösen« verband, waren das Ergebnis einer normativen Aufladung der Gewalt, die in vorgängigen Gewalterfahrungen wurzelte. Zu einer solchen Einsicht kann die Gewaltanalyse

4 Zu dem allgemeinen Problem, dass aus bestimmten Einstellungen noch lange keine entsprechenden Handlungen folgen müssen, siehe Blumer (1955); zu diesem Problem in der Delinquenz- und Gewaltforschung vgl. Dubin (1959) und Neidhardt (1997: 24).

nur mit einer Handlungstheorie gelangen, die den wertrational handelnden Akteur nicht von biographischen Verläufen entkoppelt.

4.

Es gibt jedoch auch Dimensionen von Gewalthandlungen, die sich den Kategorien von Mittel und Zweck gänzlich entziehen. Diese vierte These bezieht sich zunächst auf Gewalttaten, bei denen euphorisierende, im Handlungsvollzug auf den Plan tretende Erlebnisse situativ handlungsleitend werden. Hier gibt es ein Moment der Unverfügbarkeit, da sich diese Erlebnisse ungefragt und ungeplant in der Gewaltsituation einstellen können. Intrinsisch motivierte Gewalttaten, bei denen rauschhafte Erlebnisse im Verlauf der Handlung die Regie übernehmen (vgl. Kapitel 2), lassen sich nicht nach dem Zweck-Mittel-Schema analysieren. Sie gehen im Hier und Jetzt auf und suspendieren den für rationales Handeln wesentlichen Zukunftsbezug.[5] Die Gewaltausübung ist hier kein Mittel, das zu einem außerhalb der Gewaltsituation liegenden und zeitverzögert eintretenden Ziel führen soll. Derartige Taten gehen weiterhin mit einer relativen Immunität gegenüber eventuellen negativen Gewaltfolgen sowie mit einem partiellen Kontrollverlust einher, wie die im Interviewmaterial mehrfach auftauchende Rede vom »Ausklinken« in der Gewaltsituation zeigt. Das Ausblenden möglicher Gewaltfolgen sowie der Kontrollverlust des berauschten Täters sind ebenfalls Aspekte, denen mit dem Instrumentarium rationalistischer Handlungstheorien nicht beizukommen ist. Dies bedeutet freilich nicht, dass die entsprechenden Gewalthandlungen einfach sinnlos sind. Die mit ihnen verbundenen Erfahrungen – des Triumphes der physischen Überlegenheit, des Genusses am Schmerz des anderen und der Überschreitung des Alltäglichen – bilden das, um dessentwillen die Gewalt ausgeübt wird. Aber das, worauf sie intentional sich richtet, ist auf die unmittelbare Gegenwart der Handlungssituation bezogen.

5 In der Suspendierung des Zukunftsbezugs besteht ein hervorstechendes Element von Georges Batailles (1978) Konzept der Souveränität, das er als radikalen Gegenpol zum instrumentellen Handeln entwirft. Souveränität steht bei Bataille für eine Form des Entscheidens, die nur vom »augenblicklichen Gutdünken« abhängt und der »unmittelbaren Befriedigung« dient. Souveränes Handeln, das Ähnlichkeiten mit intrinsisch motivierter Gewalt aufweist, verfolgt kein »fernerliegendes Interesse« und verliert den Charakter eines »Mittels« (vgl. ebd.: 47 f.).

Auch wenn jugendliche Täter mit enthusiasmierenden Dimensionen von Gewalterfahrungen oft in ungeplanter und vorher nicht gekannter Weise in Berührung kommen, können diese Erfahrungsdimensionen ihrerseits eine mehr oder weniger geplante Suche nach Situationen der Gewaltausübung motivieren. Die Fallrekonstruktion Kai (2.1) hat dies beispielhaft demonstriert. Kai bewegte sich durchaus zweckorientiert durch sein Revier, um ein Opfer zu identifizieren und das »Machtgefühl« wieder zu erleben, das er jedes Mal empfand, wenn er jemanden bewegungsunfähig geschlagen hatte. Aber dem intrinsisch motivierten Gewalthandeln selbst fehlt auch in diesem Fall jeglicher Bezug auf Ziele, die über die unmittelbare Situation hinausgehen (was freilich nicht heißt, dass die Deutung und Verarbeitung solcher Gewaltakte den Täter nicht weit über die Situation hinaus beschäftigen können). In diesem Sinne bleibt die Gewaltausübung selbst von nicht-rationalem Handeln bestimmt. Der Täter kann die Gewaltsituation absichtsvoll herbeiführen, die erstrebten Erfahrungen aber nicht. Diese sind ein Nebenprodukt[6], über das der intrinsisch motivierte Gewalttäter nur bedingt verfügen kann. Das planbare Handeln, das auf den Gewaltrausch zielt, endet, sobald der Handlungsprozess in die Phase des Einsatzes physischer Gewalt eintritt.

Die Beobachtung, dass bei der Gewaltausübung externe Zwecke völlig fehlen können oder dass im Moment der Gewalt der Bezug zu vorher vorhandenen Kalkülen verloren gehen kann, widerspricht all jenen Theorien, die kriminelles Handeln im Allgemeinen und gewalttätiges Handeln im Besonderen einseitig auf ein Modell des rationalen Handelns festlegen. Eine solche Position hat Baldo Blinkert (1988) offensiv vertreten und in eine historische Perspektive gebracht. In seinem Ansatz zur Erklärung »illegitimen Verhaltens« kombiniert Blinkert Erklärungsvorschläge aus dem Rational-choice-Ansatz mit modernisierungstheoretischen Annahmen. Er nimmt einerseits an, dass »sich für gesetz-

6 Die intendierten Rauschzustände des Täters sind zwar Nebenprodukt seines Handelns, aber keine Zustände, die »wesentlich Nebenprodukt« im Sinne Jon Elsters (1987) sind. Es handelt sich also nicht um Zustände, die gerade dann nicht erreicht werden können, wenn man sie bewusst herbeiführen will – wie man zum Beispiel schon nicht mehr entspannt und natürlich sein kann, wenn man dem Imperativ folgen will, entspannt und natürlich zu sein; ebenso wenig kann man einschlafen, wenn man dies mit aller Macht will (vgl. ebd.: 143 ff.). Mit Gewalt verbundene Erlebnisse kann man zwar nicht direkt herbeiführen, aber sie können dennoch das Handlungsmotiv bilden; so wie man ins Konzert gehen kann, um »eine Erfahrung« des Kunstgenusses zu machen. Auch diese Erfahrung kann man nicht direkt erzeugen, aber man kann die Wahrscheinlichkeit ihres Auftretens durch die Manipulation der Umstände erhöhen (vgl. Strauss 1993: 125 f.).

widriges Verhalten rationale Entscheidungen rekonstruieren lassen, wenn man von der Perspektive des Akteurs ausgeht und die Bedingungen der jeweiligen konkreten Handlungssituation berücksichtigt« (ebd.: 398). Vor diesem Hintergrund erscheint ihm illegitimes Verhalten als eine »rationale Form der Konfliktlösung«. Andererseits geht er davon aus, dass der rational kalkulierende Akteur ein Produkt der Modernisierung und der mit ihr einhergehenden Ökonomisierung der Gesellschaft darstellt. Im Verlauf des Modernisierungsprozesses, so Blinkert, habe sich ein »ganz spezifischer Typ der Orientierung gegenüber sozialen Normen durchgesetzt«. Dieser sei gekennzeichnet durch eine »utilitaristisch-kalkulative Perspektive«, in der »Konformität und Abweichung in steigendem Maße von einem Risiko-Nutzen-Kalkül abhängig« werden. Aus der Unterstellung einer solchen Modernisierungsdynamik folgert er, dass »die Modelle rationalen Entscheidens immer realitätsgerechter« werden (ebd.: 397 f.).[7]

Der gerade auf eine Rekonstruktion der Akteursperspektive zurückgehende Befund, dass bei der Gewaltausübung Kalküle, die über die Situation hinausgehen, zumindest zeitweilig ausgeschlossen werden, steht der These Blinkerts diametral entgegen. Viele der in den vorstehenden Kapiteln angeführten Beispiele zeigen, dass das Modell des rationalen Handelns zu eng ist, um die Handlungsorientierung von jugendlichen Straftätern zu fassen. Abgesehen davon, dass sich das Modell des rationalen Handelns in vielen Fällen als empirisch unhaltbar erweist, ist es höchst problematisch, bestimmte Handlungsorientierungen modernisierungstheoretisch *abzuleiten*, um sie dann den empirischen Akteuren *a priori* zu unterstellen. Blinkert bemüht ferner die klassische modernisierungstheoretische Annahme, dass Gewaltdelikte kontinuierlich abnehmen, während Eigentumsdelikte immer mehr zunehmen und letztere tendenziell ersetzen (siehe ebd.: 399 ff.).[8] Auch diese These über langfristige Entwicklungsprozesse kriminellen Verhaltens lässt sich nicht halten. Helmut Thome (1992) kommt in seiner Auseinandersetzung mit modernisierungstheoretischen Annahmen der Kriminalitätsforschung, als deren Kern er den »Wech-

7 Von »instrumentalistischen Handlungsweisen vor allem gegenüber Fremden« und von einer »Instrumentalisierung«, die »ein affines Muster der industriegesellschaftlichen Verwertungslogik« mit einem »eingelagerten Zwang zur Selbstdurchsetzung« darstelle, spricht auch die Bielefelder Rechtsextremismus-Studie (Heitmeyer/Buhse et al. 1992: 595 und 602).

8 Die These, dass Lug und Trug in demokratischen Gesellschaften an die Stelle von affektiv aufgeladenen Delikten und Rohheitsverbrechen treten, hat bereits Georges Sorel in der ersten Dekade des letzten Jahrhunderts vorgetragen (Sorel 1969/1906: 223 ff. und 256 f.).

sel von der dominanten Gewalt- zur dominanten Eigentumskriminalität« ausmacht, zu dem Schluss:

»Strittig sind nicht nur die (rudimentären) theoretischen Interpretationen, sondern auch die empirischen Behauptungen über Trendverläufe und einfache Korrelationen. Es gibt kaum eine Behauptung, zu der sich nicht eine entsprechende Gegenbehauptung, ebenfalls ausgestattet mit empirischen Belegen, finden läßt.« (Ebd.: 215)

Jenseits von Aussagen über langfristige Trendverläufe sollte die vorliegende Studie, insbesondere die Analyse intrinsisch motivierter Gewaltdelikte gezeigt haben, dass Modelle des rationalen Handelns wesentliche Aspekte gegenwärtiger Phänomene jugendlicher Gewalt verfehlen. Eine Konzeption, die ausschließlich den Mittelcharakter der Gewalt hervorhebt, verdeckt die enthusiasmierenden und selbstzweckhaften Dimensionen der Gewaltausübung und die damit eng zusammenhängende Bedeutung spontaner Eskalationsprozesse.

Gleichwohl wäre es freilich absurd zu behaupten, dass es zweck- und wertrationale, utilitaristisch-instrumentelle und normenorientierte Gewaltmotive bei Jugendlichen nicht gebe. Ihre Gewalt kann man nicht einfach dem Irrationalen überantworten, vielmehr muss man die nichtrationalen, nicht in den Kategorien von Mittel und Zweck fassbaren Dimensionen in ihren vielfältigen Verknüpfungen mit jenen Dimensionen der Gewalt sehen, die sehr wohl mit Hilfe jener Kategorien verstanden werden können. – Das Konzept der intrinsischen Gewaltmotive steht in einem begrifflichen Gegensatz zu extrinsischen Gewaltmotiven, d. h. zu Motiven, die auf eine zweckrationale Verfolgung von politischen Zielen und eigennützigen Interessen oder auf eine Orientierung an bestimmten Normen, Werten und Idealen zurückzuführen sind. Da in der soziologischen Gewaltforschung Ansätze dominieren, die aufgrund ihrer handlungstheoretischen Vorannahmen nur extrinsische Motivtypen berücksichtigen können (vgl. Joas 1997b)[9], füllt das Konzept eine wichtige theoretische Lücke. Aber es ist nicht einfach als eine Alternative zu Rationalmodellen gewalttätigen Handelns zu verstehen. Vielmehr geht aus den Ergebnissen dieser Studie hervor, dass sehr verschiedene Handlungsrationalitäten und nichtrationale Aspekte des Gewalthandelns beim gleichen Akteur und sogar in der gleichen Situation koexistieren können.

---

9 Den theoriegeschichtlichen Gründen für die handlungstheoretische Engführung von Gewaltphänomenen auf instrumentalistische und normativistische Modelle ist Joas in mehreren Arbeiten nachgegangen (Joas 1994, 1996a und 2000: 29 ff.).

Darauf hat auch François Dubet mit seinem Begriff der »infra-politischen Gewalt«, den er auf marginalisierte Jugendliche in französischen Vorstädten anwendet, in aller Klarheit hingewiesen. Er schreibt: »Mit ›infra-politisch‹ wollen wir sagen, daß diese Gewalt eine sozialkritische Bedeutung hat. Sie wehrt sich gegen Herrschaft und Ausschließung. Aber sie ist mit keinem politischen Projekt, Diskurs oder irgendeiner politischen Organisation verbunden.« (Dubet 1997: 224) Diese Gewalt habe, wie Dubet ausdrücklich festhält, eine wesentlich »instrumentelle Seite«, die unter anderem darin bestehe, dass die Jugendlichen mit den Unruhen für sie günstige Kräfteverhältnisse in den Wohnvierteln herstellen können; weiterhin, so Dubet, können Aufruhr und Gewalt die Jugendlichen in die Position bringen, gegenüber öffentlichen Diensten und Lokalpolitikern als Gesprächspartner aufzutreten. Neben der instrumentellen habe die Gewalt der Vorstadtjugendlichen auch eine »expressive Seite«, insofern sie Ausdruck einer ungerichteten Wut sei (siehe ebd.: 226 f.).

»Diese Neigung zur Gewalt«, schreiben Dubet und Lapeyronnie (1994: 117 f.), »übersteigt die ›Notwendigkeiten‹ krimineller Rationalität: Der Vandalismus in den Schulen und die aufgebrochenen Wohnungen oder die Tatsache, daß dem Diebstahlopfer zusätzlich noch eine verpaßt wird, belegen dies zur Genüge. (...) Unberechenbarkeit ist die Regel.«

Der Hinweis von Dubet und Lapeyronnie auf das Ineinander von instrumentellen und expressiven Handlungsmustern macht darauf aufmerksam, dass instrumentelle Aspekte der Gewaltausübung sich mit nichtinstrumentellen verbinden können. Das Ausagieren einer ungerichteten, »expressiven« Wut kann allerdings bei benachteiligten Jugendlichen insofern »rational« sein, als sie damit ihr inneres Erleben zum Ausdruck bringen und in ihrem Handeln gewissermaßen einen Wahrhaftigkeitsanspruch erheben, der für expressives Handeln charakteristisch ist (Habermas 1981: 410 ff.). Es gibt hier etwas, was dem »illokutionären Erfolg« bei expressiven Sprechakten entspricht (vgl. ebd.: 388 ff.), insofern die Jugendlichen mit ihrer Gewalt einem Publikum etwas über sich mitteilen. Darin liegt der entscheidende Unterschied zwischen expressiver und intrinsisch motivierter Gewalt, die um ihrer selbst willen bzw. aufgrund der mit ihr verbundenen Erlebnisse verübt wird.

Den Unterschied zwischen diesen beiden Gewalttypen, die Dubet und Lapeyronnie nicht differenzieren, haben auch eine Reihe anderer Autorinnen und Autoren verwischt. So etwa Michael Kohlstruck, wenn er schreibt:

»Der Verhaltensstil maskuliner Jugendcliquen läßt sich als ein selbstbezogener Handlungstyp beschreiben, der zunächst nicht mehr als die eigene Selbstdarstellung zum Inhalt hat. Charakteristisch ist das Fehlen eines außerhalb des Handlungsvollzugs liegenden externen Zweckes.« (Kohlstruck 1995: 128)

Gertrud Nunner-Winkler (2002) wiederum definiert die »expressive« als jenen Modus der Gewalt, in dem sie »Selbstzweck« ist: entweder indem Mitglieder gewisser Subkulturen sich im Rahmen vereinbarter Stopp-Regeln wechselseitig in einen gewaltsam herbeigeführten Rauschzustand versetzen oder indem »eine intrinsische Lust an Gewalt« gegen den Willen des Opfers zum Tragen kommt. Gerade für dieses letztgenannte Phänomen ist der Begriff der »expressiven Gewalt« zu ungenau, da es hier nicht darum geht, eigene emotionale Zustände oder gar die eigene Identität vor einem Publikum *zum Ausdruck* zu bringen. Die »intrinsische Lust an Gewalt«, auf die Nunner-Winkler ja explizit hinweist, bezieht sich auf das Erleben im Moment der Gewaltausübung selbst; dass sich damit expressive Dimensionen der Selbstdarstellung verbinden können, steht auf einem anderen Blatt.

Ungeachtet des Unterschieds zwischen expressiver und intrinsisch motivierter Gewalt muss die Gewaltforschung dem Umstand Rechnung tragen, dass verschiedene Handlungstypen, verschiedene Rationalitäten des Handelns und nichtrationale Handlungsformen sich überlagern und ineinander übergehen können. Die Gewaltforschung braucht eine Handlungstheorie, die in Motivkonstellationen und Prozessen denkt, in denen Zwecke und Mittel immer wieder neu entstehen und aufeinander abgestimmt werden. Eine solche Handlungstheorie muss aber auch nicht intendierte und nicht verfügbare Erlebnismomente integrieren können, die im Zuge gewalttätiger Handlungsverläufe Zweck-Mittel-Relationen gänzlich sprengen. Die Analyse von Gewalthandlungen sollte neben wechselnden Motivkonstellationen also von verschiedenen Phasen innerhalb einzelner Gewalthandlungen, aber auch innerhalb von Gewaltkarrieren ausgehen. Gerade die Analyse der Übergänge zwischen normativen und intrinsischen Handlungsmotiven hat dies vor Augen geführt. Aus Gewalterfahrungen und ihrer Verarbeitung können neue Wertmuster und Ideale hervorgehen, die wiederum den mit Gewalttaten verbundenen Genuss rationalisieren und zu einem Bestandteil des Selbstbildes der Täter werden lassen. Intrinsische Gewaltmotive sind ein wesentlicher Faktor der normativen Aufwertung der Gewalt und stellen die Täter vor die Aufgabe, das unheimliche Bewusstsein, von solchen Antrieben geleitet zu sein, in ihr Selbstbild zu integrieren. Wenn den Tätern letzteres – auf welch prekäre Weise auch immer – gelingt, führt dies zur Beseitigung fast aller Schranken und zu einer Verselbständigung intrinsischer Gewaltmotive, die nicht nur die Zahl der Gewalttaten, sondern auch ihre Grausamkeit in ungeheuerliche Dimensionen treibt.

Literatur

Abrahams, Roger D. 1986: Ordinary and Extraordinary Experience, in: Victor W. Turner/ Edward M. Bruner (Hrsg.): The Anthropology of Experience. Urbana, Ill./Chicago: University of Illinois Press, S. 45-72.

Akers, Ronald L. 1977: Deviant Behavior. A Social Learning Approach. Second Edition. Belmont, Calif.: Wadsworth.

Akers, Ronald L. 1999: Criminological Theories. Introduction and Evaluation. Second Edition. Chicago: Fitzroy Dearborn.

Alberts, Hans W. 1998: Wenn die Polizei jeden Schwarzfahrer jagt. New York, New York: Das populäre Konzept des harten Durchgreifens verschleiert und verschiebt die Probleme, in: Süddeutsche Zeitung, Nr. 117, 23./24. Mai 1998, S. III.

Alfaro, José D. 1981: Report on the Relationship Between Child Abuse and Neglect and Later Socially Deviant Behavior, in: Robert J. Hunner/Yvonne E. Walker (Hrsg.): Exploring the Relationship Between Child Abuse and Delinquency. Montclair, N.J.: Allanheld, Osmun & Co., S. 175-219.

Arendt, Hannah 1970: Macht und Gewalt. München: Piper.

Armstrong, Mary 2000: Der Preis, den wir dafür zahlen, kleine Jungen zu beschämen, in: Ludwig Janus/Winfried Kurth (Hrsg.): Psychohistorie, Gruppenphantasien und Krieg. Heidelberg: Mattes, S. 181-188.

Bandura, Albert 1962: Social Learning Through Imitation, in: Marshall R. Jones (Hrsg.): Nebraska Symposium on Motivation. Lincoln, Neb.: University of Nebraska Press, S. 211-269.

Bandura, Albert 1979: Aggression. Eine sozial-lerntheoretische Analyse. Stuttgart: Klett-Cotta (engl. Orig. 1973).

Bandura, Albert/Aletha C. Huston 1961: Identification as a Process of Incidental Learning, in: Journal of Abnormal and Social Psychology, Vol. 63, S. 311-318.

Bandura, Albert/Dorothea Ross/Sheila A. Ross 1963: Vicarious Reinforcement and Imitative Learning, in: Journal of Abnormal and Social Psychology, Vol. 67, S. 601-607.

Bandura, Albert/Richard H. Walters 1959: Adolescent Aggression. A Study of the Influence of Child Training Practices and Family Interrelationships. New York: Ronald Press.

Bataille, Georges 1978: Die Souveränität (frz. Orig. 1956), in: ders., Die psychologische Struktur des Faschismus. Die Souveränität. München: Matthes & Seitz, S. 45-86.

Becker, Gary S. 1968: Crime and Punishment: An Economic Approach, in: Journal of Political Economy, Vol. 76, S. 169-217.

Becker, Howard S. 1973: Außenseiter. Zur Soziologie abweichenden Verhaltens. Frankfurt/M.: Fischer (engl. Orig. 1963, 1971).

Bernstein, Basil 1972: A Sociolinguistic Approach to Socialisation; with Some Reference to Educability, in: John J. Gumperz/Dell Hymes (Hrsg.): Directions in Sociolinguistics. The Ethnography of Communication. New York/Chicago/San Francisco: Holt, Rinehart and Winston, S. 465-497.

Bettelheim, Bruno 1980: Gewalt – eine gern verleugnete Verhaltensweise (engl. Orig. 1966, 1979), in: ders., Erziehung zum Überleben. Zur Psychologie der Extremsituation. München: Deutscher Taschenbuch Verlag, S. 207-223.

Billmann-Mahecha, Elfriede 1996: Wie authentisch sind erzählte Lebensgeschichten? Ein Interpretationsproblem, in: Rainer Strobl/Andreas Böttger (Hrsg.): Wahre Geschichten? Zu Theorie und Praxis qualitativer Interviews. Baden-Baden: Nomos, S. 111-129.

Birkbeck, Christopher/Gary LaFree 1993: The Situational Analysis of Crime and Deviance, in: Annual Review of Sociology, Vol. 19, S. 113-137.

Blinkert, Baldo 1988: Kriminalität als Modernisierungsrisiko? Das »Hermes-Syndrom« der entwickelten Industriegesellschaften, in: Soziale Welt, Jg. 39, S. 397-412.

Blumer, Herbert 1955: Attitudes and the Social Act, in: Social Problems, Vol. 3, S. 59-65.

Blumer, Herbert 1969a: Society as Symbolic Interaction (zuerst 1962), in: ders., Symbolic Interactionism. Perspective and Method. Englewood Cliffs, N.J.: Prentice-Hall, S. 78-89.

Blumer, Herbert 1969b: The Methodological Position of Symbolic Interactionism, in: ders., Symbolic Interactionism. Perspective and Method. Englewood Cliffs, N.J.: Prentice-Hall, S. 1-60.

Bohnsack, Ralf 1983: Alltagsinterpretation und soziologische Rekonstruktion. Opladen: Westdeutscher Verlag.

Bohnsack, Ralf 1993: Rekonstruktive Sozialforschung. Einführung in Methodologie und Praxis qualitativer Forschung. 2., überarbeitete Auflage. Opladen: Leske + Budrich.

Bohnsack, Ralf/Peter Loos/Burkhard Schäffer/Klaus Städtler/Bodo Wild 1995: Die Suche nach Gemeinsamkeit und die Gewalt in der Gruppe. Hooligans, Musikgruppen und andere Jugendcliquen. Opladen: Leske + Budrich.

Bois, Reinmar du 1994: Mißhandelte Eltern – Analyse einer Umfrage, in: Hans Thiersch/Jürgen Wertheimer/Klaus Grunwald (Hrsg.): »... überall in den Köpfen und Fäusten.« Auf der Suche nach Ursachen und Konsequenzen von Gewalt. Darmstadt: Wissenschaftliche Buchgesellschaft, S. 169-181.

Bois, Reinmar du 1997: »Gewaltakte nur Spitze eines Eisbergs«. Wenn Kinder ihre Eltern schlagen: Interview von Inge Jacobs mit Reinmar du Bois, in: Stuttgarter Zeitung, 26. Mai 1997, S. 18.

Bordua, David J. 1974: Kritik der soziologischen Interpretationen der Bandendelinquenz (engl. Orig. 1961), in: Klaus Lüderssen/Fritz Sack (Hrsg.): Seminar: Abweichendes Verhalten, Bd. I: Die selektiven Normen der Gesellschaft. Frankfurt/M.: Suhrkamp, S. 403-432.

Böttger, Andreas 1996: »Hervorlocken« oder Aushandeln? Zu Methodologie und Methode des »rekonstruktiven Interviews« in der Sozialforschung, in: Rainer Strobl/Andreas Böttger

(Hrsg.): Wahre Geschichten? Zu Theorie und Praxis qualitativer Interviews. Baden-Baden: Nomos, S. 131-158.

Böttger, Andreas 1998a: Gewalt und Biographie. Eine qualitative Analyse rekonstruierter Lebensgeschichten von 100 Jugendlichen. Baden-Baden: Nomos.

Böttger, Andreas 1998b: »Mein Vater hat mir auch einiges beigebracht...«. Ergebnisse eines qualitativen Forschungsprojektes zu Biographien gewalttätiger Jugendlicher, in: DVJJ-Journal, Jg. 9, S. 224-235.

Bourgois, Philippe 1995: In Search of Respect. Selling Crack in El Barrio. Cambridge/New York: Cambridge University Press.

Breyvogel, Wilfried 1993: Jugendliche Gewaltbereitschaft. Subjektive Fragmentierung, Gewalt-Lust und die Gesellschaft als städtisch-medialer Erfahrungsraum. Ein theoretisches Konzept in praktischer Absicht, in: ders. (Hrsg.): Lust auf Randale. Jugendliche Gewalt gegen Fremde. Bonn: Dietz, S. 11-34.

Bründel, Heidrun/Klaus Hurrelmann 1997: Gewalt macht Schule. Wie gehen wir mit aggressiven Kindern um? München: Knaur (zuerst 1994).

Bruhns, Kirsten/Svendy Wittmann 2001: »Wir sind doch keine Schwacheier« – Mädchen in gewaltbereiten Jugendgruppen, in: Journal für Konflikt- und Gewaltforschung, Jg. 3, H. 2, S. 45-63.

Bude, Heinz 1985: Der Sozialforscher als Narrationsanimateur. Kritische Anmerkungen zu einer erzähltheoretischen Fundierung der interpretativen Sozialforschung, in: Kölner Zeitschrift für Soziologie und Sozialpsychologie, Jg. 37, S. 327-336.

Buford, Bill 1994: Unter Hooligans. Geil auf Gewalt. München: Goldmann (engl. Orig. 1990, 1991).

Burschyk, Leo/Karl-Heinz Sames/Jens Weidner 2000: Das Anti-Aggressivitäts-Training: Curriculare Eckpfeiler und Forschungsergebnisse, in: Jens Weidner/Rainer Kilb/Dieter Kreft (Hrsg.): Gewalt im Griff, Bd. 1: Neue Formen des Anti-Aggressivitäts-Trainings. 2., erweiterte und neu ausgestattete Auflage. Weinheim/Basel: Beltz, S. 74-90.

Canetti, Elias 1960: Masse und Macht. Düsseldorf: Claassen.

Canetti, Elias 1972: Gespräch mit Theodor W. Adorno (zuerst 1962), in: ders., Die gespaltene Zukunft. Aufsätze und Gespräche. München: Hanser, S. 66-92.

Canetti, Elias 1976: Die Provinz des Menschen. Aufzeichnungen 1942-1972. Frankfurt/M.: Fischer (zuerst 1973).

Canetti, Elias 1981: Macht und Überleben, in: ders., Das Gewissen der Worte. Essays. Frankfurt/M.: Fischer, S. 25-41 (zuerst 1975).

Canetti, Elias 1986: Das Augenspiel. Lebensgeschichte 1931-1937. Berlin: Volk und Welt (zuerst 1985).

Cavell, Stanley 1976: Must We Mean What We Say?, in: ders., Must We Mean What We Say? A Book of Essays. Cambridge/New York/Melbourne: Cambridge University Press, S. 1-43.

Charmaz, Kathy 1983: The Grounded Theory Method: An Explication and Interpretation, in: Robert M. Emerson (Hrsg.): Contemporary Field Research. A Collection of Readings. Boston/Toronto: Little, Brown & Co., S. 109-126.

Cloward, Richard A./Lloyd E. Ohlin 1960: Delinquency and Opportunity. A Theory of Delinquent Gangs. New York: Free Press.

Cohen, Albert K. 1955: Delinquent Boys. The Culture of the Gang. New York: Free Press.

Cohen, Albert K. 1965: The Sociology of the Deviant Act: Anomie Theory and Beyond, in: American Sociological Review, Vol. 30, S. 5-14.

Corbin, Juliet/Anselm L. Strauss 1990: Grounded Theory Research: Procedures, Canons, and Evaluative Criteria, in: Qualitative Sociology, Vol. 13, S. 3-21.

Crane, Mary Lou 1997: Childhood Sibling Abuse: A Neglected Form of Maltreatment, in: Progress: Family Systems Research and Therapy, Vol. 6, S. 27-41.

Denzin, Norman K. 1984: Toward a Phenomenology of Domestic, Family Violence, in: American Journal of Sociology, Vol. 90, S. 483-513.

Denzin, Norman K. 1989a: Interpretive Biography. Newbury Park, Calif./London/New Delhi: Sage.

Denzin, Norman K. 1989b: Interpretive Interactionism. Newbury Park, Calif./London/New Delhi: Sage.

Dewey, John 1980: Kunst als Erfahrung. Frankfurt/M.: Suhrkamp (engl. Orig. 1934).

Douglas, Mary 1974: Ritual, Tabu und Körpersymbolik. Sozialanthropologische Studien in Industriegesellschaft und Stammeskultur. Frankfurt/M.: Fischer (engl. Orig. 1970, 1973).

Downes, David/Paul Rock 1998: Understanding Deviance. A Guide to the Sociology of Crime and Rule Breaking. Third Edition. Oxford/New York: Oxford University Press.

Dubet, François 1997: Die Logik der Jugendgewalt. Das Beispiel der französischen Vorstädte, in: Trutz von Trotha (Hrsg.): Soziologie der Gewalt. Kölner Zeitschrift für Soziologie und Sozialpsychologie, Sonderheft 37. Opladen/Wiesbaden: Westdeutscher Verlag, S. 220-234.

Dubet, François/Didier Lapeyronnie 1994: Im Aus der Vorstädte. Der Zerfall der demokratischen Gesellschaft. Stuttgart: Klett-Cotta (frz. Orig. 1992).

Dubin, Robert 1959: Deviant Behavior and Social Structure: Continuities in Social Theory, in: American Sociological Review, Vol. 24, S. 147-164.

Duerr, Hans Peter 1993: Obszönität und Gewalt. Der Mythos vom Zivilisationsprozeß, Bd. 3. Frankfurt/M.: Suhrkamp.

Durkheim, Emile 1970a: Bestimmung der moralischen Tatsache (frz. Orig. 1906, 1924), in: ders., Soziologie und Philosophie. Frankfurt/M.: Suhrkamp, S. 84-117.

Durkheim, Emile 1970b: Entgegnungen auf Einwände (frz. Orig. 1906, 1924), in: ders., Soziologie und Philosophie. Frankfurt/M.: Suhrkamp, S. 118-136.

Ebrecht, Angelika 1996: Hunger nach Männlichkeit? Die intergenerative Vermittlung von Schuldgefühlen im Körperselbst und im Ichideal rechtsextremer Jugendlicher, in: Psychosozial, Jg. 19, H. II, S. 29-42.

Eckert, Roland/Max Kaase/Friedhelm Neidhardt (unter Mitarbeit von Helmut Willems) 1990: Ursachen, Prävention und Kontrolle von Gewalt aus soziologischer Sicht, in: Hans-Dieter Schwind/Jürgen Baumann (Hrsg.): Ursachen, Prävention und Kontrolle von Gewalt. Analysen und Vorschläge der Unabhängigen Regierungskommission zur Verhinderung und Bekämpfung von Gewalt, Bd. II. Berlin: Duncker & Humblot, S. 293-414.

Eckert, Roland/Christa Reis/Thomas A. Wetzstein (unter Mitarbeit von Peter Bangert und mit einem Beitrag von Linda Steinmetz) 2000: »Ich will halt anders sein wie die anderen!« Abgrenzung, Gewalt und Kreativität bei Gruppen Jugendlicher. Opladen: Leske + Budrich.

Eckert, Roland/Linda Steinmetz/Thomas A. Wetzstein 2001: Lust an der Gewalt, in: Journal für Konflikt- und Gewaltforschung, Jg. 3, H. 1, S. 28-43.

Eckert, Roland/Helmut Willems 1996: Eskalationsmuster der Gewalt bei ausländerfeindlichen Jugendlichen, in: Konrad Hilpert (Hrsg.): Die ganz alltägliche Gewalt. Eine interdisziplinäre Annäherung. Opladen: Leske + Budrich, S. 45-70.

Elias, Norbert 1976: Über den Prozeß der Zivilisation. Bd. 1. Frankfurt/M.: Suhrkamp (zuerst 1939).

Elias, Norbert/Eric Dunning 1970: The Quest for Excitement in Unexciting Societies, in: Günther Lüschen (Hrsg.): The Cross-Cultural Analysis of Sport and Games. Champaign, Ill.: Stipes, S. 31-51.

Elster, Jon 1987: Zustände, die wesentlich Nebenprodukt sind (engl. Orig. 1983), in: ders., Subversion der Rationalität. Frankfurt/New York: Campus, S. 141-209.

Engfer, Anette 1986: Kindesmißhandlung. Ursachen – Auswirkungen – Hilfen. Stuttgart: Enke.

Epstein, Seymour 1962: Comments on Dr. Bandura's Paper, in: Marshall R. Jones (Hrsg.): Nebraska Symposium on Motivation. Lincoln, Neb.: University of Nebraska Press, S. 269-272.

Erickson, Martha Farrell/Byron Egeland/Robert Pianta 1989: The Effects of Maltreatment on the Development of Young Children, in: Dante Cicchetti/Vicki Carlson (Hrsg.): Child Maltreatment: Theory and Research on the Causes and Consequences of Child Abuse and Neglect. Cambridge/New York: Cambridge University Press, S. 647-684.

Erikson, Erik H. 1966: Ich-Entwicklung und geschichtlicher Wandel (engl. Orig. 1946, 1959), in: ders., Identität und Lebenszyklus. Frankfurt/M.: Suhrkamp, S. 11-54.

Esser, Johannes/Thomas Dominikowski 1995: Die Lust an der Gewalttätigkeit bei Jugendlichen. Krisenprofile – Ursachen – Handlungsorientierungen für die Jugendarbeit. 2. Auflage. Frankfurt/M.: ISS-Eigenverlag.

Fanon, Frantz 1981: Die Verdammten dieser Erde. Frankfurt/M.: Suhrkamp (frz. Orig. 1961).

Farrington, David P. 1995: Stabilität und Prädiktion von aggressivem Verhalten, in: Gruppendynamik, Jg. 26, S. 23-40.

Felson, Richard B. 1983: Aggression and Violence Between Siblings, in: Social Psychology Quarterly, Vol. 46, S. 271-285.

Fischer, Wolfram/Martin Kohli 1987: Biographieforschung, in: Wolfgang Voges (Hrsg.): Methoden der Biographie- und Lebenslaufforschung. Opladen: Leske + Budrich, S. 25-49.

Flick, Uwe 1995: Qualitative Forschung. Theorie, Methoden, Anwendung in Psychologie und Sozialwissenschaften. Reinbek: Rowohlt.

Frankfurt, Harry G. 1993: Willensfreiheit und der Begriff der Person (engl. Orig. 1971), in: Peter Bieri (Hrsg.): Analytische Philosophie des Geistes. 2., verbesserte Auflage. Bodenheim: Athenäum Hain Hanstein, S. 287-302.

Freud, Sigmund 1974: Das Unbehagen in der Kultur (zuerst 1930), in: ders., Studienausgabe, Bd. IX: Fragen der Gesellschaft. Ursprünge der Religion. Frankfurt/M.: Fischer, S. 191-270.

Freud, Sigmund 1975a: Jenseits des Lustprinzips (zuerst 1920), in: ders., Studienausgabe, Bd. III: Psychologie des Unbewußten. Frankfurt/M.: Fischer, S. 213-272.

Freud, Sigmund 1975b: Das Ich und das Es (zuerst 1923), in: ders., Studienausgabe, Bd. III: Psychologie des Unbewußten. Frankfurt/M.: Fischer, S. 273-330.

Galtung, Johan 1969: Violence, Peace, and Peace Research, in: Journal of Peace Research, Vol. 6, S. 167-191.

Galtung, Johan 1990: Cultural Violence, in: Journal of Peace Research, Vol. 27, S. 291-305.

Garbarino, James 1981a: An Ecological Approach to Child Maltreatment, in: Leroy H. Pelton (Hrsg.): The Social Context of Child Abuse and Neglect. New York/London: Human Sciences Press, S. 228-267.

Garbarino, James 1981b: Child Abuse and Juvenile Delinquency: The Developmental Impact of Social Isolation, in: Robert J. Hunner/Yvonne E. Walker (Hrsg.): Exploring the Relationship Between Child Abuse and Delinquency. Montclair, N.J.: Allanheld, Osmun & Co., S. 115-127.

Garbarino, James 1989: Troubled Youth, Troubled Families: The Dynamics of Adolescent Maltreatment, in: Dante Cicchetti/Vicki Carlson (Hrsg.): Child Maltreatment: Theory and Research on the Causes and Consequences of Child Abuse and Neglect. Cambridge/New York: Cambridge University Press, S. 685-706.

Garfinkel, Harold 1984: Studies in Ethnomethodology. Cambridge/Oxford: Polity Press (zuerst 1967).

Gaserow, Vera 1997: Nur die Exgeliebte packte aus. In Berlin begann der Prozeß gegen die vietnamesische »Ngoc-Thien-Bande«, in: die tageszeitung vom 9./10. August 1997, S. 4.

Gelles, Richard J. 1985: Family Violence, in: Annual Review of Sociology, Vol. 11, S. 347-367.

Gelles, Richard J./Claire Pedrick Cornell 1985: Intimate Violence in Families. Beverly Hills/London/New Delhi: Sage.

Gelles, Richard J./Claire Pedrick Cornell 1987: Adolescent-to-Parent Violence, in: Gelles, Richard J.: Family Violence. Second Edition. Newbury Park, Calif./Beverly Hills: Sage, S. 153-167.

Gelles, Richard J./Murray A. Straus 1987: Is Violence Toward Children Increasing? A Comparison of 1975 and 1985 National Survey Rates, in: Gelles, Richard J.: Family Violence. Second Edition. Newbury Park, Calif./Beverly Hills: Sage, S. 78-88.

Genet, Jean 1977: Das kriminelle Kind (frz. Orig. 1949), in: ders., Briefe an Roger Blin. Der Seiltänzer. Das kriminelle Kind. Reinbek: Rowohlt, S. 73-89.

Gerhardt, Uta 1985: Erzähldaten und Hypothesenkonstruktion. Überlegungen zum Gültigkeitsproblem in der biographischen Sozialforschung, in: Kölner Zeitschrift für Soziologie und Sozialpsychologie, Jg. 37, S. 230-256.

Giddens, Anthony 1984: Interpretative Soziologie. Eine kritische Einführung. Frankfurt/New York: Campus (engl. Orig. 1976).

Gil, David G. 1975: Gewalt gegen Kinder, in: Heinrich Bast/Angela Bernecker/Ingrid Kastien/Gerd Schmitt/Reinhart Wolff (Hrsg.): Gewalt gegen Kinder. Kindesmißhandlungen und ihre Ursachen. Reinbek: Rowohlt, S. 241-263.

Glaser, Barney G. 1978: Theoretical Sensitivity. Advances in the Methodology of Grounded Theory. Mill Valley, Calif.: Sociology Press.

Glaser, Barney G./Anselm L. Strauss 1965: Awareness of Dying. Chicago: Aldine.

Glaser, Barney G./Anselm L. Strauss 1967: The Discovery of Grounded Theory. Strategies for Qualitative Research. New York: Aldine de Gruyter.

Glaser, Barney G./Anselm L. Strauss 1968: Time for Dying. Chicago: Aldine.

Goffman, Erving 1967: Stigma. Über Techniken der Bewältigung beschädigter Identität. Frankfurt/M.: Suhrkamp (engl. Orig. 1963).

Goffman, Erving 1971: Wo was los ist - wo es *action* gibt (engl. Orig. 1967), in: Interaktionsrituale. Über Verhalten in direkter Kommunikation. Frankfurt/M.: Suhrkamp, S. 164-292.

Goffman, Erving 1972: Asyle. Über die soziale Situation psychiatrischer Patienten und anderer Insassen. Frankfurt/M.: Suhrkamp (engl. Orig. 1961).

Gottfredson, Michael R./Travis Hirschi 1990: A General Theory of Crime. Stanford, Calif.: Stanford University Press.

Habermas, Jürgen 1981: Theorie des kommunikativen Handelns, Bd. 1. Frankfurt/M.: Suhrkamp.

Harbin, Henry T./Denis J. Madden 1979: Battered Parents: A New Syndrome, in: American Journal of Psychiatry, Vol. 136, S. 1288-1291.

Hasselbach, Ingo/Winfried Bonengel 1993: Die Abrechnung. Ein Neonazi steigt aus. Berlin/ Weimar: Aufbau.

Hawkins, J. David/Joseph G. Weis 1985: The Social Development Model: An Integrated Approach to Delinquency Prevention, in: Journal of Primary Prevention, Vol. 6, S. 73-97.

Heirich, Max 1977: Change of Heart: A Test of Some Widely Held Theories about Religious Conversion, in: American Journal of Sociology, Vol. 83, S. 653-680.

Heitmeyer, Wilhelm 1994: Das Desintegrations-Theorem. Ein Erklärungsansatz zu fremdenfeindlich motivierter, rechtsextremistischer Gewalt und zur Lähmung gesellschaftlicher Institutionen, in: ders. (Hrsg.): Das Gewalt-Dilemma. Gesellschaftliche Reaktionen auf fremdenfeindliche Gewalt und Rechtsextremismus. Frankfurt/M.: Suhrkamp, S. 29-69.

Heitmeyer, Wilhelm/Heike Buhse/Joachim Liebe-Freund/Kurt Möller/Joachim Müller/Helmut Ritz/Gertrud Siller/Johannes Vossen 1992: Die Bielefelder Rechtsextremismus-Studie. Erste Langzeituntersuchung zur politischen Sozialisation männlicher Jugendlicher. Weinheim/ München: Juventa.

Heitmeyer, Wilhelm/Birgit Collmann/Jutta Conrads/Ingo Matuschek/Dietmar Kraul/Wolfgang Kühnel/Renate Möller/Matthias Ulbrich-Hermann 1995: Gewalt. Schattenseiten der Individualisierung bei Jugendlichen aus unterschiedlichen Milieus. Weinheim/München: Juventa.

Held, Josef/Hans Horn/Rudolf Leiprecht/Athanasios Marvakis 1992: »Du mußt so handeln, daß Du Gewinn machst«. Empirische Untersuchungen und theoretische Überlegungen zu politisch rechten Orientierungen jugendlicher Arbeitnehmer. 2., neu gestaltete Auflage. Duisburg: DISS-Texte.

Herrenkohl, Ellen C./Roy C. Herrenkohl/Lori J. Toedter 1983: Perspectives on the Intergenerational Transmission of Abuse, in: David Finkelhor/Richard J. Gelles/Gerald T. Hotaling/Murray A. Straus (Hrsg.): The Dark Side of Families. Current Family Violence Research. Newbury Park, Calif./London/New Delhi: Sage, S. 305-316.

Hitzler, Ronald 1999: Gewalt als Tätigkeit. Vorschläge zu einer handlungstypologischen Begriffsklärung, in: Sighard Neckel/Michael Schwab-Trapp (Hrsg.): Ordnungen der Gewalt. Beiträge zu einer politischen Soziologie der Gewalt und des Krieges. Opladen: Leske + Budrich, S. 9-19.

Hoffmeister, Dieter/Oliver Sill 1992: Zwischen Aufstieg und Ausstieg. Autoritäre Einstellungsmuster bei Jugendlichen und jungen Erwachsenen. Opladen: Leske + Budrich.

Honig, Michael-Sebastian 1986: Verhäuslichte Gewalt: Sozialer Konflikt, wissenschaftliche Konstrukte, Alltagswissen, Handlungssituationen. Eine Explorativstudie über Gewalthandeln von Familien. Frankfurt/M.: Suhrkamp.

Honneth, Axel 1990: Integrität und Mißachtung. Grundmotive einer Moral der Anerkennung, in: Merkur, Jg. 44, S. 1043-1054.

Honneth, Axel 1992: Kampf um Anerkennung. Zur moralischen Grammatik sozialer Konflikte. Frankfurt/M.: Suhrkamp.

Honneth, Axel 1995: Die Unendliche Perpetuierung des Naturzustandes. Zum Erkenntnisgehalt von Canettis »Masse und Macht«, in: Sinn und Form, Jg. 47, S. 401-416.

Honneth, Axel 1996: Die soziale Dynamik von Mißachtung. Zur Ortsbestimmung einer kritischen Gesellschaftstheorie, in: Mitteilungen des Instituts für Sozialforschung, H. 7, S. 13-32.

Honneth, Axel 2001: Rassismus als Wahrnehmungsdeformation. Über Unsinnigkeiten der Toleranzforderung, in: Neue Rundschau, Jg. 112, H. 3., S. 159-165.

Hopf, Christel 1978: Die Pseudo-Exploration – Überlegungen zur Technik qualitativer Interviews in der Sozialforschung, in: Zeitschrift für Soziologie, Jg. 7, S. 97-115.

Hopf, Christel 1991: Qualitative Interviews in der Sozialforschung. Ein Überblick, in: Uwe Flick/Ernst von Kardorff/Heiner Keupp/Lutz von Rosenstiel/Stephan Wolff (Hrsg.): Handbuch qualitative Sozialforschung. München: Psychologie Verlags Union, S. 177-182.

Hopf, Christel/Peter Rieker/Martina Sanden-Marcus/Christiane Schmidt 1995: Familie und Rechtsextremismus. Familiale Sozialisation und rechtsextreme Orientierungen junger Männer. Weinheim/München: Juventa.

Hopf, Christel/Christiane Schmidt (Hrsg.) 1993: Zum Verhältnis von innerfamilialen sozialen Erfahrungen, Persönlichkeitsentwicklung und politischen Orientierungen. Dokumentation und Erörterung des methodischen Vorgehens in einer Studie zu diesem Thema. Hildesheim: Institut für Sozialwissenschaften der Universität Hildesheim.

Horowitz, Ruth 1983: Honor and the American Dream. Culture and Identity in a Chicano Community. New Brunswick, N.J.: Rutgers University Press.

Horowitz, Ruth/Gary Schwartz 1974: Honor, Normative Ambiguity and Gang Violence, in: American Sociological Review, Vol. 39, S. 238-251.

Hughes, Everett 1971: Cycles, Turning Points, and Careers (zuerst 1952), in: ders., The Sociological Eye. Selected Papers. Chicago/New York: Aldine-Atherton, S. 124-131.

Hurrelmann, Klaus 1989: Gewalt in der Familie, in: Jugendschutz, Jg. 34, Nr. 4, S. 10-18.

Jaffe, Peter G./David A. Wolfe/Susan Kaye Wilson 1990: Children of Battered Women. Newbury Park, Calif./London/New Delhi: Sage.

James, Oliver 1995: Juvenile Violence in a Winner-Loser-Culture. Socio-Economic and Familial Origins of the Rise in Violence Against the Person. London/New York: Free Association Books.

Joas, Hans 1992a: Die Kreativität des Handelns. Frankfurt/M.: Suhrkamp.

Joas, Hans 1992b: Lehrmeister Krieg?, in: Kölner Zeitschrift für Soziologie und Sozialpsychologie, Jg. 44, S. 538-543.

Joas, Hans 1994: Der Traum von der gewaltfreien Moderne, in: Sinn und Form, Jg. 46, S. 309-318.

Joas, Hans 1996a: Die Modernität des Krieges. Die Modernisierungstheorie und das Problem der Gewalt, in: Leviathan, Jg. 24, S. 13-27.

Joas, Hans 1996b: Kreativität und Autonomie. Die soziologische Identitätskonzeption und ihre postmoderne Herausforderung, in: Annette Barkhaus/Matthias Mayer/Neil Roughley/ Donatus Thürnau (Hrsg.): Identität, Leiblichkeit, Normativität. Neue Horizonte anthropologischen Denkens. Frankfurt/M.: Suhrkamp, S. 357-369.

Joas, Hans 1997a: Die Entstehung der Werte. Frankfurt/M.: Suhrkamp.

Joas, Hans 1997b: Handlungstheorie und Gewaltdynamik, in: Wolfgang R. Vogt (Hrsg.): Gewalt und Konfliktbearbeitung. Baden-Baden: Nomos, S. 67-75.

Joas, Hans 2000: Einleitung, in: ders., Kriege und Werte. Studien zur Gewaltgeschichte des 20. Jahrhunderts. Weilerswist: Velbrück, S. 11-45.

Johnson, John M./Kathleen J. Ferraro 1984: The Victimized Self. The Case of Battered Women, in: Joseph A. Kotarba/Andrea Fontana (Hrsg.): The Existential Self in Society. Chicago: University of Chicago Press, S. 119-130.

Jugendgerichtsgesetz (JGG) 1996, in: Jugendrecht. Stand 18. März 1996. Frankfurt/M.: Suhrkamp, S. 337- 377.

Kallmeyer, Werner/Fritz Schütze 1977: Zur Konstitution von Kommunikationsschemata der Sachverhaltsdarstellung, in: Dirk Wegner (Hrsg.): Gesprächsanalysen. Hamburg: Buske, S. 159-274.

Katz, Jack 1988: Seductions of Crime. Moral and Sensual Attractions in Doing Evil. New York: Basic Books.

Katz, Jack 1991: Criminal's Passions and the Progressive's Dilemma, in: Alan Wolfe (Hrsg.): America at Century's End. Berkeley/Los Angeles/Oxford: University of California Press, S. 396-417.

Katz, Jack 1996: The Motivation of the Persistent Robber (zuerst 1991), in: John E. Conklin (Hrsg.): New Perspectives in Criminology. Boston, Mass./London: Allyn & Bacon, S. 171-180.

Kaufman, Joan/Edward Zigler 1989: The Intergenerational Transmission of Child Abuse, in: Dante Cicchetti/Vicki Carlson (Hrsg.): Child Maltreatment: Theory and Research on the Causes and Consequences of Child Abuse and Neglect. Cambridge/New York: Cambridge University Press, S. 129-150.

Kempe, C. Henry/Frederic N. Silverman/Brandt F. Steele/William Droegemueller/Henry K. Silver 1962: The Battered-Child Syndrome, in: Journal of the American Medical Association, Vol. 181, S. 17-24.

Kempe, Ruth S./C. Henry Kempe 1984: Kindesmißhandlung. Frankfurt/Berlin/Wien: Ullstein (engl. Orig. 1978).

Kersten, Joachim 1993: Männlichkeitsdarstellungen in Jugendgangs. Kulturvergleichende Betrachtungen zum Thema »Jugend und Gewalt«, in: Hans-Uwe Otto/Roland Merten (Hrsg.): Rechtsradikale Gewalt im vereinigten Deutschland. Jugend im gesellschaftlichen Umbruch. Opladen: Leske + Budrich, S. 227-236.

Kersten, Joachim 1997: Risiken und Nebenwirkungen: Gewaltorientierung und die Bewerkstelligung von »Männlichkeit« und »Weiblichkeit« bei Jugendlichen der *underclass*, in: Susanne

Krasmann/Sebastian Scheerer (Hrsg.): Die Gewalt in der Kriminologie. Kriminologisches Journal, Beiheft 6. Weinheim: Juventa, S. 103-114.

Keupp, Heiner 1997: Diskursarena Identität: Lernprozesse in der Identitätsforschung, in: Heiner Keupp/Renate Höfer (Hrsg.): Identitätsarbeit heute. Klassische und aktuelle Perspektiven der Identitätsforschung. Frankfurt/M.: Suhrkamp, S. 11-39.

Kirbach, Roland 1997: Solingen war die Zäsur, in: Die Zeit, Nr. 21, 16. Mai 1997, S. 14.

Kitsuse, John I. 1962: Societal Reaction to Deviant Behavior: Problems of Theory and Method, in: Social Problems, Vol. 9, S. 247-256.

Klinkmann, Norbert 1982: Gewalt und Langeweile, in: Kriminologisches Journal, Jg. 14, S. 254-276.

Knöbl, Wolfgang 1994: Sind die USA eine besonders gewalttätige Gesellschaft?, in: Hans Joas/Wolfgang Knöbl (Hrsg.): Gewalt in den USA. Frankfurt/M.: Fischer, S. 48-72.

Koehler, Jan 1998: Die Zeit der Jungs. Institutionalisierte Gewalt und die Grenzen der Innovation, Tbilissi, Georgien, in: Jan Koehler/Sonja Heyer (Hrsg.): Anthropologie der Gewalt. Chancen und Grenzen der sozialwissenschaftlichen Forschung. Berlin: Verlag für Wissenschaft und Forschung, S. 49-70.

Kohli, Martin 1978: »Offenes« und »geschlossenes« Interview: Neue Argumente zu einer alten Kontroverse, in: Soziale Welt, Jg. 29, S. 1-25.

Kohlstruck, Michael 1995: Politische Randale? Jugendgewalt und Rechtsradikalismus im Land Brandenburg, in: Richard Faber/Hajo Funke/Gerhard Schoenberner (Hrsg.): Rechtsextremismus. Ideologie und Gewalt. Berlin: Edition Hentrich, S. 124-135.

Krappmann, Lothar 1969: Soziologische Dimensionen der Identität. Strukturelle Bedingungen für die Teilnahme an Interaktionsprozessen. Stuttgart: Klett-Cotta.

Krappmann, Lothar 1979: Die problematische Wahrung der Identität, in: Annelise Heigl-Evers/Ulrich Streeck (Hrsg.): Die Psychologie des 20. Jahrhunderts, Bd. VIII: Lewin und die Folgen. Zürich: Kindler, S. 413-423.

Krappmann, Lothar 1997: Die Identitätsproblematik nach Erikson aus einer interaktionistischen Sicht, in: Heiner Keupp/Renate Höfer (Hrsg.): Identitätsarbeit heute. Klassische und aktuelle Perspektiven der Identitätsforschung. Frankfurt/M.: Suhrkamp, S. 66-92.

Kratcoski, Peter C. 1985: Youth Violence Directed Toward Significant Others, in: Journal of Adolescence, Vol. 8, S. 145-157.

Kreissl, Reinhard 1997: Überlegungen zur Kritik des kriminologischen Gewaltdiskurses, in: Susanne Krasmann/Sebastian Scheerer (Hrsg.): Die Gewalt in der Kriminologie. Kriminologisches Journal, Beiheft 6. Weinheim: Juventa, S. 183-198.

Kühnel, Wolfgang 1993a: Jugend in den neuen Bundesländern: Veränderte Bedingungen des Aufwachsens, Gewalt und politischer Radikalismus, in: Berliner Journal für Soziologie, Bd. 3, S. 385-408.

Kühnel, Wolfgang 1993b: Gewalt durch Jugendliche im Osten Deutschlands. Versuch einer Ursachen- und Bedingungsanalyse, in: Hans-Uwe Otto/Roland Merten (Hrsg.): Rechtsradikale Gewalt im vereinigten Deutschland. Jugend im gesellschaftlichen Umbruch. Opladen: Leske + Budrich, S. 237-246.

Kühnel, Wolfgang 1995: Die Bedeutung von sozialen Netzwerken und Peer-group-Beziehungen für Gewalt im Jugendalter, in: Zeitschrift für Sozialisationsforschung und Erziehungssoziologie, Jg. 15, S. 122-144.

Landesarbeitsgemeinschaft für ambulante Maßnahmen nach dem Jugendgerichtsgesetz in Berlin (Hrsg.) 1995: Ambulante Maßnahmen in Berlin. Erziehen statt Strafen. Berlin: LAG Berlin.

Legewie, Heiner 1994: Globalauswertung von Dokumenten, in: Andreas Boehm/Andreas Mengel/Thomas Muhr (Hrsg.): Texte verstehen: Konzepte, Methoden, Werkzeuge. Konstanz: Universitätsverlag Konstanz, S. 177-182.

Lemert, Edwin M. 1974: Der Begriff der sekundären Devianz (engl. Orig. 1967), in: Klaus Lüderssen/Fritz Sack (Hrsg.): Seminar: Abweichendes Verhalten, Bd. I: Die selektiven Normen der Gesellschaft. Frankfurt/M.: Suhrkamp, S. 433-476.

Lenz, Karl 1991: Prozeßstrukturen biographischer Verläufe in der Jugendphase und danach. Methodische Grundlagen einer qualitativen Langzeitstudie, in: Arno Combe/Werner Helsper (Hrsg.): Hermeneutische Jugendforschung. Theoretische Konzepte und methodologische Ansätze. Opladen: Westdeutscher Verlag, S. 50-70.

Leonard, Kenneth E./Theodore Jacob 1988: Alcohol, Alcoholism, and Family Violence, in: Vincent B. Van Hasselt/Randall L. Morrison/Alan S. Bellack/Michel Hersen (Hrsg.): Handbook of Family Violence. New York/London: Plenum Press, S. 383-406.

Lewis, Dorothy Otnow/Catherine Mallouh/Victoria Webb 1989: Child Abuse, Delinquency, and Violent Criminality, in: Dante Cicchetti/Vicki Carlson (Hrsg.): Child Maltreatment: Theory and Research on the Causes and Consequences of Child Abuse and Neglect. Cambridge/New York: Cambridge University Press, S. 707-721.

Liell, Christoph 1999: Der Doppelcharakter von Gewalt: Diskursive Konstruktion und soziale Praxis, in: Sighard Neckel/Michael Schwab-Trapp (Hrsg.): Ordnungen der Gewalt. Beiträge zu einer politischen Soziologie der Gewalt und des Krieges. Opladen: Leske + Budrich, S. 33-54.

Lorenz, Konrad 1963: Das sogenannte Böse. Zur Naturgeschichte der Aggression. Wien: Borotha-Schoeler.

Lösel, Friedrich 1995: Entwicklung und Ursachen der Gewalt in unserer Gesellschaft, in: Gruppendynamik, Jg. 26, S. 5-22.

Lösel, Friedrich/Thomas Bliesener 1990: Resilience in Adolescence: A Study on the Generalizability of Protective Factors, in: Klaus Hurrelmann/Friedrich Lösel (Hrsg.): Health Hazards in Adolescence. Berlin: de Gruyter, S. 299-320.

Lösel, Friedrich/Thomas Bliesener 1994: Some High-risk Adolescents Do not Develop Conduct Problems. A Study of Protective Factors, in: International Journal of Behavioral Development, Vol. 17, S. 753-777.

Lösel, Friedrich/Herbert Selg/Ursula Schneider (unter Mitarbeit von Elisabeth Müller-Luckmann) 1990: Ursachen, Prävention und Kontrolle von Gewalt aus psychologischer Sicht, in: Hans-Dieter Schwind/Jürgen Baumann (Hrsg.): Ursachen, Prävention und Kontrolle von Gewalt. Analysen und Vorschläge der Unabhängigen Regierungskommission zur Verhinderung und Bekämpfung von Gewalt, Bd. II. Berlin: Duncker & Humblot, S. 1-156.

Macho, Thomas H. 1996: Jugend und Gewalt. Zur Entzauberung einer modernen Wahrnehmung, in: Michael Wimmer/Christoph Wulf/Bernhard Dieckmann (Hrsg.): Das »zivilisierte Tier«. Zur Historischen Anthropologie der Gewalt. Frankfurt/M.: Fischer, S. 221-244.

Margalit, Avishai 1997: Politik der Würde. Über Achtung und Verachtung. Berlin: Fest (engl. Orig. 1996).

Marx, Rita 1993: Rechtsradikale Jugendgewalt. Psychoanalytische Frageperspektiven, in: Hans-Uwe Otto/Roland Merten (Hrsg.): Rechtsradikale Gewalt im vereinigten Deutschland. Jugend im gesellschaftlichen Umbruch. Opladen: Leske + Budrich, S. 166-175.

Matza, David 1964: Delinquency and Drift. New York: Wiley (Reprint: New Brunswick, N.J.: Transaction Publishers 1990).

Matza, David/Gresham M. Sykes 1961: Juvenile Delinquency and Subterranean Values, in: American Sociological Review, Vol. 26, S. 712-719.

Mead, George Herbert 1968: Geist, Identität und Gesellschaft aus der Sicht des Sozialbehaviorismus. Frankfurt/M.: Suhrkamp (engl. Orig. 1934).

Mead, George Herbert 1980: Die soziale Identität (engl. Orig. 1913), in: ders., Gesammelte Aufsätze, Bd. 1, hrsg. von Hans Joas. Frankfurt/M.: Suhrkamp, S. 241-249.

Merton, Robert K. 1938: Social Structure and Anomie, in: American Sociological Review, Vol. 3, S. 672-682.

Merton, Robert K. 1964: Anomie, Anomia, and Social Interaction: Contexts of Deviant Behavior, in: Marshall B. Clinard (Hrsg.): Anomie and Deviant Behavior: A Discussion and Critique. New York: Free Press, S. 213-242.

Merton, Robert K. 1968a: Social Structure and Anomie (zuerst 1949, 1957), in: ders., Social Theory and Social Structure. 1968 Enlarged Edition. New York: Free Press, S. 185-214.

Merton, Robert K. 1968b: Continuities in the Theory of Social Structure and Anomie (zuerst 1957), in: ders., Social Theory and Social Structure. 1968 Enlarged Edition. New York: Free Press, S. 215-248.

Miller, Arthur 1962: The Bored and the Violent, in: Harper's Magazine, Vol. 225, Nov., S. 50-56.

Miller, Walter B. 1958: Lower Class Culture as a Generating Milieu of Gang Delinquency, in: Journal of Social Issues, Vol. 14, S. 5-19.

Mills, C. Wright 1940: Situated Actions and Vocabularies of Motive, in: American Sociological Review, Vol. 5, S. 904-913.

Moffitt, Terrie E. 1993: Adolescence-Limited and Life-Course-Persistent Antisocial Behavior: A Developmental Taxonomy, in: Psychological Review, Vol. 100, S. 674-701.

Mummendey, Amélie/Manfred Bornewasser/Gabi Löschper/Volker Linneweber 1982: Aggressiv sind immer die anderen. Plädoyer für eine sozialpsychologische Perspektive in der Aggressionsforschung, in: Zeitschrift für Sozialpsychologie, Jg. 13, S. 177-193.

Münkler, Herfried 1996: Angstlust (Rezension zu Wolfgang Sofsky, Traktat über die Gewalt), in: Die Zeit, Nr. 41, 4. Oktober 1996, S. 30.

Nagera, Humberto (Hrsg.) 1974: Psychoanalytische Grundbegriffe. Eine Einführung in Sigmund Freuds Terminologie und Theoriebildung. Frankfurt/M.: Fischer (engl. Orig. 1969, 1970).

Nedelmann, Birgitta 1995: Schwierigkeiten soziologischer Gewaltanalyse, in: Mittelweg 36, Jg. 4, H. 3, S. 8-17.

Nedelmann, Birgitta 1997: Gewaltsoziologie am Scheideweg. Die Auseinandersetzungen in der gegenwärtigen und Wege der künftigen Gewaltforschung, in: Trutz von Trotha (Hrsg.): Soziologie der Gewalt. Kölner Zeitschrift für Soziologie und Sozialpsychologie, Sonderheft 37. Opladen/Wiesbaden: Westdeutscher Verlag, S. 59-85.

Neidhardt, Friedhelm 1986: Gewalt. Soziale Bedeutungen und sozialwissenschaftliche Bestimmungen des Begriffs, in: Was ist Gewalt? Auseinandersetzungen mit einem Begriff. Bd. 1, hrsg. vom Bundeskriminalamt. Wiesbaden: Bundeskriminalamt, S. 109-147.

Neidhardt, Friedhelm 1997: Gewalt, Gewaltdiskussion, Gewaltforschung, in: Bielefelder Universitätsgespräche und Vorträge 7: Gesellschaftliche Entwicklung, wissenschaftliche Verantwortung und Gewalt. Bielefeld: Universität Bielefeld, S. 19-28.

Neumann, Michael 1995: Schwierigkeiten der Soziologie mit der Gewaltanalyse. Einige Bemerkungen zum Beitrag Birgitta Nedelmanns, in: Mittelweg 36, Jg. 4, H. 5, S. 65-68.

Nunner-Winkler, Gertrud 2002: Überlegungen zum Gewaltbegriff, in: Wilhelm Heitmeyer/Hans-Georg Soeffner (Hrsg.): Gewalt. Neue Entwicklungen und alte Analyseprobleme. Frankfurt/M.: Suhrkamp (im Druck).

Oevermann, Ulrich 1993: Die objektive Hermeneutik als unverzichtbare methodologische Grundlage für die Analyse von Subjektivität. Zugleich eine Kritik der Tiefenhermeneutik, in: Thomas Jung/Stefan Müller-Doohm (Hrsg.): »Wirklichkeit« im Deutungsprozeß. Verstehen und Methoden in den Kultur- und Sozialwissenschaften. Frankfurt/M.: Suhrkamp, S. 106-189.

Ohder, Claudius 1992: Gewalt durch Gruppen Jugendlicher. Eine empirische Untersuchung am Beispiel Berlins. Berlin: Hitit.

Orbuch, Terri L. 1997: People's Accounts Count. The Sociology of Accounts, in: Annual Review of Sociology, Vol. 23, S. 455-478.

Ortner, Helmut/Arno Pilgram/Heinz Steinert (Hrsg.) 1998: Die Null-Lösung. New Yorker »Zero-Tolerance«-Politik – das Ende der urbanen Toleranz? Baden-Baden: Nomos.

Osofsky, Joy D. 1995: The Effects of Exposure to Violence on Young Children, in: American Psychologist, Vol. 50, S. 782-788.

Parker, Robert Nash/Kathleen Auerhahn 1998: Alcohol, Drugs, and Violence, in: Annual Review of Sociology, Vol. 24, S. 291-311.

Peek, Charles W./Judith L. Fischer/Jeannie S. Kidwell 1985: Teenage Violence Toward Parents: A Neglected Dimension of Family Violence, in: Journal of Marriage and the Family, Vol. 47, S. 1051-1058.

Petermann, Franz/Ulrike Petermann 1990: Training mit aggressiven Kindern. Einzeltraining, Kindergruppen, Elternberatung. 4., ergänzte Auflage. München: Psychologie Verlags Union.

Pfeiffer, Christian/Ingo Delzer/Dirk Enzmann/Peter Wetzels 1999: Ausgrenzung, Gewalt und Kriminalität im Leben junger Menschen. Kinder und Jugendliche als Opfer und Täter. Sonderdruck des DVJJ-Journals zum 24. Deutschen Jugendgerichtstag vom 18.-22. September 1998 in Hamburg. 3., korrigierte Auflage. Hannover: Eigenverlag der DVJJ.

Pfeiffer, Christian/Peter Wetzels 1997: Kinder als Täter und Opfer. Eine Analyse auf der Basis der PKS und einer repräsentativen Opferbefragung. KFN-Forschungsberichte Nr. 68. Hannover: Kriminologisches Forschungsinstitut Niedersachsen e.V.

Pfeiffer, Christian/Peter Wetzels 1999: Zur Struktur und Entwicklung der Jugendgewalt in Deutschland. Ein Thesenpapier auf Basis aktueller Forschungsbefunde, in: Aus Politik und Zeitgeschichte, B 26, S. 3-22.

Pfouts, Jane H./Janice H. Schopler/H. Carl Henley jr. 1981: Deviant Behaviors of Child Victims and Bystanders in Violent Families, in: Robert J. Hunner/Yvonne E. Walker (Hrsg.): Exploring the Relationship Between Child Abuse and Delinquency. Montclair, N.J.: Allanheld, Osmun & Co., S. 79-99.

Piel, Edgar 1988: Der Gewalt den Garaus machen. Archaische Szenerie und neuer Mythos bei Canetti, in: Hüter der Verwandlung. Beiträge zum Werk von Elias Canetti. Frankfurt/M.: Fischer, S. 148-166 (zuerst 1985).

Pilsczek, Rafael R. 1998: Der Solinger Mehmet Yıldiz über seine Stadt fünf Jahre nach dem Brandanschlag auf die Familie Genç, in: die tageszeitung vom 29. Mai 1998, S. 13.

Pitkin, Hanna Fenichel 1972: Wittgenstein and Justice. On the Significance of Ludwig Wittgenstein for Social and Political Thought. Berkeley/Los Angeles/London: University of California Press.

Popitz, Heinrich 1992: Phänomene der Macht. 2., stark erweiterte Auflage. Tübingen: Mohr.

Raulff, Ulrich 1996: Heimweh nach der Barbarei, letztes Wort der Zivilisation. Die Gewalt am Ende des zwanzigsten Jahrhunderts: Wolfgang Sofskys apokalyptischer Auszug aus der Geschichte, in: Frankfurter Allgemeine Zeitung, Nr. 229, 1. Oktober 1996, S. L 25.

Reiss, Albert J. jr./Jeffry A. Roth (Hrsg.) 1993: Understanding and Preventing Violence. Panel on the Understanding and Control of Violent Behavior. Washington, D.C.: National Academy Press.

Rommelspacher, Birgit 1993: Männliche Gewalt und gesellschaftliche Dominanz, in: Hans-Uwe Otto/Roland Merten (Hrsg.): Rechtsradikale Gewalt im vereinigten Deutschland. Jugend im gesellschaftlichen Umbruch. Opladen: Leske + Budrich, S. 200-210.

Rommelspacher, Birgit 1995: Rassistische und rechte Gewalt, in: dies., Dominanzkultur. Texte zu Fremdheit und Macht. Berlin: Orlanda, S. 80-87.

Rosenbaum, Alan/K. Daniel O'Leary 1981: Children: The Unintended Victims of Marital Violence, in: American Journal of Orthopsychiatry, Vol. 51, S. 692-699.

Sack, Fritz 1973: Zur Definition der Gewalt – am Beispiel Jugend, in: Friedhelm Neidhardt/Fritz Sack/Thomas Würtenberger/Kurt Lüscher/Hans Thiersch/Klaus-Günther Collatz: Aggressivität und Gewalt in unserer Gesellschaft. München: Juventa, S. 39-61.

Sánchez Jankowski, Martín 1991: Islands in the Street. Gangs and American Urban Society. Berkeley/Los Angeles/Oxford: University of California Press.

Schiebel, Martina 1992: Biographische Selbstdarstellungen rechtsextremer und ehemals rechtsextremer Jugendlicher, in: Psychosozial, Jg. 15, H. III, S. 66-77.

Schiffauer, Werner 1983: Die Gewalt der Ehre. Erklärungen zu einem deutsch-türkischen Sexualkonflikt. Frankfurt/M.: Suhrkamp.

Schneider, Hans-Joachim 1990: Zusammenfassende Darstellung und kritische Auswertung der Arbeit der »National Commission on the Causes and Prevention of Violence« (USA) und Untersuchung über die weitere Entwicklung und Auswirkungen der Arbeit der U.S. Violence Commission (Sondergutachten), in: Hans-Dieter Schwind/Jürgen Baumann (Hrsg.): Ursachen, Prävention und Kontrolle von Gewalt. Analysen und Vorschläge der Unabhängigen Regierungskommission zur Verhinderung und Bekämpfung von Gewalt, Bd. III. Berlin: Duncker & Humblot, S. 155-292.

Schneider, Ursula 1990: Gewalt in der Familie (Sondergutachten), in: Hans-Dieter Schwind/ Jürgen Baumann (Hrsg.): Ursachen, Prävention und Kontrolle von Gewalt. Analysen und Vorschläge der Unabhängigen Regierungskommission zur Verhinderung und Bekämpfung von Gewalt, Bd. III. Berlin: Duncker & Humblot, S. 503-573.

Schneider, Ursula 1995: Gewalt in der Familie, in: Gruppendynamik, Jg. 26, S. 41-62.

Schumann, Karl F. 1994: Gewalttaten als Gefahr für die wissenschaftliche Integrität von Kriminologie, in: Kriminologisches Journal, Jg. 26, S. 242-248.

Schütz, Alfred 1971: Wissenschaftliche Interpretation und Alltagsverständnis menschlichen Handelns (engl. Orig. 1953), in: ders., Gesammelte Aufsätze, Bd. I. Den Haag: Nijhoff, S. 3-54.

Schütz, Alfred 1972: Die soziale Welt und die Theorie der sozialen Handlung (engl. Orig. 1960), in: ders., Gesammelte Aufsätze, Bd. II. Den Haag: Nijhoff, S. 3-21.

Schütz, Alfred 1974: Der sinnhafte Aufbau der sozialen Welt. Frankfurt/M.: Suhrkamp (zuerst 1932).

Schütze, Fritz 1976a: Zur Hervorlockung und Analyse von Erzählungen thematisch relevanter Geschichten im Rahmen soziologischer Feldforschung, in: Arbeitsgruppe Bielefelder Soziologen (Hrsg.): Kommunikative Sozialforschung. München: Fink, S. 159-260.

Schütze, Fritz 1976b: Zur soziologischen und linguistischen Analyse von Erzählungen, in: Internationales Jahrbuch für Wissens- und Religionssoziologie, Bd. 10, S. 7-41.

Schütze, Fritz 1977: Die Technik des narrativen Interviews in Interaktionsfeldstudien – dargestellt an einem Projekt zur Erforschung von kommunalen Machtstrukturen. Universität Bielefeld, Fakultät für Soziologie, Arbeitsberichte und Forschungsmaterialien, Nr. 1. Bielefeld: Manuskript der Universität Bielefeld, Fakultät für Soziologie.

Schütze, Fritz 1984: Kognitive Figuren des autobiographischen Stegreiferzählens, in: Martin Kohli/Günther Robert (Hrsg.): Biographie und soziale Wirklichkeit. Neue Beiträge und Forschungsperspektiven. Stuttgart: Metzlersche Verlagsbuchhandlung, S. 78-117.

Schütze, Fritz 1987: Das narrative Interview in Interaktionsfeldstudien: erzähltheoretische Grundlagen. Studienbrief der Fernuniversität Hagen, Teil I: Merkmale von Alltagserzählungen und was wir mit ihrer Hilfe erkennen können. Hagen.

Schwind, Hans-Dieter 1994: Die Empfehlungen der (Anti-)Gewaltkommission – und was aus ihnen geworden ist, in: DVJJ-Journal, Jg. 5, S. 114-120.

Schwind, Hans-Dieter/Jürgen Baumann/Ursula Schneider/Manfred Winter unter Mitarbeit aller Kommissionsmitglieder 1990: Gewalt in der Bundesrepublik Deutschland. Endgutachten der Unabhängigen Regierungskommission zur Verhinderung und Bekämpfung von Gewalt, in: Hans-Dieter Schwind/Jürgen Baumann (Hrsg.): Ursachen, Prävention und Kontrolle von Gewalt. Analysen und Vorschläge der Unabhängigen Regierungskommission zur Verhinderung und Bekämpfung von Gewalt, Bd. I. Berlin: Duncker & Humblot, S. 1-285.

Scott, Marvin B./Stanford M. Lyman 1968: Accounts, in: American Sociological Review, Vol. 33, S. 46-62.

Selg, Herbert/Ulrich Mees/Detlef Berg 1997: Psychologie der Aggressivität. 2., überarbeitete Auflage. Göttingen/Bern/Toronto/Seattle: Hogrefe.

Short, James F. jr./Fred L. Strodtbeck 1965: Group Process and Gang Delinquency. Chicago/ London: University of Chicago Press.

Short, James F. jr./Fred L. Strodtbeck 1968: Why Gangs Fight (zuerst 1964), in: James F. Short jr. (Hrsg.): Gang Delinquency and Delinquency Subcultures. New York: Harper & Row, S. 246-255.

Siegel, Larry J./Joseph J. Senna 1985: Juvenile Delinquency. Theory, Practice, and Law. Second Edition. St. Paul, Minn.: West Publishing.

Silver, Larry B./Christina C. Dublin/Reginald S. Lourie 1969: Does Violence Breed Violence? Contributions from a Study of Child Abuse Syndrome, in: American Journal of Psychiatry, Vol. 126, S. 404-407.

Smetana, Judith, G./Mario Kelly 1989: Social Cognition in Maltreated Children, in: Dante Cicchetti/Vicki Carlson (Hrsg.): Child Maltreatment: Theory and Research on the Causes and Consequences of Child Abuse and Neglect. Cambridge/New York: Cambridge University Press, S. 620-646.

Snyder, James/Gerald Patterson 1987: Family Interaction and Delinquent Behavior, in: Herbert C. Quay (Hrsg.): Handbook of Juvenile Delinquency. New York/Chichester/Brisbane: Wiley, S. 216-243.

Sofsky, Wolfgang 1996: Traktat über die Gewalt. Frankfurt/M.: Fischer.

Sorel, Georges 1969: Über die Gewalt. Frankfurt/M.: Suhrkamp (frz. Orig. 1906).

Spöhring, Walter 1989: Qualitative Sozialforschung. Stuttgart: Teubner.

Stark, Evan/Anne Flitcraft 1985: Woman-Battering, Child Abuse and Social Heredity. What Is the Relationship?, in: Norman Johnson (Hrsg.): Marital Violence. London/Boston, Mass./Melbourne: Routledge & Kegan Paul, S. 147-171.

Steinert, Heinz 1979: Etikettierung im Alltag, in: Annelise Heigl-Evers/Ulrich Streeck (Hrsg.): Die Psychologie des 20. Jahrhunderts, Bd. VIII: Lewin und die Folgen. Zürich: Kindler, S. 388-404.

Steinmetz, Suzanne K. 1977: The Cycle of Violence. Assertive, Aggressive, and Abusive Family Interaction. New York/London: Praeger.

Steinmetz, Suzanne K. 1978a: Battered Parents, in: Society, Vol. 15, Nr. 5, S. 54-55.

Steinmetz, Suzanne K. 1978b: Sibling Violence, in: John M. Eekelaar/Sanford N. Katz (Hrsg.): Family Violence. An International and Interdisciplinary Study. Toronto: Butterworths, S. 460-465.

Stenger, Horst 1985: Stigma und Identität. Über den Umgang straffälliger Jugendlicher mit dem Etikett »kriminell«, in: Zeitschrift für Soziologie, Jg. 14, S. 28-49.

Straub, Jürgen 1999a: Verstehen, Kritik, Anerkennung. Das Eigene und das Fremde in der Erkenntnisbildung interpretativer Wissenschaften. Göttingen: Wallstein.

Straub, Jürgen 1999b: Mensch zu sein will Anerkennung. Tzvetan Todorovs anthropologischer Versuch über die *conditio humana*, in: Handlung Kultur Interpretation, Jg. 8, H. 1, S. 92-108.

Straus, Murray A. 1983: Ordinary Violence, Child Abuse, and Wife-Beating. What Do They Have in Common?, in: David Finkelhor/Richard J. Gelles/Gerald T. Hotaling/Murray A. Straus (Hrsg.): The Dark Side of Families. Current Family Violence Research. Newbury Park, Calif./London/New Delhi: Sage, S. 213-234.

Straus, Murray A./Richard J. Gelles 1986: Societal Change in Family Violence from 1975 to 1985 as Revealed by Two National Surveys, in: Journal of Marriage and the Family, Vol. 48, S. 465-479.

Straus, Murray A./Richard J. Gelles/Suzanne K. Steinmetz 1980: Behind Closed Doors. Violence in the American Family. Garden City, N.Y.: Anchor.

Strauss, Anselm L. 1959: Mirrors and Masks. The Search for Identity. Glencoe, Ill.: Free Press.

Strauss, Anselm L. 1993: Continual Permutations of Action. New York: Aldine de Gruyter.

Strauss, Anselm L. 1994: Grundlagen qualitativer Sozialforschung. Datenanalyse und Theoriebildung in der empirischen soziologischen Forschung. München: Fink (engl. Orig. 1987).

Strauss, Anselm L./Juliet Corbin 1994: Grounded Theory Methodology. An Overview, in: Norman K. Denzin/Yvonna S. Lincoln (Hrsg.): Handbook of Qualitative Research. Thousand Oaks, Calif./London/New Delhi: Sage, S. 273-285.

Strauss, Anselm L./Juliet Corbin 1996: Grounded Theory: Grundlagen Qualitativer Sozialforschung. Weinheim: Beltz, Psychologie Verlags Union (engl. Orig. 1990).

Strauss, Anselm L./Barney G. Glaser 1975: Chronic Illness and the Quality of Life. St. Louis, Mo.: Mosby.

Streeck-Fischer, Annette 1992: »Geil auf Gewalt«. Psychoanalytische Bemerkungen zu Adoleszenz und Rechtsextremismus, in: Psyche, Jg. 46, S. 745-767.

Strobl, Rainer 1996: »Fremd«-Verstehen. Zur Interpretation von Interviews mit türkischen Männern und Frauen, in: ders./Andreas Böttger (Hrsg.): Wahre Geschichten? Zu Theorie und Praxis qualitativer Interviews. Baden-Baden: Nomos, S. 159-182.

Sutherland, Edwin H. 1947: Principles of Criminology. Fourth Edition. Chicago: Lippincott.

Sutherland, Edwin H. 1956: Development of the Theory (zuerst 1942), in: Albert K. Cohen/Alfred Lindesmith/Karl F. Schuessler (Hrsg.): The Sutherland Papers. Bloomington, Ind.: University of Indiana Press, S. 13-29.

Sutherland, Edwin H./Donald R. Cressey 1970: Criminology. Eighth Edition. Philadelphia/New York/Toronto: Lippincott.

Sutterlüty, Ferdinand 1998: Wie werden Jugendliche zu Gewalttätern? Theoretische Perspektiven und ein Fallbeispiel, in: Jan Koehler/Sonja Heyer (Hrsg.): Anthropologie der Gewalt. Chancen und Grenzen der sozialwissenschaftlichen Forschung. Berlin: Verlag für Wissenschaft und Forschung, S. 27-47.

Sykes, Gresham M./David Matza 1957: Techniques of Neutralization: A Theory of Delinquency, in: American Sociological Review, Vol. 22, S. 664-670.

Tappan, Paul W. 1949: Juvenile Delinquency. New York/Toronto/London: McGraw-Hill.

Taylor, Charles 1988: Was ist menschliches Handeln? (engl. Orig. 1977, 1985), in: ders., Negative Freiheit? Zur Kritik des neuzeitlichen Individualismus. Frankfurt/M.: Suhrkamp, S. 9-51.

Taylor, Charles 1993: Multikulturalismus und die Politik der Anerkennung. Frankfurt/M.: Fischer (engl. Orig. 1992).

Taylor, Charles 1995: Das Unbehagen an der Moderne. Frankfurt/M.: Suhrkamp (engl. Orig. 1991).

Terr, Lenore C. 1991: Childhood Traumas. An Outline and Overview, in: American Journal of Psychiatry, Vol. 148, S. 10-20.

Tertilt, Hermann 1996: Turkish Power Boys. Ethnographie einer Jugendbande. Frankfurt/M.: Suhrkamp.

Thomas, William I. 1923: The Unadjusted Girl with cases and standpoint for behavior analysis. Boston: Little, Brown & Co.

Thome, Helmut 1992: Gesellschaftliche Modernisierung und Kriminalität: Zum Stand der sozialhistorischen Kriminalitätsforschung, in: Zeitschrift für Soziologie, Jg. 21, S. 212-228.

Thrasher, Frederic M. 1927: The Gang. A Study of 1313 Gangs in Chicago. Chicago: University of Chicago Press.

Thrasher, Frederic M. 1964: The Gang: A Study of 1313 Gangs in Chicago, in: Ernest W. Burgess/Donald J. Bogue (Hrsg.): Contributions to Urban Sociology. Chicago/London: University of Chicago Press, S. 655-659.

Todorov, Tzvetan 1998: Abenteuer des Zusammenlebens. Versuch einer allgemeinen Anthropologie. Frankfurt/M.: Fischer (frz. Orig. 1995).

Trotha, Trutz von 1974: Jugendliche Bandendelinquenz. Über Vergesellschaftungsbedingungen von Jugendlichen in den Elendsvierteln der Großstädte. Stuttgart: Enke.

Trotha, Trutz von 1995: Rezension zu Wilhelm Heitmeyer et al., Gewalt. Schattenseiten der Individualisierung bei Jugendlichen aus unterschiedlichen Milieus, in: Kölner Zeitschrift für Soziologie und Sozialpsychologie, Jg. 47, S. 781-784.

Trotha, Trutz von 1997: Zur Soziologie der Gewalt, in: ders. (Hrsg.): Soziologie der Gewalt. Kölner Zeitschrift für Soziologie und Sozialpsychologie, Sonderheft 37. Opladen/ Wiesbaden: Westdeutscher Verlag, S. 9-56.

Trotha, Trutz von 2000: Gewaltforschung auf Popitzschen Wegen. Antireduktionismus, Zweckhaftigkeit und Körperlichkeit der Gewalt, Gewalt und Herrschaft, in: Mittelweg 36, Jg. 9, H. 6, S. 26-36.

Trotha, Trutz von/Michael Schwab-Trapp 1996: Logiken der Gewalt (Rezension zu Wolfgang Sofsky, Traktat über die Gewalt), in: Mittelweg 36, Jg. 5, H. 6, S. 56-64.

Turner, Ralph H. 1991: The Use and Misuse of Rational Models in Collective Behavior and Social Psychology, in: Archives Européennes de Sociologie, Vol. 32, S. 84-108.

Turner, Ralph H. 1994: Race Riots Past and Present: A Cultural-Collective Behavior Approach, in: Symbolic Interaction, Vol. 17, S. 309-324.

Voswinkel, Stephan 2001: Anerkennung und Reputation. Die Dramaturgie industrieller Beziehungen. Mit einer Fallstudie zum »Bündnis für Arbeit«. Konstanz: UVK Verlagsgesellschaft.

Waldenfels, Bernhard 1987: Ordnung im Zwielicht. Frankfurt/M.: Suhrkamp.

Weber, Max 1988: Die »Objektivität« sozialwissenschaftlicher und sozialpolitischer Erkenntnis (zuerst 1904), in: ders., Gesammelte Aufsätze zur Wissenschaftslehre. 7. Auflage. Tübingen: Mohr, S. 146-214.

Weidner, Jens 1995: Anti-Aggressivitäts-Training für junge Gewalttäter. Ein deliktspezifisches Behandlungsangebot im Jugendvollzug. 3., erweiterte Auflage. Bonn: Forum Verlag Godesberg.

Wetzels, Peter 1997: Gewalterfahrungen in der Kindheit. Sexueller Mißbrauch, körperliche Mißhandlung und deren langfristige Konsequenzen. Baden-Baden: Nomos.

Whitford, Josh 2002: Pragmatism and the Untenable Dualism of Means and Ends: Why Rational Choice Theory Does not Deserve Paradigmatic Privilege, in: Theory and Society, Vol. 31, S. 325-363.

Widom, Cathy Spatz 1989: The Cycle of Violence, in: Science, Vol. 244, S. 160-166.

Willems, Helmut 1992: Fremdenfeindliche Gewalt. Entwicklung, Strukturen, Eskalationsprozesse, in: Gruppendynamik, Jg. 23, S. 433-448.

Willems, Helmut (zusammen mit Roland Eckert/Stefanie Würtz/Linda Steinmetz) 1993: Fremdenfeindliche Gewalt. Einstellungen, Täter, Konflikteskalationen. Opladen: Leske + Budrich.

Winch, Peter 1966: Die Idee der Sozialwissenschaft und ihr Verhältnis zur Philosophie. Frankfurt/M.: Suhrkamp (engl. Orig. 1958).

Winnicott, Donald W. 1974: Ich-Verzerrung in Form des wahren und des falschen Selbst (engl. Orig. 1960), in: ders., Reifungsprozesse und fördernde Umwelt. München: Kindler, S. 182-199.

Winnicott, Donald W. 1988: Aggression. Versagen der Umwelt und antisoziale Tendenz. Stuttgart: Klett-Cotta (engl. Orig. 1984).

Wittgenstein, Ludwig 1984a: Philosophische Untersuchungen (zuerst 1953), in: ders., Werkausgabe, Bd. 1. Frankfurt/M.: Suhrkamp, S. 225-580.

Wittgenstein, Ludwig 1984b: Das Blaue Buch (zuerst 1958), in: ders., Werkausgabe, Bd. 5, Frankfurt/M.: Suhrkamp, S. 15-116.

Yablonsky, Lewis 1962: The Violent Gang. New York: Macmillan.